JN399580

“책 표지 한번 별나네?”

책의 얼굴이라는 표지에 책에 대한 정보가 없으니 당황스러우셨죠?

우리 함께 공부하는 별님들의 꿈은 무엇인가요?
꿈은 명사가 아닌 동사여야 합니다.
제가 동사의 꿈을 여러분과 함께 꾸고자 합니다.

많은 사람들이 쓰는 책의 얼굴에 선한 메시지가 담겨진다면 얼마나 아름다울까?

이 작은 움직임이 큰 몸짓으로 바뀌어 나간다면 우리는 얼마나 더 따스해질까?

그래서 과감하게 책의 얼굴을 바꿔 보기로 했습니다.
누군가에게 도움을 주는 삶.
저도 사실은 익숙하진 않습니다.

우리 함께 해봐요.
삶 속에서, 그냥 평범한 일상 속에서
나도 누군가에게 도움을 ‘지금’ 주고 있다는 느낌을 가져 보죠.

별똥별을 보고 소원을 빌면 이루어진다고 하죠?

큰별쌤과 함께 한국사를 공부한 별님들의 따뜻한 마음,
그 마음이 모여 간절한 바람이 있는 곳에 별똥별이 되어 날아갑니다.

이 책을 통해 나오는 수익금의 일부가
누군가에게 희망의 빛으로 다가가길 소망합니다.
이 책을 통해 우리는 서로를 기대고 있는 ‘사람(人)’이라는 사실을
공유하길 소망합니다.

이 책을 통해 당신은 ‘지금’ 누군가의 별똥별이 되어줄 수 있습니다.
이미 누군가의 꿈을 ‘지금’ 응원하고 있는 겁니다.

우리 별님들은 그런 사람입니다.

집필 및 검토

최태성

모두의 별★별 한국사 연구소장
EBS 한국사 대표 강사, ETOOS 한국사 강사
성균관대학교 사학과 졸업
중·고등학교 한국사 교과서 및 역사부도 집필
EBS 평가원 연계 교재 집필 및 검토
2013년 국사편찬위원회 자문위원
2011~2012년 EBS 역사 자문위원
MBC 〈무한도전〉 '문화재 특강' 진행
KBS 1 TV 〈역사저널 그날〉 패널 출연
KBS 라디오 FM 대행진 〈별별 히스토리〉 코너 진행
EBS1 〈미래교육 플러스〉 진행
tvN STORY 〈벌거벗은 한국사〉 진행
2022~2024년 국가 보훈부 정책 자문 위원

모두의 별★별 한국사 연구소 곽승연 이상선 김혜진 권혜성

Staff

발행인 정선욱
퍼블리싱 총괄 남형주
기획·개발 김태원 김인겸 조정연
디자인 김정인 퓨리티디자인
유통·마케팅 서준성 김지희
제작 김한길 김경수

큰별쌤 최태성의 별★별 한국사 시대별 기출문제집 한국사능력검정시험 | 기본(4·5·6급) 202506 제2판 1쇄 202511 제2판 2쇄
펴낸곳 이투스에듀(주) 서울시 서초구 남부순환로 2547
고객센터 1599-3225 **등록번호** 제2007-000035호 **ISBN** 979-11-389-3295-0 [13910]

큰별쌤 최태성의

별★별 한국사

시대별 기출문제집

한국사능력검정시험 기본(4·5·6급)

최태성 지음

한국사능력검정시험이란?

한국사능력검정시험은 국사편찬위원회에서 개발한 다양한 유형의 문항을 통해 우리 역사에 대한 관심을 높이고, **한국사 전반에 걸쳐 역사적 사고력을 평가**할 수 있는 시험입니다. 이를 통해 한국사 교육의 올바른 방향을 제시하고 자발적 역사 학습을 통한 고차원적 사고력과 문제해결 능력 배양을 목적으로 하고 있습니다.

한능검 접수
가이드 영상

시험 목적

1. 우리 역사에 대한 관심을 확산·심화시키는 계기를 마련함
2. 균형 잡힌 역사의식을 갖도록 함
3. 고차원적 사고력과 문제해결 능력을 육성함
4. 역사 교육의 올바른 방향을 제시함

시험 주관 및 시행 기관
국사편찬위원회

응시 대상
한국사에 관심 있는 모든 사람
(외국인 포함)

※ 출처: 국사편찬위원회 한국사능력검정시험

» 시험 종류 및 인증 등급

시험 종류	심화	기본
인증 등급	1급(80점 이상)	4급(80점 이상)
	2급(70~79점)	5급(70~79점)
	3급(60~69점)	6급(60~69점)
문항 수	50문항(5지 택1형)	50문항(4지 택1형)

• **배점** : 100점 만점(문항별 1점~3점 차등 배점)

» 기본 시험 시간

시간	내용	소요 시간
10:00~10:10	오리엔테이션(시험 시 주의 사항)	10분
10:10~10:15	신분증 확인(감독관)	5분
10:15~10:20	문제지 배부	5분
10:20~11:30	시험 실시(50문항)	70분

» 평가 내용

시험 종류	평가 내용
심화	**한국사 심화 과정**으로 한국사에 대한 체계적인 이해를 바탕으로 한국사의 주요 사건과 개념을 종합적으로 이해하고, 역사 자료를 분석하고 해석하는 능력, 한국사의 흐름 속에서 시대적 상황 및 쟁점을 파악하는 능력을 평가
기본	**한국사 기본 과정**으로 기초적인 역사 상식을 바탕으로 한국사의 필수 지식과 기본적인 흐름을 이해하는 능력을 평가

여기서 잠깐!

기본은 객관식 50문항을 70분 동안 풀어야 됩니다.
합격률은 대개 50% 내외이지요.
다소 어렵게 느껴질 수도 있지만 지금처럼 큰별쌤을 믿고 중요한 개념들 위주로 학습하면 합격할 수 있습니다.

» 시험 합격 비법

★ 유튜브 최태성 1TV(인강 전문 채널)

★ 모두의 별★별 한국사
(http://www.etoos.com/bigstar)

» 원서 접수 및 자세한 시험 정보

★ 한국사능력검정시험
(http://www.historyexam.go.kr)

큰별쌤의 결론은?

1 **초등부터 성인까지 한국사 필수 시대!**

한국사를 손 놓을 수는 없죠!

2 **한국사는 계속된다! 쭈~욱!**

공무원 시험, 교원임용 시험, 승진 시험 등

3 **한국사능력검정시험은 선발 시험이 아닌 인증 시험!**

80점 이상이면 4급,
70~79점이면 5급,
60~69점이면 6급

4 **도전해 볼 만한 수준!**

한 달 정도만 투자해서
필수 개념만 익히면 합격할 수 있어요.

전체적인 흐름을 파악하고, 개념을 꼼꼼히 확인하세요.
사진, 자료 등은 시대와 꼭 연결하여 익숙하게 만들어 두세요.

시험 합격도 중요하지만 한국사 공부를 통해
역사 속의 사람들을 만나 소통해 보고 **한 번의 인생
어떻게 살아갈 것인가를 생각**해 보는 계기가 되길 바랄게요.

이 책의 구성

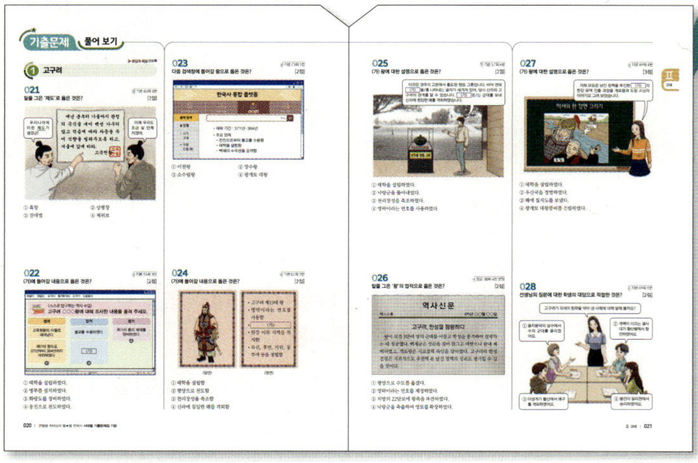

기출문제 풀어 보기

시대순, 주제별로 분류된 기출문제 558문항이 수록되어 있어요. 차근차근 문항을 풀면서 한국사의 전체적인 흐름을 잡아 보세요.

기출 선택지로 개념 다지기

기출 선택지로 구성된 문제를 풀면서 선택지를 자연스럽게 익히고 중요 개념을 복습해 보세요. 한국사능력검정시험은 반복되어 나오는 선택지가 많기 때문에 기출 선택지를 익혀 두면 정답을 찾기가 훨씬 쉬워집니다.

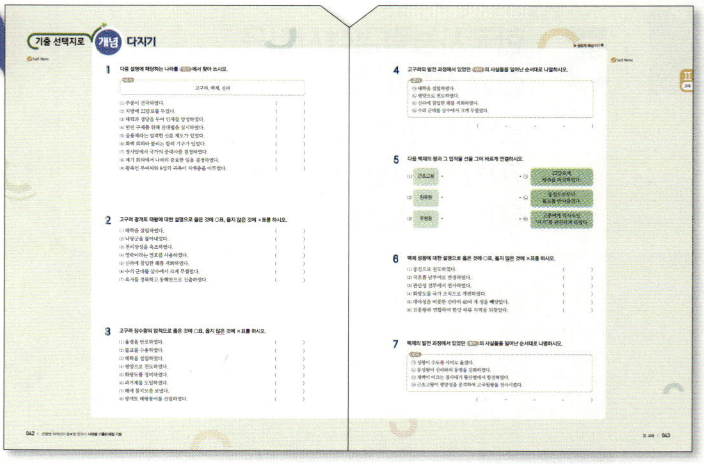

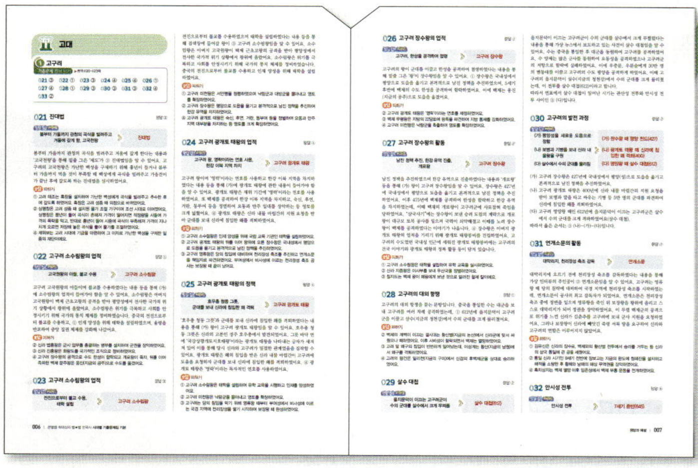

정답과 해설

- **정답 잡는 키워드**
  문항의 핵심 키워드를 보여 줍니다.
  키워드를 알면 정답을 바로 찾을 수 있어요.
- **상세한 해설**
  문제풀이를 위한 자세한 해설이 실려 있어요.
  꼼꼼히 읽어 주세요.
- **오답 피하기**
  왜 정답이 아닌지 꼭 확인하고
  확실히 알고 있는 내용인지 체크하세요.

이 책의

차례

Ⅰ 선사 시대 ~ 여러 나라의 성장

큰별쌤의 학습 포인트

1 구석기 시대와 신석기 시대
- 구석기 시대와 신석기 시대 사람들의 생활 모습을 구분하여 정리하세요.
- 구석기 시대와 신석기 시대의 대표적인 유물·유적 사진을 눈여겨 봐 두세요. 사진을 보고 어느 시대의 유물인지 알 수 있어야 합니다.

2 최초의 국가 고조선
- 청동기 시대 계급의 발생과 사회 변화를 정리하고, 대표적인 유물은 사진과 함께 기억해 두세요.
- 고조선의 건국과 멸망에 대해 정리해 두세요.
- 고조선의 '범금 8조'가 키워드로 자주 출제됩니다.

3 여러 나라의 성장
- 철기 문화를 배경으로 등장한 부여, 고구려, 옥저, 동예, 삼한의 사회 모습을 구분해서 정리하세요.
- 각 나라의 제천 행사와 혼인 풍습이 키워드로 자주 나옵니다.

최근 4회차 단원별 출제 비중

선사 고대 고려 조선 개항기 일제 강점기 현대

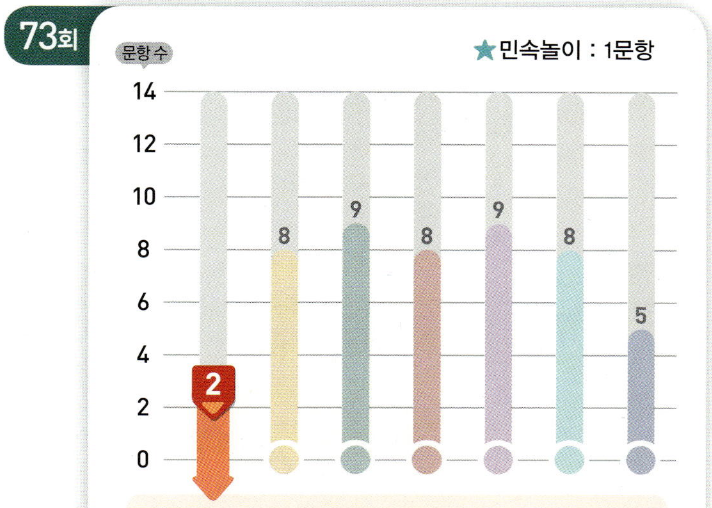

청동기 시대의 생활 모습, 부여의 사회 모습

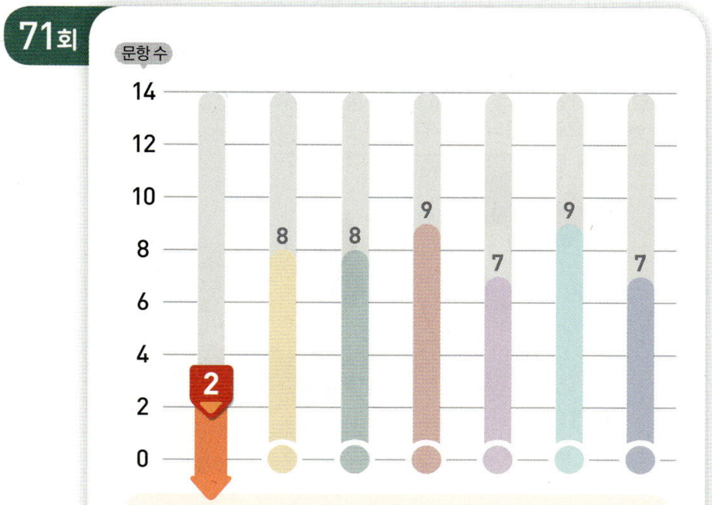

신석기 시대의 생활 모습, 동예의 사회 모습

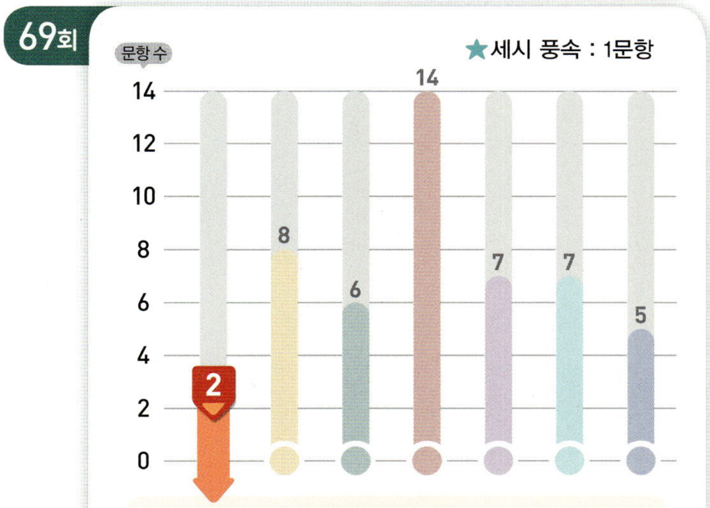

구석기 시대의 생활 모습, 고조선

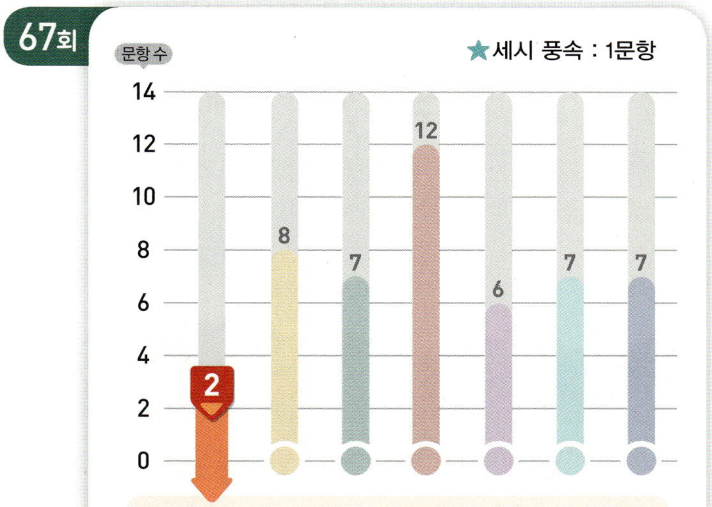

청동기 시대의 생활 모습, 옥저의 사회 모습

기출문제 풀어 보기

정답과 해설 002쪽

1 구석기 시대와 신석기 시대

001

기본 49회 1번

밑줄 그은 '이 시대'의 생활 모습으로 옳은 것은? [1점]

① 철제 농기구로 농사를 지었다.
② 토기를 만들어 식량을 저장하였다.
③ 주로 동굴이나 막집에서 거주하였다.
④ 거푸집을 사용하여 청동기를 제작하였다.

002

기본 57회 1번

다음 축제에서 체험할 수 있는 활동으로 적절한 것은? [1점]

① 가락바퀴로 실뽑기
② 뗀석기로 고기 자르기
③ 점토로 빗살무늬 토기 빚기
④ 거푸집으로 청동 검 모형 만들기

003

기본 54회 1번

다음 대회 참가자들이 그릴 장면으로 가장 적절한 것은? [1점]

① 가락바퀴로 실을 뽑는 모습
② 반달 돌칼로 벼 이삭을 따는 모습
③ 주먹도끼로 짐승을 사냥하는 모습
④ 거푸집으로 세형 동검을 만드는 모습

004

기본 66회 1번

다음 가상 공간에서 체험할 수 있는 활동으로 가장 적절한 것은? [1점]

① 청동 방울 흔들기
② 빗살무늬 토기 만들기
③ 철제 농기구로 밭 갈기
④ 거친무늬 거울 목에 걸기

005

기본 60회 1번

(가) 시대의 생활 모습으로 옳은 것은? [2점]

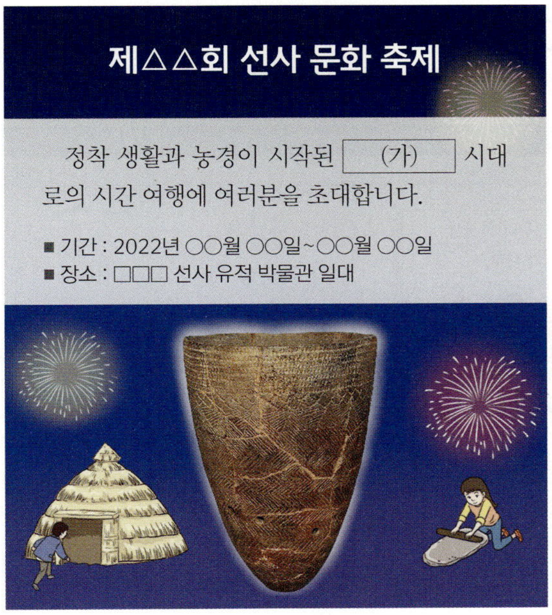

① 가락바퀴를 이용하여 실을 뽑았다.
② 무덤 껴묻거리로 오수전 등을 묻었다.
③ 철제 농기구를 사용하여 농사를 지었다.
④ 의례 도구로 청동 방울 등을 사용하였다.

006

기본 50회 1번

(가) 시대에 처음 제작된 유물로 옳은 것은? [1점]

①

②

③
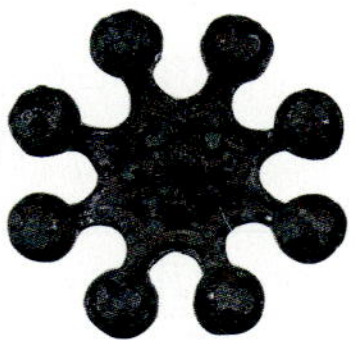

④

정답과 해설 003쪽

2 최초의 국가 고조선

007

기본 73회 1번

(가) 시대의 생활 모습으로 옳은 것은? [1점]

① 우경이 널리 보급되었다.
② 비파형 동검을 제작하였다.
③ 주로 동굴이나 막집에서 살았다.
④ 실을 뽑기 위해 가락바퀴를 처음 사용하였다.

008

기본 64회 1번

(가) 시대의 생활 모습으로 옳은 것은? [1점]

① 우경이 널리 보급되었다.
② 철제 농기구를 사용하였다.
③ 주로 동굴이나 막집에서 살았다.
④ 지배층의 무덤으로 고인돌을 만들었다.

009

기본 51회 1번

(가) 시대의 생활 모습으로 옳은 것은? [1점]

① 우경이 널리 보급되었다.
② 주로 동굴이나 막집에서 거주하였다.
③ 반달 돌칼을 사용하여 벼를 수확하였다.
④ 실을 뽑기 위해 가락바퀴를 처음 사용하였다.

010

기본 63회 2번

(가) 나라에 대한 설명으로 옳은 것은? [2점]

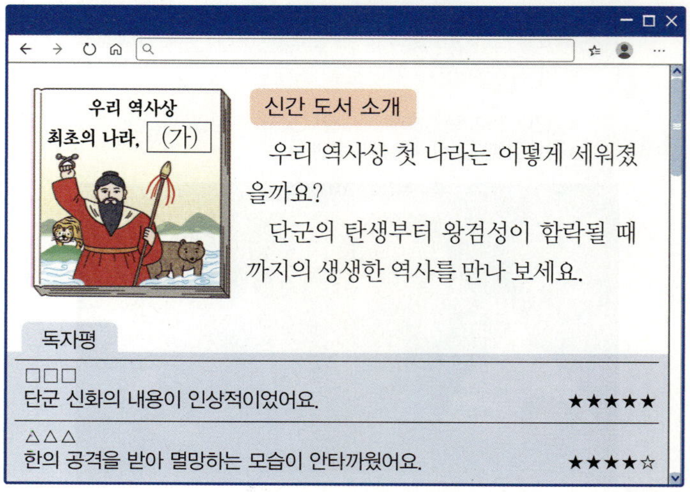

① 범금 8조가 있었다.
② 책화라는 풍습이 있었다.
③ 낙랑군과 왜에 철을 수출하였다.
④ 제가 회의에서 나라의 중요한 일을 결정하였다.

011

기본 55회 2번

(가) 나라에 대한 설명으로 옳은 것은? [2점]

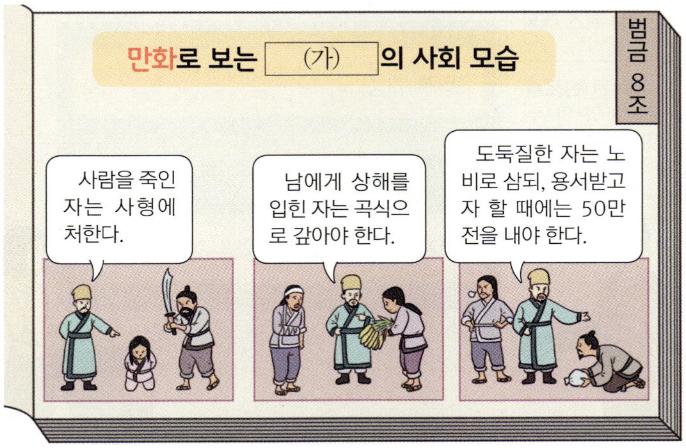

① 낙랑과 왜에 철을 수출하였다.
② 영고라는 제천 행사를 열었다.
③ 서옥제라는 혼인 풍습이 있었다.
④ 건국 이야기가 삼국유사에 실려 있다.

012

기본 57회 3번

다음 자료에 해당하는 나라에 대한 설명으로 옳은 것은? [2점]

> ㅇ위서에 이르기를, "지금으로부터 2천여 년 전에 단군왕검이 아사달에 도읍을 정하였다."고 하였다. - "삼국유사" -
>
> ㅇ누선장군 양복(楊僕)이 군사 7천을 거느리고 먼저 왕검성에 도착하였다. 우거가 성을 지키고 있다가 양복의 군사가 적은 것을 알고 곧 나가서 공격하니 양복이 패하여 달아났다.
> - "삼국유사" -

① 신성 지역인 소도가 있었다.
② 낙랑, 왜 등에 철을 수출하였다.
③ 화백 회의에서 중요한 일을 결정하였다.
④ 사회 질서를 유지하기 위해 범금 8조를 만들었다.

> 정답과 해설 004쪽

3 여러 나라의 성장

013

기본 50회 2번

(가)에 들어갈 내용으로 옳은 것은? [2점]

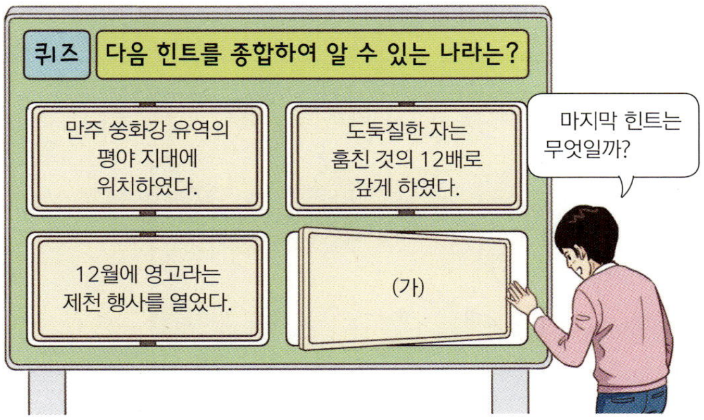

① 소도라고 불리는 신성 지역이 있었다.
② 읍락 간의 경계를 중시한 책화가 있었다.
③ 범금 8조를 통해 사회 질서를 유지하였다.
④ 여러 가(加)들이 별도로 사출도를 주관하였다.

014

기본 73회 2번

(가) 나라에 대한 설명으로 옳은 것은? [2점]

① 영고라는 제천 행사를 열었다.
② 신성 지역인 소도가 존재하였다.
③ 혼인 풍습으로 민며느리제가 있었다.
④ 사회 질서를 유지하기 위하여 범금 8조를 만들었다.

015

기본 48회 3번

다음 자료에 해당하는 나라를 지도에서 옳게 고른 것은? [3점]

> 이 나라에는 여자가 열 살이 되기 전에 혼인을 약속하고, 신랑 집에서는 여자를 데려와 기른 후 성인이 되면 신부 집에 대가를 주고 며느리로 삼는 풍속이 있었다. 또한, 가족이 죽으면 뼈만 추려 보관하는 장례 풍습이 있었다.

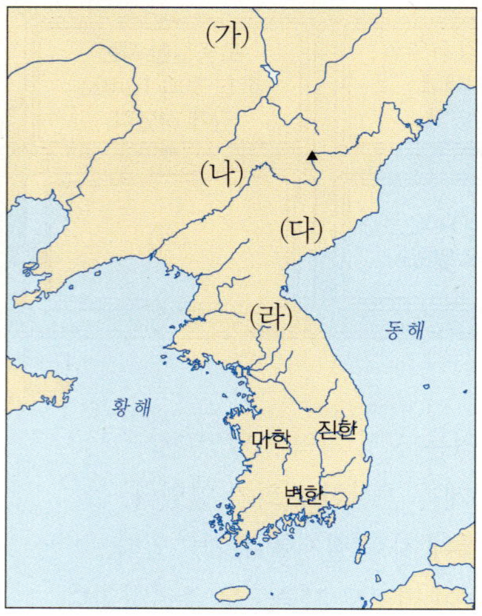

① (가) ② (나) ③ (다) ④ (라)

016

기본 58회 2번

다음 퀴즈의 정답으로 옳은 것은? [2점]

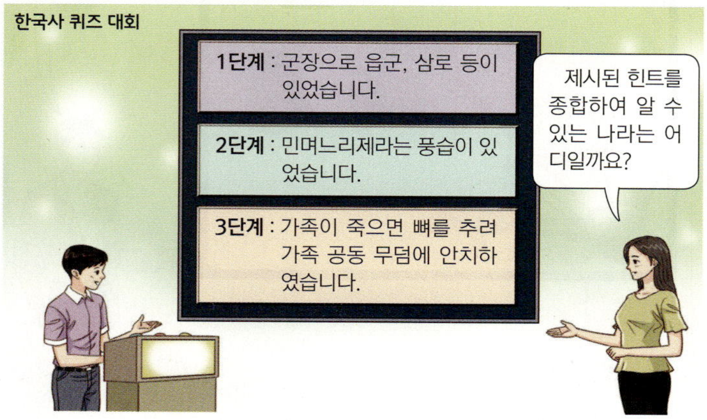

① 동예 ② 부여
③ 삼한 ④ 옥저

017

기본 71회 2번

다음 퀴즈의 정답으로 옳은 것은? [2점]

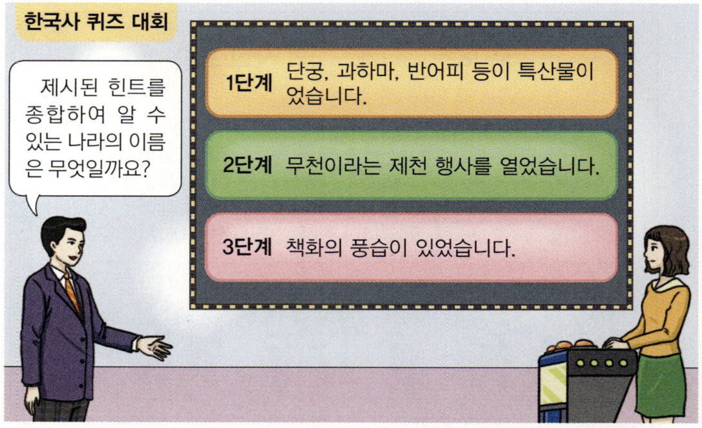

① 동예 ② 마한
③ 부여 ④ 옥저

018

기본 57회 2번

(가)에 들어갈 내용으로 옳은 것은? [2점]

① 서옥제라는 혼인 풍습을 표현해 보자.
② 무예를 익히는 화랑도의 모습을 보여 주자.
③ 특산물인 단궁, 과하마, 반어피를 그려 보자.
④ 지배층인 마가, 우가, 저가, 구가를 등장시키자.

019

기본 54회 2번

학생들이 공통으로 이야기하고 있는 나라에 대한 설명으로 옳은 것은? [2점]

① 서옥제라는 혼인 풍습이 있었다.
② 소도라고 불리는 신성 구역이 있었다.
③ 범금 8조를 만들어 사회 질서를 유지하였다.
④ 단궁, 과하마, 반어피 등의 특산물이 있었다.

020

기본 60회 2번

(가) 나라에 대한 설명으로 옳은 것은? [3점]

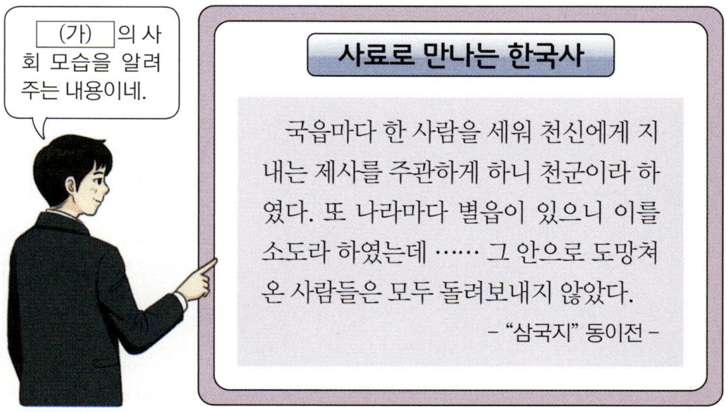

① 영고라는 제천 행사가 있었다.
② 신지, 읍차 등의 지배자가 있었다.
③ 혼인 풍습으로 민며느리제가 있었다.
④ 읍락 간의 경계를 중시하는 책화가 있었다.

기출 선택지로 개념 다지기

Self Note

1 **구석기 시대에 관한 축제에서 체험할 수 있는 활동으로 적절한 것에 ○표, 적절하지 않은 것에 ×표를 하시오.**

(1) 막집 지어 보기 ( )
(2) 가락바퀴로 실뽑기 ( )
(3) 민무늬 토기 만들기 ( )
(4) 뗀석기로 고기 자르기 ( )
(5) 철제 농기구로 밭 갈기 ( )
(6) 거친무늬 거울 목에 걸기 ( )
(7) 주먹도끼로 나무 손질하기 ( )
(8) 점토로 빗살무늬 토기 빚기 ( )
(9) 거푸집으로 청동 검 모형 만들기 ( )

2 **신석기 시대에 대한 설명으로 옳은 것에 ○표, 옳지 않은 것에 ×표를 하시오.**

(1) 농경과 목축이 시작되었다. ( )
(2) 가락바퀴를 이용하여 실을 뽑았다. ( )
(3) 주로 동굴이나 막집에서 거주하였다. ( )
(4) 무덤 껴묻거리로 오수전 등을 묻었다. ( )
(5) 거푸집으로 비파형 동검을 제작하였다. ( )
(6) 철제 농기구를 사용하여 농사를 지었다. ( )
(7) 의례 도구로 청동 방울 등을 사용하였다. ( )
(8) 빗살무늬 토기에 곡식을 저장하기 시작하였다. ( )

3 **청동기 시대의 생활 모습으로 옳은 것을 보기 에서 모두 골라 기호를 쓰시오.**

보기

㉠ 철제 무기를 사용하였다.
㉡ 비파형 동검을 제작하였다.
㉢ 지배자의 무덤으로 고인돌을 만들었다.
㉣ 반달 돌칼을 사용하여 벼를 수확하였다.
㉤ 의례 도구로 청동 방울 등을 사용하였다.
㉥ 주로 동굴에 살면서 사냥과 채집을 하였다.
㉦ 실을 뽑기 위해 가락바퀴를 처음 사용하였다.

( )

정답과 해설 005쪽

Self Note

4 **다음 유물이 처음 제작된 시기를 보기에서 찾아 쓰시오.**

보기

구석기 시대, 신석기 시대, 청동기 시대, 철기 시대

(1)

주먹도끼
(　　　　　　　　　　　)

(2)

철제 농기구
(　　　　　　　　　　　)

(3)

청동 방울
(　　　　　　　　　　　)

(4)

갈돌과 갈판
(　　　　　　　　　　　)

(5)

가락바퀴
(　　　　　　　　　　　)

(6)

반달 돌칼
(　　　　　　　　　　　)

(7)

비파형 동검
(　　　　　　　　　　　)

(8)

민무늬 토기
(　　　　　　　　　　　)

(9)

빗살무늬 토기
(　　　　　　　　　　　)

5 **고조선에 대한 설명에서 옳은 단어에 ○표를 하시오.**

(1) (한, 당)의 침략을 받아 멸망하였다.
(2) (청동기, 철기) 문화를 바탕으로 세워졌다.
(3) 건국 이야기가 (삼국사기, 삼국유사)에 실려 있다.
(4) 사회 질서를 유지하기 위해 (범금 8조, 경국대전)을/를 만들었다.
(5) (단군왕검, 위만)이 아사달에 도읍을 정하고 나라를 세웠다고 전해진다.

> 정답과 해설 005쪽

Self Note

6 다음과 같은 법률이 있었던 나라를 쓰시오.

- 사람을 죽인 자는 사형에 처한다.
- 남에게 상해를 입힌 자는 곡식으로 갚아야 한다.
- 도둑질한 자는 노비로 삼되, 용서받고자 할 때에는 50만 전을 내야 한다.

( )

7 다음 나라와 그 나라의 제천 행사를 선을 그어 바르게 연결하시오.

(1) 부여 •	• ㉠ 영고
(2) 고구려 •	• ㉡ 무천
(3) 동예 •	• ㉢ 동맹
(4) 삼한 •	• ㉣ 5월과 10월의 계절제

8 다음 설명에 해당하는 나라를 보기 에서 찾아 쓰시오.

보기

부여, 고구려, 옥저, 동예, 삼한

(1) 영고라는 제천 행사를 열었다. ( )
(2) 서옥제라는 혼인 풍습이 있었다. ( )
(3) 신지, 읍차 등의 지배자가 있었다. ( )
(4) 혼인 풍습으로 민며느리제가 있었다. ( )
(5) 소도라고 불리는 신성 지역이 있었다. ( )
(6) 읍락 간의 경계를 중시하는 책화가 있었다. ( )
(7) 단궁, 과하마, 반어피 등의 특산물이 있었다. ( )
(8) 여러 가(加)들이 별도로 사출도를 주관하였다. ( )

MEMO

Ⅱ 고대

큰별쌤의 학습 포인트

1 고구려
- 고구려, 백제, 신라 주요 왕의 업적과 재위 시기의 사실을 정리하고, 각 나라의 발전 과정을 시기별로 파악해 두세요.
- 광개토 태왕과 살수 대첩이 자주 출제됩니다.

2 백제
- 지방에 22담로를 두었다는 내용이 정답 선택지로 자주 나옵니다.
- 백제 성왕의 업적과 백제 부흥 운동(백강 전투)이 종종 출제됩니다.

3 신라와 가야
- 지증왕, 법흥왕, 진흥왕의 업적을 구분하여 알아 두고, 삼국 통일 과정을 순서대로 정리하세요.
- 가야의 주요 유적을 기억하세요. '김수로왕'이 키워드로 자주 나옵니다.

4 통일 신라
- 통일 신라와 발해의 정치 제도를 정리하세요.
- 후삼국 시대에 활동한 인물, 즉 견훤과 궁예, 왕건의 활동을 기억하세요.

5 발해
- 발해에 관한 문항은 매회 출제됩니다. '해동성국'이 키워드로 자주 나와요.

6 경제와 사회
- 신라 촌락 문서와 장보고의 활동을 묻는 문항이 종종 출제됩니다.
- 신라의 골품제를 기억해 두세요.

7 문화
- 설총, 최치원 등 신라 6두품의 활동을 정리하세요.
- 원효, 의상 등 신라 승려의 활동을 정리하고 각 나라의 문화유산을 사진과 함께 기억해 두세요.

최근 4회차 단원별 출제 비중

선사 | **고대** | 고려 | 조선 | 개항기 | 일제 강점기 | 현대

73회

★민속놀이 : 1문항

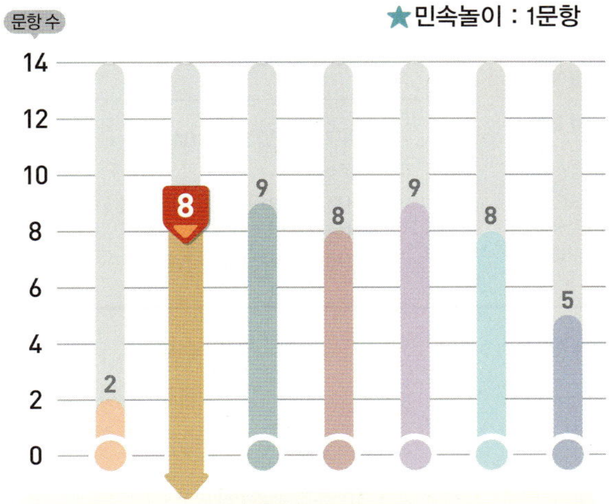

금관가야, 의상의 활동, 고구려 소수림왕의 업적,
신라 사회의 모습, 백제 멸망 이후의 사실,
충청남도 부여의 문화유산, 발해, 견훤의 활동

71회

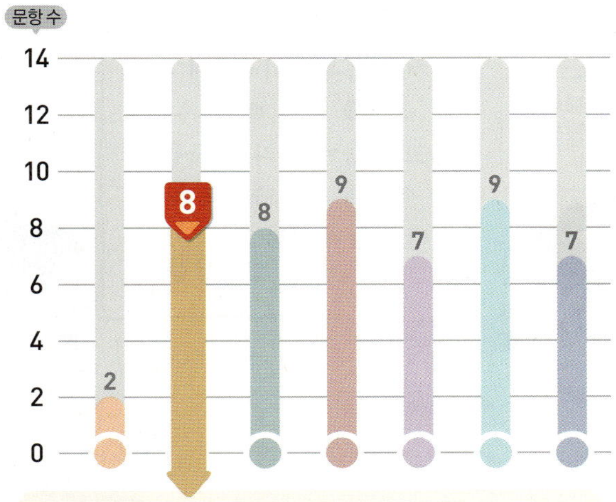

신라 진흥왕의 업적, 백제 성왕의 정책,
금관가야, 고구려, 신라 말의 상황,
설총의 활동, 발해, 후삼국 통일 과정

69회

★세시 풍속 : 1문항

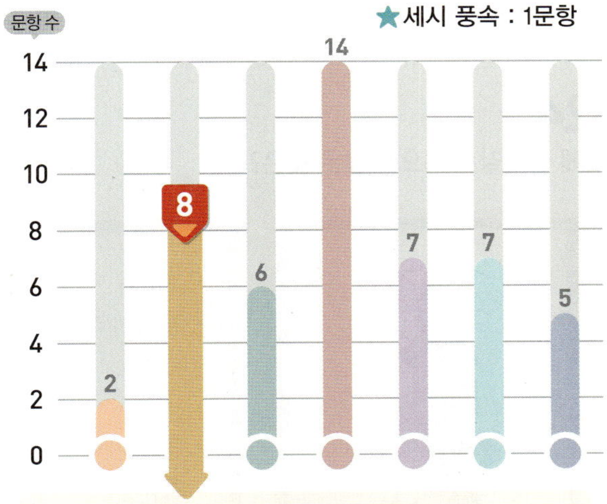

가야의 문화유산, 신라 법흥왕의 업적,
백제, 고구려의 대외 항쟁, 원효의 활동,
발해, 신라 말의 상황, 궁예의 활동

67회

★세시 풍속 : 1문항

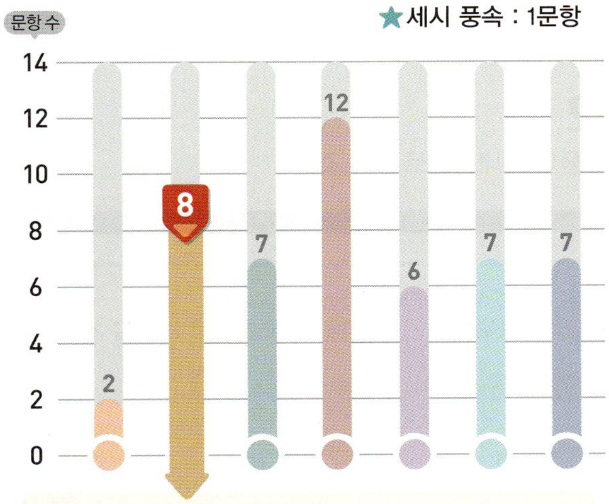

고구려 광개토 태왕의 업적,
백제의 문화유산, 신라 진흥왕의 업적, 가야,
신라의 삼국 통일 과정, 발해의 문화유산,
경주 석굴암 본존불상, 호족

> 정답과 해설 006쪽

1 고구려

021

기본 60회 3번

밑줄 그은 '제도'로 옳은 것은? [2점]

① 흑창 ② 상평창
③ 진대법 ④ 제위보

022

기본 54회 3번

(가)에 들어갈 내용으로 옳은 것은? [2점]

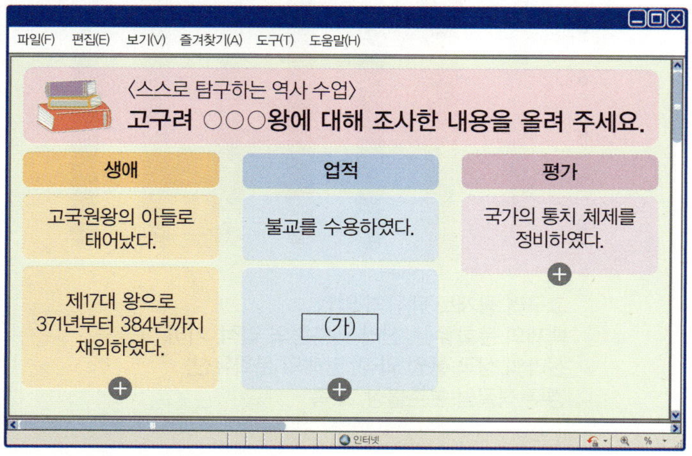

① 태학을 설립하였다.
② 병부를 설치하였다.
③ 화랑도를 정비하였다.
④ 웅진으로 천도하였다.

023

기본 73회 5번

다음 검색창에 들어갈 왕으로 옳은 것은? [2점]

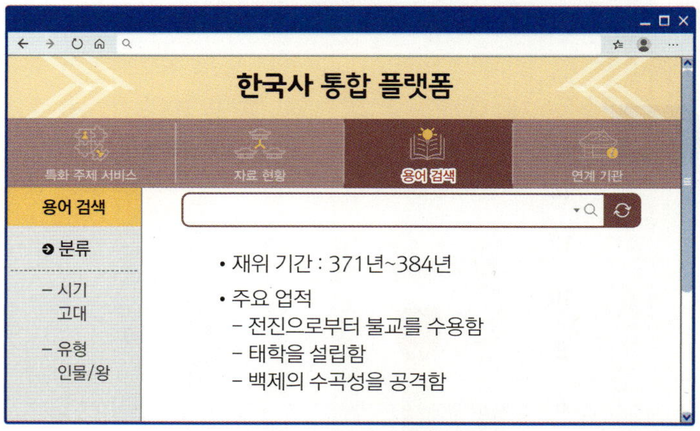

① 미천왕 ② 장수왕
③ 소수림왕 ④ 광개토 대왕

024

기본 61회 2번

(가)에 들어갈 내용으로 옳은 것은? [2점]

(앞면) (뒷면)

① 태학을 설립함
② 평양으로 천도함
③ 천리장성을 축조함
④ 신라에 침입한 왜를 격퇴함

025

기본 57회 4번

(가) 왕에 대한 설명으로 옳은 것은? [2점]

① 태학을 설립하였다.
② 낙랑군을 몰아내었다.
③ 천리장성을 축조하였다.
④ 영락이라는 연호를 사용하였다.

026

중급 38회 4번 변형

밑줄 그은 '왕'의 업적으로 옳은 것은? [2점]

역사신문

제△△호 475년 ○○월 ○○일

고구려, 한성을 점령하다

왕이 직접 3만여 명의 군대를 이끌고 한성을 공격하여 점령하는 데 성공했다. 백제군은 성문을 걸어 잠그고 버텼으나 끝내 패배하였고, 개로왕은 사로잡혀 죽임을 당하였다. 고구려의 한성 점령은 지속적으로 추진해 온 남진 정책의 성과로 평가할 수 있을 것이다.

① 평양으로 수도를 옮겼다.
② 영락이라는 연호를 제정하였다.
③ 지방의 22담로에 왕족을 파견하였다.
④ 낙랑군을 축출하여 영토를 확장하였다.

027

기본 49회 4번

(가) 왕에 대한 설명으로 옳은 것은? [3점]

① 태학을 설립하였다.
② 우산국을 정벌하였다.
③ 왜에 칠지도를 보냈다.
④ 광개토 대왕릉비를 건립하였다.

028

기본 69회 6번

선생님의 질문에 대한 학생의 대답으로 적절한 것은? [2점]

029

기본 61회 6번

다음 가상 뉴스에서 보도하고 있는 사건이 일어난 시기를 연표에서 옳게 고른 것은? [3점]

433		512		554		645		660
나·제 동맹 성립	(가)	신라 우산국 정복	(나)	관산성 전투	(다)	안시성 전투	(라)	백제 멸망

① (가) ② (나) ③ (다) ④ (라)

030

기본 58회 3번

(가)~(다)를 일어난 순서대로 옳게 나열한 것은? [3점]

① (가) - (나) - (다) ② (가) - (다) - (나)
③ (나) - (가) - (다) ④ (다) - (가) - (나)

031

기본 63회 3번

다음 가상 인터뷰의 주인공으로 옳은 것은? [2점]

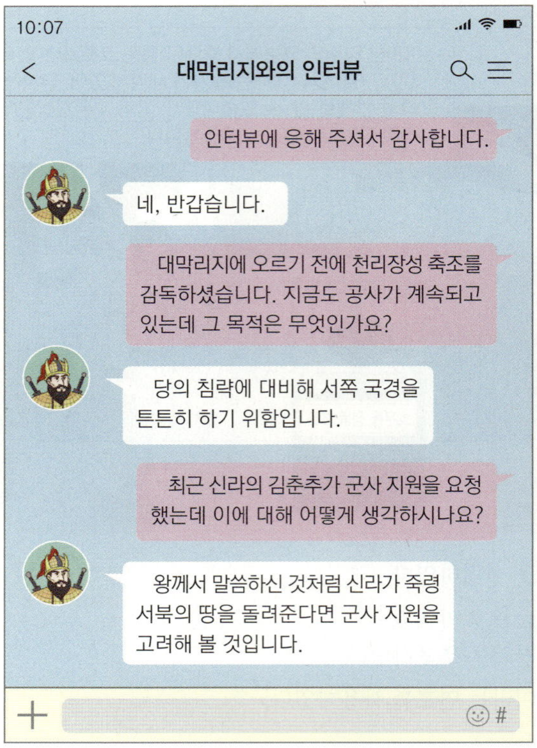

① 김유신 ② 장보고 ③ 연개소문 ④ 흑치상지

032

기본 50회 6번

다음에서 보도하고 있는 사건이 일어난 시기를 연표에서 옳게 고른 것은? [3점]

391		427		554		612		668
광개토 대왕 즉위	(가)	고구려 평양 천도	(나)	관산성 전투	(다)	살수 대첩	(라)	고구려 멸망

① (가) ② (나) ③ (다) ④ (라)

033

기본 49회 6번

(가)에 해당하는 인물로 옳은 것은? [2점]

① 계백 ② 검모잠
③ 김유신 ④ 흑치상지

정답과 해설 008쪽

2 백제

034

기본 64회 3번

(가)에 들어갈 내용으로 옳은 것은? [2점]

<다큐멘터리 기획안>

백제, 전성기를 맞이하다

▣ 기획 의도

4세기 중반 활발한 대외 활동을 전개하고 백제를 발전시킨 근초고왕의 업적을 조명한다.

▣ 구성 내용

1부. 마한의 여러 세력을 복속시키다
2부. (가)
3부. 남조의 동진 및 왜와 교류하다

① 사비로 천도하다
② 22담로를 설치하다
③ 고국원왕을 전사시키다
④ 독서삼품과를 시행하다

035

기본 57회 5번

(가), (나) 사이의 시기에 있었던 사실로 옳은 것은? [3점]

① 고구려가 옥저를 정복하였다.
② 백제가 신라와 동맹을 맺었다.
③ 백제가 관산성 전투에서 패배하였다.
④ 고구려가 안시성에서 당군을 물리쳤다.

036

기본 61회 5번

(가) 국가에 대한 설명으로 옳은 것은? [2점]

① 주몽이 건국하였다.
② 지방에 22담로를 두었다.
③ 8조법으로 백성을 다스렸다.
④ 골품제라는 신분 제도가 있었다.

037

기본 49회 3번

밑줄 그은 '이 나라'에 대한 설명으로 옳은 것은? [2점]

> 호암사에는 정사암이 있다. 이 나라에서 장차 재상을 의논할 때에 뽑을 만한 사람 서너 명의 이름을 써서 상자에 넣고 봉하여 바위 위에 두었다가, 얼마 후에 열어 보아 이름 위에 도장이 찍힌 자국이 있는 사람을 재상으로 삼았기 때문에 정사암이라고 하였다.
>
> - "삼국유사" -

① 22담로를 두었다.
② 국학을 설립하였다.
③ 진대법을 실시하였다.
④ 골품제라는 신분제가 있었다.

038

기본 52회 5번

밑줄 그은 '이 왕'으로 옳은 것은? [1점]

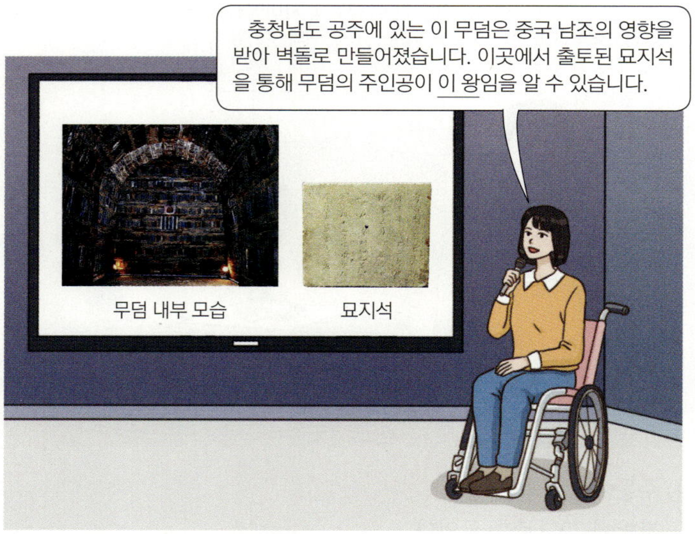

① 성왕 ② 고이왕
③ 무령왕 ④ 근초고왕

039

기본 71회 4번

다음 가상 일기의 주인공으로 옳은 것은? [2점]

> ○○월 ○○일
>
> 오늘도 나랏일을 돌보느라 힘든 하루였다. 하지만 왕으로 즉위한 후 지금까지 내가 한 일을 생각하니 뿌듯하다. 수도를 웅진에서 사비로 옮겨 나라 발전을 꾀하였고, 국호를 남부여로 바꾸기도 하였다. 그리고 최근에는 고구려에 빼앗겼던 한강 유역 일부를 수복하였다. 되찾은 소중한 영토를 반드시 지켜야겠다.

① 성왕 ② 무령왕
③ 근초고왕 ④ 소수림왕

040

기본 58회 4번

밑줄 그은 '이 왕'의 업적으로 옳은 것은? [2점]

① 동진으로부터 불교를 받아들였다.
② 고흥에게 역사서인 서기를 편찬하게 하였다.
③ 진흥왕과 연합하여 한강 유역을 회복하였다.
④ 대야성을 비롯한 신라의 40여 개 성을 빼앗았다.

041

중급 41회 5번 변형

(가) 시기에 있었던 사실로 옳은 것은? [3점]

① 백제가 수도를 사비로 옮겼다.
② 마진이 국호를 태봉으로 변경하였다.
③ 고구려가 안시성에서 당의 대군을 물리쳤다.
④ 신라가 지배자의 칭호를 마립간으로 변경하였다.

042

기본 48회 4번

(가) 국가에 대한 설명으로 옳은 것은? [2점]

① 진대법을 시행하였다.
② 상수리 제도를 두었다.
③ 지방에 22담로를 설치하였다.
④ 골품제라는 신분 제도가 있었다.

043

기본 47회 6번

다음 대화 이후에 있었던 사실로 옳은 것은? [2점]

① 대가야가 신라에 정복되었다.
② 고구려가 안시성에서 당군을 격퇴하였다.
③ 흑치상지가 백제 부흥 운동을 전개하였다.
④ 김춘추가 당과의 군사 동맹을 성사시켰다.

044

기본 73회 7번

다음 상황 이후에 전개된 사실로 옳은 것은? [3점]

> 의자왕이 밤을 틈타 웅진성으로 도망치고, 의자왕의 아들인 부여융이 대좌평 천복 등과 함께 나와서 항복하였다. 김법민*이 부여융을 말 앞에 꿇어앉히고 꾸짖어 말하기를, "예전에 너의 아비가 나의 누이를 죽여 오랫동안 마음이 원통하였는데, 오늘 너의 목숨은 내 손안에 있구나!"라고 하였다.
>
> *김법민 : 훗날의 문무왕

① 대가야가 신라에 정복되었다.
② 신라가 우산국을 복속하였다.
③ 고구려가 한성을 함락하였다.
④ 나·당 연합군이 평양성을 점령하였다.

045

기본 60회 9번

(가), (나) 사이의 시기에 있었던 사건으로 옳은 것은? [3점]

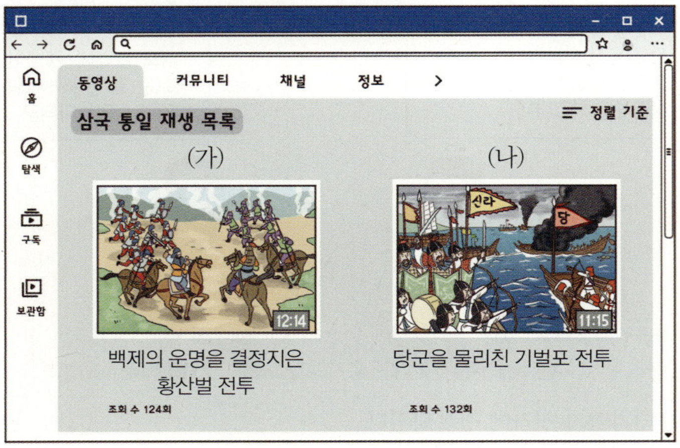

① 백강 전투　　② 살수 대첩
③ 관산성 전투　　④ 처인성 전투

> 정답과 해설 010쪽

3 신라와 가야

046

기본 52회 3번

다음 가상 인터뷰에 등장하는 왕의 재위 기간에 있었던 사실로 옳은 것은? [3점]

① 불교가 공인되었다.
② 노비안검법이 시행되었다.
③ 이사부가 우산국을 정벌하였다.
④ 황룡사 구층 목탑이 건립되었다.

047

기본 60회 7번

밑줄 그은 '왕'의 업적으로 옳은 것은? [2점]

> ㅇ 왕이 영을 내려 순장을 금하게 하였다. 이전에는 국왕이 죽으면 남녀 다섯 명씩 순장하였는데, 이때에 이르러 금하게 한 것이다.
> ㅇ 여러 신하들이 한뜻으로 '신라 국왕'이라는 호칭을 올리니, 왕이 이를 따랐다.
>
> - "삼국사기" -

① 우경을 장려하였다.
② 율령을 반포하였다.
③ 독서삼품과를 실시하였다.
④ 화랑도를 국가 조직으로 개편하였다.

048

기본 47회 4번

다음 가상 인터뷰에 등장하는 왕으로 옳은 것은? [2점]

① 성왕　　② 법흥왕
③ 지증왕　　④ 근초고왕

049
기본 51회 5번

밑줄 그은 '나'의 업적으로 옳은 것은? [2점]

① 녹읍을 폐지하였다.
② 불교를 공인하였다.
③ 독서삼품과를 시행하였다.
④ 북한산에 순수비를 세웠다.

050
기본 67회 5번

(가) 왕의 업적으로 옳은 것은? [2점]

① 국학을 설치하였다.
② 화랑도를 정비하였다.
③ 독서삼품과를 시행하였다.
④ 김헌창의 난을 진압하였다.

051
기본 55회 3번

다음 가상 인터뷰에 등장하는 왕의 업적으로 옳은 것은? [2점]

① 국학을 설립하였다.
② 병부를 설치하였다.
③ 대가야를 정복하였다.
④ 독서삼품과를 실시하였다.

052
기본 52회 7번

(가) 시기에 있었던 사실로 옳은 것은? [3점]

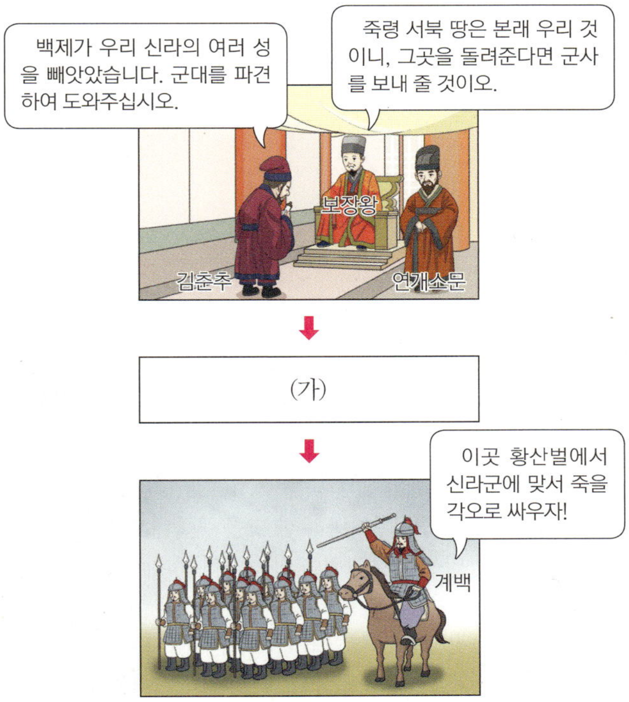

① 신라와 당이 동맹을 맺었다.
② 백제가 수도를 사비로 옮겼다.
③ 대가야가 가야 연맹을 주도하였다.
④ 고구려가 살수에서 수의 대군을 격파하였다.

053

기본 66회 6번

(가)~(다)를 일어난 순서대로 옳게 나열한 것은? [3점]

만화로 보는 삼국 통일 과정

고구려의 평양성이 함락되었다.	왜군이 백강 전투에서 패배하였다.	신라군이 기벌포에서 당군에 승리하였다.
(가)	(나)	(다)

① (가) - (나) - (다)　② (가) - (다) - (나)
③ (나) - (가) - (다)　④ (다) - (가) - (나)

054

기본 58회 7번

(가)에 들어갈 전투로 옳은 것은? [2점]

<역사 다큐멘터리 기획안>

신라, 최후의 승자가 되다!

1. 기획 의도 : 한반도를 차지하려 한 당을 몰아내고 신라가 삼국 통일을 이룬 과정을 집중 조명한다.
2. 구성
   1편 - 당이 웅진도독부, 안동도호부를 설치하다
   2편 - 신라가 고구려 부흥 운동을 지원하고 군사력을 보강하다
   3편 - 신라가 당에 맞서 (가) 에서 승리하다

① 기벌포 전투　② 우금치 전투
③ 진주성 전투　④ 처인성 전투

055

기본 60회 6번

밑줄 그은 '이 나라'에 대한 설명으로 옳은 것은? [2점]

김해 지역에 세워진 이 나라의 역사를 여행 앱을 통해 만나 보세요.

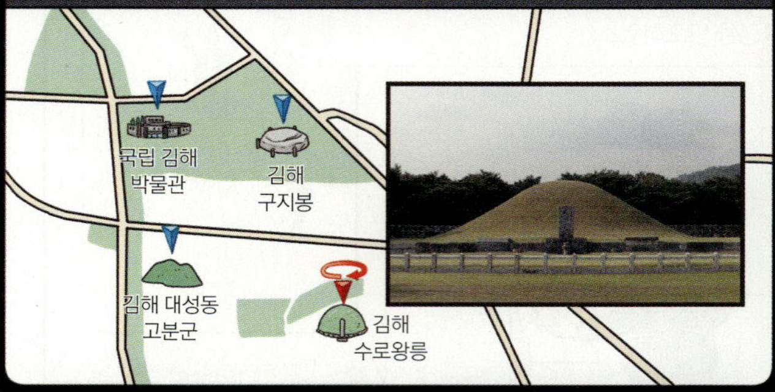

① 전기 가야 연맹을 주도하였다.
② 교육 기관인 국학을 설치하였다.
③ 옥저를 정복하고 동해안으로 진출하였다.
④ 지방에 22담로를 두어 왕족을 파견하였다.

056

기본 58회 6번

(가) 나라의 경제 상황으로 옳은 것은? [2점]

① 정기 시장인 장시가 전국 각지에서 열렸다.
② 시장을 감독하기 위한 동시전이 설치되었다.
③ 활구라고도 불린 은병이 화폐로 사용되었다.
④ 낙랑군과 왜 사이의 중계 무역으로 이익을 얻었다.

057

기본 54회 6번

(가) 나라에 대한 탐구 활동으로 가장 적절한 것은? [3점]

① 사비로 천도한 이유를 파악한다.
② 우산국을 복속한 과정을 살펴본다.
③ 청해진을 설치한 목적을 조사한다.
④ 구지가가 나오는 건국 신화를 분석한다.

058

기본 67회 6번

밑줄 그은 '이 나라'에 대한 설명으로 옳은 것은? [2점]

① 지방에 22담로를 두었다.
② 한의 침략을 받아 멸망하였다.
③ 낙랑과 왜에 철을 수출하였다.
④ 화백 회의에서 중요한 일을 결정하였다.

059

중급 44회 5번 변형

밑줄 그은 '이 나라'에 대한 탐구 활동으로 가장 적절한 것은? [2점]

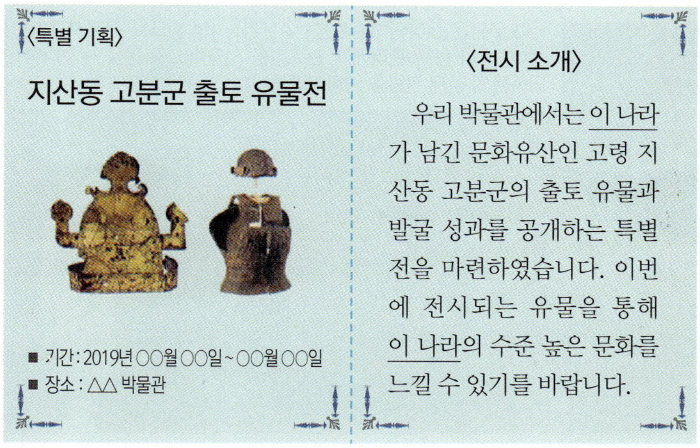

① 범금 8조의 내용을 찾아본다.
② 제가 회의의 역할을 분석한다.
③ 22담로에 왕족이 파견된 배경을 파악한다.
④ 가야 연맹의 중심지가 이동한 과정을 조사한다.

> 정답과 해설 013쪽

4 통일 신라

060

기본 63회 7번

다음 퀴즈의 정답으로 옳은 것은? [2점]

①

②

③

④

061

기본 58회 9번

(가) 왕의 업적으로 옳은 것은? [2점]

① 국학을 설립하였다.
② 대가야를 정복하였다.
③ 독서삼품과를 실시하였다.
④ 김헌창의 난을 진압하였다.

062

기본 60회 10번

다음 기획서에 나타난 시기에 발생한 사건으로 옳은 것은? [2점]

제작 기획서

제목	천년의 신라, 마지막을 향해 가다	장르	다큐멘터리
제작 의도	신라는 혜공왕 이후 잦은 왕위 쟁탈전으로 통치 질서가 어지러워지고 나라 살림이 어려워졌다. 중앙 정부는 세금을 독촉하였고 이에 시달린 농민들은 봉기를 일으켰다. 이러한 과정을 살펴보며 당시의 시대 상황을 되새겨 본다.		
등장 인물	장보고, 진성 여왕, 원종, 애노 등		

① 김헌창의 난　② 이자겸의 난
③ 김사미·효심의 난　④ 망이·망소이의 난

063

기본 71회 7번

다음 자료를 활용한 탐구 주제로 가장 적절한 것은? [1점]

> ○ 주와 군에서 세금을 바치지 않아 나라의 창고가 텅 비어, 왕이 관리를 보내 독촉하니 곳곳에서 도적들이 벌떼처럼 일어났다. 이때 원종과 애노 등이 사벌주에서 반란을 일으켰다.
> ○ 도적들이 나라의 서남쪽에서 일어났다. 그들은 붉은색 바지를 입어 모습을 다르게 하였으므로 적고적이라고 불렸다. 여러 고을을 공격하여 해를 입혔다.

① 백제의 불교 수용
② 신라 말의 사회 동요
③ 고구려 부흥 운동의 전개
④ 삼국과 일본의 문화 교류

064

기본 47회 8번

(가), (나) 사이의 시기에 있었던 사실로 옳은 것은? [3점]

> (가) 헌덕왕 14년, 웅천주 도독 김헌창이 아버지 김주원이 왕위에 오르지 못함을 이유로 반란을 일으켜 국호를 장안, 연호를 경운이라 하였다.
>
> (나) 진성왕 8년, 최치원이 시무 10여 조를 올리자 왕이 좋게 여겨 받아들이고 그를 아찬으로 삼았다.

① 원종과 애노가 봉기하였다.
② 김흠돌이 반란을 도모하였다.
③ 이사부가 우산국을 복속시켰다.
④ 을지문덕이 살수에서 대승을 거두었다.

065
기본 57회 10번

밑줄 그은 '그'가 활동한 시기에 볼 수 있는 모습으로 적절한 것은? [2점]

① 성리학을 공부하는 유생
② 금속 활자를 주조하는 장인
③ 판소리 공연을 하는 소리꾼
④ 군사를 모아 장군이라 칭하는 호족

066
기본 73회 10번

(가) 인물에 대한 설명으로 옳은 것은? [2점]

① 훈요 10조를 남겼다.
② 국호를 마진으로 바꾸었다.
③ 완산주에서 후백제를 세웠다.
④ 경주의 사심관으로 임명되었다.

067
기본 64회 8번

밑줄 그은 '인물'에 대한 설명으로 옳은 것은? [2점]

① 청해진을 설치하였다.
② 국호를 마진으로 하였다.
③ 경주의 사심관으로 임명되었다.
④ 공산 전투에서 고려에 승리하였다.

068
기본 60회 12번

(가)에 들어갈 인물로 옳은 것은? [2점]

① 견훤 ② 궁예
③ 온조 ④ 주몽

069

기본 49회 9번

밑줄 그은 '국가'에 대한 설명으로 옳은 것은? [3점]

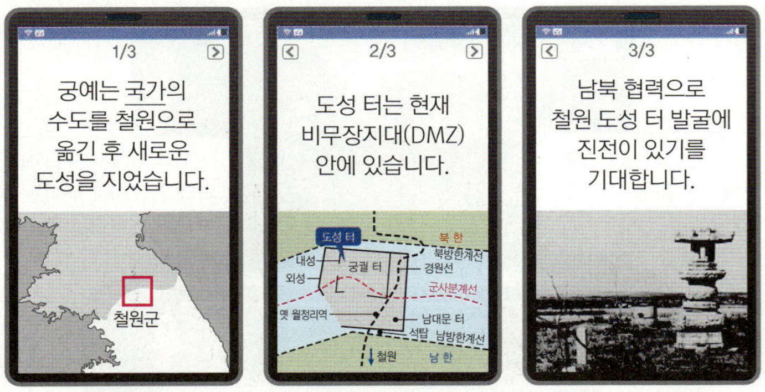

① 독서삼품과를 실시하였다.
② 지방에 12목을 설치하였다.
③ 정치 기구로 광평성을 두었다.
④ 국경 지역에 천리장성을 쌓았다.

070

기본 66회 11번

다음 사건이 일어난 시기를 연표에서 옳게 고른 것은? [3점]

887		896		918		927		936
진성 여왕 즉위	(가)	적고적의 난	(나)	고려 건국	(다)	공산 전투	(라)	후삼국 통일

① (가) ② (나) ③ (다) ④ (라)

071

기본 55회 10번

(가)~(다)를 일어난 순서대로 옳게 나열한 것은? [2점]

① (가) - (나) - (다) ② (가) - (다) - (나)
③ (나) - (가) - (다) ④ (다) - (가) - (나)

정답과 해설 015쪽

5 발해

072

기본 73회 9번

(가) 국가에 대한 설명으로 옳은 것은? [2점]

> (가) 은/는 해동성국이다. 비록 먼 변방에 있었다고 해도 반드시 석실에 보관된 서적이 있었을 것인데 증거로 삼을 만한 문헌이 없는 것은 어찌된 일인가? …… (가) 이/가 망한 지 천년 만에 다행히 유득공 선생을 만나 역사가 후세에 전해질 수 있게 되었으니, 사람들이 감격하게 되었다.

① 대조영이 동모산에서 건국하였다.
② 안시성에서 당의 군대를 물리쳤다.
③ 최고 행정 기구로 집사부를 설치하였다.
④ 무태, 성책 등의 독자적 연호를 사용하였다.

073

기본 51회 10번

다음 다큐멘터리에서 볼 수 있는 장면으로 가장 적절한 것은? [2점]

> 〈다큐멘터리 기획안〉
>
> **해동성국이라 불렸던 ○○**
>
> 1. 기획 의도 : 대조영이 건국한 ○○의 발전 과정을 주변국과의 관계를 통해 살펴본다.
> 2. 장면
>
> #1. 상경 용천부에 도착한 일본 사신단
>
> ……

① 6진을 개척하는 김종서
② 처인성에서 싸우는 김윤후
③ 당의 등주를 공격하는 장문휴
④ 정족산성에서 교전하는 양헌수

074

기본 60회 11번

(가)에 들어갈 사실로 옳은 것은? [2점]

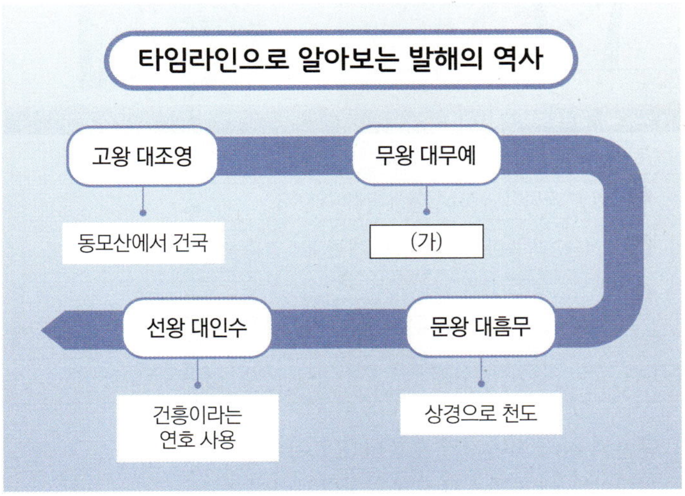

① 대마도 정벌
② 4군 6진 개척
③ 동북 9성 축조
④ 산둥반도의 등주 공격

075

기본 63회 6번

(가) 국가에 대한 설명으로 옳은 것은? [2점]

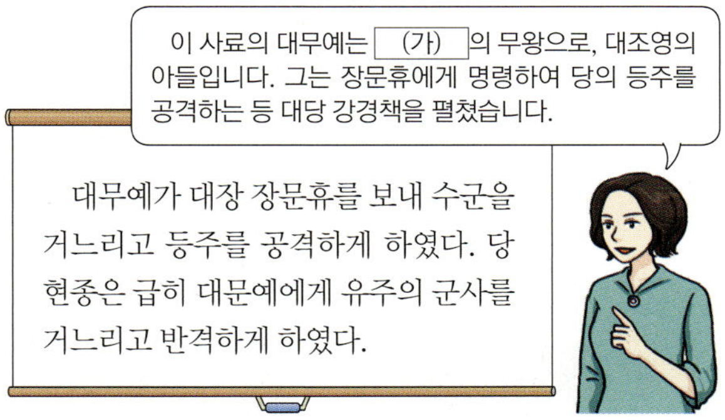

① 마한의 소국 중 하나였다.
② 상수리 제도를 실시하였다.
③ 전성기에 해동성국이라 불렸다.
④ 광덕, 준풍 등의 연호를 사용하였다.

076

기본 49회 10번

밑줄 그은 '이 국가'에 대한 설명으로 옳은 것은? [2점]

① 상수리 제도를 실시하였다.
② 전국에 9주 5소경을 두었다.
③ 제가 회의에서 중요한 일을 결정하였다.
④ 인안, 대흥 등의 독자적 연호를 사용하였다.

077

기본 61회 9번

(가) 국가에 대한 설명으로 옳은 것은? [2점]

역사 신문

제△△호 ○○○년 ○○월 ○○일

특집 기획 **해동성국으로 우뚝 서다**

고구려를 계승한 (가) 은/는 선왕 때 요동에서 연해주에 이르는 최대 영토를 확보하였다. 이후 당으로부터 '바다 동쪽의 융성한 나라'를 뜻하는 '해동성국'이라 불렸다. 이를 통해 이 국가의 국제적 위상을 알 수 있다.

① 한의 침략을 받아 멸망하였다.
② 중앙 정치 조직을 3성 6부로 정비하였다.
③ 정사암에서 국가의 중대사를 결정하였다.
④ 화랑도를 국가적인 조직으로 운영하였다.

078

기본 58회 8번

(가) 국가에 대한 설명으로 옳은 것은? [1점]

① 대조영이 동모산에서 건국하였다.
② 청해진을 중심으로 해상 무역이 전개되었다.
③ 여러 가(加)들이 별도로 사출도를 주관하였다.
④ 지방 세력 견제를 위해 기인 제도가 실시되었다.

079

기본 52회 9번

(가) 국가에 대한 설명으로 옳은 것은? [2점]

① 글과 활쏘기를 가르치는 경당을 두었다.
② 정사암에서 국가의 중대사를 결정하였다.
③ 청해진을 중심으로 해상 무역을 전개하였다.
④ 5경 15부 62주로 지방 행정 제도를 정비하였다.

> 정답과 해설 017쪽

6 경제와 사회

080

기본 51회 9번

(가)에 들어갈 내용으로 옳은 것은? [3점]

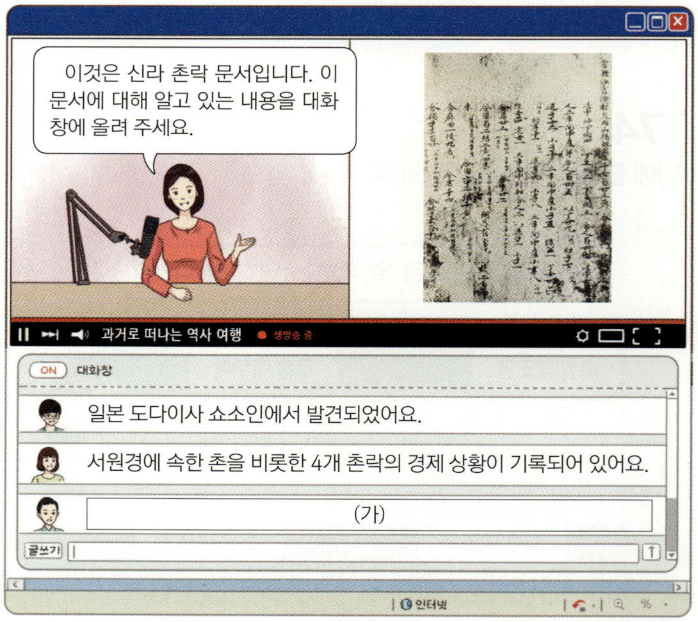

① 단군의 건국 이야기가 수록되어 있어요.
② 병인양요 때 프랑스군에게 약탈당하였어요.
③ 유네스코 세계 기록 유산으로 등재되었어요.
④ 노동력 동원과 세금 징수를 위해 작성되었어요.

081

기본 63회 8번

(가) 국가의 경제 상황으로 옳은 것은? [3점]

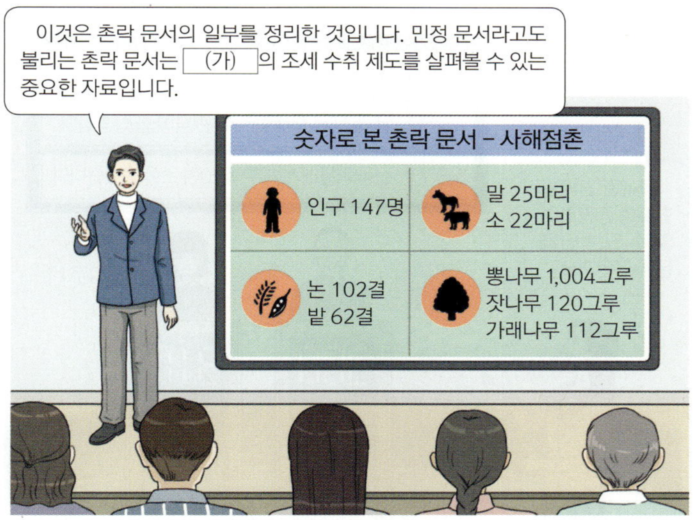

① 활구라고 불리는 은병이 유통되었다.
② 고추, 담배 등이 상품 작물로 재배되었다.
③ 관청에 물품을 조달하는 공인이 활동하였다.
④ 시장을 감독하기 위한 기구로 동시전이 설치되었다.

082

기본 48회 7번

교사의 질문에 대한 학생의 대답으로 옳은 것은? [2점]

083

기본 51회 7번

(가)에 들어갈 제도로 옳은 것은? [1점]

① 화랑도
② 골품 제도
③ 화백 회의
④ 상수리 제도

084

기본 63회 4번

밑줄 그은 '이 국가'에 대한 설명으로 옳은 것은? [2점]

① 진대법을 실시하였다.
② 영고라는 제천 행사를 열었다.
③ 화백 회의라 불리는 합의 기구가 있었다.
④ 왕족인 부여씨와 8성의 귀족이 지배층을 이루었다.

> 정답과 해설 018쪽

7 문화

085

기본 52회 6번

(가)에 들어갈 인물로 옳은 것은? [2점]

이달의 인물, (가)

- 신라의 유학자
- 원효 대사의 아들
- 신문왕에게 화왕계를 지어 바침
- 한자의 음과 훈을 차용하여 우리말을 표기하는 이두를 체계적으로 정리함

① 설총 ② 안향
③ 김부식 ④ 최치원

086

기본 63회 9번

밑줄 그은 '이 인물'로 옳은 것은? [1점]

① 강수 ② 설총
③ 김부식 ④ 최치원

087

기본 55회 8번

다음 퀴즈의 정답으로 옳은 것은? [1점]

① 설총 ② 이사부
③ 이차돈 ④ 최치원

088

기본 50회 7번

(가) 인물에 대한 설명으로 옳은 것은? [2점]

역사 인물 카드

(가)

〈주요 활동〉
- 모든 진리는 한마음에서 나온다는 일심 사상을 주장
- '무애가'를 지어 불러 불교 대중화에 기여
- "대승기신론소" 등을 저술

① 세속 5계를 지었다.
② 십문화쟁론을 저술하였다.
③ 수선사 결사를 제창하였다.
④ 영주 부석사를 건립하였다.

089

기본 73회 4번

(가)에 들어갈 인물로 옳은 것은? [1점]

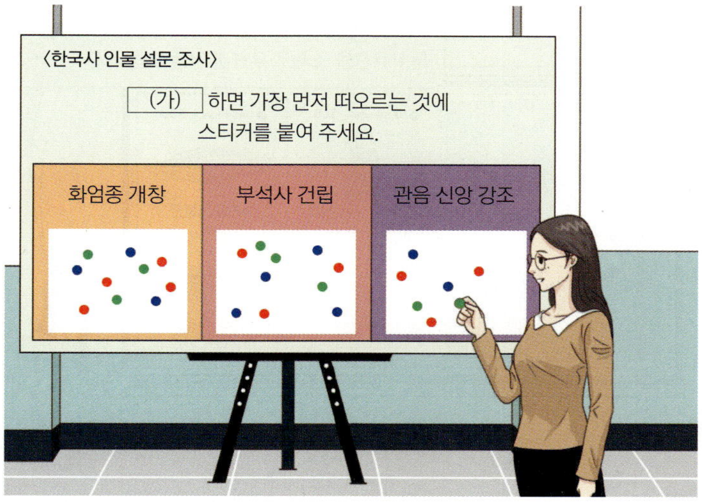

① 원광 ② 원효
③ 의상 ④ 유정

090

중급 41회 8번 변형

(가), (나) 인물에 대한 설명으로 옳은 것은? [2점]

인물로 보는 신라 불교

(가)

모든 진리는 한마음에서 나온다는 일심 사상을 주장하였으며, 대승기신론소 등을 저술하였다.

(나)

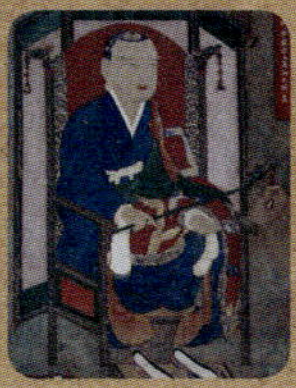

화엄 사상을 바탕으로 조화를 강조하였으며, 화엄일승법계도를 짓고 부석사를 창건하였다.

① (가) - 무애가를 지었다.
② (나) - 수선사 결사를 제창하였다.
③ (나) - 대각국사의 시호를 받았다.
④ (가), (나) - 유·불 일치설을 주장하였다.

091

기본 50회 4번

(가)에 들어갈 문화유산으로 옳은 것은? [2점]

문화유산 해설

(가)

문화재 설명

국보 제119호로 지정된 고구려의 불상으로, 경상남도 의령에서 출토되었다. 전체 높이는 16.2cm이다. 뒷면에 새겨진 '연가 7년'이라는 글자로 불상의 제작 시기를 추정할 수 있다.

① 

② 

③ 

④ 

092

기본 54회 7번

(가)에 들어갈 문화유산으로 옳은 것은? [3점]

① 
배동 석조 여래 삼존 입상

② 
관촉사 석조 미륵보살 입상

③ 
미륵사지 석탑

④ 
월정사 팔각 구층 석탑

093

기본 60회 5번

(가)에 들어갈 가상 우표로 적절한 것은? [2점]

① 

첨성대

② 

미륵사지 석탑

③ 

무용총 수렵도

④ 

성덕 대왕 신종

094

기본 73회 8번

다음 가상 공모전에 제출할 지역 화폐 도안으로 가장 적절한 것은? [3점]

○○ 지역 화폐 디자인 공모

백제의 수도였던 우리 지역의 경제 활성화를 위해 지역 화폐를 발행하려고 합니다. 사비로 불렸던 우리 지역을 상징하는 지역 화폐가 제작될 수 있도록 관심 있는 분들의 많은 참여를 바랍니다.

- 접수 기간 : 2025년 □□월 □□일~□□월 □□일
- 도안 조건 : ○○ 지역에 위치한 백제의 문화유산을 소재로 할 것
- 접수 방법 : 방문, 우편, 홈페이지 탑재
- 제출 서류 : 제안서 및 도안

①

②

③

④

095

기본 55회 7번

학생들이 공통으로 이야기하는 문화유산으로 옳은 것은? [3점]

①

②

③

④

096

기본 47회 9번

다음 퀴즈의 정답으로 옳은 것은? [1점]

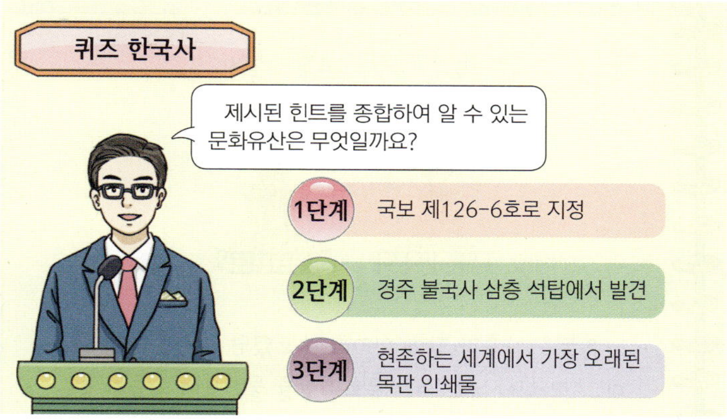

①

②

③

④

097

기본 57회 8번

다음 일기의 소재가 된 유적으로 옳은 것은? [2점]

○○월 ○○일 ○요일 날씨 :

오늘은 동해안에 있는 절터에 갔다. 신문왕이 아버지 문무왕에 이어 완성한 곳으로, 절의 이름은 선왕의 은혜에 감사하는 마음을 담아 지었다고 한다. 마침 그곳에는 축제가 열려 대금 연주가 시작되었다. 마치 만파식적 설화 속 대나무 피리 소리가 들리는 것 같았다.

①

경주 감은사지

②

여주 고달사지

③

원주 법천사지

④

화순 운주사지

Ⅱ 고대

098

기본 50회 8번

(가)에 해당하는 문화유산으로 옳은 것은? [1점]

○○월 ○○일 ○요일 날씨:

오늘은 가족과 함께 신라의 수도였던 경주를 여행하였다. 신라인이 남긴 여러 문화유산을 둘러보며 그들의 높은 예술 수준에 감명을 받았다. 8세기 중엽 김대성이 조성했다고 전해지는 (가) 에는 석가탑과 다보탑이 나란히 서 있었다. 이 절을 둘러보며 불교의 이상 세계를 지상에 건설하고자 했던 신라인의 마음을 잘 느낄 수 있었다.

① 
금산사

② 
법주사

③ 
불국사

④ 
수덕사

099

기본 64회 9번

다음 자료에 해당하는 국가의 문화유산으로 옳은 것은? [2점]

- 대조영은 마침내 그 무리를 거느리고 동쪽으로 가서 계루부의 옛 땅을 차지하고, 동모산에 웅거하여 성을 쌓고 살았다.
- 대인수가 왕위에 올라 연호를 건흥으로 바꾸었다. …… 여러 차례 학생들을 유학 보내어 고금의 제도를 익히게 하니, 비로소 해동성국에 이르렀다.

① 
영광탑

② 
금관총 금관

③ 
금동 대향로

④ 
판갑옷과 투구

100

기본 49회 5번

(가) 나라의 문화유산으로 옳지 않은 것은? [2점]

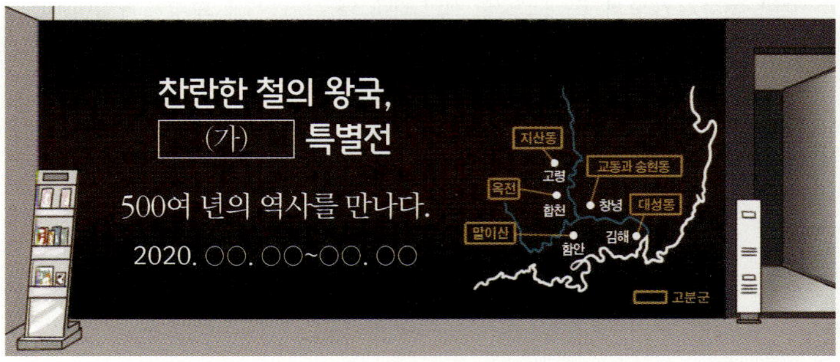

① 
금관

② 
금동 대향로

③ 
말머리 가리개

④ 
기마 인물형 뿔잔

101

기본 51회 6번

(가)에 들어갈 문화유산으로 옳은 것은? [2점]

① 
금동 연가 7년명 여래 입상

② 
앙부일구

③ 
호우명 그릇

④ 
칠지도

102

기본 61회 4번

(가)에 들어갈 문화유산으로 옳지 않은 것은? [2점]

과제 조사 보고서

주제	삼국 시대의 문화유산 알아보기
방법	문헌 조사, 인터넷 검색, 박물관 탐방
알게 된 점	문화유산을 통해 삼국 시대 문화의 특징을 파악할 수 있었다.
조사한 문화유산	 금관총 금관 / (가) /  서산 용현리 마애 여래 삼존상

① 
금동 연가 7년명 여래 입상

② 
논산 관촉사 석조 미륵보살 입상

③ 
천마총 장니 천마도

④ 
장군총

기출 선택지로 개념 다지기

Self Note

1 다음 설명에 해당하는 나라를 〈보기〉에서 찾아 쓰시오.

〈보기〉
고구려, 백제, 신라

(1) 주몽이 건국하였다. ( )
(2) 지방에 22담로를 두었다. ( )
(3) 태학과 경당을 두어 인재를 양성하였다. ( )
(4) 빈민 구제를 위해 진대법을 실시하였다. ( )
(5) 골품제라는 엄격한 신분 제도가 있었다. ( )
(6) 화백 회의라 불리는 합의 기구가 있었다. ( )
(7) 정사암에서 국가의 중대사를 결정하였다. ( )
(8) 제가 회의에서 나라의 중요한 일을 결정하였다. ( )
(9) 왕족인 부여씨와 8성의 귀족이 지배층을 이루었다. ( )

2 고구려 광개토 태왕에 대한 설명으로 옳은 것에 ○표, 옳지 않은 것에 ×표를 하시오.

(1) 태학을 설립하였다. ( )
(2) 낙랑군을 몰아내었다. ( )
(3) 천리장성을 축조하였다. ( )
(4) 영락이라는 연호를 사용하였다. ( )
(5) 신라에 침입한 왜를 격퇴하였다. ( )
(6) 수의 군대를 살수에서 크게 무찔렀다. ( )
(7) 옥저를 정복하고 동해안으로 진출하였다. ( )

3 고구려 장수왕의 업적으로 옳은 것에 ○표, 옳지 않은 것에 ×표를 하시오.

(1) 율령을 반포하였다. ( )
(2) 불교를 수용하였다. ( )
(3) 태학을 설립하였다. ( )
(4) 평양으로 천도하였다. ( )
(5) 화랑도를 정비하였다. ( )
(6) 과거제를 도입하였다. ( )
(7) 왜에 칠지도를 보냈다. ( )
(8) 광개토 태왕릉비를 건립하였다. ( )

정답과 해설 021쪽

Self Note

II 고대

4 고구려의 발전 과정에서 있었던 보기 의 사실들을 일어난 순서대로 나열하시오.

보기
㉠ 태학을 설립하였다.
㉡ 평양으로 천도하였다.
㉢ 신라에 침입한 왜를 격퇴하였다.
㉣ 수의 군대를 살수에서 크게 무찔렀다.

(- - -)

5 다음 백제의 왕과 그 업적을 선을 그어 바르게 연결하시오.

(1) 근초고왕 •		• ㉠ 22담로에 왕족을 파견하였다.
(2) 침류왕 •		• ㉡ 동진으로부터 불교를 받아들였다.
(3) 무령왕 •		• ㉢ 고흥에게 역사서인 "서기"를 편찬하게 하였다.

6 백제 성왕에 대한 설명으로 옳은 것에 ○표, 옳지 않은 것에 ×표를 하시오.

(1) 웅진으로 천도하였다. ( )
(2) 국호를 남부여로 변경하였다. ( )
(3) 관산성 전투에서 전사하였다. ( )
(4) 화랑도를 국가 조직으로 개편하였다. ( )
(5) 대야성을 비롯한 신라의 40여 개 성을 빼앗았다. ( )
(6) 진흥왕과 연합하여 한강 하류 지역을 되찾았다. ( )

7 백제의 발전 과정에서 있었던 보기 의 사실들을 일어난 순서대로 나열하시오.

보기
㉠ 성왕이 수도를 사비로 옮겼다.
㉡ 동성왕이 신라와의 동맹을 강화하였다.
㉢ 계백이 이끄는 결사대가 황산벌에서 항전하였다.
㉣ 근초고왕이 평양성을 공격하여 고국원왕을 전사시켰다.

(- - -)

Self Note

8 **다음 설명이 신라의 지증왕에 해당하면 '지증', 법흥왕에 해당하면 '법흥'을 쓰시오.**

(1) 병부를 설치하였다. ( )
(2) 율령을 반포하였다. ( )
(3) 불교를 공인하였다. ( )
(4) 동시전을 설치하였다. ( )
(5) 이사부를 보내 우산국을 복속시켰다. ( )
(6) 금관가야를 복속해 영토를 확장하였다. ( )

9 **신라 진흥왕의 재위 기간에 있었던 사실로 옳은 것에 ○표, 옳지 않은 것에 ×표를 하시오.**

(1) 상대등이 처음 설치되었다. ( )
(2) 북한산에 순수비를 세웠다. ( )
(3) 신라와 당이 동맹을 맺었다. ( )
(4) 대가야가 신라에 정복되었다. ( )
(5) 화랑도가 국가적인 조직으로 개편되었다. ( )

10 **신라의 삼국 통일 과정에서 있었던 보기 의 사실들을 일어난 순서대로 나열하시오.**

보기

㉠ 백강 전투	㉡ 사비성 함락
㉢ 황산벌 전투	㉣ 기벌포 전투

(- - -)

11 **다음 인물에 대한 설명에서 옳은 것에 ○표를 하시오.**

(1) (거칠부, 아직기)이/가 "국사"를 편찬하였다.
(2) (우중문, 을지문덕)이 살수에서 대승을 거두었다.
(3) (설총, 강수)은/는 신문왕에게 '화왕계'를 지어 바쳤다.
(4) (연개소문, 을파소)이/가 천리장성 축조를 감독하였다.
(5) (검모잠, 흑치상지)은/는 백제 부흥 운동을 전개하였다.
(6) (김대성, 김춘추)이/가 당과의 군사 동맹을 성사시켰다.
(7) 신라는 (이차돈, 이사부)의 순교를 계기로 불교를 공인하였다.
(8) (김부식, 최치원)은 진성 여왕에게 10여 조의 개혁안을 올렸다.
(9) (장보고, 김헌창)은/는 청해진을 중심으로 해상 무역을 전개하였다.

정답과 해설 021쪽

Self Note

Ⅱ 고대

12 **금관가야에 대한 설명으로 옳은 것에 ○표, 옳지 않은 것에 ×표를 하시오.**

(1) 한의 침략을 받아 멸망하였다. ( )
(2) 전기 가야 연맹을 주도하였다. ( )
(3) 교육 기관인 국학을 설치하였다. ( )
(4) 낙랑군, 왜와 활발히 교류하였다. ( )
(5) 중경에서 상경으로 도읍을 옮겼다. ( )
(6) 물가 조절을 위해 상평창을 두었다. ( )

13 **통일 신라에 대한 설명으로 옳은 것에 ○표, 옳지 않은 것에 ×표를 하시오.**

(1) 상수리 제도를 실시하였다. ( )
(2) 전국에 9주 5소경을 두었다. ( )
(3) 중앙군으로 9서당을 설치하였다. ( )
(4) 글과 활쏘기를 가르치는 경당을 두었다. ( )
(5) 정당성 아래 6부를 두어 행정을 담당하게 하였다. ( )

14 **통일 신라 신문왕에 대한 설명으로 옳은 것에 ○표, 옳지 않은 것에 ×표를 하시오.**

(1) 국학을 설립하였다. ( )
(2) 독서삼품과를 실시하였다. ( )
(3) 김헌창의 난을 진압하였다. ( )
(4) 관료전을 지급하고 녹읍을 폐지하였다. ( )
(5) 지방 행정 제도를 9주 5소경으로 정비하였다. ( )

15 **신라 말의 상황으로 옳은 것에 ○표, 옳지 않은 것에 ×표를 하시오.**

(1) 녹읍이 폐지되었다. ( )
(2) 이차돈이 순교하였다. ( )
(3) 김헌창이 난을 일으켰다. ( )
(4) 원종과 애노가 봉기하였다. ( )
(5) 김흠돌이 반란을 도모하였다. ( )
(6) 흑치상지가 백제 부흥 운동을 전개하였다. ( )
(7) 최치원이 국왕에게 시무 10여 조를 건의하였다. ( )

Self Note

16 다음 인물에 대한 설명으로 옳은 것에 ○표를 하시오.

(1) (견훤, 궁예)은/는 국호를 태봉으로 바꾸었다.
(2) (견훤, 궁예)은/는 완산주에서 후백제를 세웠다.
(3) (견훤, 궁예)은/는 정치 기구로 광평성을 두었다.
(4) (견훤, 궁예)은/는 공산 전투에서 고려에 승리하였다.
(5) (견훤, 궁예)은/는 송악에서 철원으로 도읍을 옮겼다.

17 후삼국 통일 과정에서 있었던 보기 의 사실들을 일어난 순서대로 나열하시오.

보기

㉠ 고창 전투	㉡ 신라 항복
㉢ 공산 전투	㉣ 일리천 전투
㉤ 후백제 멸망	

(- - - -)

18 발해에 대한 설명으로 옳은 것에 ○표, 옳지 않은 것에 ×표를 하시오.

(1) 전성기에 해동성국이라 불렸다. ( )
(2) 대조영이 동모산에서 건국하였다. ( )
(3) 안시성에서 당의 군대를 물리쳤다. ( )
(4) 최고 행정 기구로 집사부를 설치하였다. ( )
(5) 제가 회의에서 중요한 일을 결정하였다. ( )
(6) 중앙 정치 조직을 3성 6부로 정비하였다. ( )
(7) 화랑도를 국가적인 조직으로 운영하였다. ( )
(8) 인안, 대흥 등의 독자적 연호를 사용하였다. ( )
(9) 청해진을 중심으로 해상 무역을 전개하였다. ( )
(10) 5경 15부 62주의 지방 행정 제도를 마련하였다. ( )

19 신라의 경제와 사회에 대한 설명으로 옳은 것에 ○표, 옳지 않은 것에 ×표를 하시오.

(1) 낙랑과 왜에 철을 수출하였다. ( )
(2) 골품에 따라 일상생활을 규제하였다. ( )
(3) 일본도를 경유하여 일본과 교역하였다. ( )
(4) 청해진을 중심으로 해상 무역을 전개하였다. ( )
(5) 시장을 감독하기 위한 기구로 동시전을 설치하였다. ( )
(6) 노동력 동원과 세금 징수를 위해 촌락 문서(민정 문서)를 작성하였다. ( )

정답과 해설 021쪽

Self Note

Ⅱ 고대

20 다음 설명에 해당하는 승려를 보기에서 찾아 쓰시오.

보기

원효, 의상, 혜초, 원광

(1) 무애가를 지었다. ( )
(2) 세속 5계를 지었다. ( )
(3) 신라 화엄종을 개창하였다. ( )
(4) 영주 부석사를 건립하였다. ( )
(5) '화엄일승법계도'를 남겼다. ( )
(6) "십문화쟁론"을 저술하였다. ( )
(7) "왕오천축국전"을 저술하였다. ( )

21 백제의 문화유산으로 옳은 것에 ○표, 옳지 않은 것에 ×표를 하시오.

(1)

칠지도
( )

(2)

금동 대향로
( )

(3)

산수무늬 벽돌
( )

(4)

장군총
( )

(5)

강서 대묘 현무도
( )

(6)

무령왕릉
( )

Self Note

22 신라의 문화유산으로 옳은 것에 ○표, 옳지 않은 것에 ×표를 하시오.

(1)

금관총 금관
(　　　　　　　　　)

(2)

성덕 대왕 신종
(　　　　　　　　　)

(3)

첨성대
(　　　　　　　　　)

(4)

무구정광대다라니경
(　　　　　　　　　)

(5)

천마총 장니 천마도
(　　　　　　　　　)

(6)

무용총 수렵도
(　　　　　　　　　)

23 가야의 문화유산으로 옳은 것에 ○표, 옳지 않은 것에 ×표를 하시오.

(1)

금관
(　　　　　　　　　)

(2)

말머리 가리개
(　　　　　　　　　)

(3)

기마 인물형 뿔잔
(　　　　　　　　　)

(4)

연꽃무늬 수막새
(　　　　　　　　　)

(5)

철제 판갑옷과 투구
(　　　　　　　　　)

(6)

호우명 그릇(호우총 청동 그릇)
(　　　　　　　　　)

> 정답과 해설 021쪽

Self Note

24 다음 탑과 불상을 남긴 나라를 보기 에서 찾아 쓰시오.

보기

고구려, 백제, 신라, 발해

(1)

정림사지 5층 석탑
(　　　　　　　)

(2)

미륵사지 석탑
(　　　　　　　)

(3)

분황사 모전 석탑
(　　　　　　　)

(4)

감은사지 3층 석탑
(　　　　　　　)

(5)

불국사 3층 석탑
(　　　　　　　)

(6)

불국사 다보탑
(　　　　　　　)

(7)

화엄사 4사자 3층 석탑
(　　　　　　　)

(8)

쌍봉사 철감선사탑
(　　　　　　　)

(9)

영광탑
(　　　　　　　)

(10)

금동 연가 7년명 여래 입상
(　　　　　　　)

(11)

이불병좌상
(　　　　　　　)

(12)

석굴암 본존불상
(　　　　　　　)

(13)

용현리 마애 여래 삼존상
(　　　　　　　)

(14)

배동 석조 여래 삼존 입상
(　　　　　　　)

Ⅲ 고려

큰별쌤의 학습 포인트

1 초기 정치
- 태조, 광종, 성종의 업적을 구분하여 알아 두세요.
- 중앙 정치 기구, 지방 제도, 군사 제도 등 통치 체제를 정리하세요.

2 문벌 사회의 동요
- 이자겸의 난과 묘청의 난을 계기로 동요된 문벌 사회는 무신 정변을 계기로 붕괴되었어요. 사건이 일어난 순서대로 기억하세요.
- 최씨 무신 정권 시기에 설치된 기구와 무신 집권기 하층민의 봉기를 알아 두세요.

3 원 간섭기와 공민왕의 정치
- 원 간섭기에 볼 수 있는 모습을 정리하세요.
- 공민왕이 원의 내정 간섭에서 벗어나기 위해 추진한 정책을 기억해 두세요.

4 외교
- 반드시 1문항은 출제되는 부분이에요. 고려와 거란, 여진, 몽골(원)의 전쟁을 시기순으로 정리하세요.

5 경제와 사회
- 고려의 경제 상황을 묻는 문항이 종종 출제됩니다. 건원중보, 활구, 해동통보, 벽란도, 전시과 등의 키워드를 기억해 두세요.
- 고려의 사회에 관한 문항은 자주 출제되는 편은 아니지만 빈민 구제 등을 위한 사회 제도, 특히 의창을 기억해 두세요.

6 문화
- "삼국사기"와 "삼국유사" 등 역사서의 특징을 비교하여 알아 두세요.
- 대표적인 불탑과 불상을 사진과 함께 알아 두세요.

최근 4회차 단원별 출제 비중

선사 고대 고려 조선 개항기 일제 강점기 현대

73회

★민속 놀이 : 1문항

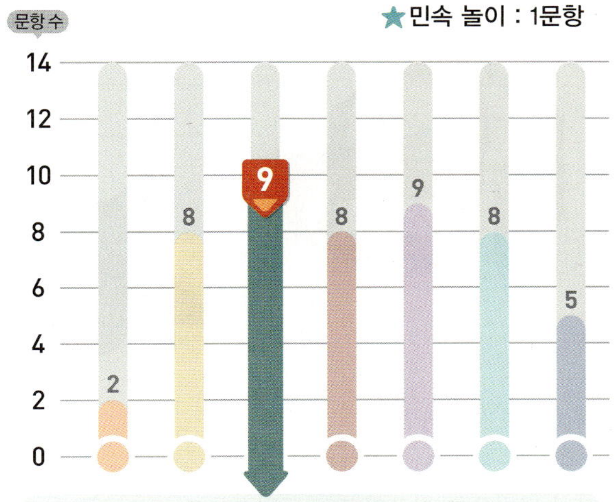

서희의 활동, 안동 봉정사 극락전, 이자겸의 난,
삼국사기, 고려의 대몽 항쟁, 의창, 공민왕의 업적,
지눌의 활동, 이성계의 활동

71회

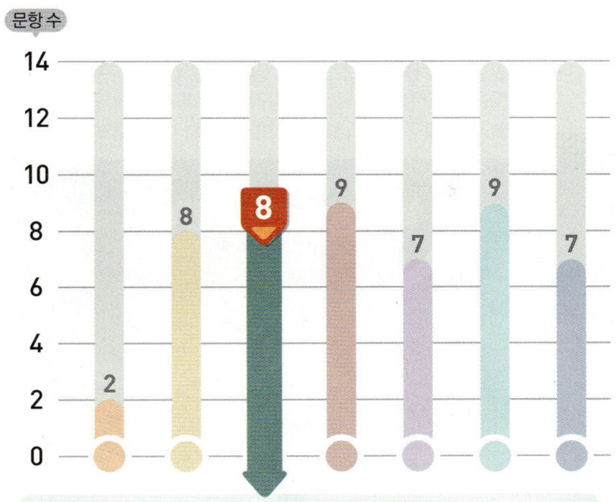

고려 광종의 정책, 고려, 고려 현종 재위 시기의 사실,
영주 부석사 무량수전, 망이 · 망소이의 난,
고려와 여진의 관계, 팔관회, 고려의 경제

69회

★세시 풍속 : 1문항

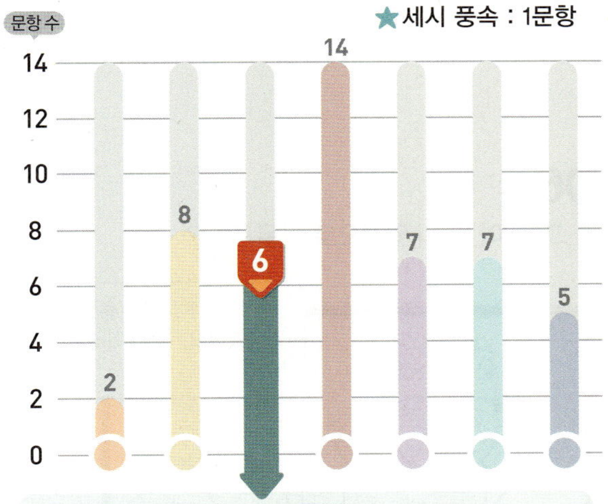

고려와 거란의 전쟁, 고려의 화폐, 만적의 난,
화통도감, 몽골 침입 시기의 사실, 일연의 활동

67회

★세시 풍속 : 1문항

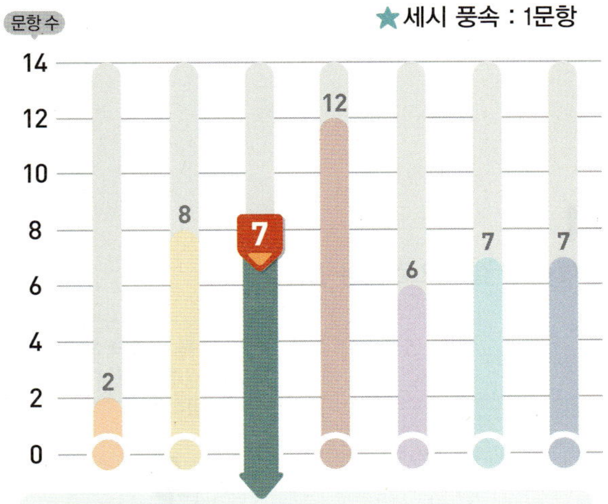

고려 태조의 정책, 고려의 경제,
서희의 외교 담판, 문벌 사회의 동요,
안향의 활동, 삼별초, 진포 대첩

기출문제 풀어 보기

정답과 해설 022쪽

1 초기 정치

103

기본 61회 11번

(가) 왕이 추진한 정책으로 옳은 것은? [2점]

① 노비안검법을 시행하였다.
② 지방에 12목을 설치하였다.
③ 사심관 제도를 실시하였다.
④ 활구라고 불린 은병을 제작하였다.

104

기본 57회 11번

(가) 왕에 대한 설명으로 옳은 것은? [2점]

① 훈요 10조를 남겼다.
② 과거제를 시행하였다.
③ 만권당을 설립하였다.
④ 전시과를 마련하였다.

105

기본 63회 10번

(가) 왕에 대한 설명으로 옳은 것은? [2점]

① 집현전을 설치하였다.
② 기인 제도를 실시하였다.
③ 나선 정벌을 단행하였다.
④ 노비안검법을 시행하였다.

106

기본 64회 15번

밑줄 그은 '이 왕'의 업적으로 옳은 것은? [2점]

① 흑창을 만들었다.
② 천리장성을 축조하였다.
③ 전민변정도감을 설치하였다.
④ 전시과를 처음으로 시행하였다.

107

기본 51회 12번

(가)에 들어갈 내용으로 옳은 것은? [2점]

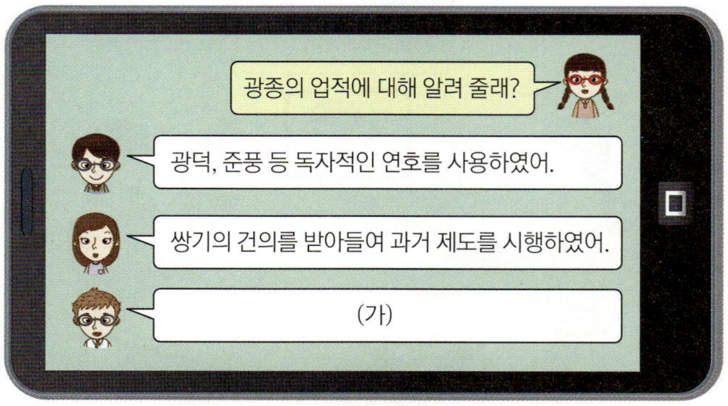

① 훈요 10조를 남겼어.
② 교정도감을 설치하였어.
③ 노비안검법을 실시하였어.
④ 12목에 지방관을 파견하였어.

108

기본 64회 10번

(가)에 들어갈 내용으로 옳은 것은? [2점]

① 강화도로 천도했어요.
② 쌍성총관부를 수복했어요.
③ 지방에 12목을 설치했어요.
④ 과거제를 처음으로 시행했어요.

109

기본 58회 12번

밑줄 그은 '왕'의 업적으로 옳은 것은? [2점]

① 훈요 10조를 남겼다.
② 수도를 강화도로 옮겼다.
③ 노비안검법을 시행하였다.
④ 기철 등 친원파를 숙청하였다.

110

기본 66회 13번

다음 퀴즈의 정답으로 옳은 것은? [1점]

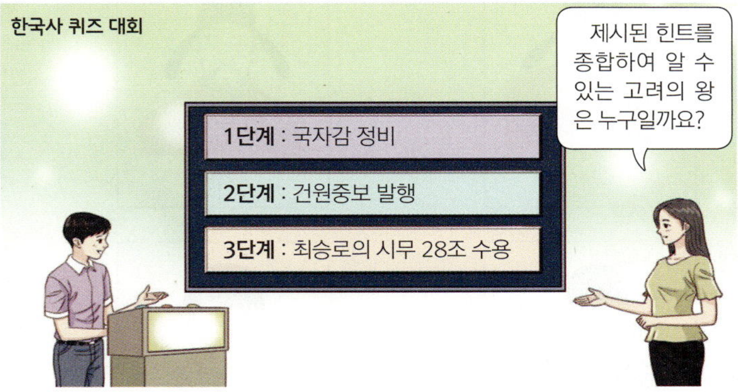

① 광종 ② 문종
③ 성종 ④ 예종

Ⅲ 고려

기출문제 풀어 보기

111

기본 52회 11번

(가)에 들어갈 내용으로 옳은 것은? [1점]

(앞면)

- 고려 제6대 왕
- 최승로의 시무 28조 수용
- 2성 6부로 중앙 통치 조직 정비
- (가)

(뒷면)

① 녹읍 폐지 ② 대마도 정벌
③ 지방에 12목 설치 ④ 북한산 순수비 건립

112

기본 47회 12번

(가)에 들어갈 인물로 옳은 것은? [2점]

(가)

(앞면)

- 고려 전기의 관리
- 시무 28조를 성종에게 건의
- 유교 정치 이념에 근거한 통치 체제 확립에 기여

(뒷면)

①

②

③

④

113

기본 61회 17번

학생들이 공통으로 이야기하는 기구로 옳은 것은? [2점]

① 도방 ② 어사대
③ 의금부 ④ 도병마사

114

기본 48회 13번

(가)에 들어갈 기구로 옳은 것은? [2점]

① 어사대 ② 의정부
③ 중추원 ④ 도병마사

115
중급 42회 10번 변형

(가) 기구에 대한 설명으로 옳은 것은? [2점]

① 관리의 부정과 비리를 감찰하였다.
② 국정을 총괄하고 정책을 결정하였다.
③ 군사 기밀과 왕명의 출납을 관장하였다.
④ 재정의 출납과 회계 업무를 담당하였다.

116
중급 37회 11번 변형

(가) 국가의 군사 제도에 대한 설명으로 옳은 것은? [3점]

(가) 의 도병마사와 식목도감은 중서문하성과 중추원의 고위 관료인 재신과 추밀로 구성된 회의 기구였다. 도병마사는 국방과 군사 문제를 논의하였고, 식목도감은 법의 제정이나 각종 시행 규정을 다루었다.

① 중앙군으로 2군 6위를 두었다.
② 국왕 친위 부대인 장용영을 조직하였다.
③ 북벌 정책을 추진하기 위해 어영청을 확대하였다.
④ 포수, 사수, 살수로 구성된 훈련도감을 설치하였다.

117
기본 63회 12번

다음 사건이 있었던 국가의 지방 통치에 대한 설명으로 옳은 것은? [2점]

역사 신문

제△△호 ○○○○년 ○○월 ○○일

공주 명학소, 충순현으로 승격

공주 명학소 사람 망이·망소이가 무리를 불러 모아 난을 일으켜 공주를 함락하였다. 이에 정부는 명학소를 충순현으로 승격하는 조치를 취했다. 이는 소의 주민으로서 그들이 겪어야 했던 차별이 철폐됨을 의미하는 것으로, 정부의 이번 조치가 해결책이 될 수 있을지 결과가 주목된다.

① 지방에 22담로를 두었다.
② 양계에 병마사를 파견하였다.
③ 주요 지역에 5소경을 설치하였다.
④ 전국을 5경 15부 62주로 나누었다.

정답과 해설 025쪽

2 문벌 사회의 동요

118
기본 73회 13번

다음 상황이 나타난 시기를 연표에서 옳게 고른 것은? [3점]

918		1019		1170		1270		1380
고려 건국	(가)	귀주 대첩	(나)	무신 정변	(다)	개경 환도	(라)	진포 대첩

① (가) ② (나) ③ (다) ④ (라)

119

기본 54회 12번

다음 가상 인터뷰에 나타난 사건으로 옳은 것은? [2점]

① 묘청의 난 ② 김흠돌의 난
③ 홍경래의 난 ④ 원종과 애노의 난

121

기본 63회 11번

(가)~(다)를 일어난 순서대로 옳게 나열한 것은? [3점]

① (가) - (나) - (다) ② (나) - (가) - (다)
③ (나) - (다) - (가) ④ (다) - (나) - (가)

120

기본 58회 14번

다음 상황이 일어난 시기를 연표에서 옳게 고른 것은? [3점]

918		1019		1170		1270		1392
고려 건국	(가)	귀주 대첩	(나)	무신 정변	(다)	개경 환도	(라)	고려 멸망

① (가) ② (나) ③ (다) ④ (라)

122

기본 61회 16번

다음 상황 이후에 일어난 사실로 옳은 것은? [2점]

① 김헌창이 난을 일으켰다.
② 장문휴가 등주를 공격하였다.
③ 최치원이 시무 10여 조를 건의하였다.
④ 망이·망소이가 공주 명학소에서 봉기하였다.

123

기본 71회 15번

다음 사건이 일어난 시기를 연표에서 옳게 고른 것은? [3점]

1135		1170		1232		1356		1388
묘청의 난	(가)	무신 정변	(나)	강화도 천도	(다)	쌍성총관부 수복	(라)	위화도 회군

① (가) ② (나) ③ (다) ④ (라)

124

기본 60회 16번

다음 퀴즈의 정답으로 옳은 것은? [2점]

① 중방 ② 교정도감
③ 도병마사 ④ 식목도감

125

기본 48회 14번

(가) 시기에 있었던 사실로 옳은 것은? [3점]

→ (가) →

① 김헌창이 난을 일으켰다.
② 최우가 정방을 설치하였다.
③ 묘청이 금 정벌을 주장하였다.
④ 서희가 강동 6주를 획득하였다.

126

기본 55회 14번

(가) 시기에 있었던 사실로 옳은 것은? [3점]

→ (가) →

① 이자겸이 난을 일으켰다.
② 묘청이 서경 천도를 주장하였다.
③ 만적이 개경에서 봉기를 모의하였다.
④ 강감찬이 귀주에서 큰 승리를 거두었다.

> 정답과 해설 027쪽

3 원 간섭기와 공민왕의 정치

127

기본 49회 14번

밑줄 그은 '이 시기'에 있었던 사실로 옳지 않은 것은? [2점]

① 정동행성이 설치되었다.
② 권문세족이 높은 관직을 독점하였다.
③ 여진 정벌을 위해 별무반이 편성되었다.
④ 결혼도감을 통해 여성들이 공녀로 보내졌다.

128

기본 51회 14번

(가) 시기에 있었던 사실로 옳은 것은? [3점]

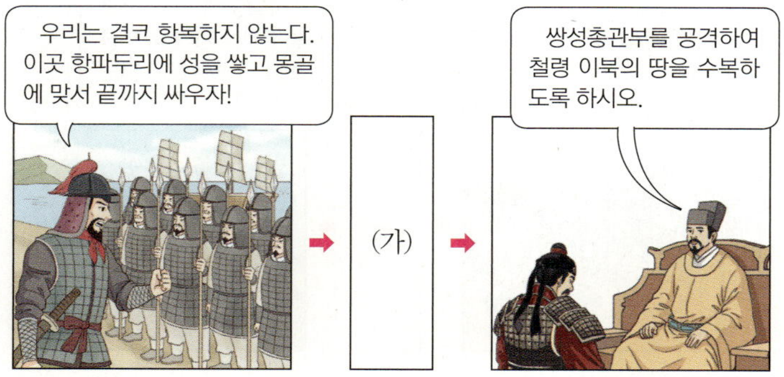

① 별무반이 편성되었다.
② 김헌창이 난을 일으켰다.
③ 김부식이 삼국사기를 편찬하였다.
④ 지배층을 중심으로 변발과 호복이 유행하였다.

129

기본 63회 14번

밑줄 그은 '시기'에 있었던 사실로 옳은 것은? [2점]

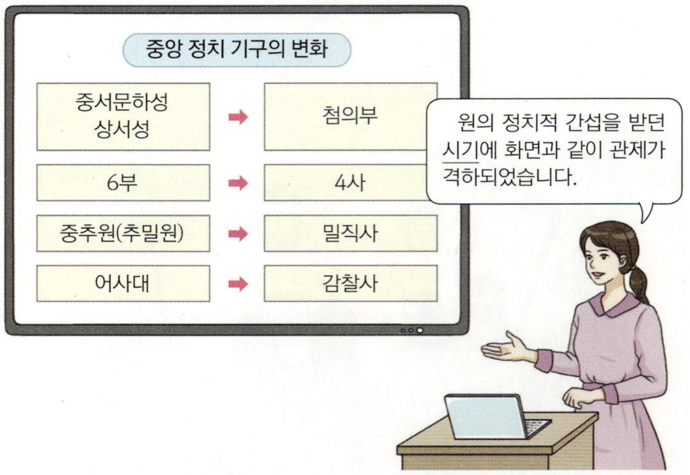

① 별무반이 편성되었다.
② 정동행성이 설치되었다.
③ 6조 직계제가 실시되었다.
④ 김흠돌의 난이 진압되었다.

130

기본 73회 17번

다음 가상 인터뷰에 등장하는 왕의 업적으로 옳은 것은? [2점]

① 12목을 설치하였다.
② 해동통보를 발행하였다.
③ 쌍성총관부를 공격하였다.
④ 노비안검법을 실시하였다.

131

기본 57회 17번

다음 다큐멘터리에서 볼 수 있는 장면으로 적절하지 않은 것은? [2점]

〈다큐멘터리 기획안〉

1356년, 고려가 새로워지다

■ 기획 의도

노국 대장 공주와 혼인한 왕기(王祺)는 1351년 왕위에 올랐다. 재위 5년 그가 원의 간섭에서 벗어나 왕권 강화를 위해 추진한 일련의 개혁 정치를 심층 조명한다.

■ 구성 내용

1. 정동행성 이문소를 혁파하다
2. 원의 연호 사용을 중지하다

⋮

① 수원 화성을 축조하는 백성
② 쌍성총관부를 공격하는 군인
③ 숙청당하는 기철 등 친원 세력
④ 정방 폐지 교서를 작성하는 관리

132

기본 63회 15번

(가) 왕의 업적으로 옳은 것은? [2점]

① 사비로 천도하였다.
② 북한산 순수비를 세웠다.
③ 독서삼품과를 실시하였다.
④ 전민변정도감을 설치하였다.

133

기본 47회 17번

다음 조치가 내려진 시기를 연표에서 옳게 고른 것은? [3점]

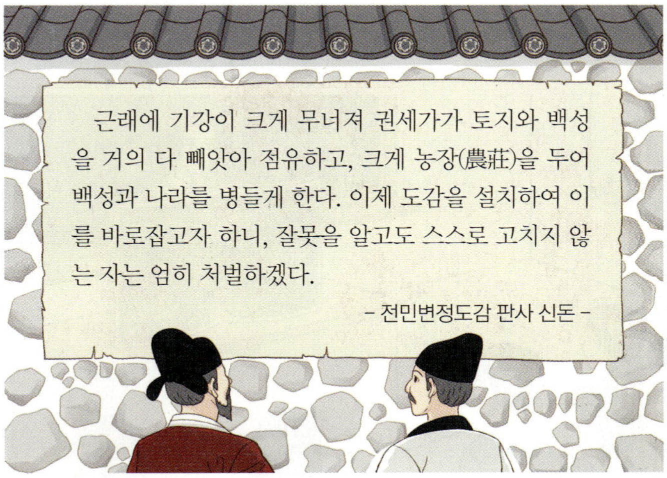

993		1126		1170		1270		1392
거란의 1차 침입	(가)	이자겸의 난	(나)	무신 정변	(다)	개경 환도	(라)	고려 멸망

① (가) ② (나) ③ (다) ④ (라)

정답과 해설 028쪽

4 외교

134

기본 55회 13번

(가) 인물의 활동으로 옳은 것은? [1점]

① 강동 6주를 확보하였다.
② 동북 9성을 축조하였다.
③ 화통도감을 설치하였다.
④ 4군과 6진을 개척하였다.

135

기본 51회 13번

(가)에 들어갈 인물로 옳은 것은? [1점]

① 서희 ② 윤관
③ 강감찬 ④ 최무선

136

기본 69회 11번

(가)에 들어갈 내용으로 가장 적절한 것은? [2점]

한국사 역할극 발표회

주제 : 고려와 거란의 전쟁

1모둠 - 서희, 강동 6주를 확보하다
2모둠 - 양규, 흥화진을 지켜 내다
3모둠 - (가)

① 김종서, 6진을 개척하다
② 윤관, 동북 9성을 축조하다
③ 강감찬, 귀주에서 승리하다
④ 김윤후, 충주성에서 적을 막아 내다

137

기본 60회 15번

(가)~(다)를 일어난 순서대로 옳게 나열한 것은? [3점]

① (가) - (나) - (다) ② (가) - (다) - (나)
③ (나) - (가) - (다) ④ (다) - (가) - (나)

138

기본 58회 17번

(가)의 활동으로 옳은 것은? [2점]

○ (가) 이/가 아뢰기를, "신이 여진에게 패배한 까닭은 그들은 기병이고 우리는 보병이어서 대적하기 어려웠기 때문입니다."라고 하였다. 이에 건의하여 비로소 별무반을 만들었다. - "고려사절요" -
○ (가) 이/가 여진을 쳐서 크게 물리쳤다. [왕이] 여러 장수를 보내 경계를 정하였다. - "고려사" -

① 강동 6주를 획득하였다.
② 동북 9성을 축조하였다.
③ 쓰시마섬을 정벌하였다.
④ 쌍성총관부를 수복하였다.

139

기본 71회 16번

(가) 시기에 있었던 사실로 옳은 것은? [2점]

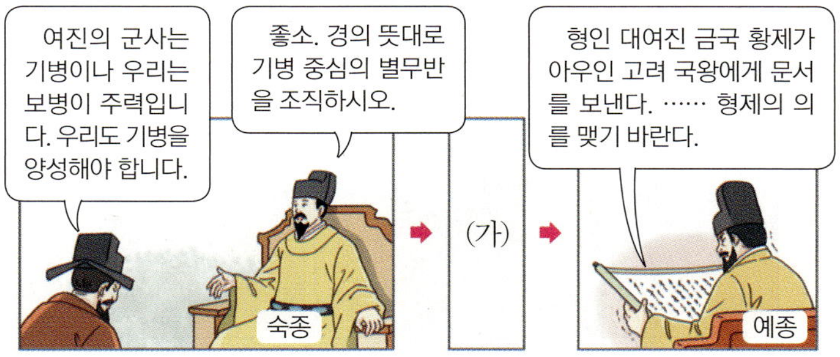

① 윤관이 동북 9성을 축조하였다.
② 서희가 강동 6주 지역을 확보하였다.
③ 최무선이 진포에서 왜구를 물리쳤다.
④ 김윤후가 충주성 전투에서 승리하였다.

140

기본 61회 14번

(가), (나) 사이의 시기에 있었던 사실로 옳은 것은? [3점]

〈역사 만화 동영상 대본〉

고려의 대외 관계

(가)

S#7. 강감찬이 군사들을 지휘하고 있다.
강감찬 : 이곳 귀주에서 거란군을 무찌르자.
군사들 : 와!(함성을 지르며 공격한다.)

(나)

S#9. 김윤후가 군사들을 향해 외치고 있다.
김윤후 : 너희들이 힘을 다해 싸우면 귀천을 가리지 않고 모두 벼슬을 줄 것이다.
군사들 : 네, 죽음을 각오하고 싸우겠습니다.

① 서희가 강동 6주를 획득하였다.
② 윤관이 동북 9성을 축조하였다.
③ 박위가 쓰시마섬을 토벌하였다.
④ 최무선이 진포에서 왜구를 물리쳤다.

141

기본 54회 14번

다음 외교 문서를 보낸 국가에 대한 고려의 대응으로 옳은 것은? [2점]

> 칸께서 살리타 등이 이끄는 군대를 너희에게 보내 항복할지 아니면 죽임을 당할지 묻고자 하신다. 이전에 칸께서 보낸 사신 저고여가 사라져서 다른 사신이 찾으러 갔으나, 너희들은 활을 쏘아 그를 쫓아냈다. 너희가 저고여를 살해한 것이 확실하니, 이제 그 책임을 묻고 있는 것이다.

① 이자겸이 사대 요구를 수용하였다.
② 서희가 소손녕과 외교 담판을 벌였다.
③ 김윤후 부대가 처인성에서 적장을 사살하였다.
④ 강감찬이 군사를 이끌고 귀주에서 크게 승리하였다.

142

중급 43회 14번 변형

(가) 국가의 침입에 대한 고려의 대응으로 옳은 것은? [2점]

① 동북 9성을 축조하였다.
② 화통도감을 설치하였다.
③ 초조대장경을 조판하였다.
④ 처인성에서 적장 살리타를 사살하였다.

143

기본 57회 15번

(가) 시기에 있었던 사실로 옳은 것은? [3점]

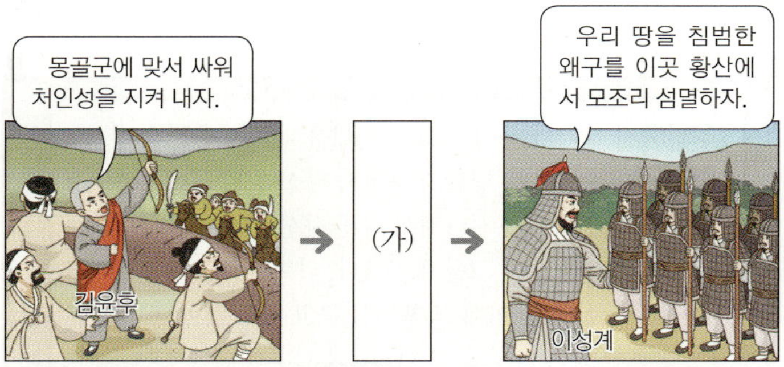

① 과전법이 시행되었다.
② 이자겸이 난을 일으켰다.
③ 궁예가 후고구려를 세웠다.
④ 팔만대장경판이 제작되었다.

144

기본 67회 16번

(가) 군사 조직에 대한 설명으로 옳은 것은? [2점]

① 쌍성총관부를 공격하였다.
② 백강 전투에서 활약하였다.
③ 신기군, 신보군, 항마군으로 구성되었다.
④ 최씨 무신 정권의 군사적 기반이 되었다.

145

기본 52회 13번

(가)~(다)의 사건을 일어난 순서대로 옳게 나열한 것은? [3점]

(가) (나) (다)

① (가) - (나) - (다)
② (나) - (다) - (가)
③ (다) - (가) - (나)
④ (다) - (나) - (가)

146

기본 69회 14번

(가)에 들어갈 기구로 옳은 것은? [2점]

> 처음 (가) 을 설치하였는데 판사 최무선의 말을 따른 것이다. 최무선이 원의 염초 기술자인 같은 마을 사람 이원을 잘 대우하여 그 기술을 물어보고, 아랫사람들에게 익히게 하여 시험해 본 후 왕에게 건의하여 설치한 것이다. - "고려사" -

① 교정도감
② 식목도감
③ 화통도감
④ 훈련도감

147

기본 67회 17번

다음 학생들이 표현하고 있는 사건으로 적절한 것은? [2점]

① 명량 대첩
② 살수 대첩
③ 진포 대첩
④ 행주 대첩

148

기본 48회 16번

(가)에 들어갈 학습 주제로 적절한 것은? [2점]

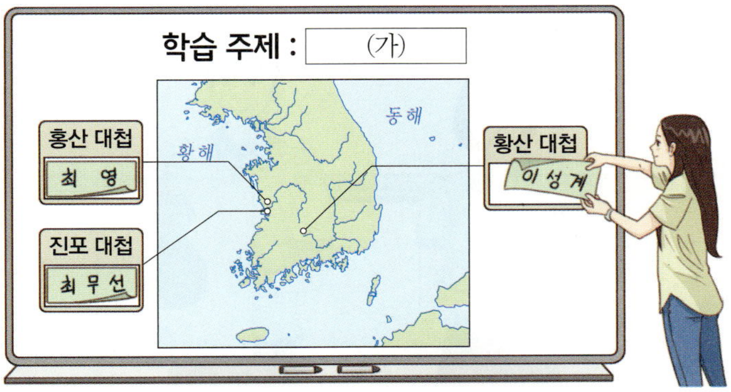

① 몽골의 침입과 항쟁
② 왜구의 침략과 격퇴
③ 여진 정벌과 동북 9성 축조
④ 서양 함대의 침입과 척화비 건립

149

기본 64회 17번

(가) 인물에 대한 설명으로 옳은 것은? [3점]

① 강동 6주를 획득하였다.
② 비격진천뢰를 제작하였다.
③ 황산에서 왜구를 물리쳤다.
④ 매소성 전투를 승리로 이끌었다.

150

기본 52회 18번

(가)에 들어갈 내용으로 옳은 것은? [2점]

① 비변사 혁파
② 위화도 회군
③ 대전회통 편찬
④ 훈민정음 창제

> 정답과 해설 032쪽

5 경제와 사회

151

기본 58회 13번

(가)에 들어갈 내용으로 옳은 것은? [1점]

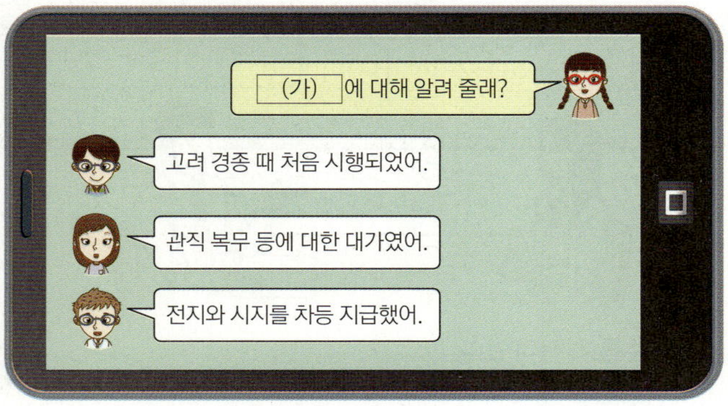

① 과전법 ② 납속책
③ 전시과 ④ 호포제

152

기본 55회 15번

밑줄 그은 '이 국가'의 경제 상황으로 옳은 것은? [3점]

① 전시과 제도가 실시되었다.
② 고구마, 감자가 널리 재배되었다.
③ 모내기법이 전국적으로 확산되었다.
④ 시장을 감독하기 위한 동시전이 설치되었다.

153

기본 50회 14번

다음 상황을 볼 수 있었던 국가의 경제 정책에 대한 설명으로 옳은 것은? [2점]

① 건원중보를 발행하였다.
② 신해통공을 단행하였다.
③ 연분9등법을 시행하였다.
④ 관수관급제를 실시하였다.

154

기본 47회 14번

다음 발표에 해당하는 국가의 경제 상황으로 옳은 것은? [2점]

① 벽란도가 국제 무역항으로 번성하였다.
② 담배, 인삼 등의 상품 작물이 재배되었다.
③ 관청에 물품을 조달하는 공인이 활동하였다.
④ 시장을 감독하기 위한 동시전이 설치되었다.

155

기본 52회 14번

(가) 국가의 경제 상황으로 옳은 것은? [2점]

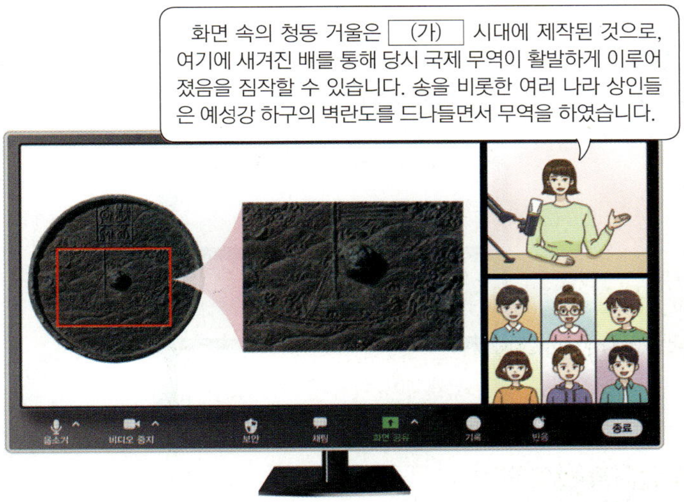

① 고구마, 감자 등이 재배되었다.
② 모내기법이 전국적으로 확산되었다.
③ 만상, 내상 등이 활발하게 활동하였다.
④ 활구라고 불린 은병이 화폐로 사용되었다.

156

기본 64회 12번

(가)에 들어갈 화폐로 옳은 것은? [1점]

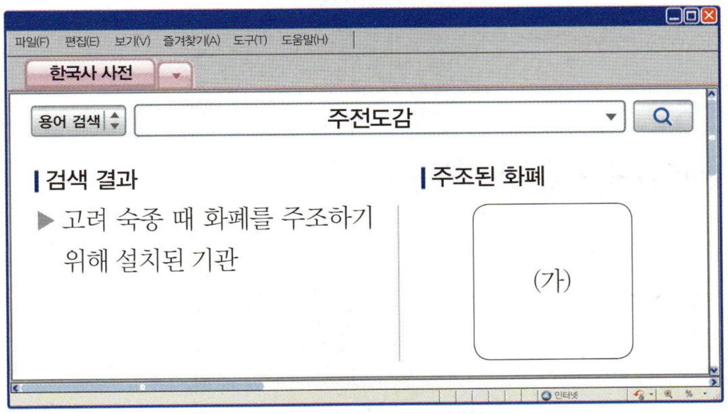

①

명도전

②

당백전

③

백동화

④

해동통보

157

기본 61회 13번

(가) 국가의 경제 상황으로 옳은 것은? [2점]

① 모내기법이 전국적으로 확산되었다.
② 벽란도가 국제 무역항으로 번성하였다.
③ 낙랑군과 왜 사이에서 중계 무역을 하였다.
④ 청해진을 중심으로 해상 무역을 전개하였다.

158

기본 57회 13번

교사의 질문에 대한 학생의 답변으로 옳지 않은 것은? [2점]

159

기본 58회 18번

(가)에 들어갈 기구로 옳은 것은? [2점]

① 중방　② 상평창
③ 어사대　④ 식목도감

160

기본 54회 17번

교사의 질문에 대한 학생의 답변으로 옳지 않은 것은? [1점]

정답과 해설 033쪽

6 문화

161

기본 48회 15번

다음 퀴즈의 정답으로 옳은 것은? [1점]

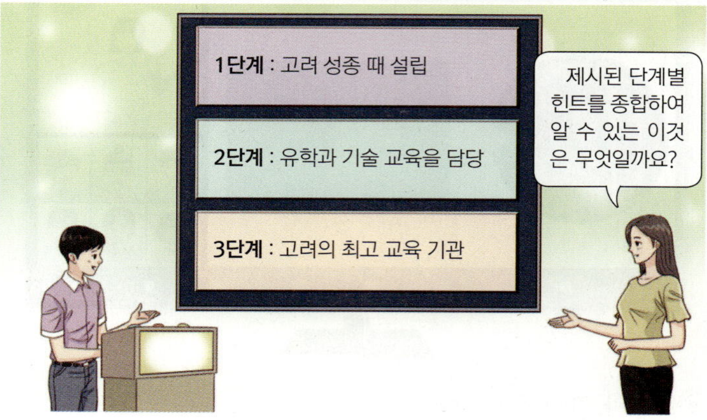

① 경당　② 향교
③ 국자감　④ 주자감

162

기본 63회 13번

교사의 질문에 대한 답변으로 옳지 않은 것은? [2점]

163

기본 57회 12번

(가)~(다) 학생이 발표한 내용을 일어난 순서대로 옳게 나열한 것은? [3점]

① (가) - (나) - (다)
② (가) - (다) - (나)
③ (나) - (가) - (다)
④ (다) - (가) - (나)

164

중급 42회 13번 변형

밑줄 그은 '정책'으로 옳은 것은? [3점]

① 유학 교육 기관으로 주자감을 설립하였다.
② 초계문신을 선발하여 학문 연구를 장려하였다.
③ 장학 기금을 마련하고자 양현고를 설치하였다.
④ 신진 인사를 등용하기 위해 현량과를 실시하였다.

165

기본 57회 16번

다음 퀴즈의 정답으로 옳은 것은? [1점]

① 양규
② 일연
③ 김부식
④ 이제현

166

중급 44회 14번 변형

밑줄 그은 '이 책'에 대한 설명으로 옳은 것은? [2점]

① 기전체 형식으로 서술되었다.
② 신라와 발해를 남북국이라 칭하였다.
③ 사초와 시정기를 바탕으로 제작되었다.
④ 단군의 고조선 건국 이야기가 수록되었다.

167

기본 60회 13번

밑줄 그은 '이 책'으로 옳은 것은? [1점]

① 동국통감　② 동사강목
③ 삼국유사　④ 제왕운기

169

기본 58회 15번

(가)에 들어갈 인물로 옳은 것은? [2점]

① 원효　② 의천
③ 지눌　④ 혜심

168

중급 42회 14번 변형

교사의 질문에 대한 학생의 답변으로 옳은 것은? [2점]

① 사초, 시정기를 바탕으로 편찬되었어요.
② 남북국이라는 용어가 처음 사용되었어요.
③ 단군의 고조선 건국 이야기가 기록되었어요.
④ 불교사를 중심으로 고대 민간 설화 등이 수록되었어요.

170

중급 44회 11번 변형

(가) 인물에 대한 설명으로 옳은 것은? [2점]

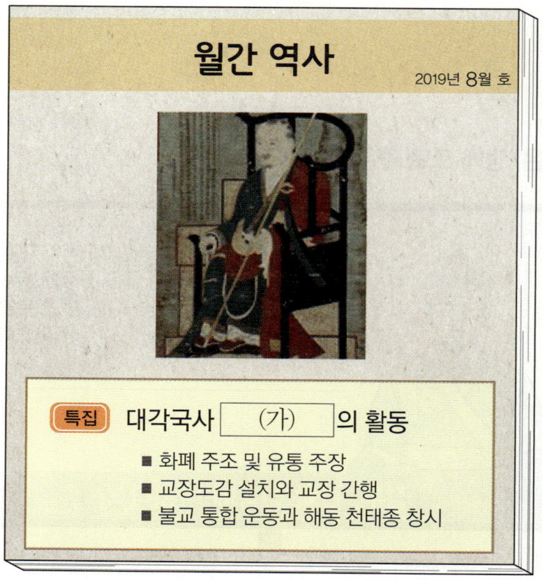

① 무애가를 지었다.
② 교관겸수를 주장하였다.
③ 수선사 결사를 제창하였다.
④ 왕오천축국전을 저술하였다.

171

기본 54회 16번

다음 퀴즈의 정답으로 옳은 것은? [2점]

①

②

③

④

172

기본 73회 18번

다음 자료에 해당하는 인물에 대한 설명으로 옳은 것은? [2점]

① 천태종을 창시하였다.
② 수선사 결사를 제창하였다.
③ 스스로를 미륵불이라고 칭하였다.
④ 인도 등에 다녀와 왕오천축국전을 지었다.

173

기본 49회 17번

(가)에 들어갈 문화유산으로 옳은 것은? [2점]

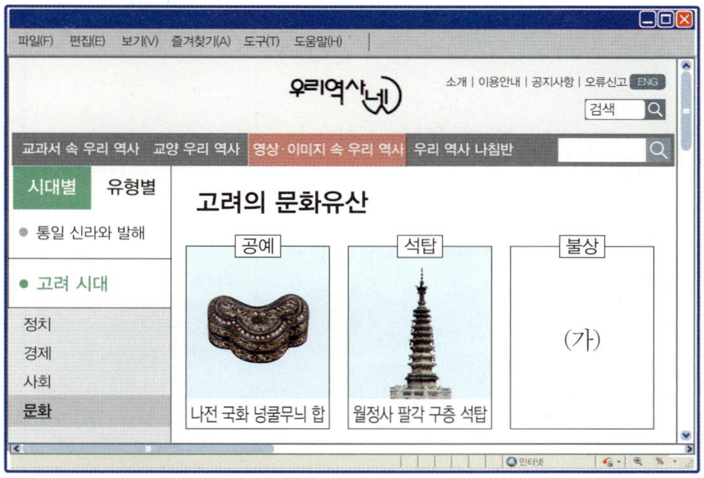

①

이불병좌상

②

안동 이천동 마애 여래 입상

③

석굴암 본존불상

④

서산 용현리 마애 여래 삼존상

174

기본 57회 20번

밑줄 그은 '탑'으로 옳은 것은? [2점]

① 
불국사 다보탑

② 
신륵사 다층 전탑

③ 
월정사 팔각 구층 석탑

④ 
화엄사 사사자 삼층 석탑

175

기본 54회 33번

(가)에 들어갈 문화유산으로 옳은 것은? [2점]

① 
불국사 다보탑

② 
분황사 모전 석탑

③ 
정림사지 오층 석탑

④ 
경천사지 십층 석탑

176

기본 51회 15번

다음과 같은 기법으로 제작된 문화유산으로 옳은 것은? [2점]

①

기마 인물형 토기

②

백자 철화 끈무늬 병

③

청자 참외 모양 병

④

청자 상감 모란문
표주박 모양 주전자

177

기본 57회 18번

다음 기사에 보도된 문화유산으로 옳은 것은? [2점]

□□신문

제△△호 2020년 ○○월 ○○일

고려 나전 칠기의 귀환

국외 소재 문화재 재단의 노력으로 고려 시대의 '나전 국화 넝쿨무늬 합'이 일본에서 돌아왔다. 나전 칠기는 표면에 옻칠을 하고 조개껍데기를 정교하게 오려 붙인 것으로 불화, 청자와 함께 고려를 대표하는 문화유산이다. 이번 환수로 국내에 소장된 고려의 나전 칠기는 총 3점이 되었다.

①

②

③

④

기출문제 풀어 보기

178

기본 61회 15번

밑줄 그은 '그 일'에 해당하는 내용으로 옳은 것은? [2점]

> 몽골군의 침략으로 부인사에 보관된 대장경판이 남김없이 불에 탔습니다. 이런 큰 보배가 없어졌는데 어찌 감히 일이 어려운 것을 염려하여 다시 만들지 않겠습니까? 이제 왕과 신하 모두 한마음으로 담당 관청을 설치하고 그 일을 맡아 시작할 것을 다짐합니다. 원하옵건대 부처님께서는 신통한 힘으로 흉악한 오랑캐를 물리치시고 다시는 우리 땅을 밟는 일이 없게 해 주소서.

① 삼국사기 편찬
② 팔만대장경 제작
③ 직지심체요절 간행
④ 무구정광대다라니경 인쇄

179

기본 55회 12번

(가)에 들어갈 내용으로 옳은 것은? [2점]

① 김부식이 왕명을 받아 편찬하였다.
② 사초와 시정기를 바탕으로 제작되었다.
③ 우리나라 풍토에 맞는 농법을 소개하였다.
④ 현존하는 세계에서 가장 오래된 금속 활자본이다.

180

기본 57회 19번

(가) 인물의 활동으로 옳은 것은? [2점]

① 거중기를 설계하였다.
② 앙부일구를 제작하였다.
③ 비격진천뢰를 발명하였다.
④ 화통도감 설치를 건의하였다.

181

기본 58회 10번

(가)에 들어갈 문화유산으로 옳은 것은? [3점]

① 
금산사 미륵전

② 
법주사 팔상전

③ 
화엄사 각황전

④ 
부석사 무량수전

182

기본 73회 12번

(가)에 들어갈 문화유산으로 적절한 것은? [2점]

① 
강화 전등사 대웅전

② 
안동 봉정사 극락전

③ 
보은 법주사 팔상전

④ 
구례 화엄사 각황전

기출 선택지로 개념 다지기

Self Note

1 고려 태조가 한 일로 옳은 것을 보기 에서 모두 골라 기호를 쓰시오.

보기
㉠ 흑창을 두었다.
㉡ 훈요 10조를 남겼다.
㉢ 만권당을 설립하였다.
㉣ 전시과를 마련하였다.
㉤ 수도를 강화도로 옮겼다.
㉥ 기인 제도를 실시하였다.
㉦ 사심관 제도를 시행하였다.
㉧ 대광현 등 발해 유민을 받아들였다.

( )

2 고려 광종에 대한 설명으로 옳은 것에 ○표, 옳지 않은 것에 ×표를 하시오.

(1) 전시과를 시행하였다. ( )
(2) 2성 6부제를 마련하였다. ( )
(3) 노비안검법을 시행하였다. ( )
(4) 12목에 지방관을 파견하였다. ( )
(5) 과거제를 처음으로 시행하였다. ( )
(6) 광덕, 준풍 등의 연호를 사용하였다. ( )

3 고려의 통치 체제에 대한 설명으로 옳은 것에 ○표, 옳지 않은 것에 ×표를 하시오.

(1) 지방에 22담로를 두었다. ( )
(2) 양계에 병마사를 파견하였다. ( )
(3) 2군 6위의 군사 조직을 두었다. ( )
(4) 주요 지역에 5소경을 설치하였다. ( )
(5) 전국을 5도 양계로 나누어 통치하였다. ( )
(6) 향, 부곡, 소 등의 특수 행정 구역이 있었다. ( )

4 다음 설명에 해당하는 고려의 중앙 정치 기구를 보기 에서 찾아 쓰시오.

보기
도병마사, 어사대, 교정도감

(1) 충렬왕 때 명칭이 도평의사사로 바뀌었다. ( )
(2) 관리들의 비리를 감찰하고 정치의 잘잘못을 논하였다. ( )
(3) 소속 관원이 중서문하성의 낭사와 함께 대간으로 불렸다. ( )
(4) 고려 무신 정권기의 최고 권력 기구로 최충헌이 설치하였다. ( )
(5) 중서문하성과 중추원의 고위 관료들이 모여 국방과 군사 문제를 논의하였다.
( )

정답과 해설 038쪽

Self Note

Ⅲ 고려

5 다음 보기 의 사실들을 일어난 순서대로 나열하시오.

보기
㉠ 이자겸이 난을 일으켰다.
㉡ 묘청이 서경 천도를 주장하였다.
㉢ 만적이 신분 해방을 위해 난을 도모하였다.
㉣ 정중부 등이 정변을 일으켜 권력을 장악하였다.

(- - -)

6 고려 무신 집권기에 있었던 사실로 옳은 것에 ○표, 옳지 않은 것에 ×표를 하시오.

(1) 김헌창이 난을 일으켰다. ( )
(2) 최우가 정방을 설치하였다. ( )
(3) 장문휴가 등주를 공격하였다. ( )
(4) 묘청이 금 정벌을 주장하였다. ( )
(5) 최충헌이 교정도감을 설치하였다. ( )
(6) 만적이 개경에서 봉기를 도모하였다. ( )
(7) 최치원이 시무 10여 조를 건의하였다. ( )
(8) 망이·망소이가 공주 명학소에서 봉기하였다. ( )

7 원 간섭기에 있었던 사실로 옳은 것에 ○표, 옳지 않은 것에 ×표를 하시오.

(1) 별무반이 편성되었다. ( )
(2) 정동행성이 설치되었다. ( )
(3) 6조 직계제가 실시되었다. ( )
(4) 김부식이 삼국사기를 편찬하였다. ( )
(5) 권문세족이 높은 관직을 독점하였다. ( )
(6) 결혼도감을 통해 여성들이 공녀로 보내졌다. ( )
(7) 지배층을 중심으로 변발과 호복이 유행하였다. ( )

8 고려 공민왕에 대한 설명으로 옳은 것을 보기 에서 모두 골라 기호를 쓰시오.

보기
㉠ 정방을 폐지하였다.
㉡ 만권당을 설립하였다.
㉢ 화통도감을 설치하였다.
㉣ 쓰시마섬을 정벌하였다.
㉤ 전민변정도감을 설치하였다.
㉥ 기철 등 친원파를 숙청하였다.
㉦ 쌍성총관부를 공격하여 철령 이북의 땅을 수복하였다.

( )

Self Note

9 다음 설명에 해당하는 인물을 보기 에서 찾아 쓰시오.

보기
서희, 강감찬, 윤관, 최무선, 이성계

(1) 강동 6주를 확보하였다. ( )
(2) 동북 9성을 축조하였다. ( )
(3) 위화도 회군을 단행하였다. ( )
(4) 별무반의 편성을 건의하였다. ( )
(5) 귀주에서 거란을 격퇴하였다. ( )
(6) 황산에서 왜구를 격퇴하였다. ( )
(7) 화통도감의 설치를 건의하였다. ( )

10 다음 인물에 대한 설명으로 옳은 것에 ○표를 하시오.

(1) (양규, 최무선)이/가 진포에서 왜구를 물리쳤다.
(2) (최영, 강감찬)이 우왕 때 요동 정벌을 추진하였다.
(3) (최충헌, 배중손)이 삼별초를 이끌고 몽골군과 싸웠다.
(4) (최영, 정중부)이/가 군대를 지휘하여 홍건적을 물리쳤다.
(5) (문익점, 정몽주)이/가 원에서 목화씨를 고려로 들여왔다.
(6) (최승로, 최치원)이/가 시무 28조를 국왕에게 건의하였다.

11 고려 시대에 있었던 보기 의 사실들을 일어난 순서대로 나열하시오.

(1)

보기
㉠ 서희가 소손녕과 외교 담판을 벌였다.
㉡ 강감찬이 귀주에서 거란을 격퇴하였다.
㉢ 양규가 흥화진에서 거란군을 물리쳤다.

(- -)

(2)

보기
㉠ 윤관이 동북 9성을 축조하였다.
㉡ 최영이 홍산에서 왜구를 물리쳤다.
㉢ 김윤후가 처인성에서 적을 막아 내었다.

(- -)

12 몽골 침입 과정에서 있었던 고려의 대응으로 옳은 것에 ○표, 옳지 않은 것에 ×표를 하시오.

(1) 강화도로 천도하였다. ( )
(2) 초조대장경을 조판하였다. ( )
(3) 팔만대장경을 제작하였다. ( )
(4) 박위가 쓰시마섬을 토벌하였다. ( )
(5) 최영이 요동 정벌을 추진하였다. ( )
(6) 이자겸이 사대 요구를 수용하였다. ( )
(7) 김윤후 부대가 처인성에서 적장을 사살하였다. ( )

> 정답과 해설 038쪽

Self Note

III 고려

13 고려 시대의 경제 상황으로 옳은 것에 ○표, 옳지 않은 것에 ×표를 하시오.

(1) 의창이 운영되었다. ( )
(2) 해동통보가 제작되었다. ( )
(3) 건원중보가 발행되었다. ( )
(4) 목화가 처음 전래되었다. ( )
(5) 전시과 제도가 실시되었다. ( )
(6) 고구마, 감자가 널리 재배되었다. ( )
(7) 물가 조절을 위해 상평창을 두었다. ( )
(8) 벽란도가 국제 무역항으로 번성하였다. ( )
(9) 사원에서 종이와 기와를 만들어 팔았다. ( )
(10) 활구라고도 불린 은병이 화폐로 사용되었다. ( )
(11) 시장을 감독하기 위한 동시전이 설치되었다. ( )
(12) 관청에 물품을 조달하는 공인이 활동하였다. ( )
(13) 팔관회의 경비 마련을 위해 팔관보가 설치되었다. ( )

14 고려의 사회 모습으로 옳은 것을 보기 에서 모두 골라 기호를 쓰시오.

보기

㉠ 팔관회가 개최되었다.
㉡ 골품제가 실시되었다.
㉢ 여성도 호주가 될 수 있었다.
㉣ 신문고가 처음으로 설치되었다.

( )

15 고려의 교육 기관에 대한 설명으로 옳은 것에 ○표, 옳지 않은 것에 ×표를 하시오.

(1) 경당에서 글과 활쏘기를 가르쳤다. ( )
(2) 문헌공도 등 사학 12도가 번성하였다. ( )
(3) 유학 교육 기관으로 주자감을 설립하였다. ( )
(4) 최고 국립 교육 기관으로 국자감을 두었다. ( )
(5) 지방에 유학 교육을 담당하는 향교가 있었다. ( )

Self Note

16 다음 인물과 그의 활동을 선을 그어 바르게 연결하시오.

(1) 일연 •	• ㉠ 9재 학당을 열었다.
(2) 최충 •	• ㉡ "삼국사기"를 편찬하였다.
(3) 안향 •	• ㉢ "삼국유사"를 집필하였다.
(4) 김부식 •	• ㉣ "제왕운기"를 저술하였다.
(5) 이제현 •	• ㉤ 고려에 성리학을 소개하였다.
(6) 이승휴 •	• ㉥ 만권당에서 원의 학자들과 교류하였다.

17 다음 설명에 해당하는 승려를 보기 에서 찾아 쓰시오.

보기

지눌, 의천, 혜심

(1) 교관겸수를 주장하였다. (　　　　)
(2) 돈오점수를 강조하였다. (　　　　)
(3) 정혜쌍수를 주장하였다. (　　　　)
(4) 해동 천태종을 개창하였다. (　　　　)
(5) 수선사 결사를 제창하였다. (　　　　)
(6) 유·불 일치설을 주장하였다. (　　　　)

18 고려의 불상으로 옳은 것에 ○표, 옳지 않은 것에 ×표를 하시오.

(1)

석굴암 본존불상
(　　　　)

(2)

이천동 마애 여래 입상
(　　　　)

(3)

부석사 소조 여래 좌상
(　　　　)

(4)

용미리 마애 이불 입상
(　　　　)

(5)

관촉사 석조 미륵보살 입상
(　　　　)

(6)

용현리 마애 여래 삼존상
(　　　　)

> 정답과 해설 038쪽

Self Note

19 **고려의 문화유산으로 옳은 것에 ○표, 옳지 않은 것에 ×표를 하시오.**

(1)

청자 참외 모양 병
(　　　　　　　)

(2)

백자 철화 끈무늬 병
(　　　　　　　)

(3)

청자 상감 모란문 표주박 모양 주전자
(　　　　　　　)

(4)

청동 은입사 포류수금문 정병
(　　　　　　　)

(5)

경천사지 10층 석탑
(　　　　　　　)

(6)

월정사 8각 9층 석탑
(　　　　　　　)

(7)

원각사지 10층 석탑
(　　　　　　　)

(8)

나전 국화 넝쿨무늬 합
(　　　　　　　)

(9)

부석사 무량수전
(　　　　　　　)

20 **"직지심체요절"에 대한 설명으로 옳은 것을 보기 에서 모두 골라 기호를 쓰시오.**

보기
- ㉠ 청주 흥덕사에서 간행되었다.
- ㉡ 유네스코 세계 기록 유산으로 등재되었다.
- ㉢ 현재 프랑스 국립 도서관에서 소장하고 있다.
- ㉣ 현존하는 세계에서 가장 오래된 금속 활자본이다.
- ㉤ 부처의 힘으로 몽골의 침입을 물리치고자 만들었다.

(　　　　　　　　　)

IV 조선

큰별쌤의 학습 포인트

1 전기 정치
- 태조, 태종, 세종, 세조, 성종 등 주요 왕의 업적을 구분하여 알아 두세요.
- 중앙 정치 조직, 훈구와 사림의 대립으로 발생한 사화를 잘 정리해 두세요.

2 후기 정치
- 예송, 환국, 탕평 정치 등 조선 후기 정치 변화 과정을 알아 두세요.
- 세도 정치 시기 삼정의 문란으로 일어난 홍경래의 난과 임술 농민 봉기를 정리해 두세요.

3 외교
- 임진왜란과 병자호란은 반드시 1문항은 출제되는 빈출 주제입니다. 배경과 전개 과정, 영향을 잘 정리해 두세요.

4 경제
- 조선 전기 토지 제도, 특히 과전법을 기억해 두세요.
- 조선 후기 수취 체제의 변화를 잘 정리하세요. 특히 대동법과 균역법이 자주 출제됩니다.
- 조선 후기에 나타난 농업과 상업의 변화 모습을 알아 두세요.

5 사회
- 조선 후기 서학의 하나로 유입된 천주교와 이에 대응하여 창시된 동학의 특징을 정리해 두세요.

6 전기 문화
- 이황과 이이의 활동, 15세기 과학 기술의 발전 등이 종종 출제되니 기억해 두세요.
- 건축물, 불탑, 그림 등 대표적인 문화유산은 사진을 보고 익혀 두세요.

7 후기 문화
- 조선 후기 유형원, 이익, 정약용, 박지원, 박제가, 홍대용 등 실학자의 활동을 꼭 정리하세요.
- 조선 후기 경제·사회·문화의 변화를 연계하며 묻는 문항이 자주 출제됩니다. 상평통보, 고구마와 감자, 한글 소설, 풍속화 등의 키워드를 통해 조선 후기의 모습임을 알 수 있어야 합니다.

최근 4회차 단원별 출제 비중

선사 고대 고려 **조선** 개항기 일제 강점기 현대

73회

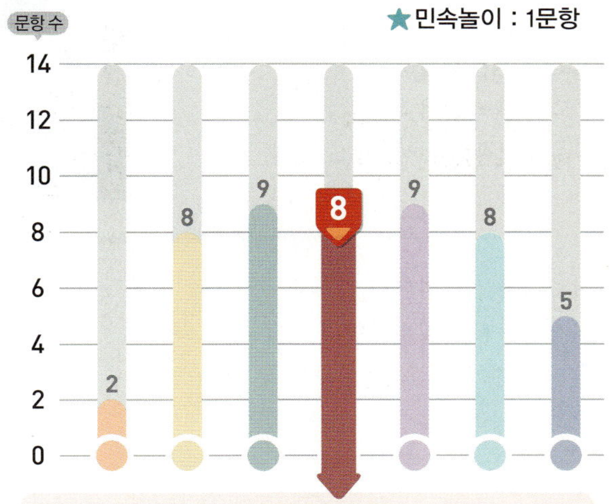

조선과 일본의 관계, 조선 세종의 업적,
서울 원각사지 10층 석탑,
임진왜란, 의녀, 김홍도의 작품,
조선 정조 재위 시기의 사실, 충주의 역사

71회

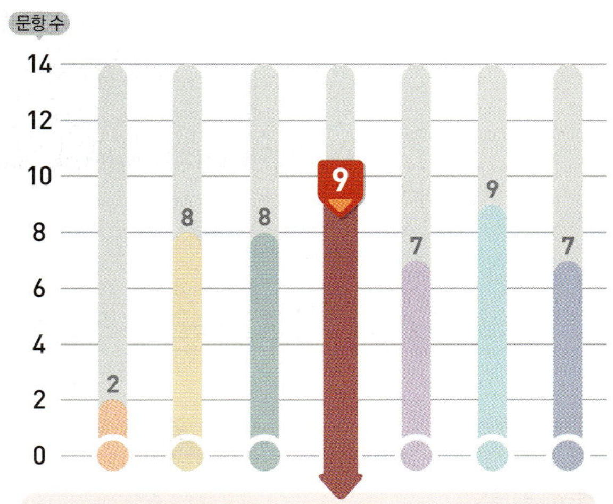

조선 태종 재위 시기의 사실, 분청사기,
직전법, 공납, 임진왜란,
조선 정조의 업적, 김홍도의 작품,
조선 후기의 사회 모습, 서얼

69회

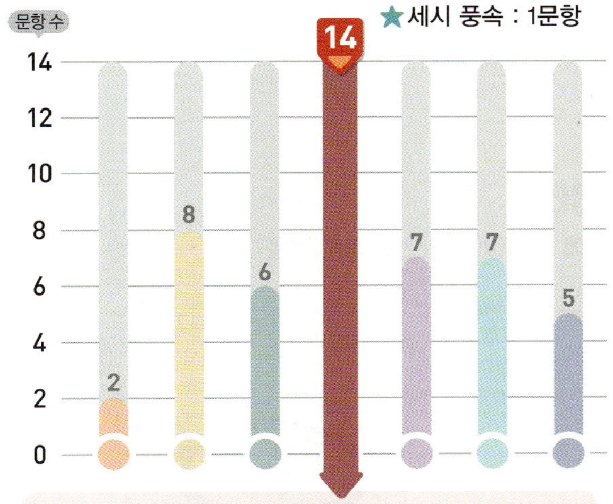

조선 건국 과정, 조선 전기 과학 기술의 발달,
향약, 임진왜란, 경복궁, 이이의 활동, 홍경래의 난,
봉수 제도, 삼강행실도, 조선 후기의 경제 상황,
조선 영조의 정책, 붕당 정치의 전개, 앙부일구,
우리 역사 기록 속 다문화

67회

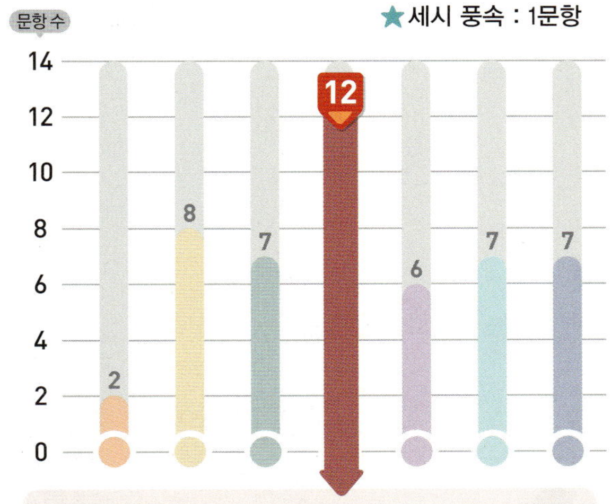

조선 세종의 업적, "조선왕조실록",
조선 세조의 정책, 무오사화, 대동법,
병자호란 이후의 사실, 조선 정조의 업적,
조선 후기의 모습, 진주 농민 봉기, 김정희의 활동,
부산의 역사, 토지 제도의 변천

> 정답과 해설 038쪽

1 전기 정치

183

기본 60회 18번

(가)에 들어갈 인물로 옳은 것은? [1점]

(앞면)	(뒷면)
(가)	• 고려 시대 학자 • 성균관 대사성 역임 • 사신으로 명, 일본 왕래 • 조선 건국 세력에 맞서 고려 왕조를 지키고자 함 • 문집으로 포은집이 있음

① 
박지원

② 
송시열

③ 
정몽주

④ 
정도전

184

기본 47회 19번

(가)에 해당하는 인물로 옳은 것은? [2점]

① 송시열 ② 정도전 ③ 정약용 ④ 홍대용

185

중급 42회 18번 변형

다음 인물에 대한 설명으로 옳은 것은? [2점]

역사 인물 카드

• 생몰 : 1342년~1398년
• 호 : 삼봉
• 주요 경력 및 활동
- 조선 개국 1등 공신
- 불씨잡변을 지어 불교 비판
- 재상 중심의 정치 운영 지향

① 거중기를 설계하였다.
② 조선경국전을 저술하였다.
③ 소격서 폐지를 주장하였다.
④ 고려에 성리학을 처음 소개하였다.

186

기본 48회 17번

(가)에 들어갈 내용으로 옳은 것은? [2점]

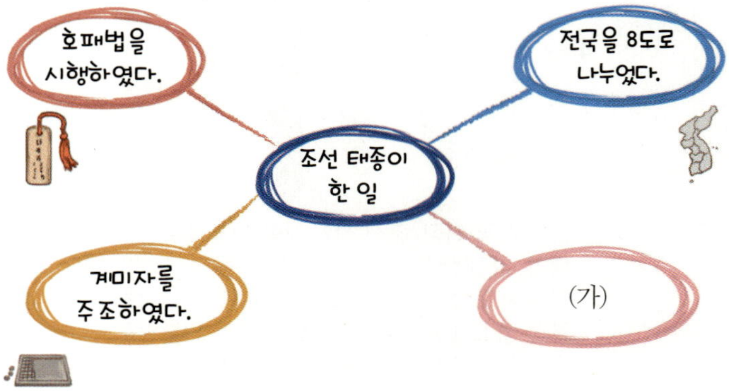

① 균역법을 시행하였다.
② 직전법을 실시하였다.
③ 5군영 체제를 완성하였다.
④ 6조 직계제를 시행하였다.

187

기본 58회 19번

밑줄 그은 '왕'의 업적으로 옳은 것은? [2점]

① 탕평비를 건립하였다.
② 현량과를 실시하였다.
③ 호패법을 시행하였다.
④ 훈민정음을 창제하였다.

188

기본 48회 20번

밑줄 그은 '이 왕'의 업적으로 옳은 것은? [1점]

① 4군 6진을 개척하였다.
② 경국대전을 완성하였다.
③ 대동여지도를 제작하였다.
④ 백두산정계비를 건립하였다.

189

기본 55회 19번

다음 대화가 이루어진 시기에 볼 수 있는 모습으로 적절한 것은? [2점]

① 단성사에서 공연하는 배우
② 집현전에서 연구하는 관리
③ 청해진에서 교역하는 상인
④ 해동통보를 주조하는 장인

190

기본 61회 20번

(가) 왕의 재위 기간에 있었던 사실로 옳은 것은? [2점]

① 계미자가 주조되었다.
② 균역법이 실시되었다.
③ 기묘사화가 일어났다.
④ 6조 직계제가 시행되었다.

191

기본 57회 23번

밑줄 그은 '왕'이 추진한 정책으로 옳은 것은? [2점]

① 삼별초를 조직하였다.
② 직전법을 시행하였다.
③ 한양으로 천도하였다.
④ 훈민정음을 창제하였다.

192

기본 51회 20번

다음 학생이 생각하고 있는 기구로 옳은 것은? [2점]

① 사간원　② 사헌부
③ 승정원　④ 홍문관

193

기본 60회 21번

(가) 기구에 대한 설명으로 옳은 것은? [2점]

① 왕명 출납을 관장하였다.
② 수도의 행정과 치안을 맡았다.
③ 외국어 통역 업무를 담당하였다.
④ 사간원, 홍문관과 함께 삼사로 불렸다.

194

기본 50회 21번

(가)에 들어갈 기구로 옳은 것은? [2점]

① 승정원　② 어사대
③ 집사부　④ 홍문관

195

기본 61회 22번

(가)에 들어갈 내용으로 옳은 것은? [2점]

① 수원 화성에 외영을 두었습니다.
② 한양의 치안과 행정을 맡았습니다.
③ 재정의 출납과 회계를 관장하였습니다.
④ 왕의 정책 자문과 경연을 담당하였습니다.

196

기본 49회 19번

(가)에 들어갈 내용으로 옳은 것은? [2점]

① 경신환국
② 무오사화
③ 인조반정
④ 임오군란

197

기본 51회 22번

다음 인물에 대한 설명으로 옳은 것은? [2점]

○○○ 연보

- 1482년 한성에서 출생
- 1515년 문과에 급제
- 1518년 현량과 실시를 건의 대사헌에 임명됨
- 1519년 위훈 삭제를 건의 기묘사화로 사약을 받음

① 거중기를 설계하였다.
② 조선경국전을 저술하였다.
③ 소격서 폐지를 주장하였다.
④ 만권당에서 원의 학자들과 교류하였다.

198

기본 57회 21번

(가)에 들어갈 사건으로 옳은 것은? [2점]

학습지

주제 : (가)

이름 : ○○○

학습 내용 1 왜 일어났나요?

위훈 삭제 등 조광조가 주장한 개혁에 대한 반발 때문에 일어났어요.

학습 내용 2 어떻게 진행되었나요?

조광조는 유배된 후 사약을 받아 죽임을 당하였고, 그를 따르던 많은 사람들도 처형되거나 관직에서 쫓겨났어요.

① 기묘사화
② 신유박해
③ 인조반정
④ 임오군란

199

기본 64회 23번

(가)에 해당하는 사건으로 옳은 것은? [2점]

① 경신환국　② 기해예송
③ 병인박해　④ 을사사화

정답과 해설 041쪽

2 후기 정치

200

기본 47회 21번

다음 대화 이후에 전개된 사실로 옳은 것은? [3점]

① 기묘사화가 일어났다.
② 신진 사대부가 등장하였다.
③ 수양 대군이 권력을 장악하였다.
④ 사림이 동인과 서인으로 나뉘었다.

201

기본 48회 24번

(가) 왕의 정책으로 옳은 것은? [2점]

① 대전회통을 편찬하였다.
② 삼정이정청을 설치하였다.
③ 초계문신제를 실시하였다.
④ 대동법을 처음 시행하였다.

202

기본 61회 23번

다음 검색창에 들어갈 사건으로 옳은 것은? [1점]

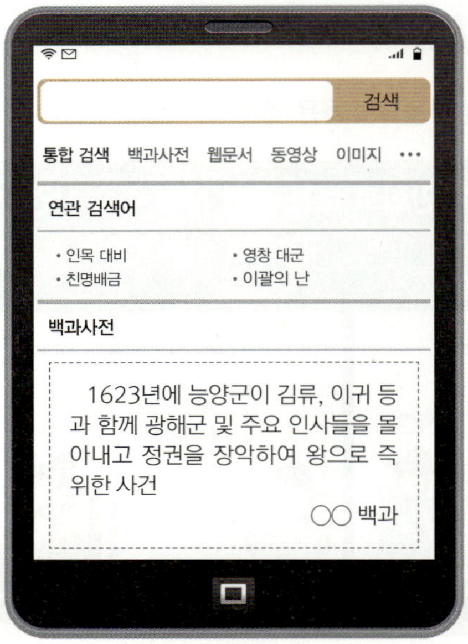

① 경신환국　② 무오사화
③ 신유박해　④ 인조반정

203

기본 52회 24번

(가), (나) 사이의 시기에 있었던 사실로 옳은 것은? [3점]

(가) 대비의 명으로 인조가 즉위하였다. 광해군을 폐위시켜 강화로 내쫓고 이이첨 등을 처형한 다음 전국에 대사령을 내렸다.

(나) 영조가 '두루 원만하고 치우치지 않음이 군자의 공정한 마음이요, 치우치고 두루 원만하지 못함이 소인의 사사로운 마음이다.'라는 내용을 담은 탕평비를 성균관 입구에 세우게 하였다.

① 예송이 발생하였다.
② 3포 왜란이 일어났다.
③ 경국대전이 완성되었다.
④ 정동행성이 설치되었다.

204

기본 50회 22번

교사의 질문에 대한 학생의 답변으로 옳지 않은 것은? [3점]

205

기본 60회 24번

(가), (나) 사이의 시기에 있었던 사실로 옳은 것은? [3점]

(가) 효종이 죽자 자의 대비의 상복 입는 기간을 두고 예송이 발생하였다.

(나) 신하들이 언제라도 탕평의 의미를 되새기라는 뜻에서 왕이 성균관 앞에 탕평비를 세웠다.

① 비변사가 폐지되었다.
② 훈련도감이 설치되었다.
③ 경신환국으로 서인이 집권하였다.
④ 무오사화로 김일손 등이 처형되었다.

206

기본 69회 28번

(가)~(다) 학생이 발표한 내용을 일어난 순서대로 옳게 나열한 것은? [3점]

① (가) - (나) - (다)
② (가) - (다) - (나)
③ (나) - (가) - (다)
④ (다) - (나) - (가)

207

기본 50회 24번

다음 비석을 세운 왕의 업적으로 옳은 것은? [3점]

① 비변사를 혁파하였다.
② 속대전을 편찬하였다.
③ 나선 정벌을 단행하였다.
④ 백두산정계비를 건립하였다.

208

기본 69회 27번

(가) 왕에 대한 설명으로 옳은 것은? [2점]

그림 속, 역사 이야기

김두량이 그린 '삽살개'에는 탕평비를 세우면서 탕평 의지를 강하게 드러낸 (가) 이/가 쓴 글이 있습니다. 눈을 부릅뜨고 이빨을 드러내며 짖는 삽살개를 야단치는 내용으로, 탕평책을 따르지 않는 신하에 대한 못마땅한 마음을 표현한 것으로 보기도 합니다.

① 규장각을 설치하였다.
② 균역법을 실시하였다.
③ 비변사를 폐지하였다.
④ 훈민정음을 창제하였다.

209

기본 52회 27번

(가) 왕의 업적으로 옳지 않은 것은? [2점]

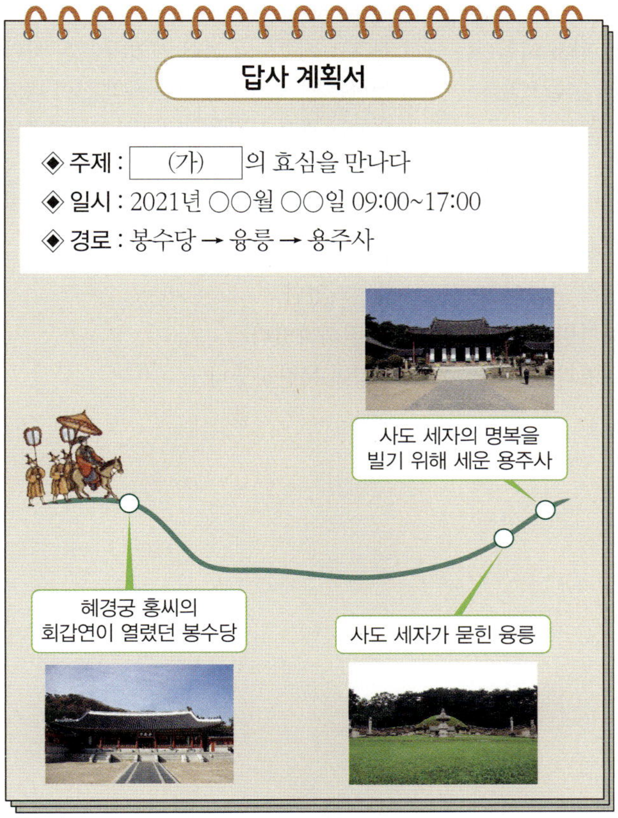

① 장용영을 설치하였다.
② 금난전권을 폐지하였다.
③ 농사직설을 편찬하였다.
④ 초계문신제를 실시하였다.

210

기본 64회 26번

밑줄 그은 '이 왕'의 업적으로 옳은 것은? [2점]

① 경복궁을 중건하였다.
② 영선사를 파견하였다.
③ 장용영을 창설하였다.
④ 훈민정음을 창제하였다.

211

기본 73회 27번

(가) 왕의 재위 기간에 볼 수 있는 모습으로 가장 적절한 것은? [2점]

① 수원 화성을 축조하는 백성
② 만적과 봉기를 모의하는 노비
③ 원산 총파업에 참여하는 노동자
④ 외규장각 도서를 약탈하는 프랑스군

212

기본 48회 32번

다음 학생이 생각하고 있는 기구로 옳은 것은? [2점]

① 규장각 ② 성균관
③ 집현전 ④ 홍문관

213

기본 63회 26번

밑줄 그은 '시기'의 사실로 옳은 것은? [3점]

문학으로 만나는 한국사

구만 리 긴 하늘에도 머리 들기 어렵고
삼천리 넓은 땅에서도 발을 펴기 어렵도다.
늦은 밤 누대에 오르니 달을 감상하고자 함이 아니요
삼 일 동안 곡기를 끊었으니 신선이 되기 위함이 아니로다.

[해설] 김삿갓으로 널리 알려진 김병연은 안동 김씨 등 소수 외척 가문이 중심이 되어 권력을 독점하던 시기에 전국을 방랑하며 많은 시를 남겼다. 그는 안동 김씨였으나 할아버지가 반역죄로 처형당했기에 관직에 진출하지 못하였다. 김병연이 지은 것으로 전해지는 위 시에는 그의 이러한 처지가 잘 나타나 있다.

① 최승로가 시무 28조를 올렸다.
② 수양 대군이 계유정난을 일으켰다.
③ 지방 세력 통제를 위해 사심관 제도가 실시되었다.
④ 삼정의 문란을 바로잡기 위해 삼정이정청이 설치되었다.

214

기본 51회 27번

다음 격문이 작성된 시기의 상황으로 옳은 것은? [2점]

평서 대원수는 급히 격문을 띄우노니 관서 지역의 모든 사람들은 들으라. …… 조정에서는 관서 지역을 썩은 흙과 같이 버렸다. 심지어 권세가의 노비들도 관서 사람을 보면 반드시 '평안도 놈'이라고 한다. 어찌 억울하고 원통하지 않겠는가.

① 무신들이 정권을 장악하였다.
② 신식 군대인 별기군이 창설되었다.
③ 최치원이 시무 10여 조를 건의하였다.
④ 수령과 향리의 수탈로 삼정이 문란하였다.

215

기본 60회 25번

(가) 사건에 대한 설명으로 옳은 것은? [2점]

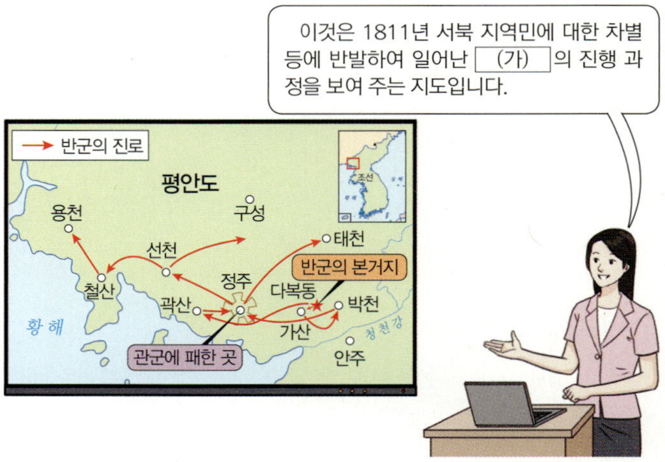

① 홍경래가 봉기를 주도하였다.
② 서경 천도를 주장하며 일어났다.
③ 백낙신의 횡포가 계기가 되었다.
④ 특수 행정 구역인 소의 주민이 참여하였다.

216

기본 64회 27번

밑줄 그은 '사건'에 대한 설명으로 옳은 것은? [2점]

① 보국안민, 제폭구민을 기치로 내걸었다.
② 한성 조약이 체결되는 결과를 가져왔다.
③ 서북 지역민에 대한 차별에 반발하여 일어났다.
④ 전개 과정에서 선혜청과 일본 공사관을 공격하였다.

217

기본 66회 28번

밑줄 그은 '봉기'에 대한 설명으로 옳은 것은? [2점]

① 김부식이 이끄는 관군에 진압되었다.
② 삼정이정청이 설치되는 계기가 되었다.
③ 서북인에 대한 차별에 반발하여 일어났다.
④ 흥선 대원군이 재집권하는 결과를 가져왔다.

218

기본 73회 31번

다음 인물에 대한 설명으로 옳은 것은? [2점]

역사 인물 카드

박규수

- 생몰 : 1807년~1876년
- 호 : 환재
- 주요 활동 및 특징
  - 연암 박지원의 손자
  - 연행사로 청에 파견됨
  - 평안 감사로 평양 관민을 지휘하여 제너럴 셔먼호를 불태움

① 추사체를 창안하였다.
② 서전서숙을 설립하였다.
③ 대동여지도를 제작하였다.
④ 삼정이정청 설치를 건의하였다.

정답과 해설 045쪽

3 외교

219

기본 58회 24번

(가)에 들어갈 기구로 옳은 것은? [2점]

(가) 은/는 본래 외적의 침입에 대비하고자 설치한 임시 군사 회의 기구였으나, 양 난을 계기로 국방뿐만 아니라 국정 전반을 총괄하는 최고 기구가 되었습니다. 이로 인해 기존의 의정부와 6조가 유명무실해졌습니다.

① 비변사
② 사헌부
③ 의금부
④ 홍문관

220

기본 52회 22번

(가) 인물에 대한 설명으로 옳은 것은? [2점]

이곳은 안동에 있는 병산 서원으로 (가) 의 학문과 업적을 기리기 위한 곳입니다. 그는 임진왜란이 일어났을 때 훈련도감 설치를 건의하기도 하였습니다.

① 징비록을 저술하였다.
② 4군 6진을 개척하였다.
③ 서경 천도를 주장하였다.
④ 대동여지도를 제작하였다.

221

기본 54회 22번

(가) 전쟁 중에 있었던 사실로 옳은 것은? [2점]

"징비록"이란 무엇인가? (가) 당시의 일을 기록한 것이다. 이때의 화는 참혹하였다. 수십 일 만에 삼도(三都)*를 잃고 임금께서 수도를 떠나 피란하였다. 그럼에도 오늘날까지 우리나라가 남아 있게 된 것은 하늘이 도운 까닭이다. 그리고 나라를 생각하는 백성들의 마음이 그치지 않았고, 우리나라를 돕기 위해 명의 군대가 여러 차례 출동하였기 때문이다.

*삼도 : 한성, 개성, 평양

① 이종무가 쓰시마섬을 토벌하였다.
② 정문부가 의병을 모아 왜군을 격퇴하였다.
③ 배중손이 삼별초를 이끌고 몽골군과 싸웠다.
④ 최영이 군대를 지휘하여 홍건적을 물리쳤다.

222

기본 73회 24번

밑줄 그은 '이 전쟁' 중에 있었던 사실로 옳은 것은? [2점]

이것은 김시민이 진주성 전투에서 활약한 내용을 기록한 전공비입니다. 비문에는 그가 이 전쟁 당시 진주성에서 기묘한 계책으로 적을 물리치고, 전사하는 순간까지 전투에 임한 사실을 칭송하는 내용이 기록되어 있습니다. 그의 활약으로 조선은 적군의 보급로를 끊고 전라도의 곡창 지대를 지킬 수 있었습니다.

① 김상용이 강화도에서 순절하였다.
② 한성근이 문수산성에서 항전하였다.
③ 곽재우가 의령에서 의병을 일으켰다.
④ 계백이 황산벌에서 결사대를 이끌었다.

223

기본 61회 21번

밑줄 그은 '이 전쟁' 중에 있었던 사실로 옳은 것은? [3점]

쇄미록은 오희문이 이 전쟁 중에 있었던 일을 적은 일기입니다. 개인 일기인 까닭에 주로 사생활을 기록한 부분이 많지만 왜군의 침입과 약탈을 비롯해 곽재우, 김덕령 등 의병장의 활동도 기록되어 있습니다.

네, 그렇습니다. 이 일기를 통해 전란으로 인한 피란민의 생활 등 당시의 사회상도 알 수 있어 그 가치가 더욱 크다고 할 수 있습니다.

① 별기군 창설
② 2군 6위 편성
③ 훈련도감 설치
④ 나선 정벌 단행

224

기본 64회 21번

(가) 전쟁에 대한 설명으로 옳지 않은 것은? [3점]

역사 탐방 계획서

1. 주제 : (가) 의 격전지를 가다
2. 기간 : 2023년 ○○월 ○○일~○○일
3. 코스 : 진주 → 통영 → 부산

진주성	한산도 앞바다	동래읍성지 일대
김시민 등이 왜군에 맞서 전투를 벌인 곳	이순신이 학익진으로 왜군에 대승을 거둔 곳	송상현 등이 왜군과 맞서 싸운 곳

① 조헌이 금산에서 의병을 이끌었다.
② 임경업이 백마산성에서 항전하였다.
③ 곽재우가 의병을 일으켜 정암진에서 싸웠다.
④ 신립이 탄금대에서 배수의 진을 치고 전투를 벌였다.

225

기본 63회 25번

(가)에 들어갈 부대로 옳은 것은? [2점]

월간 여행과 역사

특집 **네덜란드에서 만난 조선의 무관, 박연**

네덜란드 알크마르에 세워진 이 동상의 주인공은 벨테브레이로, 조선에 정착하여 박연이라는 이름으로 살았다. 네덜란드 출신이었던 그는 조선 연안에 표류한 후 서울로 압송되었고, 이후 (가) 에 소속되어 서양의 화포 기술을 전수하였다. 임진왜란 중 설치된 (가) 은/는 포수, 사수, 살수의 삼수병으로 구성되었다.

① 9서당 ② 별기군
③ 삼별초 ④ 훈련도감

226

기본 50회 20번

(가) 시기에 있었던 사실로 옳은 것은? [2점]

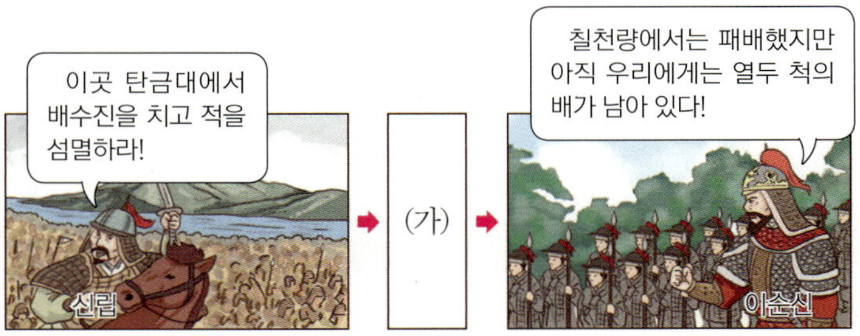

① 최영이 홍산에서 왜구를 물리쳤다.
② 강감찬이 귀주에서 거란을 격퇴하였다.
③ 권율이 행주산성에서 대승을 거두었다.
④ 김윤후가 처인성에서 적을 막아 내었다.

227

기본 66회 21번

(가) 시기에 있었던 사실로 옳은 것은? [2점]

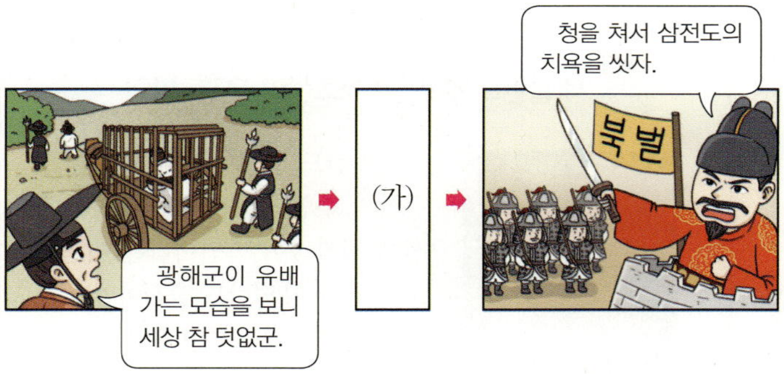

① 병자호란이 일어났다.
② 4군 6진이 개척되었다.
③ 훈련도감이 창설되었다.
④ 외규장각 도서가 약탈되었다.

228

기본 58회 23번

밑줄 그은 '이 전쟁' 중에 있었던 사실로 옳은 것은? [3점]

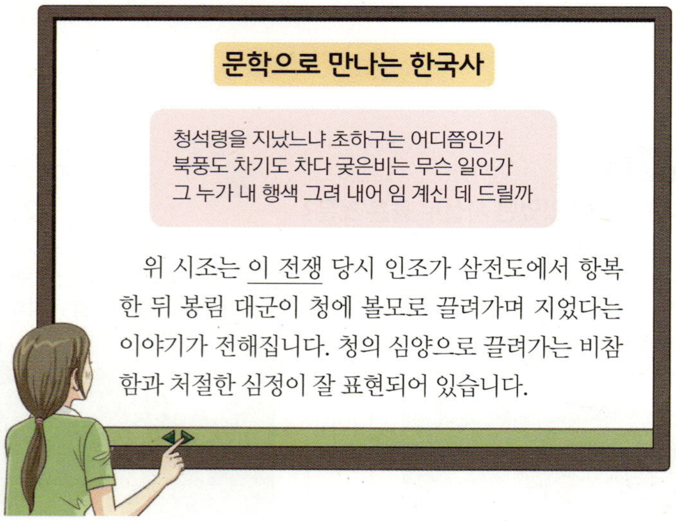

① 왕이 남한산성으로 피신하였다.
② 양헌수가 정족산성에서 항전하였다.
③ 김윤후가 적장 살리타를 사살하였다.
④ 조·명 연합군이 평양성을 탈환하였다.

229

기본 60회 23번

밑줄 그은 '이 전쟁'에 대한 설명으로 옳은 것은? [2점]

① 김시민 장군이 활약하였다.
② 별무반을 편성하여 적과 싸웠다.
③ 전쟁 후 청과 군신 관계를 맺었다.
④ 이여송이 이끄는 명의 지원군이 파병되었다.

230

기본 63회 24번

다음 상황 이후에 전개된 사실로 옳은 것은? [2점]

> 남한산성을 나와 삼전도에 도착한 왕께서 청 황제 앞에 나아가 항복의 예를 행하였다. 예를 마치고 해 질 무렵이 되자 청 황제가 왕에게 도성으로 돌아가도록 허락하였다. 포로로 사로잡힌 이들이 도성으로 돌아가는 왕을 보고 "우리 임금이시여, 우리 임금이시여. 우리를 버리고 가십니까."라며 울부짖는데, 그 수가 만 명을 헤아렸다.

① 북벌이 추진되었다.
② 강화도로 천도하였다.
③ 쓰시마섬을 정벌하였다.
④ 최씨 무신 정권이 붕괴하였다.

231

기본 49회 23번

(가)에 들어갈 내용으로 옳은 것은? [2점]

① 북벌을 추진했어.
② 경복궁을 중건했어.
③ 중립 외교를 펼쳤어.
④ 대전통편을 만들었어.

232

기본 64회 22번

(가)~(다) 학생이 발표한 내용을 일어난 순서대로 옳게 나열한 것은? [3점]

(가) (나) (다)

① (가) - (나) - (다)
② (가) - (다) - (나)
③ (나) - (가) - (다)
④ (다) - (나) - (가)

233

기본 48회 31번

(가)에 들어갈 인물로 옳은 것은? [2점]

역사 인물 카드

(가)

- **생몰** : 1607년~1689년
- **호** : 우암(尤菴)
- **주요 활동**
  - 효종과 함께 북벌을 주장함
  - 예송 논쟁에서 허목과 대립함
  - 서인이 분열하면서 노론의 영수로 활약함

①

박지원

②

송시열

③

정몽주

④

채제공

234

기본 52회 26번

밑줄 그은 '사절단'으로 옳은 것은? [2점]

① 보빙사
② 연행사
③ 영선사
④ 통신사

235

(기본 63회 49번)

(가)에 들어갈 섬으로 옳은 것은? [1점]

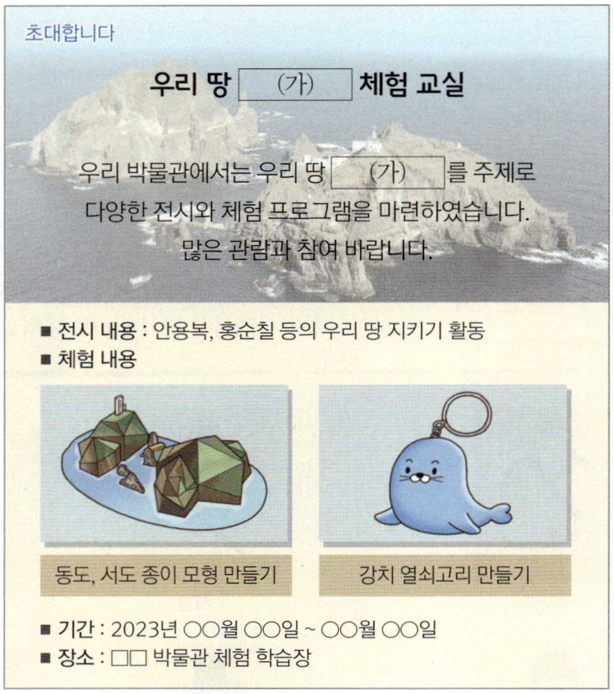

① 독도　　② 진도
③ 거문도　　④ 제주도

236

(기본 64회 46번)

밑줄 그은 '이 섬'에 대한 설명으로 옳은 것은? [1점]

① 정약전이 자산어보를 저술한 섬이다.
② 하멜 일행이 표류하다 도착한 섬이다.
③ 이종무가 왜구를 소탕하기 위해 정벌한 섬이다.
④ 안용복이 일본에 가서 우리 영토임을 확인받은 섬이다.

정답과 해설 049쪽

4 경제

237

(기본 63회 17번)

다음 건의를 받아들여 제정한 법으로 옳은 것은? [3점]

> 전하께서는 무릇 수도에 거주하는 관료에게는 단지 경기 안의 토지만을 지급하고, 그 밖의 토지는 허락하지 마십시오. 이를 법으로 제정하셔서 백성과 더불어 다시 시작하십시오. 그렇게 하여 국가 재정을 넉넉하게 하고, 백성의 삶을 풍요롭게 하며, 조정의 선비들을 우대하고, 군대의 군량을 넉넉하게 하십시오.
>
> – 조준의 상소 –

① 과전법　　② 대동법
③ 영정법　　④ 호패법

238

(기본 51회 17번)

(가)에 들어갈 내용으로 옳은 것은? [2점]

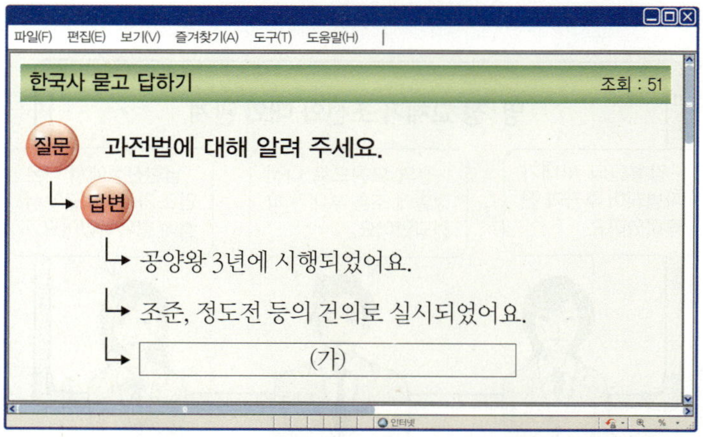

① 공인이 등장하는 배경이 되었어요.
② 토지 소유자에게 지계를 발급하였어요.
③ 전지와 시지를 품계에 따라 나누어 주었어요.
④ 전·현직 관리에게 토지의 수조권을 지급하였어요.

239

기본 71회 21번

밑줄 그은 '이 제도'로 옳은 것은? [2점]

① 균역법　② 영정법
③ 직전법　④ 호포법

240

기본 71회 22번

(가)에 들어갈 용어로 옳은 것은? [2점]

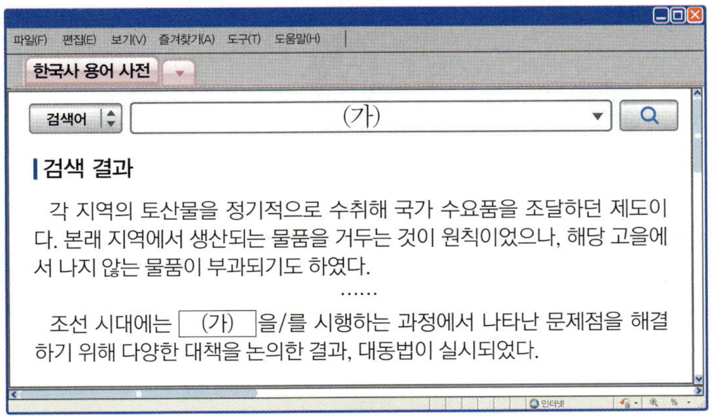

① 공납　② 군역
③ 전세　④ 환곡

241

기본 64회 20번

밑줄 그은 '제도'로 옳은 것은? [2점]

① 균역법　② 대동법
③ 영정법　④ 직전법

242

기본 67회 22번

(가) 제도에 대한 설명으로 옳은 것은? [3점]

① 군포를 2필에서 1필로 줄였다.
② 양반에게도 군포를 부과하였다.
③ 전세를 1결당 4~6두로 고정하였다.
④ 특산물 대신 쌀, 베 등으로 납부하게 하였다.

243

기본 58회 25번

밑줄 그은 '제도'로 옳은 것은? [2점]

① 균역법 ② 대동법
③ 영정법 ④ 직전법

244

중급 45회 22번 변형

(가) 제도에 대한 설명으로 옳은 것은? [2점]

① 군포 납부액을 1필로 정하였다.
② 전지와 시지를 품계에 따라 지급하였다.
③ 전세를 토지 1결당 4~6두로 고정하였다.
④ 토지를 비옥도에 따라 6등급으로 나누었다.

245

기본 57회 29번

다음 가상 뉴스가 보도된 시기의 경제 상황으로 옳은 것은? [2점]

① 당백전이 유통되었다.
② 동시전이 설치되었다.
③ 목화가 처음 전래되었다.
④ 모내기법이 전국으로 확산되었다.

246

기본 48회 28번

(가)에 들어갈 내용으로 옳지 않은 것은? [3점]

① 내상이 일본과의 무역을 주도했어.
② 벽란도에서 송과의 무역이 이루어졌어.
③ 관청에 물품을 조달하는 공인이 활동했어.
④ 정기 시장인 장시가 전국 각지에서 열렸어.

247

기본 61회 24번

다음 대화가 이루어진 시기에 볼 수 있는 모습으로 적절하지 않은 것은? [2점]

① 녹읍을 지급받는 귀족
② 고구마를 재배하는 농민
③ 관청에 물품을 조달하는 공인
④ 청과의 무역으로 부를 축적한 만상

248

기본 47회 28번

선생님의 질문에 대한 학생의 대답으로 옳지 않은 것은? [2점]

249

기본 52회 25번

(가)에 들어갈 화폐로 옳은 것은? [2점]

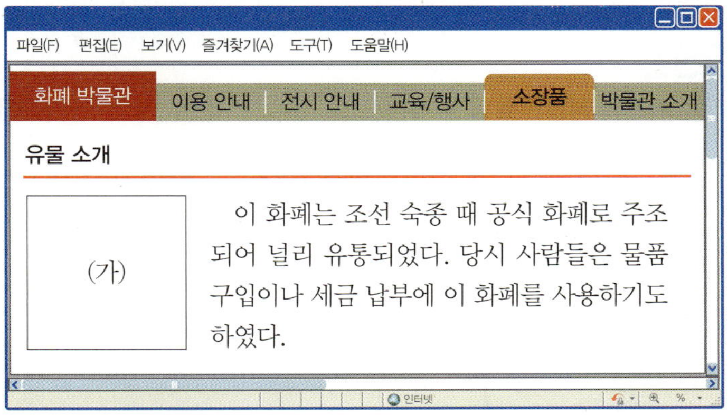

①

건원중보

②

해동통보

③

상평통보

④

백동화

250

기본 69회 26번

밑줄 그은 '이 시기'의 경제 상황으로 가장 적절한 것은? [2점]

① 동시전이 설치되었다.
② 솔빈부의 말이 특산물로 수출되었다.
③ 벽란도가 국제 무역항으로 번성하였다.
④ 관청에 물품을 조달하는 공인이 활동하였다.

> 정답과 해설 051쪽

5 사회

251

기본 48회 29번

다음 퀴즈의 정답으로 옳은 것은? [2점]

①

②

③

④

252

기본 71회 28번

(가)에 들어갈 내용으로 가장 적절한 것은? [3점]

① 소속 관청에 신공을 바쳤어요.
② 매매, 상속, 증여의 대상이었어요.
③ 골품에 따라 관등 승진에 제한을 받았어요.
④ 차별 철폐를 위해 통청 운동을 전개하였어요.

253

기본 69회 19번

다음 자료를 활용한 탐구 활동으로 가장 적절한 것은? [3점]

> 앞으로 우리 고을의 모든 선비가 인간 본성의 이치에 근거하고 나라의 가르침을 따라 집에서나 고을에서나 각기 사람의 도리를 다해 훌륭한 선비가 된다면, 따로 조목을 정해 권하거나 형벌을 쓰지 않아도 될 것이다. 그러나 이를 알지 못하여 예의를 침범하고 고을의 풍속을 해친다면, 이는 곧 하늘이 버린 백성이니 어찌 벌하지 않을 수 있겠는가. 이 점이 오늘날 향약을 세우는 이유이다.
>
> – "퇴계집" –

① 송상, 만상의 교역 물품을 조사한다.
② 연등회, 팔관회가 열린 배경을 살펴본다.
③ 향, 부곡, 소의 주민들이 받은 차별의 내용을 찾아본다.
④ 양반 중심의 향촌 자치 질서가 자리 잡는 과정을 알아본다.

254

기본 50회 27번

(가) 종교에 대한 설명으로 옳은 것은? [2점]

> **□□ 신문**
>
> 제△△호 2014년 ○○월 ○○일
>
> **교황, 서소문 성지 방문**
>
> 프란치스코 교황은 지난 8월 16일 서울특별시의 서소문 순교 성지를 방문하였다. 이곳은 200여 년 전, 유교 윤리를 어겼다는 이유로 이승훈을 비롯한 (가) 을/를 믿는 사람들을 처형한 곳이다. 교황은 순교자들을 애도하며 이곳에 세워진 현양탑에 헌화하였다.

① 중광단 결성을 주도하였다.
② 기관지로 만세보를 발간하였다.
③ 초기에는 서학으로 소개되었다.
④ 동경대전을 기본 경전으로 삼았다.

255

중급 45회 27번 변형

(가) 종교에 대한 설명으로 옳은 것은? [2점]

배론 성지

충청북도 제천에 소재한 배론 성지는 조선 정부의 탄압을 피해 숨어 들어온 (가) 신자들이 화전을 일구며 신앙 생활을 하던 곳이다. 신유박해(1801) 당시 황사영은 이곳으로 피신하여 서양의 도움을 요청하는 백서를 작성하였다.

① 기관지로 만세보를 발간하였다.
② 하늘에 제사를 지내는 초제를 거행하였다.
③ 단군 숭배 사상을 통하여 민족의식을 높였다.
④ 중국에 다녀온 사신들에 의해 서학으로 소개되었다.

256

기본 51회 23번

(가)에 들어갈 종교로 옳은 것은? [1점]

① 동학 ② 대종교
③ 원불교 ④ 천주교

257

중급 41회 29번 변형

(가)에 대한 탐구 활동으로 가장 적절한 것은? [2점]

역사 신문

제△△호 ○○○○년 ○○월 ○○일

(가), 농민 사이에서 급속도로 확산

교조 최제우의 처형 이후에도 (가) 은/는 교세가 줄지 않고 있다. 제2대 교주 최시형이 교리와 교단을 정비하고 '사람이 곧 하늘'임을 강조하면서, 지배층의 폭정에 시달리는 농민들 사이에서 급속히 확산되고 있다.

① 팔관회를 중시한 이유를 살펴본다.
② 신유박해로 희생된 인물들을 검색한다.
③ 동경대전과 용담유사의 내용을 조사한다.
④ 황사영 백서 사건의 전개 과정을 알아본다.

258

기본 67회 48번

(가)에 들어갈 내용으로 적절한 것은? [2점]

〈2023 기획 특강〉

한국사 속 여성, 세상 밖으로 나오다

격동의 역사 속에서 삶의 주체로 당당하게 살아온 여성들의 이야기를 들을 수 있습니다.

강의 내용

1강. 선덕 여왕, 우리나라 최초의 여왕으로 살다
2강. 허난설헌, (가)
3강. 이빙허각, 가정생활을 담은 "규합총서"를 집필하다
4강. 윤희순, 안사람 의병가를 지어 의병 활동을 독려하다

■ 일시 : 2023년 ○○월 ○○일 ○○시
■ 장소 : □□ 문화원 소강당

① 시인으로 이름을 떨치다
② 여성 비행사로 활약하다
③ 임금 삭감에 저항하여 농성을 벌이다
④ 재산을 기부하여 제주도민을 구제하다

> 정답과 해설 053쪽

6 전기 문화

259

기본 51회 19번

교사의 질문에 대한 학생의 답변으로 옳지 않은 것은? [2점]

260

기본 49회 20번

(가)에 들어갈 내용으로 옳은 것은? [1점]

① 향교 ② 성균관
③ 육영 공원 ④ 4부 학당

261

기본 58회 21번

(가)에 들어갈 교육 기관으로 옳은 것은? [1점]

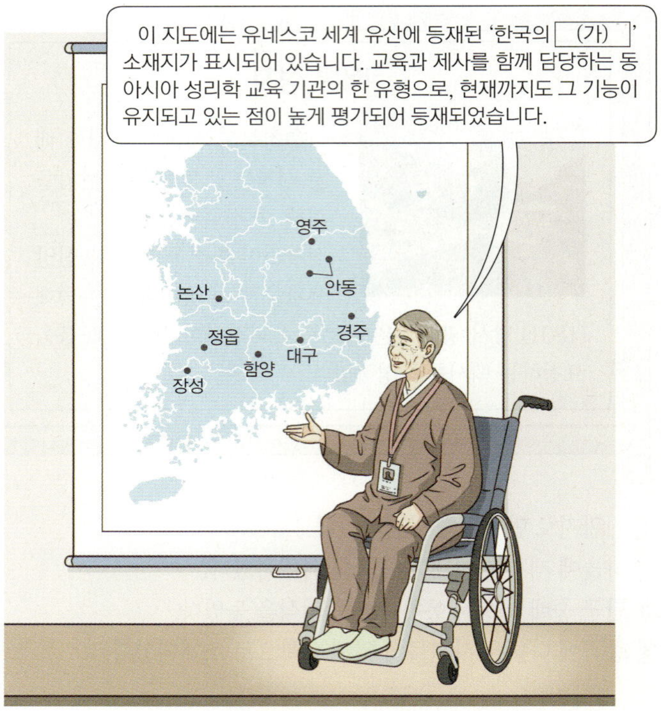

① 서원 ② 향교
③ 성균관 ④ 4부 학당

262

중급 45회 17번 변형

밑줄 그은 '이것'에 대한 설명으로 옳은 것은? [2점]

① 중앙에서 훈도가 파견되었다.
② 선현의 제사와 성리학 교육을 담당하였다.
③ 유학부와 기술학부를 편성하여 교육하였다.
④ 외국어 통역관 양성을 주된 목적으로 삼았다.

263

기본 63회 23번

(가)에 들어갈 인물로 옳은 것은? [1점]

여기는 도산 서당으로, 성학십도를 저술한 성리학자 (가) 이/가 제자들을 양성한 곳입니다. 그의 사후 제자들이 스승을 추모하고자 서당 뒤편으로 도산 서원을 조성하면서 한 공간에 서원과 서당이 공존하는 보기 드문 형태를 갖추게 되었습니다.

① 서희 ② 이황
③ 박제가 ④ 정몽주

264

기본 47회 22번

(가) 인물의 활동으로 옳은 것은? [3점]

이곳은 도산 서원 상덕사로, (가) 의 위패를 모신 사당입니다. 그는 풍기 군수, 성균관 대사성 등의 관직을 역임하였으며 예안 향약을 만들었습니다.

① 거중기를 설계하였다.
② 대마도를 정벌하였다.
③ 성학십도를 저술하였다.
④ 대동여지도를 제작하였다.

265

기본 69회 22번

(가)에 들어갈 인물로 옳은 것은? [1점]

이곳은 신사임당과 그의 아들 (가) 이/가 살았던 오죽헌입니다. 신사임당은 시와 그림에 뛰어나 많은 작품을 남겼으며, (가) 은/는 조선의 대표적인 유학자로, 동호문답, 성학집요 등을 저술하였습니다.

① 이이 ② 조식
③ 송시열 ④ 홍대용

266

기본 54회 21번

(가) 인물의 활동으로 옳은 것은? [3점]

① 앙부일구를 제작하였다.
② 성학집요를 저술하였다.
③ 시무 28조를 건의하였다.
④ 화통도감 설치를 제안하였다.

기출문제 풀어 보기

267

기본 67회 19번

(가)에 들어갈 문화유산으로 옳은 것은? [1점]

① 경국대전 ② 동의보감
③ 목민심서 ④ 조선왕조실록

268

기본 51회 21번

(가)에 해당하는 책으로 옳은 것은? [2점]

조선 제9대 국왕인 성종의 재위 기간에는 통치에 관한 규범들을 확립하기 위해 많은 서적이 편찬되었다. 국가 운영 전반에 대한 법률을 담은 (가) 이/가 반포되었으며, 국가의 의례를 정비한 국조오례의와 궁중 음악을 집대성한 악학궤범이 완성되었다.

① 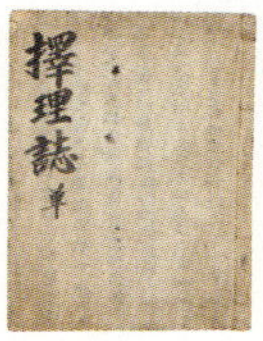

택리지

② 

경국대전

③ 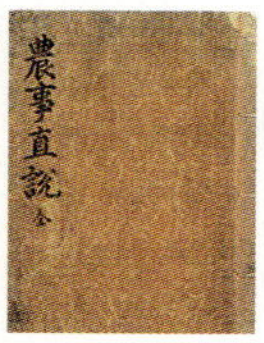

농사직설

④ 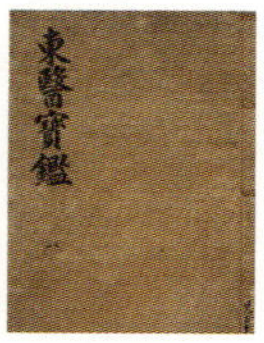

동의보감

269

기본 63회 19번

밑줄 그은 '왕'에 대한 설명으로 옳은 것은? [2점]

① 훈민정음을 창제하였다.
② 경국대전을 완성하였다.
③ 초계문신제를 시행하였다.
④ 위화도 회군을 단행하였다.

270

기본 69회 25번

(가)에 들어갈 책으로 옳은 것은? [2점]

① 동의보감 ② 목민심서
③ 삼강행실도 ④ 조선경국전

271

기본 73회 21번

(가) 왕의 업적으로 옳은 것은? [2점]

① 칠정산을 편찬하였다.
② 악학궤범을 완성하였다.
③ 혼일강리역대국도지도를 제작하였다.
④ 관촉사 석조 미륵보살 입상을 건립하였다.

272

기본 60회 19번

(가)에 들어갈 내용으로 옳은 것은? [2점]

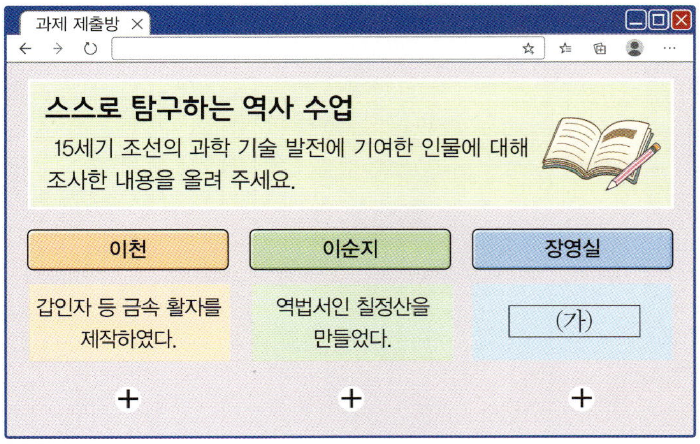

① 거중기를 설계하였다.
② 자격루를 제작하였다.
③ 대동여지도를 만들었다.
④ 동의보감을 완성하였다.

273

기본 52회 20번

(가)에 들어갈 문화유산으로 옳은 것은? [1점]

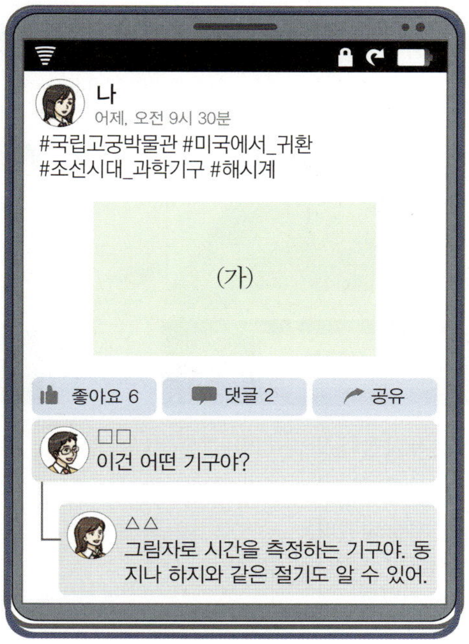

①

자격루

②

측우기

③

앙부일구

④

혼천의

기출문제 풀어 보기

274

기본 63회 18번

밑줄 그은 '왕'의 재위 시기에 있었던 사실로 옳은 것은? [2점]

① 자격루가 제작되었다.
② 화통도감이 설치되었다.
③ 삼국유사가 저술되었다.
④ 백두산정계비가 건립되었다.

275

기본 54회 19번

(가) 왕의 업적으로 옳은 것은? [2점]

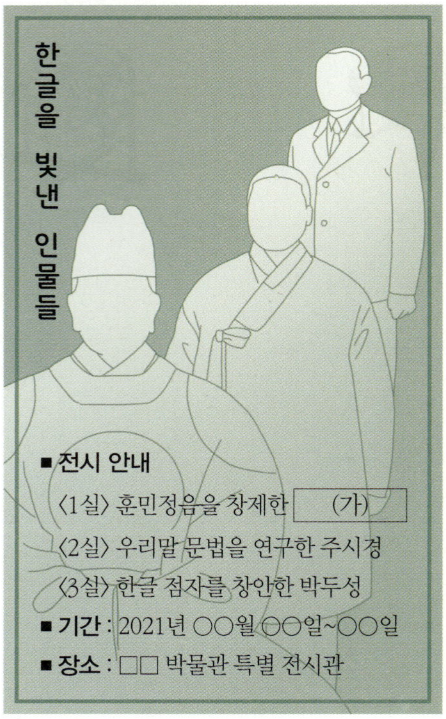

① 만권당을 세웠다.
② 농사직설을 간행하였다.
③ 대전회통을 편찬하였다.
④ 초계문신제를 시행하였다.

276

기본 73회 22번

(가)에 해당하는 문화유산으로 가장 적절한 것은? [3점]

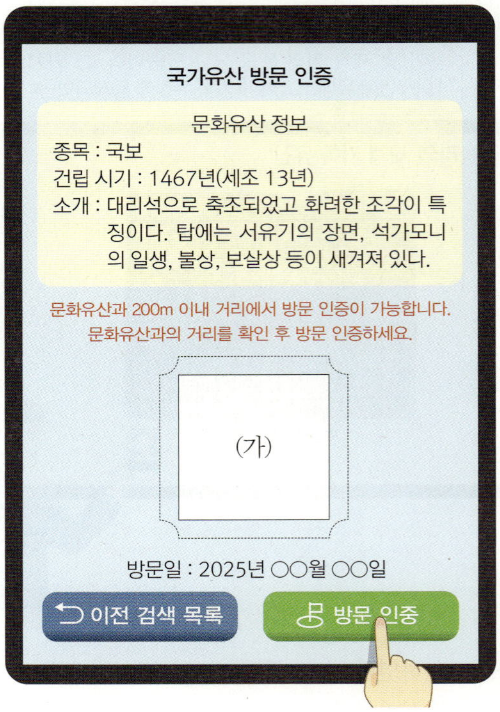

①

서울 원각사지 십층 석탑

②

평창 월정사 팔각 구층 석탑

③

경주 불국사 삼층 석탑

④

익산 미륵사지 석탑

277

(가)에 들어갈 문화유산으로 옳은 것은?

기본 61회 19번 [1점]

① 경복궁 ② 경운궁
③ 경희궁 ④ 창경궁

278

다음에서 설명하는 문화유산으로 옳은 것은?

기본 52회 29번 [3점]

① 경복궁 ② 경희궁
③ 덕수궁 ④ 창경궁

279

(가)에 들어갈 문화유산으로 옳은 것은?

기본 47회 20번 [2점]

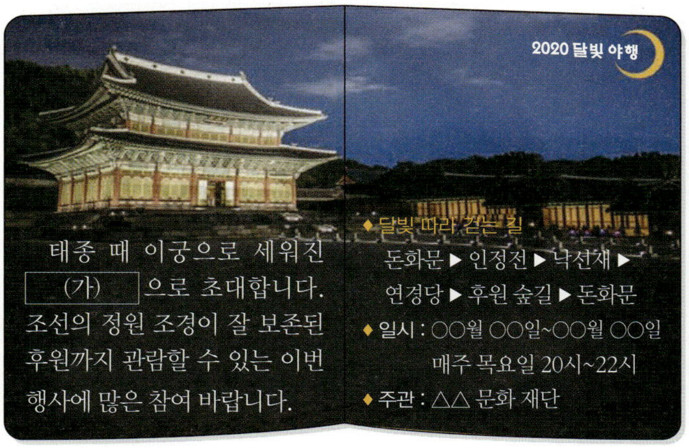

① 경복궁 ② 경희궁
③ 덕수궁 ④ 창덕궁

280

(가)에 들어갈 문화유산으로 옳은 것은?

기본 55회 21번 [2점]

□□ 신문

제△△호 2021년 ○○월 ○○일

151년 만에 옮겨지는 조선 왕조의 신주

신주를 옮기는 모습

(가) 에 모셔진 조선 역대 왕과 왕비의 신주를 창덕궁 옛 선원전으로 옮기는 행사가 지난 6월 5일 열렸다. 이 행사는 정전(正殿)의 내부 수리로 인해 1870년(고종 7년) 이후 151년 만에 거행된 것이다.

① 종묘 ② 사직단
③ 성균관 ④ 도산 서원

281

기본 71회 20번

(가)에 들어갈 국가유산으로 가장 적절한 것은? [2점]

① 
청자 상감 운학문 매병

② 
분청사기 음각어문 편병

③ 
백자 달항아리

④ 
백자 청화 운룡문호

282

기본 48회 21번

(가)에 들어갈 그림으로 옳은 것은? [2점]

① 
무동도

② 
세한도

③ 
인왕제색도

④ 
몽유도원도

정답과 해설 057쪽

7 후기 문화

283

기본 60회 29번

(가)에 들어갈 인물로 옳은 것은? [2점]

① 이익
② 박제가
③ 유형원
④ 홍대용

284

기본 51회 25번

밑줄 그은 '개혁안'의 내용으로 옳은 것은? [3점]

① 균전제 실시
② 정혜결사 제창
③ 훈련도감 창설
④ 전민변정도감 설치

285

중급 45회 26번 변형

(가) 인물에 대한 설명으로 옳은 것은? [3점]

① 사상 의학을 정립하였다.
② 거중기와 배다리를 설계하였다.
③ 북한산비가 진흥왕 순수비임을 밝혔다.
④ 영업전 매매를 금지하는 한전론을 제시하였다.

286

기본 54회 25번

(가) 인물에 대한 설명으로 옳은 것은? [2점]

① 여전론을 주장하였다.
② 추사체를 창안하였다.
③ 북학의를 저술하였다.
④ 몽유도원도를 그렸다.

기출문제 풀어 보기

287

기본 48회 30번

다음 가상 인터뷰의 주인공에 대한 설명으로 옳은 것은? [2점]

① 동학을 창시하였다.
② 추사체를 창안하였다.
③ 목민심서를 저술하였다.
④ 사상 의학을 확립하였다.

288

기본 50회 25번

다음 인물에 대한 설명으로 옳은 것은? [2점]

역사 인물을 찾아서

- 조선 후기 실학자·문장가
- 생몰 : 1737년~1805년
- 호 : 연암
- 주요 활동
  - '양반전', '허생전' 저술
  - 수레와 선박의 이용 등을 강조

① 몽유도원도를 그렸다.
② 열하일기를 저술하였다.
③ 사상 의학을 정립하였다.
④ 대동여지도를 제작하였다.

289

기본 61회 25번

(가)에 들어갈 인물로 옳은 것은? [1점]

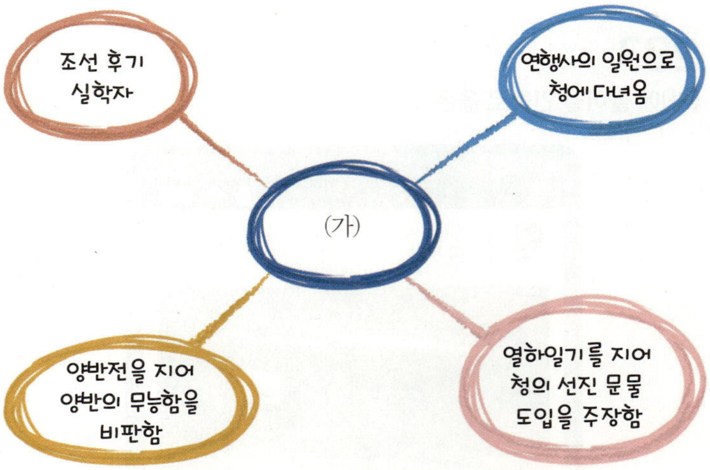

① 
이이

② 
김정희

③ 
박지원

④ 
송시열

290

기본 47회 26번

(가)에 들어갈 인물로 옳은 것은? [1점]

① 이익
② 김정희
③ 박제가
④ 유성룡

291

(중급 43회 26번 변형)

(가) 인물에 대한 설명으로 옳은 것은? [2점]

① 북한산비가 진흥왕 순수비임을 고증하였다.
② 사람의 체질을 연구하여 사상 의학을 정립하였다.
③ 발해고에서 신라와 발해를 남북국이라고 칭하였다.
④ 서얼 출신으로 규장각 검서관에 등용되어 활동하였다.

292

(기본 63회 27번)

밑줄 그은 '이 인물'에 대한 설명으로 옳은 것은? [2점]

① 추사체를 창안하였다.
② 지전설을 주장하였다.
③ 사상 의학을 정립하였다.
④ 대동여지도를 제작하였다.

293

(기본 55회 26번)

(가)에 들어갈 인물로 옳은 것은? [2점]

① 박제가　　② 이순지
③ 장영실　　④ 홍대용

294

(기본 67회 28번)

다음 가상 인터뷰에 등장하는 인물로 옳은 것은? [2점]

① 김정희　　② 박지원
③ 송시열　　④ 유득공

295

기본 54회 26번

(가)에 들어갈 지도로 옳은 것은? [1점]

① 동국지도 ② 대동여지도
③ 곤여만국전도 ④ 혼일강리역대국도지도

296

기본 57회 26번

다음 학생이 생각하고 있는 책으로 옳은 것은? [1점]

① 동의보감 ② 목민심서
③ 열하일기 ④ 향약집성방

297

기본 57회 27번

다음 퀴즈의 정답으로 옳은 것은? [2점]

① 금산사 미륵전 ② 법주사 팔상전
③ 봉정사 극락전 ④ 부석사 무량수전

298

기본 63회 28번

(가)에 들어갈 문화유산으로 옳은 것은? [1점]

조사 보고서

△학년 △반 이름 : ○○○

■ **주제** : (가) 의 축조와 복원

(가) 은 정조의 명에 의해 축조된 성으로, 거중기 등을 이용하여 공사 기간과 경비를 줄일 수 있었다. 일제 강점기와 6·25 전쟁을 거치면서 일부 훼손되었지만, 의궤의 기록을 바탕으로 원형에 가깝게 복원되었다. 아래의 사진과 그림은 이 성의 일부인 남포루가 엄밀한 고증을 거쳐 복원되었음을 보여 준다.

훼손된 모습

의궤에 묘사된 포루

복원 후 모습

① 공산성　② 전주성
③ 수원 화성　④ 한양 도성

299

기본 55회 27번

다음 직업이 등장한 시기의 사회 모습으로 옳은 것은? [2점]

(앞면)

■ 직업 소개
주로 심청전, 춘향전 등의 한글 소설을 전문적으로 읽어 주고 상평통보 등을 받았음

■ 요구 능력
인물과 장면, 분위기에 어울리는 목소리로 실감 나게 이야기하는 솜씨가 요구됨

정답 전기수

(뒷면)

① 변발과 호복이 유행하였다.
② 판소리와 탈춤이 성행하였다.
③ 골품에 따라 일상생활을 규제하였다.
④ 특수 행정 구역인 향과 부곡이 있었다.

300

기본 58회 28번

다음 대화가 이루어진 시기에 볼 수 있는 모습으로 옳은 것은? [2점]

① 국자감에 입학하는 학생
② 팔관회에 참석하는 관리
③ 판소리 공연을 구경하는 농민
④ 삼별초의 일원으로 훈련하는 군인

301

기본 54회 24번

밑줄 그은 '이 그림'이 그려진 시기에 볼 수 있는 모습으로 적절하지 않은 것은? [2점]

① 한글 소설을 읽는 여인
② 청화 백자를 만드는 도공
③ 판소리 공연을 하는 소리꾼
④ 초조대장경을 제작하는 장인

302

기본 73회 26번

(가)에 들어갈 그림으로 적절한 것은? [1점]

① 
서당

② 
고사관수도

③ 
세한도

④ 
인왕제색도

303

기본 64회 24번

다음 특별전에서 볼 수 있는 작품으로 옳은 것은? [2점]

① 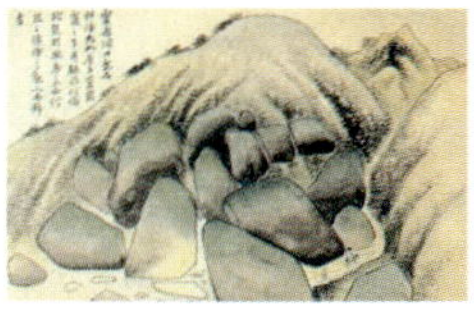
영통동구도

② 
인왕제색도

③ 
세한도

④ 
몽유도원도

304

기본 58회 26번

(가)에 들어갈 인물로 옳은 것은? [1점]

① 
허목

② 
김정희

③ 
송시열

④ 
채제공

기출 선택지로 개념 다지기

Self Note

1 **조선 태종의 업적으로 옳은 것에 ○표, 옳지 않은 것에 ×표를 하시오.**

(1) 호패법을 시행하였다. ( )
(2) 현량과를 실시하였다. ( )
(3) 계미자를 주조하였다. ( )
(4) 균역법을 시행하였다. ( )
(5) 척화비를 건립하였다. ( )
(6) 신문고를 설치하였다. ( )
(7) 전국을 8도로 나누었다. ( )
(8) 6조 직계제를 시행하였다. ( )

2 **조선 세종 재위 시기의 사실로 옳은 것에 ○표, 옳지 않은 것에 ×표를 하시오.**

(1) 집현전이 폐지되었다. ( )
(2) 4군 6진이 개척되었다. ( )
(3) "농사직설"이 편찬되었다. ( )
(4) 5군영 체제가 완성되었다. ( )
(5) 백두산정계비가 건립되었다. ( )
(6) 이종무가 쓰시마섬을 정벌하였다. ( )
(7) 수양 대군이 계유정난을 일으켰다. ( )
(8) 왕자의 난으로 정도전 등이 피살되었다. ( )

3 **조선 세조가 추진한 정책으로 옳은 것을 보기 에서 모두 골라 기호를 쓰시오.**

보기
㉠ 규장각을 설치하였다.
㉡ 직전법을 시행하였다.
㉢ 훈민정음을 창제하였다.
㉣ "대전회통"을 편찬하였다.
㉤ 6조 직계제를 시행하였다.
㉥ 도읍을 한양으로 정하였다.

( )

4 **조선 성종 재위 시기의 사실로 옳은 것에 ○표, 옳지 않은 것에 ×표를 하시오.**

(1) 예송이 발생하였다. ( )
(2) 집현전이 설치되었다. ( )
(3) 나선 정벌이 추진되었다. ( )
(4) "경국대전"이 완성되었다. ( )
(5) 최윤덕이 4군을 개척하였다. ( )
(6) 조광조가 위훈 삭제를 주장하였다. ( )
(7) 집현전을 계승한 홍문관이 설치되었다. ( )

> 정답과 해설 061쪽

Self Note

IV 조선

5 다음 조선의 중앙 정치 기구와 설명을 선을 그어 바르게 연결하시오.

(1) 승정원 •	• ㉠ 왕의 정책 자문과 경연을 담당하였다.
(2) 의금부 •	• ㉡ 왕명 출납을 담당하였다.
(3) 사헌부 •	• ㉢ 국왕 직속 사법 기구로 강상죄, 반역죄 등을 처결하였다.
(4) 홍문관 •	• ㉣ 사간원, 홍문관과 함께 삼사로 불렸다.

6 조선 전기에 있었던 보기 의 사화를 일어난 순서대로 나열하시오.

보기

㉠ 갑자사화　　㉡ 기묘사화

㉢ 무오사화　　㉣ 을사사화

(- - -)

7 조선 시대에 있었던 보기 의 사실들을 일어난 순서대로 나열하시오.

보기

㉠ 예송이 발생하였다.

㉡ 경신환국으로 서인이 집권하였다.

㉢ 사림이 동인과 서인으로 나뉘었다.

㉣ 광해군이 인조반정으로 폐위되었다.

(- - -)

8 다음 정책을 시행한 왕이 영조이면 '영조', 정조이면 '정조'를 쓰시오.

(1) 균역법을 시행하였다. ( )

(2) 장용영을 창설하였다. ( )

(3) 규장각을 설치하였다. ( )

(4) 탕평비를 건립하였다. ( )

(5) "속대전"을 편찬하였다. ( )

(6) "대전통편"을 만들었다. ( )

(7) 신해통공을 실시하였다. ( )

(8) 초계문신제를 실시하였다. ( )

Self Note

9 **다음 설명에 해당하는 사건을 보기 에서 찾아 쓰시오.**

보기

홍경래의 난, 진주 농민 봉기

(1) 삼정이정청이 설치되는 계기가 되었다. ( )
(2) 백낙신의 횡포가 계기가 되어 일어났다. ( )
(3) 서북 지역민에 대한 차별 등에 반발하여 일어났다. ( )

10 **임진왜란 중에 있었던 사실로 옳은 것에 ○표, 옳지 않은 것에 ×표를 하시오.**

(1) 훈련도감이 설치되었다. ( )
(2) 서희가 강동 6주를 확보하였다. ( )
(3) 권율이 행주산성에서 승리하였다. ( )
(4) 윤관이 별무반 편성을 건의하였다. ( )
(5) 조헌이 금산에서 의병을 이끌었다. ( )
(6) 황룡사 9층 목탑이 불타 없어졌다. ( )
(7) 곽재우가 의령에서 의병을 일으켰다. ( )
(8) 조·명 연합군이 평양성을 탈환하였다. ( )
(9) 계백이 황산벌에서 결사대를 이끌었다. ( )
(10) 이순신이 한산도 앞바다에서 승리하였다. ( )
(11) 정문부가 의병을 모아 왜군을 격퇴하였다. ( )
(12) 최영이 군대를 지휘하여 홍건적을 물리쳤다. ( )

11 **병자호란 중에 있었던 사실로 옳은 것에 ○표, 옳지 않은 것에 ×표를 하시오.**

(1) 왕이 남한산성으로 피신하였다. ( )
(2) 신립이 탄금대에서 전투를 벌였다. ( )
(3) 임경업이 백마산성에서 항전하였다. ( )
(4) 김윤후가 적장 살리타를 사살하였다. ( )
(5) 이순신이 명량에서 일본군을 물리쳤다. ( )
(6) 북벌을 추진하기 위해 어영청을 확대하였다. ( )

12 **조선 후기에 볼 수 있는 모습으로 적절한 것을 보기 에서 모두 골라 기호를 쓰시오.**

보기

㉠ 녹읍을 지급받는 귀족
㉡ 고구마를 재배하는 농민
㉢ 해동통보를 주조하는 장인
㉣ 광산 개발을 감독하는 덕대
㉤ 관청에 물품을 조달하는 공인
㉥ 황룡사 9층 목탑을 만드는 목수
㉦ 벽란도에서 무역을 하는 송의 상인
㉧ 청과의 무역으로 부를 축적한 만상
㉨ 시장에서 상평통보를 사용하는 상인

( )

> 정답과 해설 061쪽

Self Note

IV
조선

13 조선 후기의 경제 상황으로 옳은 것에 ○표, 옳지 않은 것에 ×표를 하시오.

(1) 과전법이 실시되었다. ( )
(2) 목화가 처음 전래되었다. ( )
(3) 상평통보가 널리 유통되었다. ( )
(4) 모내기법이 전국적으로 확산되었다. ( )
(5) 활구라고 불리는 은병이 유통되었다. ( )
(6) 내상이 일본과의 무역을 주도하였다. ( )
(7) 벽란도가 국제 무역항으로 번성하였다. ( )
(8) 담배, 면화 등이 상품 작물로 재배되었다. ( )
(9) 정기 시장인 장시가 전국 각지에서 열렸다. ( )

14 다음 설명이 천주교에 해당하면 '천주교', 동학에 해당하면 '동학'을 쓰시오.

(1) 초기에는 서학으로 소개되었다. ( )
(2) "동경대전"을 기본 경전으로 삼았다. ( )
(3) 제사와 신주를 모시는 문제로 정부의 탄압을 받았다. ( )
(4) 인내천 사상을 내세워 인간의 존엄성과 평등을 강조하였다. ( )

15 다음 인물 카드의 ㉠과 ㉡에 들어갈 알맞은 인물의 이름을 쓰시오.

㉠

- 풍기 군수, 성균관 대사성 역임
- 예안 향약 시행
- 기대승과 사단칠정 논쟁 전개
- "성학십도", "주자서절요" 등 저술

㉡

- 공납 개선을 위해 수미법 주장
- 해주 향약, 서원 향약 시행
- "성학집요", "동호문답" 등 저술

㉠ ( ), ㉡ ( )

16 조선 세종 재위 시기의 문화 발전으로 옳은 것에 ○표, 옳지 않은 것에 ×표를 하시오.

(1) 자격루가 제작되었다. ( )
(2) "칠정산"이 편찬되었다. ( )
(3) 화통도감이 설치되었다. ( )
(4) "농사직설"이 간행되었다. ( )
(5) "경국대전"이 완성되었다. ( )
(6) "동의보감"이 완성되었다. ( )
(7) "삼강행실도"가 편찬되었다. ( )
(8) 박연 등이 새로 아악을 정비하였다. ( )

Self Note

17 조선 전기에 제작된 문화유산이면 '전기', 조선 후기에 제작된 문화유산이면 '후기'를 쓰시오.

(1) 
원각사지 10층 석탑
(　　　　　　)

(2) 
서당
(　　　　　　)

(3) 
고사관수도
(　　　　　　)

(4) 
무동
(　　　　　　)

(5) 
월하정인
(　　　　　　)

(6) 
인왕제색도
(　　　　　　)

(7) 
세한도
(　　　　　　)

(8) 
몽유도원도
(　　　　　　)

18 다음 설명에 해당하는 문화유산을 보기 에서 찾아 쓰시오.

보기

경복궁, 창덕궁, 창경궁, 종묘

(1) 역대 국왕과 왕비의 신주가 모셔져 있다. (　　　　　　)
(2) 일제에 의해 동물원과 식물원이 설치되었다. (　　　　　　)
(3) 태조 때 한양으로 천도하면서 창건된 조선의 정궁이다. (　　　　　　)
(4) 태종 때 이궁으로 건립되었으며 후원에 규장각이 있었다. (　　　　　　)

19 다음 인물과 저술을 선을 그어 바르게 연결하시오.

(1) 이익 • 　　　　• ㉠ "우서"
(2) 유형원 • 　　　　• ㉡ "북학의"
(3) 정약용 • 　　　　• ㉢ "목민심서"
(4) 유수원 • 　　　　• ㉣ "반계수록"
(5) 박지원 • 　　　　• ㉤ "성호사설"
(6) 박제가 • 　　　　• ㉥ "열하일기"
(7) 홍대용 • 　　　　• ㉦ "의산문답"

> 정답과 해설 061쪽

Self Note

IV
조선

20 조선 후기에 볼 수 있는 모습으로 적절한 것에 ○표, 적절하지 않은 것에 ×표를 하시오.

(1) 민화를 그리는 화가 ( )
(2) 탈춤을 공연하는 광대 ( )
(3) 한글 소설을 읽는 여인 ( )
(4) 국자감에 입학하는 학생 ( )
(5) 청화 백자를 만드는 도공 ( )
(6) 판소리 공연을 하는 소리꾼 ( )
(7) 초조대장경을 제작하는 장인 ( )
(8) 팔관회에 참가하는 외국 사신 ( )
(9) 저잣거리에서 이야기책을 읽어 주는 전기수 ( )

21 다음 그림을 그린 화가를 보기 에서 찾아 쓰시오.

보기

정선, 김정희, 김홍도, 신윤복

(1)

금강전도
( )

(2)

무동
( )

(3)

단오풍정
( )

(4)

월하정인
( )

(5)

인왕제색도
( )

(6)

세한도
( )

22 조선 후기의 건축물로 옳은 것에 ○표, 옳지 않은 것에 ×표를 하시오.

(1)

금산사 미륵전
( )

(2)

법주사 팔상전
( )

(3)

화엄사 각황전
( )

(4)

부석사 무량수전
( )

(5)

봉정사 극락전
( )

V 개항기

큰별쌤의 학습 포인트

1 흥선 대원군 집권 시기
- 흥선 대원군이 추진한 개혁 정책을 정리하세요.
- 서양 열강의 침략적 접근 과정에서 있었던 사건을 일어난 순서대로 기억해 두세요.

2 개항 ~ 갑신정변
- 강화도 조약의 내용과 조약 체결 이후 파견된 해외 사절단을 정리해 두세요.
- 개항 이후 추진된 개화 정책의 내용을 알아 두세요.
- 임오군란과 갑신정변의 전개 과정과 영향을 기억하세요.

3 동학 농민 운동 ~ 대한 제국
- 동학 농민 운동의 전개 과정을 정리하세요. 집강소를 설치하였다는 내용이 자주 출제됩니다.
- 갑오개혁과 을미개혁 때 추진된 개혁 내용을 구분하여 기억하세요.
- 독립 협회의 활동과 대한 제국 정부가 추진한 개혁 내용을 정리하세요.

4 국권 피탈과 저항
- 일제의 국권 침탈 과정과 그 과정에서 체결된 여러 조약의 내용을 정리하세요.
- 일제의 국권 침탈에 맞서 추진된 의병 운동, 애국 계몽 운동, 경제적 구국 운동의 내용을 구분하여 기억하세요.
- 일제의 국권 피탈에 맞서 저항한 주요 인물과 단체를 기억하세요.

5 문화
- 개항기에 발간된 근대 신문을 정리하세요. 독립신문과 대한매일신보가 주로 출제됩니다.
- 개항기에 설립된 학교, 특히 원산 학사, 육영 공원의 특징을 알아 두세요.

최근 4회차 단원별 출제 비중

선사 고대 고려 조선 개항기 일제 강점기 현대

73회

★민속놀이 : 1문항

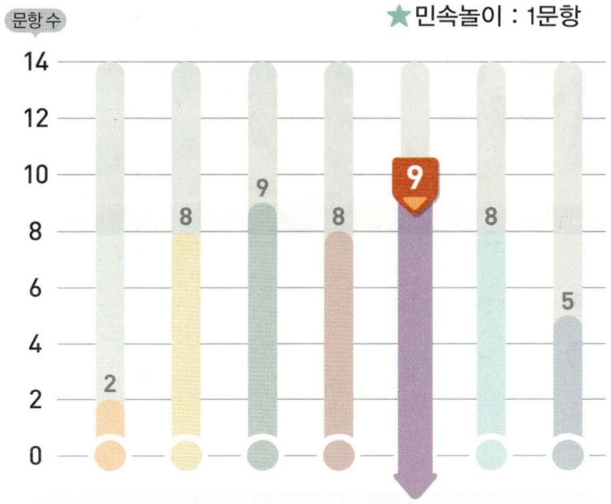

영선사, 신미양요 이후의 사실, 박규수의 활동,
동학 농민 운동, 독립 협회, 러 · 일 전쟁,
을사늑약, 백동화, 정미의병,

71회

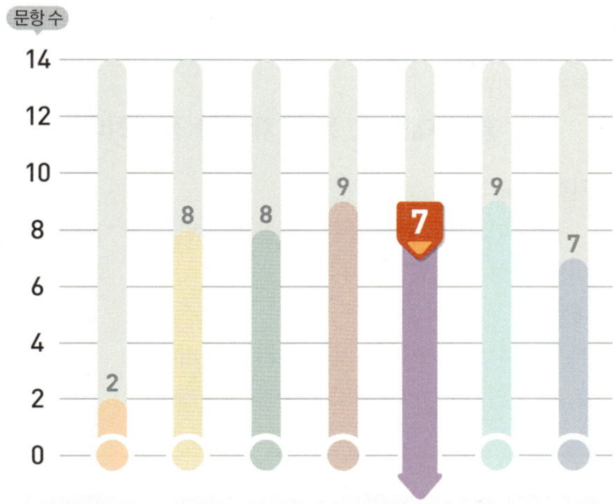

임오군란, 흥선 대원군의 정책, 김홍집의 활동,
강화도 조약, 을사늑약, 동학 농민 운동,
근대 문물의 수용

69회

★세시 풍속 : 1문항

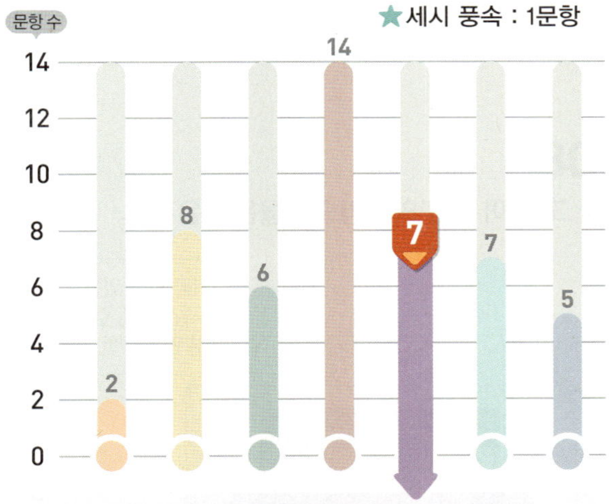

갑신정변 이후의 사실, 제1차 갑오개혁,
이승훈의 활동, 정미의병, 안중근의 활동,
전주의 역사, 역사 속 유학자

67회

★세시 풍속 : 1문항

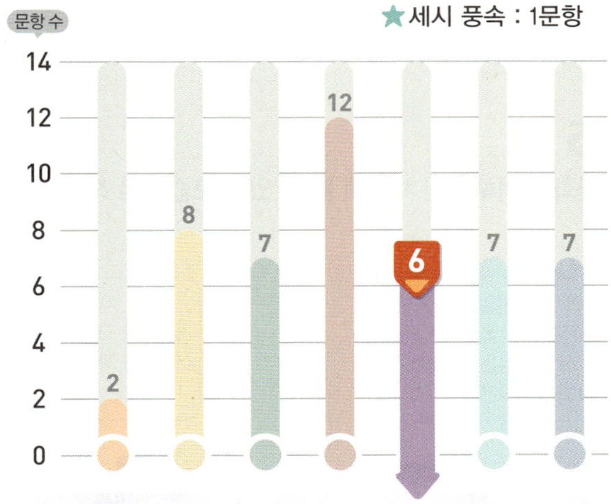

동학 농민 운동, 신돌석의 활동,
병인양요, 독립 협회,
이상설의 활동, 시대의 개혁가들

기출문제 풀어 보기

> 정답과 해설 062쪽

1 흥선 대원군 집권 시기

305

기본 47회 27번

다음 다큐멘터리에서 볼 수 있는 장면으로 가장 적절한 것은? [2점]

〈다큐멘터리 기획안〉

흥선 대원군, 통치 체제를 정비하다

■ 기획 의도

1863년 고종의 즉위로 실권을 장악한 흥선 대원군이 추진하였던 정책을 조명한다.

■ 내용

1. 왕권 강화를 위한 통치 체제의 재정비
2. 민생 안정과 국가 재정 확충을 위한 노력

① 서원 철폐에 반대하는 양반
② 배재 학당에서 공부하는 학생
③ 탕평비 건립을 바라보는 유생
④ 만민 공동회에서 연설하는 백정

306

기본 48회 33번

다음 대화가 이루어진 시기에 볼 수 있는 모습으로 적절한 것은? [2점]

① 원에 공녀로 끌려가는 여인
② 원산 총파업에 참여하는 노동자
③ 독립운동가를 감시하는 헌병 경찰
④ 경복궁 중건 공사에 동원되는 농민

307

기본 63회 29번

(가)에 들어갈 내용으로 가장 적절한 것은? [2점]

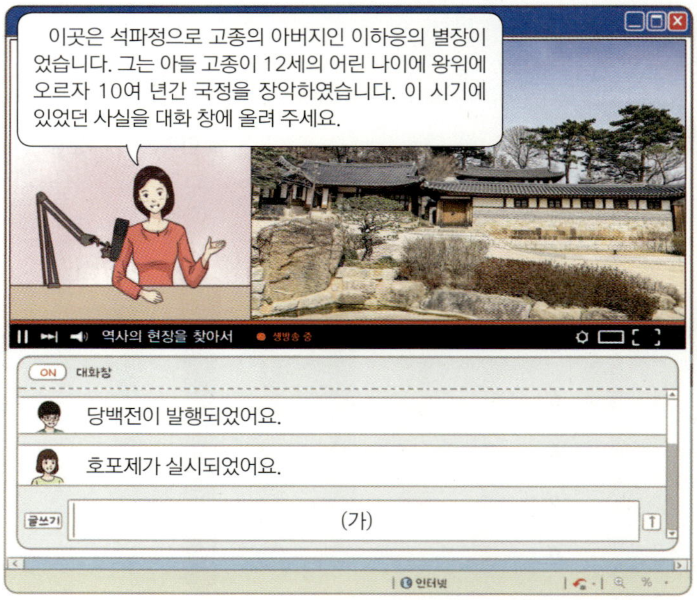

① 녹읍이 폐지되었어요.
② 장용영이 설치되었어요.
③ 척화비가 건립되었어요.
④ 요동 정벌이 추진되었어요.

308

기본 49회 26번

밑줄 그은 '이 사건'의 배경으로 옳은 것은? [2점]

① 병인박해가 일어났다.
② 영국이 거문도를 점령하였다.
③ 오페르트가 남연군 묘를 도굴하려 하였다.
④ 서인 정권이 친명배금 정책을 추진하였다.

309

기본 61회 28번

(가) 사건에 대한 설명으로 옳은 것은? [2점]

이달의 인물 소개

한국의 문화유산을 지켜 낸 박병선 박사

프랑스 국립 도서관 사서였던 박병선 박사는 (가) 때 프랑스군이 약탈해 간 외규장각 의궤의 소재를 확인하였다.

그는 오랜 노력 끝에 의궤의 목록을 만들어 세상에 공개하였고, 2011년 의궤가 145년 만에 우리 땅으로 돌아오게 하는 데 기여하였다.

① 청군의 개입으로 진압되었다.
② 제너럴 셔먼호 사건이 배경이 되었다.
③ 양헌수 부대가 정족산성에서 활약하였다.
④ 제물포 조약이 체결되는 결과를 가져왔다.

310

기본 57회 31번

밑줄 그은 '변고'가 일어난 시기를 연표에서 옳게 고른 것은? [3점]

답서
영종 첨사 명의로 답서를 보냈다.

귀국과 우리나라 사이에는 원래 소통이 없었고, 은혜를 입거나 원수를 진 일도 없었다. 그런데 이번 덕산 묘지(남연군 묘)에서 일으킨 변고는 사람으로서 차마 할 수 있는 일이겠는가? …… 이런 지경에 이르렀으니 우리나라 신하와 백성은 있는 힘을 다하여 한마음으로 귀국과는 같은 하늘을 이고 살 수 없다는 것을 맹세한다.

1863		1876		1884		1894		1905
	(가)		(나)		(다)		(라)	
고종 즉위		강화도 조약		갑신정변		갑오개혁		을사늑약

① (가) ② (나) ③ (다) ④ (라)

311

기본 50회 28번

밑줄 그은 '이 사건'에 대한 설명으로 옳은 것은? [2점]

① 삼국 간섭이 일어나는 배경이 되었다.
② 제너럴 셔먼호 사건이 빌미가 되었다.
③ 운요호의 초지진 공격으로 시작되었다.
④ 제물포 조약이 체결되는 계기가 되었다.

312

기본 73회 29번

밑줄 그은 '전투' 이후에 있었던 사실로 옳은 것은? [3점]

① 병인박해가 일어났다.
② 집현전이 설치되었다.
③ 천리장성이 축조되었다.
④ 전국 각지에 척화비가 세워졌다.

> 정답과 해설 064쪽

2 개항 ~ 갑신정변

313

기본 64회 28번

(가)에 들어갈 사건으로 옳은 것은? [1점]

역 사 신 문

제△△호 ○○○○년 ○○월 ○○일

일본과의 조약이 체결되다

무력시위하는 일본 군인들

작년 가을 강화도와 영종도 일대에서 (가) 을 일으킨 일본과의 회담이 최근 수차례 열렸다. 일본이 피해 보상과 조선의 개항을 일방적으로 요구하자, 조정에서는 이에 대한 찬반 논쟁 끝에 신헌을 파견하여 조·일 수호 조규를 체결하였다.

① 운요호 사건 ② 105인 사건
③ 제너럴 셔먼호 사건 ④ 오페르트 도굴 사건

314

기본 71회 31번

밑줄 그은 '조약'으로 옳은 것은? [1점]

① 기유약조 ② 한성 조약
③ 정미 7조약 ④ 강화도 조약

315

기본 50회 29번

(가)에 들어갈 내용으로 옳은 것은? [2점]

① 교정청 ② 군국기무처
③ 도평의사사 ④ 통리기무아문

316

기본 61회 30번

(가)에 들어갈 사절단으로 옳은 것은? [2점]

(가) 활동 정리

1. 기간 : 1880. 5. 28. ~ 8. 28.
2. 참여자 : 김홍집 외 50여 명
3. 주요 활동

날짜	내용
5. 28. ~ 7. 6.	한성에서 부산포, 고베를 거쳐 도쿄로 이동
7. 7. ~ 8. 3.	일본 정부 관리들과 면담 일본 근대 문물 견학 김홍집, 청 외교관 황준헌과 비공식 면담
8. 4. ~ 8. 28.	귀국 및 왕에게 결과 보고(조선책략 올림)

① 보빙사 ② 성절사
③ 수신사 ④ 영선사

317

기본 51회 30번

다음 시나리오의 상황 이후에 전개된 사실로 옳은 것은? [3점]

S#15. 한성의 궁궐 안

일본에 조사 시찰단으로 파견되었다가 약 4개월 만에 돌아온 홍영식이 고종과 대화를 나누고 있다.

고 종 : 일본의 제도가 장대하고 정치가 부강하다고 하는데 시찰해 보니 과연 그러하더냐?

홍영식 : 그렇습니다. 일본의 부강은 모두 밤낮을 가리지 않고 부지런히 노력한 결과입니다. 일본이 이룬 것을 볼 때 우리도 노력하면 충분히 가능할 것입니다.

① 삼정이정청이 설치되었다.
② 어재연 부대가 미군에 맞서 싸웠다.
③ 구식 군인들이 임오군란을 일으켰다.
④ 평양 관민이 제너럴 셔먼호를 불태웠다.

318

기본 49회 27번

(가) 조약 이후에 있었던 사실로 옳은 것은? [2점]

① 보빙사가 파견되었다.
② 별기군이 창설되었다.
③ 탕평비가 건립되었다.
④ 통리기무아문이 설치되었다.

319

기본 66회 31번

밑줄 그은 '사절단'으로 옳은 것은? [2점]

① 보빙사　② 수신사
③ 영선사　④ 조사 시찰단

320

기본 64회 29번

밑줄 그은 '변란'으로 옳은 것은? [2점]

① 갑신정변　② 신미양요
③ 임오군란　④ 임술 농민 봉기

321

기본 54회 30번

(가) 사건에 대한 설명으로 옳은 것은? [2점]

① 청군의 개입으로 진압되었다.
② 조선책략이 유입되는 결과를 가져왔다.
③ 우금치에서 일본군과의 전투가 벌어졌다.
④ 우정총국 개국 축하연에서 정변이 일어났다.

322

기본 58회 31번

밑줄 그은 '이 사건'의 결과로 옳은 것은? [2점]

① 집강소가 설치되었다.
② 조사 시찰단이 파견되었다.
③ 외규장각 도서가 약탈되었다.
④ 청의 내정 간섭이 심화되었다.

323

기본 61회 29번

(가) 시기에 있었던 사실로 옳은 것은? [3점]

① 탕평비가 건립되었다.
② 간도 협약이 체결되었다.
③ 구식 군인들이 임오군란을 일으켰다.
④ 어영청을 강화하며 북벌이 추진되었다.

324

기본 60회 31번

(가)에 들어갈 사건으로 옳은 것은? [1점]

① 갑오개혁 ② 갑신정변
③ 브나로드 운동 ④ 민립 대학 설립 운동

[325~326] 다음 자료를 읽고 물음에 답하시오.

근대 역사의 현장

(가) 은/는 1884년 근대 우편 업무를 도입하기 위해 세워졌다. 그러나 개화당이 이곳에서 열린 개국 축하연을 기회로 삼아 (나) 을/를 일으켜 한동안 우편 업무가 중단되었다. 그 후 1895년 우체사가 설치되어 관련 업무가 재개되었다.

현재 복원된 모습
(서울시 종로구 소재)

325

기본 47회 29번

(가)에 들어갈 기구로 옳은 것은? [1점]

① 기기창 ② 우정총국
③ 군국기무처 ④ 통리기무아문

326

기본 47회 30번

(나) 사건에 대한 설명으로 옳은 것은? [3점]

① 구본신참을 개혁 원칙으로 내세웠다.
② 한성 조약이 체결되는 계기가 되었다.
③ 외규장각 도서가 약탈당하는 결과를 가져왔다.
④ 사태 수습을 위해 박규수가 안핵사로 파견되었다.

327

기본 69회 29번

밑줄 그은 '정변' 이후에 있었던 사실로 옳은 것은? [2점]

역사 신문

제△△호 ○○○○년 ○○월 ○○일

개화당 정부, 무너지다

어제 구성된 개화당 정부가 하루 만에 청군의 개입으로 붕괴하였다. 새 정부를 구성하고 개혁 정강을 발표하였던 김옥균, 박영효, 서재필 등은 현재 일본 공사를 따라 일본 공사관으로 피신해 있는 것으로 알려졌다. 우정국 개국 축하연에서의 소동으로 시작된 정변은 이로써 3일 만에 막을 내리게 되었다.

① 임오군란이 일어났다.
② 한성 조약이 체결되었다.
③ 통리기무아문이 설치되었다.
④ 제너럴 셔먼호 사건이 발생하였다.

328

중급 41회 35번 변형

밑줄 그은 '이 사건'에 대한 설명으로 옳은 것은? [2점]

① 청군의 개입으로 3일 만에 실패하였다.
② 보국안민, 제폭구민을 기치로 내세웠다.
③ 제물포 조약을 체결하는 결과를 가져왔다.
④ 신식 군대인 별기군이 창설되는 배경이 되었다.

정답과 해설 067쪽

3 동학 농민 운동 ~ 대한 제국

329

기본 66회 34번

다음 문서가 작성된 시기를 연표에서 옳게 고른 것은? [3점]

> 영국 공관에 보냄
>
> 근래 국내에 전해지는 소문을 통해 귀국이 거문도에 뜻을 두고 있다는 것을 알았습니다. 이 섬은 우리나라의 땅으로, 다른 나라는 점유할 수 없는 곳입니다. 귀국처럼 공법에 밝은 나라가 이처럼 뜻밖의 일을 저지를 줄이야 어떻게 알 수 있었겠습니까?

1863		1876		1882		1894		1905
고종 즉위	(가)	강화도 조약	(나)	임오 군란	(다)	갑오 개혁	(라)	을사 늑약

① (가) ② (나) ③ (다) ④ (라)

330

기본 61회 31번

(가) 운동에 대한 설명으로 옳은 것은? [2점]

① 박규수가 안핵사로 파견되었다.
② 전개 과정에서 집강소가 설치되었다.
③ 한성 조약이 체결되는 결과를 가져왔다.
④ 평안도 지역 차별에 반발하여 일어났다.

331

기본 73회 32번

(가) 시기에 있었던 사실로 옳은 것은? [3점]

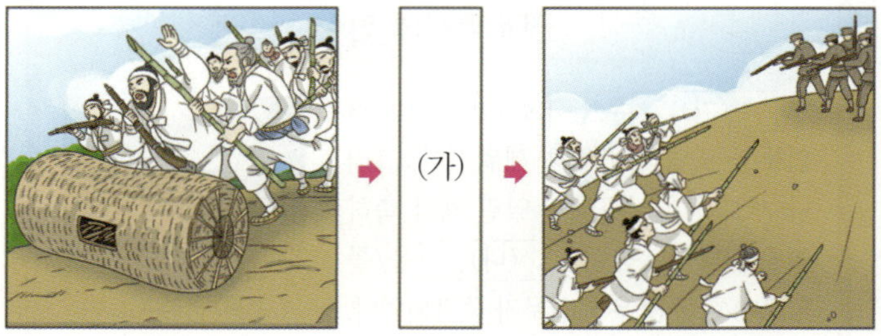

황룡촌 전투 → (가) → 우금치 전투

① 최제우가 처형되었다.
② 홍경래의 난이 일어났다.
③ 전주 화약이 체결되었다.
④ 농민들이 고부 관아를 습격하였다.

332

기본 66회 37번

다음 시나리오의 상황 이후에 전개된 사실로 옳은 것은? [2점]

> S#17. 전주성 안 선화당
>
> 농민군 대장 전봉준과 전라감사 김학진이 대화를 나누고 있다.
>
> 김학진 : 일본군이 궁궐을 점령하여 국가에 큰 위기가 닥쳤소.
>
> 전봉준 : 청군과 일본군이 들어와 있는 상황에서 이런 일이 생기다니 참으로 큰일입니다.

① 동학을 창시한 최제우가 처형되었다.
② 동학 농민군이 우금치 전투에서 패하였다.
③ 교조 신원을 요구하는 삼례 집회가 열렸다.
④ 조병갑의 탐학에 맞서 고부 농민 봉기가 일어났다.

333

기본 63회 33번

(가)에 들어갈 기구로 옳은 것은? [2점]

① 비변사　② 원수부
③ 홍문관　④ 군국기무처

334

기본 55회 31번

밑줄 그은 '개혁'의 내용으로 옳지 않은 것은? [3점]

역사 용어 카드

군국기무처

1894년 6월 의정부 산하에 설치되어 개혁을 추진하였던 정책 의결 기구이다. 총재는 영의정 김홍집이 겸임하였다. 약 3개월 동안 신분제 폐지, 조혼 금지 등 약 210건의 안건을 심의하고 통과시켰다.

① 지계를 발급하였다.
② 과거제를 폐지하였다.
③ 도량형을 통일하였다.
④ 연좌제를 금지하였다.

335

중급 45회 33번 변형

밑줄 그은 '개혁'의 내용으로 옳은 것은? [2점]

① 신분제를 폐지하였다.
② 단발령을 시행하였다.
③ 당백전을 발행하였다.
④ 원수부를 설치하였다.

336

기본 63회 35번

다음 가상 뉴스가 보도된 이후에 전개된 사실로 옳은 것은? [2점]

① 외규장각 도서가 약탈되었다.
② 김윤식이 영선사로 파견되었다.
③ 제너럴 셔먼호 사건이 발생하였다.
④ 고종이 러시아 공사관으로 피신하였다.

337

중급 42회 34번 변형

다음 가상 인터뷰의 (가)에 들어갈 내용으로 옳은 것은? [1점]

① 지계 발급
② 단발령 시행
③ 박문국 설치
④ 대전회통 편찬

338

기본 49회 30번

(가) 시기에 있었던 사실로 옳은 것은? [2점]

① 당백전이 발행되었다.
② 동시전이 설치되었다.
③ 속대전이 편찬되었다.
④ 태양력이 채택되었다.

339

기본 61회 33번

(가)에 들어갈 단체로 옳은 것은? [1점]

① 신민회
② 독립 협회
③ 대한 자강회
④ 조선어 학회

340

기본 73회 33번

(가) 단체의 활동으로 옳은 것은? [2점]

역사 신문

제△△호 ○○○○년 ○○월 ○○일

새로운 중추원 관제가 반포되다

이틀 전, 법령의 제정과 폐지를 심사하는 중추원의 관제가 개편되었다. 개편안에 따라 중추원 의관 50인 중 절반은 (가) 의 회원 중에서 선출하기로 하였다. 의정부 참정 박정양의 명단 제출 요청에 따라 (가) 은/는 독립관에서 의관 25명을 선출할 것이라고 밝혔다.

① 잡지 개벽을 창간하였다.
② 형평 운동을 전개하였다.
③ 대성 학교를 설립하였다.
④ 만민 공동회를 개최하였다.

341
기본 52회 36번

(가)에 들어갈 단체의 활동으로 옳은 것은? [2점]

① 태극 서관을 운영하였다.
② 독립문 건립을 주도하였다.
③ 고종 강제 퇴위를 반대하였다.
④ 국채 보상 운동을 지원하였다.

342
기본 57회 34번

다음 사건 이후에 일어난 사실로 옳은 것은? [2점]

역사 신문

제△△호 ○○○○년 ○○월 ○○일

국왕, 경복궁을 떠나다

2월 11일 국왕과 세자가 비밀리에 러시아 공사관으로 거처를 옮겼다. 일본군 감시가 허술한 틈을 타 궁녀의 가마를 타고 경복궁을 나왔는데, 공사관에 도착한 때는 대략 오전 7시 30분이었다.

① 훈련도감이 설치되었다.
② 청에 영선사가 파견되었다.
③ 외규장각 도서가 약탈되었다.
④ 대한 제국 수립이 선포되었다.

343
기본 60회 30번

(가) 시기에 있었던 사실로 옳은 것은? [2점]

① 당백전을 발행하였다.
② 영선사를 파견하였다.
③ 육영 공원을 설립하였다.
④ 대한국 국제를 제정하였다.

344
기본 61회 35번

(가) 시기에 시행된 정책으로 옳은 것은? [2점]

역사 탐방 사전 학습지

이름	○○○	학번	△학년 △반 △△번
장소	서울 덕수궁		

왜 가고 싶나요?

고종은 국가의 위상을 높이기 위해 황제에 오르고 (가) 의 수립을 대내외에 선포하였습니다. 이 시기에 고종이 머물렀던 덕수궁에서 그 흔적을 찾아보고 싶습니다.

관련 자료를 찾아볼까요?

덕수궁 중화전

덕수궁 정관헌

① 지계가 발급되었다.
② 척화비가 건립되었다.
③ 홍범 14조가 반포되었다.
④ 치안 유지법이 제정되었다.

> 정답과 해설 070쪽

4 국권 피탈과 저항

345
기본 47회 35번

(가) 조약의 내용으로 옳은 것은? [2점]

우리와 함께 일제에 맞선 외국인

호머 헐버트

호머 헐버트는 육영 공원의 교사로 초빙되어 우리나라와 처음 인연을 맺었다. 그는 1905년 일제에 의해 (가) 이/가 강제로 체결되자, 그 부당성을 알리기 위해 파견된 헤이그 특사의 활동을 지원하였다.

① 외교권 박탈
② 천주교 포교 허용
③ 화폐 정리 사업 실시
④ 대한 제국 군대 해산

346
기본 61회 34번

밑줄 그은 '이 조약'에 대한 설명으로 옳은 것은? [2점]

① 청·일 전쟁의 배경이 되었다.
② 최혜국 대우의 조항이 들어 있다.
③ 운요호 사건을 계기로 체결되었다.
④ 통감부가 설치되는 결과를 가져왔다.

347
기본 55회 36번

밑줄 그은 '특사'에 대한 설명으로 옳은 것은? [2점]

① 서양에 파견된 최초의 사절단이었다.
② 조선책략을 국내에 처음 소개하였다.
③ 기기국에서 무기 제조 기술을 배우고 돌아왔다.
④ 을사늑약의 부당함을 전 세계에 알리고자 하였다.

348
기본 49회 31번

(가)~(다)를 일어난 순서대로 옳게 나열한 것은? [3점]

(가)

(나)

(다)

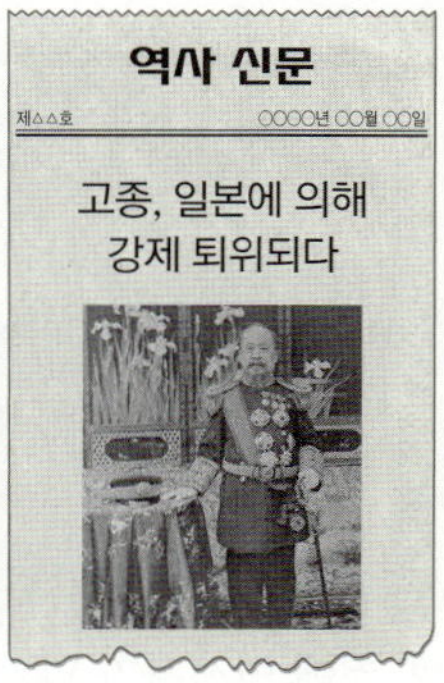

① (가) - (나) - (다)
② (가) - (다) - (나)
③ (나) - (다) - (가)
④ (다) - (가) - (나)

349

기본 66회 36번

(가), (나) 사이의 시기에 체결된 조약으로 옳은 것은? [2점]

(가)

(나)

① 톈진 조약 ② 정미7조약
③ 제물포 조약 ④ 시모노세키 조약

350

기본 64회 30번

밑줄 그은 '나'에 대한 설명으로 옳은 것은? [2점]

① 중광단을 결성하였다.
② 독립 의군부를 조직하였다.
③ 동양 평화론을 집필하였다.
④ 시일야방성대곡을 발표하였다.

351

기본 52회 32번

(가)~(다) 학생이 발표한 내용을 일어난 순서대로 옳게 나열한 것은? [3점]

① (가) - (나) - (다) ② (가) - (다) - (나)
③ (나) - (가) - (다) ④ (다) - (가) - (나)

352

기본 57회 32번

다음 책이 국내에 유포된 영향으로 적절한 것은? [2점]

① 병인박해가 일어났다.
② 제너럴 셔먼호 사건이 발생하였다.
③ 이만손 등이 영남 만인소를 올렸다.
④ 어재연 부대가 광성보에서 항전하였다.

353

기본 60회 32번

밑줄 그은 '의병'이 일어난 시기를 연표에서 옳게 고른 것은? [3점]

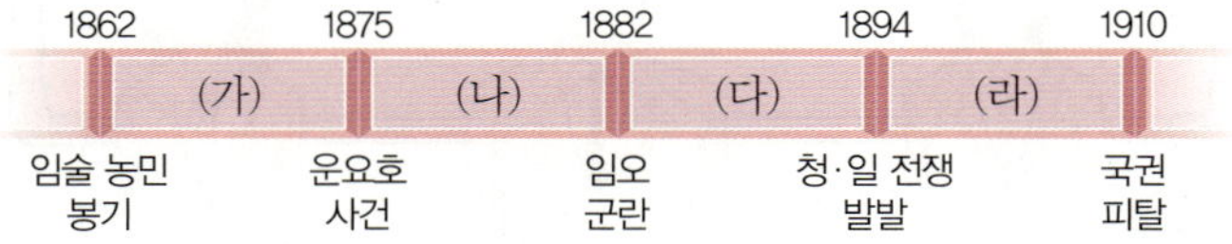

① (가)　② (나)　③ (다)　④ (라)

354

기본 71회 32번

다음 그림 카드를 활용한 학습 주제로 가장 적절한 것은? [2점]

① 비변사의 설치
② 기묘사화의 발생
③ 임술 농민 봉기의 발발
④ 항일 의병 운동의 전개

355

기본 50회 30번

교사의 질문에 대한 학생의 답변으로 옳은 것은? [2점]

① 13도 창의군을 결성하였어요.
② 정부에 헌의 6조를 건의하였어요.
③ 백산에 집결하여 4대 강령을 발표하였어요.
④ 곽재우, 고경명 등이 의병장으로 활약하였어요.

356

기본 61회 36번

밑줄 그은 '이 부대'에 대한 설명으로 옳은 것은? [2점]

> ○○에게
> 이보게, 나는 마침내 의병에 합류하였네.
> 황제 폐하께서 강제로 그 자리에서 내려오셔야 했던 사건은 여전히 울분을 참을 수 없게 만드네. 일제가 끝내 우리 군대를 강제로 해산시키는 과정에서 동료들의 죽음을 보며 가만히 있을 수 없었네. 나는 13도의 의병이 모여 조직되고 이인영 총대장이 지휘하는 이 부대에 가담하여 끝까지 나라를 지키려고 하네.
> 자네도 우리와 뜻을 같이하면 좋겠네.
> 옛 동료가

① 서울 진공 작전을 전개하였다.
② 일제의 탄압을 피해 자유시로 이동하였다.
③ 어재연의 지휘 아래 광성보에서 활약하였다.
④ 황푸 군관 학교에서 군사 훈련을 실시하였다.

357

중급 42회 36번 변형

(가)에 들어갈 내용으로 옳은 것은? [2점]

〈주제 : 애국 계몽 운동〉

1. **목적 :** 실력 양성을 통한 국권 수호
2. **주요 단체의 활동**
   - 보안회 : (가)
   - 헌정 연구회 : 근대적 입헌 정치 추구
   - 대한 자강회 : 교육과 산업의 진흥 강조
     고종 강제 퇴위 반대 운동 전개

① 브나로드 운동 전개
② 좌우 합작 7원칙 발표
③ 오산 학교와 대성 학교 설립
④ 일제의 황무지 개간권 요구 저지

358

기본 55회 33번

밑줄 그은 '이 단체'로 옳은 것은? [2점]

① 보안회　② 신민회
③ 대한 자강회　④ 헌정 연구회

359

기본 50회 31번

(가) 단체의 활동으로 옳은 것은? [2점]

(가), 애국 계몽 운동을 펼치다

안창호

안창호, 양기탁 등이 중심이 되어 조직한 비밀 결사로, 국권 회복과 공화 정체의 근대 국가 건설을 목표로 하였다.

이를 위해 국내에서는 교육 진흥, 국민 계몽, 산업 진흥을 강조하였다. 국외에서는 독립운동 기지 건설을 통한 군사적 실력 양성을 꾀하였다.

일제가 날조한 105인 사건으로 국내 조직이 해산되었다.

① 독립신문을 창간하였다.
② 한성 사범 학교를 설립하였다.
③ 태극 서관, 자기 회사를 운영하였다.
④ 일본의 황무지 개간권 요구를 저지하였다.

360

중급 39회 40번 변형

(가)에 들어갈 내용으로 옳은 것은? [2점]

파일(F) 편집(E) 보기(V) 즐겨찾기(A) 도구(T) 도움말(H)

한국사 묻고 답하기 답변 : 8 | 조회 : 85

질문 신민회에 대해서 알려 주세요.

↳ 답변
- ↳ 안창호, 양기탁 등이 조직한 비밀 결사 단체였어요.
- ↳ 만주 삼원보에 신흥 강습소를 설립하였어요.
- ↳ (가)

① 통감부에 의해 해산되었어요.
② 브나로드 운동을 추진하였어요.
③ 오산 학교, 대성 학교를 설립하였어요.
④ 조선 혁명 선언을 활동 지침으로 삼았어요.

361

기본 51회 32번

다음 검색창에 들어갈 용어로 옳은 것은? [2점]

① 단발령
② 방곡령
③ 삼림령
④ 회사령

362

기본 48회 36번

다음 대화가 이루어진 시기에 볼 수 있는 모습으로 적절한 것은? [3점]

① 조총으로 무장한 훈련도감 군인
② 황국 신민 서사를 암송하는 학생
③ 치안 유지법 위반으로 구속된 독립운동가
④ 일본의 황무지 개간권 요구에 반대하는 보안회 회원

363

기본 66회 38번

다음 장면에 나타난 운동으로 옳은 것은? [1점]

① 국채 보상 운동
② 문자 보급 운동
③ 물산 장려 운동
④ 민립 대학 설립 운동

364

기본 50회 32번

(가)에 들어갈 내용으로 옳은 것은? [3점]

① 근우회의 후원으로 확산되었어요.
② 조선 총독부의 방해로 실패했어요.
③ 김홍집 등이 중심이 되어 활동했어요.
④ 대한매일신보 등 언론의 지원을 받았어요.

정답과 해설 074쪽

5 문화

365

밑줄 그은 '신문'으로 옳은 것은? (기본 55회 28번) [2점]

① 만세보 ② 한성순보
③ 황성신문 ④ 대한매일신보

366

(가)에 해당하는 신문으로 옳은 것은? (기본 54회 32번) [1점]

① 
독립신문

② 
제국신문

③ 
해조신문

④ 
대한매일신보

367

밑줄 그은 '이 신문'에 대한 설명으로 옳은 것은? (기본 63회 34번) [2점]

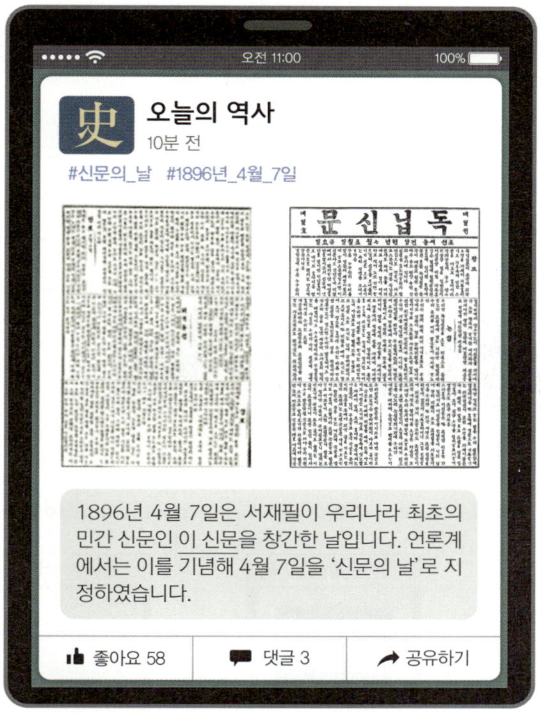

① 천도교의 기관지였다.
② 박문국에서 발간하였다.
③ 한글판과 영문판으로 발행되었다.
④ 시일야방성대곡이라는 논설을 실었다.

368

(가)에 해당하는 신문으로 옳은 것은? (기본 49회 28번) [1점]

① 
만세보

② 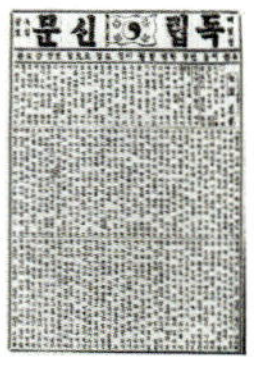
독립신문

③ 
해조신문

④ 
대한매일신보

기출문제 풀어 보기

369

기본 63회 32번

(가)에 들어갈 내용으로 옳은 것은? [2점]

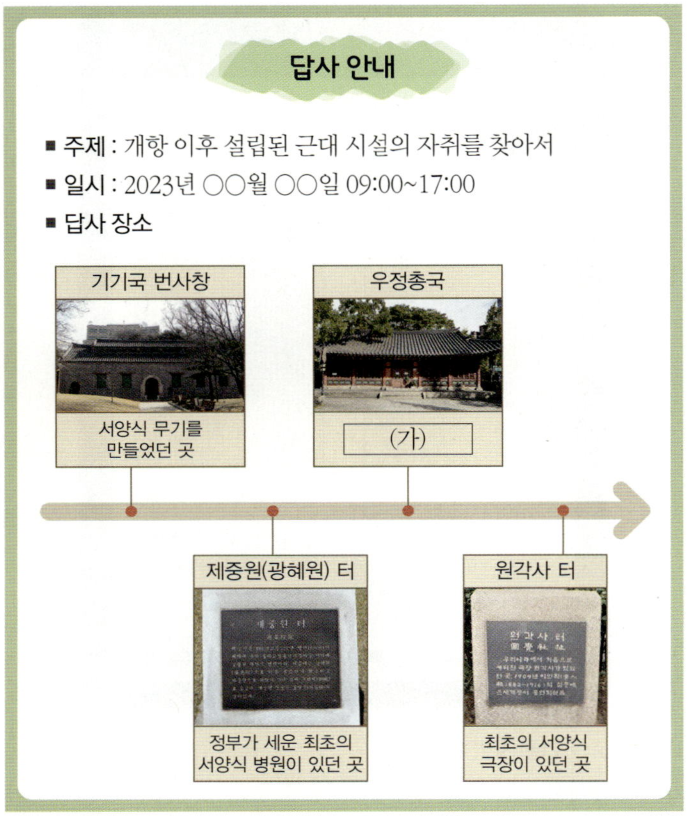

① 나운규의 아리랑이 개봉되었던 곳
② 근대적 우편 업무를 담당하였던 곳
③ 순 한문 신문인 한성순보가 발간되었던 곳
④ 헐버트를 교사로 초빙해 근대 학문을 가르쳤던 곳

370

중급 40회 38번 변형

밑줄 그은 '이곳'으로 옳은 것은? [1점]

역사 신문

제△△호 1883년 ○○월 ○○일

덕원 관민의 노력, 교육 기관 설립으로 이어져

최근 함경도 덕원 지역에 설립된 한 교육 기관이 세간의 화제가 되고 있다. 이곳에서 학생들은 산수(算數), 기기(機器), 농잠(農蠶), 광산 채굴 등의 근대적 학문을 배울 수 있다고 한다.

그동안 덕원 부사 정현석은 자신이 다스리는 곳이 해안의 요충지이고 아울러 개항지이기 때문에 중요하다고 말하며, 근대적 교육 기관 설립이 필요하다고 주장해 왔다. 결국 이러한 주장이 덕원 주민의 지지에 힘입어 결실을 맺은 것이다.

① 서전서숙 ② 원산 학사
③ 대성 학교 ④ 배재 학당

371

기본 55회 32번

(가)에 들어갈 근대 교육 기관으로 옳은 것은? [2점]

1886년 신입생 모집

영재들이여
신학문을 가르치는 공립 학교
(가) 으로 오라!

1. 선발 인원 : 35명
2. 지원 자격
 - 좌원 : 7품 이하 젊은 현직 관리
 - 우원 : 15~20세의 양반 자제
3. 교과목 : 영어, 수학, 자연 과학 등
4. 교사 : 헐버트, 길모어, 벙커 등

① 서전서숙 ② 배재 학당
③ 육영 공원 ④ 이화 학당

372

기본 61회 27번

밑줄 그은 '학교'로 옳은 것은? [2점]

① 배재 학당　② 오산 학교
③ 육영 공원　④ 이화 학당

373

중급 45회 40번 변형

밑줄 그은 '이 학교'로 옳은 것은? [2점]

① 동문학　② 명동 학교
③ 배재 학당　④ 육영 공원

374

기본 64회 34번

다음 상황 이후에 볼 수 있는 모습으로 가장 적절한 것은? [3점]

① 한성순보를 발간하는 직원
② 만민 공동회에서 연설하는 백정
③ 경부선 철도 개통식에 참석하는 관리
④ 동문학에서 영어를 공부하고 있는 학생

기출 선택지로 개념 다지기

Self Note

1 **흥선 대원군 집권 시기에 볼 수 있는 모습으로 적절한 것에 ○표, 적절하지 않은 것에 ×표를 하시오.**

(1) 서원 철폐에 반대하는 양반 ( )
(2) 배재 학당에서 공부하는 학생 ( )
(3) 탕평비 건립을 바라보는 유생 ( )
(4) 만민 공동회에서 연설하는 백정 ( )
(5) 독립운동가를 감시하는 헌병 경찰 ( )
(6) 경복궁 중건 공사에 동원되는 농민 ( )

2 **흥선 대원군 집권 시기에 추진된 정책으로 옳은 것에 ○표, 옳지 않은 것에 ×표를 하시오.**

(1) 호포제를 실시하였다. ( )
(2) 균역법을 시행하였다. ( )
(3) 당백전을 발행하였다. ( )
(4) 척화비를 건립하였다. ( )
(5) 5군영 체제를 완성하였다. ( )
(6) "대전회통"을 편찬하였다. ( )
(7) 초계문신제를 시행하였다. ( )

3 **서양 열강의 침략적 접근과 조선의 대응 과정에서 있었던 보기 의 사실들을 일어난 순서대로 나열하시오.**

보기
㉠ 병인박해가 일어났다.
㉡ 제너럴 셔먼호 사건이 일어났다.
㉢ 양헌수가 정족산성에서 항전하였다.
㉣ 오페르트가 남연군 묘를 도굴하려 하였다.
㉤ 어재연 부대가 광성보에서 미군에 맞서 싸웠다.

(- - - -)

4 **강화도 조약에 대한 설명으로 옳은 것에 ○표, 옳지 않은 것에 ×표를 하시오.**

(1) 영사 재판권을 인정하였다. ( )
(2) 방곡령 시행 규정을 포함하였다. ( )
(3) 운요호 사건을 계기로 체결되었다. ( )
(4) 최혜국 대우를 처음으로 규정하였다. ( )
(5) 부산, 원산, 인천을 개항하는 배경이 되었다. ( )
(6) 조선이 외국과 맺은 최초의 근대적 조약이었다. ( )
(7) 일본 공사관에 경비병이 주둔하는 계기가 되었다. ( )

정답과 해설 077쪽

Self Note

5 **다음 설명에 해당하는 사절단을 보기 에서 찾아 쓰시오.**

보기

영선사, 보빙사, 조사 시찰단

(1) 서양에 파견된 최초의 사절단이었다. (　　　　)
(2) 암행어사의 형태로 비밀리에 파견되었다. (　　　　)
(3) 기기국에서 무기 제조 기술을 배우고 돌아왔다. (　　　　)

6 **임오군란에 대한 설명으로 옳은 것에 ○표, 옳지 않은 것에 ×표를 하시오.**

(1) 청군의 개입으로 진압되었다. (　　　　)
(2) 전개 과정에서 집강소가 설치되었다. (　　　　)
(3) 보국안민, 제폭구민을 기치로 내세웠다. (　　　　)
(4) "조선책략"이 유입되는 결과를 가져왔다. (　　　　)
(5) 제물포 조약이 체결되는 결과를 가져왔다. (　　　　)
(6) 흥선 대원군이 재집권하는 결과를 가져왔다. (　　　　)
(7) 신식 군대인 별기군이 창설되는 배경이 되었다. (　　　　)
(8) 일본 공사관에 경비병이 주둔하는 계기가 되었다. (　　　　)

7 **갑신정변에 대한 설명으로 옳은 것에 ○표, 옳지 않은 것에 ×표를 하시오.**

(1) 구본신참을 개혁 원칙으로 내세웠다. (　　　　)
(2) 한성 조약이 체결되는 계기가 되었다. (　　　　)
(3) 삼정이정청이 설치되는 계기가 되었다. (　　　　)
(4) 청군의 개입으로 3일 만에 실패하였다. (　　　　)
(5) 외규장각 도서가 약탈당하는 결과를 가져왔다. (　　　　)
(6) 청군에 의해 흥선 대원군이 톈진으로 납치되었다. (　　　　)

8 **동학 농민 운동에 대한 설명으로 옳은 것에 ○표, 옳지 않은 것에 ×표를 하시오.**

(1) 박규수가 안핵사로 파견되었다. (　　　　)
(2) 농민군이 전주성을 점령하였다. (　　　　)
(3) 제너럴 셔먼호 사건이 빌미가 되었다. (　　　　)
(4) 평안도 지역 차별에 반발하여 일어났다. (　　　　)
(5) 백산에 집결하여 4대 강령을 발표하였다. (　　　　)
(6) 집강소를 중심으로 폐정 개혁안을 실천하였다. (　　　　)

Self Note

9 **동학 농민 운동의 전개 과정에서 있었던 보기 의 사실들을 일어난 순서대로 나열하시오.**

(1)

보기
㉠ 백산에서 4대 강령이 발표되었다.
㉡ 개혁 추진을 위해 집강소가 설치되었다.
㉢ 우금치에서 일본군과의 전투가 벌어졌다.

(- -)

(2)

보기
㉠ 농민군이 전주성을 점령하였다.
㉡ 남접과 북접이 논산에서 연합하였다.
㉢ 농민군이 황토현에서 승리를 거두었다.

(- -)

10 **제1차 갑오개혁에서 추진된 내용이면 '제1차', 제2차 갑오개혁에서 추진된 내용이면 '제2차', 을미개혁에서 추진된 내용이면 '을미'를 쓰시오.**

(1) 과거제를 폐지하였다. ( )
(2) 재판소를 설치하였다. ( )
(3) 도량형을 통일하였다. ( )
(4) 태양력을 채택하였다. ( )
(5) 신분제를 폐지하였다. ( )
(6) 연좌제를 금지하였다. ( )
(7) 단발령을 시행하였다. ( )
(8) 홍범 14조를 선포하였다. ( )
(9) 과부의 재가를 허용하였다. ( )
(10) 교육 입국 조서를 반포하였다. ( )
(11) 지방 행정 조직을 23부로 개편하였다. ( )

11 **독립 협회의 활동으로 옳은 것에 ○표, 옳지 않은 것에 ×표를 하시오.**

(1) 형평 운동을 전개하였다. ( )
(2) 태극 서관을 운영하였다. ( )
(3) 만민 공동회를 개최하였다. ( )
(4) 독립문 건립을 주도하였다. ( )
(5) 고종 강제 퇴위를 반대하였다. ( )
(6) 정부에 헌의 6조를 건의하였다. ( )
(7) 한글 맞춤법 통일안을 제정하였다. ( )
(8) 러시아의 내정 간섭과 이권 침탈을 규탄하였다. ( )

12 **다음 보기 의 사실들을 일어난 순서대로 나열하시오.**

보기
㉠ 을미사변이 일어났다.
㉡ 대한국 국제가 반포되었다.
㉢ 대한 제국 수립이 선포되었다.
㉣ 고종이 러시아 공사관으로 피신하였다.

(- - -)

정답과 해설 077쪽

Self Note

13 대한 제국 시기의 사실로 옳은 것에 ○표, 옳지 않은 것에 ×표를 하시오.

(1) 지계가 발급되었다. ( )
(2) 원수부가 설치되었다. ( )
(3) 척화비가 건립되었다. ( )
(4) 대한국 국제가 제정되었다. ( )
(5) 청에 영선사가 파견되었다. ( )
(6) 통리기무아문이 신설되었다. ( )
(7) 신식 군대인 별기군이 창설되었다. ( )
(8) 구식 군인들이 임오군란을 일으켰다. ( )
(9) 평양 관민이 제너럴 셔먼호를 불태웠다. ( )

V 개항기

14 대한 제국의 국권 피탈 과정에서 있었던 보기 의 사실들을 일어난 순서대로 나열하시오.

보기
㉠ 고종이 강제로 퇴위되었다.
㉡ 대한 제국의 군대가 해산되었다.
㉢ 고종이 헤이그에 특사를 파견하였다.

(- -)

15 대한 제국이 일본과 맺은 보기 의 조약들을 체결된 순서대로 나열하시오.

보기
㉠ 을사늑약
㉡ 한·일 신협약
㉢ 한·일 의정서
㉣ 제1차 한·일 협약

(- - -)

16 다음 보기 의 위정척사 운동을 전개된 순서대로 나열하시오.

보기
㉠ 최익현이 일본과 서양은 같다는 왜양일체론을 주장하며 일본과의 수교에 반대하였다.
㉡ 이만손을 중심으로 한 영남 지역 유생들은 "조선책략" 유포에 반발하여 만인소를 올렸다.
㉢ 이항로 등은 서양과의 통상을 반대하는 흥선 대원군의 통상 수교 거부 정책을 지지하였다.

(- -)

Self Note

17 다음 설명에 해당하는 항일 의병 운동을 보기 에서 찾아 쓰시오.

보기

을미의병, 을사의병, 정미의병

(1) 13도 창의군을 결성하였다. ( )
(2) 서울 진공 작전을 전개하였다. ( )
(3) 단발령에 대한 반발로 일어났다. ( )
(4) 고종의 강제 퇴위에 반발하였다. ( )
(5) 을사늑약에 반발하여 봉기하였다. ( )
(6) 대한 제국의 군대 해산에 반발하였다. ( )
(7) 고종의 해산 권고 조칙에 따라 해산하였다. ( )

18 다음 설명에 해당하는 애국 계몽 운동 단체를 보기 에서 찾아 쓰시오.

보기

보안회, 신민회, 대한 자강회

(1) 105인 사건으로 해체되었다. ( )
(2) 태극 서관, 자기 회사를 운영하였다. ( )
(3) 오산 학교, 대성 학교를 설립하였다. ( )
(4) 고종 강제 퇴위 반대 운동을 주도하였다. ( )
(5) 일본의 황무지 개간권 요구를 저지하였다. ( )

19 다음 조약에 대한 설명으로 옳은 것에 ○표, 옳지 않은 것에 ×표를 하시오.

(1) 조·일 통상 장정은 방곡령 시행 규정을 포함하였다. ( )
(2) 조·청 상민 수륙 무역 장정은 거중 조정 조항을 명시하였다. ( )
(3) 조·청 상민 수륙 무역 장정은 임오군란을 계기로 체결되었다. ( )
(4) 조·미 수호 통상 조약은 통감부가 설치되는 결과를 가져왔다. ( )
(5) 조·미 수호 통상 조약은 최혜국 대우를 처음으로 규정하였다. ( )

20 국채 보상 운동에 대한 설명으로 옳은 것에 ○표, 옳지 않은 것에 ×표를 하시오.

(1) 만민 공동회를 개최하였다. ( )
(2) 통감부의 방해와 탄압으로 실패하였다. ( )
(3) 대한매일신보 등 언론의 지원을 받았다. ( )
(4) 신간회가 조사단을 파견하여 지원하였다. ( )
(5) 대구에서 시작되어 전국으로 확산되었다. ( )
(6) 조선 사람 조선 것이라는 구호를 내세웠다. ( )
(7) 러시아의 절영도 조차 요구를 반대하였다. ( )
(8) 일제가 '문화 통치'를 실시하는 계기가 되었다. ( )

정답과 해설 077쪽

Self Note

V 개항기

21 다음 설명에 해당하는 신문을 보기 에서 찾아 쓰시오.

보기

한성순보, 독립신문, 대한매일신보

(1) 양기탁과 베델이 창간하였다. ( )
(2) 국채 보상 운동을 지원하였다. ( )
(3) 우리나라 최초의 민간 신문이었다. ( )
(4) 박문국에서 순 한문으로 열흘에 한 번씩 발행하였다. ( )

22 다음 설명에 해당하는 학교를 보기 에서 찾아 쓰시오.

보기

원산 학사, 육영 공원, 이화 학당, 대성 학교

(1) 안창호가 평양에 세운 민족 교육 기관 ( )
(2) 선교사 스크랜턴이 세운 여성 교육 기관 ( )
(3) 덕원부 관민이 힘을 합쳐 설립한 우리나라 최초의 근대 학교 ( )
(4) 헐버트 등 외국인을 교사로 초빙해 근대 학문을 가르쳤던 공립 학교 ( )

23 다음 근대 시설과 설명을 선을 그어 바르게 연결하시오.

(1) 원각사 •	• ㉠ 서양식 무기를 만들었던 곳
(2) 박문국 •	• ㉡ 우리나라 최초의 서양식 극장
(3) 우정총국 •	• ㉢ 정부가 세운 최초의 서양식 병원
(4) 제중원(광혜원) •	• ㉣ 근대적 우편 업무를 담당하였던 곳
(5) 기기국 번사창 •	• ㉤ 순 한문 신문인 한성순보가 발간되었던 곳

24 다음 보기의 사실들을 순서대로 나열하시오.

(1)

보기

㉠ 경인선이 개통되었다.
㉡ 육영 공원이 설립되었다.
㉢ 박문국에서 한성순보가 발행되었다.

(- -)

(2)

보기

㉠ 전차가 개통되었다.
㉡ 광혜원이 설립되었다.
㉢ 경부선 철도가 부설되었다.

(- -)

VI 일제 강점기

큰별쌤의 학습 포인트

1 일제 식민 통치	• 일제 식민 통치 방식의 변화를 1910년대, 1920년대, 1930년대 이후로 나누어 정리하세요. • 중·일 전쟁(1937) 이후 일제가 침략 전쟁을 확대하면서 추진한 정책을 묻는 문제가 자주 출제됩니다.
2 1910년대 저항	• 1910년대 국내와 국외에서 전개된 민족 운동을 인물과 주요 단체를 중심으로 기억하세요. 이회영, 대한 광복회 등이 이따금 출제됩니다. • 3·1 운동의 전개 과정과 영향, 대한민국 임시 정부의 활동을 알아 두세요.
3 1920년대 저항	• 1920년대 국외에서 전개된 항일 무장 투쟁, 특히 봉오동 전투와 청산리 전투를 알아 두세요. • 1920년대 국내에서 전개된 다양한 민족 운동을 정리하세요. • 의열단의 활동이 종종 출제됩니다. 신채호가 작성한 '조선 혁명 선언'이 정답 선택지로 자주 제시되니 기억해 두세요.
4 1930년대 이후 저항	• 1930년대 이후 전개된 항일 무장 투쟁을 조선 혁명군과 한국 독립군, 조선 의용대, 한국 광복군의 활동을 중심으로 정리하세요. • 조선어 학회의 활동을 정리하고 이육사, 윤동주 등 저항 시인의 활동과 작품을 기억하세요.

최근 4회차 단원별 출제 비중

73회

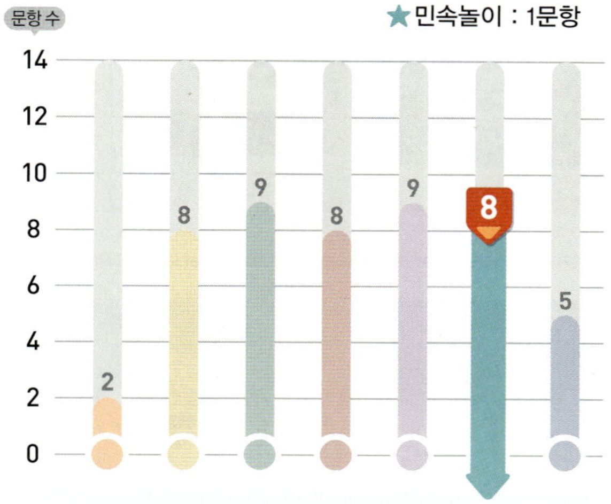

1910년대 일제의 식민 지배 정책, 3·1 운동,
신간회의 활동, 물산 장려 운동,
1940년대 일제의 식민 지배 정책, 홍범도의 활동,
조선 의용대, 나운규의 활동

71회

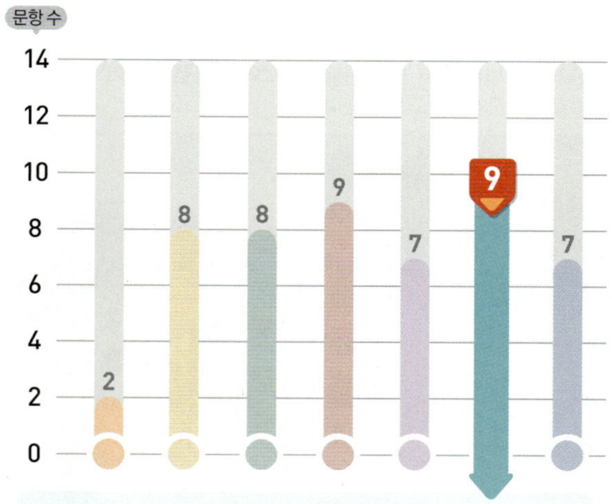

1910년대의 사실, 봉오동 전투, 방정환의 활동,
1930년대 후반 이후의 사실, 3·1 운동,
민립 대학 설립 운동, 1920년대의 사실,
한인 애국단, 이육사의 활동

69회

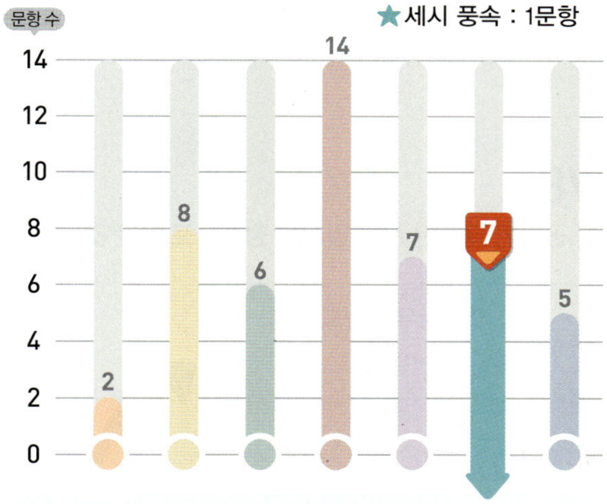

대한 광복회, 일제 강점기 독립군의 활동,
대한민국 임시 정부의 활동, 산미 증식 계획,
광주 학생 항일 운동,
1930년대 후반 이후 일제의 식민 지배 정책,
브나로드 운동

67회

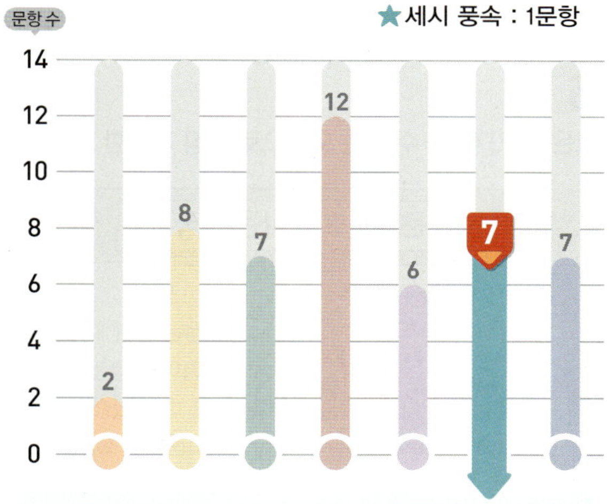

1910년대 일제의 식민 지배 정책, 3·1 운동,
물산 장려 운동, 신채호의 활동, 윤봉길의 활동,
1940년대의 사실, 한국사 속 여성의 활동

기출문제 풀어 보기

> 정답과 해설 078쪽

1 일제 식민 통치

375

기본 55회 37번

(가)에 들어갈 기구로 옳은 것은? [1점]

① 조선 총독부 ② 종로 경찰서
③ 서대문 형무소 ④ 동양 척식 주식회사

376

기본 66회 41번

밑줄 그은 '시기'에 볼 수 있는 모습으로 가장 적절한 것은? [2점]

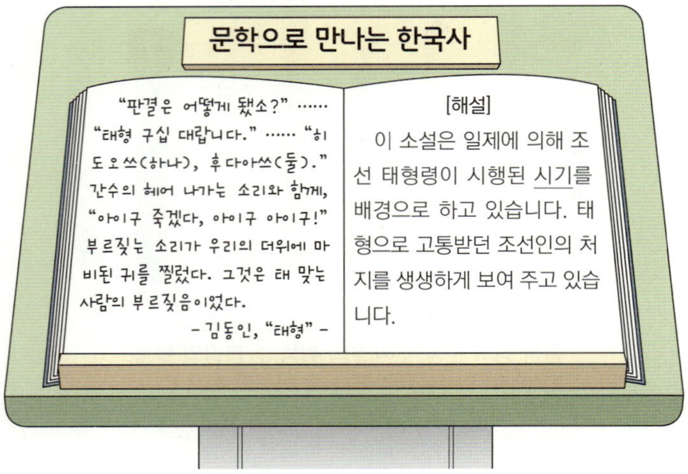

① 경성 제국 대학에 다니는 학생
② 제복을 입고 칼을 찬 헌병 경찰
③ 조선책략 유포에 반발하는 유생
④ 국민 징용령에 의해 끌려가는 청년

377

기본 52회 41번

(가)에 들어갈 사진으로 옳은 것은? [2점]

①

별기군

②

토지 조사 사업

③

산미 증식 계획

④

강제 공출

378

기본 64회 32번

다음 공고가 발표된 시기 일제의 정책으로 옳은 것은? [2점]

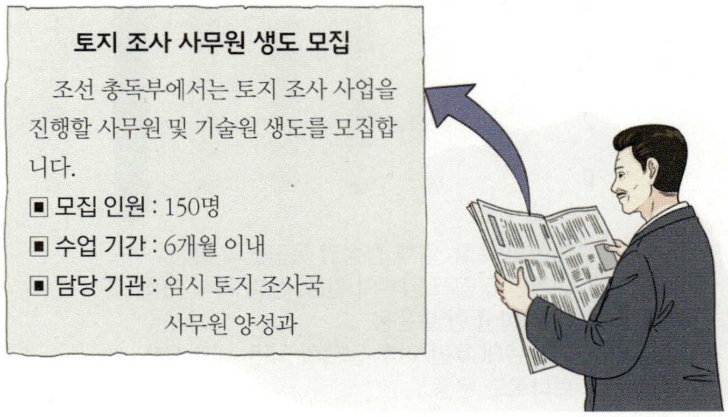

① 농광 회사를 설립하였다.
② 조선 태형령을 시행하였다.
③ 산미 증식 계획을 실시하였다.
④ 화폐 정리 사업을 추진하였다.

379

기본 58회 33번

다음 법령이 시행된 시기 일제의 경제 정책으로 옳은 것은? [2점]

회사령

제1조 회사의 설립은 조선 총독의 허가를 받아야 한다.
제2조 조선 외에서 설립한 회사가 조선에 본점이나 또는 지점을 설립하고자 할 때는 조선 총독의 허가를 받아야 한다.

① 미곡 공출제 시행
② 남면북양 정책 추진
③ 농촌 진흥 운동 전개
④ 토지 조사 사업 실시

380

기본 73회 38번

밑줄 그은 '시기'에 있었던 사실로 옳은 것은? [2점]

생생 한국사 교실
수행 과제 : 회사령이 실시된 시기에 일제가 시행한 정책을 조사하여 사진과 함께 올려 주세요.

○○○
조선 태형령을 제정하다
거주지 근처가 청결하지 않다는 이유로 태 20대를 집행하였다.

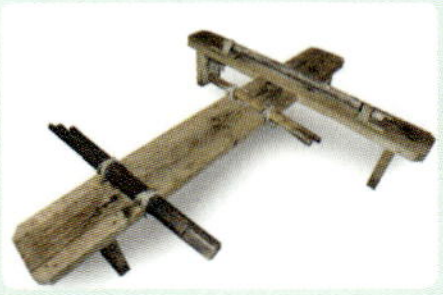

△△△
관리와 교원에게 제복을 입고 칼을 차게 하다
총독부 소속 관리들과 관공립 학교 교사들이 제복을 입고 칼을 차도록 하였다.

① 홍범 14조가 반포되었다.
② 군국기무처가 설치되었다.
③ 토지 조사 사업이 실시되었다.
④ 경성 제국 대학이 설립되었다.

381

중급 38회 40번 변형

(가)에 들어갈 법령으로 옳은 것은? [2점]

역사 돋보기 **신출귀몰 독립운동가 이재유**

경성 트로이카를 이끌던 사회주의자 이재유는 신출귀몰한 독립운동가였다. 그는 체포되었다가도 경찰서를 탈출하였고, 뛰어난 변장술로 일본 경찰을 따돌리며 활동을 계속하였다.

1925년, 일제는 이재유처럼 식민 통치에 반대하고 사유 재산 제도를 부인하는 인물들을 탄압할 목적으로 (가) 을 제정하였다.

① 국가 보안법
② 치안 유지법
③ 토지 조사령
④ 국가 총동원법

382

기본 71회 41번

다음 기사가 보도된 시기에 볼 수 있는 모습으로 가장 적절한 것은? [3점]

제주도에서 소년 축구 대회가 개최되었는데, 비가 내려 다음 날로 경기가 연기되었다. …… 그런데 돌연 경찰이 대회의 우승기를 압수하고 주최 측을 조사한 후 개최를 불허하였다. …… 경찰은 치안 유지법에 위반될 수도 있다는 이유를 밝혔다.

소년 축구 대회가 국가 체제를 부정하려는 모임일 리 없는데, 올해 제정된 치안 유지법을 무리하게 적용하려 하다니 너무하는구먼.

① 장용영에서 훈련하는 군인
② 군국기무처에서 회의하는 관리
③ 산미 증식 계획을 추진하는 총독부 직원
④ 조선 건국 준비 위원회에 참여하는 민족 운동가

VI 일제 강점기

383

기본 61회 39번

밑줄 그은 '이 정책'으로 옳은 것은? [2점]

① 방곡령 ② 신해통공
③ 산미 증식 계획 ④ 토지 조사 사업

384

기본 55회 42번

교사의 질문에 대한 학생의 답변으로 옳은 것은? [2점]

제1조 본 법에서 국가 총동원이란 전시에 국방 목적 달성을 위해 국가의 전력을 가장 유효하게 발휘하도록 인적, 물적 자원을 통제 운용하는 것을 가리킨다.

⋮

제8조 정부는 전시에 국가 총동원상 필요한 경우에는 칙령이 정하는 바에 따라 물자의 생산, 수리, 배급, 양도 기타 처분, 사용, 소비, 소지 및 이동에 관하여 필요한 명령을 할 수 있다.

① 헌병 경찰제가 실시되었어요.
② 경성 제국 대학이 설립되었어요.
③ 국채 보상 운동이 전개되었어요.
④ 황국 신민 서사의 암송이 강요되었어요.

385

기본 52회 45번

다음 상황이 나타난 시기에 볼 수 있는 모습으로 옳은 것은? [2점]

① 대동법 시행에 반대하는 지주
② 신사 참배를 강요당하는 청년
③ 암태도 소작 쟁의에 참여하는 농민
④ 박문국에서 한성순보를 발간하는 관리

386

기본 73회 42번

밑줄 그은 '시기'에 볼 수 있는 모습으로 가장 적절한 것은? [2점]

자료로 보는 일제 강점기 사회 모습

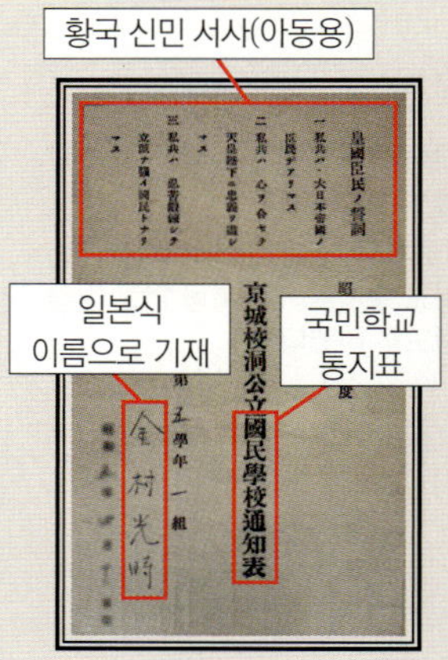

이 문서는 학생에게 발급된 통지표의 일부이다. 국가 총동원법이 시행되던 시기에 발급된 것으로, 일제가 황국 신민 서사 암송을 강요하고 국민학교 명칭과 일본식 이름을 사용하게 하였음을 알 수 있다.

① 한성순보를 발행하는 관리
② 공출을 독려하는 애국반 반장
③ 조선책략 유포에 반발하는 유생
④ 육영 공원에서 영어를 배우는 학생

387

기본 57회 42번

밑줄 그은 '이 시기'에 일제가 추진한 정책으로 옳은 것은? [3점]

① 회사령을 공포하였다.
② 미곡 공출제를 시행하였다.
③ 치안 유지법을 제정하였다.
④ 헌병 경찰 제도를 실시하였다.

388

기본 60회 39번

밑줄 그은 '시기'에 볼 수 있는 모습으로 가장 적절한 것은? [2점]

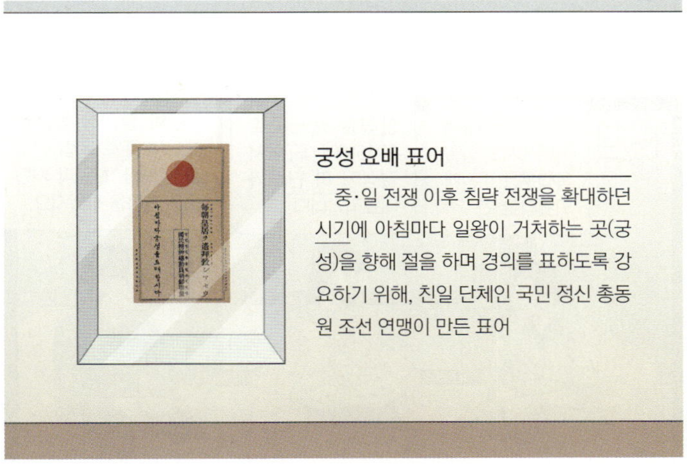

① 태형을 집행하는 헌병 경찰
② 회사령을 공포하는 총독부 관리
③ 황국 신민 서사를 암송하는 학생
④ 암태도 소작 쟁의에 참여하는 농민

389

기본 58회 40번

밑줄 그은 '이 시기'를 연표에서 옳게 고른 것은? [3점]

1910		1919		1926		1937		1945
국권 피탈	(가)	3·1 운동	(나)	6·10 만세 운동	(다)	중·일 전쟁	(라)	광복

① (가) ② (나) ③ (다) ④ (라)

390

기본 63회 42번

밑줄 그은 '시기'에 볼 수 있는 모습으로 가장 적절한 것은? [2점]

① 원산 총파업에 참여하는 노동자
② 만민 공동회에서 연설하는 백정
③ 황국 신민 서사를 암송하는 학생
④ 조선 태형령을 관보에 싣는 관리

391

(기본 61회 40번)

다음 다큐멘터리에서 볼 수 있는 장면으로 적절하지 않은 것은? [3점]

〈다큐멘터리 기획안〉

일제의 침략 전쟁에 동원된 한국인들

▣ 기획 의도

일제는 태평양 전쟁을 도발하면서 인적·물적 자원 수탈을 더욱 강화하였다. 당시 우리의 민족의식을 말살하고 수많은 한국인을 침략 전쟁에 동원한 실상에 대해 구체적으로 살펴보고자 한다.

▣ 구성 내용

1. 징병제, 총알받이로 내몰린 청년들
2. 일본군 '위안부', 인권을 유린당한 여성들
⋮

① 태형을 집행하는 헌병 경찰
② 강제 징용으로 끌려가는 청년
③ 공출로 가마솥을 빼앗기는 농민
④ 황국 신민 서사를 암송하는 학생

392

(기본 50회 33번)

(가)~(다)를 일어난 순서대로 옳게 나열한 것은? [2점]

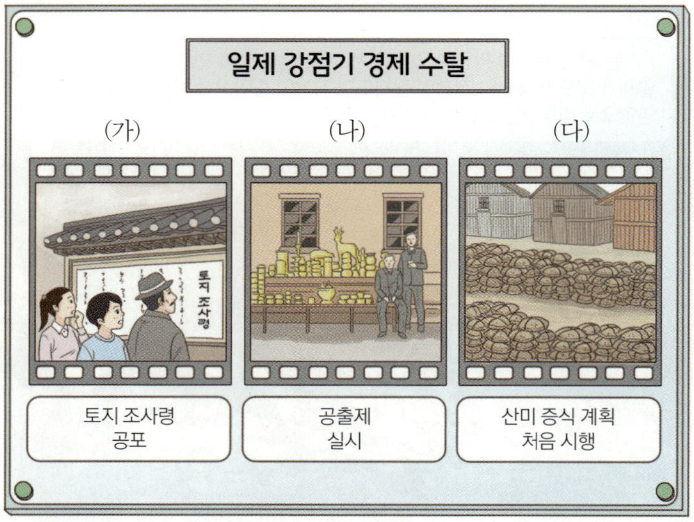

① (가) - (나) - (다)
② (가) - (다) - (나)
③ (나) - (가) - (다)
④ (다) - (나) - (가)

정답과 해설 081쪽

2 1910년대 저항

393

(기본 60회 37번)

(가)에 해당하는 단체로 옳은 것은? [2점]

□□ 신문

제△△호 2022년 ○○월 ○○일

박상진 유품, 국가 등록 문화재로 지정

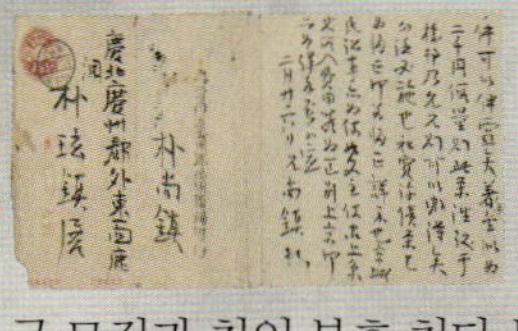

박상진 의사가 남긴 옥중 편지가 국가 등록 문화재로 지정되었다. 그는 1910년대 국내 비밀 결사 운동 단체인 (가) 을/를 이끌며, 군자금 모집과 친일 부호 처단 등의 활동을 전개하였다.

① 권업회
② 보안회
③ 참의부
④ 대한 광복회

394

(기본 52회 37번)

밑줄 그은 '이 단체'로 옳은 것은? [3점]

① 대한 광복회
② 조선어 학회
③ 조선 형평사
④ 한인 애국단

395

기본 52회 40번

(가)에 들어갈 내용으로 옳은 것은? [2점]

① 동문학
② 배재 학당
③ 신흥 강습소
④ 한성 사범 학교

396

기본 60회 38번

(가)에 들어갈 인물로 옳은 것은? [1점]

〈다큐멘터리 기획안〉

우당 (가) 와/과 그의 형제들

■ 기획 의도

명문가의 자손인 우당과 그의 형제들이 만주로 망명하여 펼친 독립운동을 소개하며 '노블레스 오블리주'의 진정한 의미를 재조명해 본다.

■ 구성

1부 전 재산을 처분하고 압록강을 건너다

2부 신흥 강습소를 설립하여 독립군을 양성하다

① 신채호
② 안중근
③ 이회영
④ 이동휘

397

기본 64회 31번

(가)에 해당하는 지역을 지도에서 옳게 찾은 것은? [2점]

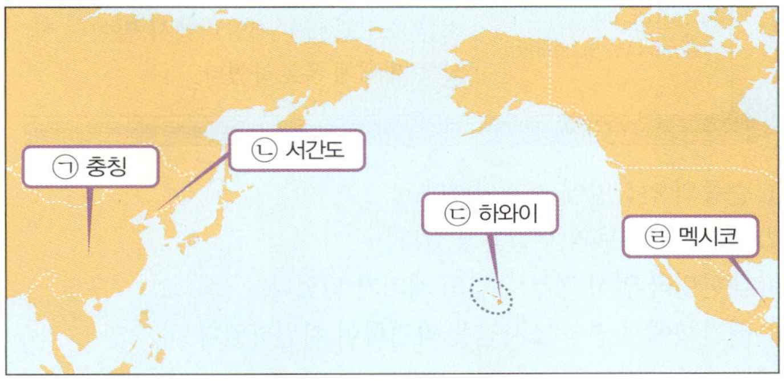

① ㉠
② ㉡
③ ㉢
④ ㉣

398

기본 51회 38번

밑줄 그은 '만세 시위'에 대한 설명으로 옳은 것은? [2점]

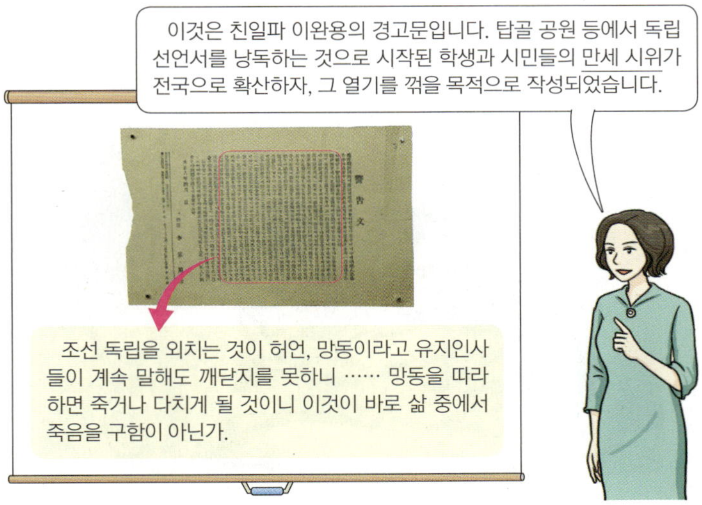

① 순종의 인산일에 전개되었다.
② 만주, 연해주, 미주 등지로 확산하였다.
③ 일제의 황무지 개간권 요구를 철회시켰다.
④ 러시아의 내정 간섭과 이권 침탈을 규탄하였다.

399

기본 67회 36번

밑줄 그은 '만세 시위'에 대한 설명으로 옳은 것은? [2점]

한국을 사랑한 외국인들

특집
스코필드, 제암리 학살 사건을 폭로하다

"논둑길을 돌아서자 지금도 잊혀지지 않는 광경이 눈앞에 펼쳐졌다. 마을은 불타버렸고 아직도 여기저기서 연기가 나고 있었다."

프랭크 스코필드 (Frank W. Schofield)

1919년 학생과 시민들의 만세 시위가 전국으로 확산하자 일제는 경찰과 군인을 동원하여 탄압하였다. 화성 제암리에서는 주민을 교회에 몰아넣은 후 총을 쏘고 불을 질렀다. 소식을 듣고 달려간 스코필드는 제암리에서 벌어진 학살을 세계에 폭로하였다.

① 순종의 인산일에 전개되었다.
② 대한매일신보의 후원을 받았다.
③ 대한민국 임시 정부 수립의 계기가 되었다.
④ 신간회에서 진상 조사단을 파견하여 지원하였다.

400

기본 52회 38번

다음 상황이 일어난 시기를 연표에서 옳게 고른 것은? [2점]

나는 충격적인 사건이 발생한 제암리에 와 있다. 이곳에서 일본군은 교회에 마을 사람들을 모이게 하고 사격을 가한 후 불을 질렀다고 한다.

1875		1897		1910		1932		1945
운요호 사건	(가)	대한 제국 수립	(나)	국권 피탈	(다)	윤봉길 의거	(라)	8·15 광복

① (가) ② (나) ③ (다) ④ (라)

401

기본 60회 36번

밑줄 그은 '만세 시위운동'의 영향으로 옳은 것은? [2점]

① 독립문이 건립되었다.
② 홍범 14조가 반포되었다.
③ 토지 조사 사업이 시작되었다.
④ 대한민국 임시 정부가 수립되었다.

402

중급 45회 42번 변형

(가) 민족 운동에 대한 설명으로 옳은 것은? [2점]

파일(F) 편집(E) 보기(V) 즐겨찾기(A) 도구(T) 도움말(H)

(가) 독립 유공자 정보 검색

포상 훈격 전체 성별 여 국적 내국인 검 색

검색 결과 116건

- 성명 : 유관순
- 훈격(서훈 연도) : 독립장(1962), 대한민국장(2019)
- 공적 개요 : 천안에서 군중을 모으고 만세 운동을 주도함

- 성명 : 박애순
- 훈격(서훈 연도) : 애족장(1990)
- 공적 개요 : 광주에서 교사로 재직 중 학생들을 규합하여 만세 운동에 참여함

① 순종의 인산일을 기회로 삼아 일어났다.
② 신간회가 조사단을 파견하여 지원하였다.
③ 독립문 건립을 위한 모금 활동을 전개하였다.
④ 일제가 이른바 문화 통치를 실시하는 계기가 되었다.

403

기본 66회 42번

(가)의 활동으로 옳은 것은? [2점]

① 독립 공채를 발행하였다.
② 만민 공동회를 개최하였다.
③ 신흥 강습소를 설립하였다.
④ 잡지 어린이를 발간하였다.

404

기본 54회 40번

(가)의 활동으로 옳은 것은? [2점]

독립 공채 상환에 관한 특별 조치 법안 심사 보고서

1983.12. 재무 위원회

……

가. 제안 이유

지금으로부터 64년 전인 1919년, (가) 에서는 항일 독립운동을 전개하기 위한 자금 조달 방법의 하나로 소위 '독립 공채'라는 것을 발행하였음

이 공채는 대부분 해외 교민 및 미국인을 비롯한 외국인을 대상으로 발매되었으며, 이에는 '조국이 광복되고 독립을 승인받은 후 이자를 가산하여 상환할 것을 대한민국의 명예와 신용으로 보증한다.'고 기재되어 있음

……

따라서 3·1 운동 이후 독립운동을 목적으로 발행된 (가) 명의의 공채에 대하여 국가가 이를 상환할 수 있도록 근거법을 마련, 전 국민의 독립 애국정신을 발양하는 동시, 정부의 대내외적인 공신력을 높이고자 함

① 집강소를 설치하였다.
② 만민 공동회를 개최하였다.
③ 연통제와 교통국을 운영하였다.
④ 개벽, 신여성 등의 잡지를 발간하였다.

405

기본 64회 36번

(가)의 활동으로 옳은 것은? [2점]

① 독립문을 건립하였다.
② 서전서숙을 설립하였다.
③ 대한국 국제를 반포하였다.
④ 한국 광복군을 창설하였다.

406

기본 55회 43번

(가)에 들어갈 단체로 옳은 것은? [1점]

① 중광단
② 흥사단
③ 한인 애국단
④ 대조선 국민군단

407

(가)에 들어갈 내용으로 옳은 것은? 기본 64회 37번 [2점]

□□신문

제△△호 2022년 ○○월 ○○일

이봉창 의사 선서문, 보물 되다

이봉창 의사가 한인 애국단 단원으로서 조국의 독립과 자유를 회복하기 위해 헌신할 것을 다짐한 선서문이 국가 지정 문화재인 보물이 되었다.

1931년 상하이에서 한인 애국단의 1호 단원이 된 그는, (가)

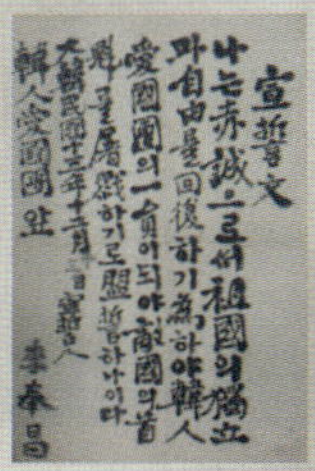

① 도쿄에서 일왕을 향해 폭탄을 투척하였다.
② 훙커우 공원에서 일본군 장성 등을 살상하였다.
③ 명동 성당 앞에서 이완용을 습격하여 중상을 입혔다.
④ 샌프란시스코에서 친일 인사인 스티븐스를 사살하였다.

408

(가)에 들어갈 인물로 가장 적절한 것은? 기본 67회 39번 [1점]

① 김원봉 ② 나석주
③ 윤봉길 ④ 이동휘

정답과 해설 085쪽

3 1920년대 저항

409

(가)에 들어갈 민족 운동으로 옳은 것은? 기본 73회 41번 [1점]

① 새마을 운동 ② 브나로드 운동
③ 문자 보급 운동 ④ 물산 장려 운동

410

다음 자료의 민족 운동에 대한 설명으로 옳은 것은? 기본 51회 40번 [2점]

> 물산 장려에 대한 운동의 새로운 풍조가 시작된 이래로 …… 반드시 토산으로 원료를 삼아 학생모, 중절모 등을 제조하는 것이 좋겠다. …… 현재 인도에서는 간디캡이 크게 유행한다는데 간디 씨가 발명, 제조한 순 인도산의 재료로 순 인도인이 만든 모자라고 한다.

① 대한매일신보의 후원을 받았다.
② 평양에서 시작하여 전국으로 확산하였다.
③ 황국 중앙 총상회를 중심으로 전개되었다.
④ 독립문 건립을 위한 모금 활동이 추진되었다.

411

기본 71회 40번

학생들이 공통으로 이야기하는 민족 운동으로 옳은 것은? [1점]

① 새마을 운동
② 국채 보상 운동
③ 물산 장려 운동
④ 민립 대학 설립 운동

412

중급 41회 41번 변형

밑줄 그은 '민족 운동'에 대한 설명으로 옳은 것은? [2점]

① 중국의 5·4 운동에 영향을 주었다.
② 대구에서 시작되어 전국으로 확산되었다.
③ 고종의 인산일을 기회로 삼아 시위를 전개하였다.
④ 이상재, 이승훈 등을 중심으로 모금 활동을 추진하였다.

413

기본 50회 40번

다음 자료에 나타난 사건으로 옳은 것은? [2점]

① 6·3 시위
② 새마을 운동
③ 원산 총파업
④ 제주 4·3 사건

414

기본 58회 39번

(가)에 들어갈 단체로 옳은 것은? [2점]

① 신간회
② 토월회
③ 대한 광복회
④ 조선어 학회

VI 일제 강점기

415

기본 47회 40번

(가) 단체의 활동으로 옳은 것은? [3점]

① 독립 공채를 발행하였다.
② 정부에 헌의 6조를 건의하였다.
③ 한글 맞춤법 통일안을 발표하였다.
④ 광주 학생 항일 운동에 조사단을 파견하였다.

416

기본 55회 41번

다음 대화가 이루어진 시기를 연표에서 옳게 고른 것은? [3점]

① (가) ② (나) ③ (다) ④ (라)

417

기본 50회 34번

(가)에 들어갈 민족 운동에 대한 설명으로 옳은 것은? [3점]

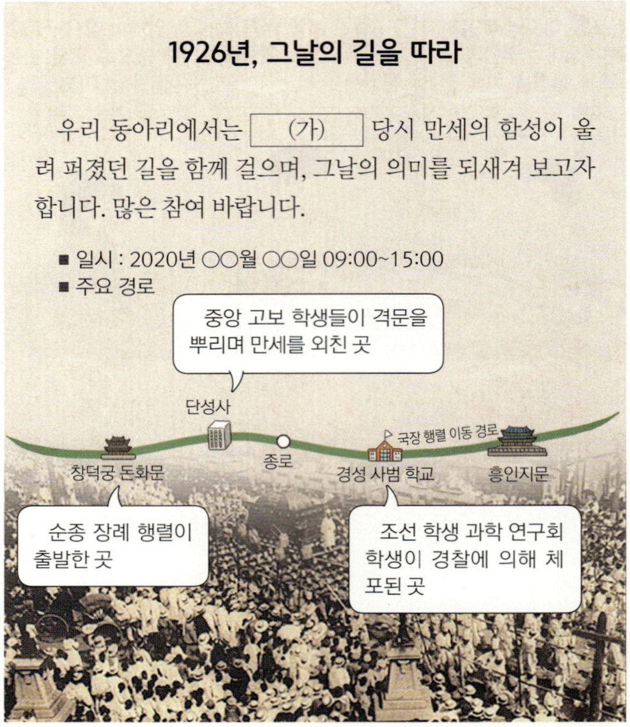

① 신간회 창립의 계기가 되었다.
② 을미사변에 반발하여 일어났다.
③ 대한민국 임시 정부 수립에 영향을 끼쳤다.
④ 동아일보의 적극적인 지원을 받아 진행되었다.

418

기본 52회 43번

(가)에 들어갈 내용으로 옳은 것은? [2점]

파일(F) 편집(E) 보기(V) 즐겨찾기(A) 도구(T) 도움말(H)

웹툰으로 보는 민족 운동

광주 학생 항일 운동

이미지	제목
	1화 조선인 학생이 일본인 학생의 희롱에 격분하다.
	2화 민족 차별에 분노한 광주 학생들이 대규모 시위를 벌이다.
	3화 (가)

① 통감부가 설치되다.
② 2·8 독립 선언서를 작성하다.
③ 일제가 치안 유지법을 공포하다.
④ 신간회 등이 지원하여 전국으로 확산되다.

419

기본 60회 40번

밑줄 그은 '이 운동'에 대한 설명으로 옳은 것은? [2점]

① 순종의 인산일에 일어났다.
② 통감부의 탄압으로 실패하였다.
③ 국민 대표 회의 개최의 배경이 되었다.
④ 신간회에서 진상 조사단을 파견하였다.

420

기본 48회 42번

밑줄 그은 '이 시기'에 볼 수 있는 모습으로 적절한 것은? [2점]

이 저수지는 일제가 산미 증식 계획을 시행하던 시기에 만들어졌습니다. 이 시기 일제는 수리 시설을 확충하면서 조선 농민들에게 과중한 부담을 안겨 주었습니다.

대아 저수지(전북 완주)

① 제중원에서 환자를 돌보는 의사
② 광주 학생 항일 운동을 취재하는 기자
③ 교조 신원 운동에 참여하는 동학교도
④ 국채 보상 기성회에 성금을 내는 여성

421

기본 51회 41번

(가)에 들어갈 단체로 옳은 것은? [1점]

<2021년 한국사 특강>

근대 여성 운동의 발자취를 찾아서

우리 학회에서는 차별과 억압에 맞선 근대 여성 단체의 활동을 조명하는 자리를 마련하였습니다. 관심 있는 분들의 많은 참여 바랍니다.

▣ 특강 주제 ▣

1부 찬양회, 여학교 설립을 추진하다
2부 (가), 신간회의 자매단체로서 여성의 단결과 지위 향상을 도모하다

■ 일시 : 2021년 ○○월 ○○일 14:00~17:00
■ 장소 : △△ 대학교 대강당
■ 주최 : ◇◇ 학회

① 권업회　② 근우회
③ 보안회　④ 송죽회

기출문제 풀어 보기

422

기본 57회 35번

밑줄 그은 '이 단체'로 옳은 것은? [1점]

① 근우회 ② 찬양회
③ 조선 여자 교육회 ④ 토산 애용 부인회

423

기본 71회 37번

(가)에 들어갈 내용으로 옳은 것은? [1점]

① 의열단 창설을 주도함
② 베를린 올림픽에 참가함
③ 어린이날 제정에 기여함
④ 헤이그에 특사로 파견됨

424

기본 58회 35번

(가)에 들어갈 종교로 옳은 것은? [1점]

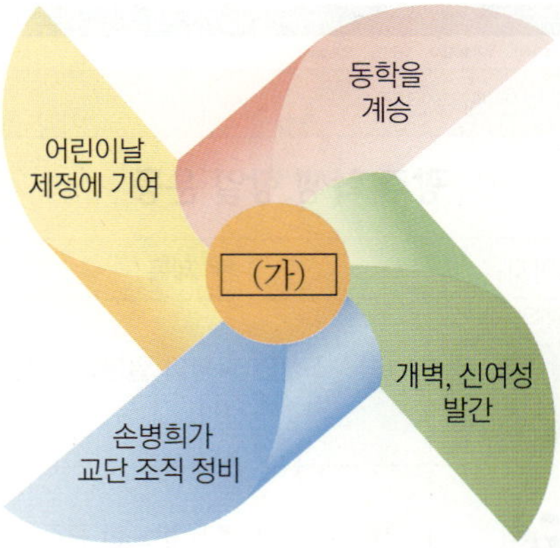

① 대종교 ② 원불교
③ 천도교 ④ 천주교

425

기본 50회 35번

(가)에 들어갈 자료로 옳은 것은? [2점]

①

②

③

④

426

중급 44회 45번 변형

다음 자료의 사회 운동에 대한 탐구 활동으로 가장 적절한 것은? [2점]

"정진" 창간호

다 같은 조선 민족이지만 '백정'이니 '피쟁이'니 '갓바치'니 '천인'이니 하여 그 무엇이 특별한 조건이나 있는 것처럼 왜 천대와 학대를 하며 멸시를 하는가. …… 다 같은 인생으로, 다 같은 조선 사람으로, 다 같은 남자로, 다 같은 여자로서, 짐승이나 또는 저 무엇으로 대우할 이유가 무엇이며 무슨 도리인가. 우리들은 이와 같은 생각에, 없던 눈이 뜨였으며 없던 귀가 뚫렸으며 없던 입이 벌어졌다. - "정진" -

① 영선사가 파견된 지역을 찾아본다.
② 조선 형평사의 창립 배경을 알아본다.
③ 태극 서관, 자기 회사를 설립한 단체를 조사한다.
④ 영국이 거문도를 불법으로 점령한 계기를 파악한다.

427

기본 58회 38번

(가)에 들어갈 단체로 옳은 것은? [1점]

① 의열단 ② 중광단
③ 흥사단 ④ 한인 애국단

428

기본 49회 36번

(가) 단체에 대한 설명으로 옳은 것은? [2점]

① 105인 사건으로 해체되었다.
② 고종의 밀지를 받아 결성되었다.
③ 파리 강화 회의에 대표를 파견하였다.
④ 조선 혁명 선언을 활동 지침으로 삼았다.

429

기본 51회 45번

(가) 인물의 활동으로 옳은 것은? [3점]

① 조선 혁명 선언을 집필하였다.
② 파리 강화 회의에 파견되었다.
③ 대조선 국민군단을 창설하였다.
④ 조선말 큰사전 편찬을 주도하였다.

VI 일제 강점기

430

기본 47회 38번

밑줄 그은 '이 책'으로 옳은 것은? [3점]

① 
제왕운기

② 
동사강목

③ 
연려실기술

④ 
조선상고사

431

중급 46회 36번 변형

(가)에 들어갈 내용으로 옳은 것은? [2점]

● 2020년 한국사 교양 강좌 ●

우리 학회에서는 '백암 박은식 선생의 사상과 활동'이라는 주제로 교양 강좌를 준비하였습니다. 관심 있는 분들의 많은 참여 바랍니다.

◐ 강의 주제 ◑

제1강 황성신문 주필 등 언론 활동 전개
제2강 (가)
제3강 대한민국 임시 정부 제2대 대통령 취임과 헌법 개정

- 일시 : 2020년 ○○월 ○○일 ~ ○○월 ○○일
  매주 수요일 오후 2시
- 장소 : □□ 대학교 대강당
- 주최 : △△ 학회

① 국혼을 강조한 역사서인 한국통사 저술
② 삼균주의를 바탕으로 한 대한민국 건국 강령 기초
③ 민중의 직접 혁명을 주장하는 조선 혁명 선언 작성
④ 식민 사학의 정체성론을 반박하는 조선사회경제사 집필

432

기본 52회 44번

밑줄 그은 '영화'의 제목으로 옳은 것은? [2점]

① 미몽
② 아리랑
③ 자유 만세
④ 시집가는 날

433

기본 73회 45번

(가)에 해당하는 인물로 옳은 것은? [1점]

① 심훈
② 나운규
③ 이육사
④ 이중섭

434

기본 73회 43번

(가)에 해당하는 인물로 옳은 것은? [2점]

① 나석주 ② 안중근
③ 지청천 ④ 홍범도

435

기본 54회 35번

밑줄 그은 '전투'가 일어난 시기를 연표에서 옳게 고른 것은? [3점]

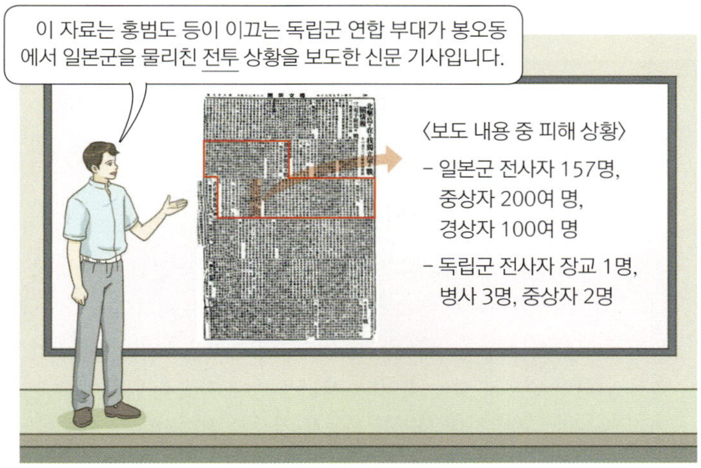

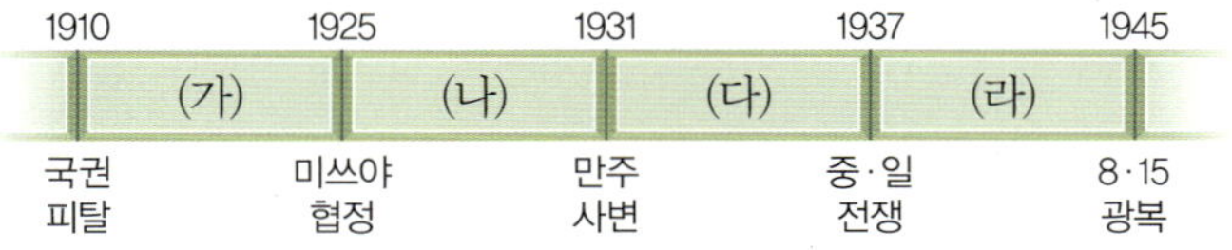

① (가) ② (나) ③ (다) ④ (라)

436

기본 49회 34번

(가)에 들어갈 군사 조직으로 옳은 것은? [2점]

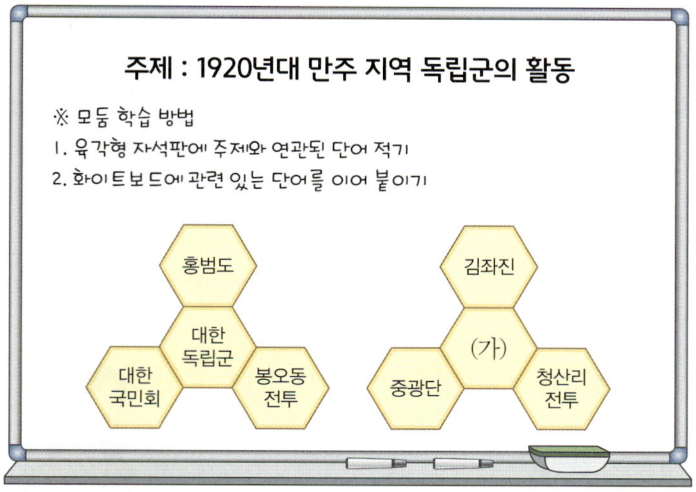

① 북로 군정서 ② 조선 의용대
③ 조선 혁명군 ④ 한국 광복군

437

기본 64회 35번

(가)에 들어갈 전투로 옳은 것은? [1점]

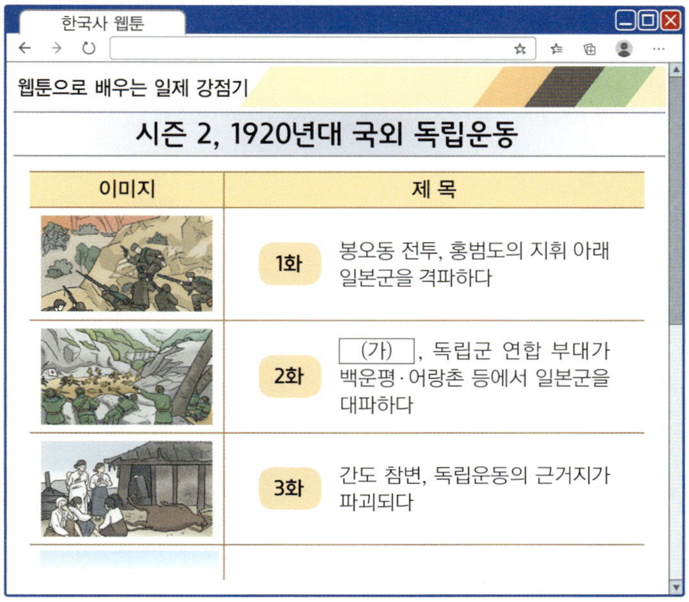

① 영릉가 전투 ② 청산리 전투
③ 흥경성 전투 ④ 대전자령 전투

정답과 해설 090쪽

4 1930년대 이후 저항

438
기본 57회 41번

밑줄 그은 '합의'가 이루어진 배경으로 옳은 것은? [3점]

① 만주 사변이 일어났다.
② 카이로 회담이 개최되었다.
③ 태평양 전쟁이 발발하였다.
④ 조선 건국 준비 위원회가 결성되었다.

439
기본 48회 41번

교사의 질문에 대한 답변으로 옳은 것은? [3점]

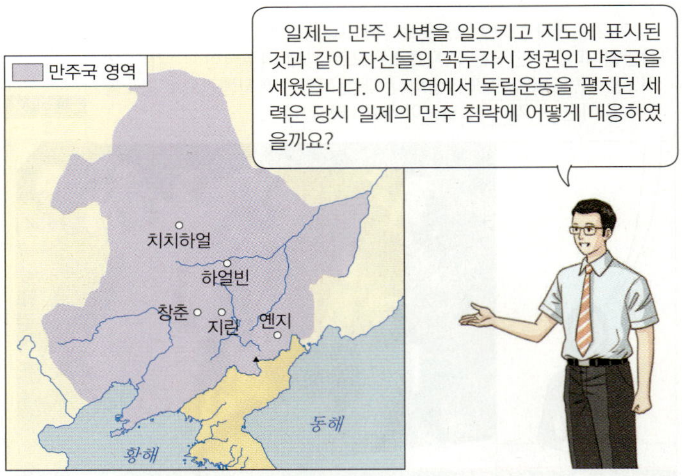

① 신간회를 결성하였습니다.
② 국민 대표 회의를 소집하였습니다.
③ 신흥 무관 학교를 설립하였습니다.
④ 한·중 연합 작전을 전개하였습니다.

440
기본 49회 38번

다음 전투가 일어난 시기를 연표에서 옳게 고른 것은? [3점]

> **역사 신문**
>
> 제△△호 ○○○○년 ○○월 ○○일
>
> **만주에서 전해진 승전보**
>
> 지청천 장군이 이끄는 한국 독립군은 중국 호로군과 연합하여 일본군을 대전자령에서 물리치고 많은 전리품을 노획하였다.
>
> 전투에 앞서 지청천 장군은 "대전자령의 공격은 이천만 대한 인민을 위하여 원수를 갚는 것이다. 제군은 만대 자손을 위하여 최후까지 싸우라."고 말하며 사기를 북돋운 것으로 전해진다.

1910		1921		1931		1937		1945
국권 피탈	(가)	자유시 참변	(나)	만주 사변	(다)	중·일 전쟁	(라)	8·15 광복

① (가) ② (나) ③ (다) ④ (라)

441

중급 38회 45번 변형

(가), (나) 독립군에 대한 설명으로 옳은 것은? [3점]

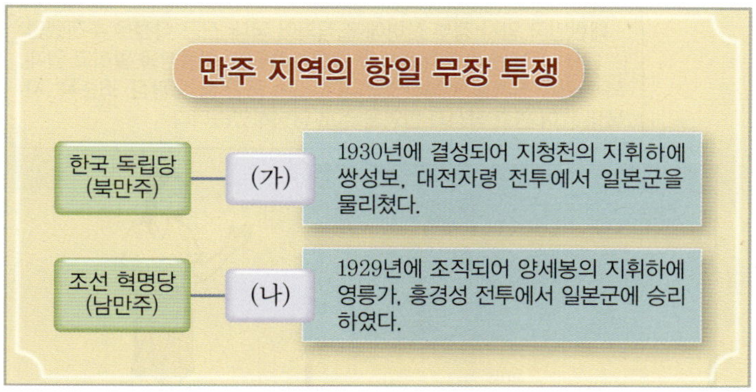

① (가) - 조선 혁명 선언을 활동 지침으로 삼았다.
② (나) - 우금치 전투에서 패배한 후 와해되었다.
③ (나) - 삼원보에 신흥 무관 학교를 설립하였다.
④ (가), (나) - 한·중 연합 작전을 전개하였다.

442

기본 63회 41번

(가)에 들어갈 무장 투쟁 단체로 옳은 것은? [3점]

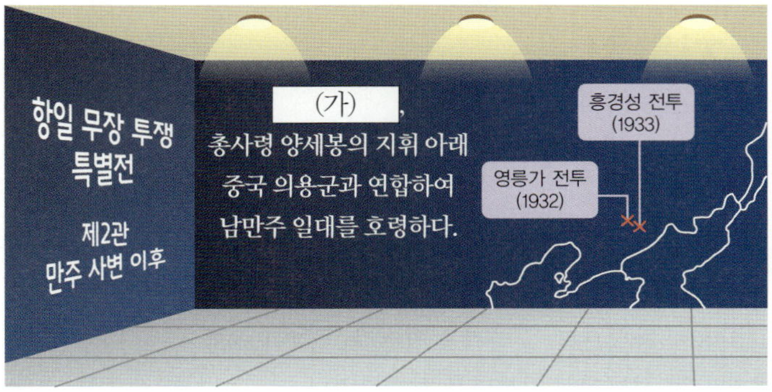

① 의열단 ② 북로 군정서
③ 조선 혁명군 ④ 한국 광복군

443

기본 54회 39번

(가)에 들어갈 군사 조직으로 옳은 것은? [2점]

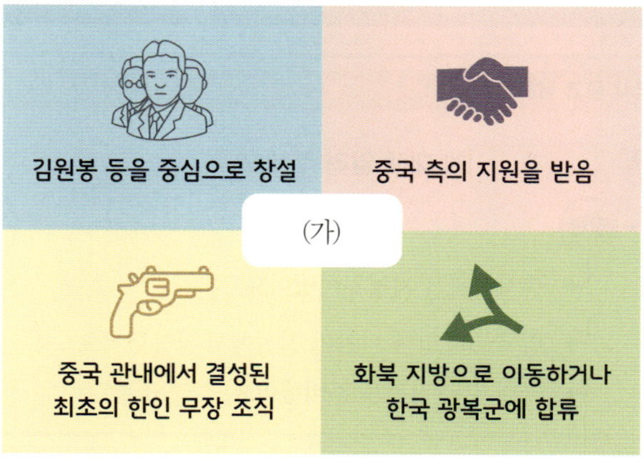

① 별기군 ② 북로 군정서
③ 조선 의용대 ④ 동북 항일 연군

444

기본 73회 44번

(가)에 들어갈 내용으로 옳은 것은? [2점]

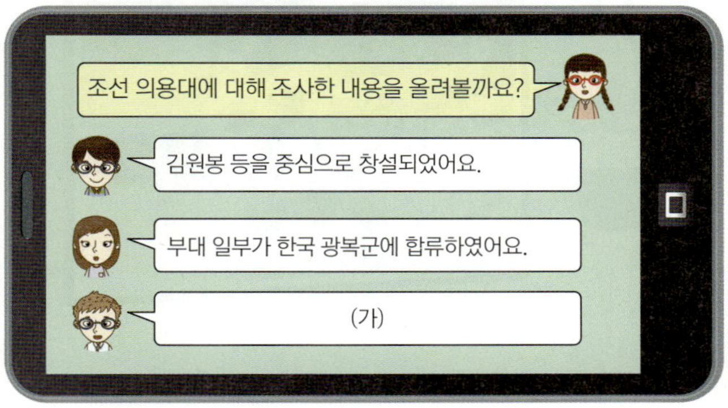

① 청산리 대첩에서 활약하였어요.
② 연통제와 교통국을 운영하였어요.
③ 자유시 참변으로 큰 타격을 입었어요.
④ 중국 관내에서 결성된 최초의 한인 무장 조직이었어요.

VI 일제 강점기

445

기본 60회 41번

(가)에 해당하는 군사 조직으로 옳은 것은? [1점]

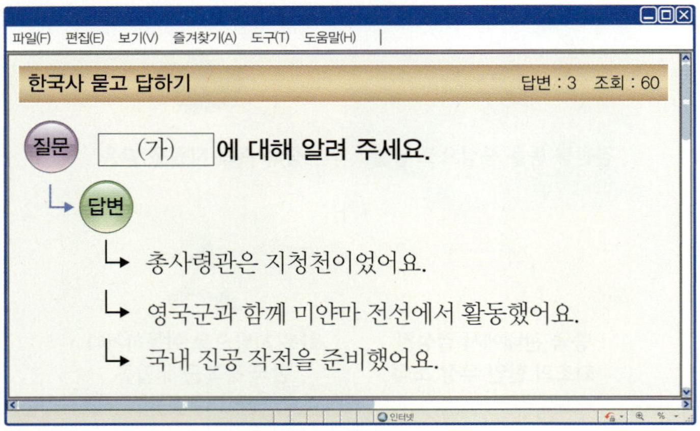

① 북로 군정서
② 조선 의용대
③ 조선 혁명군
④ 한국 광복군

446

기본 47회 41번

(가) 독립군 부대에 대한 설명으로 옳은 것은? [2점]

① 국내 진공 작전을 준비하였다.
② 고종의 밀지를 받아 조직되었다.
③ 간도 참변 이후 자유시로 이동하였다.
④ 청산리 전투에서 일본군에 승리하였다.

447

중급 45회 43번 변형

(가) 독립군 부대에 대한 설명으로 옳은 것은? [2점]

① 홍범도의 지휘 아래 활동하였다.
② 청산리에서 일본군을 크게 격파하였다.
③ 인도·미얀마 전선에 대원을 투입하였다.
④ 쌍성보, 대전자령 전투에서 승리를 거두었다.

448

기본 55회 45번

(가) 군대에 대한 설명으로 옳은 것은? [2점]

① 자유시 참변으로 큰 타격을 입었다.
② 봉오동 전투에서 일본군을 격퇴하였다.
③ 미군과 연계하여 국내 진공 작전을 계획하였다.
④ 홍경성에서 중국 의용군과 연합 작전을 펼쳤다.

449

기본 69회 42번

(가)에 들어갈 운동으로 옳은 것은? [2점]

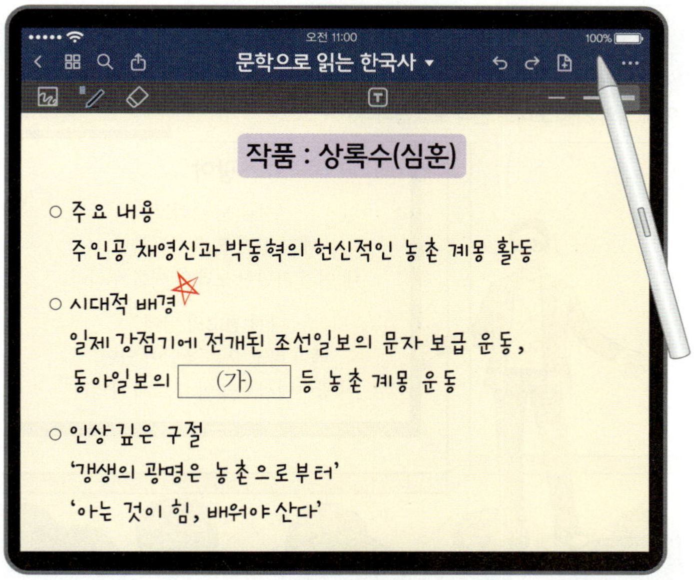

① 형평 운동
② 브나로드 운동
③ 국채 보상 운동
④ 물산 장려 운동

450

기본 49회 37번

다음 퀴즈의 정답으로 옳은 것은? [1점]

① 

② 

③ 

④ 

VI 일제 강점기

451

중급 46회 43번 변형

(가) 단체에 대한 설명으로 옳은 것은? [2점]

역사 신문

제△△호 ○○○○년 ○○월 ○○일

〈화제의 인물〉

장산사 사장 정세권

종로 일대에 한옥을 보급하며 조선인 거주지를 지키는 데 앞장서 온 정세권 씨가 한글 맞춤법 통일안을 제정한 (가) 에 새로운 회관을 기증하여 화제가 되고 있다. (가) 의 회원인 이극로 씨는 단칸방에서 활동했던 지난날을 회고하며 정세권 씨의 후원에 깊은 감사를 표했다.

① 태극 서관을 운영하였다.
② 기관지로 만세보를 발간하였다.
③ 최초의 한글 신문을 발행하였다.
④ 조선말 큰사전 편찬을 주도하였다.

452

기본 61회 38번

(가)에 해당하는 인물로 옳은 것은? [2점]

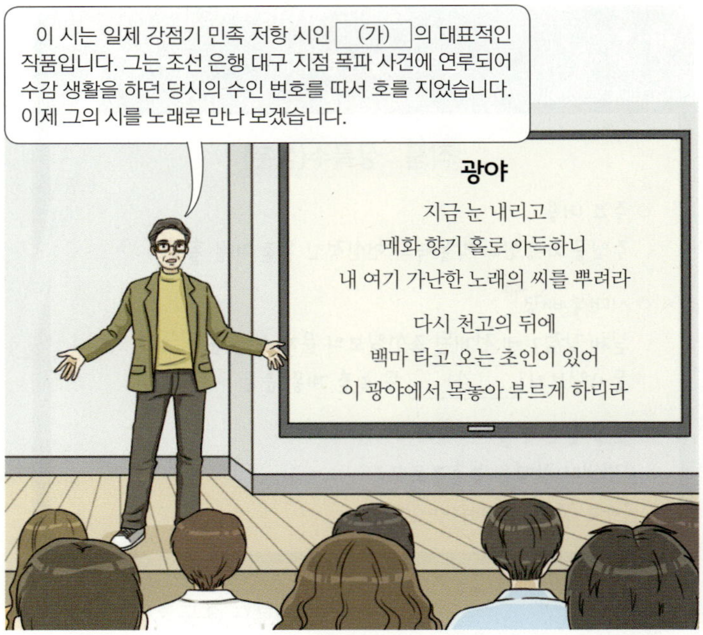

①

심훈

②

윤동주

③

이육사

④

한용운

453

기본 55회 44번

(가)에 해당하는 인물로 옳은 것은? [1점]

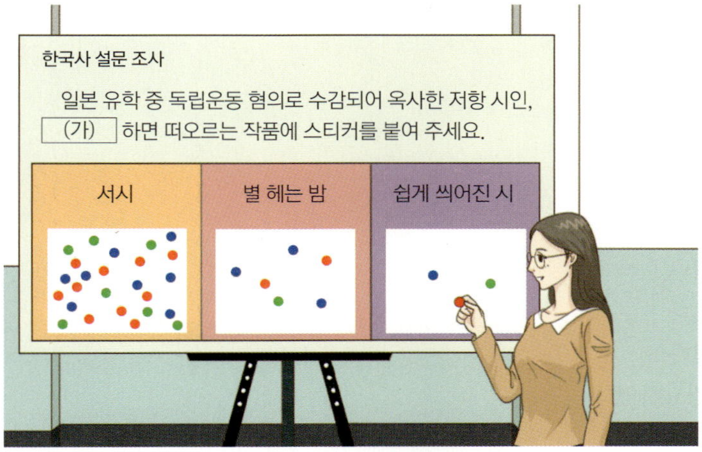

① 
심훈

② 
윤동주

③ 
이육사

④ 
한용운

454

중급 38회 43번 변형

다음 인물 카드의 주인공으로 옳은 것은? [1점]

역사 인물 카드

- 역사학자, 정치가
- **생몰** : 1894년~1979년
- **대표 저서** : 조선사회경제사
- **주요 활동** : 한국사가 고대 노예제 사회와 중세 봉건제 사회의 단계를 거치면서 발전하였음을 체계적으로 정리하여 식민 사학의 정체성론을 반박함

① 박은식 ② 백남운
③ 신채호 ④ 주시경

기출 선택지로 개념 다지기

Self Note

1 다음 정책이 시행된 시기를 '1910년대', '1920년대', '1930년대 이후'로 구분하여 쓰시오.

(1) 회사령을 공포하였다. ( )
(2) 징병제를 실시하였다. ( )
(3) 조선 태형령을 제정하였다. ( )
(4) 치안 유지법을 제정하였다. ( )
(5) 미곡 공출제를 시행하였다. ( )
(6) 국가 총동원법을 제정하였다. ( )
(7) 토지 조사 사업을 실시하였다. ( )
(8) 헌병 경찰 제도를 실시하였다. ( )
(9) 경성 제국 대학을 설립하였다. ( )
(10) 황국 신민 서사의 암송을 강요하였다. ( )

2 1910년대에 볼 수 있었던 모습으로 적절한 것에 ○표, 적절하지 않은 것에 ×표를 하시오.

(1) 제복을 입고 칼을 찬 교사 ( )
(2) 태형을 집행하는 헌병 경찰 ( )
(3) 공출을 독려하는 애국반 반장 ( )
(4) 원산 총파업에 참여하는 노동자 ( )
(5) 회사령을 공포하는 총독부 관리 ( )
(6) 황국 신민 서사를 암송하는 학생 ( )
(7) 암태도 소작 쟁의에 참여하는 농민 ( )
(8) 국민 징용령에 의해 끌려가는 청년 ( )
(9) 치안 유지법 위반으로 연행되는 독립운동가 ( )

3 일제 강점기에 있었던 보기 의 사건들을 일어난 순서대로 나열하시오.

(1)

보기
㉠ 조선 태형령 실시
㉡ 치안 유지법 제정
㉢ 국가 총동원법 공포

(- -)

(2)

보기
㉠ 공출제 실시
㉡ 토지 조사령 공포
㉢ 산미 증식 계획 처음 시행

(- -)

정답과 해설 094쪽

Self Note

4 다음 민족 운동이 있었던 지역을 보기 에서 찾아 쓰시오.

보기

서간도, 북간도, 연해주, 미주 지역

(1) 권업회가 조직되었다. ( )
(2) 서전서숙이 세워졌다. ( )
(3) 신흥 강습소가 설립되었다. ( )
(4) 대한인 국민회가 결성되었다. ( )
(5) 대조선 국민군단이 결성되었다. ( )
(6) 대한 광복군 정부가 설립되었다. ( )
(7) 자치 기관인 경학사가 운영되었다. ( )
(8) 항일 단체인 중광단이 결성되었다. ( )

5 3·1 운동에 대한 설명으로 옳은 것에 ○표, 옳지 않은 것에 ×표를 하시오.

(1) 순종의 인산일에 일어났다. ( )
(2) 통감부의 탄압으로 중단되었다. ( )
(3) 만주, 연해주, 미주 등지로 확산하였다. ( )
(4) 일제의 황무지 개간권 요구를 철회시켰다. ( )
(5) 조선 물산 장려회를 중심으로 전개되었다. ( )
(6) 대한민국 임시 정부 수립의 계기가 되었다. ( )
(7) 일제가 '문화 통치'를 실시하는 계기가 되었다. ( )
(8) 신간회의 지원을 받아 민중 대회가 추진되었다. ( )

6 대한민국 임시 정부의 활동으로 옳은 것에 ○표, 옳지 않은 것에 ×표를 하시오.

(1) 신흥 강습소를 세웠다. ( )
(2) 독립신문을 발행하였다. ( )
(3) 독립 공채를 발행하였다. ( )
(4) 대한국 국제를 반포하였다. ( )
(5) 만민 공동회를 개최하였다. ( )
(6) 구미 위원부를 설치하였다. ( )
(7) 기관지로 만세보를 발행하였다. ( )
(8) 연통제와 교통국을 운영하였다. ( )
(9) "한·일 관계 사료집"을 발간하였다. ( )

VI 일제 강점기

Self Note

7 다음 설명에 해당하는 민족 운동을 보기 에서 찾아 쓰시오.

보기
형평 운동, 물산 장려 운동, 6·10 만세 운동, 민립 대학 설립 운동, 광주 학생 항일 운동

(1) 순종의 인산일에 전개되었다. ( )
(2) 신간회 창립의 계기가 되었다. ( )
(3) 신간회에서 진상 조사단을 파견하였다. ( )
(4) 평양에서 시작하여 전국으로 확산하였다. ( )
(5) 조선 사람 조선 것이라는 구호를 내세웠다. ( )
(6) 백정에 대한 사회적 차별 철폐를 주장하였다. ( )
(7) 이상재, 이승훈 등을 중심으로 모금 활동을 추진하였다. ( )

8 신간회에 대한 설명으로 옳은 것에 ○표, 옳지 않은 것에 ×표를 하시오.

(1) 태극 서관을 운영하였다. ( )
(2) 한글 맞춤법 통일안을 발표하였다. ( )
(3) 비밀 행정 조직으로 연통제를 두었다. ( )
(4) 민족 유일당 운동의 일환으로 창립되었다. ( )
(5) 광주 학생 항일 운동에 진상 조사단을 파견하였다. ( )
(6) '일체의 기회주의를 부인함' 등을 강령으로 내세웠다. ( )
(7) 비타협적 민족주의자들과 사회주의자들이 결성하였다. ( )

9 의열단에 대한 설명으로 옳은 것에 ○표, 옳지 않은 것에 ×표를 하시오.

(1) 고종의 밀지를 받아 결성되었다. ( )
(2) 김원봉 등이 만주에서 조직하였다. ( )
(3) 우금치에서 일본군과 전투를 벌였다. ( )
(4) 청산리에서 일본군을 크게 격파하였다. ( )
(5) 상하이 훙커우 공원 의거를 결행하였다. ( )
(6) 조선 혁명 선언을 활동 지침으로 삼았다. ( )
(7) 김익상, 김상옥 등이 단원으로 활동하였다. ( )

10 항일 무장 투쟁 과정에서 있었던 보기 의 사실들을 일어난 순서대로 나열하시오.

(1)
보기
㉠ 간도 참변
㉡ 봉오동 전투
㉢ 자유시 참변

(- -)

(2)
보기
㉠ 봉오동 전투
㉡ 청산리 전투
㉢ 대전자령 전투

(- -)

정답과 해설 094쪽

Self Note

11 다음 설명에 해당하는 독립군을 보기 에서 찾아 쓰시오.

보기

한국 독립군, 조선 혁명군, 조선 의용대, 한국 광복군

(1) 김원봉 등을 중심으로 창설되었다. (　　　　　)
(2) 쌍성보 전투에서 일본군을 격퇴하였다. (　　　　　)
(3) 대전자령 전투에서 일본군을 격퇴하였다. (　　　　　)
(4) 영국군과 함께 미얀마 전선에서 활동하였다. (　　　　　)
(5) 흥경성에서 중국 의용군과 연합 작전을 펼쳤다. (　　　　　)
(6) 미군과 연계하여 국내 진공 작전을 계획하였다. (　　　　　)
(7) 영릉가 전투에서 한·중 연합 작전을 전개하였다. (　　　　　)
(8) 1940년에 지청천을 총사령관으로 하여 창설되었다. (　　　　　)
(9) 중국 관내에서 조직된 최초의 한인 무장 조직이었다. (　　　　　)

12 다음 인물이 이끌었던 부대를 선을 그어 바르게 연결하시오.

(1) 
김좌진 •

(2) 
양세봉 •

(3) 
지청천 •

(4) 
홍범도 •

• ㉠ 한국 독립군
• ㉡ 대한 독립군
• ㉢ 북로 군정서
• ㉣ 조선 혁명군

13 조선어 학회에 대한 설명으로 옳은 것에 ○표, 옳지 않은 것에 ×표를 하시오.

(1) 국문 연구소를 세웠다. (　　　　　)
(2) 최초의 한글 신문을 발행하였다. (　　　　　)
(3) 조선말 큰사전 편찬을 주도하였다. (　　　　　)
(4) 한글 맞춤법 통일안을 발표하였다. (　　　　　)
(5) 개벽, 신여성 등의 잡지를 발간하였다. (　　　　　)

VI 일제 강점기

Ⅶ 현대

큰별쌤의 **학습 포인트**

1 광복 ~ 6·25 전쟁	• 대한민국 정부 수립 과정과 제헌 국회의 활동을 정리해 두세요. • 6·25 전쟁 중에 있었던 사실을 기억해 두세요.
2 민주주의의 발전	• 4·19 혁명, 5·18 민주화 운동, 6월 민주 항쟁 등 민주화 운동의 배경과 영향을 정리해 두세요. • 이승만 정부, 박정희 정부, 전두환 정부, 노태우 정부, 김영삼 정부, 김대중 정부 등 각 정부 시기에 있었던 사실을 구분하여 정리하세요.
3 경제와 통일	• 각 정부 시기의 경제 상황을 알아 두세요. • 박정희 정부(7·4 남북 공동 성명), 노태우 정부(남북한 유엔 동시 가입, 남북 기본 합의서), 김대중 정부(분단 이후 최초로 남북 정상 회담 개최, 6·15 남북 공동 선언), 노무현 정부(10·4 남북 정상 선언) 등 각 정부의 통일 노력을 키워드와 함께 알아 두세요.

최근 4회차 단원별 출제 비중

선사 고대 고려 조선 개항기 일제 강점기 현대

73회

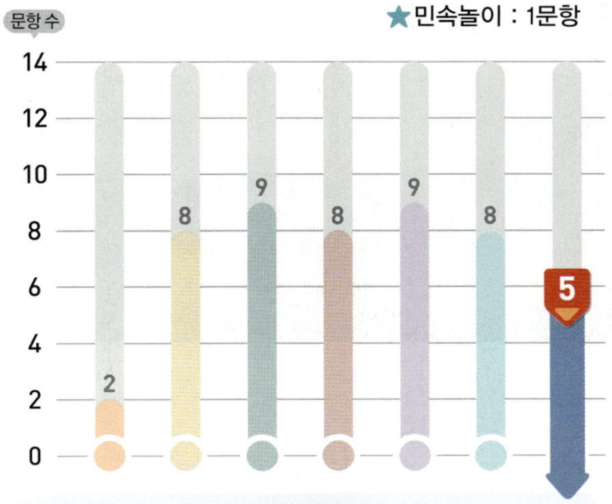

박정희 정부 시기의 사실, 6·25 전쟁,
김영삼 정부 시기의 사실, 6월 민주 항쟁,
노태우 정부 시기의 통일 노력

71회

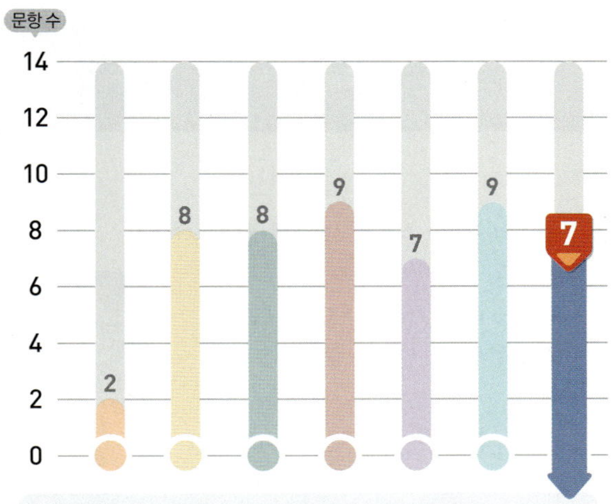

대한민국 정부 수립 과정, 이승만 정부 시기의 사실,
5·18 민주화 운동, 박정희 정부 시기의 경제 상황,
김영삼 정부 시기의 사실, 노무현 정부의 통일 노력,
민주 사회로의 발전

69회

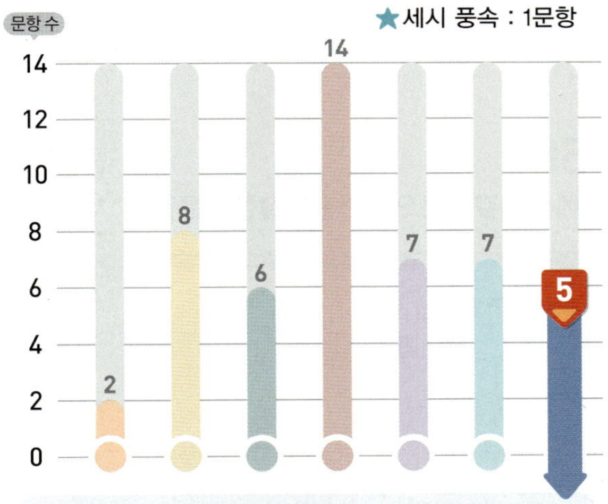

여운형의 활동, 모스크바 3국 외상 회의,
6·25 전쟁, 6월 민주 항쟁,
김대중 정부 시기의 경제 상황

67회

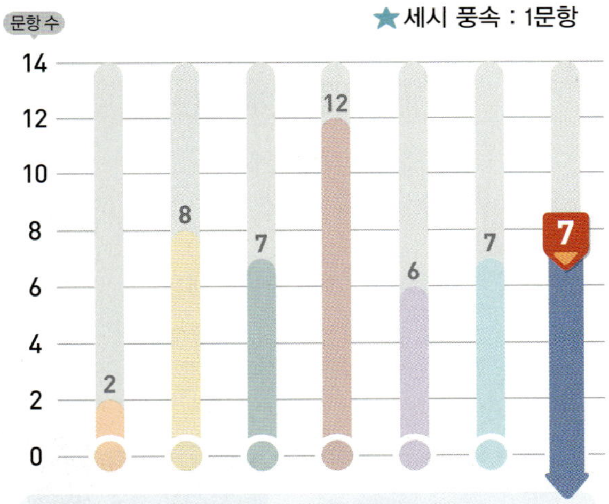

좌우 합작 위원회, 제주 4·3 사건, 6·25 전쟁,
4·19 혁명, 노태우 정부 시기의 사실,
박정희 정부 시기의 사실, 전태일의 활동

기출문제 풀어 보기

> 정답과 해설 094쪽

1 광복 ~ 6·25 전쟁

455

기본 63회 43번

(가)에 들어갈 단체로 옳은 것은? [2점]

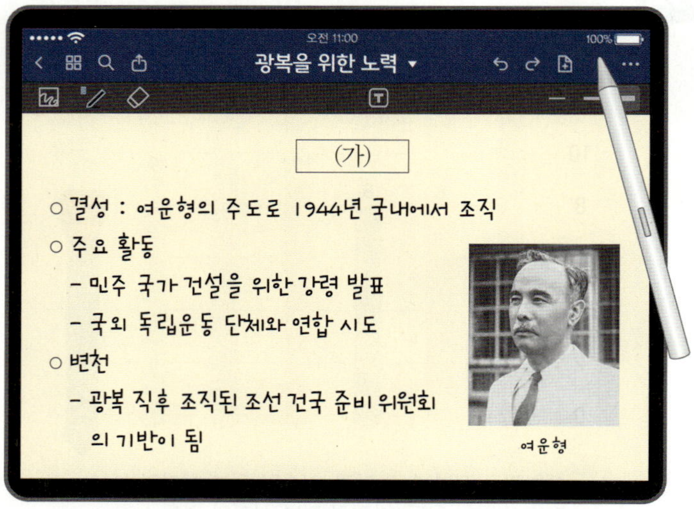

① 독립 의군부　② 민족 혁명당
③ 조선 의용대　④ 조선 건국 동맹

456

기본 58회 41번

(가)에 들어갈 내용으로 옳은 것은? [3점]

탐구 활동 계획서

- 주제 : 몽양 여운형의 생애와 활동
- 방법 : 문헌 조사, 현장 답사 등
- 조사할 것
  - 신한 청년당의 지도자로 활동한 내용
  - (가)
  - 좌우 합작 운동의 주도 과정과 결과
- 가볼 곳

생가(양평)

묘소(서울)

① 헤이그 특사로 파견된 배경
② 암태도 소작 쟁의에 참여한 계기
③ 한국독립운동지혈사의 저술 이유
④ 조선 건국 준비 위원회의 결성 목적

457

기본 48회 45번

밑줄 그은 '위원회'로 옳은 것은? [2점]

① 남북 조절 위원회
② 미·소 공동 위원회
③ 조선 건국 준비 위원회
④ 반민족 행위 특별 조사 위원회

458

기본 50회 46번

(가)에 들어갈 내용으로 가장 적절한 것은? [2점]

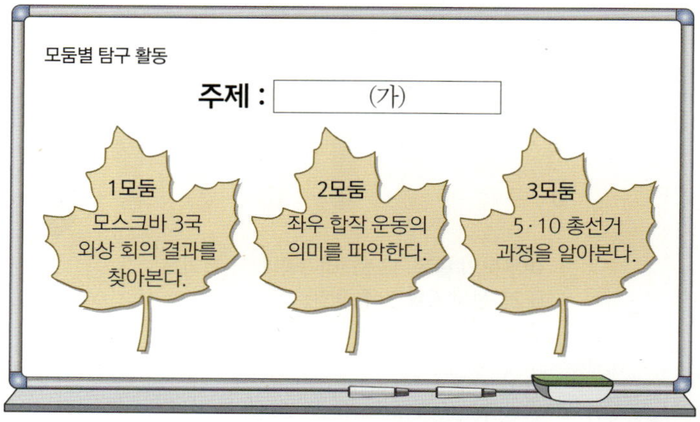

① 헤이그 특사 파견 배경
② 대한민국 정부 수립 과정
③ 국민 대표 회의 개최 원인
④ 한·일 기본 조약 체결 결과

459

기본 67회 41번

(가)에 들어갈 단체로 옳은 것은? [2점]

① 권업회 ② 대한인 국민회
③ 좌우 합작 위원회 ④ 남북 조절 위원회

460

기본 51회 46번

다음 발언 이후에 전개된 사실로 옳은 것은? [3점]

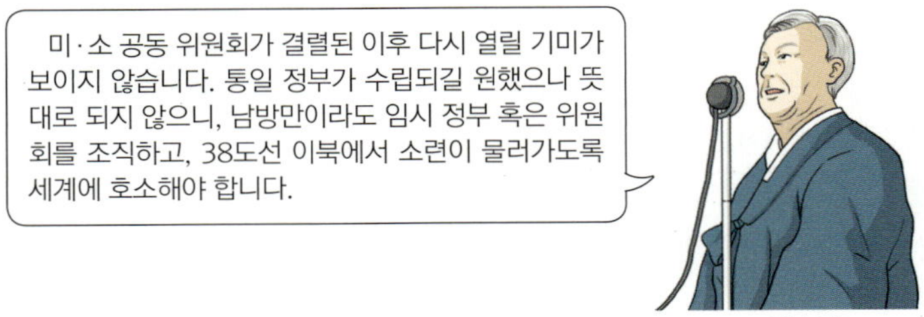

이승만

① 한국 광복군이 창설되었다.
② 김구가 남북 협상을 추진하였다.
③ 모스크바 삼국 외상 회의가 개최되었다.
④ 여운형이 조선 건국 준비 위원회를 결성하였다.

461

기본 71회 44번

밑줄 그은 ㉠이 발표된 시기를 연표에서 옳게 고른 것은? [3점]

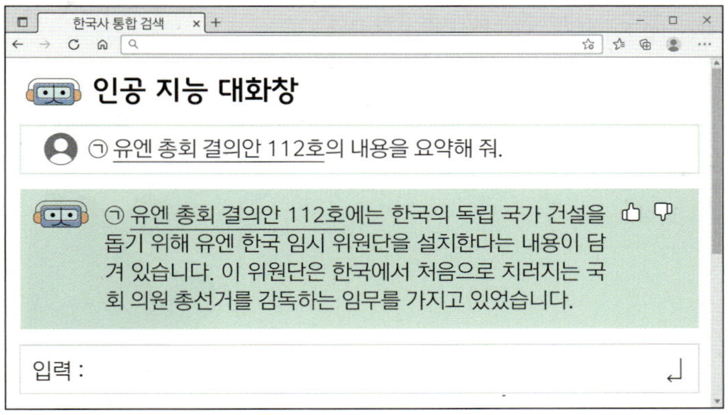

1945		1948		1954		1960		1964
8·15 광복	(가)	대한민국 정부 수립	(나)	사사오입 개헌	(다)	3·15 부정 선거	(라)	6·3 시위

① (가) ② (나) ③ (다) ④ (라)

462

기본 60회 43번

(가)에 들어갈 사건으로 옳은 것은? [2점]

답사 사진전

우리 동아리는 남한만의 단독 선거에 반대하는 세력을 토벌대가 진압하는 과정에서 무고한 주민들이 희생된 (가) 관련 답사 사진전을 개최합니다.

너븐숭이 애기무덤

섯알오름 학살터

■ 기간 : 2022년 ○○월 ○○일 ~ ○○월 ○○일
■ 장소 : 본관 4층 동아리실

① 원산 총파업 ② 제암리 사건
③ 자유시 참변 ④ 제주 4·3 사건

463

기본 60회 42번

다음 성명서가 발표된 이후의 사실로 옳은 것은? [2점]

> 김구, 삼천만 동포에게 읍고함
>
> 나는 통일된 조국을 건설하려다 38선을 베고 쓰러질지언정, 일신의 구차한 안일을 위하여 단독 정부를 세우는 데는 협력하지 않겠다.

① 한인 애국단이 결성되었다.
② 제1차 미·소 공동 위원회가 열렸다.
③ 평양에서 남북 협상이 진행되었다.
④ 모스크바 3국 외상 회의가 개최되었다.

464

기본 55회 46번

(가)에 들어갈 사진으로 옳지 않은 것은? [2점]

사진으로 배우는 현대사

대한민국 정부 수립 과정

8·15 광복

→ (가) →

대한민국 정부 수립

①

5·10 총선거 실시

②

유엔 한국 임시 위원단 내한

③

제1차 미·소 공동 위원회 개최

④

반민족 행위 특별 조사 위원회 활동

465

기본 63회 44번

밑줄 그은 '국회'에 대한 설명으로 옳은 것은? [3점]

① 3선 개헌안을 통과시켰다.
② 농지 개혁법을 제정하였다.
③ 5·16 군사 정변으로 해산되었다.
④ 국회 의원의 3분의 1을 대통령이 추천하였다.

466

중급 45회 47번 변형

(가) 기구에 대한 설명으로 옳은 것은? [3점]

> **역사 신문**
>
> 제△△호 ○○○○년 ○○월 ○○일
>
> **친일 경찰 노덕술, 드디어 체포**
>
> 반민족 행위 처벌법에 의거하여 조직된 (가) 의 수사관들이 노덕술을 추적하여 체포하는 데 성공하였다. 노덕술은 일제 강점기 독립운동가들에게 혹독한 고문을 일삼았던 경찰로서, 8·15 광복 이후에도 경찰의 지위를 유지해 왔다.
>
> (가) 의 수사관들에 의해 체포될 당시 노덕술은 경관 4명의 경호를 받고 있던 것으로 알려져 논란이 일고 있다.
>
> 
> 일제 강점기 당시의 노덕술

① 여운형이 위원장을 맡았다.
② 정우회 선언을 발표하였다.
③ 좌우 합작 운동을 전개하였다.
④ 법안 개정으로 활동 기간이 단축되었다.

467

(가) 전쟁 중에 있었던 사실로 옳은 것은?

기본 73회 47번 [2점]

이산가족 찾기

이산가족을 찾습니다 About Live Broadcast | 세계 기록 유산 Memory of the World | 사이버 전시실 Photos & Video

사연판

(가) 전쟁 때 가족과 헤어진 분들의 사연을 담은 게시판입니다.

아버지 박○○(78세) 1·4 후퇴 때 안양에서 헤어짐. 고향 황해도 해주. 아들 박◇◇(55세)가 찾고 있음.	언니 서△△(65세) 흥남 철수 때 헤어짐. 코 옆에 사마귀가 있음. 동생 서□□(62세)가 찾고 있음.

① 5·10 총선거가 실시되었다.
② 인천 상륙 작전이 전개되었다.
③ 국민 대표 회의가 개최되었다.
④ 조선 건국 준비 위원회가 결성되었다.

468

(가) 전쟁 중에 있었던 사실로 옳지 않은 것은?

기본 69회 43번 [2점]

생생 한국사 교실

수행 과제 : (가) 과 관련한 노래를 조사하여 가사와 동영상을 올려 주세요.

○○○

님 계신 전선

태극기 흔들며 님이 떠난 새벽 정거장
기적도 울었오
만세 소리 하늘 높이 들려오누나
지금은 어느 전선 어느 곳에서 지금은 어느 전선 어느 곳에서 용감하게 싸우시나
님이여 건강하소서

♥2

△△△

굳세어라 금순아

눈보라가 휘날리는 바람찬 흥남 부두에
목을 놓아 불러 봤다 찾아를 봤다
금순아 어디로 가고 길을 잃고 헤매었더냐
피눈물을 흘리면서 1·4 이후 나 홀로 왔다

♥2

① 유엔군이 참전하였다.
② 발췌 개헌안이 통과되었다.
③ 인천 상륙 작전이 전개되었다.
④ 반민족 행위 처벌법이 제정되었다.

469

밑줄 그은 '이 전쟁' 중에 있었던 사실로 옳은 것은?

기본 52회 47번 [2점]

이것은 이우근의 편지를 새긴 조형물입니다. 그는 이 전쟁 당시 학도 의용군으로 포항여중 전투에서 북한군과 싸우다 전사하였습니다. 그가 쓴 편지에는 동족상잔의 비극, 어머니에 대한 그리움이 담겨져 있습니다.

① 미국이 애치슨 선언을 발표하였다.
② 조선 건국 준비 위원회가 결성되었다.
③ 16개국으로 구성된 유엔군이 참전하였다.
④ 13도 창의군이 서울 진공 작전을 전개하였다.

470

밑줄 그은 '이 전쟁' 중에 있었던 사실로 옳은 것은?

기본 60회 44번 [2점]

여기는 에티오피아군이 유엔군의 일원으로 이 전쟁에 참전한 것을 기리는 기념관입니다. 당시 에티오피아군의 전투 상황 등을 보여 주는 자료가 전시되어 있습니다.

① 인천 상륙 작전이 전개되었다.
② 조선 건국 준비 위원회가 결성되었다.
③ 이승만이 임시 의정원에서 탄핵되었다.
④ 쌍성보에서 한·중 연합 작전이 펼쳐졌다.

VII 현대

> 정답과 해설 098쪽

2 민주주의의 발전

471

기본 50회 47번

(가) 정부 시기에 있었던 사실로 옳은 것은? [3점]

① 금융 실명제를 실시하였다.
② 중국, 소련 등과 수교하였다.
③ 사사오입 개헌안을 가결하였다.
④ 개성 공단 건설 사업을 실현하였다.

472

중급 39회 44번 변형

밑줄 그은 '정부' 시기에 있었던 사실로 옳은 것은? [3점]

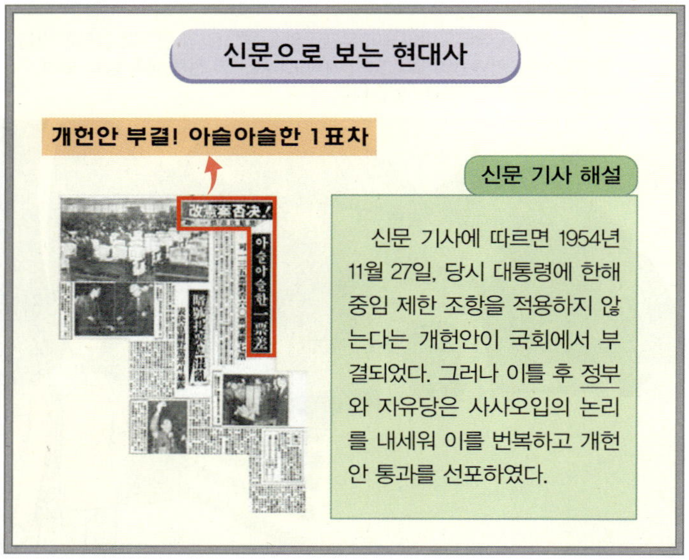

① 삼청 교육대를 운영하였다.
② 한·일 간의 국교 정상화가 이루어졌다.
③ 반민족 행위 특별 조사 위원회가 해체되었다.
④ 통일 주체 국민 회의에서 대통령이 선출되었다.

473

기본 58회 43번

(가)에 들어갈 민주화 운동으로 옳은 것은? [2점]

① 4·19 혁명
② 6월 민주 항쟁
③ 부·마 민주 항쟁
④ 5·18 민주화 운동

474

기본 55회 48번

(가) 민주화 운동에 대한 설명으로 옳은 것은? [2점]

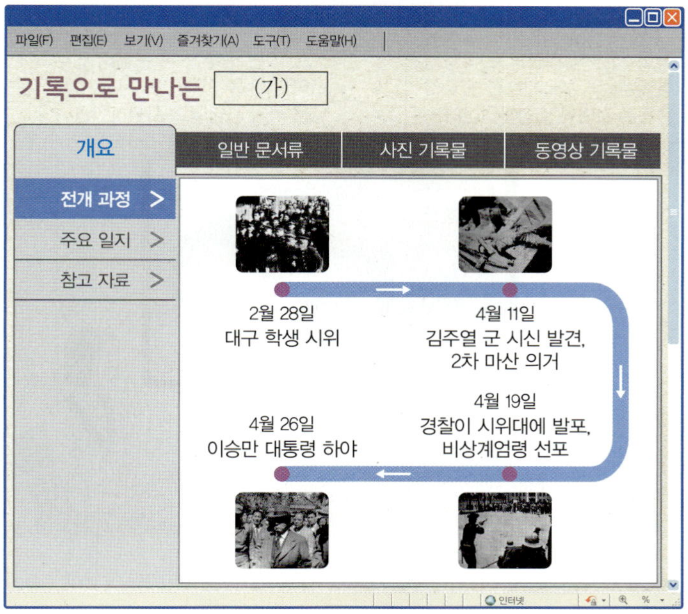

① 3·15 부정 선거에 항의하였다.
② 4·13 호헌 조치 철폐를 요구하였다.
③ 유신 체제가 붕괴하는 계기가 되었다.
④ 신군부의 비상계엄 확대에 반대하였다.

475

기본 51회 50번

밑줄 그은 '정부' 시기의 사실로 옳지 않은 것은? [2점]

① 3선 개헌안이 통과되었다.
② 베트남에 국군이 파병되었다.
③ 경제 개발 5개년 계획이 추진되었다.
④ 한·일 월드컵 축구 대회가 개최되었다.

476

중급 45회 49번 변형

다음 담화문이 발표된 정부 시기에 있었던 사실로 옳은 것은? [2점]

> 이번의 국민 투표는 단적으로 말해서 누구든지 두 번까지만 대통령을 할 수 있는 현행 헌법 조항을 고쳐서 세 번까지 할 수 있는 길을 열어 줄 것이냐 아니냐 하는 개헌 국민 투표이며, …… 이 정부에 대한 신임 투표이기도 한 것입니다. …… 한·일 국교 정상화를 추진한다고 하여 나는 야당으로부터 매국노라는 욕을 들었으며, …… 야당은 이 정권이 영구 집권을 꾀하고 있다고 비방하고 있습니다.

① 남북 정상 회담을 개최하였다.
② 4·13 호헌 조치를 발표하였다.
③ 금융 실명제를 전면 실시하였다.
④ 베트남 전쟁에 한국군을 파병하였다.

477

기본 54회 43번

(가) 정부 시기에 볼 수 있는 모습으로 가장 적절한 것은? [2점]

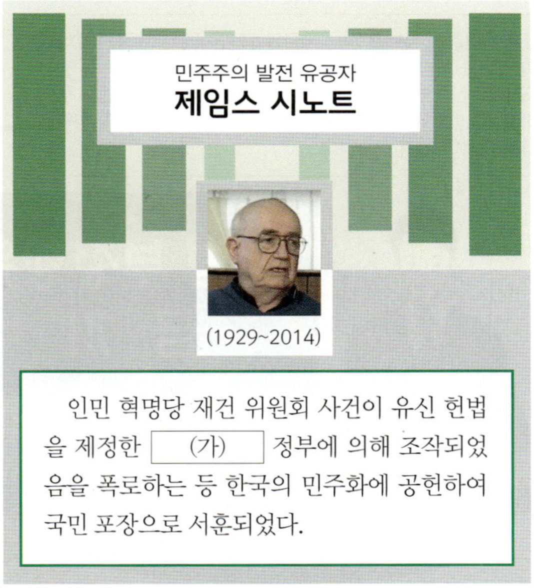

① 거리에서 장발을 단속하는 경찰
② 조선 건국 준비 위원회에 참여하는 학생
③ 서울 올림픽 대회 개막식을 관람하는 시민
④ 반민족 행위 특별 조사 위원회에서 조사받는 기업인

VII 현대

478

중급 44회 49번 변형

다음 문서를 작성한 정부 시기의 사실로 옳은 것은? [2점]

> **장발 단속 계획 보고**
>
> 1. 보고 주문
>
> 국민의 주체 의식을 확립하고 건전한 사회 기풍을 정착화하기 위하여 별첨과 같이 장발 단속 계획을 수립 실천키로 하였기에 보고합니다.
>
> 2. 보고 이유
>
> 가. 장발 단속은 그동안 경찰에서 지도 단속과 아울러 자율적인 각성을 촉구하여 왔으나 일부 사회 지도층을 비롯하여 국민의 무관심과 이해 부족으로 그 실효를 거두지 못하고 있는 실정으로서
>
> 나. 앞으로 행정부 산하 각급 공무원이 솔선수범함은 물론 …… 도시 새마을 운동으로 발전시켜 점차 범국민 운동으로 추진하고자 함

① 긴급 조치가 발표되었다.
② 서울 올림픽 대회가 열렸다.
③ 가족 관계 등록법이 시행되었다.
④ 금융 실명제가 전격 실시되었다.

479

기본 63회 45번

밑줄 그은 '정부' 시기에 볼 수 있는 사회 모습으로 가장 적절한 것은? [2점]

① 부·마 민주 항쟁에 참여하는 학생
② 서울 올림픽 대회 개막식을 관람하는 시민
③ 금융 실명제 시행 속보를 시청하는 회사원
④ 반민족 행위 특별 조사 위원회에 체포되는 친일 행위자

480

기본 50회 49번

다음 대화에 나타난 민주화 운동으로 옳은 것은? [3점]

① 4·19 혁명
② 6월 민주 항쟁
③ 부·마 민주 항쟁
④ 5·18 민주화 운동

481

기본 61회 45번

(가)에 들어갈 민주화 운동으로 옳은 것은? [1점]

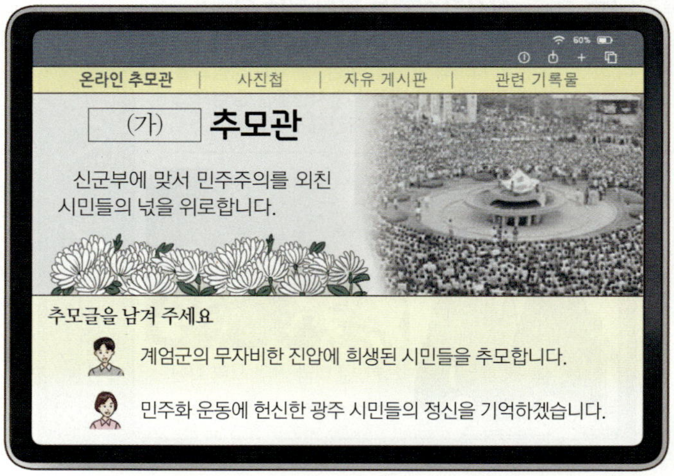

① 4·19 혁명
② 6월 민주 항쟁
③ 부·마 민주 항쟁
④ 5·18 민주화 운동

482

기본 66회 47번

(가)에 들어갈 내용으로 옳은 것은? [1점]

♥ 좋아요 66회 3일전

수업 시간에 (가) 당시 시민군의 항쟁 중심지였던 옛 전남도청 모형을 만들었다. 실제 옛 도청 앞 시계탑에서는 매일 같은 시간에 '임을 위한 행진곡'이 나온다고 한다. 많은 분의 희생으로 우리나라의 민주주의가 발전하게 되었음을 깨닫게 되었다.

① 4·19 혁명 ② 부·마 민주 항쟁
③ 6월 민주 항쟁 ④ 5·18 민주화 운동

483

기본 54회 45번

(가) 정부 시기에 있었던 사실로 옳은 것은? [3점]

사진으로 보는 (가) 정부

삼청 교육대 운영

국풍 81 개최

교복 자율화 시행

① 야간 통행금지가 해제되었다.
② 베트남 전쟁에 국군이 파병되었다.
③ 한·미 상호 방위 조약이 체결되었다.
④ 제1차 경제 개발 5개년 계획이 실시되었다.

484

기본 64회 41번

밑줄 그은 '이 민주화 운동'에 대한 설명으로 옳은 것은? [3점]

'고바우'가 바라본 우리 현대사

이 만화는 김성환이 그린 '고바우 영감'으로 1987년 7월 1일자 신문에 게재되었다.

호헌 철폐, 독재 타도를 외친 이 민주화 운동으로 대통령 직선제 개헌을 약속하는 발표가 나자, 기뻐하는 국민들의 모습을 작가가 네 컷 만화로 표현하였다.

① 유신 체제가 붕괴되는 계기가 되었다.
② 양원제 국회가 출현하는 결과를 가져왔다.
③ 박종철과 이한열 등의 희생으로 확산되었다.
④ 전개 과정에서 시민군이 자발적으로 조직되었다.

VII 현대

485

기본 47회 48번

(가) 민주화 운동에 대한 설명으로 옳은 것은? [2점]

답사 계획서

△학년 △반 이름 : △△△

- 주제 : (가)
- 날짜 : 2020년 ○○월 ○○일
- 답사 장소

장소	사진	설명
구 남영동 치안본부 대공분실		박종철 학생이 물고문을 당한 끝에 사망한 장소
이한열 기념관		경찰이 쏜 최루탄에 맞아 사망한 이한열 학생의 민주 항쟁을 기념하기 위한 장소
대한성공회 서울주교좌 성당		'박종철 군 고문살인 은폐·조작 규탄 및 민주 헌법 쟁취 범국민 대회'가 개최된 장소

① 대통령이 하야하는 결과를 가져왔다.
② 유신 체제가 붕괴되는 계기가 되었다.
③ 5년 단임의 대통령 직선제 개헌을 이끌어 냈다.
④ 신군부의 비상계엄 확대에 반대하여 일어났다.

486

기본 48회 49번

(가) 정부 시기에 있었던 사실로 옳은 것은? [2점]

파일(F) 편집(E) 보기(V) 즐겨찾기(A) 도구(T) 도움말(H)

웹툰으로 보는 대한민국사

제6공화국의 시작을 알린 (가) 정부

이미지	제목
	1화 서울 올림픽이 성황리에 개최되다
	2화 3당 합당으로 국내 정치 지형이 바뀌다
	3화 남북 정부 요인들이 모여 남북 기본 합의서를 채택하다

인터넷

① 농지 개혁법이 제정되었다.
② 베트남에 국군이 파병되었다.
③ 소련 및 중국과 국교가 수립되었다.
④ 6·15 남북 공동 선언이 발표되었다.

487

기본 60회 47번

(가)에 들어갈 내용으로 옳은 것은? [2점]

① 금융 실명제를 실시했어.
② 경부 고속 도로를 준공했어.
③ 제1차 경제 개발 5개년 계획을 추진했어.
④ 미국과 자유 무역 협정(FTA)을 체결했어.

488

(기본 71회 48번)

다음 뉴스가 보도된 정부 시기에 있었던 사실로 옳은 것은? [3점]

① 조선 총독부 건물이 철거되었다.
② 서울에서 G20 정상 회의가 열렸다.
③ 이라크에 자이툰 부대가 파병되었다.
④ 한·일 월드컵 축구 대회가 개최되었다.

489

(기본 52회 49번)

다음 신년사를 발표한 정부 시기에 있었던 사실로 옳은 것은? [3점]

① 소련, 중국과의 국교가 수립되었다.
② 한·일 월드컵 축구 대회를 개최하였다.
③ 제1차 경제 개발 5개년 계획을 추진하였다.
④ 경제 협력 개발 기구(OECD)에 가입하였다.

490

(기본 61회 48번)

다음 뉴스가 보도된 정부 시기의 경제 상황으로 옳은 것은? [2점]

① 경부 고속 도로를 준공하였다.
② 세계 무역 기구(WTO)에 가입하였다.
③ 제1차 경제 개발 5개년 계획이 추진되었다.
④ 국제 통화 기금(IMF)의 구제 금융을 조기 상환하였다.

VII 현대

> 정답과 해설 102쪽

3 경제와 통일

491

기본 48회 46번

(가)~(라)에 들어갈 내용으로 적절한 것은? [3점]

<2020년 하계 한국사 특강>

대한민국 경제의 발자취

우리 연구소에서는 대한민국의 경제 상황을 시기별로 살펴보는 온라인 특강을 준비하였습니다. 관심 있는 분들의 많은 참여를 부탁드립니다.

▣ 특강 주제 ▣

제1강 1950년대, (가)
제2강 1960년대, (나)
제3강 1970년대, (다)
제4강 1980년대, (라)

■ 일시 : 2020년 ○○월 ○○일 10:00~17:00
■ 주관 : △△△△ 연구소
■ 신청 : 홈페이지 공지 사항 참조

① (가) - 삼백 산업과 원조 경제 체제
② (나) - 중화학 공업의 육성과 석유 파동
③ (다) - 산업 구조의 재편과 3저 호황
④ (라) - 외환 위기 발생과 금 모으기 운동

492

기본 51회 47번

(가) 정책에 대한 설명으로 옳은 것은? [2점]

① 친일파 청산을 목적으로 하였다.
② 서재필, 이상재 등이 주도하였다.
③ 자작농이 증가하는 계기가 되었다.
④ 농광 회사가 설립되는 배경이 되었다.

493

기본 58회 44번

(가) 정부 시기에 있었던 사실로 옳은 것은? [2점]

□□ 신문

제△△호 1970년 7월 7일

전국이 1일 생활권으로

경부 고속 도로 준공

경부 고속 도로 준공식이 대구 공설 운동장에서 열렸다. 이날 행사에는 (가) 대통령을 비롯해 내외 귀빈 및 많은 시민이 참석했다. 2년 5개월에 걸쳐 이루어진 건설 공사에는 한·일 국교 정상화와 베트남전 파병으로 들어온 자금의 일부가 투입되었다.

① 3저 호황으로 수출이 증가하였다.
② 제2차 경제 개발 5개년 계획이 실시되었다.
③ 경제 협력 개발 기구(OECD)에 가입하였다.
④ 미국과 자유 무역 협정(FTA)을 체결하였다.

494

기본 47회 49번

(가)에 들어갈 사진으로 옳은 것은? [2점]

①

수출 100억 달러 달성

②

서울 올림픽 대회 개최

③

경제 협력 개발 기구 (OECD) 가입

④

아시아·태평양 경제 협력체 (APEC) 정상 회의 개최

495

(기본 64회 44번)

(가) 정부 시기에 있었던 사실로 옳은 것은? [2점]

① 농지 개혁법이 제정되었다.
② 경부 고속 도로를 준공하였다.
③ 금융 실명제를 전면 실시하였다.
④ 경제 협력 개발 기구(OECD)에 가입하였다.

496

(기본 67회 47번)

(가)에 들어갈 인물로 옳은 것은? [1점]

① 윤동주 ② 이한열
③ 장준하 ④ 전태일

497

(기본 63회 46번)

(가) 정부 시기의 경제 상황으로 옳은 것은? [2점]

2023년 △△월 △△일

○○ 신문

정치 경제 사회 문화 스포츠

스포츠〉축구

프로 축구 출범 40주년 맞아

슈퍼 리그 개막 행사

프로 축구가 올해로 출범 40주년을 맞게 된다. '슈퍼 리그'라는 이름 아래 다섯 팀으로 시작하였던 프로 축구는 현재 팀 수가 크게 늘어나 승강제가 시행될 정도로 규모가 확대되었다.

5·18 민주화 운동이 진압된 이후 집권한 (가) 정부는 프로 야구 출범 이듬해인 1983년에 프로 축구를 출범시켰다. 이로써 프로 스포츠 시대가 본격화하였지만, 정치에 대한 국민의 관심을 돌리기 위한 조치였다는 비판을 받기도 한다.

① 제1차 경제 개발 5개년 계획이 수립되었다.
② 경제 협력 개발 기구(OECD)에 가입하였다.
③ 저금리·저유가·저달러의 3저 호황이 있었다.
④ 미국과의 자유 무역 협정(FTA)이 체결되었다.

498

(기본 66회 49번)

다음 연설이 있었던 정부 시기의 경제 상황으로 옳은 것은? [2점]

① 경부 고속 도로를 준공하였다.
② 3저 호황으로 수출이 증가하였다.
③ 제1차 경제 개발 5개년 계획을 추진하였다.
④ 경제 협력 개발 기구(OECD)에 가입하였다.

VII 현대

499

기본 52회 50번

(가)에 들어갈 내용으로 옳은 것은? [2점]

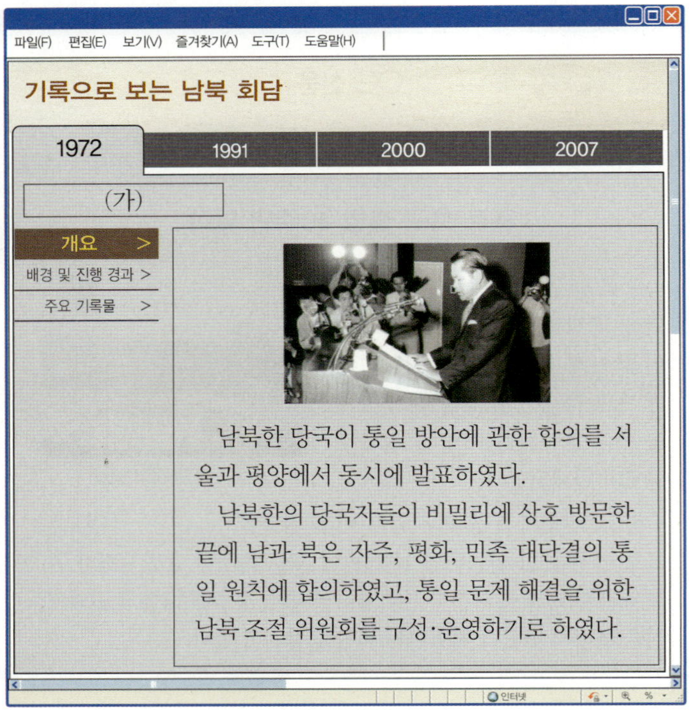

① 남북 기본 합의서
② 7·4 남북 공동 성명
③ 6·15 남북 공동 선언
④ 10·4 남북 정상 선언

500

기본 55회 50번

다음 발표에 해당하는 정부 시기에 있었던 사실로 옳은 것은? [2점]

① 개성 공단이 조성되었다.
② 서울 올림픽 대회가 개최되었다.
③ 베트남 전쟁에 국군이 파병되었다.
④ 국민 기초 생활 보장법이 제정되었다.

501

기본 60회 50번

다음 정부의 통일 노력으로 옳은 것은? [3점]

① 남북 기본 합의서를 채택하였다.
② 7·4 남북 공동 성명을 발표하였다.
③ 6·15 남북 공동 선언에 합의하였다.
④ 남북 이산가족 고향 방문을 최초로 실현하였다.

502

기본 61회 46번

다음 자료에 나타난 정부 시기의 통일 노력으로 옳은 것은? [3점]

① 남북한 유엔 동시 가입
② 남북 이산가족 최초 상봉
③ 7·4 남북 공동 성명 발표
④ 6·15 남북 공동 선언 채택

503

기본 64회 45번

밑줄 그은 '정부'의 통일 노력으로 옳은 것은? [2점]

① 남북 기본 합의서를 채택하였다.
② 남북한이 유엔에 동시 가입하였다.
③ 6·15 남북 공동 선언을 발표하였다.
④ 최초로 남북 간 이산가족 상봉을 성사시켰다.

504

기본 54회 50번

다음 내용을 발표한 정부의 통일 노력으로 옳은 것은? [2점]

① 개성 공단 조성에 합의하였다.
② 남북 기본 합의서를 채택하였다.
③ 남북한이 유엔에 동시 가입하였다.
④ 7·4 남북 공동 성명을 발표하였다.

505

기본 57회 48번

밑줄 그은 '이 회담' 이후에 있었던 사실로 옳은 것은? [2점]

① 개성 공단이 건설되었다.
② 남북 조절 위원회가 설치되었다.
③ 남북한이 유엔에 동시 가입하였다.
④ 남북 이산가족 상봉이 최초로 성사되었다.

506

기본 58회 46번

다음 뉴스가 보도된 정부 시기의 통일 노력으로 옳은 것은? [2점]

① 이산가족 최초 상봉
② 남북 기본 합의서 채택
③ 남북한 유엔 동시 가입
④ 10·4 남북 정상 선언 발표

기출 선택지로 개념 다지기

Self Note

1 대한민국 정부 수립 과정에서 있었던 보기 의 사건들을 일어난 순서대로 나열하시오.

(1) 보기

㉠ 

8·15 광복

㉡ 

좌우 합작 위원회의 활동

㉢ 

반민족 행위 특별 조사 위원회의 활동

(- -)

(2) 보기

㉠ 

5·10 총선거 실시

㉡ 

대한민국 정부 수립

㉢ 

제1차 미·소 공동 위원회 개최

(- -)

2 다음 인물 카드의 ㉠~㉣에 들어갈 이름을 보기 에서 찾아 쓰시오.

보기

김규식, 여운형, 이승만, 김구

㉠

- 신한 청년당 대표로 파리 강화 회의에 파견됨
- 좌우 합작 운동 주도
- 남북 협상 참여

㉡

- 신한 청년당 결성
- 조선 건국 준비 위원회 위원장 역임
- 좌우 합작 위원회 조직

㉢

- 한인 애국단 조직
- 대한민국 임시 정부 주석 역임
- 남북 협상 추진

㉣

- 대한민국 임시 정부 초대 대통령
- 대한민국 초대 대통령
- 4·19 혁명으로 대통령직에서 물러남

㉠ ( ), ㉡ ( ), ㉢ ( ), ㉣ ( )

> 정답과 해설 105쪽

Self Note

3 다음 내용의 연설을 한 인물의 이름을 보기 에서 찾아 쓰시오.

보기

김구, 이승만

(1)

(　　　　　　　　)

(2)

(　　　　　　　　)

4 광복 이후에 전개된 보기 의 사실들을 일어난 순서대로 나열하시오.

보기

㉠ 좌우 합작 위원회가 결성되었다.
㉡ 제1차 미·소 공동 위원회가 열렸다.
㉢ 반민족 행위 처벌법이 제정되었다.
㉣ 평양에서 남북 협상이 진행되었다.
㉤ 모스크바 3국 외상 회의가 개최되었다.

(　　　-　　　-　　　-　　　-　　　)

5 6·25 전쟁 중에 있었던 사실로 옳은 것에 ○표, 옳지 않은 것에 ×표를 하시오.

(1) 반공 포로가 석방되었다. (　　　)
(2) 발췌 개헌안이 통과되었다. (　　　)
(3) 5·10 총선거가 실시되었다. (　　　)
(4) 흥남 철수 작전이 전개되었다. (　　　)
(5) 미국이 애치슨 선언을 발표하였다. (　　　)
(6) 한·미 상호 방위 조약이 체결되었다. (　　　)
(7) 쌍성보에서 한·중 연합 작전이 펼쳐졌다. (　　　)
(8) 16개국으로 구성된 유엔군이 참전하였다. (　　　)
(9) 중국군의 개입으로 서울을 다시 빼앗겼다. (　　　)
(10) 13도 창의군이 서울 진공 작전을 전개하였다. (　　　)
(11) 국군과 유엔군이 인천 상륙 작전에 성공하였다. (　　　)

VII 현대

Self Note

6 이승만 정부 시기에 있었던 사실로 옳은 것에 ○표, 옳지 않은 것에 ×표를 하시오.

(1) 농지 개혁법이 제정되었다. ( )
(2) 베트남에 국군이 파병되었다. ( )
(3) 사사오입 개헌안이 가결되었다. ( )
(4) 금융 실명제가 전면 실시되었다. ( )
(5) 한·일 간의 국교 정상화가 이루어졌다. ( )
(6) 반민족 행위 특별 조사 위원회가 구성되었다. ( )

7 4·19 혁명에 대한 설명으로 옳은 것에 ○표, 옳지 않은 것에 ×표를 하시오.

(1) 6·29 민주화 선언을 이끌어 냈다. ( )
(2) 장면 내각이 출범하는 배경이 되었다. ( )
(3) 3·15 부정 선거에 항의하여 일어났다. ( )
(4) 4·13 호헌 조치의 철폐를 요구하였다. ( )
(5) 신군부의 비상계엄 확대에 반대하였다. ( )
(6) 양원제 국회가 출현하는 결과를 가져왔다. ( )
(7) 이승만 대통령이 하야하는 결과를 가져왔다. ( )

8 박정희 정부 시기에 볼 수 있었던 모습으로 적절한 것에 ○표, 적절하지 않은 것에 ×표를 하시오.

(1) 거리에서 장발을 단속하는 경찰 ( )
(2) 부·마 민주 항쟁에 참여하는 학생 ( )
(3) 야간 통행금지 해제에 환호하는 시민 ( )
(4) 조선 건국 준비 위원회에 참여하는 학생 ( )
(5) 서울 올림픽 대회 개막식을 관람하는 시민 ( )
(6) 금융 실명제 시행 속보를 시청하는 회사원 ( )
(7) 반민족 행위 특별 조사 위원회에서 조사받는 기업인 ( )

9 다음 설명이 어느 정부 시기의 사실인지 보기 에서 찾아 쓰시오.

보기
이승만 정부, 박정희 정부, 전두환 정부, 노태우 정부, 김영삼 정부

(1) 긴급 조치가 발표되었다. ( )
(2) 3선 개헌안이 통과되었다. ( )
(3) 6월 민주 항쟁이 일어났다. ( )
(4) 서울 올림픽 대회가 개최되었다. ( )
(5) 조선 총독부 건물이 철거되었다. ( )
(6) 베트남 전쟁에 국군이 파견되었다. ( )
(7) 반민족 행위 처벌법이 제정되었다. ( )
(8) 소련 및 중국과 국교가 수립되었다. ( )
(9) 박종철 고문치사 사건이 발생하였다. ( )

정답과 해설 105쪽

Self Note

10 다음 설명에 해당하는 민주화 운동을 보기 에서 찾아 쓰시오.

보기

6·3 시위, 부·마 민주 항쟁, 5·18 민주화 운동, 6월 민주 항쟁

(1) 유신 체제가 붕괴하는 계기가 되었다. (　　　　)
(2) 신군부의 비상계엄 확대에 반대하였다. (　　　　)
(3) 굴욕적인 한·일 국교 정상화에 반대하였다. (　　　　)
(4) 박종철과 이한열 등의 희생으로 확산되었다. (　　　　)
(5) 호헌 철폐와 독재 타도 등의 구호를 내세웠다. (　　　　)
(6) 5년 단임의 대통령 직선제 개헌을 이끌어 냈다. (　　　　)
(7) 야당 총재의 국회 의원직 제명으로 촉발되었다. (　　　　)
(8) 전개 과정에서 시민군이 자발적으로 조직되었다. (　　　　)
(9) 관련 기록물이 유네스코 세계 기록 유산으로 등재되었다. (　　　　)

11 다음 보기 의 민주화 운동을 일어난 순서대로 나열하시오.

보기

㉠ 
4·19 혁명

㉡ 

6월 민주 항쟁

㉢ 
5·18 민주화 운동

(　　　 - 　　　 - 　　　)

12 다음 설명에 해당하는 정부를 보기 에서 찾아 쓰시오.

보기

이승만 정부, 박정희 정부, 전두환 정부, 김영삼 정부, 김대중 정부

(1) 금융 실명제를 실시하였다. (　　　　)
(2) 새마을 운동을 시작하였다. (　　　　)
(3) 경부 고속 도로를 준공하였다. (　　　　)
(4) 한·일 월드컵 축구 대회를 개최하였다. (　　　　)
(5) 최초로 수출 100억 달러를 달성하였다. (　　　　)
(6) 경제 협력 개발 기구(OECD)에 가입하였다. (　　　　)
(7) 제1차 경제 개발 5개년 계획을 추진하였다. (　　　　)
(8) 저금리·저유가·저달러의 3저 호황이 있었다. (　　　　)
(9) 국제 통화 기금(IMF)의 구제 금융을 조기 상환하였다. (　　　　)
(10) 미국의 원조 물자를 기반으로 삼백 산업이 성장하였다. (　　　　)

정답과 해설 105쪽

Self Note

13 대한민국의 경제 성장 과정에서 있었던 보기 의 사실들을 일어난 순서대로 나열하시오.

(1) 보기

㉠ 서독에 광부와 간호사가 파견되었다.
㉡ 한·일 월드컵 축구 대회가 개최되었다.
㉢ 한·미 자유 무역 협정(FTA)이 체결되었다.

(- -)

(2) 보기

㉠ 3저 호황으로 수출이 증가하였다.
㉡ 서울에서 G20 정상 회의가 개최되었다.
㉢ 제2차 경제 개발 5개년 계획이 추진되었다.
㉣ 국제 통화 기금(IMF)의 구제 금융을 조기 상환하였다.

(- - -)

14 다음 설명에 해당하는 정부를 보기 에서 찾아 쓰시오.

보기

박정희 정부, 전두환 정부, 노태우 정부, 김대중 정부, 노무현 정부

(1) 개성 공단 조성에 합의하였다. ( )
(2) 남북 조절 위원회를 개최하였다. ( )
(3) 금강산 관광 사업을 시작하였다. ( )
(4) 남북 기본 합의서를 채택하였다. ( )
(5) 남북한이 유엔에 동시 가입하였다. ( )
(6) 7·4 남북 공동 성명을 발표하였다. ( )
(7) 10·4 남북 정상 선언을 발표하였다. ( )
(8) 6·15 남북 공동 성명을 발표하였다. ( )
(9) 제2차 남북 정상 회담을 개최하였다. ( )
(10) 최초로 남북 정상 회담을 개최하였다. ( )
(11) 한반도 비핵화 공동 선언을 발표하였다. ( )
(12) 남북 이산가족 고향 방문을 최초로 실현하였다. ( )

Ⅷ 주제 특강

> 정답과 해설 106쪽

1 세시 풍속과 민속놀이

507

기본 54회 47번

(가) 명절에 행해지는 세시 풍속으로 가장 적절한 것은? [1점]

역사 신문

제△△호 1989년 ○○월 ○○일

(가) 의 부활, 3일 연휴 확정

우리나라에서는 전통적으로 음력에 근거하여 새해의 첫날을 명절로 보내왔다. 하지만 양력이 사용된 후 일제 강점기를 거치며 음력 새해의 첫날은 '구정(舊正)'으로 불리는 등 등한시되었다. 그럼에도 음력으로 명절을 쇠는 전통은 사라지지 않았고, 1985년에 정부는 이날을 '민속의 날'이라는 이름의 국가 공휴일로 지정하였다. 그리고 1989년 드디어 (가) (이)라는 고유의 명칭으로 변경하고, 연휴로 하는 방안을 확정하였다.

① 화전놀이 ② 세배 하기
③ 창포물에 머리 감기 ④ 보름달 보며 소원 빌기

508

기본 63회 48번

(가)에 들어갈 명절로 옳은 것은? [1점]

① 단오 ② 동지
③ 한식 ④ 정월 대보름

509

기본 60회 8번

(가)에 들어갈 세시 풍속으로 옳은 것은? [1점]

① 단오 ② 칠석
③ 한식 ④ 삼짇날

510

기본 61회 41번

밑줄 그은 '이날'에 해당하는 세시 풍속으로 옳은 것은? [1점]

① 단오 ② 동지
③ 추석 ④ 한식

511

기본 55회 23번

(가)에 들어갈 세시 풍속으로 옳은 것은? [1점]

① 단오 ② 추석
③ 한식 ④ 정월 대보름

512

기본 49회 47번

다음 일기에 나타난 세시 풍속을 행하는 명절로 옳은 것은? [1점]

① 단오 ② 동지
③ 추석 ④ 한식

513

기본 52회 16번

다음에 해당하는 문화유산으로 옳은 것은? [1점]

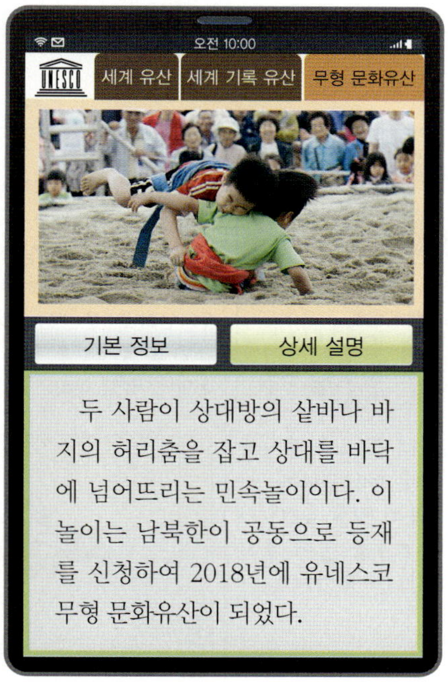

① 씨름 ② 택견
③ 강강술래 ④ 남사당놀이

514

기본 73회 23번

다음 자료에 해당하는 민속놀이로 옳은 것은? [1점]

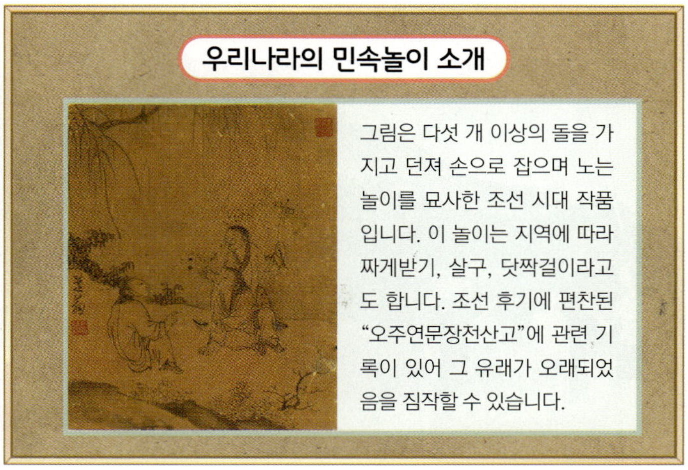

① 윷놀이 ② 공기놀이
③ 쥐불놀이 ④ 차전놀이

Ⅷ 주제 특강

정답과 해설 108쪽

2 인물

515

기본 57회 6번

밑줄 그은 '그'로 옳은 것은? [1점]

① 김대성 ② 김춘추
③ 사다함 ④ 이사부

516

기본 48회 8번

(가)에 들어갈 인물로 옳은 것은? [2점]

① 강수 ② 설총
③ 최승로 ④ 최치원

517

기본 67회 15번

밑줄 그은 '나'에 해당하는 인물로 옳은 것은? [2점]

① 안향 ② 김부식
③ 이규보 ④ 정몽주

518

기본 66회 18번

(가)에 해당하는 인물로 옳은 것은? [2점]

①

송시열

②

채제공

③

정몽주

④

정도전

519

기본 58회 22번

밑줄 그은 '의병장'으로 옳은 것은? [2점]

파일(F) 편집(E) 보기(V) 즐겨찾기(A) 도구(T) 도움말(H)

역사 인물 가상 생활 기록부

2. 주요 이력

연도	내용	비고
1585년	과거 문과 (별시, 2등)	답안지에 왕을 비판한 내용이 있어 합격이 취소됨

3. 행동 특성 및 종합 의견

임진왜란 당시 자신의 고향 의령에서 군사를 모아 일본군에 맞서 싸운 의병장으로, 통솔력이 강하고 애국심과 실천력이 뛰어남. 정암진 전투에서 눈부신 활약을 하였으며, 붉은 옷을 입고 선두에서 많은 일본군을 무찔러 홍의 장군으로 불림

인터넷

① 조헌 ② 고경명
③ 곽재우 ④ 정문부

520

기본 49회 50번

(가)에 해당하는 인물로 옳은 것은? [1점]

독도 인문학 교실

2020년 독도의 날을 맞이하여 우리 문화원에서는 독도 인문학 교실을 마련하였습니다. 많은 관심과 참여를 부탁드립니다.

- **일시** : 2020년 10월 25일 13:00~16:00
- **장소** : △△ 문화원 소강의실
- **강의 시간표**

시간	주제	제목
13:00~14:00	자연	독도의 터줏대감 괭이갈매기
14:00~15:00	인물	일본에 건너가 독도를 지켜 낸 (가)
15:00~16:00	법령	대한 제국 칙령 제41호와 독도

① 안용복 ② 이범윤
③ 정약전 ④ 최무선

521

기본 71회 30번

(가)에 들어갈 인물로 옳은 것은? [2점]

인물 소개 근현대편

개화의 길을 선택한 (가)

1880년 제2차 수신사로 일본에 파견되었으며, 황준헌이 쓴 조선책략을 국내에 들여왔다. 이후 제물포 조약 등을 체결하는 과정에서 큰 역할을 하였다. 갑오개혁 당시에는 총리대신으로 임명되어 개혁의 전반을 주도하였다.

① 김옥균 ② 김홍집
③ 서재필 ④ 유인석

522

기본 67회 30번

(가)에 들어갈 인물로 옳은 것은? [1점]

(가)

(앞면)

- 평민 출신 의병장으로 알려짐
- 을미사변이 발생하자 영해에서 의병으로 활동함
- 을사늑약이 체결되자 울진, 평해 등지에서 일본군에 맞서 싸움
- 뛰어난 전술을 펼쳐 태백산 호랑이라고 불림

(뒷면)

① 신돌석 ② 유인석
③ 최익현 ④ 홍범도

523

기본 60회 34번

(가)에 들어갈 인물로 옳은 것은? [2점]

① 이준 ② 손병희
③ 여운형 ④ 홍범도

524

기본 52회 35번

(가)에 들어갈 인물로 옳은 것은? [2점]

① 박은식 ② 이봉창
③ 주시경 ④ 최재형

525

기본 50회 41번

다음 인물의 활동으로 옳은 것은? [1점]

① 토월회를 결성하여 신극 운동을 펼쳤다.
② 국문 연구소 위원으로 국문법을 정리하였다.
③ 원불교를 창시하고 새 생활 운동을 전개하였다.
④ 일제의 침략 과정을 다룬 한국통사를 저술하였다.

526

기본 63회 37번

(가)에 들어갈 인물로 옳은 것은? [2점]

① 김구 ② 강우규
③ 윤봉길 ④ 이승만

527

기본 55회 35번

(가)에 해당하는 인물로 옳은 것은? [3점]

① 
권기옥

② 
남자현

③ 
박차정

④ 
윤희순

528

기본 50회 39번

(가)에 들어갈 인물로 옳은 것은? [3점]

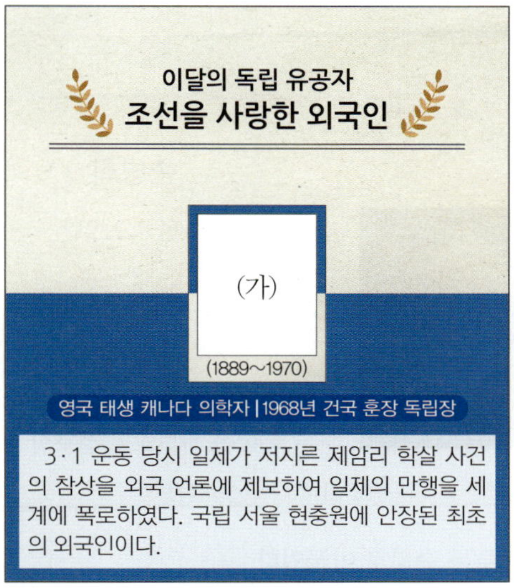

① 
호머 헐버트

② 
메리 스크랜튼

③ 
어니스트 베델

④ 
프랭크 스코필드

기출문제 풀어 보기

529

기본 63회 38번

다음 인물에 대한 설명으로 옳은 것은? [3점]

역사 인물 카드

손병희

- 생몰 : 1861년~1922년
- 호 : 의암
- 주요 활동
  - 교조 신원 운동에 참여함
  - 동학의 3대 교주로 취임함
  - 동학을 천도교로 선포함

① 청산리 전투를 승리로 이끌었다.
② 하얼빈에서 이토 히로부미를 처단하였다.
③ 헤이그 만국 평화 회의에 특사로 파견되었다.
④ 민족 대표 33인 중 한 명으로 독립 선언에 참여하였다.

530

기본 52회 39번

(가)에 해당하는 인물로 옳은 것은? [1점]

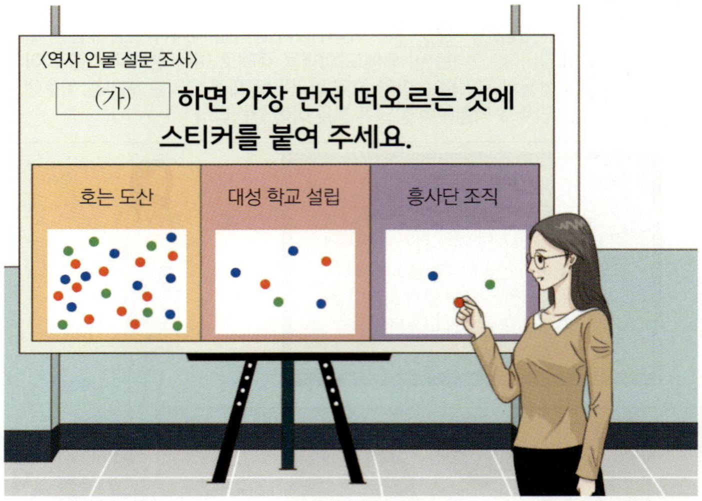

① 
김규식

② 
안창호

③ 
여운형

④ 
이동휘

531

기본 57회 36번

다음 자료에 해당하는 인물로 옳은 것은? [2점]

① 심훈
② 이회영
③ 전형필
④ 주시경

532

기본 63회 40번

(가)에 해당하는 인물로 옳은 것은? [2점]

신문으로 보는 일제 강점기 노동 운동

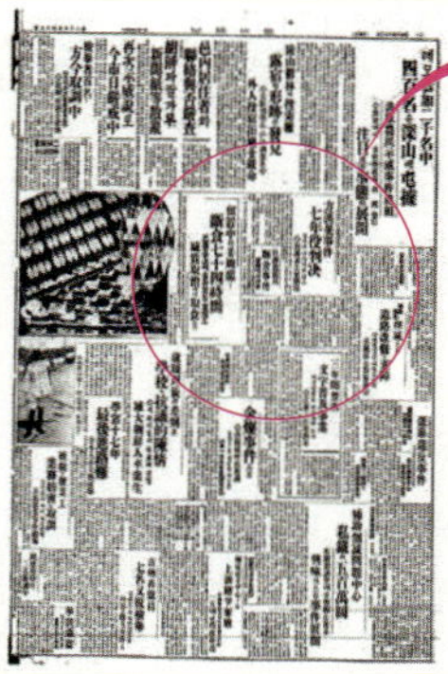

🔍 **내용 살펴보기**

평양 을밀대 지붕 위에 올라갔다가 평양 경찰서에 검속되어 있는 평원 고무 공장 파업 여공 (가) 이 31일 밤까지 단식을 계속하고 있다. ……그는 평원 고무 공장이 임금 삭감을 취소하지 않으면 먹지 않겠다고 버티는 중이다.

① 
강주룡

② 
남자현

③ 
유관순

④ 
윤희순

533

기본 55회 39번

(가)에 들어갈 인물로 옳은 것은? [1점]

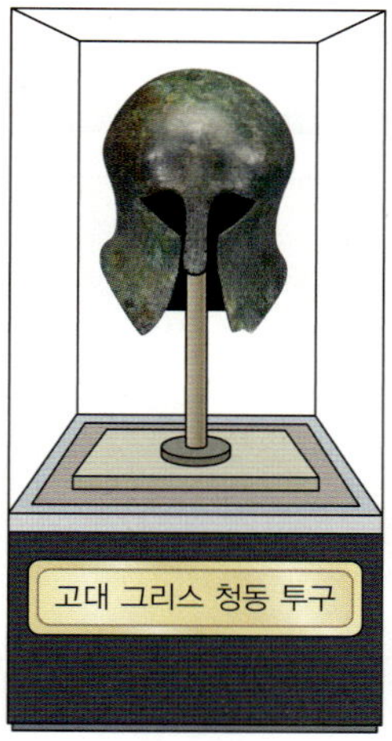

이 유물은 (가) 이 1936년 베를린 올림픽 마라톤 경기에서 우승하여 받은 투구입니다. 당시 조선중앙일보, 동아일보 등이 그의 우승 소식을 보도하면서 유니폼에 그려진 일장기를 삭제하여 일제의 탄압을 받았습니다.

① 남승룡 ② 손기정
③ 안창남 ④ 이중섭

534

기본 50회 45번

(가)에 들어갈 내용으로 옳은 것은? [2점]

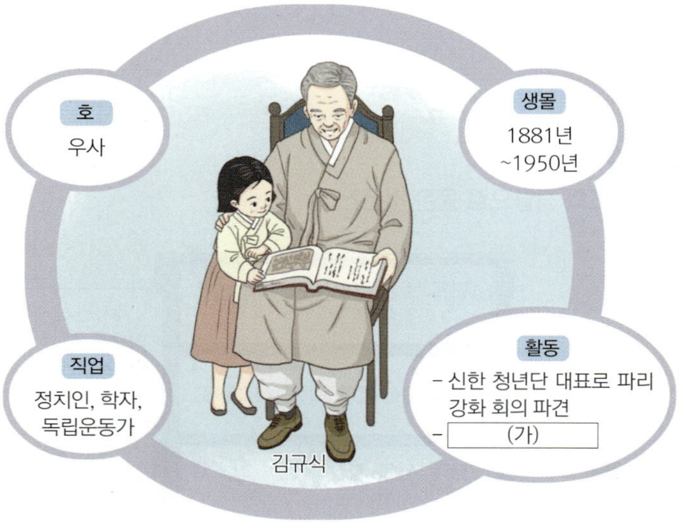

① 남북 협상 참석
② 단독 정부 수립 주장
③ 조선 혁명 선언 작성
④ 종로 경찰서 폭탄 투척

> 정답과 해설 112쪽

3 지역사

535

기본 51회 35번

밑줄 그은 '이 지역'을 지도에서 옳게 찾은 것은? [2점]

① (가) ② (나) ③ (다) ④ (라)

536

기본 54회 44번

다음 퀴즈의 정답으로 옳은 것은? [1점]

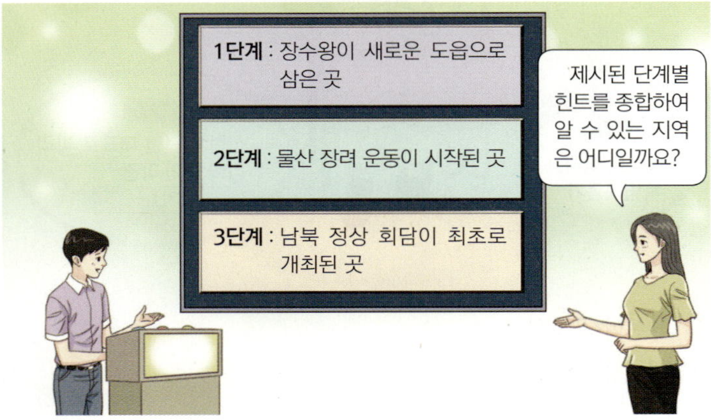

① 원산 ② 서울 ③ 파주 ④ 평양

537

기본 64회 48번

(가)에 들어갈 지역으로 옳은 것은? [2점]

답사 보고서

◈ 주제 : 우리 고장 (가) 의 역사를 찾아서
◈ 날짜 : 2023년 ○○월 ○○일
◈ 내용 : 미추홀이라고도 불린 우리 고장의 조선 시대, 개항기, 일제 강점기, 현대를 알 수 있는 대표적인 장소를 답사함

장소	사진	설명
(가) 향교		유학을 교육하기 위해 지방에 세운 조선 시대 교육 기관
개항 박물관		- 개항 후 일본 제일 은행 지점 - 해방 후 한국 은행 지점
제물포 구락부		- 개항기 외국인 사교장 - 일제 강점기 일본 재향 군인 회관 - 해방 후 미군 장교 클럽

① 군산 ② 마산 ③ 목포 ④ 인천

538

기본 60회 48번

(가)에 해당하는 지역으로 옳은 것은? [1점]

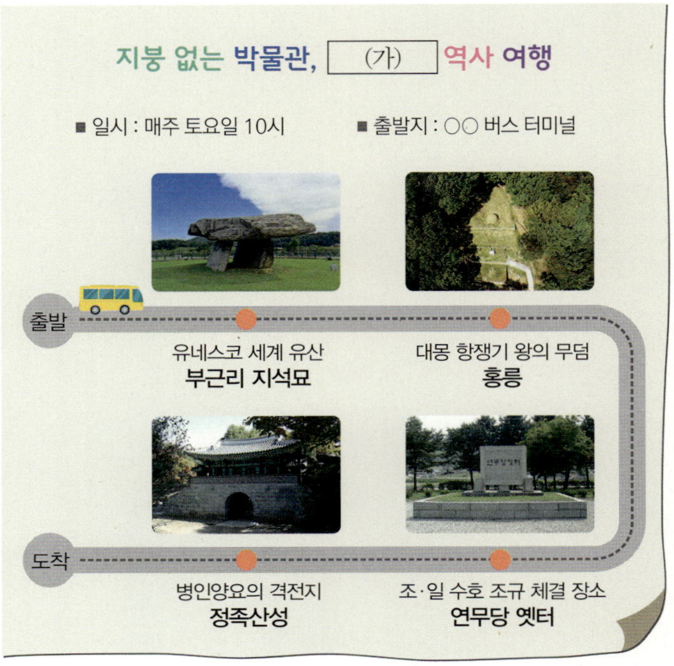

① 진도 ② 거제도 ③ 강화도 ④ 울릉도

539

기본 58회 50번

학생들이 공통으로 이야기하는 지역으로 옳은 것은? [2점]

① 상주 ② 원주 ③ 전주 ④ 청주

540

기본 73회 30번

(가)에 해당하는 지역으로 옳은 것은? [2점]

① 나주 ② 상주 ③ 청주 ④ 충주

541

기본 61회 50번

(가)에 들어갈 지역으로 옳은 것은? [2점]

① 대구 ② 안동 ③ 울산 ④ 청주

Ⅷ 주제 특강

542

기본 54회 38번

다음 답사가 이루어진 지역을 지도에서 옳게 고른 것은? [2점]

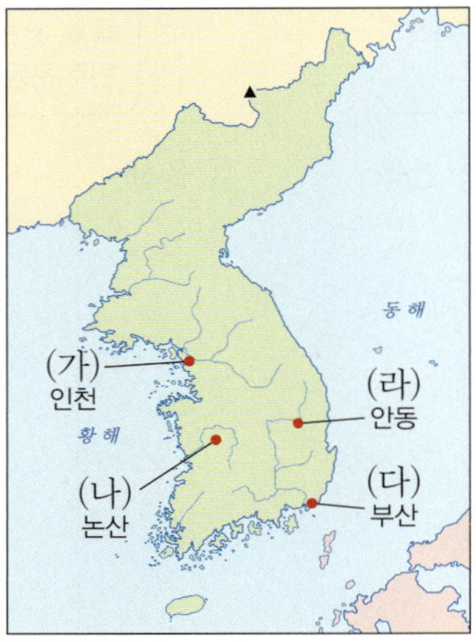

① (가) ② (나) ③ (다) ④ (라)

543

기본 63회 50번

학생들이 공통으로 이야기하는 지역으로 옳은 것은? [2점]

① 강릉 ② 군산 ③ 대구 ④ 진주

544

기본 49회 33번

학생들이 공통으로 이야기하고 있는 지역을 지도에서 옳게 찾은 것은? [2점]

① (가) ② (나) ③ (다) ④ (라)

정답과 해설 114쪽

4 문화유산

545

기본 57회 9번

다음 답사가 이루어진 지역으로 옳지 않은 것은? [2점]

2022년 정기 답사

유네스코 세계 유산,
백제 역사 유적 지구를 가다

- 기간 : 2022년 ○○월 ○○일~○○월 ○○일
- 경로 : 공산성, 송산리 고분군 → 관북리 유적, 부소산성, 나성, 능산리 고분군, 정림사지 → 왕궁리 유적, 미륵사지
- 신청 : 방문 접수, 이메일 접수
- 문의 : □□ 문화원

① 공주 ② 부여
③ 익산 ④ 전주

546

기본 55회 16번

(가)에 해당하는 문화유산으로 옳은 것은? [2점]

문화유산 답사 보고서

답사 목적	한국의 산성 알아보기
답사 장소	(가)
답사 날짜	2021년 ○○월 ○○일
새롭게 알게 된 점	

① 
공산성

② 
삼랑성

③ 
삼년산성

④ 
오녀산성

547

기본 61회 8번

다음 일기의 소재가 된 절에서 볼 수 있는 문화유산으로 옳은 것은? [1점]

○○월 ○○일 ○요일　날씨 : 맑음

오늘은 가족과 함께 경상북도 경주 토함산에 있는 절에 다녀왔다. 8세기 중엽 김대성이 조성했다고 전해지는 이 절을 둘러보며 부처의 나라를 이루려고 노력하였던 신라 사람들의 마음을 잘 느낄 수 있었다.

특히 유네스코 세계 유산으로 지정된 이곳에서 신라의 불교문화를 배울 수 있어서 뿌듯하였다.

청운교와 백운교

①

불국사 삼층 석탑

②

쌍봉사 철감선사탑

③

이불병좌상

④

성덕 대왕 신종

548

기본 47회 32번

(가)에 들어갈 문화유산으로 옳은 것은? [1점]

역사 돋보기

(가)

1897년 고종이 하늘에 제사 지내고 황제 즉위식을 거행한 장소이다. 국권 피탈 이후 일제가 헐어버렸고, 현재는 부속 건물인 황궁우가 남아 있다.

①

종묘

②

광혜원

③

사직단

④

환구단

549

기본 64회 47번

(가) 문화유산으로 옳은 것은? [2점]

① 의궤　② 경국대전
③ 삼강행실도　④ 조선왕조실록

550

기본 54회 46번

(가)에 들어갈 문화유산으로 옳은 것은? [2점]

문화유산 카드

(가)

- **종목** : 국가 무형 문화재
- **소개** : 조선의 역대 왕과 왕비 및 추존된 왕과 왕비의 신위를 모신 사당에서 지냈던 의례이다. 일제 강점기에는 축소되었고 해방 이후에는 한때 시행되지 않았으나, 1969년부터 다시 거행되었다.

① 연등회 ② 승전무
③ 석전대제 ④ 종묘 제례

정답과 해설 115쪽

5 시대 통합

551

기본 64회 50번

(가)~(다)를 설립한 순서대로 옳게 나열한 것은? [3점]

시대별로 보는 교육 기관

(가)	(나)	(다)
한양에 성균관과 4부 학당을 세우다.	국자감에 서적포를 설치하다.	태학과 경당에서 자제를 교육하다.

① (가) - (나) - (다) ② (가) - (다) - (나)
③ (나) - (가) - (다) ④ (다) - (나) - (가)

552

기본 57회 28번

(가)에 대한 역대 왕조의 시기별 정책으로 옳은 것은? [3점]

> ○ (가) 의 변경 침략 때문에 [예종이] 법왕사에 행차하여 분향하고, 신하들을 나누어 보내 여러 사당에서 기도하게 하였다.
> ○ 동북면 도순문사가 아뢰었다. "경성, 경원에 (가) 의 출입을 허락하면 떼 지어 몰려들 우려가 있고, 일절 금하면 소금과 쇠를 얻지 못하여 변경에 불화가 생길까 걱정됩니다. 원하건대, 두 고을에 무역소를 설치하여 저들로 하여금 와서 교역하게 하소서." [태종이] 그대로 따랐다.

① 백제 의자왕 때 대야성을 공격하였다.
② 신라 흥덕왕 때 완도에 청해진을 설치하였다.
③ 고려 숙종 때 윤관의 건의로 별무반을 편성하였다.
④ 조선 고종 때 종로와 전국 각지에 척화비를 건립하였다.

553

기본 57회 50번

밑줄 그은 '대책'으로 옳지 않은 것은? [3점]

① 고려 시대에 구제도감 등의 임시 기구를 설치하였다.
② 고려 시대에 양현고 등을 설치하여 기금을 마련하였다.
③ 조선 시대에 구질막, 병막 등의 격리 시설을 운영하였다.
④ 조선 시대에 간이벽온방, 신찬벽온방 등을 편찬하여 보급하였다.

554

기본 57회 38번

(가)~(라)에 들어갈 내용으로 옳은 것은? [2점]

한국사 콘텐츠 기획안

주제	민중 봉기로 본 우리 역사	
제목	들풀이 꿈꾼 세상	
기획 의도	우리 역사에서 일어났던 시대별 민중 봉기를 웹드라마로 제작하여 그들이 지향한 세상을 살펴본다.	
구성 방식	웹드라마, 4부작	
구성 내용	1부	사벌주 농민 원종과 애노, (가)
	2부	경상도의 김사미와 효심, (나)
	3부	최충헌의 사노비 만적, (다)
	4부	'평서대원수' 홍경래, (라)
주의 사항	사료에 기반하여 각 10분 분량으로 제작함	

① (가) - 환곡의 폐단과 탐관오리의 횡포에 항거하다
② (나) - 정감록 신앙을 바탕으로 왕조 교체를 외치다
③ (다) - 무신 정변 이래 격변한 세상에서 신분 해방을 도모하다
④ (라) - 특수 행정 구역인 소의 주민에 대한 수탈에 저항하다

555

기본 67회 31번

(가)~(라)에 들어갈 인물로 옳지 않은 것은? [2점]

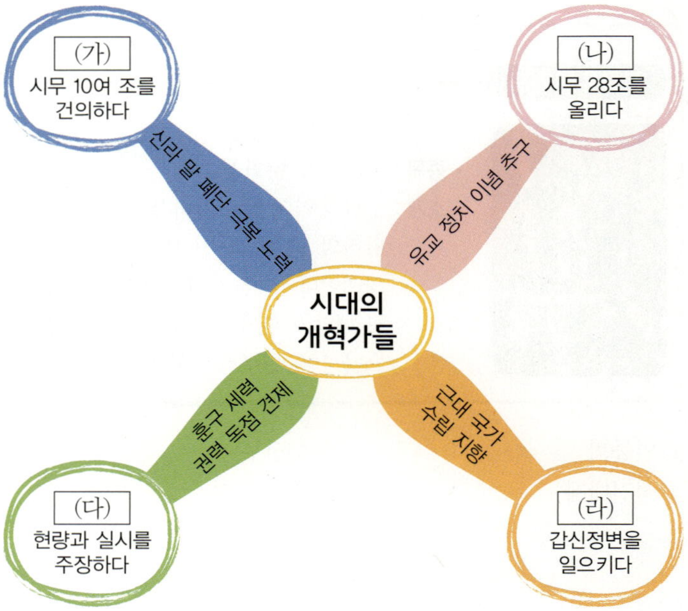

① (가) - 최치원
② (나) - 최승로
③ (다) - 정도전
④ (라) - 김옥균

556

기본 61회 32번

(가)~(라) 제도에 대한 설명으로 옳은 것은? [3점]

> **기록으로 보는 관리 등용 제도**
>
> (가) 처음으로 독서삼품을 정하여 관리를 선발하였다.
>
> (나) 쌍기의 말을 받아들여 과거로 관리를 뽑았으며, 이로부터 학문을 숭상하는 풍조가 비로소 일어났다.
>
> (다) 천거한 사람들을 한곳에 모아 시험을 치르면 많은 인재를 얻을 수 있을 것입니다. 이는 한(漢)에서 시행한 현량과의 뜻을 이은 것입니다.
>
> (라) 군국기무처에서 올린 의안에, …… 과거제의 변통에 대한 재가를 받아 별도로 선거조례(選擧條例)를 정한다.

① (가) - 문과, 무과, 잡과로 구분하여 선발하였다.
② (나) - 신라 원성왕 재위 시기에 시행되었다.
③ (다) - 조광조 등 사림 세력이 실시를 주장하였다.
④ (라) - 광무개혁의 일환으로 단행되었다.

557

기본 66회 50번

(가)~(다)에 대한 설명으로 옳은 것은? [3점]

한글을 빛낸 인물을 만나다

신숙주	주시경	정세권

1420년 세종이 설치한 학문 연구 기관인 (가) 의 학사였다. 훈민정음 해례본과 동국정운 등의 저술에 참여하여 새 문자의 반포와 보급에 기여하였다.	1907년 국문 연구를 위해 학부에 설치한 (나) 에 참여하여 문자 체계와 표기법 등을 연구하였다. 큰 보따리에 책들을 넣어 다니며 한글 교육에도 힘썼다.	한옥을 여러 곳에 지어 쌓은 재력으로 조선말 큰사전 편찬을 추진하던 (다) 을/를 후원하였다. 1942년 (다) 사건으로 한글 학자들과 함께 끌려가 고문을 당하였다.

① (가) - 삼강행실도 언해본을 편찬하였다.
② (나) - 한글 신문인 독립신문을 간행하였다.
③ (다) - 한글 맞춤법 통일안을 제정하였다.
④ (가), (나), (다) - 창덕궁 후원에 설치되었다.

558

기본 71회 50번

(가)~(다)를 일어난 순서대로 옳게 나열한 것은? [2점]

① (가) - (나) - (다)
② (가) - (다) - (나)
③ (나) - (가) - (다)
④ (다) - (가) - (나)

VIII 주제 특강

MEMO

MEMO

한 번의 젊음 어떻게 살 것인가!

역사 속 사람들의 삶을 통해 한 번의 젊음 어떻게 살 것인가를 고민하는 것
그것이 바로 역사를 배우는 이유입니다.

한국사능력검정시험, 접수부터 합격까지

"큰★별쌤의 라이브방송과 함께"

최태성1TV에서

한능검
D-28 (금, 22시)

한능검 시작합시다!

"한능검 접수와 함께 스타트~"

큰★별쌤의 합격 열차에 탑승하세요.

D-21 (금, 22시)

한능검 아직도 구석기니?

"열공 부스터를 달아 봅시다."

큰★별쌤과 함께 쭉쭉 진도를 빼 봅시다.

D-14 (금, 22시)

한능검 이제 2주 남았다!

"2주. 이제 총력전이다."

큰★별쌤의 특급 진단과 함께
중간 점검하는 시간을 가져보세요.

D-7 (금, 22시)

한능검 7일의 기적!

"포기하지마! 아직 7일이나 남았어."

큰★별쌤이 기적과 같은 일주일을 보내는
방법을 알려드립니다.

D-1 (20시)

한능검 전야제

"내일 시험지 보고 깜놀할 준비해."

큰★별쌤의 예언과도 같은 족집게 강의,
실시간 시청자가 3만이 넘었던 전설의 라방! 꼭 챙기세요.

D-DAY

시험 당일 가답안 공개

"두구두구~ 과연 나는 합격?"

시험이 끝난 직후, 큰★별쌤과 함께
바로 가답안을 채점해 보세요.

D+14 (금, 22시)

한능검 합격자 발표 및 분석

"시험 결과가 나오는 날, 모두 모여라."

다 같이 모여 큰★별쌤과 함께
의미 있는 마무리를 해요.

큰별쌤 최태성의

별★별 한국사

최신판

시대별 기출문제집

한국사능력검정시험 기본(4·5·6급)

최태성 지음

정답과 해설

이투스북

빠른 정답 찾기

Ⅰ 선사 시대 ~ 여러 나라의 성장

> 본책 008~013쪽

001	002	003	004	005	006	007	008	009	010
③	②	③	②	①	②	②	④	③	①
011	012	013	014	015	016	017	018	019	020
④	④	④	①	③	④	①	③	②	②

Ⅱ 고대

> 본책 020~041쪽

021	022	023	024	025	026	027	028	029	030
③	①	③	④	④	①	④	①	③	③
031	032	033	034	035	036	037	038	039	040
③	④	②	③	②	②	①	③	①	③
041	042	043	044	045	046	047	048	049	050
①	③	③	④	①	③	①	②	②	②
051	052	053	054	055	056	057	058	059	060
③	①	③	①	①	④	④	③	④	③
061	062	063	064	065	066	067	068	069	070
①	①	②	①	④	③	④	②	③	④
071	072	073	074	075	076	077	078	079	080
③	①	③	④	③	④	②	①	④	④
081	082	083	084	085	086	087	088	089	090
④	①	②	③	①	④	④	②	③	①
091	092	093	094	095	096	097	098	099	100
③	①	②	③	①	④	①	③	①	②
101	102								
④	②								

Ⅲ 고려

> 본책 052~073쪽

103	104	105	106	107	108	109	110	111	112
③	①	②	①	③	④	③	③	③	②
113	114	115	116	117	118	119	120	121	122
④	①	①	①	②	②	①	②	③	④
123	124	125	126	127	128	129	130	131	132
②	②	②	③	③	④	②	③	①	④
133	134	135	136	137	138	139	140	141	142
④	①	③	③	①	②	①	②	③	④
143	144	145	146	147	148	149	150	151	152
④	④	②	③	③	②	③	②	③	①
153	154	155	156	157	158	159	160	161	162
①	①	④	④	②	②	②	③	③	②
163	164	165	166	167	168	169	170	171	172
①	③	③	①	③	③	②	②	①	②
173	174	175	176	177	178	179	180	181	182
②	③	④	④	②	②	④	④	④	②

Ⅳ 조선

> 본책 082~115쪽

183	184	185	186	187	188	189	190	191	192
③	②	②	④	③	①	②	④	②	③
193	194	195	196	197	198	199	200	201	202
④	④	④	②	③	①	④	④	④	④
203	204	205	206	207	208	209	210	211	212
①	②	③	④	②	②	③	③	①	①
213	214	215	216	217	218	219	220	221	222
④	④	①	③	②	④	①	①	②	③
223	224	225	226	227	228	229	230	231	232
③	②	④	③	①	①	③	①	①	②
233	234	235	236	237	238	239	240	241	242
②	④	①	④	①	④	③	①	②	④
243	244	245	246	247	248	249	250	251	252
①	①	④	②	①	①	③	④	①	④
253	254	255	256	257	258	259	260	261	262
④	③	④	①	③	①	①	②	①	②
263	264	265	266	267	268	269	270	271	272
②	③	①	②	④	②	②	③	①	②
273	274	275	276	277	278	279	280	281	282
③	①	②	①	①	④	④	①	②	④
283	284	285	286	287	288	289	290	291	292
③	①	④	①	③	②	③	③	④	②
293	294	295	296	297	298	299	300	301	302
④	①	②	①	②	③	②	③	④	①
303	304								
②	②								

Ⅴ 개항기

> 본책 124~141쪽

305	306	307	308	309	310	311	312	313	314
①	④	③	①	③	①	②	④	①	④
315	316	317	318	319	320	321	322	323	324
④	③	③	①	①	③	①	④	③	②
325	326	327	328	329	330	331	332	333	334
②	②	②	①	③	②	③	②	④	①
335	336	337	338	339	340	341	342	343	344
①	④	②	④	②	④	②	④	④	①
345	346	347	348	349	350	351	352	353	354
①	④	④	③	②	③	③	③	④	④
355	356	357	358	359	360	361	362	363	364
①	①	④	②	③	③	②	④	①	④
365	366	367	368	369	370	371	372	373	374
②	①	③	④	②	②	③	④	②	③

빠른 정답 찾기

VI 일제 강점기

본책 150~171쪽

375	376	377	378	379	380	381	382	383	384
①	②	②	②	④	③	②	③	③	④
385	386	387	388	389	390	391	392	393	394
②	②	②	③	④	③	①	②	④	①
395	396	397	398	399	400	401	402	403	404
③	③	②	②	③	③	④	④	①	③
405	406	407	408	409	410	411	412	413	414
④	③	①	③	④	②	④	④	③	①
415	416	417	418	419	420	421	422	423	424
④	③	①	④	④	②	②	①	③	③
425	426	427	428	429	430	431	432	433	434
①	②	①	④	①	④	①	②	②	④
435	436	437	438	439	440	441	442	443	444
①	①	②	①	④	③	④	③	③	④
445	446	447	448	449	450	451	452	453	454
④	①	③	③	②	④	④	③	②	②

VII 현대

본책 178~191쪽

455	456	457	458	459	460	461	462	463	464
④	④	②	②	③	②	①	④	③	④
465	466	467	468	469	470	471	472	473	474
②	④	②	④	③	①	③	③	①	①
475	476	477	478	479	480	481	482	483	484
④	④	①	①	①	③	④	④	①	③
485	486	487	488	489	490	491	492	493	494
③	③	①	①	②	④	①	③	②	①
495	496	497	498	499	500	501	502	503	504
②	④	③	④	②	②	①	①	③	①
505	506								
①	④								

VIII 주제 특강

본책 198~213쪽

507	508	509	510	511	512	513	514	515	516
②	④	③	①	②	②	①	②	②	④
517	518	519	520	521	522	523	524	525	526
①	④	③	①	②	①	①	④	②	②
527	528	529	530	531	532	533	534	535	536
④	④	④	②	③	①	②	①	④	④
537	538	539	540	541	542	543	544	545	546
④	③	④	④	①	④	④	③	④	①
547	548	549	550	551	552	553	554	555	556
①	④	①	④	④	③	②	③	③	③
557	558								
③	②								

큰별쌤 최태성의

별★별 한국사

시대별 기출문제집

한국사능력검정시험 기본(4·5·6급)

최태성 지음

정답과 해설

Ⅰ 선사 시대 ~ 여러 나라의 성장

1 구석기 시대와 신석기 시대

기출문제 풀어 보기 > 본책 008~009쪽

001 ③ 002 ② 003 ③ 004 ② 005 ① 006 ②

001 구석기 시대의 생활 모습

정답 ③

정답 잡는 키워드

처음으로 돌을 깨뜨려 도구 제작, 주먹도끼, 찍개 > 구석기 시대

돌을 깨뜨려 만든 도구를 처음으로 제작하였다는 내용과 '주먹도끼', '찍개'를 통해 밑줄 그은 '이 시대'가 구석기 시대임을 알 수 있어요. 구석기 시대 사람들은 돌을 깨뜨려 만든 뗀석기를 처음 사용하였어요. 주먹도끼와 찍개는 구석기 시대에 사용된 대표적인 뗀석기로, 특히 주먹도끼는 한 손에 쥐고 사냥을 하거나 뿌리 식물을 캐는 등 다양한 용도로 쓰였어요. ③ 구석기 시대 사람들은 추위 등을 피해 주로 동굴이나 바위 그늘에 살았으며, 강가에 막집을 짓고 거주하기도 하였어요.

오답 피하기

① 철기 시대부터 철제 농기구를 사용하여 농사를 지었어요.
② 신석기 시대부터 흙으로 토기를 빚어 식량을 저장하고 음식을 조리하는 데 사용하기 시작하였어요.
④ 청동기 시대 사람들은 거푸집을 사용하여 청동기를 제작하기 시작하였어요.

002 구석기 시대의 생활 모습

정답 ②

구석기 시대의 생활 모습을 묻는 문항입니다. 경기 연천 전곡리 유적은 우리나라의 대표적인 구석기 시대 유적이에요. 구석기 시대 사람들은 무리를 이루어 이동 생활을 하였으며, 주로 동굴이나 강가의 막집에서 거주하였어요. 또 나무 열매나 식물의 뿌리 등을 채집하거나 짐승을 사냥하며 살았어요. ② 구석기 시대 사람들은 주먹도끼, 찍개, 찌르개 등 뗀석기를 처음 사용하였어요.

오답 피하기

① 가락바퀴는 신석기 시대부터 사용되었어요.
③ 신석기 시대 사람들은 빗살무늬 토기를 만들어 식량을 저장하거나 음식을 조리하는 데 사용하였어요.
④ 청동기 시대부터 거푸집을 이용하여 청동 검과 청동 거울 등 청동 도구를 만들기 시작하였어요. 거푸집은 만들려는 도구의 모양대로 속이 비어 있는 틀이에요. 청동기 시대 사람들은 거푸집에 녹인 청동을 부어 도구를 만들었어요.

003 구석기 시대의 생활 모습

정답 ③

정답 잡는 키워드

불을 처음 사용, 동굴이나 강가의 막집에서 살았음 > 구석기 시대

불을 처음으로 사용하였으며 주로 동굴이나 강가의 막집에서 살았다는 내용을 통해 구석기 시대 그림 그리기 대회임을 알 수 있어요. 구석기 시대 사람들은 불을 처음으로 사용하였으며, 사냥감을 따라 이동 생활을 하며 주로 동굴이나 강가의 막집에서 살았어요. ③ 주먹도끼는 구석기 시대의 대표적인 뗀석기로, 짐승을 사냥하거나 뿌리 식물을 캐는 등 다양한 용도로 사용되었어요.

오답 피하기

① 가락바퀴는 섬유를 꼬아 실을 만들 때 사용된 도구로, 신석기 시대부터 쓰였어요.
② 청동기 시대 사람들은 반달 돌칼을 사용하여 벼 등 곡식을 수확하였어요.
④ 철기 시대 초기 사람들은 거푸집을 이용하여 세형 동검을 제작하였어요.

004 신석기 시대의 생활 모습

정답 ②

신석기 시대의 생활 모습을 묻는 문항입니다. 신석기 시대에 농경과 목축이 시작되었으며, 신석기 시대 사람들은 강가나 바닷가에 마을을 이루어 정착 생활을 하였어요. 한편, 신석기 시대 사람들은 갈돌과 갈판 등 간석기를 만들어 사용하였으며, 가락바퀴를 이용해 실을 뽑아 뼈바늘로 옷이나 그물을 만들기도 하였어요. 또한, ② 빗살무늬 토기를 만들어 음식을 조리하거나 식량을 저장하였어요.

오답 피하기

① 청동기 시대부터 청동 방울, 청동 검 등 청동을 이용한 도구들이 만들어졌어요.
③ 철제 농기구는 철기 시대부터 만들어지기 시작하였어요.
④ 거친무늬 거울은 청동기 시대부터 만들어졌어요.

005 신석기 시대의 생활 모습

정답 ①

정답 잡는 키워드

정착 생활과 농경 시작, 빗살무늬 토기 > 신석기 시대

정착 생활과 농경이 시작되었다는 내용과 빗살무늬 토기 사진 등을 통해 (가) 시대가 신석기 시대임을 알 수 있어요. 신석기 시대에 농경과 목축이 시작되었고, 사람들이 점차 마을을 이루고 정착 생활을 하기 시작하였어요. 신석기 시대 사람들은 빗살무늬 토기를 만들어 식량을 저장하거나 음식을 조리하는 데 사용하였고, ① 가락바퀴를 이용하여 실을 뽑았어요.

오답 피하기

② 우리나라에 있는 철기 시대의 유적에서 중국과의 교류를 보여 주는 오수전, 명도전 등의 중국 화폐가 발견되었어요.
③ 철기 시대부터 철제 농기구를 사용하여 농사를 지었어요.
④ 청동기 시대부터 청동 검, 청동 방울, 청동 거울 등 청동으로 도구를 만들어 사용하기 시작하였어요.

006 신석기 시대의 유물

정답 ②

정답 잡는 키워드

농경과 정착 생활 시작, 움집, 가락바퀴, 갈돌과 갈판 > 신석기 시대

농경과 정착 생활이 시작되었다는 내용과 '움집', '가락바퀴', '갈돌과 갈판'을 통해 (가) 시대가 신석기 시대임을 알 수 있어요. 신석기 시대에 농경과 목축이 시작되었고, 사람들이 마을을 이루어 정착 생활을 하기 시작하였어요. 신석기 시대 사람들은 강가나 바닷가에 움집을 짓고 살았고, 갈돌과 갈판, 가락바퀴 등의 도구를 사용하였습니다. ② 우리나라 신석기 시대의 대표적 토기인 빗살무늬 토기입니다.

오답 피하기

① 구석기 시대의 대표적 뗀석기인 주먹도끼입니다.
③ 청동으로 만든 방울의 하나인 팔주령이에요. 청동기 시대부터 청동 도끼, 청동 검, 청동 방울, 청동 거울 등 청동으로 도구를 만들기 시작하였어요.
④ 가야의 철제 판갑옷과 투구입니다.

② 최초의 국가 고조선

기출문제 풀어 보기 > 본책 010~011쪽

007 ② 008 ④ 009 ③ 010 ① 011 ④ 012 ④

007 청동기 시대의 생활 모습

정답 ②

정답 잡는 키워드

고인돌, 계급 출현 > 청동기 시대

'고인돌'과 계급이 출현하였다는 내용 등을 통해 (가) 시대가 청동기 시대임을 알 수 있어요. 고인돌은 청동기 시대 지배층의 무덤으로 알려져 있어요. 청동기 시대에 농경의 발달로 생산력이 증가하면서 사유 재산의 개념이 나타나고 빈부의 차이가 발생하였어요. 지배층과 피지배층으로 계급이 나뉘었으며, 권력을 가진 지배자가 처음으로 출현하여 부족을 다스렸습니다. ② 청동기 시대부터 거푸집을 이용하여 청동 무기나 의례 도구를 만들었어요. 악기 비파와 생김새가 비슷하여 이름 붙여진 비파형 동검이 대표적이에요.

오답 피하기

① 우경은 철기 시대 이후 널리 보급되었어요. 신라 지증왕 때 우경이 시작되었다는 기록이 있으나 이보다 앞선 시기에도 우경을 한 것으로 보여요. 따라서 이 기록은 국가 차원에서 우경을 장려한 조치로 이해할 수 있어요.
③ 구석기 시대 사람들은 추위 등을 피해 주로 동굴이나 바위 그늘에 살았으며 강가에 막집을 짓고 살기도 하였어요.
④ 신석기 시대에 가락바퀴가 처음 등장하였어요. 신석기 시대 사람들은 가락바퀴를 이용하여 실을 뽑아 뼈바늘로 옷이나 그물을 만들었어요.

008 청동기 시대의 생활 모습

정답 ④

정답 잡는 키워드

금속 도구를 사용하기 시작, 비파형 동검 > 청동기 시대

금속 도구를 사용하기 시작하였으며, 대표적인 유물이 비파형 동검이라는 내용 등을 통해 (가) 시대가 청동기 시대임을 알 수 있어요. 청동기 시대부터 청동을 이용한 도구를 만들어 사용하기 시작하였어요. 비파형 동검은 청동기 시대를 대표하는 유물로, 악기 비파와 생김새가 비슷하여 '비파형' 동검이라는 이름이 붙여졌어요. 거푸집은 녹인 금속을 부어 원하는 도구를 만드는 틀이에요. ④ 고인돌은 청동기 시대 지배층의 무덤으로 알려져 있어요.

오답 피하기

① 우경은 철기 시대 이후 널리 보급되었어요.
② 철제 농기구는 철기 시대부터 사용되었어요.
③ 구석기 시대 사람들은 식량을 찾아 이동 생활을 하였으며 주로 동굴이나 막집에서 살았어요.

009 청동기 시대의 생활 모습

정답 ③

정답 잡는 키워드

고인돌, 권력을 가진 지배자가 있었음 > 청동기 시대

고인돌을 축조하였으며 권력을 가진 지배자가 있었다는 내용을 통해 (가) 시대가 청동기 시대임을 알 수 있어요. 고인돌은 청동기 시대에 제작된 지배층의 무덤으로 알려져 있어요. 청동기 시대에 농경의 발달로 생산력이 증가하면서 사유 재산의 개념이 나타나고 빈부의 차이가 발생하였어요. 지배 계급과 피지배 계급으로 계급이 나뉘었고, 권력을 가진 사람이 지배자가 되어 부족을 다스렸습니다. ③ 반달 돌칼은 청동기 시대에 벼 등 곡식의 이삭을 자르는 데 사용된 간석기입니다.

오답 피하기

① 우경은 철기 시대 이후 널리 보급되었어요.
② 구석기 시대 사람들은 식량을 찾아 이동 생활을 하며 주로 동굴이나 막집에 서 거주하였어요.
④ 가락바퀴는 구멍에 막대기(가락)를 끼워 식물의 섬유질을 꼬아 실을 만드는 도구로, 신석기 시대에 처음 사용되었어요.

010 고조선의 특징

정답 ①

정답 잡는 키워드

우리 역사상 첫 나라, 단군 > 고조선

우리 역사상 첫 나라라는 내용과 '단군' 등을 통해 (가) 나라가 고조선임을 알 수 있어요. 고조선은 우리 역사상 최초의 나라로, "삼국유사"에 실려 있는 단군의 건국 이야기에 따르면 환웅과 웅녀 사이에서 태어난 단군왕검이 아사달을 도읍으로 고조선을 세웠다고 합니다. 고조선은 한 무제의 공격을 받아 기원전 108년에 왕검성이 함락되어 멸망하였어요. ① 고조선에는 사회 질서를 유지하기 위한 범금 8조(8조법)가 있었는데, 현재는 그중 3개 조항이 전해지고 있어요.

오답 피하기

② 동예에는 읍락 간의 경계를 중시하는 책화라는 풍습이 있었어요.
③ 삼한 가운데 변한과 이후 이 지역에서 성장한 가야는 철이 풍부하게 생산되어 낙랑과 왜에 철을 수출하였어요.
④ 고구려는 제가 회의에서 나라의 중요한 일을 결정하였어요.

011 고조선의 사회 모습

정답 ④

정답 잡는 키워드

범금 8조 > 고조선

사람을 죽인 자는 사형에 처하고, 남에게 상해를 입힌 자는 곡식으로 갚아야 하며, 도둑질한 자는 노비로 삼되 용서받고자 할 때에는 50만 전을 내야 한다는 내용의 범금 8조를 통해 (가) 나라가 고조선임을 알 수 있어요. 고조선은 범금 8조로 사회 질서를 유지하였는데, 현재 3개 조항만 전해집니다. 이를 통해 고조선이 사람의 생명과 사유 재산을 중시하였으며 계급 사회였음을 짐작할 수 있어요. ④ "삼국유사"에는 단군의 고조선 건국 이야기가 실려 있어요. 이 이야기에 따르면 환웅과 웅녀 사이에서 태어난 단군왕검이 아사달을 도읍으로 고조선을 세웠다고 합니다.

오답 피하기

① 삼한 가운데 변한과 이후 이 지역에서 성장한 가야는 철이 풍부하게 생산되어 낙랑과 왜에 철을 수출하였어요.
② 부여는 12월에 영고라는 제천 행사를 열었어요.
③ 고구려에는 서옥제라는 풍습이 있었어요. 서옥제는 신랑이 신부 집의 뒤편에 지은 서옥(사위집)에서 살다가 자식을 낳아 장성하면 아내와 자식을 데리고 자기 집으로 돌아가는 혼인 풍습이에요.

012 고조선의 사회 모습

정답 ④

정답 잡는 키워드

단군왕검, 왕검성, 우거 > 고조선

단군왕검이 아사달에 도읍을 정하였으며 우거가 왕검성을 지키고 있었다는 내용을 통해 자료에 해당하는 나라가 고조선임을 알 수 있어요. 고조선은 단군왕검이 아사달에 도읍을 정하고 건국하였다고 전해지는 우리 역사상 최초의 국가입니다. 고조선은 우거왕 때 한의 공격을 받아 1년여 동안 맞서 싸웠으나 기원전 108년에 수도 왕검성이 함락되면서 멸망하였어요. ④ 고조선은 사회 질서를 유지하기 위한 법률로 범금 8조를 만들었어요.

오답 피하기

① 삼한에는 제사장인 천군과 신성 지역인 소도가 있었어요.
② 삼한 가운데 변한과 이후 이 지역에서 성장한 가야는 철이 풍부하게 생산되어 낙랑, 왜 등에 철을 수출하였어요.
③ 신라는 귀족들이 참가하는 화백 회의에서 만장일치로 나라의 중요한 일을 결정하였어요.

3 여러 나라의 성장

기출문제 풀어 보기 > 본책 011~013쪽

013 ④ 014 ① 015 ③ 016 ④ 017 ① 018 ③
019 ② 020 ②

013 부여의 사회 모습

정답 ④

정답 잡는 키워드
도둑질한 자는 훔친 것의 12배로 갚게 함, 영고 > 부여

도둑질한 자는 훔친 것의 12배로 갚게 하였으며 12월에 영고라는 제천 행사를 열었다는 내용 등을 통해 (가)에 부여에 대한 내용이 들어가야 함을 알 수 있어요. 부여에는 도둑질한 자는 훔친 것의 12배로 갚게 하는 1책 12법과 12월에 열리는 영고라는 제천 행사가 있었어요. ④ 부여에서는 왕이 중앙을 다스리고 마가, 우가, 저가, 구가 등의 가(加)들이 별도로 사출도를 주관하였어요.

오답 피하기

① 삼한에는 신성 지역인 소도가 있었어요. 소도에는 정치적 지배자의 힘이 미치지 못하여 죄를 짓고 도망친 사람이 숨어도 잡아갈 수 없었어요.
② 동예에는 읍락 간의 경계를 중시하여 다른 부족의 영역을 침입하였을 때 소나 말, 노비로 변상하게 하는 책화가 있었어요.
③ 고조선은 범금 8조를 통해 사회 질서를 유지하였어요.

014 부여의 사회 모습

정답 ①

정답 잡는 키워드
좋은 말 생산, 여러 가들이 각각 사출도를 다스림 > 부여

좋은 말이 생산되었으며, 마가·우가 등 여러 가들이 각각 사출도를 다스렸다는 내용을 통해 (가) 나라가 부여임을 알 수 있어요. 부여는 만주 쑹화강 유역의 넓은 평야 지대를 중심으로 성장하였으며, 목축이 발달하여 좋은 말이 생산되었어요. 또 왕이 중앙을 다스리고 마가, 우가, 저가, 구가 등의 여러 가(加)들이 별도로 사출도를 관장하였어요. ① 부여는 12월에 영고라는 제천 행사를 열었어요.

오답 피하기

② 삼한에는 제사장인 천군과 신성 지역인 소도가 있었어요.
③ 옥저에는 남자 집에서 신부가 될 여자아이를 데려와 키우다가 어른이 되면 돌려보낸 뒤 신부 집에 예물을 보내고 정식으로 혼인하는 민며느리제의 풍습이 있었어요.
④ 고조선에는 사회 질서를 유지하기 위한 범금 8조(8조법)가 있었어요. 그중에서 3개 조항이 전해지고 있어 당시 사회 모습을 짐작할 수 있어요.

015 옥저의 풍습

정답 ③

정답 잡는 키워드
여자가 열 살이 되기 전에 혼인을 약속하고 신랑 집에서 데려와 기른 후 성인이 되면 며느리로 삼음(민며느리제), 가족이 죽으면 뼈만 추려 보관하는 장례 풍습 > 옥저

여자가 열 살이 되기 전에 혼인을 약속하고 신랑 집에서 여자를 데려와 기른 후 성인이 되면 신부 집에 대가를 주고 며느리로 삼는 민며느리제의 혼인 풍속과 가족이 죽으면 뼈만 추려 보관하는 장례 풍습이 있었다는 내용을 통해 자료에 해당하는 나라가 ③ (다) 옥저임을 알 수 있어요. 옥저에는 민며느리제의 혼인 풍습과 가족이 죽으면 시신을 임시로 매장해 두었다가 나중에 뼈만 추려서 가족의 뼈를 하나의 목곽에 안치하는 가족 공동 무덤의 장례 풍습이 있었어요. 옥저는 지금의 함경도 지역에서 성장하였으며, 토지가 비옥하고 해산물이 풍부하였어요.

오답 피하기

① (가) 부여는 만주 쑹화강 유역의 평야 지대에 위치하였어요.
② (나) 고구려는 압록강 중류 일대 산이 많은 지역에 위치하였어요.
④ (라) 동예는 지금의 강원도 북부 동해안 지역에 위치하였어요.

016 옥저의 사회 모습

정답 ④

정답 잡는 키워드
군장으로 읍군, 삼로 등이 있었음, 민며느리제, 가족 공동 무덤 > 옥저

군장으로 읍군, 삼로 등이 있었다는 내용과 '민며느리제', '가족 공동 무덤'을 통해 퀴즈의 정답이 ④ 옥저임을 알 수 있어요. 옥저에는 왕이 없고 세력 크기에 따라 읍군, 삼로 등으로 불린 군장이 있어 이들이 부족을 다스렸어요. 또 옥저에는 신랑 집에서 신부가 될 여자아이를 데려와 키우다가 어른이 되면 돌려보낸 뒤 신부 집에 예물을 보내고 정식으로 혼인하는 민며느리제의 혼인 풍습과 가족이 죽으면 시신을 임시로 묻어 두었다가 나중에 뼈를 추려 가족의 뼈를 하나의 목곽에 안치하는 가족 공동 무덤의 장례 풍습이 있었어요.

오답 피하기

① 옥저와 접한 동예에도 읍군, 삼로 등의 군장이 있어 이들이 부족을 다스렸어요. 동예에는 읍락 간의 경계를 중시하는 책화가 있었어요.
② 부여에서는 왕이 중앙을 다스리고 마가, 우가, 저가, 구가 등의 가(加)들이 사출도를 독자적으로 관리하였어요.
③ 삼한에는 신지, 읍차 등으로 불린 지배자가 있었으며, 이와 별도로 제사장인 천군이 있었어요.

017 동예의 사회 모습

정답 ①

정답 잡는 키워드
단궁, 과하마, 반어피, 무천, 책화 > 동예

단궁, 과하마, 반어피 등의 특산물이 있었으며, 무천이라는 제천 행사를 열었고, 책화의 풍습이 있었다는 내용을 통해 퀴즈의 정답이 ① 동예임을 알 수 있어요. 동예에는 박달나무로 만든 단궁이라는 활, 바다표범의 가죽인 반어피, 키가 작은 말인 과하마가 특산물로 유명하였으며, 해마다 10월에 무천이라는 제천 행사를 열었어요. 동예에는 읍락 간의 경계를 중시하여 다른 부족의 영역을 침범하면 소나 말, 노비 등으로 변상하게 하는 책화라는 풍습이 있었어요.

오답 피하기

② 마한은 삼한 가운데 하나로 지금의 경기도, 충청도, 전라도 지역에 분포한 여러 소국들로 이루어진 나라입니다.
③ 부여는 만주 지역에서 성장하였으며 넓은 평야 지대에 자리를 잡아 농경과 목축이 발달하였어요.
④ 옥저는 지금의 함경도 지역에 위치하였고, 민며느리제라는 혼인 풍습과 가족 공동 무덤을 만드는 장례 풍습이 있었어요.

018 동예의 사회 모습

정답 ③

정답 잡는 키워드

무천, 책화 > 동예

'무천'과 '책화'를 통해 (가)에 동예에 관한 내용이 들어가야 함을 알 수 있어요. 동예는 해마다 10월에 무천이라는 제천 행사를 열었으며, 이때 하늘에 제사를 지내고 술을 마시고 노래와 춤을 즐겼어요. 또 동예에는 읍락 간의 경계를 중시하여 이를 침범하면 소나 말, 노비 등으로 배상하게 하는 책화의 풍습이 있었어요. ③ 동예는 박달나무로 만든 단궁이라는 활, 키가 작은 말인 과하마, 바다표범의 가죽인 반어피가 특산물로 유명하였어요.

오답 피하기

① 서옥제는 신랑이 신부 집 뒤편에 지은 서옥이라는 집에서 살다가 자식이 태어나 어느 정도 자라면 아내와 자식을 데리고 자신의 집으로 돌아가는 고구려의 혼인 풍습이에요.
② 화랑도는 신라의 청소년 수련 단체입니다. 진흥왕 때 국가적인 조직으로 정비되었어요.
④ 부여에서는 왕이 중앙을 다스리고 마가, 우가, 저가, 구가 등의 가(加)들이 별도로 사출도를 주관하였어요.

019 삼한의 사회 모습

정답 ②

정답 잡는 키워드

신지나 읍차 등의 지배자, 5월과 10월에 계절제를 지냄 > 삼한

신지나 읍차 등의 지배자가 있었으며 5월과 10월에 계절제를 지냈다는 내용 등을 통해 학생들이 공통으로 이야기하고 있는 나라가 삼한임을 알 수 있어요. 삼한에는 신지나 읍차 등으로 불린 지배자가 있었으며, ② 제사장인 천군과 소도라고 불리는 신성 지역이 있었어요. 이를 통해 삼한이 종교와 정치가 분리된 제정 분리 사회였음을 짐작할 수 있어요. 한반도 남부에서 철기 문화를 바탕으로 성장한 삼한에서는 벼농사가 발전하여 씨뿌리기를 끝낸 5월과 추수를 마친 10월에 계절제를 지냈어요.

오답 피하기

① 고구려에는 신랑이 신부 집의 뒤편에 지은 서옥에서 살다가 자식을 낳아 장성하면 아내와 자식을 데리고 자기 집으로 돌아가는 서옥제라는 혼인 풍습이 있었어요.
③ 고조선은 범금 8조를 만들어 사회 질서를 유지하였어요.
④ 동예는 단궁, 과하마, 반어피 등이 특산물로 유명하였어요.

020 삼한의 사회 모습

정답 ②

정답 잡는 키워드

천군, 소도 > 삼한

'천군'과 '소도'를 통해 (가) 나라가 삼한임을 알 수 있어요. ② 삼한에는 신지, 읍차 등으로 불린 지배자가 있었으며, 이와 별도로 제사를 주관하는 천군과 소도라고 불리는 신성 지역이 있었어요. 소도에는 정치적 지배자의 권력이 미치지 못하였어요. 천군과 소도의 존재는 삼한이 제정 분리 사회였음을 보여 줍니다.

오답 피하기

① 부여에서는 12월에 영고라는 제천 행사가 열렸어요.
③ 민며느리제는 옥저의 혼인 풍습이에요. 신랑 집에서 신부가 될 여자아이를 데려와 키우다가 어른이 되면 돌려보낸 뒤 신부 집에 예물을 보내고 정식으로 혼인하는 풍습이었어요.
④ 동예에는 읍락 간의 경계를 중시하여 다른 부족의 영역을 침범하였을 때 소나 말, 노비 등으로 변상하게 하는 책화가 있었어요.

기출 선택지로 개념 다지기

> 본책 014~016쪽

1 (1) ○ (2) ×(신석기 시대) (3) ×(청동기 시대) (4) ○ (5) ×(철기 시대) (6) ×(청동기 시대) (7) ○ (8) ×(신석기 시대) (9) ×(청동기 시대)

2 (1) ○ (2) ○ (3) ×(구석기 시대) (4) ×(철기 시대) (5) ×(청동기 시대) (6) ×(철기 시대) (7) ×(청동기 시대) (8) ○

3 ㉡, ㉢, ㉣, ㉤

4 (1) 구석기 시대 (2) 철기 시대 (3) 청동기 시대 (4) 신석기 시대 (5) 신석기 시대 (6) 청동기 시대 (7) 청동기 시대 (8) 청동기 시대 (9) 신석기 시대

5 (1) 한 (2) 청동기 (3) 삼국유사 (4) 범금 8조 (5) 단군왕검

6 고조선

7 (1) ㉠ (2) ㉢ (3) ㉡ (4) ㉣

8 (1) 부여 (2) 고구려 (3) 삼한 (4) 옥저 (5) 삼한 (6) 동예 (7) 동예 (8) 부여

3 ㉠은 철기 시대, ㉥은 구석기 시대, ㉦은 신석기 시대에 대한 설명입니다.

6 고조선에는 사회 질서를 유지하기 위한 범금 8조가 있었는데, 그중에서 3개 조항이 전해지고 있어요.

Ⅱ 고대

1 고구려

기출문제 풀어 보기 > 본책 020~023쪽

021 ③ 022 ① 023 ③ 024 ④ 025 ④ 026 ①
027 ④ 028 ① 029 ③ 030 ③ 031 ③ 032 ④
033 ②

021 진대법

정답 ③

정답 잡는 키워드

봄부터 가을까지 관청의 곡식을 빌려주고 겨울에 갚게 함, 고국천왕 > 진대법

봄부터 가을까지 관청의 곡식을 빌려주고 겨울에 갚게 한다는 내용과 '고국천왕'을 통해 밑줄 그은 '제도'가 ③ 진대법임을 알 수 있어요. 고구려의 고국천왕은 가난한 백성을 구제하기 위해 흉년이 들거나 봄부터 가을까지 먹을 것이 부족할 때 백성에게 곡식을 빌려주고 가을걷이가 끝난 후에 갚도록 하는 진대법을 실시하였어요.

오답 피하기

① 고려 태조는 흑창을 설치하여 가난한 백성에게 곡식을 빌려주고 추수한 후에 갚도록 하였어요. 흑창은 고려 성종 때 의창으로 바뀌었어요.
② 상평창은 고려 성종 때 설치된 물가 조절 기구이며 조선 시대로 이어졌어요. 상평창은 풍년이 들어 곡식이 흔해져 가격이 떨어지면 적정량을 사들여 가격의 폭락을 막고, 반대로 흉년이 들어 시중에 곡식이 부족해져 가격이 지나치게 오르면 저장해 놓은 곡식을 풀어 물가를 조절하였어요.
④ 제위보는 고려 시대에 기금을 마련하여 그 이자로 가난한 백성을 구제한 일종의 재단이에요.

022 고구려 소수림왕의 업적

정답 ①

정답 잡는 키워드

고국원왕의 아들, 불교 수용 > 고구려 소수림왕

고구려 고국원왕의 아들이며 불교를 수용하였다는 내용 등을 통해 (가)에 소수림왕의 업적이 들어가야 함을 알 수 있어요. 소수림왕은 아버지 고국원왕이 백제 근초고왕의 공격을 받아 평양성에서 전사한 국가적 위기 상황에서 왕위에 올랐어요. 소수림왕은 위기를 극복하고 사회를 안정시키기 위해 국가의 통치 체제를 정비하였습니다. 중국의 전진으로부터 불교를 수용하고, ① 인재 양성을 위해 태학을 설립하였으며, 율령을 반포하여 중앙 집권 체제를 강화해 나갔어요.

오답 피하기

② 신라 법흥왕은 군사 업무를 총괄하는 병부를 설치하여 군권을 장악하였어요.
③ 신라 진흥왕은 화랑도를 국가적인 조직으로 정비하였어요.
④ 고구려 장수왕의 공격으로 수도 한성이 함락되고 개로왕이 죽자, 뒤를 이어 즉위한 백제 문주왕은 웅진(지금의 공주)으로 수도를 옮겼어요.

023 고구려 소수림왕의 업적

정답 ③

정답 잡는 키워드

전진으로부터 불교 수용, 태학 설립 > 고구려 소수림왕

전진으로부터 불교를 수용하였으며 태학을 설립하였다는 내용 등을 통해 검색창에 들어갈 왕이 ③ 고구려 소수림왕임을 알 수 있어요. 소수림왕은 아버지 고국원왕이 백제 근초고왕의 공격을 받아 평양성에서 전사한 국가적 위기 상황에서 왕위에 올랐어요. 소수림왕은 위기를 극복하고 사회를 안정시키기 위해 국가의 통치 체제를 정비하였습니다. 중국의 전진으로부터 불교를 수용하고 인재 양성을 위해 태학을 설립하였어요.

오답 피하기

① 고구려 미천왕은 서안평을 점령하였으며 낙랑군과 대방군을 몰아내고 영토를 확장하였어요.
② 고구려 장수왕은 평양으로 도읍을 옮기고 본격적으로 남진 정책을 추진하여 한강 유역을 차지하였어요.
④ 고구려 광개토 태왕은 숙신, 후연, 거란, 동부여 등을 정벌하여 요동과 만주 지역 대부분을 차지하는 등 영토를 크게 확장하였어요.

024 고구려 광개토 태왕의 업적

정답 ④

정답 잡는 키워드

고구려 왕, 영락이라는 연호 사용, 한강 이북 지역 차지 > 고구려 광개토 태왕

고구려 왕이며 '영락'이라는 연호를 사용하고 한강 이북 지역을 차지하였다는 내용 등을 통해 (가)에 광개토 태왕에 관한 내용이 들어가야 함을 알 수 있어요. 광개토 태왕은 재위 기간에 '영락'이라는 연호를 사용하였어요. 또 백제를 공격하여 한강 이북 지역을 차지하고, 숙신, 후연, 거란, 동부여 등을 정벌하여 요동과 만주 일대를 장악하는 등 영토를 크게 넓혔어요. ④ 광개토 태왕은 신라 내물 마립간의 지원 요청을 받아 군대를 보내 신라에 침입한 왜를 격퇴하였어요.

오답 피하기

① 고구려 소수림왕은 인재 양성을 위해 국립 교육 기관인 태학을 설립하였어요.
② 고구려 광개토 태왕의 뒤를 이어 왕위에 오른 장수왕은 국내성에서 평양으로 도읍을 옮기고 본격적으로 남진 정책을 추진하였어요.
③ 고구려 영류왕은 당의 침입에 대비하여 천리장성 축조를 추진하고 연개소문을 책임자로 파견하였어요. 부여성에서 비사성에 이르는 천리장성 축조 공사는 보장왕 때 끝이 났어요.

025 고구려 광개토 태왕의 정책

정답 ④

정답 잡는 키워드

호우총 청동 그릇, 군대를 보내 신라에 침입한 왜 격퇴 > 고구려 광개토 태왕

'호우총 청동 그릇'과 군대를 보내 신라에 침입한 왜를 격퇴하였다는 내용을 통해 (가) 왕이 고구려 광개토 태왕임을 알 수 있어요. 호우총 청동 그릇은 신라의 고분인 경주 호우총에서 발견되었어요. 그릇 바닥 면에 '국강상광개토지호태왕'이라는 광개토 태왕을 나타내는 글자가 새겨져 있어 이를 통해 당시 신라와 고구려가 밀접한 관계였음을 짐작할 수 있어요. 광개토 태왕은 왜의 침입을 받은 신라 내물 마립간이 고구려에 도움을 요청하자 군대를 보내 신라에 침입한 왜를 격퇴하였어요. ④ 광개토 태왕은 '영락'이라는 독자적인 연호를 사용하였어요.

오답 피하기

① 고구려 소수림왕은 태학을 설립하여 유학 교육을 시행하고 인재를 양성하였어요.
② 고구려 미천왕은 낙랑군을 몰아내고 영토를 확장하였어요.
③ 고구려는 당의 침입을 막기 위해 영류왕 때부터 부여성에서 비사성에 이르는 국경 지역에 천리장성을 쌓기 시작하여 보장왕 때 완성하였어요.

026 고구려 장수왕의 업적

정답 ①

정답 잡는 키워드

고구려, 한성을 공격하여 점령 > 고구려 장수왕

고구려의 왕이 군대를 이끌고 한성을 공격하여 점령하였다는 내용을 통해 밑줄 그은 '왕'이 장수왕임을 알 수 있어요. ① 장수왕은 국내성에서 평양으로 도읍을 옮기고 본격적으로 남진 정책을 추진하였으며, 5세기 후반에 백제의 수도 한성을 공격하여 함락하였어요. 이에 백제는 웅진(지금의 공주)으로 도읍을 옮겼어요.

오답 피하기

② 고구려 광개토 태왕은 '영락'이라는 연호를 제정하였어요.
③ 백제 무령왕은 지방의 22담로에 왕족을 파견하여 지방 통제를 강화하였어요.
④ 고구려 미천왕은 낙랑군을 축출하여 영토를 확장하였어요.

027 고구려 장수왕의 활동

정답 ④

정답 잡는 키워드

남진 정책 추진, 한강 유역 진출, 개로왕 > 고구려 장수왕

남진 정책을 추진하였으며 한강 유역으로 진출하였다는 내용과 '개로왕' 등을 통해 (가) 왕이 고구려 장수왕임을 알 수 있어요. 장수왕은 427년에 국내성에서 평양으로 도읍을 옮기고 본격적으로 남진 정책을 추진하였어요. 이후 475년에 백제를 공격하여 한성을 함락하고 한강 유역을 차지하였는데, 이때 백제의 개로왕이 고구려군에 사로잡혀 죽임을 당하였어요. "삼국사기"에는 장수왕이 보낸 승려 도림의 계략으로 개로왕이 대규모 토목 공사를 일으켜 국력이 쇠약해졌고 이때를 노려 장수왕이 백제를 공격하였다는 이야기가 나옵니다. ④ 장수왕은 아버지 광개토 태왕의 업적을 기리기 위해 광개토 태왕릉비를 건립하였어요. 고구려의 수도였던 국내성 인근에 세워진 광개토 태왕릉비에는 고구려의 건국 이야기와 광개토 태왕의 정복 활동 등이 담겨 있습니다.

오답 피하기

① 고구려 소수림왕은 태학을 설립하여 유학 교육을 실시하였어요.
② 신라 지증왕은 이사부를 보내 우산국을 정벌하였어요.
③ 칠지도는 백제 왕이 왜왕에게 보낸 것으로 알려진 철제 칼이에요.

028 고구려의 대외 항쟁

정답 ①

고구려의 대외 항쟁을 묻는 문항입니다. 중국을 통일한 수는 대군을 보내 고구려를 여러 차례 공격하였는데, ① 612년에 을지문덕이 고구려군을 이끌고 살수(지금의 청천강)에서 수의 군대를 크게 물리쳤어요.

오답 피하기

② 백제의 계백이 이끄는 결사대는 황산벌(지금의 논산)에서 신라군에 맞서 싸웠으나 패하였어요. 이후 사비성이 함락되면서 백제는 멸망하였어요.
③ 고려 말 왜구의 침입이 빈번하게 일어났는데, 이성계는 황산(지금의 남원)에서 왜구를 격퇴하였어요.
④ 고려의 왕건은 일리천(지금의 구미)에서 신검의 후백제군을 상대로 승리하였어요.

029 살수 대첩

정답 ③

정답 잡는 키워드

을지문덕이 이끄는 고구려군이 수의 군대를 살수에서 크게 무찌름 > 살수 대첩(612)

을지문덕이 이끄는 고구려군이 수의 군대를 살수에서 크게 무찔렀다는 내용을 통해 가상 뉴스에서 보도하고 있는 사건이 살수 대첩임을 알 수 있어요. 수는 중국을 통일한 후 대군을 동원하여 고구려를 공격하였어요. 수 양제는 많은 군사를 동원하여 요동성을 공격하였으나 고구려군의 저항으로 함락에 실패하였어요. 이에 우중문, 우문술에게 30만 명의 별동대를 이끌고 고구려의 수도 평양을 공격하게 하였어요. 이때 고구려의 을지문덕이 살수(지금의 청천강)에서 수의 군대를 크게 물리쳤는데, 이 전투를 살수 대첩(612)이라고 합니다.
따라서 연표에서 살수 대첩이 일어난 시기는 관산성 전투와 안시성 전투 사이인 ③ (다)입니다.

030 고구려의 발전 과정

정답 ③

정답 잡는 키워드

(가) 평양성을 새로운 도읍으로 정함	>	(가) 장수왕 때 평양 천도(427)
(나) 보병과 기병을 보내 신라 내물왕을 구원	>	(나) 광개토 태왕 때 신라에 침입한 왜 격퇴(400)
(다) 살수에서 수의 군대를 물리침	>	(다) 영양왕 때 살수 대첩(612)

(가) 고구려 장수왕은 427년에 국내성에서 평양(성)으로 도읍을 옮기고 본격적으로 남진 정책을 추진하였어요.
(나) 고구려 광개토 태왕은 400년에 신라 내물 마립간의 지원 요청을 받아 보병과 말을 타고 싸우는 기병 등 5만 명의 군대를 파견하여 신라에 침입한 왜를 격퇴하였어요.
(다) 고구려 영양왕 때인 612년에 을지문덕이 이끄는 고구려군은 살수에서 수의 군대를 크게 격파하였어요(살수 대첩).
따라서 옳은 순서는 ③ (나)-(가)-(다)입니다.

031 연개소문의 활동

정답 ③

정답 잡는 키워드

대막리지, 천리장성 축조 감독 > 연개소문

대막리지에 오르기 전에 천리장성 축조를 감독하였다는 내용을 통해 가상 인터뷰의 주인공이 ③ 연개소문임을 알 수 있어요. 고구려는 영류왕 때 당의 침략에 대비하여 국경 지역에 천리장성 축조를 시작하였는데, 연개소문이 공사의 최고 감독자가 되었어요. 연개소문은 천리장성 축조 중에 정변을 일으켜 영류왕을 죽인 뒤 보장왕을 왕위에 올리고 스스로 대막리지가 되어 정권을 장악하였어요. 이 무렵 백제군의 공격으로 위기를 느낀 신라가 김춘추를 고구려에 보내 군사 지원을 요청하였어요. 그러나 보장왕이 신라에 빼앗긴 죽령 서북 땅을 요구하여 신라와 고구려의 연합은 이루어지지 않았어요.

오답 피하기

① 김유신은 신라의 장수로, 백제와의 황산벌 전투에서 승리를 거두는 등 신라의 삼국 통일에 큰 공을 세웠어요.
② 통일 신라 시기인 9세기 전반에 장보고는 지금의 완도에 청해진을 설치하고 해적을 소탕한 후 황해와 남해의 해상 무역권을 장악하였어요.
④ 흑치상지는 백제 멸망 이후 임존성에서 백제 부흥 운동을 전개하였어요.

032 안시성 전투

정답 ④

정답 잡는 키워드

안시성 전투 > 7세기 중반(645)

당 태종이 대외 팽창 정책을 펴면서 고구려를 압박하자, 고구려는 천리장성을 쌓는 등 당의 공격에 대비하였어요. 천리장성 축조 공사의 최고 책임자로 있으면서 세력을 키운 연개소문이 642년에 정변을 일으켜 영류왕을 죽이고 보장왕을 세우자, 당 태종이 이를 구실 삼아 고구려에 침입하였어요. 당군은 요동성과 백암성을 함락하고 안시성도 공격하였어요. 이때 안시성의 성주와 군민이 힘을 합쳐 당의 공격을 물리쳤어요(안시성 전투, 645). 이후 신라와 당이 연합하여 660년에 백제, 668년에 고구려를 공격하여 멸망시켰어요.
따라서 연표에서 안시성 전투가 일어난 시기는 살수 대첩과 고구려 멸망 사이인 ④ (라)입니다.

033 검모잠의 활동

정답 ②

정답 잡는 키워드

고구려 부흥군, 안승을 왕으로 세워 당에 대항 > 검모잠

고구려 부흥군이며 안승을 왕으로 세워 당에 대항한다는 내용을 통해 (가)에 해당하는 인물이 ② 검모잠임을 알 수 있어요. 668년에 나·당 연합군의 공격으로 고구려가 멸망한 후 고구려 부흥 운동이 전개되었어요. 고연무는 압록강을 넘어 오골성에서 당군과 싸웠고, 검모잠은 왕족인 안승을 왕으로 세워 한성(지금의 황해도 재령)에서 부흥 운동을 일으켰어요.

오답 피하기

① 나·당 연합군이 백제를 공격하자, 계백은 5천 명의 결사대를 이끌고 황산벌에서 김유신이 이끄는 신라군에 맞서 싸웠으나 패하였어요.
③ 김유신은 신라군을 이끌고 황산벌 전투에서 계백이 이끄는 백제군과 싸워 승리를 거두는 등 신라의 삼국 통일에 큰 공을 세웠어요.
④ 흑치상지는 백제 멸망 이후 임존성에서 백제 부흥 운동을 전개하였어요.

2 백제

기출문제 풀어 보기 > 본책 023~026쪽

034 ③	035 ②	036 ②	037 ①	038 ③	039 ①
040 ③	041 ①	042 ③	043 ③	044 ④	045 ①

034 백제 근초고왕의 업적

정답 ③

백제 근초고왕의 업적을 묻는 문항입니다. 4세기 중반 백제의 전성기를 이끈 근초고왕은 마한 지역의 여러 세력을 복속시키고 남해안으로 진출하였으며, 대외적으로는 중국의 동진 및 왜와 교류하였어요. 또한, 고흥에게 역사서인 "서기"를 편찬하게 하였어요. ③ 근초고왕은 고구려의 평양성을 공격하여 고국원왕을 전사시켰어요.

오답 피하기

① 백제 성왕은 웅진(지금의 공주)에서 사비(지금의 부여)로 도읍을 옮기고 국호를 '남부여'로 바꾸었어요.
② 백제 무령왕은 22담로에 왕족을 파견하여 지방 통제를 강화하였어요. 담로는 백제의 지방 행정 구역이에요.
④ 신라 원성왕은 국학의 재학생을 대상으로 유교 경전의 이해 수준을 평가하여 관리 선발에 활용하는 독서삼품과를 실시하였어요.

035 삼국 간의 항쟁

정답 ②

정답 잡는 키워드

(가) 고구려가 도읍을 평양으로 옮김
(나) 문주왕이 웅진으로 오심
> (가) 장수왕의 평양 천도(427)
(나) 문주왕의 웅진 천도(475)

(가) 고구려 장수왕은 427년에 도읍을 평양으로 옮기고 본격적으로 남진 정책을 추진하였어요. (나) 백제는 475년에 고구려 장수왕의 공격을 받아 수도 한성이 함락되고 개로왕이 죽임을 당하였어요. 개로왕의 뒤를 이은 문주왕은 지금의 공주 지역인 웅진으로 천도하였어요. 따라서 고구려의 평양 천도(427)와 백제의 웅진 천도(475) 사이의 시기에 있었던 사실을 찾으면 됩니다. ② 고구려가 평양으로 도읍을 옮겨 압박하자 위협을 느낀 백제의 비유왕과 신라의 눌지왕이 433년에 동맹을 맺었어요(나·제 동맹).

오답 피하기

① 고구려는 1세기 태조왕 때 옥저를 정복하고 동해안으로 진출하였어요.
③ 백제는 6세기 중반에 관산성 전투에서 신라에 패배하였어요(554). 이때 백제 성왕이 전사하였어요.
④ 고구려는 7세기 중반 보장왕 때 안시성에서 당의 공격을 물리쳤어요(645).

036 백제의 특징

정답 ②

정답 잡는 키워드

한성을 빼앗긴 뒤 웅진과 사비에서 국력 회복, 백제 금동 대향로 > 백제

한성을 빼앗긴 뒤 웅진과 사비에서 국력을 회복하였다는 내용과 백제 금동 대향로 사진을 통해 (가) 국가가 백제임을 알 수 있어요. 백제는 고구려 장수왕의 공격으로 수도 한성이 함락되자 웅진(지금의 공주)으로 도읍을 옮기고 백제의 중흥을 위해 노력하였어요. 이후 무령왕의 아들인 성왕은 대외 진출에 유리한 사비(지금의 부여)로 천도하고 국호를 '남부여'로 바꾸며 중흥을 위한 노력을 이어 갔어요. 백제 금동 대향로는 도교와 불교 사상이 함께 반영된 백제의 문화유산으로, 부여 능산리 고분군 근처의 절터에서 출토되었어요. ② 담로는 백제의 지방 행정 구역이에요. 특히 무령왕은 22담로에 왕족을 파견하는 등 지방에 대한 통제를 강화하였어요.

오답 피하기

① 고구려는 주몽이 졸본을 도읍으로 삼아 건국한 나라입니다.
③ 고조선은 8조법(범금 8조)으로 백성을 다스리고 사회 질서를 유지하였어요. 현재는 8조법 중 3개 조항만 전해지고 있어요.
④ 신라에는 골품에 따라 정치 활동뿐만 아니라 옷차림, 집의 크기 등 일상생활까지 규제하는 골품제라는 신분 제도가 있었어요.

037 백제의 제도

정답 ①

정답 잡는 키워드

정사암 > 백제

'정사암'을 통해 밑줄 그은 '이 나라'가 백제임을 알 수 있어요. 백제에서는 귀족들이 정사암에 모여 재상을 선출하고 국가의 중대사를 결정하였어요. ① 담로는 백제의 지방 행정 구역이에요. 특히 무령왕은 지방 통제를 강화하기 위하여 22담로에 왕족을 파견하였어요.

오답 피하기

② 통일 신라 신문왕은 인재를 양성하기 위해 국학을 설립하여 유학을 교육하였어요.

③ 고구려 고국천왕은 가난한 백성을 구제하기 위해 곡식이 귀한 봄에 곡식을 빌려주고 수확한 후에 갚게 하는 진대법을 실시하였어요.
④ 골품제는 신라의 신분제입니다. 신라에서는 골품에 따라 오를 수 있는 관직의 상한이 정해졌으며, 집의 크기, 옷차림 등 일상생활까지도 규제되었어요.

038 백제 무령왕

정답 ③

정답 잡는 키워드

공주에 있는 무덤, 중국 남조의 영향을 받아 벽돌로 만들어진 무덤의 주인공 > **백제 무령왕**

충청남도 공주에 있으며, 중국 남조의 영향을 받아 벽돌로 만들어진 무덤의 주인공이라는 내용을 통해 밑줄 그은 '이 왕'이 ③ 백제 무령왕임을 알 수 있어요. 무령왕은 22담로에 왕족을 파견하여 지방 통제를 강화하고자 하였어요. 무령왕과 왕비의 무덤인 무령왕릉은 충청남도 공주에 있는 송산리 고분군(공주 무령왕릉과 왕릉원)에 위치하고 있어요. 무령왕릉은 중국 남조의 영향을 받아 벽돌로 만들어진 벽돌무덤입니다. 도굴되지 않은 채 발견되어 무덤의 주인이 무령왕과 왕비임을 알려 주는 묘지석을 비롯하여 무덤을 지키는 석수(돌짐승), 장식품 등 다양한 유물이 출토되었어요.

오답 피하기

① 백제 성왕은 수도를 사비(지금의 부여)로 옮기고 국호를 '남부여'로 바꾸는 등 백제의 중흥을 위해 힘썼어요.
② 백제 고이왕은 관등제를 정비하고 관리의 등급에 따라 관복의 색을 달리하여 통치 체제를 정비하였어요.
④ 백제 근초고왕은 남쪽으로는 마한의 남은 세력을 정복하여 남해안으로 진출하였으며, 북쪽으로는 고구려의 평양성을 공격하여 고국원왕을 전사시키고 황해도 일부 지역을 장악하였어요. 또 중국, 왜와 활발히 교류하였어요.

039 백제 성왕의 정책

정답 ①

정답 잡는 키워드

수도를 웅진에서 사비로 옮김, 국호를 남부여로 바꿈 > **백제 성왕**

수도를 웅진에서 사비로 옮기고, 국호를 '남부여'로 바꾸었다는 내용을 통해 가상 일기의 주인공이 ① 백제 성왕임을 알 수 있어요. 성왕은 나라의 중흥을 위해 수도를 웅진(지금의 공주)에서 넓은 평야가 있고 강을 끼고 있어 수로 교통이 편리한 사비(지금의 부여)로 옮겼으며, 부여 계승 의식을 내세워 나라 이름을 '남부여'로 고쳤어요. 또 신라 진흥왕과 연합하여 고구려를 공격해 한강 하류 지역을 되찾았으나 곧이어 신라의 공격을 받아 이 지역을 신라에 빼앗겼어요. 이에 분노한 성왕은 신라 공격에 나섰다가 관산성 전투에서 전사하였습니다.

오답 피하기

② 백제 무령왕은 22담로에 왕족을 파견하여 지방 통제를 강화하고자 하였어요. 또한, 중국 남조의 양과 활발하게 교류하였어요.
③ 백제의 전성기를 이끈 백제 근초고왕은 마한을 정복하였으며, 고구려의 평양성을 공격하여 고국원왕을 전사시켰어요.
④ 고구려 소수림왕은 불교를 공식적으로 수용하고, 유학 교육 기관인 태학을 설립하였으며, 율령을 반포하여 국가 체제를 정비하였어요.

040 백제 성왕의 업적

정답 ③

정답 잡는 키워드

수도를 웅진에서 사비로 옮김 > **백제 성왕**

수도를 웅진에서 사비로 옮겼다는 내용을 통해 밑줄 그은 '이 왕'이 백제 성왕임을 알 수 있어요. 성왕은 나라의 중흥을 위해 수도를 웅진(지금의 공주)에서 넓은 평야가 있고 강을 끼고 있어 수로 교통이 편리한 사비(지금의 부여)로 옮겼어요. 또한, 부여 계승 의식을 내세우며 나라 이름을 '남부여'로 바꾸었어요. 부여 나성은 수도 사비의 방어를 위해 지어진 방어 시설로 성왕 때 축조된 것으로 보입니다. ③ 성왕은 신라 진흥왕과 연합하여 고구려를 공격해 빼앗겼던 한강 하류 지역을 되찾았어요. 그러나 곧이어 진흥왕의 공격을 받아 이 지역을 신라에 빼앗겼어요.

오답 피하기

① 백제 침류왕은 동진에서 온 승려 마라난타를 통해 불교를 받아들였어요.
② 백제 근초고왕은 고흥에게 역사서인 "서기"를 편찬하게 하였어요.
④ 백제 의자왕은 신라를 공격하여 40여 개 성을 함락하고 전략적으로 중요한 지역인 대야성을 빼앗았어요.

041 백제의 대외 항쟁

정답 ①

정답 잡는 키워드

• 백제가 도읍을 웅진으로 옮김
• 관산성 전투
>
• **백제 문주왕 때인 475년**
• **백제 성왕 때인 554년**

첫 번째 그림은 한성이 함락되어 도읍을 웅진으로 옮기게 되었다는 내용을 통해 5세기 후반 고구려 장수왕의 공격으로 백제의 한성이 함락된 상황임을 알 수 있어요. 이에 백제 문주왕이 웅진으로 천도하였습니다. 두 번째 그림은 관산성 전투에서 왕이 목숨을 잃었다는 내용을 통해 6세기 중반에 백제가 신라의 공격으로 한강 하류 지역을 빼앗긴 후 백제 성왕이 신라를 공격하다가 전사한 관산성 전투 직후의 상황임을 알 수 있어요. 따라서 문주왕 때의 웅진 천도(475)와 성왕 때의 관산성 전투(554) 사이의 시기에 있었던 사실을 찾으면 됩니다. ① 성왕은 538년에 대외 진출에 유리한 사비로 천도하고 국호를 '남부여'로 바꾸었어요.

오답 피하기

② 10세기 초 후고구려를 세운 궁예는 국호를 '마진'으로 바꾸고 철원으로 천도한 후 다시 국호를 '태봉'으로 바꾸었어요.
③ 7세기 중반 고구려는 안시성에서 당의 대군을 물리쳤어요(안시성 전투, 645).
④ 신라는 4세기 후반 내물 마립간 때 지배자의 칭호를 '마립간'으로 변경하였고, 지증왕 때 중국식 칭호인 '왕'으로 정할 때까지 '마립간'을 사용하였어요.

042 백제의 제도

정답 ③

정답 잡는 키워드

정림사지 5층 석탑, 금동 대향로, 산수무늬 벽돌 > **백제**

정림사지 5층 석탑, 백제 금동 대향로, 산수무늬 벽돌은 모두 백제의 문화유산입니다. 부여 정림사지 5층 석탑은 목탑 양식을 계승한 백제의 석탑이에요. 백제 금동 대향로는 불교와 도교 사상이 반영되어 있는 백제의 문화유산으로 부여 능산리 고분군 부근의 절터에서 출토되었어요. 도교의 이상 세계가 표현되어 있는 산수무늬 벽돌은 백제에 도교 사상이 전래되었음을 보여 주는 문화유산입니다. ③ 백제 무령왕은 지방 통제를 강화하기 위하여 22담로에 왕족을 파견하였어요.

오답 피하기

① 고구려 고국천왕은 가난한 백성을 구제하기 위해 진대법을 시행하였어요.
② 신라는 지방 세력을 견제하기 위해 지방 세력가나 그 자제를 일정 기간 수도에 머무르게 하는 상수리 제도를 두었어요.

④ 신라에는 골품제라는 신분제가 있었어요. 신라는 골품에 따라 관직 승진의 한계를 정하였으며, 집의 크기, 장식 등 일상생활까지 제한하였어요.

043 백제 부흥 운동

정답 ③

정답 잡는 키워드

신라군이 황산벌 전투에서 승리 > 황산벌 전투(660)

660년에 신라와 당의 연합군이 백제를 공격하였어요. 김유신이 이끄는 신라군은 황산벌에서 계백이 이끄는 5천 명의 백제 결사대와 싸워 승리를 거두었습니다. 이후 사비성이 함락되고 의자왕이 항복하면서 백제는 멸망하였어요. ③ 백제 멸망 후 복신과 도침이 주류성에서, 흑치상지가 임존성에서 백제 부흥 운동을 전개하였어요. 그러나 백제 부흥 운동은 지도층이 분열하고, 백제 부흥군과 왜의 지원군이 백강 전투에서 나·당 연합군에 패하여 결국 실패하였어요.

오답 피하기

① 대가야는 신라 진흥왕 때인 562년에 신라에 정복되었어요.
② 고구려는 645년에 안시성에서 당 태종이 이끄는 대군을 물리쳤어요(안시성 전투).
④ 648년에 김춘추는 신라와 당의 군사 동맹을 성사시켰어요. 이후 나·당 연합군이 660년에 백제, 668년에 고구려를 공격하여 차례로 멸망시켰어요.

044 백제 멸망 이후의 사실

정답 ④

정답 잡는 키워드

의자왕이 웅진성으로 도망, 부여융 항복 > 백제 멸망

의자왕이 웅진성으로 도망치고, 의자왕의 아들 부여융이 항복하였다는 내용을 통해 백제 멸망 당시 상황임을 알 수 있어요. 660년에 나·당 연합군이 백제를 공격해 오자, 백제의 계백이 결사대를 이끌고 황산벌에서 김유신이 이끄는 신라군에 맞서 싸웠으나 패배하였어요. 수도 사비성이 나·당 연합군에게 포위되자 의자왕은 웅진성으로 도망쳐 재기를 노렸어요. 그러나 결국 사비성이 함락되었고, 의자왕이 태자 부여융과 함께 항복함으로써 백제는 멸망하였어요. ④ 백제를 멸망시킨 나·당 연합군이 668년에 고구려의 수도 평양성을 점령하여 고구려가 멸망하였어요.

오답 피하기

① 562년에 신라 진흥왕은 적극적으로 영토 확장에 나서 대가야를 정복하고 낙동강 서쪽을 장악하였어요.
② 512년에 신라 지증왕은 이사부를 보내 우산국을 정벌하게 하였어요.
③ 475년에 고구려 장수왕은 백제를 공격하여 수도 한성을 함락하였어요.

045 백제 부흥 운동

정답 ①

정답 잡는 키워드

(가) 황산벌 전투
(나) 기벌포 전투
> (가) 660년
(나) 676년

(가) 660년에 나·당 연합군이 공격해 오자, 백제의 장수 계백이 5천 명의 결사대를 이끌고 황산벌에서 김유신이 이끄는 신라군에 맞서 싸웠으나 패배하였어요. 이후 수도 사비성이 함락되고 의자왕이 항복하여 백제는 멸망하였어요. 백제를 멸망시킨 신라와 당은 668년에 고구려까지 멸망시켰어요. 백제와 고구려가 멸망한 뒤 백제와 고구려 지역에서 부흥 운동이 전개되었지만 지도층의 내분 등으로 성공하지 못하였어요. (나) 백제와 고구려 멸망 이후 신라는 한반도 전체를 지배하려고 하는 당에 맞서 전쟁을 벌였습니다. 675년에 매소성 전투, 676년에 기벌포 전투에서 당군을 격퇴한 신라는 대동강 이남 지역에서 당의 세력을 몰아내고 삼국 통일을 이룩하였어요(676). 따라서 황산벌 전투(660)와 기벌포 전투(676) 사이의 시기에 있었던 사실을 찾으면 됩니다. ① 백제 멸망 이후 663년에 백제 부흥군과 왜에서 보낸 지원군이 백강에서 나·당 연합군에 맞서 싸웠으나 패배하였어요(백강 전투).

오답 피하기

② 7세기 초에 을지문덕이 이끄는 고구려군이 수의 군대를 살수에서 크게 물리쳤어요(살수 대첩, 612).
③ 6세기에 백제 성왕은 신라의 진흥왕과 연합하여 고구려를 공격해 한강 하류 지역을 되찾았지만 신라의 공격으로 이 지역을 신라에 빼앗겼어요. 이에 분노한 성왕이 신라 공격에 나섰으나 관산성 전투(554)에서 전사하였어요.
④ 13세기에 몽골이 고려를 침략하였을 때 김윤후가 부곡민을 이끌고 처인성에서 몽골군을 격퇴하였어요(처인성 전투, 1232).

3 신라와 가야

기출문제 풀어 보기 > 본책 026~029쪽

046 ③	047 ①	048 ②	049 ②	050 ②	051 ③
052 ①	053 ③	054 ①	055 ①	056 ④	057 ④
058 ③	059 ④				

046 신라 지증왕 재위 시기의 사실

정답 ③

정답 잡는 키워드

국호를 신라로 확정, 임금의 칭호를 마립간에서 왕으로 고침 > 신라 지증왕

국호를 '신라'로 확정하고 임금의 칭호를 '마립간'에서 '왕'으로 고쳤다는 내용을 통해 가상 인터뷰에 등장하는 왕이 신라 지증왕임을 알 수 있어요. 6세기 초 지증왕은 나라 이름을 '신라'로 확정하고, 임금의 칭호를 '마립간'에서 중국식인 '왕'으로 고쳤어요. 또한, 우경과 수리 사업을 장려하여 농업 생산 증대에 힘쓰는 한편, ③ 이사부를 보내 지금의 울릉도 일대인 우산국을 정벌하였어요.

오답 피하기

① 신라 법흥왕은 이차돈의 순교를 계기로 불교를 공인하였어요.
② 고려 광종은 노비를 조사하여 본래 양인이었다가 불법으로 노비가 된 사람의 신분을 양인으로 되돌려 주는 노비안검법을 시행하였어요.
④ 신라 선덕 여왕은 자장의 건의로 주변 나라의 침략으로부터 나라를 지키겠다는 염원을 담아 황룡사 9층 목탑을 건립하였어요.

047 신라 지증왕의 업적

정답 ①

정답 잡는 키워드

순장을 금함, 신라 국왕이라는 호칭을 정함 > 신라 지증왕

순장을 금하게 하였고 '신라 국왕'이라는 호칭을 정하였다는 내용을 통해 밑줄 그은 '왕'이 지증왕임을 알 수 있어요. 지증왕은 국호를 '신라', 임금의 칭호를 '왕'으로 정하였으며, 순장을 금지하였어요. 순장은 지배계급의 장례를 치를 때 그가 거느리던 사람을 스스로 목숨을 끊게 하거나 강제로 죽여서 함께 묻는 것을 말해요. ① 지증왕은 농업 생산력을 높이기 위해 소를 이용해 농사를 짓는 우경을 장려하였어요.

오답 피하기

② 신라 법흥왕은 율령을 반포하여 국가 체제를 정비하였어요.
③ 통일 신라 원성왕은 국학의 재학생을 대상으로 유교 경전의 이해 수준을 평가하여 관리 선발에 활용하는 독서삼품과를 시행하였어요.
④ 신라 진흥왕은 청소년 수련 단체인 화랑도를 국가 조직으로 개편하여 인재를 양성하였어요.

048 신라 법흥왕의 업적

정답 ②

정답 잡는 키워드

이차돈의 순교를 계기로 불교 공인, 금관가야 병합 > 신라 법흥왕

이차돈의 순교를 계기로 불교를 공인하였으며 금관가야를 병합하였다는 내용을 통해 가상 인터뷰에 등장하는 왕이 ② 신라 법흥왕임을 알 수 있어요. 신라는 토속 신앙의 영향력이 강해 이를 믿는 귀족들의 반대로 불교를 쉽게 공인하지 못하다가, 법흥왕 때 가서야 이차돈의 순교를 계기로 불교를 공인할 수 있었습니다. 법흥왕은 율령 반포, 불교 공인, 병부와 상대등 설치 등의 정책을 통해 통치 체제를 정비하는 한편, 금관가야를 병합하여 낙동강 하류 유역을 확보하였어요.

오답 피하기

① 백제 성왕은 사비(지금의 부여)로 도읍을 옮기고 나라 이름을 '남부여'로 바꾸었어요.
③ 신라 지증왕은 국호를 '신라', 임금의 칭호를 중국식인 '왕'으로 정하였으며, 이사부를 보내 우산국을 정복하였어요.
④ 백제 근초고왕은 평양성을 공격하여 고구려 고국원왕을 전사시키고 황해도 일부 지역을 차지하였어요.

049 신라 법흥왕의 업적

정답 ②

정답 잡는 키워드

신라의 왕, 병부 설치, 율령 반포 > 신라 법흥왕

신라의 왕으로 병부를 설치하고 율령을 반포하였다는 내용을 통해 밑줄 그은 '나'가 법흥왕임을 알 수 있어요. 법흥왕은 군사 업무를 총괄하는 병부를 설치하여 군권을 장악하였으며, 율령을 반포하여 국가 체제를 정비하였어요. ② 법흥왕은 이차돈의 순교를 계기로 불교를 공인하여 사상의 통합을 도모하였어요.

오답 피하기

① 통일 신라 신문왕은 관리에게 관료전을 지급하고 녹읍을 폐지하였어요.
③ 통일 신라 원성왕은 국학의 재학생을 대상으로 유교 경전의 이해 수준을 평가하여 관리 선발에 활용하는 독서삼품과를 시행하였어요.
④ 신라 진흥왕은 한강 유역을 차지한 후 이 지역을 직접 돌아보고 영토 확장을 기념하여 북한산에 순수비를 세웠어요.

050 신라 진흥왕의 업적

정답 ②

정답 잡는 키워드

단양 신라 적성비 > 신라 진흥왕

고구려 영토인 적성을 점령하고 단양 신라 적성비를 세웠다는 내용을 통해 (가) 왕이 신라 진흥왕임을 알 수 있어요. 진흥왕은 적극적으로 영토 확장에 나섰어요. 백제 성왕과 연합하여 고구려를 공격하고 한강 상류 지역을 차지한 뒤에 다시 백제를 공격하여 한강 하류 지역을 빼앗아 한강 유역을 모두 장악하였어요. 또 후기 가야 연맹을 주도하던 대가야를 정복하고 북쪽으로는 함흥평야까지 진출하였어요. 점령한 지역에는 단양 신라 적성비와 4개의 순수비(북한산 순수비, 창녕 척경비, 황초령 순수비, 마운령 순수비)를 세워 영토 확장을 기념하였어요. 순수는 직접 자기 영토를 돌아본다는 뜻이에요. ② 진흥왕은 화랑도를 국가적인 조직으로 개편하여 많은 인재를 양성하였어요.

오답 피하기

① 신라 신문왕은 인재를 양성하기 위해 국학을 설치하여 유학을 교육하였어요.
③ 신라 원성왕은 유학적 소양을 갖춘 인재를 선발하기 위해 독서삼품과를 시행하였어요.
④ 신라 헌덕왕 때 웅천주 도독 김헌창이 무열왕의 직계 자손인 자신의 아버지 김주원이 왕이 되지 못한 것에 불만을 품고 난을 일으켰으나 관군에 의해 진압되었어요.

051 신라 진흥왕의 업적

정답 ③

정답 잡는 키워드

북한산에 순수비 건립, 화랑도를 국가적인 조직으로 개편 > 신라 진흥왕

북한산에 순수비를 세웠으며 화랑도를 국가적인 조직으로 개편하였다는 내용을 통해 가상 인터뷰에 등장하는 왕이 신라 진흥왕임을 알 수 있어요. 진흥왕은 화랑도를 국가적인 조직으로 개편하여 많은 인재를 양성하였어요. ③ 진흥왕은 적극적으로 영토 확장에 나서 남쪽으로는 대가야를 정복하고 북쪽으로는 함흥평야까지 진출하였어요. 점령한 지역에는 단양 신라 적성비와 4개의 순수비를 세워 영토 확장을 기념하였어요. 북한산 순수비는 진흥왕이 한강 유역을 차지한 뒤 이 지역을 돌아보고 세운 비석입니다.

오답 피하기

① 통일 신라 신문왕은 인재를 양성하기 위해 국학을 설립하였어요.
② 신라 법흥왕은 군사 업무를 총괄하는 병부를 설치하였어요.
④ 통일 신라 원성왕은 국학의 재학생을 대상으로 유교 경전의 이해 수준을 평가하여 관리 선발에 활용하는 독서삼품과를 시행하였어요.

052 신라의 삼국 통일 과정

정답 ①

정답 잡는 키워드

- 고구려가 김춘추의 군사 지원 요청 거절
- 계백, 황산벌에서 신라군에 맞서 싸움

>

- 642년
- 황산벌 전투(660)

첫 번째 그림은 신라의 김춘추가 고구려에 군대 파견을 요청하는 상황입니다. 백제의 공격으로 위기를 느낀 신라는 642년에 김춘추를 고구려에 보내 군사 지원을 요청하였어요. 그러나 고구려의 보장왕이 신라에 빼앗긴 죽령 서북 땅을 요구하여 신라와 고구려의 연합은 이루어지지 않았어요. 두 번째 그림은 계백이 황산벌에서 신라군에 맞서 싸우자고 말하는 내용을 통해 황산벌 전투 상황임을 알 수 있어요. 나·당 연합군이 백제를 공격하자, 의자왕은 계백에게 결사대를 이끌고 가 신라군에 대항하도록 하였어요. 계백이 이끄는 백제 결사대는 황산벌 전투에서 김유신이 이끄는 신라군에 패배하였고, 이후 사비성이 함락되고 의자왕이 항복하면서 백제는 멸망하였습니다(660). 따라서 고구려가 김춘추의 군사 지원 요청을 거절한 상황(642)과 황산벌 전투(660) 사이의 시기에 있었던 사실을 찾으면 됩니다. ① 고구려와의 연합에 실패한 김춘추는 당에 건너가 군사 동맹을 요청하였어요. 당이 이 제안을 받아들여 648년에 신라와 당이 동맹을 맺었어요.

오답 피하기

② 538년에 백제 성왕은 수도를 사비로 옮겼어요.

③ 고구려 광개토 태왕이 군대를 보내 신라에 침입한 왜를 격퇴하는 과정에서 전기 가야 연맹을 주도하던 금관가야가 피해를 입어 쇠퇴하였고, 5세기 이후 대가야가 성장하여 후기 가야 연맹을 주도하였어요. 대가야는 562년에 신라 진흥왕에게 정복되었어요.
④ 612년에 을지문덕은 고구려군을 이끌고 살수에서 수의 대군을 격파하였어요.

053 신라의 삼국 통일 과정

정답 ③

정답 잡는 키워드

(가) 고구려의 평양성이 함락됨 (나) 왜군이 백강 전투에서 패배함 (다) 신라군이 기벌포에서 당군에 승리함	(가) 평양성 함락(668) (나) 백강 전투(663) (다) 기벌포 전투(676)

(가) 668년에 고구려의 평양성이 나·당 연합군의 공격을 받아 함락되고 고구려가 멸망하였어요.
(나) 백제 멸망 이후 663년에 백제 부흥군과 이들을 돕기 위해 온 왜군이 백강 전투에서 나·당 연합군에 맞서 싸웠으나 패배하였어요.
(다) 나·당 연합군이 백제와 고구려를 멸망시킨 뒤 당이 한반도 전체를 지배하려고 하자 신라가 이에 맞서 당과 전쟁을 벌였어요. 신라는 매소성 전투(675), 기벌포 전투(676)에서 당군에 승리하고 대동강 남쪽 지역에서 당의 세력을 몰아냈어요.
따라서 옳은 순서는 ③ (나)-(가)-(다)입니다.

054 신라의 삼국 통일 과정

정답 ①

정답 잡는 키워드

신라가 삼국 통일을 이룬 과정, 신라가 당에 맞서 승리	기벌포 전투

기획 의도에서 '신라가 삼국 통일을 이룬 과정'과 구성에서 신라가 당에 맞서 승리하였다는 내용을 통해 (가)에 들어갈 전투가 ① 기벌포 전투임을 알 수 있어요. 신라는 당과 연합하여 백제와 고구려를 멸망시킨 뒤 한반도 전체를 차지하려고 하는 당에 맞서 싸웠어요(나·당 전쟁). 매소성 전투와 기벌포 전투에서 당의 군대를 격파한 신라는 대동강 이남에서 당의 세력을 몰아내고 삼국 통일을 이룩하였어요(676). 기벌포 전투는 676년에 신라군이 기벌포에서 설인귀가 이끄는 당의 수군을 격파한 전투입니다.

오답 피하기

② 동학 농민 운동 당시 일본군이 경복궁을 점령하고 청·일 전쟁을 일으키자 스스로 해산하였던 동학 농민군이 일본군 타도를 내걸고 다시 봉기하였어요. 동학 농민군이 한성을 향해 진격하던 중 공주 우금치에서 일본군 및 관군과 전투를 벌였으나 패배하였어요.
③ 일본군이 조선을 침략한 임진왜란 중 진주성에서 진주 목사 김시민의 지휘 아래 관군과 백성이 힘을 합쳐 일본군을 격퇴하였어요. 이를 진주 대첩이라고도 합니다.
④ 몽골이 고려를 침략하였을 때 김윤후가 처인성에서 부곡민을 이끌고 맞서 싸워 몽골군을 물리쳤어요.

055 금관가야의 특징

정답 ①

정답 잡는 키워드

김해 지역에 세워짐, 김해 대성동 고분군, 김해 수로왕릉	금관가야

김해 지역에 세워졌다는 내용과 '김해 대성동 고분군', '김해 수로왕릉' 등을 통해 밑줄 그은 '이 나라'가 금관가야임을 알 수 있어요. 금관가야는 지금의 김해 지역을 중심으로 성장하였어요. 알에서 나온 김수로가 금관가야를 세웠다는 건국 이야기가 전해집니다. 대표적인 유적으로 김해 대성동 고분군이 있는데, 이 고분군에서 금관가야의 우수한 철기 문화를 짐작할 수 있는 철제 무기와 갑옷 등이 출토되었어요. 낙동강 하류에 위치한 금관가야는 해상 교역이 발달하여 낙랑과 왜에 철을 수출하였어요. ① 금관가야는 전기 가야 연맹을 주도하였으나 고구려 광개토 태왕의 군대가 신라에 침입한 왜를 격퇴하는 과정에서 크게 피해를 입어 쇠퇴하였어요.

오답 피하기

② 통일 신라 신문왕은 교육 기관인 국학을 설립하여 유학을 가르치고 인재를 양성하였어요.
③ 고구려 태조왕은 옥저를 정복하고 동해안으로 진출하였어요.
④ 백제 무령왕은 지방 통제를 강화하기 위해 22담로에 왕족을 파견하였어요.

056 금관가야의 경제 상황

정답 ④

정답 잡는 키워드

김해 대성동 고분	금관가야

'김해 대성동 고분' 등을 통해 (가) 나라가 금관가야임을 알 수 있어요. 김해 대성동 고분군에서는 금관가야의 우수한 철기 문화를 짐작할 수 있는 철제 판갑옷 등이 출토되었어요. 또한, 김해에서 출토된 말 탄 사람 모양 뿔잔(도기 기마 인물형 뿔잔)에는 갑옷으로 감싼 말 위에 갑옷으로 무장한 무사가 투구를 쓰고 방패를 쥔 채 앉아 있는 모습이 표현되어 있어 이를 통해 금관가야의 철기 문화를 엿볼 수 있습니다. 김해를 중심으로 성장한 금관가야는 전기 가야 연맹을 주도하였어요. ④ 금관가야는 질 좋은 철이 풍부하게 생산되고 해상 교역이 발달하여 낙랑과 왜를 연결하는 중계 무역으로 이익을 얻었어요.

오답 피하기

① 조선 후기에 정기 시장인 장시가 전국 각지에서 열렸어요.
② 신라 지증왕 때 수도 금성(지금의 경주)에 시장인 동시와 이를 감독하기 위한 관청인 동시전이 설치되었어요.
③ 고려 시대에 활구라고도 불린 은병이 화폐로 사용되었어요.

057 금관가야

정답 ④

정답 잡는 키워드

김수로가 세움, 김해 대성동 고분군	금관가야

김수로가 세웠다는 내용과 '김해 대성동 고분군' 등을 통해 (가) 나라가 금관가야임을 알 수 있어요. 금관가야는 김수로왕이 세웠다는 건국 이야기가 전해집니다. ④ "삼국유사"에 실린 수로왕의 건국 이야기에 따르면 촌장과 백성이 구지봉에 올라 "거북아 거북아 머리를 내밀어라. 만일 내밀지 않으면 구워 먹으리."라는 내용의 구지가를 부르자 하늘에서 6개의 황금 알이 내려왔고 그중 한 알에서 김수로가 태어나 금관가야를 세웠다고 합니다. 대표적인 유적으로 김해 대성동 고분군이 있는데, 이곳에서 금관가야의 우수한 철기 문화를 짐작할 수 있는 철제 판갑옷 등이 출토되었어요. 김해를 중심으로 성장한 금관가야는 전기 가야 연맹을 주도하였습니다.

오답 피하기

① 백제 성왕은 넓은 평야가 있고 강을 끼고 있어 수로 교통이 편리한 사비(지금의 부여)로 수도를 옮겨 백제의 중흥을 꾀하였어요.
② 신라 지증왕은 이사부를 보내 우산국을 복속하였어요.
③ 통일 신라 흥덕왕 때 당에서 귀국한 장보고는 지금의 완도에 청해진을 설치하고 해적을 소탕한 후 해상 무역을 장악하였어요.

058 가야

정답 ③

정답 잡는 키워드

김해 대성동 고분군, 고령 지산동 고분군, 함안 말이산 고분군 > 가야

'김해 대성동 고분군', '고령 지산동 고분군', '함안 말이산 고분군' 등을 통해 밑줄 그은 '이 나라'가 가야 연맹임을 알 수 있어요. 김해 대성동 고분군, 고령 지산동 고분군, 함안 말이산 고분군은 낙동강 하류의 변한 지역에서 성장한 가야 연맹의 대표적인 유적입니다. 가야 지역의 여러 고분에서는 철제 갑옷과 투구, 금동 허리띠, 금동관 등 다양한 유물이 출토되었어요. ③ 가야는 철이 풍부하게 생산되어 낙랑과 왜 등에 철을 수출하였어요.

오답 피하기

① 담로는 백제의 지방 행정 구역이에요. 무령왕 때 지방 통제를 강화하기 위해 22담로에 왕족이 파견되었어요.
② 고조선은 한 무제의 침략으로 왕검성이 함락되어 멸망하였어요.
④ 신라는 귀족 회의인 화백 회의에서 나라의 중요한 일을 결정하였어요.

059 대가야

정답 ④

정답 잡는 키워드

고령 지산동 고분군 > 대가야

'고령 지산동 고분군' 등을 통해 밑줄 그은 '이 나라'가 대가야임을 알 수 있어요. 대가야의 고분인 고령 지산동 고분군에서는 대가야의 철 다루는 기술을 엿볼 수 있는 금동관, 철제 판갑옷과 투구 등이 출토되었어요. ④ 가야는 여러 작은 나라로 이루어진 연맹 국가로, 김해 지역의 금관가야를 중심으로 연맹을 형성하였어요. 그러나 고구려 광개토 태왕의 군대가 신라의 지원 요청을 받아 신라에 침입한 왜를 격퇴하는 과정에서 가야 연맹까지 공격하여 금관가야가 큰 타격을 입었어요. 이로 인해 금관가야 중심의 전기 가야 연맹이 해체되었고, 5세기 후반에 고령 지역의 대가야를 중심으로 후기 가야 연맹이 형성되었어요.

오답 피하기

① 고조선은 범금 8조를 통해 백성을 다스리고 사회 질서를 유지하였어요.
② 고구려는 제가 회의에서 나라의 중요한 일을 결정하였어요.
③ 백제 무령왕은 지방 통제를 강화하기 위해 22담로에 왕족을 파견하였어요.

4 통일 신라

기출문제 풀어 보기 > 본책 029~032쪽

060 ③	061 ①	062 ①	063 ②	064 ①	065 ④
066 ③	067 ④	068 ②	069 ③	070 ④	071 ③

060 집사부

정답 ③

정답 잡는 키워드

신라의 중앙 행정 기구인 14부 중 하나, 왕의 명령 전달과 국가 기밀 담당, 장관을 중시 또는 시중이라 부름 > 집사부

신라의 중앙 행정 기구인 14부 중 하나이며 왕의 명령 전달과 국가 기밀을 담당하고 장관을 중시 또는 시중이라 부른다는 내용을 통해 퀴즈의 정답이 ③ 집사부임을 알 수 있어요. 삼국 통일 이후 신라는 집사부를 비롯해 사정부, 위화부 등 14부의 중앙 행정 조직을 정비하였어요. 집사부는 국왕 직속 기구로, 왕명을 수행하며 기밀 사무를 담당하였어요. 집사부의 장관은 중시라 불렸으며, 진골 출신이 임명되었어요. 중시는 경덕왕 때 시중으로 명칭이 바뀌었어요.

오답 피하기

① 의정부는 조선 시대 국정을 총괄하는 최고 기구로, 재상들이 합의하여 정책을 심의·결정하였어요.
② 정당성은 발해의 3성 가운데 하나로, 국가의 중대사를 의결하였으며, 6부를 관리하였어요.
④ 도병마사는 중서문하성과 중추원의 고위 관리들이 모여 국방과 군사 문제를 논의하던 고려의 독자적인 정치 기구입니다.

061 통일 신라 신문왕의 업적

정답 ①

정답 잡는 키워드

관리에게 관료전 지급, 녹읍 폐지 > 통일 신라 신문왕

관리에게 관료전을 지급하고 녹읍을 폐지하였다는 내용을 통해 (가) 왕이 통일 신라 신문왕임을 알 수 있어요. 신문왕은 귀족의 경제 기반을 약화하기 위해 관리에게 관료전을 지급하고 녹읍을 폐지하였어요. 녹읍은 해당 지역에서 조세를 걷고 농민의 노동력도 징발할 수 있었지만, 관료전은 토지에서 조세만 거둘 수 있었어요. ① 신문왕은 인재를 양성하기 위해 국학을 설립하여 유학을 교육하였어요.

오답 피하기

② 신라 진흥왕은 대가야를 정복하여 낙동강 서쪽을 장악하였어요.
③ 통일 신라 원성왕은 인재를 선발하기 위해 독서삼품과를 실시하였어요.
④ 통일 신라 헌덕왕은 김헌창이 자신의 아버지 김주원이 왕이 되지 못한 것에 불만을 품고 난을 일으키자 토벌대를 보내 반란 세력을 진압하였어요.

062 신라 말의 상황

정답 ①

정답 잡는 키워드

혜공왕 이후 잦은 왕위 쟁탈전으로 통치 질서가 어지러워지고 나라 살림이 어려워짐, 장보고, 진성 여왕, 원종, 애노 > 신라 말

신라는 8세기 후반 어린 나이에 즉위한 혜공왕이 진골 귀족의 반란에 시달리다 살해된 이후 마지막 경순왕까지 150여 년 동안 20명의 왕이 바뀌는 등 치열한 왕위 쟁탈전이 벌어져 중앙 정치가 혼란하고 통치 질서도 무너져 갔어요. 진골 귀족의 왕위 쟁탈전으로 인해 왕권이 약해지면서 ① 김헌창의 난 등 지방에서 반란이 일어나기도 하였어요. 김헌창의 난은 헌덕왕 때 웅천주 도독 김헌창이 자신의 아버지 김주원이 왕위에 오르지 못한 것에 불만을 품고 일으킨 반란이에요. 중앙 정치가 혼란한 가운데 자연재해가 자주 일어나고 귀족의 수탈도 심해져 백성의 생활이 더욱 힘들어졌어요. 이러한 상황이 극에 달한 9세기 말 진성 여왕 때에는 중앙 정부가 세금을 독촉하자 농민의 분노가 폭발하여 원종과 애노의 난을 비롯한 농민 봉기가 전국 각지에서 일어났어요.

오답 피하기

② 고려 인종 때 왕실과 중첩된 혼인 관계를 맺어 권력을 장악한 이자겸이 척준경과 함께 반란을 일으켰으나 실패하였어요.
③ 고려 무신 집권기에 지배층의 수탈과 무거운 세금 부담으로 살기가 어려워진 하층민의 봉기가 각지에서 일어났어요. 경상도 지역에서는 김사미와 효심의 주도로 봉기가 일어났어요.
④ 고려 무신 집권기에 공주 명학소의 주민들이 과도한 세금과 지배층의 가혹한 수탈에 저항하여 망이·망소이 형제를 중심으로 봉기를 일으켰어요.

063 신라 말의 상황

정답 ②

정답 잡는 키워드

원종과 애노 등이 사벌주에서 반란, 적고적 > 신라 말

8세기 후반 혜공왕이 피살된 이후 시작된 신라 말의 왕위 다툼은 150년 동안 이어졌어요. 진골 귀족들의 치열한 왕위 쟁탈전으로 통치 질서가 무너지고 사회는 극심한 혼란에 빠졌어요. 귀족들의 수탈도 심해져 농민의 삶은 더욱 힘들어졌습니다. 이러한 혼란 상황은 9세기 말 진성 여왕 때 극에 달하였어요. 진성 여왕 때 국가 재정이 바닥이 나자 중앙 정부가 고통에 시달리는 농민들에게 무리하게 세금을 독촉하였어요. 이에 사벌주(지금의 상주)에서 원종과 애노가 봉기를 일으켰고, 이를 시작으로 전국 각지에서 농민들이 봉기하였어요. 이 중에는 신라의 수도인 경주 서남쪽 방면까지 진격할 정도로 기세를 올린 봉기도 있었는데, 봉기 세력이 붉은색 바지를 입었다고 하여 적고적의 난이라고도 불렸어요. 따라서 자료를 활용한 탐구 주제로 가장 적절한 것은 ② 신라 말의 사회 동요입니다.

오답 피하기

① 백제는 침류왕 때 동진에서 온 승려 마라난타를 통해 불교를 받아들였어요.
③ 고구려 멸망 이후 고연무, 검모잠 등이 고구려 부흥 운동을 전개하였어요.
④ 삼국의 문화는 일본에 전파되어 아스카 문화가 형성되는 데 크게 영향을 미쳤어요.

064 신라 말의 농민 봉기

정답 ①

정답 잡는 키워드

(가) 헌덕왕, 김헌창이 반란을 일으킴 > (가) 김헌창의 난(822)
(나) 진성왕, 최치원이 시무 10여 조를 올림 > (나) 894년

(가) 신라 말 진골 귀족 간에 왕위 쟁탈전이 이어지는 가운데 김헌창의 난이 일어났어요. 헌덕왕 때 김헌창은 자신의 아버지 김주원이 왕이 되지 못한 것에 불만을 품고 나라 이름을 '장안', 연호를 '경운'이라 하여 난을 일으켰어요. (나) 신라 말에 진골 귀족의 권력 다툼과 전국 각지에서 일어나는 농민 봉기로 사회 혼란이 계속되었어요. 이러한 상황 속에서 당에서 귀국하여 관직에 나와 있던 최치원이 진성 여왕에게 시무 10여 조의 개혁안을 건의하였어요. 그러나 진골 귀족들의 반대로 개혁은 시행되지 못하였어요. 따라서 신라 말 김헌창의 난(822)과 최치원의 시무 10여 조 건의(894) 사이의 시기에 있었던 사실을 찾으면 됩니다.
① 9세기 말 진성 여왕 때 중앙 정부가 무리하게 세금을 독촉하자 사벌주에서 원종과 애노가 봉기(889)하였어요.

오답 피하기

② 7세기 통일 신라 신문왕은 즉위 직후 김흠돌이 도모한 반란을 진압하고 반란 모의에 참여한 진골 귀족을 숙청하여 왕권을 강화하였어요(681).
③ 6세기 신라 지증왕은 이사부를 보내 우산국을 복속시켰어요(512).
④ 7세기 고구려 영양왕 때 을지문덕이 이끄는 고구려군은 살수에서 수의 군대를 크게 격파하였어요(살수 대첩, 612).

065 신라 말의 사회 모습

정답 ④

정답 잡는 키워드

진성 여왕에게 10여 조의 개혁안을 올림 > 신라 말에 활동한 최치원

진성 여왕에게 10여 조의 개혁안을 올렸다는 내용을 통해 밑줄 그은 '그'가 최치원이며, 신라 말의 상황임을 알 수 있어요. 최치원은 신라 말에 활동한 6두품 출신 유학자입니다. 당에 건너가 외국인 대상의 과거 시험인 빈공과에 합격하여 그곳에서 관직 생활을 하였어요. 신라에 돌아온 후 혼란한 사회를 바로잡기 위해 진성 여왕에게 10여 조의 개혁안을 올렸으나 진골 귀족들의 반대에 부딪혀 개혁안이 시행되지 못하자 은둔 생활을 하였다고 전해집니다. 부산의 '해운대'라는 지명은 최치원의 호였던 '해운'에서 유래되었다고 합니다. ④ 신라 말에 중앙 정치가 혼란해지고 지방 통제력이 약화되자 지방에서 호족이 성장하였어요. 호족은 지방의 정치·군사·경제적 지배권을 장악하여 실질적으로 지방을 통치하였으며 스스로 성주, 장군을 칭하기도 하였어요. 대표적인 호족으로 장보고, 견훤, 궁예 등을 들 수 있어요.

오답 피하기

① 원 간섭기인 충렬왕 때 안향이 고려에 성리학을 처음 소개하였다고 전해져요.
② 금속 활자는 고려 시대부터 만들어졌어요. 기록상으로는 고려 후기에 간행된 "상정고금예문"이 최초의 금속 활자 인쇄본으로 알려져 있으나 현재 전해지지 않아요. 현재 남아 있는 세계에서 가장 오래된 금속 활자 인쇄본은 고려 말에 간행된 "직지심체요절"이에요.
③ 조선 후기에 사람들이 많이 모이는 장시 등에서 판소리 공연이 행해졌고 인기가 높았어요.

066 견훤의 활동

정답 ③

정답 잡는 키워드

아들 신검에 의해 금산사에 유폐, 왕건에게 의탁 > 견훤

아들 신검에 의해 금산사에 유폐되었으며, 탈출하여 왕건에게 의탁하였다는 내용을 통해 (가) 인물이 견훤임을 알 수 있어요. ③ 신라의 군인이었던 견훤은 농민 봉기가 확산되는 가운데 세력을 키워 완산주(지금의 전주)를 도읍으로 후백제를 건국하였어요. 후백제에서 왕위 계승을 둘러싸고 다툼이 일어나 견훤은 아들 신검에 의해 금산사에 갇혔다가 탈출하여 고려 태조 왕건에게 귀부하였어요.

오답 피하기

① 고려를 세운 왕건은 후대 왕들이 지키길 바라는 내용을 담은 훈요 10조를 남겼어요.
② 후고구려를 세운 궁예는 나라 이름을 '마진'으로 바꾼 뒤 철원으로 천도하였어요.
④ 신라의 마지막 왕이었던 경순왕 김부는 고려에 항복한 뒤 경주의 사심관으로 임명되었어요.

067 견훤의 활동

정답 ④

정답 잡는 키워드

후백제를 세움, 아들 신검에 의해 금산사에 유폐됨 > 견훤

후백제를 세웠으며, 아들 신검에 의해 금산사에 유폐되었다는 내용을 통해 밑줄 그은 '인물'이 견훤임을 알 수 있어요. 견훤은 상주 출신으로 신라의 군인이었는데, 신라 말의 혼란을 틈타 세력을 키운 후 완산주(지금의 전주)를 도읍으로 후백제를 건국하였어요(900). 이후 후백제에서 왕위 계승을 둘러싸고 다툼이 일어났을 때 견훤은 아들 신검에 의해 금산사에 갇혔다가 탈출하여 고려 태조 왕건에게 귀부하였어요. ④ 견훤의 후백제군은 지금의 대구 팔공산 일대에서 있었던 공산 전투에서 왕건의 고려군에 승리하였어요.

오답 피하기

① 장보고는 당에서 군인으로 활동하다가 신라 흥덕왕 때 신라로 돌아와 지금의 완도에 군사·무역 기지인 청해진을 설치하였어요.

② 후고구려를 세운 궁예는 나라 이름을 '마진'으로 바꾸고 철원으로 천도하였어요. 이후 다시 국호를 '태봉'으로 바꾸었어요.
③ 신라의 마지막 왕인 경순왕 김부는 고려에 항복하고 태조 왕건에 의해 경주의 사심관으로 임명되었어요.

068 궁예

정답 ②

정답 잡는 키워드

태봉, 철원성을 도읍으로 삼음 > 궁예

태봉을 세웠으며 철원성을 도읍으로 삼았다는 내용을 통해 (가)에 들어갈 인물이 ② 궁예임을 알 수 있어요. 송악(지금의 개성)에서 후고구려를 건국한 궁예는 나라 이름을 '마진'으로 바꾸고 철원으로 도읍을 옮겼어요. 이후 다시 국호를 '태봉'으로 고쳤어요. 궁예는 스스로 미륵불을 칭하며 정치를 하다 민심을 잃고 결국 신하들에 의해 왕위에서 쫓겨났어요.

오답 피하기

① 견훤은 완산주(지금의 전주)를 도읍으로 후백제를 건국하였어요.
③ 온조는 한강 유역의 위례성에서 백제를 건국하였어요.
④ 주몽은 졸본을 도읍으로 고구려를 건국하였어요.

069 후고구려의 정치 기구

정답 ③

정답 잡는 키워드

궁예가 수도를 철원으로 옮김 > 후고구려

궁예가 수도를 철원으로 옮겼다는 내용을 통해 밑줄 그은 '국가'가 후고구려임을 알 수 있어요. 송악(지금의 개성)에서 후고구려를 건국한 궁예는 나라 이름을 '마진'으로 바꾼 뒤 철원으로 수도를 옮겼어요. 그러고 나서 다시 국호를 '태봉'으로 바꾸었습니다. ③ 후고구려를 세운 궁예는 광평성을 비롯한 여러 정치 기구를 마련하여 중앙 정치 조직을 정비하였어요.

오답 피하기

① 통일 신라 원성왕은 유교 경전의 이해 수준 정도를 평가하여 관리 선발에 활용하는 독서삼품과를 실시하였어요.
② 고려 성종은 최승로의 건의를 받아들여 전국의 주요 지역에 12목을 설치하고 지방관을 파견하였어요.
④ 고구려는 당의 침입에 대비하여 부여성에서 비사성에 이르는 지역에 천리장성을 쌓았어요. 한편, 고려도 거란의 3차 침입을 물리친 뒤에 압록강에서 도련포에 이르는 국경 지역에 천리장성을 쌓았어요.

070 고려의 후삼국 통일 과정

정답 ④

정답 잡는 키워드

견훤이 귀부를 청함 > 935년

927년에 견훤의 후백제군은 왕건의 고려군과 공산(지금의 대구)에서 전투를 벌여 이겼어요. 그러나 930년에는 고려군이 고창(지금의 안동)에서 후백제군을 상대로 크게 승리하였고 후삼국 간 경쟁에서 주도권을 갖게 되었어요. 935년에 후백제의 왕위 계승을 둘러싼 다툼 과정에서 견훤이 아들 신검에 의해 금산사에 갇혔다가 탈출하여 고려에 귀부하였고, 힘이 약해진 신라의 경순왕도 더 이상 나라를 유지하기 어렵다고 판단하고 고려에 항복하였어요. 936년에 왕건의 고려군은 신검의 후백제군을 맞아 일리천 전투에서 승리한 뒤 후백제를 멸망시키고 후삼국을 통일하였어요.
따라서 연표에서 견훤이 고려에 귀부한 시기는 공산 전투와 후삼국 통일 사이인 ④ (라)입니다.

071 고려의 후삼국 통일 과정

정답 ③

정답 잡는 키워드

(가) 공산에서 당한 패배를 고창에서 설욕 > (가) 고창 전투(930)
(나) 국호를 고려라 함 > (나) 고려 건국(918)
(다) 일리천에서 신검의 군대 격파 > (다) 일리천 전투(936)

(가) 후삼국 간 경쟁에서 먼저 우위를 차지한 후백제의 압박에 시달리던 신라가 고려와 연합하여 후백제에 대항하려고 하였어요. 그러자 후백제의 견훤이 신라 경주를 공격하여 경애왕을 죽게 하고 경순왕(김부)을 세웠어요. 후백제군은 돌아가는 길에 신라의 지원 요청을 받고 출병한 왕건의 고려군과 공산(지금의 대구 팔공산)에서 전투를 벌여 승리하였어요(927). 이후 왕건의 고려군이 호족들의 도움을 받아 고창(지금의 안동)에서 후백제군을 상대로 승리하여 삼국 간 경쟁에서 주도권을 차지하게 되었습니다(고창 전투, 930).
(나) 후고구려를 세운 궁예가 잘못된 정치를 펴자 신하들이 궁예를 몰아내고 왕건을 왕위에 올렸어요. 왕건은 나라 이름을 '고려', 연호를 '천수'라 하였습니다(고려 건국, 918). 그리고 이듬해 송악(개경)으로 수도를 옮겼어요.
(다) 고창 전투로 국력이 크게 쇠약해진 후백제에서는 왕위 계승을 둘러싸고 견훤과 그 아들들 간에 갈등이 생겼어요. 급기야 견훤은 큰아들 신검에 의해 금산사에 갇혔다가 고려의 왕건에게 투항하였어요(935). 이후 왕건은 견훤과 함께 후백제 공격에 나섰고, 일리천 전투에서 신검의 후백제 군대를 격파하고 이어 후삼국 통일을 이루었어요(936).
따라서 옳은 순서는 ③ (나)-(가)-(다)입니다.

5 발해

기출문제 풀어 보기 > 본책 032~034쪽

072 ① 073 ③ 074 ④ 075 ③ 076 ④ 077 ②
078 ① 079 ④

072 발해

정답 ①

정답 잡는 키워드

해동성국, 유득공 선생을 만나 역사가 후세에 전해짐 > 발해

'해동성국'과 유득공 선생을 만나 역사가 후세에 전해졌다는 내용을 통해 (가) 국가가 발해임을 알 수 있어요. 발해는 9세기에 전성기를 형성하였는데, 이 무렵에 중국으로부터 '바다 동쪽의 융성한 나라'라는 뜻의 '해동성국'이라고 불리기도 하였어요. 조선 후기에 실학자 유득공은 "발해고"에서 발해의 역사를 본격적으로 다루었으며 통일 신라와 발해를 가리켜 '남북국'이라는 용어를 처음으로 사용하였어요. ① 발해는 고구려 장수 출신 대조영이 698년에 고구려 유민과 말갈인을 이끌고 동모산 부근에서 건국한 나라입니다.

오답 피하기

② 고구려는 보장왕 때 안시성에서 당 태종이 이끄는 군대를 물리쳤어요(안시성 전투, 645).
③ 집사부는 신라의 최고 행정 기구로, 왕의 명령을 전달하고 국가의 기밀 사무를 담당하였어요. 집사부의 장관은 중시 또는 시중이라고 불렸어요.
④ 후고구려를 세운 궁예는 나라 이름을 '마진', '태봉'이라고 바꾸었으며, '무태', '성책' 등의 독자적 연호를 사용하였어요.

073 발해의 발전 과정

정답 ③

정답 잡는 키워드

해동성국, 대조영이 건국, 상경 용천부 > 발해

'해동성국'이라 불렸으며 대조영이 건국하였다는 내용과 '상경 용천부'를 통해 발해에 관한 다큐멘터리 기획안임을 알 수 있어요. 고구려 장수 출신 대조영은 고구려 유민과 말갈인을 이끌고 동모산 부근에서 발해를 건국하였어요. 발해는 전성기에 중국으로부터 '바다 동쪽의 융성한 나라'라는 뜻에서 '해동성국'이라고 불리기도 하였어요. 발해의 5경 중 하나인 상경 용천부는 문왕이 수도로 정하여 중경 현덕부에서 옮겨온 이후부터 잠시 동경 용원부로 천도하였던 시기를 제외하고는 멸망할 때까지 발해의 수도였어요. ③ 발해 무왕은 장문휴를 보내 당의 등주를 공격하였어요.

오답 피하기

① 조선 세종 때 김종서는 두만강 유역의 여진을 몰아내고 6진을 개척하였어요.
② 몽골이 고려를 침입하였을 때 김윤후는 처인성에서 부곡민을 이끌고 싸워 몽골군을 물리쳤어요.
④ 흥선 대원군 집권 시기에 프랑스군이 강화도를 침략하여 병인양요가 일어났어요. 이때 양헌수가 이끄는 조선군이 정족산성에서 프랑스군을 물리쳤어요.

074 발해 무왕의 업적

정답 ④

발해 무왕 대무예의 업적을 묻는 문항이에요. 대조영의 뒤를 이어 즉위한 무왕은 '인안'이라는 독자적인 연호를 사용하였어요. 또 여러 말갈족을 복속시켜 영토를 넓히고 당에 대한 강경한 입장을 취하였어요. 이에 당이 흑수 말갈과 신라를 이용하여 발해를 견제하자 무왕은 돌궐, 일본 등과 친선 관계를 맺어 대응하는 한편, ④ 장문휴를 보내 당의 산둥반도에 있는 등주를 공격하였어요.

오답 피하기

① 고려 말에서 조선 초에 왜구가 해안 지역에 침략하여 약탈하는 일이 잦았어요. 이에 여러 차례 왜구의 근거지인 대마도(쓰시마섬)를 정벌하였는데, 고려 창왕 때 박위의 대마도 정벌과 조선 세종 때 이종무의 대마도 정벌이 대표적이에요.
② 조선 세종 때 최윤덕과 김종서가 북쪽의 여진을 정벌하고 4군 6진을 개척하였어요.
③ 고려 예종 때 윤관이 별무반을 이끌고 여진을 정벌한 후 동북 9성을 축조하였어요. 그러나 여진의 요청으로 1년여 만에 동북 9성을 여진에 돌려주었어요.

075 발해

정답 ③

정답 잡는 키워드

대조영의 아들인 무왕, 장문휴에게 명령하여 당의 등주 공격 > 발해

대조영의 아들인 무왕이 장문휴에게 명령하여 당의 등주를 공격하였다는 내용을 통해 (가) 국가가 발해임을 알 수 있어요. 무왕은 대조영의 뒤를 이어 즉위한 발해의 제2대 왕으로, 당에 대해 강경한 입장을 취하였어요. 이에 당이 흑수 말갈과 신라를 이용하여 발해를 견제하자 무왕은 장문휴를 보내 당의 등주를 공격하였어요. ③ 발해는 전성기에 중국으로부터 '바다 동쪽의 융성한 나라'라는 뜻에서 '해동성국'이라 불리기도 하였어요.

오답 피하기

① 발해는 대조영이 고구려 유민과 말갈인을 이끌고 동모산 부근에서 세운 나라입니다. 백제는 마한의 소국 중 하나로 출발하였지만 한강 유역을 발판으로 빠르게 성장하였어요.
② 신라는 지방 세력을 견제하기 위해 지방 세력가나 그 자제를 일정 기간 수도에 머무르게 하는 상수리 제도를 실시하였어요.
④ 고려 광종은 '광덕', '준풍' 등의 독자적인 연호를 사용하였어요.

076 발해의 특징

정답 ④

정답 잡는 키워드

고구려 문화의 영향을 받음, 해동성국 > 발해

고구려 문화의 영향을 받았으며 전성기에 '해동성국'이라 불렸다는 내용 등을 통해 밑줄 그은 '이 국가'가 발해임을 알 수 있어요. 고구려 장수 출신 대조영은 고구려 유민과 말갈인을 이끌고 동모산 부근에서 발해를 세웠어요. 온돌 장치, 이불병좌상, 돌사자상, 치미 등을 통해 발해가 고구려 문화의 영향을 받았음을 알 수 있어요. 발해는 선왕 때 연해주에서 요동 지방에 이르는 영토를 확보하여 옛 고구려 영토의 대부분을 차지하였어요. 이후 중국으로부터 '바다 동쪽의 융성한 나라'라는 뜻에서 '해동성국'이라고 불리기도 하였어요. ④ 발해는 독자적인 연호를 사용하여 당과 대등하다는 의식을 드러냈어요. '인안'은 무왕 때, '대흥'은 문왕 때 사용된 연호입니다.

오답 피하기

① 신라는 지방 세력을 견제하기 위해 상수리 제도를 실시하였어요.
② 통일 신라는 전국을 9주로 나누고 주요 지역에 5소경을 설치해 9주 5소경의 지방 행정 제도를 갖추었어요.
③ 고구려는 귀족들이 참가하는 제가 회의에서 국가의 중대사를 결정하였어요.

077 발해의 중앙 정치 조직

정답 ②

정답 잡는 키워드

고구려 계승, 선왕 때 최대 영토 확보, 해동성국 > 발해

고구려를 계승하였으며 선왕 때 요동에서 연해주에 이르는 최대 영토를 확보하였고 당으로부터 '해동성국'이라 불렸다는 내용 등을 통해 (가) 국가가 발해임을 알 수 있어요. 발해는 고구려 장수 출신 대조영이 고구려 유민과 말갈인을 이끌고 동모산 부근에서 세운 나라입니다. 발해는 일본에 보낸 외교 문서에서 스스로를 '고려(고구려)', '고려 국왕'이라고 표현하며 고구려 계승 의식을 표방하였어요. 선왕 때는 옛 고구려 영토의 대부분을 차지하여 전성기를 누렸고, 당으로부터 '해동성국'이라고 불리기도 하였어요. ② 발해는 문왕 때 당의 문물을 받아들여 중앙 정치 조직을 3성 6부로 정비하였어요.

오답 피하기

① 고조선은 한 무제의 침입을 받아 기원전 108년에 왕검성이 함락되어 멸망하였어요.
③ 백제에서는 귀족들이 정사암에 모여 재상을 선출하고 나랏일을 논의하였어요.
④ 신라는 진흥왕 때 화랑도를 국가적인 조직으로 개편하여 많은 인재를 양성하였어요.

078 발해

정답 ①

정답 잡는 키워드

중대성, 사절단에 고구려 왕족 성씨인 고씨가 다수 포함 > 발해

'중대성'과 사절단에 고구려 왕족 성씨인 고씨가 다수 포함되었다는 내용을 통해 (가) 국가가 발해임을 알 수 있어요. 발해는 3성 6부의 조직

을 중심으로 중앙 행정을 운영하였어요. 중대성은 정당성, 선조성과 함께 발해의 3성을 이루었으며, 왕이 내리는 명령과 법령의 기초를 만들고 왕의 명령을 전달하는 일을 담당하였어요. ① 발해는 대조영이 고구려 유민과 말갈인 등을 이끌고 동모산 부근에서 건국한 나라입니다. 지배층의 대부분이 고구려인이었고, 고구려 왕족의 성씨인 고씨가 지배층에 다수 포함되었어요.

오답 피하기

② 신라 흥덕왕 때 장보고는 지금의 완도에 군사 기지인 청해진을 설치하고 해적들을 소탕하였어요. 이후 청해진을 중심으로 해상 무역을 주도하였어요.
③ 부여에서는 왕이 중앙을 다스리고, 마가, 우가, 저가, 구가의 여러 가(加)들이 별도로 사출도를 주관하였어요.
④ 고려 태조는 호족 세력을 견제하고 지방 통치를 보완하기 위해 지방 호족의 자제를 수도에 머무르게 하는 기인 제도를 실시하였어요.

079 발해의 지방 행정 제도

정답 ④

정답 잡는 키워드

해동성국, 상경성 > 발해

'해동성국'과 '상경성'을 통해 (가) 국가가 발해임을 알 수 있어요. 발해는 정치·군사적으로 중요한 지역에 상경 용천부, 동경 용원부, 중경 현덕부, 서경 압록부, 남경 남해부 등 5경을 두고 여러 교통망을 정비하였어요. 제3대 국왕인 문왕은 5경 중 하나인 상경으로 도읍을 옮기고 당의 장안성을 본떠 상경성을 건설하였어요. 이후 선왕 때 전성기를 이룬 발해는 당으로부터 '바다 동쪽의 융성한 나라'라는 뜻에서 '해동성국'이라고 불리기도 하였습니다. ④ 발해는 넓은 영토를 효율적으로 다스리기 위해 5경 15부 62주의 지방 행정 제도를 갖추었어요.

오답 피하기

① 고구려는 지방에 글과 활쏘기를 가르치는 경당을 두었어요.
② 백제에서는 귀족들이 정사암에 모여 국가 중대사를 결정하였어요.
③ 통일 신라 시기에 장보고는 지금의 완도에 청해진을 설치하고 해적을 소탕한 후 이곳을 중심으로 해상 무역을 주도하였어요.

6 경제와 사회

기출문제 풀어 보기 > 본책 034~035쪽

080 ④ 081 ④ 082 ① 083 ② 084 ③

080 신라 촌락 문서

정답 ④

일본 도다이사 쇼소인에서 발견된 신라 촌락 문서(민정 문서)에는 지금의 청주 지역인 서원경에 속한 촌을 비롯해 4개 촌락의 토지 종류와 면적, 가구와 인구수, 소와 말의 수, 나무의 종류와 수 등 경제 상황이 기록되어 있어요. ④ 신라 촌락 문서에 기록된 정보들은 신라 정부가 노동력을 동원하고 세금을 거두는 데 활용되었을 것으로 보여요.

오답 피하기

① 신라 촌락 문서에는 단군의 건국 이야기가 수록되어 있지 않아요. 단군의 건국 이야기가 수록된 역사서로는 "삼국유사", "제왕운기" 등이 있어요.
② 병인양요 때 프랑스군은 퇴각하면서 강화도의 외규장각에 보관 중이던 의궤를 비롯한 수많은 도서를 약탈해 갔어요.
③ 신라 촌락 문서는 유네스코 세계 기록 유산으로 등재되지 않았어요. 유네스코 세계 기록 유산으로 등재된 우리나라 문화유산으로는 "직지심체요절", "조선왕조실록", "난중일기", "동의보감" 등이 있어요.

081 신라의 경제 상황

정답 ④

정답 잡는 키워드

민정 문서라고도 불리는 촌락 문서 > 신라

'민정 문서라고도 불리는 촌락 문서' 등을 통해 (가) 국가가 신라임을 알 수 있어요. 일본에서 발견된 신라 촌락 문서에는 마을의 크기, 논밭의 종류와 넓이, 인구수, 소와 말의 수, 나무의 종류와 수 등이 기록되어 있어요. 세금을 거두고 노동력을 동원하기 위해 이 문서를 작성한 것으로 보여요. ④ 신라는 지증왕 때 수도 금성에 시장인 동시와 이를 감독하기 위한 기구로 동시전을 설치하였어요.

오답 피하기

① 고려 시대에 은으로 만든 은병이라는 고액 화폐가 발행되었어요. 은병은 주둥이 부분이 넓어서 활구라고도 불렸어요.
② 조선 후기에 고추, 담배 등이 시장에 내다 팔기 위한 상품 작물로 재배되었어요.
③ 조선 후기에 대동법이 시행되면서 관청에 물품을 조달하는 공인이 활동하였어요.

082 통일 신라의 대외 교역

정답 ①

통일 신라의 대외 교역을 묻는 문항입니다. 통일 신라는 당과의 교역이 활발하여 당의 산둥반도 일대에는 신라인의 거주지인 신라방과 신라촌이 조성되었으며, 신라소(관청), 신라관(숙소), 신라원(사찰) 등이 설치되었어요. 이 시기에 수도 금성 근처의 울산항이 국제 무역항으로 번성하였는데, 신라 상인들은 이곳에서 당을 비롯하여 아라비아 등 여러 나라 상인과 왕래하였습니다. ① 통일 신라 시기인 9세기 전반에 장보고는 지금의 완도에 청해진을 설치하여 해적을 소탕하고 당, 일본과의 해상 무역을 주도하였어요.

오답 피하기

② 조선은 북쪽 국경 지대에 무역소를 설치하여 여진과 교역하였어요.
③ 조선 후기에는 국경 지역에서 공무역인 개시와 사무역인 후시가 활발하게 이루어졌어요.
④ 삼한 가운데 변한과 이후 이 지역에서 성장한 가야는 철이 풍부하게 생산되어 낙랑과 왜에 철을 수출하였어요.

083 신라의 골품 제도

정답 ②

정답 잡는 키워드

신라, 진골이 아니면 승진에 제한이 있음, 집의 크기도 제한하고 있음 > 골품 제도

신라에서 큰 재주와 공이 있어도 진골이 아니면 승진에 제한이 있고 집의 크기도 제한하고 있다는 내용을 통해 (가)에 들어갈 제도가 ② 골품 제도임을 알 수 있어요. 신라의 골품 제도는 골품에 따라 올라갈 수 있는 관등의 상한이 정해져 있어 진골이 아니면 승진에 제한이 있었어요. 진골은 모든 관등에 오를 수 있었지만 다른 신분은 아무리 능력이 뛰어나도 골품에 따라 정해진 관등 이상은 올라갈 수 없었어요. 또한, 골품은 집의 크기, 옷차림, 수레의 크기 등 일상생활까지 제한하였어요.

오답 피하기

① 신라의 청소년 수양 단체인 화랑도는 화랑과 화랑을 따르는 낭도로 구성되었어요. 진흥왕은 인재를 양성하기 위해 화랑도를 국가적인 조직으로 개편하였어요.
③ 신라는 귀족 회의인 화백 회의에서 국가 중대사를 만장일치로 결정하였어요.
④ 신라는 지방 세력을 견제하기 위해 지방 세력가나 그 자제를 일정 기간 수도에 머무르게 하는 상수리 제도를 실시하였어요.

084 신라의 화백 회의

정답 ③

정답 잡는 키워드

골품제 > 신라

'골품제' 등을 통해 밑줄 그은 '이 국가'가 신라임을 알 수 있어요. 신라에는 골품제라는 신분 제도가 있었어요. 골품에 따라 오를 수 있는 관등의 범위가 정해져 있었고, 집의 크기, 옷의 색깔 등 일상생활까지 골품의 제한을 받았어요. ③ 신라는 귀족들이 참가하는 화백 회의에서 만장일치로 나라의 중요한 일을 결정하였어요.

오답 피하기

① 고구려는 고국천왕 때 빈민 구제를 위해 진대법을 실시하였어요.
② 부여는 12월에 영고라는 제천 행사를 열었어요.
④ 백제는 왕족인 부여씨를 비롯해 8성의 귀족이 지배층을 이루었어요.

7 문화

기출문제 풀어 보기 > 본책 036~041쪽

085 ①	086 ④	087 ④	088 ②	089 ③	090 ①
091 ③	092 ①	093 ②	094 ③	095 ①	096 ④
097 ①	098 ③	099 ①	100 ②	101 ④	102 ②

085 설총의 활동

정답 ①

정답 잡는 키워드

원효 대사의 아들, 화왕계, 이두 정리 > 설총

원효 대사의 아들이며 '화왕계'를 지었고 이두를 체계적으로 정리하였다는 내용을 통해 (가)에 들어갈 인물이 ① 설총임을 알 수 있어요. 설총은 원효 대사와 요석 공주 사이에서 태어난 아들로 알려져 있어요. 통일 신라 신문왕에게 도덕 정치를 강조한 '화왕계'를 지어 바쳤으며, 한자의 음과 훈을 빌려 우리말을 표기하는 이두를 정리하였어요.

오답 피하기

② 안향은 고려 말 원으로부터 성리학을 들여와 고려에 처음으로 소개하였다고 알려져 있어요.
③ 김부식은 고려 인종 때 관군을 이끌고 묘청의 난을 진압하였으며, 이후 왕명을 받아 기전체 형식의 역사서인 "삼국사기"를 편찬하였어요.
④ 최치원은 신라 6두품 출신으로, 당에 유학을 가서 외국인 대상의 과거 시험인 빈공과에 합격하였어요. 신라로 돌아온 후에 진성 여왕에게 개혁안으로 시무 10여 조를 올렸으나 진골 귀족들의 반대로 개혁은 실행되지 못하였어요.

086 최치원의 활동

정답 ④

정답 잡는 키워드

빈공과 합격, 당에서 황소에게 항복을 권하는 격문을 씀, 진성 여왕에게 개혁안을 올림 > 최치원

신라 말기에 활동한 인물로, 당의 빈공과에 합격하고 난을 일으킨 황소에게 항복을 권하는 격문을 썼으며 진성 여왕에게 개혁안을 올렸다는 내용을 통해 밑줄 그은 '이 인물'이 ④ 최치원임을 알 수 있어요. 신라 6두품 출신인 최치원은 당으로 건너가 외국인을 대상으로 한 과거 시험인 빈공과에 합격하여 관직 생활을 하였어요. 이때 난을 일으킨 황소에게 항복을 권하는 격문('토황소격문')을 써서 문장가로 이름을 날렸어요. 최치원은 신라로 귀국한 후 진성 여왕에게 개혁안으로 시무 10여 조를 올렸으나 진골 귀족들의 반발에 부딪혀 개혁이 실행되지 못하자 은둔 생활을 하였다고 전해집니다. 저서로는 "계원필경" 등을 남겼어요.

오답 피하기

① 강수는 신라의 유학자로, 글을 잘 짓기로 유명하였어요. 특히 외교 문서 작성에 능하여 당에 인질로 잡혀 있던 태종 무열왕의 아들 김인문의 석방을 요구하는 '청방인문표'를 지었어요.
② 설총은 신라의 유학자로, 한자의 음과 훈을 빌려 우리말을 표기하는 이두를 체계적으로 정리하였으며 '화왕계'를 지어 신문왕에게 바쳤어요.
③ 김부식은 고려의 유학자로, 서경에서 묘청 등이 난을 일으키자 군사를 이끌고 난을 진압하였어요. 또 현재 남아 있는 우리나라에서 가장 오래된 역사서인 "삼국사기"의 편찬을 주도하였어요.

087 최치원의 활동

정답 ④

정답 잡는 키워드

6두품 출신, 당의 빈공과에 합격, 진성 여왕에게 시무책 10여 조를 올림 > 최치원

6두품 출신 학자로, 당의 빈공과에 합격해 관직에 올랐으며 진성 여왕에게 시무책 10여 조를 올렸다는 내용을 통해 퀴즈의 정답이 ④ 최치원임을 알 수 있어요. 최치원은 신라 6두품 출신으로, 당으로 유학을 가서 외국인 대상의 과거 시험인 빈공과에 합격하여 관직에 올랐으며, 황소의 난이 일어나자 '토황소격문(격황소서)'을 지어 문장가로 이름을 크게 알렸어요. 후에 신라로 돌아온 최치원은 혼란한 정치를 바로잡기 위해 진성 여왕에게 개혁안으로 시무책 10여 조를 올렸으나 진골 귀족들의 반대로 개혁은 실행되지 못하였어요.

오답 피하기

① 설총은 원효의 아들로, 신라 6두품 출신이에요. 한자의 음과 훈을 빌려 우리말을 표기하는 이두를 체계적으로 정리하였으며, 도덕 정치를 강조한 '화왕계'를 지어 신문왕에게 바쳤어요.
② 이사부는 신라 지증왕의 명에 따라 우산국을 정벌하였어요.
③ 이차돈은 신라 법흥왕 때 불교의 공인을 위해 순교한 인물이에요. 법흥왕은 이차돈의 순교를 계기로 불교를 공인하였어요.

088 원효의 활동

정답 ②

정답 잡는 키워드

일심 사상 주장, 무애가, 대승기신론소 저술 > 원효

일심 사상을 주장하였으며 '무애가'를 지어 불러 불교 대중화에 기여하고 "대승기신론소" 등을 저술하였다는 내용을 통해 (가) 인물이 원효임을 알 수 있어요. 원효는 신라의 승려로, 일심 사상과 화쟁 사상을 통해 종파 간의 사상적 대립을 해소하기 위해 노력하였어요. 또 일반 백성이 불교 교리를 쉽게 받아들일 수 있도록 큰 박을 들고 다니면서 '무애가'라는 노래를 지어 불러 불교의 대중화에 기여하였어요. ② 원효는 "대승기신론소", "십문화쟁론", "금강삼매경론"을 저술하는 등 불교 교리 연구에 힘썼어요.

오답 피하기

① 신라의 승려 원광은 화랑도의 행동 규범으로 세속 5계를 제시하였어요.
③ 고려의 승려 지눌은 참선과 노동에 힘쓸 것을 강조하며 수선사 결사를 제창하여 불교계를 개혁하고자 하였어요.
④ 신라의 승려 의상은 영주 부석사, 양양 낙산사 등 많은 사찰을 건립하였다고 합니다.

089 의상의 활동

정답 ③

정답 잡는 키워드

화엄종 개창, 부석사 건립, 관음 신앙 강조 〉 의상

화엄종을 개창하고 부석사를 건립하였으며 관음 신앙을 강조하였다는 내용을 통해 (가)에 들어갈 인물이 ③ 의상임을 알 수 있어요. 의상은 당에서 화엄종을 공부하고 돌아와 '모든 존재는 서로 의존하여 조화를 이룬다'는 화엄 사상을 설파하고 신라 화엄종을 개창하였어요. 또 부석사, 낙산사 등 여러 사찰을 창건하고, 관세음보살에 의지하여 현세의 고난에서 구제받고자 하는 관음 신앙을 강조하였어요.

오답 피하기

① 신라의 승려 원광은 화랑이 지켜야 할 규범으로 세속 5계를 제시하였어요.
② 신라의 승려 원효는 나무아미타불만 외우면 누구나 극락에 갈 수 있다고 주장하였으며, 일반 백성이 쉽게 불교 교리를 받아들일 수 있도록 '무애가'를 지어 부르는 등 불교 대중화에 기여하였어요.
④ 조선의 승려 유정(사명 대사)은 임진왜란 당시 승병을 이끌고 일본군에 맞서 싸웠으며, 평양성을 탈환하는 데 공을 세웠어요. 임진왜란이 끝난 후에는 일본에 파견되어 전쟁 때 잡혀간 조선인들을 데리고 돌아오기도 하였어요.

090 원효와 의상의 활동

정답 ①

정답 잡는 키워드

(가) 일심 사상 주장, 대승기신론소 저술 〉 (가) 원효
(나) 화엄일승법계도 저술, 부석사 창건 〉 (나) 의상

(가) 인물은 일심 사상을 주장하였으며 "대승기신론소"를 저술하였다는 내용을 통해 원효임을 알 수 있어요. 원효는 일심 사상과 화쟁 사상을 주장하며 종파 간의 사상적 대립을 극복하고자 노력하였어요. (나) 인물은 '화엄일승법계도'를 짓고 부석사를 창건하였다는 내용을 통해 의상임을 알 수 있어요. 의상은 당에 가서 화엄종을 공부하고 신라로 돌아와 화엄 사상을 전하고 신라 화엄종을 개창하였어요. 또한, 부석사를 비롯해 많은 사찰을 건립하였다고 전해집니다. ① 원효는 일반 백성도 불교 교리를 쉽게 받아들일 수 있도록 '무애가'라는 노래를 지어 부르는 등 불교 대중화에 힘썼어요.

오답 피하기

② 고려의 승려 지눌은 수선사 결사를 제창하여 불교 개혁 운동을 전개하였어요.
③ 고려의 승려 의천은 '대각국사'라는 시호를 받았어요.
④ 고려의 승려 혜심은 심성의 도야를 강조한 유·불 일치설을 주장하였어요. 이는 장차 성리학을 받아들일 수 있는 사상적 토대가 되었어요.

091 금동 연가 7년명 여래 입상

정답 ③

정답 잡는 키워드

고구려의 불상, 연가 7년 〉 금동 연가 7년명 여래 입상

고구려의 불상으로, 뒷면에 '연가 7년'이라는 글자가 새겨져 있다는 내용을 통해 (가)에 들어갈 문화유산이 ③ 금동 연가 7년명 여래 입상임을 알 수 있어요. 금동 연가 7년명 여래 입상은 고구려의 승려들이 만든 불상으로, 불상 뒷면에 '연가 7년'이라는 글자가 새겨져 있어 제작 시기를 추정할 수 있어요.

오답 피하기

① 삼국 시대에 만들어진 금동 미륵보살 반가 사유상이에요. 삼국 시대에는 미륵보살 반가 사유상이 많이 만들어졌어요.
② 통일 신라 시대에 만들어진 석굴암 본존불상으로, 경주 석굴암의 중앙에 놓여 있어요.
④ 발해의 이불병좌상이에요. 두 부처가 나란히 앉아 있는 모습을 표현한 불상으로, 고구려 불상 양식의 영향을 받았어요.

092 신라의 문화유산

정답 ①

경주 남산 일대에 있는 신라의 불교 문화유산을 묻는 문항입니다. 경주는 신라가 건국된 이후부터 멸망할 때까지 약 천 년 동안 신라의 수도였어요. 그래서 경주에는 신라의 문화유산이 많이 남아 있는데, 그 가치를 인정받아 '경주 역사 유적 지구'로 유네스코 세계 유산에 등재되었어요. ① 경주 배동 석조 여래 삼존 입상은 신라 시대에 만들어진 불상으로, 어린아이 같은 천진난만한 표정으로 부처의 자비로움이 표현되었어요.

오답 피하기

② 논산에 있는 관촉사 석조 미륵보살 입상은 개성 있는 모습을 하고 있으며, 고려 시대의 불상 가운데 가장 큰 불상이에요.
③ 익산에 있는 미륵사지 석탑은 백제 무왕이 지은 미륵사에 세워진 석탑으로, 목탑 양식이 반영되어 있어요.
④ 평창에 있는 월정사 8각 9층 석탑은 고려 시대에 세워진 다각 다층탑이에요.

093 백제의 문화유산

정답 ②

정답 잡는 키워드

공주와 부여에 도읍했던 국가, 정림사지 오층 석탑, 석촌동 고분군, 무령왕릉 석수 〉 백제

공주와 부여에 도읍했던 국가라는 내용과 '정림사지 오층 석탑', '석촌동 고분군', '무령왕릉 석수'를 통해 (가)에 백제의 문화유산이 들어가야 함을 알 수 있어요. 고구려의 공격으로 수도 한성(지금의 서울)이 함락되고 개로왕이 죽자, 뒤를 이어 왕이 된 백제 문주왕은 지금의 공주 지역인 웅진으로 도읍을 옮겼어요. 이후 성왕 때 지금의 부여 지역인 사비로 도읍을 옮기고 국호를 '남부여'로 바꾸었습니다. 정림사지 5층 석탑은 부여, 석촌동 고분군은 서울에 있는 백제의 문화유산이며, 무령왕릉 석수는 공주 무령왕릉에서 발견되었어요. ② 익산 미륵사지 석탑은 백제 무왕 때 건립된 미륵사에 세워진 탑이에요. 목탑에서 석탑으로 넘어가는 과도기적인 모습이 반영되었어요.

오답 피하기

① 첨성대는 신라 선덕 여왕 때 축조된 천문 관측대로 알려져 있으며 경주에 있어요.
③ 고구려 고분인 무용총에는 수렵도, 무용도, 접객도 등의 벽화가 그려져 있어 이를 통해 당시의 생활 모습을 짐작해 볼 수 있어요.
④ 성덕 대왕 신종은 통일 신라의 문화유산으로, 경덕왕이 아버지 성덕왕을 기리기 위해 만들기 시작하였어요. 경덕왕의 아들인 혜공왕 때 완성된 성덕 대왕 신종은 현재 남아 있는 우리나라에서 가장 큰 종이에요.

094 부여의 문화유산

정답 ③

정답 잡는 키워드

백제의 수도, 사비 〉 부여

백제의 수도였으며 사비로 불렸던 지역은 지금의 충청남도 부여군입니다. 백제는 고구려 장수왕에게 수도 한성이 함락되자 지금의 공주 지역인 웅진으로 도읍을 옮겼어요. 이후 성왕 때 지금의 부여 지역인 사비로 도읍을 옮기고 국호를 '남부여'로 바꾸었어요. ③ 부여 정림사지 오층 석탑은 백제 사비 시기에 축조되었어요.

오답 피하기

① 서울 풍납동 토성은 백제 한성 시기의 도성으로 추정되는 곳으로, 동전무늬 수막새 등이 출토되었어요.

② 경주에 있는 석굴암 본존불상은 통일 신라 시대에 조성되었어요.
④ 신라의 고분인 경주 호우총에서 출토된 호우총 청동 그릇이에요. 신라와 고구려 사이의 정치적 관계를 살펴볼 수 있는 유물이에요.

095 경주 불국사 3층 석탑

정답 ①

정답 잡는 키워드

경주 불국사, 3층의 탑신, 무구정광대다라니경 발견 > 경주 불국사 3층 석탑

경주 불국사에 있으며 3층의 탑이고 무구정광대다라니경이 발견되었다는 내용을 통해 학생들이 공통으로 이야기하는 문화유산이 ① 경주 불국사 3층 석탑임을 알 수 있어요. 신라의 사찰인 경주 불국사 대웅전 앞에는 불국사 3층 석탑(석가탑)과 다보탑이 있어요. 경주 불국사 3층 석탑은 2층 기단 위에 3층의 탑신을 세우고 그 위에 상륜부를 조성한 통일 신라의 전형적인 석탑 양식을 보여 줍니다. 경주 불국사 3층 석탑을 보수하는 과정에서 현재 남아 있는 세계에서 가장 오래된 목판 인쇄물인 무구정광대다라니경이 발견되었어요.

오답 피하기

② 부여 정림사지 5층 석탑은 목탑 양식이 남아 있는 백제 석탑이에요. 당의 장수 소정방이 침공하여 백제를 정벌한 후 자신의 공을 기념하는 글을 탑신에 새기게 하였어요. 이런 이유로 이 탑은 '평제탑'이라고도 불렸어요.
③ 경주 분황사 모전 석탑은 돌을 벽돌 모양으로 다듬어 쌓은 탑으로, 신라 선덕 여왕 때 건립되었어요.
④ 익산 미륵사지 석탑은 백제의 대표적인 불탑이며, 목탑에서 석탑으로 넘어가는 과도기적 모습이 반영되었어요.

096 무구정광대다라니경

정답 ④

정답 잡는 키워드

경주 불국사 삼층 석탑에서 발견, 현존하는 세계에서 가장 오래된 목판 인쇄물 > 무구정광대다라니경

경주 불국사 3층 석탑에서 발견되었으며 현존하는 세계에서 가장 오래된 목판 인쇄물이라는 내용을 통해 퀴즈의 정답이 ④ 무구정광대다라니경임을 알 수 있어요. 경주 불국사 3층 석탑을 보수하던 중에 탑 몸체 부분에서 무구정광대다라니경이 발견되었어요. 무구정광대다라니경은 8세기 무렵에 간행된 것으로 보이며, 현재 남아 있는 세계에서 가장 오래된 목판 인쇄물이에요.

오답 피하기

① 고려는 부처의 힘으로 몽골의 침입을 이겨 내고자 하는 염원을 담아 팔만대장경을 조성하였어요. 팔만대장경판은 현재 합천 해인사 장경판전에 보관되어 있어요.
② 신라의 승려 혜초는 인도와 중앙아시아를 다녀온 뒤 이 지역의 풍물을 기록한 "왕오천축국전"을 남겼어요.
③ "직지심체요절"은 고려 말에 청주 흥덕사에서 금속 활자로 인쇄되었으며, 현재 남아 있는 세계에서 가장 오래된 금속 활자 인쇄본으로 공인받고 있어요.

097 경주 감은사지

정답 ①

정답 잡는 키워드

신문왕이 아버지 문무왕에 이어 완성, 절의 이름을 선왕의 은혜에 감사하는 마음을 담아 지음 > 경주 감은사지

신문왕이 아버지 문무왕에 이어 완성하였으며 절의 이름을 선왕의 은혜에 감사하는 마음을 담아 지었다는 내용을 통해 일기의 소재가 된 유적이 감은사 절터인 ① 경주 감은사지임을 알 수 있어요. 신라 문무왕은 부처의 힘을 빌려 나라를 지키겠다는 마음에서 동해안에 절을 짓기 시작하였으나 생전에 완성하지 못하였어요. 아들 신문왕이 뜻을 이어 절을 완공하고 아버지 문무왕의 은혜에 감사하는 마음을 담아 절의 이름을 '감은사'라고 지었다고 합니다. 지금은 절터와 동, 서 양쪽에 통일 신라 석탑의 전형적인 양식을 보여 주는 3층 석탑이 남아 있어요.

오답 피하기

② 여주 고달사지는 통일 신라 시대에 창건되어 고려 시대에 크게 번성한 고달사의 터입니다. 고려 전기에 세워진 것으로 보이는 고달사지 승탑, 원종대사 탑비 등이 남아 있어요.
③ 원주 법천사지는 통일 신라 시대에 창건되어 고려 시대에 번창한 법천사의 터입니다. 지금은 절터와 지광국사 탑·지광국사 탑비 등이 남아 있어요.
④ 화순 운주사지는 각각 1천 기의 석불과 석탑이 있었다는 이야기가 전해지는 절터입니다. 현재는 석불과 석탑 수십여 기만 남아 있어요.

098 경주 불국사

정답 ③

정답 잡는 키워드

경주, 석가탑과 다보탑 > 경주 불국사

경주에 있으며 석가탑과 다보탑이 있다는 내용을 통해 (가)에 해당하는 문화유산이 ③ 경주 불국사임을 알 수 있어요. 불국사는 경주에 있는 신라의 사찰로, 8세기 중반에 김대성이 조성하였다는 이야기가 전해집니다. 불국사 대웅전 앞에는 석가탑(불국사 3층 석탑)과 다보탑이 나란히 서 있고, 이 외에도 부처의 세계와 현실 세계를 이어 주는 것을 상징하는 다리인 청운교와 백운교 등 많은 불교 문화유산이 있습니다.

오답 피하기

① 금산사는 전라북도 김제에 있어요. 후백제를 건국한 견훤이 큰아들 신검에 의해 갇혔던 절로 알려져 있습니다.
② 법주사는 충청북도 보은에 있어요. 조선 후기에 지어진 법주사 팔상전은 현재 우리나라에 남아 있는 유일한 목조 5층탑으로, 내부에 석가모니의 생애를 여덟 장면으로 그린 팔상도가 있어요.
④ 수덕사는 충청남도 예산에 있어요. 고려 후기에 건립된 주심포 양식의 대웅전이 유명합니다.

099 발해의 문화유산

정답 ①

정답 잡는 키워드

대조영, 해동성국 > 발해

'대조영', '해동성국' 등을 통해 자료에 해당하는 국가가 발해임을 알 수 있어요. 대조영은 고구려 유민과 말갈인을 이끌고 동모산 부근에서 발해를 건국하였어요. 이후 발해는 전성기에 중국으로부터 '바다 동쪽의 융성한 나라'라는 뜻에서 '해동성국'이라고 불리기도 하였어요. ① 영광탑은 발해의 탑으로, 벽돌을 쌓아 만든 전탑이에요. 건축 기법 등에서 당의 영향을 찾아볼 수 있어요.

오답 피하기

② 금관총 금관은 경주에 있는 신라 고분에서 출토된 신라 금관이에요. 신라의 수도였던 경주의 여러 고분에서 수 개의 금관과 금동관이 발견되었는데, 이를 통해 신라의 금세공 및 금속을 다루는 기술 수준이 높았음을 짐작할 수 있어요.
③ 백제 금동 대향로는 불교와 도교 사상이 반영된 백제의 문화유산으로, 부여 능산리 고분군 근처의 절터에서 출토되었어요.
④ 고령 지산동 고분군에서 출토된 판갑옷과 투구입니다. 가야는 풍부한 철광과 우수한 제철 기술을 가지고 있었어요.

100 가야의 문화유산

정답 ②

정답 잡는 키워드

철의 왕국, 고령 지산동 고분군, 김해 대성동 고분군 > 가야

'철의 왕국'과 '고령 지산동 고분군', '김해 대성동 고분군'을 통해 (가) 나라가 가야임을 알 수 있어요. 가야는 철기 문화가 발달한 낙동강 유역에서 성장하여 우수한 철기를 만들었어요. 대가야의 유적인 고령의 지산동 고분군에서는 철제 갑옷과 투구, 금동관 등 다양한 유물이 출토되었어요. 금관가야의 유적인 김해의 대성동 고분군에서는 철제 판갑옷 등이 출토되었어요. ② 부여 능산리 고분군 근처의 절터에서 출토된 백제 금동 대향로는 불교와 도교 사상이 반영된 백제의 문화유산입니다.

오답 피하기

① 대가야의 중심지였던 고령에서 출토된 가야 금관으로, 가야의 수준 높은 공예 기술을 보여 줍니다.
③ 말의 머리 부분을 보호하는 역할을 하는 가야의 말머리 가리개입니다. 철기 문화가 발달한 가야의 유적에서는 철로 제작된 판갑옷, 투구, 말머리 가리개 등이 많이 출토되었어요.
④ 도기 기마 인물형 뿔잔은 가야의 말갖춤과 무기 등을 짐작할 수 있게 해 주는 문화유산이에요.

101 칠지도

정답 ④

정답 잡는 키워드

백제가 왜에 보낸 것으로 알려진 문화유산 > 칠지도

백제가 왜에 보낸 것으로 알려진 문화유산이며 백제와 왜의 교류를 잘 보여 준다는 내용을 통해 (가)에 들어갈 문화유산이 ④ 칠지도임을 알 수 있어요. 백제의 칠지도는 칼날이 가지처럼 뻗어 있는 모양의 철제 칼이에요. 백제에서 만들어 왜에 보낸 것으로 알려져 있는데, 이를 통해 당시 백제와 왜의 교류를 알 수 있어요.

오답 피하기

① 고구려의 금동 연가 7년명 여래 입상은 불상의 뒷면에 '연가 7년'이라는 글자가 새겨져 있어 제작 시기를 추정할 수 있어요.
② 조선 시대에 만들어진 앙부일구는 해의 그림자로 시간을 측정하는 해시계입니다.
③ 고구려의 호우명 그릇(호우총 청동 그릇)은 경주에 있는 신라 고분 호우총에서 발견되었어요. 그릇의 밑바닥에 광개토 태왕을 나타내는 글자가 새겨져 있어 당시 고구려와 신라의 관계를 짐작할 수 있게 해 줍니다.

102 삼국 시대의 문화유산

정답 ②

삼국 시대의 문화유산을 묻는 문항입니다. 금관총 금관을 포함하여 신라의 고분에서 금관 여러 점이 발견되었는데, 이를 통해 신라의 금세공 기술이 높은 수준이었음을 알 수 있어요. 서산 용현리 마애 여래 삼존상은 서산 용현리 바위에 새겨진 백제의 불상으로, 얼굴 표정이 온화하고 부드러워 '백제의 미소'라고도 불립니다. ② 고려 초기에 만들어진 논산 관촉사 석조 미륵보살 입상은 개성 있는 모습을 하고 있으며, 고려 시대의 불상 가운데 가장 큽니다.

오답 피하기

① 고구려의 금동 연가 7년명 여래 입상은 불상 뒷면에 '연가 7년'이라는 연대가 새겨져 있어 제작 시기를 알 수 있어요.
③ 경주 천마총 장니 천마도는 신라 고분인 천마총에서 발견되었어요. 천마도는 말안장 양쪽에 달아 늘어뜨리는 장니(말다래)에 그려져 있는 그림이에요.
④ 장군총은 고구려 초기에 많이 만들어진 돌무지무덤 중 하나입니다. 중국 지린성 지안시에 있어요.

기출 선택지로 개념 다지기

> 본책 042~049쪽

1 (1) 고구려 (2) 백제 (3) 고구려 (4) 고구려 (5) 신라 (6) 신라 (7) 백제 (8) 고구려 (9) 백제
2 (1) ×(고구려 소수림왕) (2) ×(고구려 미천왕) (3) ×(고구려 영류왕~보장왕) (4) ○ (5) ○ (6) ×(고구려 영양왕 때 을지문덕) (7) ×(고구려 태조왕)
3 (1) ×(고구려 소수림왕) (2) ×(고구려 소수림왕) (3) ×(고구려 소수림왕) (4) ○ (5) ×(신라 진흥왕) (6) ×(고려 광종) (7) ×(백제) (8) ○
4 ㉠, ㉢, ㉡, ㉣
5 (1) ㉢ (2) ㉡ (3) ㉠
6 (1) ×(백제 문주왕) (2) ○ (3) ○ (4) ×(신라 진흥왕) (5) ×(백제 의자왕) (6) ○
7 ㉣, ㉡, ㉠, ㉢
8 (1) 법흥 (2) 법흥 (3) 법흥 (4) 지증 (5) 지증 (6) 법흥
9 (1) ×(신라 법흥왕) (2) ○ (3) ×(신라 진덕 여왕) (4) ○ (5) ○
10 ㉢, ㉡, ㉠, ㉣
11 (1) 거칠부 (2) 을지문덕 (3) 설총 (4) 연개소문 (5) 흑치상지 (6) 김춘추 (7) 이차돈 (8) 최치원 (9) 장보고
12 (1) ×(고조선) (2) ○ (3) ×(신라) (4) ○ (5) ×(발해) (6) ×(고려, 조선)
13 (1) ○ (2) ○ (3) ○ (4) ×(고구려) (5) ×(발해)
14 (1) ○ (2) ×(통일 신라 원성왕) (3) ×(통일 신라 헌덕왕) (4) ○ (5) ○
15 (1) ×(통일 신라 신문왕) (2) ×(신라 법흥왕) (3) ○ (4) ○ (5) ×(통일 신라 신문왕) (6) ×(7세기 중반) (7) ○
16 (1) 궁예 (2) 견훤 (3) 궁예 (4) 견훤 (5) 궁예
17 ㉢, ㉠, ㉡, ㉣, ㉤
18 (1) ○ (2) ○ (3) ×(고구려) (4) ×(신라) (5) ×(고구려) (6) ○ (7) ×(신라) (8) ○ (9) ×(신라) (10) ○
19 (1) ×(변한, 금관가야) (2) ○ (3) ×(발해) (4) ○ (5) ○ (6) ○
20 (1) 원효 (2) 원광 (3) 의상 (4) 의상 (5) 의상 (6) 원효 (7) 혜초
21 (1) ○ (2) ○ (3) ○ (4) ×(고구려) (5) ×(고구려) (6) ○
22 (1) ○ (2) ○ (3) ○ (4) ○ (5) ○ (6) ×(고구려)
23 (1) ○ (2) ○ (3) ○ (4) ×(발해) (5) ○ (6) ×(신라 고분에서 발견된 고구려의 청동 그릇)
24 (1) 백제 (2) 백제 (3) 신라 (4) 신라 (5) 신라 (6) 신라 (7) 신라 (8) 신라 (9) 발해 (10) 고구려 (11) 발해 (12) 신라 (13) 백제 (14) 신라

4 ㉠ 태학 설립(소수림왕) – ㉢ 신라에 침입한 왜 격퇴(광개토 태왕) – ㉡ 평양 천도(장수왕) – ㉣ 살수 대첩(영양왕)의 순서입니다.

7 ㉣ 4세기 근초고왕 – ㉡ 5세기 후반 동성왕 – ㉠ 6세기 성왕 – ㉢ 7세기 의자왕 순서입니다.

10 ㉢ 황산벌 전투에서 백제가 신라군에 패배한 뒤에 나·당 연합군에 의해 ㉡ 사비성이 함락되고 의자왕이 항복하여 백제가 멸망하였어요(660). 이후 백제 부흥 운동이 전개되었는데, ㉠ 백제 부흥군과 이들을 돕기 위해 온 왜의 지원군이 백강에서 나·당 연합군에 맞서 싸웠으나 패하였어요(663). 백제와 고구려가 멸망한 뒤에 신라는 한반도 전체를 차지하려는 당에 맞서 전쟁을 벌였어요. 매소성 전투(675)와 ㉣ 기벌포 전투(676)에서 승리한 신라는 당의 세력을 몰아내고 삼국 통일을 이룩하였어요.

17 ㉢ 공산 전투(927) – ㉠ 고창 전투(930) – ㉡ 신라 항복(935) – ㉣ 일리천 전투(936) – ㉤ 후백제 멸망(936) 순서입니다.

III 고려

1 초기 정치

기출문제 풀어 보기 > 본책 052~055쪽

103 ③ 104 ① 105 ② 106 ① 107 ③ 108 ④
109 ③ 110 ③ 111 ③ 112 ② 113 ④ 114 ①
115 ① 116 ① 117 ②

103 고려 태조의 정책

정답 ③

정답 잡는 키워드

후삼국 통일 > 고려 태조 왕건

후삼국을 통일하였다는 내용을 통해 (가) 왕이 고려 태조 왕건임을 알 수 있어요. 고려를 세운 태조 왕건은 신라 경순왕의 항복을 받은 뒤 신검이 이끄는 후백제군과의 전투에서 승리하고 마침내 936년에 후삼국을 통일하였어요. 또 발해 왕자 대광현 등 발해 유민을 받아들여 민족 통합을 꾀하였어요. ③ 태조 왕건은 지방 통치를 보완하고 호족 세력을 견제하기 위해 사심관 제도를 실시하였어요.

오답 피하기

① 고려 광종은 공신과 호족 세력을 약화하고 왕권을 강화하기 위해 노비를 조사하여 불법으로 노비가 된 사람을 다시 양인 신분으로 되돌리는 노비안검법을 시행하였어요.
② 고려 성종은 최승로의 시무 28조를 받아들여 처음으로 지방에 12목을 설치하고 지방관을 파견하였어요.
④ 고려 숙종은 주전도감을 설치하여 은병(활구), 해동통보 등의 화폐를 발행하였으나 널리 유통되지는 못하였어요.

104 고려 태조의 업적

정답 ①

정답 잡는 키워드

항복해 온 신라 왕 김부를 경주의 사심관으로 임명 > 고려 태조 왕건

항복해 온 신라 왕 김부를 경주의 사심관으로 임명한다는 내용을 통해 (가) 왕이 고려 태조 왕건임을 알 수 있어요. 태조 왕건은 935년에 더 이상 나라를 유지하기 힘들었던 신라 경순왕 김부가 항복해 오자, 신라를 경주라 하고 김부를 경주의 사심관으로 임명하였어요. 태조 왕건은 각 지방 호족의 자제를 수도에 머물게 하는 기인 제도와 지방 출신의 고위 관리를 출신 지역의 사심관으로 임명하여 그 지역을 통제하는 사심관 제도를 실시하여 호족 세력을 견제하고 지방 통치를 보완하였어요. ① 태조 왕건은 후대 왕에게 정책의 방향을 제시한 훈요 10조를 남겼는데, 여기에서 불교를 숭상할 것, 서경을 중시할 것, 연등회와 팔관회를 소홀히 하지 말 것 등을 당부하였어요.

오답 피하기

② 고려 광종은 쌍기의 건의를 받아들여 과거제를 처음으로 시행하였어요. 이를 통해 유학을 익힌 신진 인사를 등용하는 한편, 신구 세력의 교체를 도모하였어요.
③ 고려 충선왕은 원의 연경에 있는 자신의 집에 독서당인 만권당을 설립하였어요. 이곳에서 이제현 등 고려의 학자들과 원의 학자들이 교류하였어요.
④ 고려 경종은 관리에게 관직 복무 등에 대한 대가로 등급에 따라 전지와 시지를 지급하는 전시과 제도를 마련하였어요. 이후 전시과 제도는 몇 차례 개정되었어요.

105 고려 태조의 정책

정답 ②

정답 잡는 키워드

훈요 10조를 남김 > 고려 태조 왕건

훈요 10조를 남긴다는 내용을 통해 (가) 왕이 고려 태조 왕건임을 알 수 있어요. 고려를 세운 태조 왕건은 세상을 떠날 무렵 후대 왕에게 정책의 방향을 제시하는 내용을 담은 훈요 10조를 남겼어요. 태조 왕건은 여기에서 서경을 중시할 것, 연등회와 팔관회 등 불교 행사를 소홀히 하지 말 것 등을 당부하였어요. ② 태조 왕건은 호족 세력을 견제하고 지방 통치를 보완하기 위해 지방 호족의 자제를 수도에 머물게 하는 기인 제도를 실시하였어요.

오답 피하기

① 조선 세종은 학문과 정책 연구를 위해 집현전을 설치하였어요. 집현전은 국왕의 자문에 대비하고 경연을 주관하였어요.
③ 조선 효종은 청의 요청에 따라 두 차례 나선 정벌에 조총 부대를 파견하였어요. 나선은 러시아를 말해요.
④ 고려 광종은 왕권을 강화하고 국가 재정을 확충하기 위해 노비안검법을 실시하여 본래 양인이었다가 불법으로 노비가 된 사람들을 양인 신분으로 되돌려 주었어요.

106 고려 태조의 업적

정답 ①

정답 잡는 키워드

후삼국 통일, 발해 유민 포용 > 고려 태조 왕건

후삼국을 통일하였으며 발해 유민까지 포용하였다는 내용을 통해 밑줄 그은 '이 왕'이 고려 태조 왕건임을 알 수 있어요. 고려를 건국한 태조 왕건은 신라의 항복을 받은 뒤 후백제를 공격하여 멸망시키고 후삼국을 통일하였어요(936). 또 발해 왕자 대광현 등 발해 유민을 받아들여 민족 통합을 꾀하였어요. ① 태조 왕건은 가난한 백성을 구제하기 위해 흑창을 만들었어요. 흑창은 먹을 것이 부족할 때 곡식을 빌려주고 추수한 후에 갚게 한 제도입니다.

오답 피하기

② 고려는 거란과 여진의 침입을 막기 위해 국경 지역에 천리장성을 축조하였어요. 천리장성은 덕종 때 쌓기 시작하여 정종 때 완성되었어요.
③ 전민변정도감은 고려 말에 권문세족이 불법으로 차지한 토지와 노비를 조사하여 원래대로 되돌리기 위해 설치된 기구입니다. 대표적으로 공민왕이 신돈을 등용하고 전민변정도감을 설치한 사례를 들 수 있어요.
④ 고려 경종은 관리에게 관직 복무 등에 대한 대가로 등급에 따라 전지와 시지를 지급하는 전시과를 처음으로 시행하였어요.

107 고려 광종의 업적

정답 ③

고려 광종의 업적을 묻는 문항입니다. 고려 태조 왕건이 죽은 뒤 혜종과 정종 때 왕위 계승 다툼으로 왕권이 불안정하였어요. 이러한 상황에서 즉위한 광종은 왕권을 강화하기 위해 노력하였어요. 노비안검법과 과거제를 시행하고 개혁 정책에 반대하는 공신과 호족을 숙청하여 왕권을 강화하였습니다. 그리고 스스로 황제라 칭하고, '광덕', '준풍' 등의 독자적인 연호를 사용하였어요. ③ 광종은 공신과 호족 세력을 약화하고 국가 재정을 확충하기 위해 노비를 조사하여 본래 양인이었다가 불법으로 노비가 된 사람들을 양인 신분으로 되돌려 주는 노비안검법을 실시하였어요.

오답 피하기

① 고려 태조 왕건은 후대의 왕에게 국정 운영과 정책 방향을 제시한 훈요 10조를 남겼어요.

② 고려 무신 집권기에 정권을 잡은 최충헌은 교정도감을 설치하고 스스로 교정별감이 되어 국정을 총괄하였어요. 교정도감은 최씨 무신 정권의 최고 권력 기구 역할을 하였어요.
④ 고려 성종은 최승로의 시무 28조를 받아들여 지방에 12목을 설치하고 지방관을 파견하였어요.

108 고려 광종의 업적

정답 ④

정답 잡는 키워드

준풍 연호 사용, 노비안검법 시행, 관리의 복색 제정 › 고려 광종

'준풍'이라는 연호를 사용하였으며 노비안검법을 시행하고 관리의 복색을 제정하였다는 내용을 통해 (가)에는 고려 광종의 업적이 들어가야 함을 알 수 있어요. 광종은 '광덕', '준풍' 등의 연호를 사용하였으며, 노비를 조사하여 불법적으로 노비가 된 사람을 양인 신분으로 되돌려 주는 노비안검법을 시행하였어요. 또 관리들이 나랏일을 할 때 입는 옷의 색깔을 서열에 따라 넷으로 구분하여 관리의 기강을 확립하고자 하였어요. ④ 광종은 쌍기의 건의를 받아들여 유교 경전 이해 등을 시험하여 관리를 뽑는 과거제를 처음으로 시행하였어요

오답 피하기

① 고려 고종 때 몽골의 침입에 대응하여 당시 최고 집권자 최우의 주장에 따라 강화도로 수도를 옮겨 장기 항쟁을 준비하였어요.
② 고려 공민왕은 쌍성총관부를 공격하여 원에 빼앗겼던 철령 이북의 영토를 수복하였어요.
③ 고려 성종은 최승로의 시무 28조를 받아들여 12목을 설치하고 지방관을 파견하였어요.

109 고려 광종의 업적

정답 ③

정답 잡는 키워드

쌍기의 건의를 받아들여 과거 시험을 통해 인재 선발 › 고려 광종

쌍기의 건의를 받아들여 과거 시험으로 인재를 선발하기로 하였다는 내용을 통해 밑줄 그은 '왕'이 고려 광종임을 알 수 있어요. 왕권이 불안정한 상황에서 즉위한 광종은 왕권 강화를 위해 노력하였어요. 광종은 후주에서 귀화한 쌍기의 건의를 받아들여 일정한 시험을 통해 관리를 뽑는 과거제를 처음으로 실시하였어요. 또한, ③ 공신과 호족 세력을 약화하고 국가 재정을 확충하기 위해 노비를 조사하여 불법으로 노비가 된 사람의 신분을 양인으로 되돌리는 노비안검법을 시행하였어요.

오답 피하기

① 고려를 세운 태조 왕건은 후대 왕들이 나라를 이끌 때 지키기를 바라는 내용을 담은 훈요 10조를 남겼어요.
② 고려 고종 때 몽골이 고려에 침입하자 당시 최고 집권자 최우의 주장에 따라 우선 몽골과 강화를 맺은 뒤 장기 항전에 대비하여 강화도로 도읍을 옮겼어요.
④ 고려 공민왕은 원의 국력이 쇠퇴하는 틈을 타 반원 자주 정책을 추진하여 몽골식 풍습을 금지하고 기철 등 친원파를 숙청하였어요.

110 고려 성종의 업적

정답 ③

정답 잡는 키워드

국자감 정비, 건원중보 발행, 최승로의 시무 28조 수용 › 고려 성종

국자감을 정비하고 건원중보를 발행하였으며, 최승로의 시무 28조를 수용하였다는 내용을 통해 퀴즈의 정답이 ③ 고려 성종임을 알 수 있어요. 성종은 수도 개경에 최고 교육 기관으로 국자감을 설치하고, 지방에 경학박사와 의학박사를 파견하여 유학 교육을 장려하였어요. 또 최승로가 올린 개혁안인 시무 28조를 수용하여 전국의 주요 지역에 12목을 설치하고 지방관을 파견하였어요. 한편, 성종 때 우리나라 최초의 금속 화폐인 건원중보가 발행되었어요.

오답 피하기

① 고려 광종은 노비안검법을 실시하여 불법으로 노비가 된 사람의 신분을 다시 양인으로 되돌려 주었어요. 또 쌍기의 건의를 받아들여 과거제를 처음 시행하였어요.
② 고려 문종 때 법률이 정비되었으며, 유학을 장려하여 최충의 9재 학당을 비롯한 사학 12도가 융성하였어요. 또한, 경종 때 마련되어 목종 때 한 차례 개정을 거친 전시과가 다시 개정되었어요.
④ 고려 예종은 관학 진흥을 위해 국자감에 전문 강좌인 7재를 개설하고 장학 재단인 양현고를 설치하였어요. 또 윤관이 이끄는 별무반을 파견하여 여진을 정벌하였어요.

111 고려 성종의 업적

정답 ③

정답 잡는 키워드

최승로의 시무 28조 수용, 2성 6부로 중앙 통치 조직 정비 › 고려 성종

최승로의 시무 28조를 수용하고 2성 6부로 중앙 통치 조직을 정비하였다는 내용을 통해 (가)에 고려 성종의 업적이 들어가야 함을 알 수 있어요. 고려 성종은 최승로가 올린 시무 28조를 받아들여 유교를 통치 이념으로 삼고 통치 체제를 정비하였어요. 당과 송의 제도를 참고하여 2성 6부로 중앙 통치 조직을 정비하였으며, ③ 지방에 12목을 설치하고 지방관을 파견하였어요.

오답 피하기

① 신라 신문왕은 관리에게 조세만 거둘 수 있는 관료전을 지급하고 조세 징수와 노동력 동원이 가능한 녹읍을 폐지하여 귀족들의 경제 기반을 약화하고자 하였어요.
② 고려 말에서 조선 초에 왜구가 해안 지역을 침략하여 약탈하는 일이 잦아 여러 차례 왜구의 근거지인 대마도(쓰시마섬)를 정벌하였어요. 고려 창왕 때 박위의 대마도 정벌과 조선 세종 때 이종무의 대마도 정벌이 대표적이에요.
④ 신라 진흥왕은 새로 획득한 한강 유역을 직접 둘러보고 이를 기념하여 북한산에 순수비를 세웠어요.

112 최승로의 활동

정답 ②

정답 잡는 키워드

고려 전기의 관리, 시무 28조를 성종에게 건의 › 최승로

고려 전기의 관리이며 시무 28조를 성종에게 건의하였다는 내용 등을 통해 (가)에 들어갈 인물이 ② 최승로임을 알 수 있어요. 고려의 유학자이자 관리인 최승로는 성종에게 시무 28조를 올렸어요. 이를 통해 최승로는 지방관의 파견, 국가적인 불교 행사의 축소, 유교 정치 이념 확립 등을 건의하였습니다. 성종은 최승로의 건의를 수용하여 유교 이념을 바탕으로 통치 체제를 정비하였어요. 중앙 통치 조직을 정비하고 12목에 지방관을 파견하였으며, 불교 행사의 규모를 축소하였어요.

오답 피하기

① 김부식은 고려 인종 때 관군을 이끌고 묘청의 난을 진압하였으며, 왕명을 받아 역사서인 "삼국사기"의 편찬을 주도하였어요.

③ 고려 말에 정몽주는 새 왕조의 개창에 반대하여 이방원 세력에 의해 살해되었어요.
④ 이제현은 고려 말의 유학자로, 만권당에서 원의 학자들과 교유하며 성리학을 연구하였어요. 만권당은 왕위를 물려주고 원에 머물던 충선왕이 연경에 있는 자신의 집에 세운 독서당입니다.

113 도병마사

정답 ④

정답 잡는 키워드

고려의 독자적인 정치 기구, 국방과 군사 문제 등 논의 > 도병마사

고려의 독자적인 정치 기구이며 국방과 군사 문제 등을 논의하였다는 내용 등을 통해 학생들이 공통으로 이야기하는 기구가 ④ 도병마사임을 알 수 있어요. 고려에는 중서문하성과 중추원의 고위 관료가 모여 국가의 중대사를 논의하는 회의 기구로 도병마사와 식목도감이 있었어요. 도병마사는 국방과 군사 문제 등 대외적인 문제를 논의하였고, 식목도감은 제도나 법안 처리와 같은 대내적인 문제를 다루었어요. 도병마사는 고려 후기 충렬왕 때 도평의사사로 명칭이 바뀌었어요.

오답 피하기

① 도방은 고려 시대 무신 정권의 사병 집단으로, 경대승이 신변 보호를 위해 조직하였어요. 폐단이 커서 해체되었는데 최충헌이 다시 설치하였어요.
② 고려 시대에 어사대는 감찰 기구로 관리의 비리를 감찰하고 정치의 잘잘못을 논하였어요. 어사대의 관원은 중서문하성의 낭사와 함께 대간이라 불리며 간쟁·봉박·서경의 권리를 행사하였어요.
③ 의금부는 조선 시대에 국왕 직속의 특별 사법 기구로 반역죄, 강상죄 등을 저지른 중죄인을 다스렸어요.

114 어사대

정답 ①

정답 잡는 키워드

고려 시대의 중앙 정치 기구, 관리들의 비리 감찰, 정치의 잘잘못을 논함 > 어사대

관리들의 비리를 감찰하고 정치의 잘잘못을 논하는 업무를 담당한 고려 시대의 중앙 정치 기구는 ① 어사대입니다. 어사대는 관리 감찰과 풍속 교화를 담당하고 정치의 잘잘못을 논하였어요. 어사대의 관원은 중서문하성의 낭사와 함께 대간으로 불렸으며, 대간은 왕의 잘잘못을 논하는 간쟁, 왕이 내린 명령이 합당하지 않을 경우 다시 봉하여 되돌려 보내는 봉박, 관리의 임명이나 법령의 제정 등에 동의를 하는 서경의 권한을 행사하였어요.

오답 피하기

② 조선 시대에 국정을 총괄하는 최고 기구인 의정부는 재상들이 모여 정책을 논의하고 결정하는 합의제로 운영되었어요. 조선은 의정부와 6조를 중심으로 중앙 정치 기구를 정비하였어요.
③ 고려의 중추원은 군사 기밀을 다루고 왕의 명령을 전달하는 역할을 하였어요.
④ 도병마사는 중서문하성과 중추원의 고위 관리들이 모여 국방과 군사 문제를 논의하던 고려의 독자적인 회의 기구입니다. 점차 구성과 기능이 확대되었으며, 고려 후기 충렬왕 때 도평의사사로 명칭이 바뀌었어요.

115 어사대

정답 ①

정답 잡는 키워드

고려 시대, 관원이 중서문하성의 낭사와 함께 대간이라 불림 > 어사대

고려 시대의 기구이며, 해당 기구의 관원이 중서문하성의 낭사와 함께 대간이라고 불렸다는 내용을 통해 (가) 기구가 어사대임을 알 수 있어요. 어사대의 관원은 중서문하성의 낭사와 함께 대간이라 불렸어요. 대간은 왕의 잘잘못을 논하는 간쟁, 왕이 내린 명령이 합당하지 않을 경우 다시 봉하여 되돌려 보내는 봉박, 관리의 임명이나 법령의 제정 등에 동의를 하는 서경의 권한을 가지고 있었어요. ① 어사대는 그릇된 일을 다스려 바로잡는 일을 맡은 기구로, 관리의 부정과 비리를 감찰하고 정치의 잘잘못을 논하였어요.

오답 피하기

② 중서문하성은 고려 시대의 최고 정치 기구로 국정을 총괄하였어요.
③ 고려 시대에 중추원은 군사 기밀과 왕명 출납을 관장하였어요.
④ 고려 시대에 삼사는 재정의 출납과 회계 업무를 담당하였어요.

116 고려의 군사 제도

정답 ①

정답 잡는 키워드

도병마사, 식목도감 > 고려

도병마사와 식목도감이 있었다는 내용을 통해 (가) 국가가 고려임을 알 수 있어요. 고려는 2성 6부의 중앙 정치 조직을 갖추었으며 독자적인 정치 기구로 도병마사와 식목도감을 두었어요. 도병마사와 식목도감은 중서문하성과 중추원의 고위 관료인 재신과 추밀이 모여 국가 정책을 논의하는 회의 기구로, 도병마사는 국방과 군사 문제를 담당하였고 식목도감은 법의 제정이나 각종 시행 규정을 다루었어요. ① 고려는 중앙군으로 2군 6위를 두었어요. 2군은 국왕 친위 부대이고, 6위는 수도 경비와 국경 방어를 담당하였어요.

오답 피하기

② 조선 후기에 정조는 국왕 친위 부대인 장용영을 조직하였어요.
③ 병자호란을 겪은 이후 조선에서는 청에 당한 치욕을 씻고 명과의 의리를 지키기 위해 청을 정벌하자는 북벌 운동이 추진되었어요. 북벌 운동은 효종 때 가장 활발하게 전개되었는데, 효종은 북벌 정책을 추진하면서 어영청을 확대하였어요.
④ 조선 선조는 임진왜란 중에 훈련도감을 설치하였어요. 훈련도감은 포수, 사수, 살수의 삼수병으로 구성되었어요.

117 고려의 지방 통치

정답 ②

정답 잡는 키워드

공주 명학소 사람 망이·망소이가 무리를 불러 모아 난을 일으킴 > 고려

공주 명학소 사람 망이·망소이가 무리를 불러 모아 난을 일으켰다는 내용을 통해 제시된 사건이 있었던 국가가 고려임을 알 수 있어요. 고려 시대에 특수 행정 구역인 향·부곡·소의 주민은 일반 군현민에 비해 세금 부담이 컸으며 과거 응시에 제한이 있는 등 차별을 받았어요. 무신 집권기에 공주 명학소의 주민들이 지배층의 수탈과 과도한 세금 징수에 항거하여 망이·망소이 형제를 중심으로 봉기하였어요. ② 고려는 지방을 일반 행정 구역인 5도와 군사 행정 구역인 양계(동계, 북계)로 나누고 5도에는 안찰사, 양계에는 병마사를 파견하였어요.

오답 피하기

① 담로는 백제의 지방 행정 구역이에요. 특히 백제 무령왕은 22담로에 왕족을 파견하여 지방 통제를 강화하였어요.
③ 삼국 통일 이후 신라는 전국을 9주로 나누고 주요 지역에 5소경을 설치하였어요.
④ 발해는 넓은 영토를 효율적으로 다스리기 위해 5경 15부 62주의 지방 행정 제도를 갖추었어요.

② 문벌 사회의 동요

기출문제 풀어 보기 > 본책 055~057쪽

118 ② 119 ① 120 ② 121 ③ 122 ④ 123 ②
124 ② 125 ② 126 ③

118 이자겸의 난

정답 ②

정답 잡는 키워드

이자겸이 난을 일으킴, 인종 > 이자겸의 난

고려 인종 때 왕실과 중첩된 혼인 관계를 맺고 권력을 독점한 이자겸이 척준경과 함께 반란을 일으키자 인종은 척준경을 회유하여 반란을 진압하였어요(이자겸의 난, 1126). 이 사건으로 실추된 왕실의 권위를 회복하고 사회 혼란을 수습하기 위해 인종은 새로운 세력으로 묘청 등 서경 세력을 모아 함께 개혁을 추진하였어요. 이에 문벌 중심의 개경 세력의 불만이 컸어요. 이러한 가운데 서경 세력이 서경 천도를 추진하다가 개경 세력의 반대에 부딪혀 실패하자 묘청 등이 서경에서 난을 일으켰어요(1135). 묘청의 난은 김부식이 이끄는 관군에 진압되었고, 개경 문벌 중심의 사회는 계속 이어졌어요. 한편, 고려는 문신을 우대하고 상대적으로 무신을 차별하였어요. 이에 불만이 쌓여 있던 무신들의 분노가 폭발하여 무신들이 많은 문신을 제거하고 실정을 거듭하는 왕을 쫓아낸 후 정권을 장악하였어요(무신 정변, 1170).
따라서 연표에서 이자겸의 난이 일어난 시기는 귀주 대첩과 무신 정변 사이인 ② (나)입니다.

119 묘청의 난

정답 ①

정답 잡는 키워드

서경 천도의 뜻을 이룰 수 없었기 때문에 서경에서 거사한 것 > 묘청의 난

서경으로 수도를 옮기면 천하를 다스릴 수 있고 금이 스스로 항복할 것이라고 주장해 왔으며, 조정에 반대하는 무리가 있어 뜻을 이룰 수 없었기 때문에 거사한 것이라는 내용을 통해 가상 인터뷰에 나타난 사건이 ① 묘청의 난임을 알 수 있어요. 이자겸의 난을 진압한 후 고려 인종은 묘청 등 서경 세력을 등용하여 개혁을 꾀하였어요. 서경 세력은 서경으로 수도를 옮기면 천하를 다스릴 수 있고 금이 스스로 항복할 것이라고 주장하였으나 개경 세력의 반대에 부딪혀 천도에 실패하였어요. 이에 묘청 등이 서경에서 난을 일으켰어요.

오답 피하기

② 김흠돌의 난은 통일 신라 신문왕 때 왕의 장인인 김흠돌이 반란을 꾀하다 발각되어 처형된 사건이에요.
③ 홍경래의 난은 조선 후기 순조 때 서북 지역에 대한 차별과 세도 정권의 가혹한 수탈에 항거하여 홍경래의 주도 아래 일어난 농민 봉기입니다.
④ 원종과 애노의 난은 신라 말 왕위 다툼으로 인한 정치 혼란과 귀족들의 수탈로 농민의 삶이 피폐해진 상황에서, 진성 여왕 때 중앙 정부가 세금을 독촉하자 이에 저항하여 사벌주(지금의 상주)에서 일어난 농민 봉기입니다.

120 묘청의 난

정답 ②

정답 잡는 키워드

묘청, 서경에서 군대를 일으켜 개경으로 진군 > 묘청의 난(1135)

묘청이 서경에서 군대를 일으켜 개경으로 진군하겠다고 외치는 내용을 통해 1135년에 일어난 묘청의 난임을 알 수 있어요. 이자겸의 난으로 실추된 왕실의 권위를 회복하고 사회 혼란을 수습하기 위해 인종이 묘청 등 서경 세력을 중심으로 개혁을 추진하였어요. 서경 세력은 풍수지리설을 내세워 서경 천도를 추진하다가 개경 세력의 반대에 부딪혀 실패하였어요. 이에 묘청 등이 서경에서 나라 이름을 '대위', 연호를 '천개'라 하고 반란을 일으켰지만 관군에 의해 진압되었어요. 한편, 고려는 문신을 우대하고 상대적으로 무신을 차별하여 무신의 불만이 점점 커졌어요. 결국 보현원에서의 연회를 계기로 정중부, 이의방 등 무신들의 분노가 폭발하여 정변이 일어났어요(무신 정변, 1170). 정중부 등은 많은 문신을 죽이고 정권을 장악하였으며 왕도 교체하였어요.
따라서 연표에서 묘청의 난이 일어난 시기는 귀주 대첩과 무신 정변 사이인 ② (나)입니다.

121 문벌 사회의 동요

정답 ③

정답 잡는 키워드

(가) 정중부, 문신의 관을 쓴 자는 모두 죽여라 > (가) 무신 정변(1170)
(나) 이자겸, 군사를 동원하여 궁궐로 가자 > (나) 이자겸의 난(1126)
(다) 묘청, 국호를 대위, 연호를 천개라 하겠다 > (다) 묘청의 난(1135)

(가) 문벌 세력의 권력 독점이 계속되는 상황에서 일부 젊은 문신이 무신을 모욕하는 일이 일어나 문신에 비해 차별 대우를 받던 무신들의 불만이 쌓여 갔어요. 결국 정중부, 이의방 등이 정변을 일으켜 의종과 문신을 내쫓고 정권을 장악하였어요(1170). 이를 무신 정변이라고 합니다.
(나) 이자겸이 왕실과 중첩된 혼인 관계를 맺고 왕권을 위협할 정도로 막강한 권력을 행사하자 고려 인종이 이자겸을 제거하려 하였어요. 이에 이자겸이 척준경과 함께 반란을 일으켰으나, 인종이 척준경을 회유하여 반란을 진압하였어요(이자겸의 난, 1126). 이후 인종은 왕권의 회복과 민심 수습을 위해 서경 세력을 등용하여 개혁 정치를 추진하였어요.
(다) 이자겸의 난 이후 묘청 등 서경 세력은 풍수지리설을 내세워 서경 천도를 추진하였어요. 그러나 김부식 등 개경 세력의 반대로 서경 천도가 좌절되자, 묘청 등 서경 세력이 서경에서 국호를 '대위', 연호를 '천개'라 하고 반란을 일으켰어요(묘청의 난, 1135). 이들은 1년여간 저항하였으나 김부식 등이 이끄는 관군에 진압되었어요.
따라서 옳은 순서는 ③ (나)-(다)-(가)입니다.

122 무신 정변 이후의 사실

정답 ④

정답 잡는 키워드

무신들이 정변을 일으켜 문신들을 제거하고 권력을 장악 > 무신 정변(1170)

문신 한뢰가 무신 이소응의 뺨을 때린 사건이 계기가 되어 차별 대우를 받으며 불만이 쌓였던 무신들이 정변을 일으켜 문신을 제거하고 권력을 장악하였다는 내용을 통해 무신 정변 상황임을 알 수 있어요. 고려 의종이 신하들과 연회를 즐기고자 보현원으로 가던 중 젊은 문신 한뢰가 무술 겨루기에서 나이 든 무신 이소응이 기권하자 뺨을 때리며 모욕을 주는 일이 있었어요. 이를 계기로 불만이 폭발한 무신들이 정변을 일으켜 문신을 제거하고 권력을 장악하였어요. 이를 무신 정변이라고 하며 이로써 무신 정권이 성립되었어요. 따라서 무신 정권이 성립된 이후의 사

실을 찾으면 됩니다. ④ 고려 무신 집권기에 공주의 명학소에서 과도한 세금과 지배층의 수탈에 저항하여 망이와 망소이 형제를 중심으로 봉기가 일어났어요(1176).

오답 피하기

① 통일 신라 헌덕왕 때 김헌창이 자신의 아버지 김주원이 왕이 되지 못한 것에 불만을 품고 난을 일으켰어요(822).
② 발해 무왕 때 장문휴가 당의 등주를 공격하였어요(732).
③ 통일 신라 진성 여왕 때 최치원이 국왕에게 시무 10여 조의 개혁안을 건의하였으나, 진골 귀족들의 반발로 개혁은 실행되지 못하였어요(894).

123 망이·망소이의 난

정답 ②

정답 잡는 키워드

망이·망소이, 공주 명학소 → 망이·망소이의 난(1176)

'망이', '망소이', '공주 명학소' 등을 통해 망이·망소이의 난이 일어난 상황임을 알 수 있어요. 문신에 비해 차별 대우를 받던 무신들이 정변을 일으켜 정권을 장악하였어요(1170). 무신 정권 초기에는 무신 간의 권력 다툼이 치열하게 벌어져 최고 권력자가 자주 바뀌고 정치 상황은 불안정하였어요. 이러한 정치 혼란 가운데 농민에 대한 지배층의 수탈이 더욱 심해져 망이·망소이의 난 등의 농민 봉기가 일어났어요. 한편, 최충헌이 최고 권력자가 된 이후에는 약 60여 년간 최씨 무신 정권이 유지되었어요. 최충헌의 뒤를 이어 최고 권력자가 된 최우는 몽골이 침입하자 강화도로 도읍을 옮겨 장기 항쟁을 준비하였어요(1232).
따라서 연표에서 망이·망소이의 난이 일어난 시기는 무신 정변과 강화도 천도 사이인 ② (나)입니다.

124 교정도감

정답 ②

정답 잡는 키워드

고려 무신 정권기의 최고 권력 기구, 최충헌이 설치 → 교정도감

고려 무신 정권기의 최고 권력 기구이며 최충헌이 설치하였다는 내용을 통해 퀴즈의 정답이 ② 교정도감임을 알 수 있어요. 무신 정권 초기에는 무신 간의 권력 다툼으로 최고 권력자가 자주 바뀌었지만, 최충헌이 이의민을 제거하고 정권을 장악한 이후 60여 년간 최충헌–최우–최항–최의로 권력이 세습되는 최씨 무신 정권이 전개되었어요. 최고 권력자가 된 최충헌은 교정도감을 설치하여 최고 권력 기구로 삼았어요.

오답 피하기

① 중방은 고려 시대에 중앙군인 2군 6위의 지휘관들이 모여 군사 문제를 논의하던 회의 기구입니다. 무신 정권 초기에 실질적인 최고 권력 기구의 역할을 하였으나 최충헌이 집권한 이후에는 교정도감이 최고 권력 기구가 되었어요.
③ 도병마사는 중서문하성과 중추원의 고위 관리들이 모여 국방과 군사 문제 등을 논의하던 고려의 독자적인 회의 기구입니다.
④ 식목도감은 도병마사와 마찬가지로 중서문하성과 중추원의 고위 관리들로 구성된 고려의 독자적인 회의 기구입니다. 주로 법의 제정이나 각종 시행 규칙을 다루었어요.

125 고려 무신 집권기의 사실

정답 ②

정답 잡는 키워드

- 정중부, 문신을 모두 없애라
- 배중손, 진도에서 우리 삼별초는 적에 맞서 끝까지 항전할 것이다

→

- 무신 정변(12세기 후반)
- 삼별초의 항쟁(13세기 후반)

첫 번째 그림은 정중부가 문신을 모두 없애라고 말하는 내용을 통해 12세기 후반 무신 정변 상황임을 알 수 있어요. 고려에서는 문신을 중심으로 정치가 운영되어 문신에 비해 무신이 차별을 받았으며, 하급 군인들은 온갖 잡역에 시달려 불만이 컸어요. 게다가 일부 문신이 무신을 무시하자 무신의 불만이 더욱 높아졌어요. 결국 정중부, 이의방 등이 무신 정변을 일으켜 문신을 제거하고 의종을 폐위하였어요. 두 번째 그림은 배중손이 진도에서 삼별초가 적에 맞서 끝까지 항전할 것이라고 말하는 내용을 통해 13세기 후반 삼별초의 대몽 항쟁 상황임을 알 수 있어요. 몽골의 침입으로 강화도로 도읍을 옮겼던 고려 정부가 몽골과 강화를 맺고 개경 환도를 결정하자, 삼별초는 이를 거부하며 봉기하였어요. 삼별초는 배중손의 지휘 아래 진도로 이동하여 근거지로 삼고 남해안 일대를 장악하였어요. 그러나 고려와 몽골 연합군의 공격으로 진도가 함락되었고, 남은 세력이 제주도로 옮겨 가서 대몽 항쟁을 계속하였으나 결국 진압되었습니다. 따라서 무신 정변(1170)과 삼별초의 대몽 항쟁(1270~1273) 사이의 시기에 있었던 사실을 찾으면 됩니다. ② 무신 정변으로 성립된 무신 정권 초기에는 이의방, 정중부, 경대승, 이의민이 차례로 권력을 장악하였고, 최충헌이 이의민을 제거하고 권력을 장악한 후에는 60여 년 동안 최씨 무신 정권이 이어졌어요. 최충헌의 아들 최우는 자기 집에 정방을 설치하여 인사 행정을 장악하였으며, 몽골의 침략에 대응하여 강화 천도를 주도하였어요.

오답 피하기

① 9세기 전반 통일 신라 헌덕왕 때 김헌창은 자신의 아버지 김주원이 왕위에 오르지 못한 것에 불만을 품고 난을 일으켰어요.
③ 12세기 전반 고려 인종 때 묘청은 금 정벌을 주장하고 서경 천도를 추진하였어요.
④ 10세기 말 거란의 1차 침입 당시 고려의 서희는 거란 장수 소손녕과 외교 담판을 벌여 강동 6주를 확보하였어요.

126 고려 무신 집권기의 사실

정답 ③

정답 잡는 키워드

- 정중부, 문신의 관을 쓴 자들은 모두 없애라
- 김윤후, 몽골군에 맞서 충주성을 지켜 내자

→

- 무신 정변(12세기)
- 충주성 전투(13세기)

첫 번째 그림은 정중부가 문신의 관을 쓴 자들을 모두 없애라고 말하는 내용을 통해 12세기 무신 정변 상황임을 알 수 있어요. 고려에서는 문신을 중심으로 정치가 운영되어 문신에 비해 무신이 차별을 받았으며, 하급 군인들은 온갖 잡역에 시달려 불만이 컸어요. 게다가 일부 문신이 무신을 무시하자 무신의 불만이 더욱 높아졌습니다. 결국 의종의 보현원 행차 때 정중부, 이의방 등이 무신 정변을 일으켜 문신을 제거하고 의종을 폐위하였어요(1170). 두 번째 그림은 김윤후가 몽골군에 맞서 충주성을 지켜 내자고 말하는 내용을 통해 13세기 충주성 전투임을 알 수 있어요. 몽골의 5차 침략 때 김윤후는 충주성의 주민과 노비들을 이끌고 몽골군에 항전하여 승리를 거두었어요(충주성 전투, 1253). 따라서 무신 정변(1170)과 충주성 전투(1253) 사이의 시기에 있었던 사실을 찾으면 됩니다. ③ 무신 최충헌이 정권을 장악한 후인 1198년에 개경에서 만적을 비롯한 노비들이 신분 해방을 목표로 봉기를 계획하였으나 사전에 발각되었어요.

오답 피하기

① 고려 인종 때 왕실과의 거듭된 혼인으로 권력을 장악하고 있던 이자겸이 척준경과 함께 반란을 일으켰으나 실패하였어요(1126).
② 고려 인종 때 묘청 등이 서경 천도를 추진하다가 개경 세력의 반대로 실패하자 서경에서 난을 일으켰어요(1135).
④ 거란의 3차 침입 때 강감찬이 고려군을 이끌고 귀주에서 거란군을 크게 물리쳤어요(귀주 대첩, 1019).

③ 원 간섭기와 공민왕의 정치

기출문제 풀어 보기 > 본책 058~059쪽

127 ③ 128 ④ 129 ② 130 ③ 131 ① 132 ④
133 ④

127 원 간섭기의 사실

정답 ③

정답 잡는 키워드

원의 공주를 왕비로 맞아들이던 시기, 몽골식 변발과 발립이 유행 > 원 간섭기

원의 공주를 왕비로 맞아들이던 시기이며 몽골식 변발과 발립이 유행하였다는 내용 등을 통해 밑줄 그은 '이 시기'가 원 간섭기임을 알 수 있어요. 오랜 전쟁에 지친 고려 정부가 몽골과 강화를 맺고 개경으로 환도(1270)한 후, 몽골은 나라 이름을 원으로 바꾸고 고려의 내정에 본격적으로 간섭하였어요. 이 시기에 고려 국왕은 원의 공주와 혼인하였으며, 왕자들은 원에서 성장하며 교육을 받았어요. 또 두 나라의 교류가 활발해지면서 고려에서는 지배층을 중심으로 변발, 발립 등 몽골식 풍습(몽골풍)이 유행하였고, 원에도 고려의 복식과 음식 등 고려의 풍습(고려양)이 전해졌어요. ③ 12세기 초 고려 숙종은 윤관의 건의를 받아들여 여진 정벌을 위해 별무반을 조직하였어요(1104).

오답 피하기

① 원 간섭기인 충렬왕 때 원이 일본 원정을 위해 고려에 정동행성을 설치하였어요. 원은 일본 원정이 실패한 후에도 정동행성을 없애지 않고 고려의 내정을 간섭하는 기구로 활용하였어요.
② 원 간섭기에 대체로 원과의 관계를 배경으로 성장한 권문세족이 새로운 지배 세력으로 등장하였어요. 권문세족은 높은 관직을 독점하고 다른 사람의 토지와 노비를 빼앗아 대농장을 경영하였어요.
④ 원 간섭기에 많은 고려 여성이 결혼도감을 통해 공녀로 징발되어 원에 끌려갔어요.

128 원 간섭기의 사실

정답 ④

정답 잡는 키워드

- 항파두리에 성을 쌓고 몽골에 맞서 끝까지 싸우자 > • 삼별초의 항쟁(13세기 후반)
- 쌍성총관부 공격 > • 공민왕(14세기 중반)

첫 번째 그림은 항파두리에 성을 쌓고 몽골에 맞서 끝까지 싸우자고 말하는 내용을 통해 13세기 후반 삼별초의 항쟁 상황임을 알 수 있어요. 13세기 몽골의 침입에 대응하여 고려 정부는 강화도로 도읍을 옮겨 항쟁하였으나 결국 몽골과 강화를 맺고 개경 환도를 결정하였어요. 이에 반대하여 봉기한 삼별초는 강화도에서 진도로 이동하여 근거지로 삼고 몽골에 맞서 싸웠습니다. 그러나 고려와 몽골 연합군의 공격으로 진도가 함락되었고, 삼별초는 다시 제주도로 옮겨 가 항파두리에 성을 쌓고 항쟁을 계속하였지만 결국 진압되었어요. 개경으로 환도한 고려 정부는 본격적으로 몽골이 세운 원의 내정 간섭을 받게 되었습니다. 두 번째 그림은 쌍성총관부를 공격하여 철령 이북의 땅을 수복하라고 말하는 내용을 통해 공민왕 때의 상황임을 알 수 있어요. 14세기 중반에 공민왕은 원의 세력이 약해진 틈을 타 반원 자주 정책을 펼쳤어요. 변발과 호복 등 몽골의 풍습을 금지하고 기철 등 친원파를 숙청하였습니다. 또한, 쌍성총관부를 공격하여 원에 빼앗겼던 철령 이북의 영토를 수복하였어요. 따라서 13세기 후반 삼별초의 항쟁과 14세기 중반 공민왕의 쌍성총관부 공격 사이 시기에 있었던 사실을 찾으면 됩니다. ④ 원 간섭기에 고려와 원의 교류가 활발해지면서 고려에서는 지배층을 중심으로 변발과 호복 등 몽골의 풍습(몽골풍)이 유행하였어요.

오답 피하기

① 12세기 전반 고려 숙종은 윤관의 건의를 받아들여 여진 정벌을 위해 별무반을 편성하였어요.
② 9세기 전반 통일 신라 헌덕왕 때 김헌창은 자신의 아버지 김주원이 왕이 되지 못한 것에 불만을 품고 난을 일으켰어요.
③ 12세기 중반 고려 인종 때 김부식 등이 왕명을 받아 "삼국사기"를 편찬하였어요.

129 원 간섭기의 사실

정답 ②

정답 잡는 키워드

원의 정치적 간섭을 받던 시기 > 원 간섭기

원의 정치적 간섭을 받던 시기이며 관제가 격하되었다는 내용을 통해 밑줄 그은 '시기'가 원 간섭기임을 알 수 있어요. 몽골과 강화를 맺고 강화도에서 개경으로 돌아온 고려 정부는 본격적으로 몽골이 세운 원의 간섭을 받게 되었어요. 원 간섭기에 고려의 왕이 원 황제의 사위가 되면서 왕실 호칭이 부마국(사위의 나라)의 지위에 맞춰 낮춰지고 중앙 정치 기구의 명칭도 격이 낮추어졌어요. ② 원 간섭기 충렬왕 때 일본 원정을 위한 기구로 정동행성이 설치되었어요.

오답 피하기

① 별무반은 원 간섭기 이전인 12세기 초에 여진 정벌을 위해 편성된 군사 조직이에요.
③ 15세기 조선 태종과 세조 때 6조 직계제가 실시되었어요. 6조 직계제는 6조가 의정부를 거치지 않고 왕에게 직접 업무를 보고하고 왕의 명령을 받아 정책을 시행하는 제도입니다.
④ 7세기 후반 통일 신라 신문왕 때 김흠돌의 난이 진압되었어요.

130 고려 공민왕의 업적

정답 ③

정답 잡는 키워드

정동행성 이문소 폐지 > 고려 공민왕

정동행성 이문소를 폐지하였다는 내용을 통해 가상 인터뷰에 등장하는 왕이 고려 공민왕임을 알 수 있어요. 공민왕은 원의 세력이 약해진 틈을 타 원의 간섭에서 벗어나기 위해 반원 자주 정책을 폈어요. 변발과 호복 등의 몽골 풍습을 금지하고, 원의 연호와 관제를 폐지하고 이전 고려의 제도를 복구하였습니다. 또 정동행성 이문소를 혁파하여 고려의 내정에 간섭하던 정동행성의 일부 기능을 폐지하였어요. ③ 고려 공민왕 때 고려군은 쌍성총관부를 공격하여 원에 빼앗겼던 철령 이북의 영토를 되찾았어요.

오답 피하기

① 고려 성종은 최승로의 시무 28조를 받아들여 12목에 지방관을 파견하였어요.
② 고려 숙종은 의천의 건의를 받아들여 화폐 발행 관청으로 주전도감을 설치하고 해동통보 등의 동전을 주조하였어요.
④ 고려 광종은 노비를 조사하여 불법적으로 노비가 된 사람을 양인 신분으로 되돌려 주는 노비안검법을 시행하였어요.

131 고려 공민왕 재위 시기의 모습

정답 ①

정답 잡는 키워드

노국 대장 공주와 혼인, 정동행성 이문소 혁파, 원의 연호 사용 중지 > 고려 공민왕

노국 대장 공주와 혼인하였으며, 정동행성 이문소를 혁파하고 원의 연호 사용을 중지하였다는 내용을 통해 고려 공민왕 재위 시기에 관한 다큐멘터리 기획안임을 알 수 있어요. 원 간섭기에 고려의 왕은 원의 공주와 혼인하였는데, 공민왕은 원의 노국 대장 공주와 혼인하였어요. 한편, 공민왕은 원의 세력이 약해진 틈을 타 원의 간섭에서 벗어나기 위한 반원 자주 정책을 폈어요. 변발과 호복 등 몽골 풍습을 금지하고, 원의 연호와 관제를 폐지하여 이전 고려의 제도를 복구하였습니다. 또 정동행성 이문소를 혁파하여 고려의 내정에 간섭하던 정동행성의 일부 기능을 폐지하였어요. ① 조선 후기에 정조는 자신의 정치적 이상을 실현하기 위한 신도시로 수원 화성을 축조하였어요.

오답 피하기

② 고려 공민왕 때 고려군은 쌍성총관부를 공격하여 원에 빼앗겼던 철령 이북의 영토를 되찾았어요.
③ 기철은 고려 출신으로 원의 황후가 된 기황후의 오빠입니다. 기황후의 세력을 등에 업고 권력을 잡아 세도를 부렸어요. 공민왕은 왕권 강화를 위해 기철을 비롯한 친원 세력을 숙청하였어요.
④ 고려 공민왕은 권문세족이 인사 행정을 담당한 정방을 장악하고 왕권을 제한하자, 정방을 폐지하여 왕이 인사권을 행사할 수 있게 하였어요.

132 고려 공민왕의 업적

정답 ④

정답 잡는 키워드

기철 등 친원 세력 제거, 쌍성총관부 공격 > 고려 공민왕

기철 등 친원 세력을 제거하고 쌍성총관부를 공격하였다는 내용을 통해 (가) 왕이 고려 공민왕임을 알 수 있어요. 공민왕은 원이 쇠퇴하는 틈을 타 반원 자주 정책을 추진하였어요. 이 과정에서 원의 세력에 기대어 권력을 잡은 기철 등 친원 세력을 제거하였으며, 쌍성총관부를 공격하여 원에 빼앗겼던 철령 이북의 영토를 되찾았어요. ④ 공민왕은 권문세족이 불법적으로 소유한 토지와 노비를 원래대로 되돌리기 위해 전민변정도감을 설치하였어요.

오답 피하기

① 백제 성왕은 웅진(지금의 공주)에서 사비(지금의 부여)로 천도하고 국호를 '남부여'로 바꾸었어요.
② 신라 진흥왕은 한강 유역을 차지한 뒤 영토 확장을 기념하여 북한산에 순수비를 세웠어요.
③ 통일 신라 원성왕은 유학적 소양을 갖춘 인재를 등용하기 위하여 독서삼품과를 실시하였어요.

133 고려 공민왕의 개혁 정책

정답 ④

정답 잡는 키워드

권세가가 토지와 백성을 빼앗아 점유하고 농장 운영, 전민변정도감 판사 신돈 > 고려 공민왕 때

권세가가 토지와 백성을 빼앗아 점유하고 농장을 운영하는 상황을 바로잡고자 한다는 내용과 '전민변정도감 판사 신돈'을 통해 조치가 내려진 시기가 고려 공민왕 때임을 알 수 있어요. 몽골과 강화를 맺고 개경으로 돌아온 고려는 본격적으로 몽골이 세운 원의 내정 간섭을 받았어요. 이 시기에 원과의 관계를 배경으로 성장한 권문세족이 새로운 지배 세력으로 등장하였어요. 이들은 높은 관직을 차지하고 불법적인 방법으로 농민의 토지를 빼앗아 대농장을 소유하였으며, 가난한 백성을 노비로 만들어 농장을 경작하게 하였어요. 14세기 중반 원의 힘이 약해지는 가운데 즉위한 공민왕은 반원 자주 정책과 함께 왕권 강화 정책을 추진하였어요. 권문세족이 부당하게 빼앗은 토지와 노비를 원래 주인에게 돌려주고 불법적으로 노비가 된 사람을 양인으로 해방하기 위해 전민변정도감을 설치하였으며 책임자로 신돈을 임명하였어요. 그러나 공민왕의 개혁은 권문세족의 반발 등으로 신돈이 제거되고 공민왕이 시해되면서 중단되었어요.
따라서 연표에서 공민왕이 신돈을 등용하고 전민변정도감을 설치하여 내정 개혁을 추진한 시기는 개경 환도와 고려 멸망 사이인 ④ (라)입니다.

4 외교

기출문제 풀어 보기 > 본책 059~063쪽

134 ①	135 ③	136 ③	137 ①	138 ②	139 ①
140 ②	141 ③	142 ④	143 ④	144 ④	145 ②
146 ③	147 ③	148 ②	149 ③	150 ②	

134 서희의 활동

정답 ①

정답 잡는 키워드

소손녕, 여진이 압록강 안팎을 막고 있기 때문에 거란과 왕래하지 못함 > 서희

거란의 소손녕과 회담을 하면서 여진이 압록강 안팎을 막고 있기 때문에 고려가 거란과 왕래하지 못하는 것이라고 말하는 내용을 통해 (가) 인물이 고려의 서희임을 알 수 있어요. 송을 공격하려고 계획한 거란은 고려가 송과 가깝게 지내자 송과 고려의 연합을 막고자 고려를 먼저 침입하였어요(거란의 1차 침입). 서희는 고려를 침략한 거란의 의도를 파악하고 거란 장수 소손녕과 외교 담판을 벌였어요. 이 담판에서 서희는 여진이 압록강 동쪽을 차지하고 있어 거란으로 통하는 길이 막혔다고 주장하며, 송과 관계를 끊고 거란과 교류할 것을 약속하는 대신 압록강 동쪽 여진의 거주 지역을 고려 영토로 인정받았어요. ① 서희는 거란의 침략을 외교 담판으로 막아 내고 강동 6주를 확보하였어요.

오답 피하기

② 고려의 윤관은 별무반을 이끌고 여진을 정벌한 뒤 동북 9성을 쌓았어요.
③ 고려 말에 최무선은 우왕에게 건의하여 화통도감을 설치하고 화약 무기를 개발하였어요.
④ 조선 세종 때 최윤덕과 김종서가 여진을 정벌하고 4군 6진을 개척하였어요.

135 강감찬의 활동

정답 ③

정답 잡는 키워드

거란의 3차 침입 때 귀주에서 적의 대군 격파 > 강감찬

거란의 3차 침입 때 귀주에서 적의 대군을 격파하였다는 내용을 통해 (가)에 들어갈 인물이 ③ 강감찬임을 알 수 있어요. 고려 현종 때 강동 6주의 반환 등을 요구하며 거란의 소배압이 대군을 이끌고 고려에 침입하였어요(거란의 3차 침입). 이때 강감찬이 이끄는 고려군이 귀주에서 거란군을 물리치고 큰 승리를 거두었어요(귀주 대첩).

오답 피하기

① 고려의 서희는 거란의 1차 침입 당시 거란 장수 소손녕과 외교 담판을 벌여 강동 6주를 확보하였어요.
② 고려의 윤관은 별무반을 이끌고 여진을 정벌한 후 동북 9성을 쌓았어요.

④ 고려 말에 최무선은 우왕에게 건의하여 화통도감을 설치하고 화포 등 화약 무기를 개발하였어요.

136 고려와 거란의 전쟁

정답 ③

고려와 거란의 전쟁에 대해서 묻는 문항입니다. 고려 전기에는 여러 차례 거란의 침입이 있었어요. 성종 때 일어난 거란의 1차 침입 당시 서희가 소손녕과 외교 담판을 벌여 거란군을 물러나게 하고 강동 6주를 확보하였어요. 현종 때 일어난 거란의 2차 침입 때에는 개경이 함락되고 현종이 나주까지 피란하는 등 위기를 겪었어요. 그러나 양규의 활약으로 흥화진을 지켜 내고 거란으로 끌려가는 많은 고려인 포로들을 구출하기도 하였어요. ③ 고려 현종 때 일어난 거란의 3차 침입 당시 강감찬이 귀주에서 거란군을 크게 물리쳤어요(귀주 대첩).

오답 피하기

① 조선 세종 때 김종서가 여진을 정벌하고 6진을 개척하였어요.
② 고려 예종 때 윤관이 별무반을 이끌고 여진을 정벌한 후 동북 9성을 축조하였어요.
④ 고려 고종 때 몽골의 침입 당시 김윤후가 충주성에서 노비 등 주민들과 함께 몽골군을 막아 냈어요.

137 고려와 거란의 관계

정답 ①

정답 잡는 키워드

(가) 소손녕, 서희, 거란	(가) 거란의 1차 침입
(나) 양규, 거란에 맞서 싸우자	(나) 거란의 2차 침입
(다) 강감찬, 귀주에서 거란군을 물리쳐라	(다) 거란의 3차 침입

(가) 서희가 소손녕에게 여진을 내쫓고 우리 옛 땅을 돌려준다면 거란과 교류하겠다고 말하는 내용을 통해 거란의 1차 침입 시기의 상황임을 알 수 있어요. 송을 공격하고자 한 거란은 송과 고려의 연합을 우려하여 고려에 먼저 침입하였어요(거란의 1차 침입). 서희는 거란의 침략 의도를 파악하고 거란 장수 소손녕과 외교 담판을 벌여 송과의 관계를 끊고 거란과 교류할 것을 약속하는 대신 거란군을 물러가게 하고 강동 6주를 확보하였어요.

(나) 양규가 거란에 맞서 끝까지 싸우자고 말하는 내용을 통해 거란의 2차 침입 시기의 상황임을 알 수 있어요. 고려가 약속을 어기고 송과의 관계를 유지하자 거란은 고려의 장수 강조가 목종을 폐위하고 현종을 세운 강조의 정변을 구실 삼아 다시 고려를 침략하였어요(거란의 2차 침입). 이에 국왕인 현종이 나주까지 피란하는 등 고려는 위기를 맞았어요. 하지만 양규가 흥화진에서 성을 지켜 내고 거란군의 배후를 공격하여 포로로 잡힌 많은 고려 백성을 구해 냈어요.

(다) 강감찬이 귀주에서 거란군을 모두 물리치라고 말하는 내용을 통해 거란의 3차 침입 시기에 있었던 귀주 대첩 상황임을 알 수 있어요. 고려 왕이 직접 거란에 와 인사하겠다는 약속을 지키지 않고 강동 6주의 반환 요구도 거부하자 거란이 다시 고려를 침략하였어요(거란의 3차 침입). 이때 강감찬이 이끄는 고려군이 귀주에서 거란군을 크게 물리쳤어요.

따라서 옳은 순서는 ① (가)-(나)-(다)입니다.

138 윤관의 활동

정답 ②

정답 잡는 키워드

별무반을 만듦, 여진을 쳐서 크게 물리침	윤관

별무반을 만들었으며 여진을 쳐서 크게 물리쳤다는 내용을 통해 (가)가 고려의 윤관임을 알 수 있어요. 12세기 초에 여진이 성장하여 고려의 국경 지역을 자주 침략하였는데, 고려군은 말을 타고 싸우는 기병이 강한 여진에게 여러 번 패하였어요. 이에 윤관이 숙종에게 건의하여 기병인 신기군, 보병인 신보군, 승병인 항마군으로 구성된 별무반을 창설하였어요. ② 예종 때 윤관은 별무반을 이끌고 가서 여진을 정벌한 후 동북 9성을 축조하였어요.

오답 피하기

① 고려 성종 때 서희는 거란이 침입하자 거란 장수 소손녕과 외교 담판을 벌여 강동 6주를 확보하였어요.
③ 고려 말 창왕 때 박위가 왜구의 근거지인 쓰시마섬(대마도)을 정벌하였으며, 조선 세종 때 이종무도 군사를 이끌고 가서 쓰시마섬을 정벌하였어요.
④ 고려 공민왕 때 고려군은 쌍성총관부를 공격하여 원에 빼앗겼던 철령 이북의 영토를 되찾았어요.

139 고려와 여진의 관계

정답 ①

첫 번째 그림은 고려 숙종 때 윤관의 건의로 별무반이 편성되는 상황이고, 두 번째 그림은 고려 예종 때 금을 세운 여진이 형제 관계를 요구하는 상황이에요. 고려 초부터 여진 부족의 대부분은 고려에 특산물을 바치고 부모의 나라로 섬겼는데, 12세기에 들어와 부족을 통합하며 세력을 키우고 고려의 국경 지역을 자주 침범하였어요. 이에 윤관은 기병 위주의 여진에 대항하기 위하여 별무반 설치를 건의하였고, 숙종이 이를 받아들여 별무반이 설치되었어요. ① 예종 때 윤관은 별무반을 이끌고 여진을 정벌하여 동북 9성을 쌓았으나 여진의 요청과 방비의 어려움 때문에 1년여 만에 동북 9성을 여진에 돌려주었어요. 이후 여진은 세력을 키워 금을 건국한 후 고려에 형제 관계를 요구하였어요.

오답 피하기

② 고려 성종 때 일어난 거란의 1차 침입 당시 서희는 외교 담판을 통해 강동 6주 지역을 확보하였어요.
③ 고려 우왕 때 최무선이 진포에서 화포를 이용하여 왜구를 물리쳤어요.
④ 고려 고종 때 몽골이 침입하자 김윤후가 충주성에서 주민과 노비들을 이끌고 몽골군에 항전하여 승리하였어요.

140 고려의 대외 관계

정답 ②

정답 잡는 키워드

(가) 강감찬, 귀주에서 거란군을 무찌르자	(가) 거란의 3차 침입 때 귀주 대첩(11세기)
(나) 김윤후, 힘을 다해 싸우자	(나) 몽골의 침입 때(13세기)

(가) 강감찬이 귀주에서 거란군을 무찌르자고 말하는 내용을 통해 거란의 3차 침입 당시 귀주 대첩 상황임을 알 수 있어요. 11세기에 거란은 강동 6주의 반환 등을 요구하며 세 번째 고려에 침입하였어요. 이때 귀주에서 강감찬이 이끄는 고려군이 거란군을 물리치고 큰 승리를 거두었어요(귀주 대첩, 1019). (나) 김윤후가 군사들을 향해 힘을 다해 싸우자고 말하는 내용을 통해 몽골의 침입 당시 상황임을 알 수 있어요. 13세기 몽골이 고려를 침입하였을 때 김윤후는 처인성에서 부곡민을 이끌고 몽골군에 맞서 싸워 승리하였으며, 이후 충주성에서도 노비 등 주민들과 함께 몽골군을 물리쳤어요. 따라서 11세기 거란의 3차 침입과 13세기 몽골의 침입 사이 시기에 있었던 사실을 찾으면 됩니다. ② 12세기 초 윤관은 별무반을 이끌고 여진을 정벌한 뒤 동북 9성을 쌓았어요.

오답 피하기

① 10세기 말 거란의 1차 침입 때 고려의 서희는 거란 장수 소손녕과 외교 담판을 벌여 강동 6주를 확보하였어요.

③ 14세기 고려 창왕 때 박위가 왜구의 근거지인 쓰시마섬(대마도)을 정벌하였어요.
④ 14세기 고려 우왕 때 최무선은 화통도감에서 제작한 화포를 이용하여 진포에 침입한 왜구를 격퇴하였어요(진포 대첩).

141 고려의 대몽 항쟁

정답 ③

정답 잡는 키워드

칸이 살리타 등이 이끄는 군대를 보냄, 저고여 살해의 책임을 물음 > 몽골

칸이 살리타 등이 이끄는 군대를 보냈으며 저고여 살해의 책임을 묻는다는 내용을 통해 외교 문서를 보낸 국가가 몽골임을 알 수 있어요. 13세기 칭기즈 칸에 의해 통일된 몽골은 막강한 군사력을 바탕으로 세력을 확대하였어요. 고려에 온 몽골 사신 저고여가 귀국하는 길에 피살되자, 몽골은 이를 빌미로 살리타 등이 이끄는 군대를 보내 고려를 침략하였어요. ③ 몽골이 고려에 침입하였을 때 김윤후 부대가 처인성에서 몽골 장수 살리타를 사살하고 몽골군을 물리쳤어요.

오답 피하기

① 여진이 세운 금이 고려에 사대를 요구하자 당시 권력을 장악하고 있던 이자겸은 정권을 유지하고 전쟁을 피하기 위해 사대 요구를 수용하였어요.
② 거란의 1차 침입 당시 고려의 서희는 거란 장수 소손녕과 외교 담판을 벌여 강동 6주를 확보하였어요.
④ 거란의 3차 침입 당시 강감찬은 고려군을 이끌고 귀주에서 거란군을 물리쳤어요.

142 고려의 대몽 항쟁

정답 ④

정답 잡는 키워드

최우가 강화 천도 주장, 백성들에게 공격에 대비하기 위해 개경을 떠나라는 명령을 내림 > 몽골

최우가 강화 천도를 주장하였으며 백성들에게 공격에 대비하여 개경을 떠나라는 명령을 내렸다는 내용을 통해 (가) 국가가 몽골임을 알 수 있어요. 13세기에 고려를 방문한 사신 저고여가 귀국길에 피살된 사건을 빌미로 몽골이 고려를 침략하였어요. 몽골군이 개경까지 내려오자 고려 정부는 서둘러 강화를 맺고 당시 최고 집권자였던 최우의 주장에 따라 도읍을 강화도로 옮기고 장기적인 항전 태세를 갖추었어요. ④ 몽골이 고려를 침략하였을 때 처인성에서 김윤후가 부곡민을 이끌고 싸워 승리를 거두었어요. 이때 적장 살리타가 사살되었어요.

오답 피하기

① 고려 예종 때 윤관이 별무반을 이끌고 여진을 정벌한 후 동북 9성을 축조하였어요.
② 고려 말에 왜구의 침입이 잦아지자 최무선은 우왕에게 건의하여 화통도감을 설치하고 화약과 화포 무기를 제작하였어요.
③ 고려는 부처의 힘을 빌려 거란의 침입을 이겨 내고자 하는 염원을 담아 초조대장경을 조판하였어요.

143 고려의 대외 항쟁

정답 ④

정답 잡는 키워드

- 김윤후, 몽골군에 맞서 싸워 처인성을 지켜 내자
- 이성계, 왜구를 황산에서 섬멸하자

> • 처인성 전투(13세기 초)
> • 황산 대첩(14세기 후반)

첫 번째 그림은 김윤후가 몽골군에 맞서 싸워 처인성을 지켜 내자고 말하는 내용을 통해 몽골의 침입 때 있었던 처인성 전투 상황임을 알 수 있어요. 13세기에 몽골이 고려를 침략하였을 때 김윤후는 부곡민을 이끌고 처인성에서 몽골군을 물리쳤어요(1232). 두 번째 그림은 이성계가 왜구를 황산에서 섬멸하자고 말하는 내용을 통해 황산 대첩 상황임을 알 수 있어요. 14세기 후반에 고려는 여러 차례 왜구의 침입을 받았는데, 이성계는 황산에서 왜구를 크게 물리쳤어요(1380). 따라서 13세기 처인성 전투와 14세기 후반 황산 대첩 사이의 시기에 있었던 사실을 찾으면 됩니다. ④ 13세기에 고려 정부는 부처의 힘으로 몽골의 침입을 이겨 내고자 하는 염원을 담아 팔만대장경판을 제작하였어요.

오답 피하기

① 과전법은 이성계가 위화도 회군으로 정권을 장악한 이후인 1391년에 시행되었어요.
② 고려 인종 때인 1126년에 왕실과 외척 관계를 맺고 권력을 독점한 이자겸이 난을 일으켰으나 실패하였어요.
③ 궁예는 901년에 후고구려를 세웠어요.

144 삼별초

정답 ④

정답 잡는 키워드

진도 용장성, 고려 정부가 몽골과 강화를 맺고 개경으로 환도하자 강화도에서 옮겨 옴 > 삼별초

'진도 용장성'과 고려 정부가 몽골과 강화를 맺고 개경으로 환도하자 강화도에서 진도로 옮겨 왔다는 내용을 통해 (가) 군사 조직이 삼별초임을 알 수 있어요. 삼별초는 고려 정부가 몽골과 강화를 맺고 개경으로 돌아갈 것을 결정하자, 이에 반대하여 강화도에서 봉기하였어요(1270). 곧이어 배중손의 지휘 아래 진도로 이동하여 용장성을 쌓고 대몽 항쟁을 이어 갔습니다. 그러나 고려와 몽골 연합군의 공격으로 진도가 함락되었고, 삼별초의 남은 세력은 다시 제주도로 근거지를 옮겨 대몽 항쟁을 계속하였으나 결국 고려와 몽골 연합군에 의해 진압되었어요(1273). ④ 삼별초는 무신 집권기에 최고 집권자였던 최우가 치안 유지를 위해 설치한 야별초에서 비롯되었으며, 최씨 무신 정권의 군사적 기반이 되었어요.

오답 피하기

① 공민왕 때 유인우 등이 이끄는 고려군이 쌍성총관부를 공격하여 원에 빼앗겼던 철령 이북의 영토를 되찾았어요.
② 나·당 연합군의 공격으로 백제가 멸망한 뒤 백제 부흥 운동이 일어났으며, 백제와 긴밀한 관계를 맺고 있던 왜가 군대를 보내 이를 지원하였어요. 백제 부흥군과 왜의 지원군은 663년에 백강에서 나·당 연합군에 맞서 싸웠으나 패배하였어요.
③ 고려 숙종 때 윤관의 건의에 따라 여진 정벌을 위한 별무반이 편성되었어요. 별무반은 기병인 신기군, 보병인 신보군, 승병 부대인 항마군으로 구성되었습니다.

145 고려의 대외 항쟁

정답 ②

정답 잡는 키워드

(가) 배중손, 삼별초는 진도에서 적에 맞서 싸울 것이다
(나) 강감찬, 귀주에서 거란군을 모두 물리쳐라
(다) 윤관, 별무반은 여진을 정벌할 것이다

> (가) 삼별초의 항쟁(13세기)
> (나) 귀주 대첩(11세기)
> (다) 별무반의 여진 정벌(12세기)

(가) 배중손이 삼별초가 진도에서 적에 맞서 끝까지 싸울 것이라고 말하는 내용을 통해 13세기 삼별초의 항쟁 상황임을 알 수 있어요. 13세기에 몽골이 고려에 침입하자 고려 정부는 1232년에 강화도로 도읍을 옮기고 오랫동안 항전하였으나 결국 몽골과 강화를 맺고 개경 환도를 결정하였어요(1270). 이에 반대하여 배중손을 중심으로 한 삼별초가 봉기하여 진도로 근거지를 옮기고 대몽 항쟁을 계속하였어요. 하지만 고려와 몽골 연합군의 공격으로 진도가 함락되었고 삼별초의 남은 세력은 제주도로 옮겨 가 항쟁을 계속하였으나 결국 진압되었어요(1273).

(나) 강감찬이 귀주에서 거란군을 모두 물리치라고 말하는 내용을 통해 거란의 3차 침입 때 있었던 귀주 대첩 상황임을 알 수 있어요. 11세기에 거란은 강동 6주의 반환 등을 요구하며 세 번째 고려에 침입하였습니다. 이때 귀주에서 강감찬이 이끄는 고려군이 거란군을 물리치고 큰 승리를 거두었어요(귀주 대첩, 1019).

(다) 윤관이 별무반이 여진을 정벌할 것이라고 말하는 내용을 통해 12세기 별무반의 여진 정벌 상황임을 알 수 있어요. 12세기 초에 윤관은 별무반을 이끌고 여진을 정벌한 뒤 동북 9성을 쌓았습니다.

따라서 옳은 순서는 ② (나)-(다)-(가)입니다.

146 화통도감

정답 ③

정답 잡는 키워드

최무선이 왕에게 건의하여 설치 › 화통도감

최무선이 왕에게 건의하여 설치되었다는 내용을 통해 (가)에 들어갈 기구가 ③ 화통도감임을 알 수 있어요. 고려 말에 최무선은 화통도감에서 만든 화포와 화약을 이용해 진포에서 왜구를 격퇴하였어요.

오답 피하기

① 교정도감은 무신 집권기에 최충헌이 설치한 기구로, 최씨 무신 정권의 최고 권력 기구 역할을 하였어요.
② 식목도감은 고려 시대에 중서문하성과 중추원의 고위 관리들이 모여 법이나 각종 시행 규칙의 제정 등을 논의하던 고려의 독자적인 회의 기구입니다.
④ 훈련도감은 임진왜란 중에 설치된 군사 조직으로, 포수, 사수, 살수의 삼수병으로 구성되었어요.

147 진포 대첩

정답 ③

정답 잡는 키워드

왜구에 맞서 군대를 지휘하는 최무선, 화포 › 진포 대첩

최무선이 왜구에 맞서 군대를 지휘한다는 내용과 '화포' 등을 통해 학생들이 표현하고 있는 사건이 ③ 진포 대첩임을 알 수 있어요. 고려 말에 최무선은 원에서 온 사람의 도움을 받아 화약 제조 기술을 습득하여 화약 개발에 성공하였어요. 이후 우왕에게 건의하여 화통도감을 설치하고 화약과 화포를 제작하였습니다. 우왕 때 최무선, 나세, 심덕부가 지휘하는 고려군이 진포에서 화약과 화포를 이용하여 왜구를 격퇴하였는데, 이를 진포 대첩이라고 합니다.

오답 피하기

① 명량 대첩은 정유재란 당시 이순신이 이끄는 조선 수군이 명량(울돌목)에서 일본 수군에 대승을 거둔 전투입니다.
② 살수 대첩은 을지문덕이 이끄는 고구려군이 수의 장수 우중문, 우문술이 이끄는 30만 별동대를 살수에서 격퇴한 전투입니다.
④ 행주 대첩은 임진왜란 당시 행주산성에서 권율의 지휘 아래 관민이 힘을 합쳐 일본군에 큰 승리를 거둔 전투입니다.

148 왜구의 침략과 격퇴

정답 ②

정답 잡는 키워드

홍산 대첩, 진포 대첩, 황산 대첩 › 왜구 격퇴

고려 말에는 홍건적과 왜구의 침입이 잦았어요. 홍건적의 침입으로 공민왕이 안동까지 피신하기도 하였으며, 왜구의 노략질로 인해 해안 지방이 황폐해졌어요. 왜구는 점차 내륙 지역과 개경 근처까지 침입하여 큰 피해를 주었어요. 이에 고려 정부는 최영, 이성계, 최무선 등을 보내 왜구를 토벌하였어요. 우왕 때 최영은 홍산(지금의 부여)에서 왜구를 크게 무찔렀고(홍산 대첩, 1376), 이성계는 황산(지금의 남원)에서 왜구를 격퇴하였어요(황산 대첩, 1380). 또 최무선은 나세, 심덕부와 함께 진포(지금의 군산)에서 화포를 사용하여 왜선을 물리쳤어요(진포 대첩, 1380). 따라서 (가)에 들어갈 학습 주제로 적절한 것은 ② '왜구의 침략과 격퇴'입니다.

오답 피하기

① 13세기에 몽골이 여러 차례 고려에 침입하였으며, 고려군과 일반 백성이 힘을 합쳐 이에 맞서 싸웠어요.
③ 12세기 초에 여진이 성장하면서 국경 부근에서 고려와 여진의 충돌이 잦아지자, 고려 정부는 윤관의 건의를 받아들여 여진 정벌을 위해 별무반을 편성하였어요. 윤관은 별무반을 이끌고 여진을 정벌한 뒤 동북 9성을 쌓았어요.
④ 19세기 후반에 병인양요, 신미양요 등 서양 세력의 침입을 겪은 뒤 흥선 대원군이 한성의 종로 거리와 전국 각지에 척화비를 세워 통상 수교 거부 의지를 널리 알렸어요.

149 이성계의 활동

정답 ③

정답 잡는 키워드

요동 정벌은 무리라는 4불가론 › 이성계

요동 정벌은 무리라는 4불가론을 주장하였다는 내용을 통해 (가) 인물이 이성계임을 알 수 있어요. 고려 말에 명이 고려가 원으로부터 되찾은 철령 이북 지역을 요구하자 우왕과 최영이 요동 정벌을 추진하였어요. 이때 이성계는 요동 정벌이 가능하지 않은 4가지 이유(4불가론)를 들어 요동 정벌에 반대하였어요. 그러나 우왕과 최영이 요동 정벌을 강행하자 명령에 따라 이성계는 군사를 이끌고 나섰다가 위화도에서 군사를 돌려 개경에 돌아와 권력을 장악하였어요(위화도 회군, 1388). ③ 고려 말 우왕 때 이성계는 황산(지금의 남원)에서 왜구를 크게 물리쳤어요(황산 대첩, 1380).

오답 피하기

① 고려 성종 때 있었던 거란의 1차 침입 당시 서희는 거란 장수 소손녕과 외교 담판을 벌여 강동 6주 지역을 확보하였어요.
② 조선 선조 때 이장손이 일종의 폭탄인 비격진천뢰를 제작하였어요.
④ 신라 문무왕 때 신라군은 매소성 전투에서 당군에 승리하였어요.

150 조선의 건국 과정

정답 ②

조선의 건국 과정을 묻는 문항입니다. 명이 고려가 원으로부터 되찾은 철령 이북 지역을 직접 다스리겠다고 하자, 우왕과 최영은 요동 정벌을 추진하였어요. 이성계는 요동 정벌이 불가능한 4가지 이유(4불가론)를 들어 이에 반대하였어요. 그러나 우왕과 최영의 명령에 따라 요동 정벌을 위해 군대를 이끌고 나섰어요. 압록강 하류의 위화도까지 진군한 이성계는 다시 군대를 되돌리게 해 달라고 요청하였습니다. 우왕과 최영이 이를 받아들이지 않자 ② 이성계는 위화도에서 회군하여 개경으로 돌아와 우왕과 최영을 몰아내고 정권을 장악하였어요(1388). 이후 이성

계는 급진 개혁파(혁명파) 신진 사대부와 함께 1391년에 과전법을 실시하는 등 개혁을 추진하였어요. 그리고 정몽주 등 반대 세력을 제거하고 1392년에 조선을 건국하였으며, 1394년에 한양으로 도읍을 옮겼어요.

오답 피하기

① 19세기 후반에 흥선 대원군은 왜란과 호란을 거치면서 최고 기구가 된 비변사의 기능을 축소하여 사실상 폐지하고 의정부와 삼군부의 기능을 되살렸어요.
③ 19세기 후반에 흥선 대원군은 "대전통편"이 편찬된 이후 추가된 각종 법규 등을 정리하여 "대전회통"을 편찬하였어요.
④ 15세기에 조선 세종은 백성을 교화하고 백성이 스스로 뜻을 표현할 수 있게 훈민정음을 창제하여 반포하였어요.

5 경제와 사회

기출문제 풀어 보기 > 본책 064~066쪽

151 ③ 152 ① 153 ① 154 ① 155 ④ 156 ④
157 ② 158 ② 159 ② 160 ③

151 전시과

정답 ③

정답 잡는 키워드

고려 경종 때 처음 시행, 관직 복무 등에 대한 대가, 전지와 시지를 차등 지급 > 전시과

고려 경종 때 처음 시행되었으며, 관직 복무 등에 대한 대가로 전지와 시지를 차등 지급한 제도는 ③ 전시과입니다. 전지는 곡식을 얻을 수 있는 땅이고 시지는 땔감을 얻을 수 있는 임야 등을 말합니다.

오답 피하기

① 고려 말에 이성계와 급진 개혁파(혁명파) 신진 사대부는 토지 제도의 문란을 바로잡기 위해 과전법을 실시하였어요. 과전법은 경기 지역의 토지를 대상으로 전직과 현직 관리에게 등급에 따라 토지의 수조권(조세를 거둘 수 있는 권리)을 나누어 준 제도입니다.
② 납속책은 조선 시대에 정부가 부족한 국가 재정을 보충하기 위해 곡물, 돈 등을 받고 신분을 상승시켜 주거나 벼슬을 내리는 등의 혜택을 준 정책이에요. 부를 쌓은 사람들이 납속을 이용하여 양반 신분을 얻거나 노비 신분에서 벗어나기도 하였어요.
④ 조선 고종 때 흥선 대원군은 군정의 폐단을 바로잡기 위해 가구(호) 단위로 군포를 거두는 호포제를 실시하여 양반에게도 군포를 징수하였어요.

152 고려의 경제 상황

정답 ①

정답 잡는 키워드

수도 개경, 수많은 청자 > 고려

수도가 개경이며 수많은 청자가 발견되었다는 내용을 통해 밑줄 그은 '이 국가'가 고려임을 알 수 있어요. 태조 왕건은 고려를 건국하고 수도를 개경(지금의 개성)으로 정하였어요. 청자는 고려를 대표하는 공예품 중 하나입니다. 고려청자는 신비한 푸른빛의 아름다움으로 유명하였으며, 12세기 중반부터는 고려의 독창적인 상감 기법을 적용한 상감 청자가 제작되었어요. ① 고려는 관리에게 관직 복무 등에 대한 대가로 등급에 따라 조세를 거둘 수 있는 전지와 땔감을 얻을 수 있는 시지를 지급하는 전시과 제도를 실시하였어요.

오답 피하기

② 조선 후기에 감자, 고구마 등이 전래되어 구황 작물로 널리 재배되었어요.
③ 조선 후기에 모내기법이 전국적으로 확산되어 농업 생산력이 증대되었어요.
④ 신라 지증왕은 수도 금성에 동시라는 시장을 설치하고 이를 감독하기 위한 관청으로 동시전을 두었어요.

153 고려의 경제 정책

정답 ①

정답 잡는 키워드

벽란도, 송 > 고려

'벽란도'와 송에서 인삼을 사러 왔다는 내용을 통해 제시된 상황을 볼 수 있었던 국가가 고려임을 알 수 있어요. 고려 시대에 수도 개경(지금의 개성)과 가까운 곳에 위치한 예성강 하구의 벽란도가 국제 무역항으로 번성하였는데, 이곳에서 송과 일본 상인뿐 아니라 아라비아 상인도 드나들며 물건을 사고팔았어요. 고려는 송에 종이, 나전 칠기, 인삼 등을 수출하고 송에서 비단, 서적, 차 등을 수입하였어요. ① 고려 성종 때 우리나라 최초의 금속 화폐인 건원중보가 발행되었으나 널리 유통되지 못하였어요.

오답 피하기

② 조선 정조는 신해통공을 단행하여 육의전을 제외한 시전 상인의 금난전권을 폐지하였어요. 금난전권은 허가받지 않고 상업 활동을 하는 난전을 금지할 수 있는 권리입니다.
③ 조선 세종은 수취 체제를 개편하여 토지를 비옥도에 따라 6등급으로 나누는 전분6등법과 농작물의 풍흉에 따라 9등급으로 나누는 연분9등법을 시행하여 조세를 차등 부과하였어요.
④ 조선 성종은 관리들이 수조권을 과도하게 행사하자, 지방 관청에서 직접 수확량을 조사하여 조세를 거둔 후 관리에게 지급하는 관수관급제를 시행하였어요.

154 고려의 경제 상황

정답 ①

정답 잡는 키워드

건원중보, 은병 > 고려

'건원중보'와 '은병'을 통해 발표에 해당하는 국가가 고려임을 알 수 있어요. 건원중보는 고려 성종 때 발행된 우리나라 최초의 금속 화폐이며, 은병은 고려 숙종 때 은으로 만들어진 고액 화폐로 활구라고도 불렸어요. ① 고려 시대에는 국제 무역이 활발하였어요. 수도 개경(지금의 개성) 부근에 있는 예성강 하구의 벽란도가 국제 무역항으로 번성하여 이곳에서 송과 일본 상인뿐 아니라 아라비아 상인도 왕래하며 물건을 사고 팔았어요.

오답 피하기

② 조선 후기에 담배, 인삼, 고추 등이 시장에서 판매하기 위한 상품 작물로 재배되었어요.
③ 조선 후기에 대동법이 시행되면서 관청에 필요한 물품을 조달하는 상인인 공인이 활동하였어요.
④ 신라 지증왕 때 수도 금성(지금의 경주)에 시장인 동시와 이를 감독하기 위한 관청인 동시전이 설치되었어요.

155 고려의 경제 상황

정답 ④

정답 잡는 키워드

송을 비롯한 여러 나라 상인들, 벽란도 > 고려

송을 비롯한 여러 나라 상인들이 예성강 하구의 벽란도를 드나들면서 무역을 하였다는 내용을 통해 (가) 국가가 고려임을 알 수 있어요. 고려 시대에는 수도 개경(지금의 개성) 부근에 있는 예성강 하구의 벽란도가 국제 무역항으로 번성하였어요. 송과 일본 상인뿐 아니라 아라비아 상인도 벽란도를 드나들면서 활발하게 국제 무역이 이루어졌습니다. ④ 고려 숙종 때 주전도감이 설치되어 은병, 해동통보 등이 발행되었어요. 은병은 주둥이 부분이 넓어 활구라고도 불렸으며, 은 1근으로 우리나라의 지형을 본떠 만든 고액 화폐입니다.

오답 피하기

① 조선 후기에 고구마, 감자 등이 전래되어 재배되었어요.
② 조선 후기에 논농사에서 모내기법이 전국적으로 확산되었어요.
③ 조선 후기에 상업이 발달하면서 사상이 성장하여 의주의 만상, 동래의 내상 등 지역에 근거지를 둔 사상이 활발하게 활동하였어요.

156 해동통보

정답 ④

정답 잡는 키워드

주전도감, 고려 숙종 > 해동통보

고려 숙종 때 설치된 주전도감에서 주조되었다는 내용을 통해 (가)에 들어갈 화폐가 ④ 해동통보임을 알 수 있어요. 고려 숙종은 아우인 승려 의천의 건의를 받아들여 화폐 주조 기관으로 주전도감을 설치하고 해동통보 등을 발행하였어요.

오답 피하기

① 명도전은 우리나라 철기 시대 유적에서 발견되는 중국 화폐입니다.
② 당백전은 조선 고종 때 흥선 대원군의 주도로 경복궁 중건에 필요한 비용을 충당하기 위해 발행한 고액 화폐입니다.
③ 백동화는 1892년부터 전환국에서 발행한 금속 화폐로, 1904년에 전환국이 폐지되면서 주조가 중단되었어요. 제1차 한·일 협약(1904)에 따라 대한 제국의 재정 고문으로 파견된 메가타의 주도로 백동화 등을 일본 제일 은행권으로 교환하게 한 화폐 정리 사업이 시행되었어요.

157 고려의 경제 상황

정답 ②

정답 잡는 키워드

해동통보 > 고려

'해동통보'를 통해 (가) 국가가 고려임을 알 수 있어요. 고려 숙종은 주전도감을 설치하여 은병, 해동통보 등의 화폐를 발행하였으나 널리 유통시키지는 못하였어요. ② 고려 시대에 수도 개경(지금의 개성) 근처에 있는 벽란도가 국제 무역항으로 번성하였어요. 고려 상인은 이곳에서 송, 일본, 아라비아 상인 등과 활발히 교류하였어요.

오답 피하기

① 조선 후기에 모내기법이 전국적으로 확산되었어요.
③ 삼한 가운데 변한과 이 지역에서 성장한 금관가야는 철이 많이 생산되고 해상 교통이 편리한 낙동강 하류 지역에 자리를 잡고 있어 낙랑군과 왜를 연결하는 중계 무역으로 번성하였어요.
④ 통일 신라 흥덕왕 때 당에서 신라로 돌아온 장보고는 지금의 완도에 군사 기지인 청해진을 설치하여 해적을 소탕하였어요. 이후 청해진을 중심으로 해상 무역을 전개하였어요.

158 고려의 경제 활동

정답 ②

고려 시대의 경제 활동을 묻는 문항입니다. ② 조선 후기에 고추, 담배 등이 전래되어 시장에 판매하기 위한 상품 작물로 재배되었어요.

오답 피하기

① 고려 시대에 수도 개경 부근에 있는 예성강 하구의 벽란도가 국제 무역항으로 번성하였어요.
③ 고려 시대에 개경에 설치된 시전에서 상인들이 물품을 판매하였어요. 고려 정부는 시전의 상행위를 감독하기 위한 관청으로 경시서를 설치하였어요.
④ 고려 시대에 사원에서 종이, 기와, 베, 모시 등을 만들어 파는 사원 수공업이 발달하였어요.

159 상평창

정답 ②

정답 잡는 키워드

개경과 서경 및 12목에 설치, 물가 조절 기능 > 상평창

개경과 서경 및 12목에 설치될 예정이며 물가를 조절하는 기능을 하게 된다는 내용을 통해 (가)에 들어갈 기구가 ② 상평창임을 알 수 있어요. 상평창은 고려 시대에 개경과 서경 및 12목에 설치된 물가 조절 기구입니다. 풍년으로 곡물이 흔하면 적정량을 사들여 가격이 크게 내려가는 것을 막고, 흉년이 들어 시중에 곡물이 부족하면 저장해 둔 곡물을 풀어 가격이 크게 오르는 것을 막아 물가를 조절하였어요. 고려 성종 때 처음 설치된 상평창은 조선 시대로 이어졌어요.

오답 피하기

① 중방은 고려의 중앙군인 2군 6위의 지휘관으로 구성된 회의 기구입니다. 무신 정변으로 정권을 장악한 무신들이 중방을 중심으로 국정을 운영하면서 최고 권력 기구가 되었다가 최충헌이 집권한 이후 권한이 약해졌어요.
③ 어사대는 고려 시대에 관리들의 비리를 감찰하고 정치의 잘잘못을 논하던 중앙 정치 기구입니다. 어사대의 관원은 중서문하성의 낭사와 함께 대간으로 불렸어요.
④ 식목도감은 고려의 중앙 정치 기구 중 중서문하성과 중추원의 고위 관리들이 모여 법이나 각종 시행 규칙의 제정을 논의하던 회의 기구입니다.

160 고려의 사회 모습

정답 ③

고려의 사회 모습을 묻는 문항입니다. ③ 신라에서는 골품에 따라 관직의 승진과 같은 정치 활동뿐만 아니라 가옥·수레의 크기 등 일상생활까지 규제하는 골품제가 실시되었어요.

오답 피하기

① 고려 시대에 가난한 백성을 구제하기 위해 의창이 운영되어 흉년이 들거나 곡식이 귀할 때 곡식을 빌려주고 수확한 후에 갚도록 하였어요. 고려 태조가 빈민 구제를 위해 흑창을 처음으로 설치하였는데, 이후 성종이 흑창을 개편하여 의창이라고 하였어요. 의창은 조선 시대로 이어졌어요.
② 고려 시대에는 토속 신앙과 불교 등이 결합된 국가적인 행사로 팔관회가 개최되었어요.
④ 고려 시대에는 여성이 호주가 될 수 있었으며, 호적을 작성할 때에도 아들딸 구분 없이 태어난 순서대로 기재하였어요.

6 문화

기출문제 풀어 보기 > 본책 066~073쪽

161 ③	162 ②	163 ①	164 ③	165 ③	166 ①
167 ③	168 ③	169 ②	170 ②	171 ①	172 ②
173 ②	174 ③	175 ④	176 ④	177 ②	178 ②
179 ④	180 ④	181 ④	182 ②		

161 고려의 국자감

정답 ③

정답 잡는 키워드

고려 성종 때 설립, 유학과 기술 교육을 담당, 고려의 최고 교육 기관 > 국자감

고려 성종 때 설립되었고, 유학과 기술 교육을 담당하였으며 고려의 최고 교육 기관이라는 내용 등을 통해 퀴즈의 정답이 ③ 국자감임을 알 수 있어요. 고려의 수도 개경에 설립된 최고 교육 기관인 국자감에는 유교 경전을 공부하는 유학부와 율학, 서학, 산학 등 기술학을 교육하는 기술학부가 있었어요.

오답 피하기

① 경당은 고구려의 지방 교육 기관으로, 학문과 무술을 교육하였어요.
② 향교는 고려의 지방에 세워진 관립 교육 기관으로, 조선 시대까지 이어졌어요.
④ 주자감은 발해의 최고 교육 기관으로, 유학을 교육하였어요.

162 고려의 교육 기관

정답 ②

고려의 교육 기관을 묻는 문항입니다. ② 경당은 고구려의 지방 교육 기관으로, 이곳에서 청소년들이 글을 읽고 활쏘기를 익혔어요.

오답 피하기

① 국자감은 고려의 수도 개경에 설치된 최고 국립 교육 기관으로, 성종 때 유학 교육을 장려하면서 정비되었어요. 국자감에서는 유학과 기술 교육이 이루어졌어요.
③ 고려 시대에 최충이 세운 문헌공도를 비롯하여 사학 12도가 번성하였어요.
④ 고려는 지방에 유학 교육 기관으로 향교를 두었는데, 향교는 조선 시대까지 이어졌어요.

163 고려의 교육 기관

정답 ①

정답 잡는 키워드

(가) 국자감 처음 설치	(가) 10세기 성종
(나) 9재 학당 설립	(나) 11세기 문종
(다) 성균관 정비, 유학 교육 강화	(다) 14세기 공민왕

(가) 국자감은 고려의 수도 개경에 설치된 최고 교육 기관이에요. "고려사"에 의하면 고려 성종 때 인재를 양성하기 위하여 국자감을 설치하였다고 합니다.
(나) 고려 문종 때 최충이 사립 교육 기관인 9재 학당을 세웠어요. 9재 학당은 최충의 시호를 따 문헌공도라고 불리기도 하였어요.
(다) 공민왕은 성균관을 정비하여 유학 교육을 강화하였어요. 고려 후기에 국자감의 명칭이 몇 차례 바뀌었는데, 충선왕 때 성균관으로 개칭된 뒤 공민왕 때 반원 정책에 따른 관제의 복구로 국자감으로 환원되었다가 다시 성균관으로 바뀌었어요. 성균관의 명칭은 조선 시대로 이어졌어요.

따라서 옳은 순서는 ① (가)-(나)-(다)입니다.

164 고려 시대 관학 진흥책

정답 ③

정답 잡는 키워드

문헌공도를 비롯한 사학 12도, 관학을 진흥하기 위한 정책 > 고려 시대 관학 진흥책

문헌공도를 비롯한 사학 12도에서 교육받은 학생들이 과거에서 좋은 성적을 거두어 관학이 위축되고 있고 정부에서 관학을 진흥하기 위한 정책을 마련하였다는 내용을 통해 밑줄 그은 '정책'이 고려 시대에 추진된 관학 진흥책임을 알 수 있어요. 문헌공도를 비롯한 사학 12도가 번성하여 상대적으로 관학이 위축되자, 고려 정부는 국자감에 전문 강좌인 7재를 개설하고, ③ 장학 기금을 마련하기 위해 양현고를 설치하는 등 다양한 관학 진흥 정책을 추진하였어요.

오답 피하기

① 발해는 유학 교육 기관으로 주자감을 설립하였어요.
② 조선 후기에 정조는 초계문신제를 실시하여 학문 연구를 장려하였어요. 초계문신제는 재능 있는 젊은 문신을 선발하여 재교육하는 제도입니다.
④ 조선 중종 때 신진 인사를 등용하기 위해 조광조의 건의로 현량과가 실시되었어요. 현량과는 학문과 덕행이 뛰어난 인물을 추천받아 시험을 통해 관리로 선발하는 제도입니다.

165 김부식의 활동

정답 ③

정답 잡는 키워드

묘청의 난 평정, 삼국사기 편찬 > 김부식

진압군의 원수로 임명되어 묘청의 난을 평정하고 "삼국사기"를 편찬하였다는 내용 등을 통해 퀴즈의 정답이 ③ 김부식임을 알 수 있어요. 김부식은 고려 인종 때 서경에서 묘청이 난을 일으키자 진압군의 원수로 임명되어 관군을 이끌고 가서 난을 진압하였어요. 이후 김부식은 인종의 명을 받아 신라를 중심으로 삼국의 역사를 다룬 "삼국사기"의 편찬을 주도하였어요. "삼국사기"는 합리적인 유교 사관에 기초하여 기전체 형식으로 서술되었으며, 현재 남아 있는 우리나라에서 가장 오래된 역사서입니다.

오답 피하기

① 양규는 고려의 장수로, 거란의 2차 침입 당시 흥화진에서 거란군을 막아 냈으며, 고려와 강화를 맺고 돌아가는 거란군을 습격하여 끌려가던 많은 고려인 포로들을 구출하였어요.
② 일연은 고려 후기의 승려로, 불교사를 중심으로 고구려, 백제, 신라의 역사를 다룬 "삼국유사"를 저술하였어요.
④ 이제현은 고려 말의 성리학자로, 만권당에서 원의 학자들과 교류하며 성리학을 깊이 연구하였고, "사략"과 "역옹패설" 등을 저술하였어요.

166 삼국사기

정답 ①

정답 잡는 키워드

고려 시대에 김부식 등이 편찬한 역사서, 현존하는 우리나라 역사서 중 가장 오래전에 편찬 > 삼국사기

고려 시대에 김부식 등이 편찬한 역사서이며 현존하는 우리나라 역사서 중 가장 오래전에 편찬되었다는 내용을 통해 밑줄 그은 '이 책'이 "삼국사기"임을 알 수 있어요. "삼국사기"는 고려 인종 때 왕명을 받아 김부식 등이 신라를 중심으로 삼국의 역사를 편찬한 책으로, 현재 남아 있는 우리나라에서 가장 오래된 역사서입니다. ① "삼국사기"는 본기, 열전, 지, 표로 구성된 기전체 형식으로 서술되었어요.

오답 피하기

② 조선 후기에 유득공은 "발해고"에서 처음으로 신라와 발해를 '남북국'이라 칭하였어요.
③ "조선왕조실록"은 사관들이 작성한 사초와 각 기관에서 보고한 문서를 연월일 순으로 작성해 둔 시정기 등을 바탕으로 편찬되었어요.
④ "삼국사기"에는 단군의 고조선 건국 이야기가 수록되어 있지 않아요. 단군의 고조선 건국 이야기가 수록된 역사서로 일연의 "삼국유사"와 이승휴의 "제왕운기" 등이 있어요.

167 삼국유사

정답 ③

정답 잡는 키워드

승려 일연이 저술한 역사서, 단군의 고조선 건국 이야기가 실려 있음 > 삼국유사

승려 일연이 저술한 역사서이며 단군의 고조선 건국 이야기가 실려 있다는 내용을 통해 밑줄 그은 '이 책'이 ③ "삼국유사"임을 알 수 있어요. 고려 후기에 승려 일연이 고구려, 백제, 신라의 역사를 다룬 "삼국유사"를 저술하였어요. 일연은 불교사를 중심으로 고대의 민간 설화, 전설 등을 기록하였으며, 우리 역사의 시작을 고조선으로 보고 단군의 고조선 건국 이야기를 수록하였어요.

오답 피하기

① "동국통감"은 조선 성종 때 서거정 등이 편찬한 역사서로, 고조선부터 고려까지의 역사를 기록하였어요.
② "동사강목"은 조선 후기에 안정복이 저술한 역사서입니다. 안정복은 이 책에서 우리 역사의 독자적 정통론을 주장하였어요.
④ "제왕운기"는 고려 후기에 이승휴가 중국과 우리나라의 역사를 시로 표현한 역사서입니다.

168 제왕운기

정답 ③

"제왕운기"의 특징을 묻는 문항입니다. "제왕운기"는 고려 후기에 이승휴가 지은 역사서로, 상권에서는 중국의 역사를, 하권에서는 우리나라의 역사를 시로 표현하였어요. 이승휴는 이 책에서 중국과 우리의 역사를 구별하여 서술함으로써 우리 역사의 독자성을 강조하였어요. ③ "제왕운기"에는 단군의 고조선 건국 이야기가 수록되었어요.

오답 피하기

① "조선왕조실록"은 태조에서 철종에 이르는 역사를 시간 순서대로 기록한 편년체 형식의 역사서입니다. 왕이 죽은 뒤 사초와 시정기 등을 바탕으로 실록청에서 편찬되었어요.
② 조선 후기에 유득공이 쓴 "발해고"에서 '남북국'이라는 용어가 처음 사용되었어요.
④ 고려 후기에 일연이 지은 "삼국유사"에는 불교사를 중심으로 고대의 민간 설화 등이 실려 있어요.

169 의천의 활동

정답 ②

정답 잡는 키워드

대각국사비, 고려 문종의 넷째 아들, 해동 천태종 개창 > 의천

'대각국사비'와 고려 문종의 넷째 아들로 해동 천태종을 개창하였다는 내용을 통해 (가)에 들어갈 인물이 ② 의천임을 알 수 있어요. 고려 전기에 활동한 승려 의천은 왕자 출신이며, 송에 유학하여 화엄종과 천태학 등을 공부하였어요. 고려에 돌아와 교단을 통합하여 불교를 개혁하고자 해동 천태종을 창시하였어요. 의천은 불교 발전에 크게 기여하여 '대각국사'라는 시호를 받았습니다.

오답 피하기

① 신라의 승려 원효는 나무아미타불만 외우면 누구나 극락에 갈 수 있다고 주장하였으며, 일반 백성이 불교 교리를 쉽게 받아들일 수 있도록 '무애가'를 지어 부르는 등 불교 대중화에 기여하였어요.
③ 고려의 승려 지눌은 수선사 결사를 제창하여 불교계를 개혁하고자 하였으며, 수행 방법으로 참선과 교리 공부를 함께해야 한다는 정혜쌍수와 단번에 깨닫고 깨달은 후에도 계속 수행해야 한다는 돈오점수를 주장하였어요.
④ 고려의 승려 혜심은 심성의 도야를 강조한 유·불 일치설을 주장하였어요. 이는 장차 성리학을 받아들일 수 있는 사상적 토대가 되었어요.

170 의천의 활동

정답 ②

정답 잡는 키워드

화폐 주조 및 유통 주장, 교장도감 설치와 교장 간행, 해동 천태종 창시 > 의천

'화폐 주조 및 유통 주장', '교장도감 설치와 교장 간행', '해동 천태종 창시' 등을 통해 (가) 인물이 고려의 승려 의천임을 알 수 있어요. 대각국사 의천은 송에서 유학할 당시 화폐 사용의 편리함을 깨닫고 고려로 돌아온 후 화폐 주조와 유통의 필요성을 주장하고 이를 위한 조치를 숙종에게 건의하였어요. 숙종이 이를 받아들여 주전도감을 설치하고 금속 화폐를 발행하였어요. 또 의천은 교장도감을 설치하고 송, 거란, 일본 등에서 불교 경전의 주석서를 모아 목록을 만든 후 "교장"을 간행하였으며, 불교 교단 통합을 위해 해동 천태종을 창시하였어요. ② 의천은 교종 중심의 불교 통합 운동을 전개하며 수행 방법으로 경전의 연구와 깨달음을 위한 수행을 함께할 것을 강조한 교관겸수를 주장하였어요.

오답 피하기

① 신라의 승려 원효는 일반 백성이 불교 교리를 쉽게 받아들일 수 있도록 '무애가'를 지어 부르는 등 불교 대중화에 기여하였어요.
③ 고려 후기의 승려 보조국사 지눌은 수선사 결사를 제창하여 불교 개혁 운동을 전개하였으며, 수행 방법으로 정혜쌍수와 돈오점수를 주장하였어요.
④ 신라의 승려 혜초는 인도와 중앙아시아 지역을 다녀온 후 이 지역의 풍물을 담은 "왕오천축국전"을 남겼어요.

171 지눌의 활동

정답 ①

정답 잡는 키워드

정혜쌍수 주장, 보조국사 > 지눌

정혜쌍수를 주장하였으며 보조국사라고도 한다는 내용을 통해 퀴즈의 정답이 ① 지눌임을 알 수 있어요. 지눌은 고려 후기의 승려이며, 사후 '불일보조국사'라는 시호를 받았어요. 그는 불교계의 타락과 세속화를 비판하면서 수선사 결사(정혜결사)를 제창하여 불교계를 개혁하고자 하였어요. 수행 방법으로 참선과 교리 공부를 함께해야 한다는 정혜쌍수와 단번에 깨닫고 깨달은 후에도 점진적으로 수행을 계속해야 한다는 돈오점수를 주장하였어요.

오답 피하기

② 고려 후기의 승려 요세는 법화 신앙을 바탕으로 한 백련결사를 주도하였어요.
③ 신라의 승려 혜초는 인도와 중앙아시아 지역을 돌아본 뒤 "왕오천축국전"을 저술하였어요.
④ 신라의 승려 원효는 일반 백성이 불교 교리를 쉽게 받아들일 수 있도록 '무애가'를 지어 부르는 등 불교 대중화에 기여하였어요.

172 지눌의 활동

정답 ②

정답 잡는 키워드

정혜쌍수 주장, 불일보조국사 > 지눌

정혜쌍수를 주장하였으며, '불일보조국사'라는 시호를 받았다는 내용을 통해 자료의 인물이 지눌임을 알 수 있어요. 고려 후기의 승려 지눌은 ② 수선사 결사(정혜결사)를 조직하여 불교계의 타락상을 비판하며 개혁 운동을 전개하였어요. 수행 방법으로 참선과 교리 공부를 함께해야 한다는 정혜쌍수와 단번에 깨닫고 깨달은 후에도 수행을 계속해야 한다는 돈오점수를 주장하였어요. 지눌은 죽은 뒤에 '불일보조국사'라는 시호를 받았습니다.

오답 피하기

① 고려 전기의 승려 의천은 송에서 화엄종과 천태학을 공부하고 돌아와 해동 천태종을 개창하였어요. 의천은 '대각국사'라는 시호를 받았어요.
③ 후고구려를 세운 궁예는 스스로를 미륵불이라고 칭하며 무리하게 왕권을 강화하다가 신하들에 의해 왕위에서 쫓겨났어요.
④ 신라의 승려 혜초는 인도와 중앙아시아 지역을 다녀온 후 그곳의 풍물을 기록한 "왕오천축국전"을 저술하였어요.

173 고려의 불상

정답 ②

고려 시대의 불상을 묻는 문항입니다. 고려 시대에는 옻칠한 그릇 바탕에 조개껍데기 조각인 자개를 붙여 무늬를 표현한 나전 칠기가 유행하였어요. 또 평창 월정사 8각 9층 석탑과 같은 다각 다층탑이 많이 만들어졌습니다. ② 고려 초기에는 안동 이천동 마애 여래 입상과 같은 개성 있는 모습의 거대 불상이 많이 제작되었어요. 이 시기에 논산 관촉사 석조 미륵보살 입상, 파주 용미리 마애 이불 입상 등도 만들어졌어요.

오답 피하기

① 이불병좌상은 고구려 양식의 영향을 받은 발해 불상이에요.
③ 경주 석굴암 중앙에 있는 석굴암 본존불상은 통일 신라의 뛰어난 석공 기술을 보여 주는 문화유산이에요.
④ 서산 용현리 마애 여래 삼존상은 바위에 부처와 보살의 모습을 새긴 불상으로, '백제의 미소'라고도 불립니다.

174 평창 월정사 8각 9층 석탑

정답 ③

정답 잡는 키워드

평창, 고려 시대에 만들어진 다각 다층탑 > 평창 월정사 8각 9층 석탑

강원도 평창에 있으며 고려 시대에 만들어진 다각 다층탑이라는 내용을 통해 밑줄 그은 '탑'이 ③ 평창 월정사 8각 9층 석탑임을 알 수 있어요. 고려 시대에 다각형의 다층탑이 유행하였어요. 고려 전기 석탑을 대표하는 평창 월정사 8각 9층 석탑도 이러한 흐름 속에 만들어졌어요.

오답 피하기

① 통일 신라 시기에 만들어진 경주 불국사 다보탑은 목조 건축 구조를 본뜬 복잡하면서도 화려한 모습이 특징이에요.
② 고려 시대에 만들어진 여주 신륵사 다층 전탑은 벽돌로 쌓은 탑입니다. 현재 남아 있는 유일한 고려 시대의 전탑이에요.
④ 통일 신라 시기에 만들어진 구례 화엄사 4사자 3층 석탑은 탑의 네 모퉁이에 있는 사자상이 탑을 받치고 있는 듯한 모습이 특징이에요.

175 개성 경천사지 10층 석탑

정답 ④

정답 잡는 키워드

고려 후기에 만들어짐, 대한 제국 시기에 약탈되었다가 다시 돌아옴, 국립 중앙 박물관에 전시 > 개성 경천사지 10층 석탑

고려 후기에 만들어졌으며 대한 제국 시기에 약탈되었다가 일제 강점기에 다시 돌아왔고 지금은 국립 중앙 박물관에 전시되어 있다는 내용을 통해 (가)에 들어갈 문화유산이 ④ 개성 경천사지 10층 석탑임을 알 수 있어요. 개성 경천사지 10층 석탑은 고려 후기에 원의 영향을 받아 대리석으로 만들어진 다각 다층의 석탑이에요. 이 석탑은 대한 제국 시기에 일본인에게 약탈되어 일본 도쿄로 불법 반출되었다가 일제 강점기에 다시 돌아왔어요. 개성 경천사지 10층 석탑은 조선 시대에 만들어진 서울 원각사지 10층 석탑에 영향을 주었어요.

오답 피하기

① 경주 불국사 다보탑은 통일 신라 시기에 제작되었으며, 목조 건축 구조를 본뜬 복잡하면서도 화려한 모습이 특징이에요.
② 경주 분황사 모전 석탑은 돌을 벽돌 모양으로 다듬어 쌓아 올린 석탑이며, 현재 남아 있는 가장 오래된 신라 석탑이에요.
③ 부여 정림사지 5층 석탑은 목탑 양식이 남아 있는 백제 석탑이에요. 당의 장수 소정방의 요구에 따라 백제를 정벌한 공을 기리는 글이 탑신에 새겨져 있어 '평제탑'이라고도 불렸어요.

176 상감 청자

정답 ④

정답 잡는 키워드

무늬에 다른 색의 흙 메우기 > 상감 기법

도자기 표면에 무늬를 새기고 그 안에 백토나 흑토 등 다른 색의 흙을 넣어 채우는 기법은 상감 기법이에요. 12세기 이후에 고려의 독창적인 상감 기법을 이용한 상감 청자가 주로 제작되었어요. 상감 기법으로 제작된 문화유산은 ④ 청자 상감 모란문 표주박 모양 주전자입니다.

오답 피하기

① 기마 인물형 토기는 신라의 고분인 경주 금령총에서 출토되었어요. 당시의 의복 문화와 말갖춤 등을 짐작할 수 있어요.
② 백화 철화 끈무늬 병은 백자에 철 성분의 안료로 끈무늬를 그린 자기입니다. 조선 중기 이후 깨끗하고 고상한 느낌이 선비들의 취향과 어울려 백자가 많이 제작되었어요.
③ 청자 참외 모양 병은 고려 시대에 만들어진 무늬가 없는 순청자입니다. 고려의 순청자는 신비한 푸른빛의 아름다움으로 유명하였는데, 주로 11세기에 많이 만들어졌어요.

177 고려 나전 칠기

정답 ②

고려 나전 칠기를 묻는 문항입니다. 나전 칠기는 표면에 옻칠을 하고 조개껍데기 조각인 자개를 붙여 무늬를 표현한 공예품입니다. 고려의 나전 칠기는 유명하여 송에 수출되기도 하였어요. 송의 사절로 고려에 왔던 서긍은 "고려도경"에서 "고려 나전 칠기는 극히 정교하고 솜씨가 세밀하여 가히 귀하다."라고 높이 평가하였습니다. ② 고려 시대에 만들어진 나전 국화 넝쿨무늬 합이에요. 일본에 있던 것을 환수하였어요.

오답 피하기

① 조선 시대에 만들어진 양산 통도사 금동 천문도입니다. 양산 통도사에 소장되어 있어요.
③ 고려 시대에 만들어진 청동 은입사 포류수금문(물가풍경무늬) 정병이에요. 은입사는 청동이나 철, 구리 등 금속 그릇 표면에 은실을 채워 넣어 무늬를 장식하는 기법이에요.
④ 조선 시대에 만들어진 분청사기 철화 넝쿨무늬 항아리입니다.

178 팔만대장경의 조성

정답 ②

정답 잡는 키워드

몽골군의 침략으로 부인사에 보관된 대장경판이 불에 탐, 부처님의 힘으로 오랑캐 격퇴를 기원함 > 팔만대장경

몽골군의 침략으로 부인사에 보관된 대장경판이 불에 탔으며 부처님의 힘으로 오랑캐를 물리치기를 기원하는 내용을 통해 밑줄 그은 '그 일'이 ② '팔만대장경 제작'임을 알 수 있어요. 11세기에 거란이 침입하였을 때 고려는 부처의 힘으로 거란의 침입을 이겨 내고자 초조대장경을 만들었어요. 이후 13세기에 몽골의 침입으로 부인사에 보관되어 있던 초조대장경 목판이 불에 타자, 고려는 대장도감을 설치하여 팔만대장경

(재조대장경)을 제작하였습니다. 팔만대장경에는 부처의 힘으로 몽골의 침입을 이겨 내고자 하는 고려인의 염원이 담겨 있습니다. 팔만대장경판은 오늘날까지 전해져 합천 해인사 장경판전에 보존되어 있으며, 그 가치를 인정받아 유네스코 세계 기록 유산으로 등재되었어요.

오답 피하기

① 고려 인종 때 김부식 등이 왕명을 받아 신라를 중심으로 삼국의 역사를 다룬 "삼국사기"를 편찬하였어요. "삼국사기"는 현재 남아 있는 우리나라에서 가장 오래된 역사서입니다.
③ "직지심체요절"은 고려 말에 청주 흥덕사에서 금속 활자로 간행되었어요. 현재 남아 있는 세계에서 가장 오래된 금속 활자 인쇄본으로 공인받고 있으며, 유네스코 세계 기록 유산으로 등재되었어요.
④ 통일 신라 시기에 만들어진 경주 불국사 3층 석탑을 보수하는 과정에서 현재 남아 있는 세계에서 가장 오래된 목판 인쇄물인 무구정광대다라니경이 발견되었어요.

179 직지심체요절

정답 ④

정답 잡는 키워드

청주 흥덕사에서 간행, 프랑스 국립 도서관에서 소장, 박병선 박사가 발견 > 직지심체요절

청주 흥덕사에서 간행되었으며 현재 프랑스 국립 도서관에서 소장하고 있고 박병선 박사가 발견하여 세상에 알려졌다는 내용을 통해 (가)에 "직지심체요절"에 관한 내용이 들어가야 함을 알 수 있어요. "직지심체요절"은 고려 말인 1377년에 청주 흥덕사에서 금속 활자로 간행되었어요. 19세기에 프랑스로 반출되어 현재 프랑스 국립 도서관에 보관되어 있습니다. "직지심체요절"은 박병선 박사가 프랑스 국립 도서관에 보관되어 있던 것을 발견하여 세상에 알려졌어요. ④ 박병선 박사는 "직지심체요절"을 발견하고 연구하여 이 책이 현재 남아 있는 세계에서 가장 오래된 금속 활자 인쇄본이라는 것을 입증하고 공인받았어요. "직지심체요절"은 유네스코 세계 기록 유산으로 등재되었어요.

오답 피하기

① "삼국사기"는 김부식 등이 고려 인종의 명을 받아 신라를 중심으로 삼국의 역사를 편찬한 책이에요. 현재 남아 있는 우리나라에서 가장 오래된 역사서입니다.
② "조선왕조실록"은 사관들이 작성한 사초와 각 관서의 업무 기록을 종합하여 연월일 순으로 작성해 둔 시정기 등을 바탕으로 실록청에서 편찬되었어요. 완성된 실록은 여러 벌을 만들어 여러 사고에 나누어 보관하였어요.
③ "농사직설"은 농민의 실제 경험을 반영하여 우리나라 풍토에 맞는 농법을 정리한 농서로, 조선 세종 때 편찬되었어요.

180 최무선의 활동

정답 ④

정답 잡는 키워드

고려 말에 화포 제작, 진포 대첩 > 최무선

고려 말에 화포를 제작하였다는 내용과 화포를 이용하여 왜구를 크게 물리친 진포 대첩이라는 내용을 통해 (가) 인물이 최무선임을 알 수 있어요. ④ 최무선은 고려 말에 중국 상인의 도움으로 화약 제조 기술을 습득하여 화약 제조에 성공하자, 우왕에게 화포와 화기의 제조를 담당하는 관청인 화통도감의 설치를 건의하였어요. 최무선이 화통도감에서 만든 화약과 화포 등 화약 무기는 왜구를 물리치는 데 기여하였어요. 1380년에 최무선은 나세, 심덕부와 함께 화포를 이용하여 진포에서 왜구를 물리치고 큰 승리를 거두었어요(진포 대첩).

오답 피하기

① 거중기는 조선 후기 정조 때 정약용이 설계한 도구로, 작은 힘으로 무거운 물건을 들 수 있었어요. 정약용은 거중기를 제작해 수원 화성 축조에 이용하였어요.
② 앙부일구는 해의 그림자로 시간을 측정하는 해시계로, 조선 세종 때 처음 만들어졌어요.
③ 비격진천뢰는 조선 선조 때 이장손이 발명한 화약 무기로, 목표물에 날아가서 폭발하는 폭탄이었어요. 임진왜란 때 이용되었어요.

181 영주 부석사 무량수전

정답 ④

정답 잡는 키워드

영주에 있는 고려 시대 건축물, 배흘림기둥과 주심포 양식, 건물 내부에 아미타불이 모셔져 있음 > 영주 부석사 무량수전

영주에 있는 고려 시대 건축물로, 배흘림기둥과 주심포 양식이 특징이며 건물 내부에 아미타불이 모셔져 있다는 내용을 통해 (가)에 들어갈 문화유산이 ④ 영주 부석사 무량수전임을 알 수 있어요. 경상북도 영주에 있는 부석사 무량수전은 고려 시대에 지어진 목조 건물이에요. 건물이 안정감 있게 보이도록 가운데 부분이 살짝 불룩한 배흘림기둥이 사용되었으며, 기둥 위에만 공포가 있는 주심포 양식으로 지어졌어요. 건물 안에는 신라의 불상 양식을 계승한 소조 여래 좌상이 모셔져 있는데, 아미타불로 보입니다.

오답 피하기

① 전라북도 김제에 있는 금산사 미륵전은 조선 후기에 지어진 3층 건물입니다. 내부는 3층을 하나로 터 통층으로 되어 있어요.
② 충청북도 보은에 있는 법주사 팔상전은 조선 후기에 지어졌으며, 현재 우리나라에 남아 있는 유일한 목조 5층탑이에요. 내부에 석가모니의 생애를 여덟 장면으로 그린 팔상도가 있어요.
③ 전라남도 구례에 있는 화엄사 각황전은 조선 후기에 건축된 규모가 큰 다층 다포계 건물이에요.

182 안동 봉정사 극락전

정답 ②

정답 잡는 키워드

우리나라에 남아 있는 가장 오래된 목조 건축물, 맞배지붕과 배흘림기둥 > 안동 봉정사 극락전

고려 시대에 지어졌으며 우리나라에 남아 있는 가장 오래된 목조 건축물이고 맞배지붕과 배흘림기둥이 사용되었다는 내용을 통해 (가)에 들어갈 문화유산이 ② 안동 봉정사 극락전임을 알 수 있어요. 안동 봉정사 극락전은 고려 시대에 지어진 목조 건축물이에요. 1972년 해체 수리 과정에서 고려 공민왕 12년인 1363년에 건물의 지붕을 수리하였다는 기록이 발견되어 우리나라에 남아 있는 가장 오래된 목조 건축물로 밝혀지게 되었어요. 두 개의 지붕이 서로 맞대고 있는 형태의 맞배지붕에 공포를 기둥 위에만 설치한 주심포 양식이며, 건물에 안정감을 주기 위해 가운데 부분이 살짝 불룩한 배흘림기둥이 사용되었어요.

오답 피하기

① 강화 전등사 대웅전은 조선 광해군 때 지은 것으로 알려져 있으며 네 모서리 기둥 윗부분에 사람 모습을 조각해 놓은 것이 특징이에요.
③ 보은 법주사 팔상전은 조선 후기에 지어졌으며, 현재 우리나라에 남아 있는 유일한 5층 목탑이에요. 내부에 석가모니의 생애를 여덟 장면으로 그린 팔상도가 있어요.
④ 구례 화엄사 각황전은 조선 후기에 지어진 규모가 큰 다층 다포계 건물이에요. 다포 양식은 공포를 기둥과 기둥 사이에도 설치하는 건축 양식이에요.

기출 선택지로 개념 다지기

> 본책 074~079쪽

1 ㉠, ㉡, ㉥, ㉦, ㉧
2 (1) ×(고려 광종의 뒤를 이은 경종 때 처음 시행) (2) ×(고려 성종) (3) ◯ (4) ×(고려 성종 때 처음 파견) (5) ◯ (6) ◯
3 (1) ×(백제) (2) ◯ (3) ◯ (4) ×(통일 신라) (5) ◯ (6) ◯
4 (1) 도병마사 (2) 어사대 (3) 어사대 (4) 교정도감 (5) 도병마사
5 ㉠, ㉡, ㉣, ㉢
6 (1) ×(통일 신라 헌덕왕) (2) ◯ (3) ×(발해 무왕) (4) ×(고려 인종) (5) ◯ (6) ◯ (7) ×(통일 신라 진성 여왕) (8) ◯
7 (1) ×(고려 숙종) (2) ◯ (3) ×(조선 태종, 조선 세조) (4) ×(고려 인종) (5) ◯ (6) ◯ (7) ◯
8 ㉠, ㉤, ㉥, ㉦
9 (1) 서희 (2) 윤관 (3) 이성계 (4) 윤관 (5) 강감찬 (6) 이성계 (7) 최무선
10 (1) 최무선 (2) 최영 (3) 배중손 (4) 최영 (5) 문익점 (6) 최승로
11 (1) ㉠, ㉢, ㉡ (2) ㉠, ㉢, ㉡
12 (1) ◯ (2) ×(거란) (3) ◯ (4) ×(왜구) (5) ×(명의 철령위 설치 통보) (6) ×(여진이 세운 금) (7) ◯
13 (1) ◯ (2) ◯ (3) ◯ (4) ◯ (5) ◯ (6) ×(조선 후기) (7) ◯ (8) ◯ (9) ◯ (10) ◯ (11) ×(신라) (12) ×(조선 후기) (13) ◯
14 ㉠, ㉢
15 (1) ×(고구려) (2) ◯ (3) ×(발해) (4) ◯ (5) ◯
16 (1) ㉢ (2) ㉠ (3) ㉤ (4) ㉡ (5) ㉥ (6) ㉣
17 (1) 의천 (2) 지눌 (3) 지눌 (4) 의천 (5) 지눌 (6) 혜심
18 (1) ×(통일 신라) (2) ◯ (3) ◯ (4) ◯ (5) ◯ (6) ×(백제)
19 (1) ◯ (2) ×(조선) (3) ◯ (4) ◯ (5) ◯ (6) ◯ (7) ×(조선) (8) ◯ (9) ◯
20 ㉠, ㉡, ㉢, ㉣

1 ㉢ 고려 말에 왕위를 물려준 충선왕은 원의 연경에 있는 자신의 집에 독서당인 만권당을 설립하였어요. 이제현 등이 만권당에서 공부하며 원의 학자들과 교류하였어요. ㉣ 고려 경종은 전·현직 관리에게 관직 복무 등에 대한 대가로 등급에 따라 전지와 시지를 지급하는 전시과 제도를 마련하였어요. ㉤ 13세기에 고려 정부는 몽골의 침략에 대응하여 당시 집권자 최우의 주장에 따라 수도를 강화도로 옮겼어요. 태조 왕건은 918년에 고려를 건국하고 이듬해 송악(지금의 개성)으로 천도하였어요.

5 ㉠ 이자겸의 난(1126) – ㉡ 묘청의 서경 천도 운동(1135) – ㉣ 무신 정변(1170) – ㉢ 만적의 봉기(1198)의 순서입니다.

8 ㉡ 충선왕에 해당해요. ㉢ 고려 말 우왕은 최무선의 건의를 받아들여 화통도감을 설치하였어요. ㉣ 고려 말 창왕 때 박위, 조선 세종 때 이종무가 쓰시마섬(대마도)을 정벌하였어요.

11 (1) ㉠ 10세기 말 거란의 1차 침입 – ㉢ 11세기 초 거란의 2차 침입 – ㉡ 11세기 초 거란의 3차 침입의 순서입니다. (2) ㉠ 12세기 초 윤관의 여진 정벌 – ㉢ 13세기 몽골의 침입 당시 처인성 전투 – ㉡ 14세기 말 왜구의 침입 당시 홍산 대첩의 순서입니다.

14 ㉡ 신라, ㉣ 조선 태종 때에 해당해요.

20 ㉤ 팔만대장경에 대한 설명이에요.

IV 조선

1 전기 정치

기출문제 풀어 보기

> 본책 082~086쪽

183 ③ 184 ② 185 ② 186 ④ 187 ③ 188 ①
189 ② 190 ④ 191 ② 192 ③ 193 ④ 194 ④
195 ④ 196 ② 197 ③ 198 ① 199 ④

183 정몽주의 활동

정답 ③

정답 잡는 키워드

조선 건국 세력에 맞서 고려 왕조를 지키고자 함, 포은집 > 정몽주

조선 건국 세력에 맞서 고려 왕조를 지키고자 하였다는 내용과 "포은집"을 통해 (가)에 들어갈 인물이 ③ 정몽주임을 알 수 있어요. 고려 말에 신진 사대부는 고려 왕조를 지키려고 한 온건 개혁파 신진 사대부와 새 왕조를 개창하고자 한 급진 개혁파(혁명파) 신진 사대부로 나뉘었어요. 정몽주는 대표적인 온건 개혁파로, 새 왕조를 세우려는 급진 개혁파에 맞서 고려 왕조를 유지한 채 개혁할 것을 주장하다가 이방원 세력에 의해 죽임을 당하였어요. 조선 건국 이후 정몽주의 시문을 모은 "포은집"이 간행되었는데, '포은'은 정몽주의 호입니다.

오답 피하기

① 박지원은 조선 후기의 실학자로, 사절단을 따라 청에 다녀와 그곳에서 보고 들은 내용을 기록하여 "열하일기"를 저술하였어요.
② 송시열은 조선 후기의 대표적인 성리학자이자 관리입니다. 효종에게 상소를 올려 명에 대한 의리를 내세우고 청에 대한 복수를 주장하였어요.
④ 정도전은 이성계를 도와 조선 건국을 주도하였으며, 건국 초기 나라의 기틀을 마련하는 데 큰 역할을 하였어요.

184 정도전의 활동

정답 ②

정답 잡는 키워드

조선경국전을 지어 태조에게 바침 > 정도전

"조선경국전"을 지어 태조에게 바쳤다는 내용을 통해 (가)에 해당하는 인물이 ② 정도전임을 알 수 있어요. 정도전은 이성계를 도와 조선 건국을 주도하였으며, 건국 초기 나라의 기틀을 마련하는 데 큰 역할을 하였어요. 정도전은 조선의 통치 기준과 운영 원칙을 제시한 법전 "조선경국전"과 정치 조직에 대한 도서 "경제문감"을 저술하여 재상 중심의 정치를 주장하였고, 불교 교리를 비판한 "불씨잡변"을 저술하였어요.

오답 피하기

① 송시열은 조선 후기의 정치가입니다. 병자호란 후 효종에게 상소를 올려 명에 대한 의리를 내세우며 청에 대한 복수를 주장하였어요. 또한, 현종 때 예송이 일어나자 서인을 대표하여 남인의 허목과 대립하였어요.
③ 정약용은 조선 후기의 실학자입니다. 토지 제도 개혁론으로 여전제와 정전제를 주장하였으며, 국가 제도의 개혁 방안을 제시한 "경세유표"와 수령이 지켜야 할 덕목에 대해 쓴 "목민심서" 등을 저술하였어요. 또 거중기를 고안하여 수원 화성 건설에 이용하였어요.
④ 홍대용은 조선 후기의 실학자입니다. 상공업 중심 개혁론을 주장하였으며, "의산문답", "임하경륜" 등을 저술하였어요. 또 지전설과 무한 우주론을 주장하였으며, 천문 관측기구인 혼천의를 제작하였어요.

185 정도전의 활동

정답 ②

정답 잡는 키워드

불씨잡변을 지음 > 정도전

“불씨잡변”을 지어 불교를 비판하였으며 재상 중심의 정치 운영을 지향하였다는 내용 등을 통해 제시된 인물이 정도전임을 알 수 있어요. ‘삼봉’은 정도전의 호입니다. 정도전은 이성계를 도와 조선 건국을 주도하였으며, 한양 도성을 설계하고 제도를 정비하는 등 국정 운영의 기틀을 마련하였어요. ② 정도전은 조선의 통치 기준과 운영 원칙을 제시한 “조선경국전”을 저술하여 태조에게 바쳤어요.

오답 피하기

① 조선 후기에 정약용은 거중기를 설계하여 수원 화성 축조에 이용하였어요.
③ 조선 중종 때 조광조 등은 도교 의식을 치르던 소격서 폐지를 주장하였어요.
④ 고려 후기에 안향은 원으로부터 성리학을 들여와 고려에 처음 소개하였다고 알려져 있어요.

186 조선 태종의 업적

정답 ④

조선 태종의 업적을 묻는 문항입니다. 태종은 두 차례 왕자의 난을 통해 권력을 잡고 왕위에 올랐어요. ④ 태종은 6조 직계제 시행, 사병 폐지 등의 정책을 펴 왕권 강화를 위해 힘썼으며, 전국을 8도로 나누고 관리를 파견하는 등 통치 체제를 정비하였습니다. 또한, 전국의 인구를 파악하여 세금 징수와 군역 동원에 활용하기 위해 호패법을 시행하였으며, 이전의 금속 활자를 개량하여 계미자를 주조하였어요.

오답 피하기

① 조선 영조는 균역법을 시행하여 농민의 군포 부담을 1필로 줄여 주었어요.
② 조선 세조는 현직 관리에게만 수조권을 행사할 수 있는 토지를 지급하는 직전법을 실시하였어요.
③ 임진왜란을 겪으면서 조선의 중앙군은 5군영 체제로 바뀌었는데, 숙종 때 5군영 체제가 완성되었어요.

187 조선 태종의 업적

정답 ③

정답 잡는 키워드

이성계의 아들,
두 차례의 왕자의 난 이후 왕위에 오름,
6조 직계제 실시 > 조선 태종

이성계의 아들로 태어나 두 차례 왕자의 난 이후 왕위에 올랐으며, 6조 직계제를 실시하였다는 내용을 통해 밑줄 그은 ‘왕’이 조선 태종임을 알 수 있어요. 이성계의 다섯째 아들인 이방원(후에 태종)은 아버지를 도와 조선을 건국하는 데 공을 세웠어요. 이후 두 차례의 왕자의 난을 통해 정도전 등 반대 세력을 제거하여 권력을 잡고 왕위에 올라 조선의 제3대 왕이 되었습니다. 태종은 왕권 강화를 위하여 6조 직계제를 실시하였어요. 6조 직계제는 6조에서 의정부를 거치지 않고 왕에게 직접 업무를 보고하고 왕의 명령을 받아 정책을 시행하는 제도입니다. 또 ③ 태종은 16세 이상 모든 남자에게 호패를 차고 다니게 하는 호패법을 실시하여 인구를 파악하고 세금 징수의 기초 자료를 마련하였어요.

오답 피하기

① 조선 영조는 붕당의 폐해를 경계하고 탕평에 대한 의지를 알리기 위해 성균관 입구에 탕평비를 건립하였어요.
② 조선 중종 때 실시된 현량과는 학문과 덕행이 뛰어난 인재를 추천을 통해 관리로 선발한 제도입니다.
④ 조선 세종은 백성을 교화하고 백성이 스스로 뜻을 표현할 수 있도록 훈민정음을 창제하여 반포하였어요.

188 조선 세종의 업적

정답 ①

정답 잡는 키워드

훈민정음 창제, 농사직설 편찬 > 조선 세종

훈민정음을 창제하고 “농사직설”을 편찬하였다는 내용을 통해 밑줄 그은 ‘이 왕’이 조선 세종임을 알 수 있어요. 세종은 백성을 교화하고 백성이 스스로 뜻을 표현할 수 있도록 훈민정음을 창제하여 반포하였어요. 또한, 정초, 변효문 등에게 명하여 농민의 실제 경험을 반영하여 우리 풍토에 맞는 농사법을 정리한 “농사직설”을 편찬하게 하였어요. ① 세종은 최윤덕과 김종서를 북방으로 보내 여진을 정벌하고 4군 6진을 개척하였어요.

오답 피하기

② 조선 성종은 세조 때 편찬 작업이 시작된 “경국대전”을 완성하여 반포하였어요.
③ 조선 후기 철종 때 김정호가 대동여지도를 제작하였어요. 대동여지도는 총 22첩의 목판본 지도입니다.
④ 조선 숙종 때 청과의 경계를 확정한 백두산정계비가 건립되었어요.

189 조선 세종 재위 시기의 사실

정답 ②

정답 잡는 키워드

박연 등이 아악 정비 > 조선 세종

박연 등이 새로 아악을 정비하여 바쳤다는 내용을 통해 대화가 이루어진 시기가 조선 세종 때임을 알 수 있어요. 민족 문화가 꽃핀 세종 때에는 음악 분야에서도 큰 발전을 이루었어요. 세종이 박연에게 궁중 음악인 아악을 정비하게 하자 명을 받은 박연은 중국의 각종 고전을 참고하여 악기와 악보를 만들고 궁중 음악을 개혁하였습니다. ② 세종은 집현전을 설치하여 학문과 정책 연구 기관으로 삼았어요.

오답 피하기

① 단성사는 대한 제국 시기인 1907년 서울 종로에 설립된 우리나라 최초의 상설 영화관이에요.
③ 청해진은 통일 신라 흥덕왕 때 장보고가 지금의 완도에 설치한 군사·무역 기지입니다. 장보고는 청해진을 거점으로 해적들을 소탕한 후 해상 무역을 주도하였어요.
④ 고려 숙종 때 의천의 건의로 주전도감이 설치되었고, 주전도감에서 해동통보 등의 금속 화폐가 주조되었어요.

190 조선 세조 재위 시기의 사실

정답 ④

정답 잡는 키워드

계유정난을 일으킴,
집현전 폐지, 직전법 > 조선 세조

계유정난을 일으키고 집현전을 폐지하였으며 직전법을 실시하였다는 내용을 통해 (가) 왕이 조선 세조임을 알 수 있어요. 세조는 계유정난을 일으켜 단종을 보좌하던 황보인, 김종서 등을 제거하고 정권을 차지한 후 단종을 물러나게 하고 즉위하였어요. 성삼문 등 집현전 출신 학자들이 단종의 복위를 꾀하자 이를 진압하고, 자신의 활동을 견제하던 집현전과 경연 제도를 폐지하였어요. 또 세조는 관리에게 수조권을 지급할 토지가 부족해지자 현직 관리에게만 수조권을 행사할 수 있는 토지를 지급하는 직전법을 실시하고 수신전, 휼양전 등을 폐지하였어요. ④ 세조는 왕권을 강화하기 위해 의정부 서사제를 폐지하고 6조 직계제를 다시 시행하였어요. 6조 직계제는 6조에서 왕에게 직접 업무를 보고하고 왕의 명령을 받아 정책을 시행하는 제도입니다.

오답 피하기

① 조선 태종 때 이전의 금속 활자를 개량한 계미자가 주조되었어요.
② 조선 영조는 농민의 군포 부담을 덜어 주기 위해 군포 납부액을 1필로 줄여 주는 균역법을 실시하였어요.
③ 조선 중종 때 조광조가 주장한 위훈 삭제 등에 반발한 훈구 세력이 기묘사화를 일으켜 조광조가 제거되고 사림이 큰 피해를 입었어요.

191 조선 세조의 정책

정답 ②

정답 잡는 키워드

계유정난으로 정권을 잡고 단종을 몰아냄, 6조 직계제를 부활시킴, 집현전 폐지, 경연 정지 > 조선 세조

계유정난으로 정권을 잡고 단종을 몰아낸 왕으로, 6조 직계제를 부활시켰으며 집현전을 폐지하고 경연을 정지하였다는 내용을 통해 밑줄 그은 '왕'이 조선 세조임을 알 수 있어요. 세조(당시 수양 대군)는 계유정난을 일으켜 단종을 보좌하던 황보인, 김종서 등을 제거하고 정권을 잡았어요. 이후 단종을 몰아내고 왕위에 오른 세조는 왕권 강화를 위해 의정부 서사제를 폐지하고 6조 직계제를 부활시켰어요. 또 집현전 출신 학자들의 주도로 단종의 복위를 도모한 사건이 일어나자 이를 진압한 뒤 자신의 활동을 견제하던 집현전을 폐지하고 경연을 정지하였어요. ② 세조는 관리에게 수조권을 지급할 토지가 부족해지자 현직 관리에게만 수조권을 행사할 수 있는 토지를 지급하는 직전법을 시행하였어요.

오답 피하기

① 삼별초는 고려 무신 집권기에 최우가 조직한 야별초에서 비롯된 군사 조직으로, 좌별초와 우별초, 신의군으로 구성되었어요.
③ 조선을 건국한 태조 이성계는 천도를 위해 한양에 궁궐과 종묘를 짓고 1394년에 개경에서 한양으로 수도를 옮겼어요. 제1차 왕자의 난 이후 정종 때 개경으로 다시 수도를 옮겼다가 태종 때 한양으로 돌아왔어요.
④ 조선 세종은 백성을 교화하고 백성이 스스로 뜻을 표현할 수 있도록 훈민정음을 창제하여 반포하였어요.

192 승정원

정답 ③

정답 잡는 키워드

조선의 중앙 정치 기구, 왕명의 출납 담당, 승지 > 승정원

왕명의 출납을 담당한 조선의 중앙 정치 기구는 ③ 승정원입니다. 정원, 은대, 대언사라고도 불린 승정원은 왕의 비서 기관이며, 도승지를 비롯한 6명의 승지가 업무를 분담하였어요.

오답 피하기

① 사간원은 조선 시대에 왕이 올바른 정치를 하도록 간언하는 역할을 담당하였어요.
② 사헌부는 조선 시대에 관리의 비리를 감찰하고 풍속을 바로잡는 일을 하였어요.
④ 홍문관은 조선 시대에 궁궐 내의 서적을 관리하고, 왕의 각종 자문에 응하며, 경연을 주관한 중앙 정치 기구입니다. 홍문관은 사간원, 사헌부와 함께 3사로 불리며 언론 기능을 담당하였어요.

193 사헌부

정답 ④

정답 잡는 키워드

관리들의 비위를 다룸, 수장인 대사헌 > 사헌부

관리들의 비위를 다루고 있으며 수장이 대사헌이라는 내용을 통해 (가) 기구가 사헌부임을 알 수 있어요. 조선 시대에 사헌부는 관리의 비리를 감찰하고 기강과 풍속을 바로잡는 일 등을 담당하였어요. 대사헌은 사헌부의 수장이에요. ④ 조선 시대에 사헌부는 사간원, 홍문관과 함께 삼사(3사)로 불렸어요. 3사는 언론 활동을 통해 권력의 독점과 부정을 막는 역할을 담당하였어요. 또 사헌부와 사간원의 관리는 대간이라 불리며 5품 이하 관리의 임명에 동의하는 서경권을 가졌어요. 사헌부는 상대, 오대, 백부 등으로 불리기도 하였어요.

오답 피하기

① 조선 시대에 승정원은 왕명 출납을 관장하였어요.
② 조선 시대에 한성부는 수도 한성의 행정과 치안을 맡았어요.
③ 조선 시대에 사역원은 외국어의 통역·번역에 관한 업무와 역관 양성을 위한 외국어 교육을 담당하였어요.

194 홍문관

정답 ④

정답 잡는 키워드

궁궐 내의 서적 관리, 왕의 각종 자문에 응하는 기구, 사헌부, 사간원과 함께 삼사로 불림 > 홍문관

궁궐 내의 서적을 관리하고 왕의 각종 자문에 응하는 기구이며, 사헌부, 사간원과 함께 삼사(3사)로 불린다는 내용을 통해 (가)에 들어갈 기구가 ④ 홍문관임을 알 수 있어요. 조선 성종은 집현전을 계승하여 홍문관을 설치하였어요. 홍문관은 왕의 자문에 응하며 왕에게 경서와 사서를 강론하는 경연을 담당하였어요. 또한, 사헌부, 사간원과 함께 3사로 불리며 권력의 독점과 부정을 막기 위한 언론 기능도 담당하였어요.

오답 피하기

① 승정원은 조선 시대 왕의 비서 기관으로 왕명의 출납을 담당하였어요.
② 어사대는 고려 시대에 풍속 교화와 관리 감찰을 담당한 기구입니다.
③ 집사부는 신라의 최고 행정 기구로 기밀 사무를 관장하며 왕명을 수행하는 역할을 담당하였어요.

195 홍문관

정답 ④

홍문관의 역할을 묻는 문항입니다. 조선 성종 때 집현전의 기능을 계승하여 설치된 홍문관은 ④ 궁중의 서적과 문서를 관리하고 정책을 연구하여 국왕의 자문에 응하는 기구였어요. 또 왕에게 경서와 사서를 강론하는 경연을 주관하였어요. 이 외에도 홍문관은 사헌부, 사간원과 함께 3사로 불렸는데, 3사는 활발한 언론 활동을 통해 권력의 독점과 부정을 막는 역할을 담당하였어요. 옥당, 옥서, 영각 등으로도 불린 홍문관에는 대제학, 부제학 등의 관직이 있었습니다.

오답 피하기

① 조선 후기에 정조는 국왕의 친위 부대로 장용영을 창설하고 수원 화성에 장용영의 외영을 두었어요.
② 조선 시대에 한성부는 수도 한양(한성)의 치안과 행정을 담당하였어요.
③ 조선 시대에 6조 가운데 호조 등에서 재정의 출납과 회계 등을 관장하였어요. 고려 시대에는 삼사가 화폐와 곡식의 출납과 회계를 담당하였어요.

196 무오사화

정답 ②

정답 잡는 키워드

훈구와 사림의 대립, 조의제문, 연산군, 김종직 > 무오사화

훈구와 사림이 대립하는 모습과 '조의제문', '연산군', '김종직' 등을 통해 (가)에 들어갈 내용이 ② 무오사화임을 알 수 있어요. 조선 성종은 훈구 세력을 견제하기 위해 김종직 등 사림을 대거 등용하였어요. 사림은 주로 3사와 같은 언론 기관에 등용되어 훈구 세력의 권력 독점과 비리를 비판하였고, 이로 인해 훈구와 사림의 대립이 심화되었어요. 연산군 때 훈구 세력은 사초에 실린 김종직의 '조의제문'을 문제 삼아 사림을 제거하였는데, 이를 무오사화라고 합니다. 훈구 세력은 김종직이 '조의제문'에서 중국 역사에 빗대어 세조가 단종을 쫓아내고 왕위를 차지한 일을 비판하였다며 사림을 공격하였어요.

오답 피하기

① 조선 숙종 때 집권 붕당이 급격하게 교체되는 환국이 여러 차례 발생하였는데, 경신환국으로 남인이 밀려나고 서인이 집권하였어요.
③ 인조반정은 광해군의 중립 외교에 반대하던 서인이 영창 대군 살해와 인목 대비 폐위 등을 구실로 광해군을 쫓아내고 인조를 새 왕으로 세운 사건이에요.
④ 조선 고종 때 구식 군인들이 별기군과의 차별 대우 등에 반발하여 임오군란을 일으켰어요.

197 조광조의 개혁 정치

정답 ③

정답 잡는 키워드

현량과 실시 건의, 위훈 삭제 건의, 기묘사화로 사약을 받음 > 조광조

'현량과 실시를 건의', '위훈 삭제를 건의', '기묘사화로 사약을 받음'을 통해 제시된 인물이 조광조임을 알 수 있어요. 조광조는 신진 인사를 등용하기 위해 조선 중종에게 현량과의 실시를 건의하였어요. 또 중종반정으로 공신이 된 사람들 중에서 부당하게 공신이 된 사람의 거짓 공훈(위훈)을 삭제할 것을 건의하였어요. 이러한 조광조의 급진적인 개혁에 훈구 세력이 반발하여 기묘사화가 일어나 조광조는 유배되었다가 사약을 받아 죽고 그를 따르던 많은 사림이 피해를 입었어요. ③ 조광조 등 사림은 도교 의식을 주관하던 소격서의 폐지를 주장하였어요.

오답 피하기

① 조선 정조 때 정약용은 중국에서 들여온 "기기도설"을 참고하여 거중기를 만들어 수원 화성 축조에 이용하였어요.
② 정도전은 조선의 통치 기준과 운영 원칙을 제시한 법전인 "조선경국전"을 지어 태조에게 바쳤어요.
④ 고려 말에 이제현 등이 만권당에서 원의 학자들과 교류하였어요.

198 기묘사화

정답 ①

정답 잡는 키워드

위훈 삭제 등 조광조가 주장한 개혁에 대한 반발, 조광조는 유배된 후 사약을 받아 죽임을 당함 > 기묘사화

위훈 삭제 등 조광조가 주장한 개혁에 대한 반발 때문에 일어났으며 조광조가 유배된 후 사약을 받아 죽임을 당하였다는 내용을 통해 (가)에 들어갈 사건이 ① 기묘사화임을 알 수 있어요. 조광조는 조선 중종 때 등용되어 소격서 폐지, 현량과 실시 등 개혁 정책을 추진하였어요. 또 중종반정의 공신 중에서 부당하게 공신이 된 사람의 거짓 공훈(위훈)을 삭제할 것을 건의하였어요. 이러한 급진적인 개혁에 부담을 느낀 중종과 훈구 세력의 반발로 기묘사화가 일어났어요. 조광조는 능주로 유배되었다가 곧 사약을 받아 죽고, 그를 따르던 많은 사림이 죽거나 유배를 가는 등 큰 피해를 입었어요.

오답 피하기

② 신유박해는 조선 후기 순조 때 천주교 신자들을 박해한 사건이에요(1801).
③ 인조반정은 1623년에 서인 세력이 주도하여 영창 대군 살해와 인목 대비 폐위 등을 구실 삼아 광해군을 폐위하고 능양군(후에 인조)을 새 왕으로 세운 사건이에요.
④ 임오군란은 1882년에 정부의 개화 정책과 구식 군인 차별에 반발하여 일어난 사건이에요.

199 을사사화

정답 ④

정답 잡는 키워드

명종 즉위 후 왕의 외척들 간 권력 다툼으로 일어남 > 을사사화

명종 즉위 후 왕의 외척들 간 권력 다툼으로 일어났다는 내용을 통해 (가)에 해당하는 사건이 ④ 을사사화임을 알 수 있어요. 16세기 중반 조선 인종의 뒤를 이어 명종이 어린 나이에 왕위에 오르면서 왕의 어머니인 문정 왕후가 수렴청정을 하였어요. 이 시기에 문정 왕후의 동생인 윤원형이 선왕인 인종의 외척 윤임 일파를 제거하기 위해 을사사화를 일으켰어요.

오답 피하기

① 조선 숙종 때 집권 붕당이 급격하게 교체되는 환국이 여러 차례 발생하였어요. 경신환국은 서인에 의해 허적 등 남인이 중앙 정계에서 대거 밀려난 사건이에요. 그 결과 서인이 집권하게 되었어요.
② 조선 현종 때 효종과 효종비의 국장을 치르는 과정에서 자의 대비가 상복 입는 기간을 두고 서인과 남인이 두 차례 예송을 벌였어요. 기해예송(1차 예송)은 효종의 국장을 둘러싸고 일어났는데, 이때에는 서인의 주장이 채택되어 남인이 권력을 잃고 서인이 정치적 주도권을 잡았어요.
③ 조선 고종 때 왕의 친아버지로 실권을 장악한 흥선 대원군의 주도로 프랑스 선교사와 수많은 천주교도가 처형당한 병인박해가 일어났어요. 이후 병인박해를 구실 삼아 프랑스군이 강화도를 침략하여 병인양요가 일어났어요.

2 후기 정치

기출문제 풀어 보기 > 본책 086~091쪽

200 ④	201 ④	202 ④	203 ①	204 ②	205 ③
206 ④	207 ②	208 ②	209 ③	210 ③	211 ①
212 ①	213 ④	214 ④	215 ①	216 ③	217 ②
218 ④					

200 사림의 분화

정답 ④

정답 잡는 키워드

이조 전랑 김효원의 후임으로 심충겸 추천, 심충겸 반대 > 동인과 서인의 형성

이조 전랑 김효원의 후임으로 심충겸을 추천하고 심충겸이 외척이라 반대하는 모습을 통해 16세기 후반 조선 선조 때의 상황임을 알 수 있어요. 선조 때 이조 전랑 임명을 둘러싸고 김효원과 심의겸이 대립하였어요. 김효원이 이조 전랑에 추천되자 심의겸이 반대하였고, 후에 이조 전랑 김효원의 후임으로 심의겸의 동생 심충겸이 추천되자 김효원이 반대하였습니다. 이후 ④ 사림은 김효원을 지지한 동인과 심의겸을 지지한 서인으로 나뉘었어요. 동인, 서인으로 부른 것은 당시 김효원의 집은 한양 동쪽의 건천동, 심의겸의 집은 한양 서쪽의 정동에 있었기 때문이에요.

오답 피하기

① 조선 중종 때 조광조 등 사림 세력이 위훈 삭제 등 급진적 개혁을 추구하자 이에 훈구 세력이 반발하여 기묘사화가 일어났어요(1519).
② 신진 사대부는 고려 후기에 등장한 새로운 정치 세력으로, 성리학을 수용하여 이를 바탕으로 고려 사회의 모순을 개혁하고자 노력하였어요.
③ 수양 대군(후에 세조)은 조카 단종을 보좌하던 김종서, 황보인 등을 제거하고 안평 대군을 몰아낸 계유정난(1453)을 통해 권력을 장악하였어요. 이후 단종의 양위를 받아 즉위하였어요.

201 조선 광해군의 정책

정답 ④

정답 잡는 키워드

명과 후금 사이에서 중립 외교를 펼침, 인조반정으로 왕의 자리에서 쫓겨남 > 조선 광해군

명과 후금 사이에서 중립 외교를 펼쳤으며 인조반정으로 왕의 자리에서 쫓겨났다는 내용을 통해 (가) 왕이 조선 광해군임을 알 수 있어요. 광해군은 국력이 약해진 명과 강대국으로 성장하는 후금 사이에서 중립 외교를 추진하여 전쟁에 휘말리지 않기 위해 노력하였어요. 광해군의 중립 외교에 반발한 서인은 광해군이 이복동생인 영창 대군을 살해하고 영창 대군의 친어머니인 인목 대비를 폐위하자 이를 구실 삼아 인조반정을 일으켜 광해군을 왕위에서 몰아내고 인조를 새로운 왕으로 세웠어요. ④ 광해군은 공납을 특산물 대신 소유한 토지 결수를 기준으로 쌀이나 옷감, 동전 등으로 내게 하는 대동법을 경기도에서 처음으로 실시하였어요.

오답 피하기

① 조선 고종 때 실권을 장악하고 있던 흥선 대원군이 "대전회통"을 편찬하여 통치 체제를 정비하였어요. "대전회통"은 조선 시대 마지막 통일 법전이에요.
② 조선 철종 때 삼정의 문란으로 임술 농민 봉기가 일어나자 정부는 이를 수습하기 위해 삼정이정청을 설치하였어요.
③ 조선 정조는 자신의 정책을 뒷받침할 인재를 양성하기 위해 젊은 문신을 선발하여 재교육하는 초계문신제를 시행하였어요.

202 인조반정

정답 ④

정답 잡는 키워드

인목 대비, 영창 대군, 광해군 및 주요 인사들을 몰아내고 정권을 장악 > 인조반정

'인목 대비', '영창 대군'과 광해군 및 주요 인사들을 몰아내고 정권을 장악하였다는 내용을 통해 검색창에 들어갈 사건이 ④ 인조반정임을 알 수 있어요. 광해군의 중립 외교 등에 반대한 서인은 광해군이 영창 대군을 살해하고 인목 대비를 폐위하자 이를 빌미로 1623년에 인조반정을 일으켰어요. 반정으로 광해군이 폐위되고 능양군이 즉위하여 인조가 되었습니다. 이후 인조와 서인 정권은 명과 가깝게 지내고 (후)금을 배척하는 친명배금 정책을 추진하였는데, 이는 정묘호란의 빌미가 되었어요.

오답 피하기

① 조선 숙종 때 집권 붕당이 급격하게 교체되는 환국이 여러 차례 발생하였어요. 경신환국은 서인에 의해 허적 등 남인이 중앙 정계에서 대거 쫓겨난 사건이에요(1680). 그 결과 서인이 집권하게 되었어요.
② 무오사화는 조선 연산군 때 김일손이 스승 김종직이 지은 '조의제문'을 사초에 실은 일을 문제 삼아 훈구 세력이 사림을 공격하여 중앙 정계에서 몰아낸 사건이에요(1498).
③ 신유박해는 정조가 죽고 순조가 즉위한 직후인 1801년(신유년)에 일어난 천주교 박해 사건이에요. 조선 정부가 천주교를 사교로 규정하고 천주교 신자들을 탄압하여 많은 사람이 처형되었어요.

203 예송

정답 ①

정답 잡는 키워드

(가) 인조 즉위, 광해군 폐위 / (나) 영조, 탕평비 건립 > (가) 17세기 인조반정 / (나) 18세기 영조

(가) 인조가 즉위하고 광해군을 폐위시켰다는 내용을 통해 인조반정 상황임을 알 수 있어요. 광해군의 중립 외교를 반대한 서인 세력은 광해군이 이복형제인 영창 대군을 죽이고 새어머니 인목 대비를 폐위하자 이를 구실 삼아 1623년에 광해군을 폐위하고 인조를 새 왕으로 세우는 인조반정을 일으켰어요. (나) 영조는 붕당 간의 대립을 완화하기 위해 탕평책을 추진하였으며, 탕평에 대한 의지를 보여 주고자 1742년 성균관 입구에 탕평비를 건립하였어요. 따라서 17세기 인조반정과 18세기 영조 재위 사이의 시기에 있었던 사실을 찾으면 됩니다. ① 17세기 후반 조선 현종 때 효종과 효종비의 국장을 치르는 과정에서 인조의 계비인 자의 대비가 상복을 입어야 하는 기간을 두고 서인과 남인이 예송을 벌였어요. 효종이 죽은 뒤에 일어난 1차 예송을 기해예송, 효종비가 죽은 뒤에 일어난 2차 예송을 갑인예송이라고 합니다.

오답 피하기

② 16세기 조선 중종 때 부산포, 내이포(제포), 염포의 3포에서 거주하고 있던 일본인들이 불만을 품고 난을 일으켰어요.
③ "경국대전"은 15세기 조선 세조 때 편찬 작업이 시작되어 성종 때 완성된 조선의 기본 법전이에요.
④ 고려 충렬왕 때 원이 일본 원정을 위한 기구로 정동행성을 설치하였어요.

204 예송

정답 ②

조선 현종 때 있었던 두 차례의 예송을 묻는 문항입니다. 예송은 현종 때 효종과 효종비의 국장을 치르는 과정에서 인조의 계비이자 효종의 새어머니인 자의 대비의 상복 입는 기간을 둘러싸고 서인과 남인 사이에 일어난 논쟁이에요. 서인은 왕실도 사대부와 같은 예를 따라야 한다고 주장하였고, 남인은 왕실의 예는 사대부의 예와 다르다고 주장하였어요. ② 조선 중종 때 조광조가 등용되어 개혁 정책을 추진하였어요. 위훈 삭제 등 조광조의 급진적인 개혁에 훈구 세력이 반발하여 기묘사화가 일어나 조광조 일파가 축출되었어요.

205 환국의 발생

정답 ③

정답 잡는 키워드

(가) 예송 / (나) 탕평비 건립 > (가) 17세기 현종 / (나) 18세기 영조

(가) 조선 현종 때 효종과 효종비의 장례를 치르는 과정에서 인조의 계비인 자의 대비가 상복 입는 기간을 두고 서인과 남인 사이에서 예송이 발생하였어요. (나) 조선 영조는 붕당 정치의 폐해를 바로잡기 위해 탕평책을 폈으며, 탕평에 대한 의지를 보여 주고자 탕평비를 세웠어요. 따라서 현종과 영조 재위 사이의 시기에 있었던 사실을 찾으면 됩니다. ③ 조선 숙종 때 집권 붕당이 급격하게 교체되는 환국이 여러 차례 일어났어요. 경신환국(1680)으로 남인이 몰락하고 서인이 집권하였어요.

오답 피하기

① 19세기 조선 고종 때 실권을 장악하고 있던 흥선 대원군은 비변사를 축소하여 사실상 폐지하고 의정부와 삼군부의 기능을 되살렸어요.
② 16세기 후반 조선 선조 때 일어난 임진왜란 중에 훈련도감이 설치되었어요.
④ 15세기 후반 조선 연산군 때 김일손이 스승 김종직이 지은 '조의제문'을 사초에 실은 일이 발단이 되어 무오사화가 일어나 김일손 등이 처형되었어요.

206 붕당 정치의 전개

정답 ④

정답 잡는 키워드

(가) 환국 / (나) 예송 / (다) 기묘사화 > (가) 17세기 후반 숙종 / (나) 17세기 중반 현종 / (다) 16세기 초반 중종

(가) 조선 숙종 때 집권 붕당이 급격하게 교체되는 환국이 여러 차례 일어났는데, 1689년 희빈 장씨 소생의 원자 책봉 문제를 둘러싸고 일어난 기사환국으로 서인이 중앙 정계에서 쫓겨나고 남인이 권력을 장악하였어요.
(나) 조선 현종 때 효종과 효종비의 장례를 치르는 과정에서 효종의 계모인 자의 대비가 상복을 입는 기간을 두고 서인과 남인이 대립하였어요. 효종이 죽은 후 일어난 1차 예송을 기해예송(1659)이라고 합니다.
(다) 조선 중종은 훈구 세력을 견제하고자 조광조를 비롯한 사림을 대거 등용하였어요. 조광조는 현량과 실시, 소격서 폐지, 위훈 삭제 등의 개혁을 추진하였어요. 이에 훈구 세력이 반발하여 기묘사화(1519)가 일어나 조광조가 사사되었어요.
따라서 옳은 순서는 ④ (다)-(나)-(가)입니다.

207 조선 영조의 업적

정답 ②

정답 잡는 키워드

탕평비 건립 > 조선 영조

탕평비를 세운 왕은 조선 영조입니다. 영조는 붕당 정치의 폐단을 없애고 왕권을 강화하기 위해 탕평책을 폈으며, 자신의 탕평 의지를 보여주고자 성균관 입구에 탕평비를 세웠어요. ② 영조는 "속대전"을 편찬하여 법령을 정비하였어요.

오답 피하기

① 조선 고종 때 흥선 대원군은 비변사를 축소하여 사실상 폐지하였어요.
③ 조선 효종은 청의 요청에 따라 나선 정벌에 두 차례 조총 부대를 파견하였어요.
④ 조선 숙종 때 청과의 국경을 정한 백두산정계비가 건립되었어요.

208 조선 영조의 정책

정답 ②

정답 잡는 키워드

탕평비를 세움 > 조선 영조

탕평비를 세운 왕은 조선 영조입니다. 영조는 붕당 정치의 폐해를 바로잡기 위해 탕평책을 폈으며, 탕평 의지를 널리 알리기 위해 성균관 앞에 탕평비를 세웠어요. 또 ② 백성의 군역 부담을 덜어 주기 위해 군포를 1필로 줄이는 균역법을 실시하였어요.

오답 피하기

① 조선 정조는 학술과 정책 연구 기관으로 규장각을 설치하였어요.
③ 조선 고종 때 흥선 대원군은 비변사를 축소하여 사실상 폐지하였어요.
④ 조선 세종은 훈민정음을 창제하여 반포하였어요.

209 조선 정조의 업적

정답 ③

정답 잡는 키워드

혜경궁 홍씨의 회갑연이 열렸던 봉수당, 사도 세자가 묻힌 융릉 > 조선 정조

'혜경궁 홍씨의 회갑연이 열렸던 봉수당', '사도 세자가 묻힌 융릉' 등을 통해 (가) 왕이 조선 정조임을 알 수 있어요. 정조는 할아버지 영조의 뒤를 이어 왕위에 오른 뒤 친아버지 사도 세자의 묘를 수원으로 이장해 현륭원(지금의 융릉)이라 하고, 수원에 신도시 화성을 건설하였어요. 어머니 혜경궁 홍씨를 모시고 현륭원에 행차한 뒤 화성 행궁에서 회갑연을 열었어요. ③ 조선 세종 때 농민의 실제 경험을 바탕으로 우리 풍토에 맞는 농사법을 정리한 "농사직설"이 편찬되었어요.

오답 피하기

① 정조는 왕권을 강화하고자 국왕의 친위 부대인 장용영을 설치하였어요.
② 정조는 육의전을 제외한 시전 상인의 금난전권을 폐지하는 신해통공을 실시하였어요.
④ 정조는 젊은 문신을 선발하여 재교육하는 초계문신제를 시행하였어요.

210 조선 정조의 정책

정답 ③

정답 잡는 키워드

초계문신제 시행, 규장각 > 조선 정조

초계문신제를 시행하였다는 내용과 '규장각' 등을 통해 밑줄 그은 '이 왕'이 조선 정조임을 알 수 있어요. 정조는 창덕궁 후원에 왕실 도서를 보관하는 규장각을 두어 학문과 정책을 연구하는 기관으로 삼았어요. 이후 자신의 정책을 뒷받침할 인재를 양성하기 위해 젊은 문신을 선발하고 규장각에 소속시켜 재교육하는 초계문신제를 시행하였어요. 또한, ③ 정조는 왕권 강화를 위해 국왕 친위 부대인 장용영을 창설하였어요.

오답 피하기

① 조선 고종 때 흥선 대원군이 주도하여 임진왜란 때 불에 탄 경복궁을 중건하였어요.
② 조선 고종 때 개화 정책을 추진하면서 청에 영선사를 파견하였어요.
④ 조선 세종은 훈민정음을 창제하여 반포하였어요.

211 조선 정조 재위 시기의 사실

정답 ①

정답 잡는 키워드

금난전권 폐지, 장용영 설치 > 조선 정조

금난전권을 폐지하고 장용영을 설치하였다는 내용을 통해 (가) 왕이 조선 정조임을 알 수 있어요. 조선 정조는 물가 안정과 원활한 상품 유통을 위해 신해통공을 실시하여 육의전을 제외한 시전 상인의 금난전권을 폐지하였고, 친위 부대인 장용영을 설치하여 왕권을 뒷받침하는 군사적 기반으로 삼았어요. 또 ① 자신의 정치적 이상을 실현하기 위한 신도시로 수원 화성을 축조하였어요.

오답 피하기

② 고려 무신 집권기에 만적을 비롯한 노비들이 개경(지금의 개성)에서 신분 해방 운동 성격의 봉기를 준비하였으나 사전에 발각되었어요.
③ 일제 강점기에 원산 인근의 라이징 선 석유 회사에서 일본인 감독이 한국인 노동자를 구타한 사건이 발단이 되어 원산 총파업이 일어났어요.
④ 조선 고종 때 일어난 병인양요 당시 프랑스군이 퇴각하면서 외규장각에 보관 중이던 의궤를 비롯한 여러 도서를 약탈해 갔어요.

212 규장각

정답 ①

정답 잡는 키워드

왕실 도서관이자 학문 연구 기관으로 정조의 개혁 뒷받침, 유득공·박제가와 같은 서얼 출신 인재들이 검서관으로 등용됨 > 규장각

왕실 도서관이자 학문 연구 기관으로 정조의 개혁 정치를 뒷받침하였으며, 유득공, 박제가와 같은 서얼 출신 인재들이 검서관으로 등용되었다는 내용을 통해 학생이 생각하고 있는 기구가 ① 규장각임을 알 수 있어요. 규장각은 창덕궁 주합루에 설치되었는데, 정조는 규장각을 중심으로 "대전통편", "동문휘고" 등 다양한 편찬 사업을 추진하였어요. 한편, 규장각에 중국의 백과사전인 "고금도서집성"을 보관하였는데, 정약용은 그중 "기기도설"을 참고해 거중기를 만들어 수원 화성 축조에 이용하였어요.

오답 피하기

② 성균관은 수도 한성에 설립된 조선 시대 최고 관립 교육 기관으로, 수준 높은 유학 교육을 실시하고 성현에 대한 제사도 지냈어요.
③ 조선 세종은 집현전을 설치하여 학문과 정책 연구 기관으로 삼아 인재를 육성하고 편찬 사업을 추진하였어요.
④ 조선 성종은 세조 때 폐지된 집현전을 계승하여 홍문관을 설치하였어요. 홍문관은 궁궐 내 서적을 관리하고, 왕에 대한 정책 자문과 함께 경연, 서연을 담당하였어요.

213 세도 정치 시기의 사실

정답 ④

정답 잡는 키워드

안동 김씨 등 소수 외척 가문이 중심이 되어 권력을 독점하던 시기	>	세도 정치 시기

안동 김씨 등 소수 외척 가문이 중심이 되어 권력을 독점하던 시기라는 내용을 통해 밑줄 그은 '시기'가 세도 정치 시기임을 알 수 있어요. 정조가 사망하고 순조가 어린 나이에 즉위하면서 일부 외척 세력이 정권을 장악하였어요. 순조, 헌종, 철종 3대에 걸쳐 60여 년 동안 안동 김씨, 풍양 조씨 등 소수 외척 가문이 권력을 독점하는 세도 정치가 전개되었어요. 세도 정치 시기에 전정, 군정, 환곡의 삼정이 문란해지고 관리들의 부정부패가 심해지면서 백성의 생활이 피폐해졌어요. ④ 철종 때 임술 농민 봉기가 일어나 봉기의 주요 원인으로 지목된 삼정의 문란을 바로잡기 위해 삼정이정청이 설치되었어요.

오답 피하기

① 고려 성종 때 최승로가 시무 28조의 개혁안을 국왕에게 올렸어요.
② 조선 전기에 수양 대군(후에 세조)이 계유정난을 일으켜 정권을 장악한 후 단종을 물러나게 하고 왕위에 올랐어요.
③ 고려 태조는 지방 세력 통제를 위해 사심관 제도를 실시하였어요. 사심관 제도는 고려 말에 폐지되었어요.

214 세도 정치 시기의 사실

정답 ④

정답 잡는 키워드

평서 대원수, 권세가의 노비들도 관서 사람을 보면 반드시 '평안도 놈'이라고 함	>	홍경래의 난

'평서 대원수'와 권세가의 노비들도 관서 사람을 보면 반드시 '평안도 놈'이라고 한다는 내용을 통해 격문이 작성된 시기가 홍경래의 난이 일어난 세도 정치 시기임을 알 수 있어요. 세도 정치 시기인 1811년에 서북 지역(평안도)에 대한 차별과 세도 정권의 수탈에 반발하여 홍경래의 난이 일어났어요. 홍경래와 우군칙의 주도 아래 중소 상공인과 광산 노동자, 가난한 농민 등이 봉기하여 청천강 이북 지역을 5개월간 장악하였으나 정주성에서 관군에 의해 진압되었어요. ④ 세도 정치 시기에 정치 기강이 무너지고 수령과 향리의 수탈로 삼정의 문란이 극심하였어요. 특히 서북 지역은 오랫동안 차별을 받았으며, 상공업이 발달하여 세도 정권의 수탈도 심하였어요. 이러한 상황에서 홍경래의 난이 일어났어요.

오답 피하기

① 고려 의종 때 왕의 잘못된 정치와 무신에 대한 차별 대우 등을 배경으로 무신들이 정변을 일으켜 정권을 장악하였어요.
② 조선 고종의 개화 정책 추진 과정에서 1881년에 신식 군대인 별기군이 창설되었어요.
③ 신라 말에 최치원이 진성 여왕에게 시무 10여 조를 건의하였어요.

215 홍경래의 난

정답 ①

정답 잡는 키워드

1811년 서북 지역민에 대한 차별 등에 반발하여 일어남	>	홍경래의 난

1811년 서북 지역민에 대한 차별 등에 반발하여 일어났다는 내용을 통해 (가) 사건이 홍경래의 난임을 알 수 있어요. 홍경래의 난은 조선 순조 때인 1811년에 서북 지역(평안도)민에 대한 차별과 세도 정권의 가혹한 수탈에 항거하여 일어났어요. ① 홍경래, 우군칙 등의 주도로 봉기하여 한때 청천강 이북 지역을 장악하였으나 관군에 진압되었어요.

오답 피하기

② 고려 인종 때 묘청 등 서경 세력이 서경 천도를 주장하며 반란을 일으켰으나 김부식이 이끄는 관군에 진압되었어요.
③ 조선 철종 때 경상 우병사 백낙신의 횡포를 계기로 유계춘 등이 주도하여 진주에서 농민 봉기가 일어났어요.
④ 소는 고려 시대에 있었던 특수 행정 구역으로, 조선 건국 이후 소멸되었어요. 소의 주민이 참여한 봉기로는 고려 무신 집권기에 공주 명학소에서 일어난 망이·망소이의 난 등이 있어요.

216 홍경래의 난

정답 ③

정답 잡는 키워드

홍경래가 주도하여 일으킴	>	홍경래의 난

홍경래가 주도하여 일으켰다는 내용을 통해 밑줄 그은 '사건'이 홍경래의 난임을 알 수 있어요. 홍경래의 난은 조선 순조 때인 1811년에 홍경래, 우군칙 등의 주도 아래 중소 상공인과 광산 노동자, 가난한 농민 등이 봉기한 사건이에요. ③ 홍경래의 난은 서북 지역(평안도)에 대한 차별과 세도 정권의 가혹한 수탈에 반발하여 일어났는데, 한때 청천강 이북 지역을 5개월간 장악하였으나 정주성에서 관군에 진압되었어요.

오답 피하기

① 동학 농민 운동은 보국안민과 제폭구민을 기치(일정한 목적을 위하여 내세우는 태도나 주장)로 내걸었어요.
② 갑신정변이 진압된 후 조선 정부는 일본과 일본 공사관의 피해 보상 등을 규정한 한성 조약을 체결하였어요.
④ 임오군란 당시 분노한 구식 군인들이 선혜청과 일본 공사관을 공격하였어요.

217 진주 농민 봉기

정답 ②

정답 잡는 키워드

1862년에 진주에서 일어난 농민 봉기, 유계춘	>	진주 농민 봉기

1862년에 진주에서 일어난 농민 봉기이며 유계춘을 중심으로 농민들이 모였다는 내용을 통해 밑줄 그은 '봉기'가 진주 농민 봉기임을 알 수 있어요. 조선 후기에 세도 정치로 인한 정치 혼란과 삼정의 문란으로 백성의 삶이 어려워졌어요. 이러한 상황에서 1862년에 진주에서 지방관 백낙신의 수탈에 항거하여 유계춘을 중심으로 농민 봉기가 일어났어

요. 봉기 소식이 주변 지역으로 퍼지면서 전국 곳곳에서 지배층의 수탈에 저항한 농민 봉기가 일어났어요. 1862년이 임술년이라 이때에 일어난 농민 봉기를 임술 농민 봉기라고 합니다. ② 진주 농민 봉기가 일어나자 조선 정부는 사태를 수습하기 위해 봉기의 원인으로 지목된 삼정의 문란을 바로잡고자 삼정이정청을 설치하였어요.

오답 피하기

① 고려 인종 때 묘청 등 서경 세력이 서경 천도를 주장하였으나 받아들여지지 않자 서경에서 반란을 일으켰어요. 묘청의 난은 김부식이 이끄는 관군에 진압되었어요.
③ 조선 순조 때 서북인에 대한 차별과 세도 정권의 수탈에 항거하여 홍경래의 난이 일어났어요.
④ 1882년에 임오군란이 일어나자 조선 고종이 사태 수습을 흥선 대원군에게 맡겨 정치에서 물러나 있던 흥선 대원군이 다시 집권하게 되었어요.

218 박규수의 활동

정답 ④

박규수에 대해 묻는 문항입니다. 박규수는 연행사로 청에 다녀온 후 다른 나라와 교류하고 서양의 문물을 받아들여야 한다는 통상 개화론을 주장하였어요. 한편, 1866년에 미국 상선 제너럴 셔먼호의 선원들이 대동강을 거슬러 평양까지 들어와 조선 정부에 통상을 요구하며 관리를 납치하고 민간인을 죽이는 등 만행을 저질렀어요. 이에 당시 평안 감사였던 박규수의 지휘 아래 평양 관민이 제너럴 셔먼호를 불태워 침몰시켰어요. ④ 조선 정부는 진주 농민 봉기의 수습을 위해 진주에 파견한 안핵사 박규수의 건의를 받아들여 삼정의 문란을 바로잡고자 삼정이정청을 설치하였어요.

오답 피하기

① 김정희는 조선 후기에 자신만의 독창적인 글씨체인 추사체를 만들었어요. '추사'는 김정희의 호입니다.
② 이상설은 북간도 지역에서 민족 교육 기관인 서전서숙을 설립하였어요.
③ 김정호는 우리나라 전국 지도인 대동여지도를 제작하였어요.

3 외교

기출문제 풀어 보기 > 본책 091~096쪽

219 ①	220 ①	221 ②	222 ③	223 ③	224 ②
225 ④	226 ③	227 ①	228 ①	229 ③	230 ①
231 ①	232 ②	233 ②	234 ④	235 ①	236 ④

219 비변사

정답 ①

정답 잡는 키워드

외적의 침입에 대비하고자 설치한 임시 군사 회의 기구, 양 난을 계기로 국정 전반을 총괄하는 최고 기구가 됨 > 비변사

외적의 침입에 대비하고자 설치한 임시 군사 회의 기구였으나, 양 난을 계기로 국정 전반을 총괄하는 최고 기구가 되었다는 내용을 통해 (가)에 들어갈 기구가 ① 비변사임을 알 수 있어요. 비변사는 외적의 침입이 있을 때 국방 문제를 다루기 위해 설치된 임시 회의 기구였어요. 조선 정부는 중종 때 3포 왜란이 일어나자 이에 대응하여 임시 기구로 비변사를 처음 설치하였어요. 비변사는 명종 때 을묘왜변을 계기로 상설 기구가 되었고, 임진왜란과 병자호란을 거치면서 기능이 확대되어 국정을 총괄하는 최고 정치 기구가 되었어요. 비변사가 국방 문제뿐만 아니라 외교, 재정 등 국정 전반을 총괄하게 되면서 의정부와 6조가 유명무실해졌어요.

오답 피하기

② 사헌부는 조선 시대에 관리의 비리를 감찰하고 풍속을 바로잡는 일을 담당한 중앙 정치 기구입니다. 사간원, 홍문관과 함께 3사로 불리며 권력의 독점을 견제하는 언론 기능을 담당하였어요.
③ 의금부는 조선 시대에 나라의 중죄인을 다스리는 국왕 직속의 특별 사법 기구입니다.
④ 홍문관은 궁궐 내의 서적을 관리하고 왕의 자문에 응하며 경연을 주관하는 일을 담당하였어요.

220 유성룡의 활동

정답 ①

정답 잡는 키워드

임진왜란이 일어났을 때 훈련도감 설치 건의 > 유성룡

임진왜란이 일어났을 때 훈련도감 설치를 건의하였다는 내용 등을 통해 (가) 인물이 유성룡임을 알 수 있어요. 유성룡은 조선 선조 때 재상의 자리에 있었으며 임진왜란이 일어났을 때 훈련도감의 설치를 건의하였어요. 안동 병산 서원은 유성룡의 학문과 업적을 기리기 위해 지어졌어요. ① 유성룡은 임진왜란에서 드러난 문제점을 반성하고 훗날을 대비하기 위해 "징비록"을 저술하였어요.

오답 피하기

② 조선 세종 때 최윤덕과 김종서는 북방의 여진을 정벌하고 4군 6진을 개척하였어요.
③ 고려 인종 때 묘청 등 서경 세력은 풍수지리설을 내세워 서경 천도를 주장하였어요.
④ 조선 후기 철종 때 김정호는 우리나라 전국 지도인 대동여지도를 제작하였어요. 대동여지도는 총 22첩의 목판본 지도입니다.

221 임진왜란

정답 ②

정답 잡는 키워드

징비록, 명의 군대가 여러 차례 출동 > 임진왜란

"징비록"과 우리나라를 돕기 위해 명의 군대가 여러 차례 출동하였다는 내용을 통해 (가) 전쟁이 임진왜란임을 알 수 있어요. "징비록"은 조선 선조 때 재상 유성룡이 임진왜란에서 드러난 문제점을 반성하고 훗날을 대비하기 위해 당시의 사실을 기록한 책이에요. 임진왜란 초기에 조선은 일본군에 한성과 평양성이 함락되는 등 열세를 면치 못하였어요. 그러나 수군과 의병이 활약하는 한편, 명의 지원군이 오고 관군이 재정비되어 전세를 역전시킬 수 있었습니다. ② 임진왜란 당시 곽재우, 조헌, 정문부 등이 의병을 이끌고 활약하였어요.

오답 피하기

① 조선 세종 때 이종무가 군사를 이끌고 가서 왜구의 근거지인 쓰시마섬(대마도)을 토벌하였어요.
③ 고려 정부가 몽골과 강화를 맺고 개경 환도를 결정하자 배중손이 삼별초를 이끌고 봉기하여 몽골군과 싸웠어요.
④ 고려 말에 최영은 군대를 지휘하여 홍건적의 침입을 물리쳤어요.

222 임진왜란

정답 ③

정답 잡는 키워드

김시민, 진주성 전투 > 임진왜란

김시민이 진주성 전투에서 활약하였다는 내용을 통해 밑줄 그은 '이 전쟁'이 임진왜란임을 알 수 있어요. 임진왜란 당시 진주 목사 김시민의 지휘로 관군과 의병이 진주성에서 일본군을 크게 물리쳤어요. 진주 대첩이라고 불리는 진주성 전투는 한산도 대첩, 행주 대첩과 함께 임진왜란 3대첩으로 꼽힙니다. ③ 임진왜란 당시 곽재우가 의령에서 의병을 일으켰어요.

오답 피하기

① 병자호란 당시 김상용이 왕실 가족을 수행하여 강화도로 피란하였다가 강화성이 함락되자 순절하였어요.
② 병인양요 당시 한성근 부대가 문수산성에서 프랑스군에 맞서 싸웠어요.
④ 660년에 계백의 결사대가 황산벌에서 신라군에 맞서 싸웠으나 패배하였어요. 이후 사비성이 함락되어 백제가 멸망하였어요.

223 임진왜란

정답 ③

정답 잡는 키워드

왜군의 침입과 약탈, 곽재우, 김덕령 등 의병장 > 임진왜란

왜군의 침입과 약탈을 비롯해 곽재우, 김덕령 등 의병장의 활동이 기록되어 있다는 내용을 통해 밑줄 그은 '이 전쟁'이 임진왜란임을 알 수 있어요. 1592년에 일본군(왜군)이 조선을 침략하여 임진왜란이 일어났어요. 전쟁 초기에 일본군이 빠르게 수도 한성을 함락하고 북쪽으로 진격하여 조선은 큰 위기를 맞았어요. 그러나 이순신이 이끄는 수군과 곽재우, 조헌, 김덕령 등 전국 각지에서 일어난 의병의 활약, 관군의 재정비와 명군의 지원 등으로 전세를 역전시킬 수 있었어요. ③ 조선 정부는 임진왜란 중에 유성룡의 건의를 수용하여 훈련도감을 설치하였어요. 훈련도감은 조총을 다루는 포수, 활을 다루는 사수, 창이나 칼을 다루는 살수의 삼수병으로 구성되었어요.

오답 피하기

① 개항 이후 조선 정부는 개화 정책을 추진하여 1881년에 신식 군대인 별기군을 창설하였어요.
② 2군 6위는 고려의 중앙 군사 조직이에요. 2군은 왕의 친위 부대이고, 6위는 수도 경비와 국경 방어 등을 담당하였어요.
④ 17세기에 조선 효종은 청의 요청에 따라 나선 정벌에 두 차례 조총 부대를 파견하였어요. 나선은 러시아를 말해요.

224 임진왜란

정답 ②

정답 잡는 키워드

김시민 등이 진주성에서 전투, 이순신이 한산도 앞바다에서 대승, 송상현 등이 동래읍성지 일대에서 전투 > 임진왜란

김시민 등이 진주성에서, 이순신이 한산도 앞바다에서, 송상현 등이 동래읍성지 일대에서 왜군에 맞서 싸웠다는 내용을 통해 (가) 전쟁이 임진왜란임을 알 수 있어요. 1592년에 일본이 조선을 침략하여 임진왜란이 시작되었어요. 왜군이 부산에 상륙하자 동래 부사 송상현이 동래(읍)성에서 왜군에 맞서 싸웠으나 패배하였어요. 동래성을 함락하고 신립이 지키던 충주의 방어선까지 무너뜨린 왜군은 빠르게 북상하였어요. 그러나 이순신이 이끄는 수군이 여러 해전에서 왜군을 압도하며 전세를 역전시켰는데, 특히 한산도 대첩에서 이순신이 학익진 전술로 대승을 거두었어요. 이후 진주 대첩에서는 김시민이 관군과 일반 백성을 이끌고 왜군을 격퇴하였어요. 한산도 대첩과 진주 대첩은 행주 대첩과 함께 임진왜란 3대첩으로 꼽힙니다. ② 임경업은 병자호란 때 백마산성에서 청의 군대에 항전하였어요.

오답 피하기

① 임진왜란 때 조헌이 이끈 700인의 의병은 금산에서 왜군과 전투를 벌이다가 모두 전사하였어요.
③ 임진왜란 때 곽재우가 의령에서 의병을 일으켰어요. 곽재우가 이끄는 의병은 남강 유역의 정암진에서 왜군을 기습 공격하여 큰 피해를 입혔어요. 곽재우는 붉은 옷을 입고 의병을 지휘하며 스스로 홍의 장군이라고 하였어요.
④ 임진왜란 때 신립은 충주 탄금대에서 배수의 진을 치고 왜군에 맞서 싸웠으나 패배하였어요.

225 훈련도감

정답 ④

정답 잡는 키워드

임진왜란 중 설치, 포수, 사수, 살수의 삼수병으로 구성 > 훈련도감

임진왜란 중에 설치되었으며 포수, 사수, 살수의 삼수병으로 구성되었다는 내용을 통해 (가)에 들어갈 부대가 ④ 훈련도감임을 알 수 있어요. 훈련도감은 임진왜란 중에 유성룡의 건의로 설치되었으며, 조총을 다루는 포수, 활을 다루는 사수, 칼이나 창을 다루는 살수의 삼수병으로 구성되었어요. 대부분 급료를 받는 상비군으로 직업 군인의 성격을 띠었어요. 한편, 네덜란드 출신 박연(벨테브레이)이 훈련도감에 소속되어 서양의 화포 기술을 조선군에 전수하였어요.

오답 피하기

① 9서당은 통일 신라의 중앙 군사 조직이에요. 9서당에는 신라인뿐만 아니라 고구려인, 백제인, 말갈인까지 있었는데, 이는 민족 융합을 꾀하려는 조치였어요.
② 별기군은 조선 정부가 개화 정책을 추진하면서 1881년에 창설한 신식 군대입니다. 일본인 교관을 초빙하여 군사 훈련을 시행하였어요.
③ 삼별초는 고려 무신 집권기에 최우가 치안 유지를 위해 설치한 야별초에서 비롯되었으며, 좌별초·우별초·신의군으로 편성되었어요. 삼별초는 최씨 무신 정권의 군사적 기반이었어요.

226 임진왜란

정답 ③

정답 잡는 키워드

- 신립, 탄금대에서 적을 섬멸하라
- 이순신, 칠천량에서는 패배했지만 열 두 척의 배가 남아 있다

> • 충주 탄금대 전투 • 명량 대첩

첫 번째 그림은 신립이 탄금대에서 적을 섬멸하라고 말하는 내용을 통해 임진왜란 초기에 있었던 충주 탄금대 전투 상황임을 알 수 있어요. 두 번째 그림은 이순신이 칠천량에서는 패배했지만 아직 열두 척의 배가 남아 있다고 말하는 내용을 통해 정유재란 중에 있었던 명량 대첩 직전의 상황임을 알 수 있어요. 따라서 충주 탄금대 전투와 명량 대첩 사이의 시기에 있었던 사실을 찾으면 됩니다. 1592년에 임진왜란이 일어나자 일본군은 부산을 함락하고 빠르게 북상하였어요. 신립은 충주의 탄금대에서 일본군에 맞섰으나 패배하였어요. 일본군은 한성을 함락하고 북쪽으로 진격하였으나, 수군과 의병의 활약, 명군의 지원, 관군의 재정비 등으로 전세가 바뀌었습니다. 조·명 연합군이 평양성을 탈환하고, ③ 행주산성에서는 권율의 지휘 아래 관민이 힘을 합쳐 일본군에 큰 승리를 거두었어요(행주 대첩). 이후 일본이 휴전을 제의하여 명과 일본 사이에 휴전 회담이 진행되었으나 결렬되고, 일본군이 다시 조선을 침략하였어요(정유재란, 1597). 원균이 조선 수군을 이끌고 칠천량에서 일본 수군에 맞서 싸웠으나 크게 패하여 12척의 배만 탈출하였습니다. 이후 다시 삼도수군통제사로 임명된 이순신이 수군을 재정비하여 명량에서 일본군을 크게 물리쳤어요(명량 대첩).

오답 피하기

① 고려 말에 왜구가 침입하여 노략질하자 최영은 홍산(지금의 부여)에서 왜구를 물리쳤어요(홍산 대첩).
② 고려 현종 때 있었던 거란의 3차 침입 당시 강감찬은 고려군을 이끌고 귀주에서 거란군을 물리쳤어요(귀주 대첩).
④ 몽골이 고려에 침입하였을 때 김윤후가 처인성에서 부곡민, 승려들과 함께 몽골군을 막아 냈어요(처인성 전투).

227 조선 후기의 정치 변화

정답 ①

정답 잡는 키워드

- 광해군 유배 → 인조반정
- 북벌, 청을 쳐서 삼전도의 치욕을 씻자 → 효종의 북벌 추진

첫 번째 그림은 광해군이 유배 가는 내용을 통해 인조반정 당시의 상황임을 알 수 있어요. 두 번째 그림은 '북벌'과 청을 쳐서 삼전도의 치욕을 씻자고 말하는 내용을 통해 효종이 북벌을 추진하던 당시의 상황임을 알 수 있어요. 따라서 인조반정과 효종이 북벌을 추진하던 시기 사이의 사실을 찾으면 됩니다. 조선 후기 광해군은 명과 후금 사이에서 중립 외교 정책을 폈어요. 이에 반대한 서인 세력은 광해군이 이복동생 영창대군을 살해하고 인목 대비를 폐위한 것을 빌미로 반정을 일으켜 광해군을 왕위에서 몰아내 유배 보내고 인조를 왕위에 올렸어요(인조반정, 1623). ① 인조와 서인 정권은 친명배금 정책을 추진하였고, 이것이 구실이 되어 조선은 정묘호란과 병자호란을 겪게 되었어요. 병자호란 당시 인조는 남한산성에 들어가 항전하였으나 결국 청에 굴복하여 삼전도에서 굴욕적인 항복 의식을 치렀어요. 병자호란 이후 조선에서는 청에 당한 치욕을 갚자는 북벌이 추진되었어요. 청에 볼모로 끌려갔다가 돌아와 왕위에 오른 효종 때 북벌이 가장 활발하게 추진되었으나 실행되지는 못하였어요.

오답 피하기

② 조선 세종 때 최윤덕과 김종서가 북방의 여진을 정벌하고 4군 6진을 개척하였어요.
③ 조선 선조 때 일어난 임진왜란 중에 포수, 사수, 살수의 삼수병으로 구성된 훈련도감이 창설되었어요.
④ 흥선 대원군 집권 시기에 일어난 병인양요 당시 강화도를 침략한 프랑스군이 물러나면서 외규장각 도서를 약탈하였어요.

228 병자호란

정답 ①

정답 잡는 키워드

인조가 삼전도에서 항복한 뒤 봉림 대군이 청에 볼모로 끌려감 → 병자호란

인조가 삼전도에서 항복한 뒤 봉림 대군이 청에 볼모로 끌려갔다는 내용을 통해 밑줄 그은 '이 전쟁'이 병자호란임을 알 수 있어요. 후금(청)이 조선에 군신 관계를 강요하였으나 조선이 이를 거절하자 1636년에 청 태종이 군대를 이끌고 조선을 침략하여 병자호란이 일어났어요. 임경업이 백마산성에서 청군의 진로를 막고 기다렸으나 청군은 이를 피해 수도 한성을 향하여 진격하였어요. 이에 ① 인조와 일부 신하들은 남한산성으로 피란하였어요. 이들은 남한산성에서 청군에 포위된 채 저항하였으나 청의 강력한 공세를 이겨 낼 수 없었습니다. 결국 인조는 남한산성에서 나와 삼전도에서 굴욕적인 항복 의식을 치렀습니다. 이후 조선은 청과 군신 관계를 맺고 막대한 공물을 부담하였으며, 소현 세자와 봉림 대군을 비롯하여 많은 신하와 백성이 청에 볼모로 끌려갔습니다.

오답 피하기

② 프랑스군이 강화도를 침략한 병인양요 당시 양헌수 부대가 강화도의 정족산성에서 프랑스군에 항전하였어요.
③ 몽골이 고려를 침략하였을 당시 김윤후 부대가 처인성에서 몽골 장수 살리타를 사살하고 몽골군을 물리쳤어요.
④ 임진왜란 당시 명의 지원군이 도착하자 조·명 연합군이 일본군에 빼앗겼던 평양성을 공격하여 탈환하였어요.

229 병자호란

정답 ③

정답 잡는 키워드

남한산성, 인조가 피신 → 병자호란

남한산성으로 인조가 피신하였다는 내용을 통해 밑줄 그은 '이 전쟁'이 병자호란임을 알 수 있어요. 정묘호란을 일으킨 후금은 조선과 형제 관계를 맺기로 하고 화의를 체결한 뒤 군대를 철수하였어요. 이후 국력이 더욱 커진 후금(청)이 조선에 군신 관계를 요구하자 조선이 이를 거부하였고, 청이 조선을 침략하여 병자호란이 일어났어요. 인조는 남한산성으로 피신하여 청에 항전하였어요. 그러나 결국 ③ 조선은 청에 항복하고 삼전도에서 굴욕적인 화의를 맺었어요. 화의에 따라 조선은 청과 군신 관계를 맺었으며, 소현 세자와 봉림 대군을 비롯한 많은 신하와 백성이 청에 볼모로 끌려갔어요.

오답 피하기

① 임진왜란 당시 김시민이 이끄는 조선군과 의병 등이 진주성에서 일본군을 격퇴하였는데, 이를 진주 대첩이라고 합니다.
② 고려 정부는 윤관의 건의를 받아들여 여진을 정벌하기 위해 별무반을 편성하였어요. 윤관은 별무반을 이끌고 여진을 정벌한 후 동북 9성을 쌓았어요.
④ 임진왜란 당시 조선 정부의 요청에 따라 이여송이 이끄는 명의 지원군이 파병되었어요.

230 병자호란 이후의 사실

정답 ①

정답 잡는 키워드

남한산성을 나와 삼전도에 도착한 왕이 청 황제 앞에 나아가 항복의 예를 행함 → 병자호란

남한산성을 나와 삼전도에 도착한 왕이 청 황제 앞에 나아가 항복의 예를 행하였다는 내용을 통해 병자호란 상황임을 알 수 있어요. 따라서 병자호란 이후의 사실을 찾으면 됩니다. 정묘호란 이후 국력이 더욱 커진 후금(청)이 조선에 군신 관계를 요구하였어요. 조선이 이를 거부하자 청군이 조선을 침략하여 병자호란이 일어났어요. 인조는 남한산성으로 피란하여 항전하였으나 결국 청에 항복하고 삼전도에서 굴욕적인 항복 의식을 행하였어요. ① 병자호란 이후 조선에서는 청에 당한 수모를 씻고 명에 대한 의리를 지키기 위해 청을 정벌하자는 북벌론이 일어났어요. 특히 청에 인질로 끌려갔다가 돌아와 인조의 뒤를 이어 즉위한 효종 때 북벌 운동이 가장 활발하게 추진되었어요. 그러나 청의 국력이 확대되는 국제 정세 속에서 북벌을 실행에 옮기지는 못하였어요.

오답 피하기

② 13세기에 고려 정부는 몽골의 침략에 대응하기 위해 최고 집권자 최우의 주장에 따라 강화도로 도읍을 옮기고 장기적인 항쟁을 준비하였어요.
③ 고려 말에서 조선 초에 왜구가 해안 지역에 침략하여 약탈하는 일이 잦았어요. 이에 여러 차례 왜구의 근거지인 쓰시마섬(대마도)을 정벌하였는데, 고려 창왕 때 박위, 조선 세종 때 이종무가 대표적이에요.
④ 고려 시대에 최충헌이 이의민을 제거하고 집권한 이후 4대 60여 년간 최씨 무신 정권이 이어졌으나 제4대 집권자 최의가 부하들에게 살해되면서 최씨 무신 정권이 붕괴하였어요.

231 조선 효종의 정책

정답 ①

조선 효종의 정책을 묻는 문항입니다. 병자호란 이후 소현 세자와 봉림 대군(후에 효종)을 비롯해 많은 백성이 청에 끌려가 고통을 겪었고, 조선은 청에 많은 공물을 바쳐야 하였어요. ① 청에서 돌아와 왕이 된 효종은 청에 당한 치욕을 갚기 위해 북벌을 추진하였어요. 그러나 이미 강성한 청을 공격하는 것은 현실적으로 어려웠으며, 오히려 청의 요청에 따라 나선 정벌에 두 차례 조총 부대를 파견하였어요. 효종이 죽은 뒤 북벌 운동은 사실상 중단되었습니다.

오답 피하기

② 조선 고종 때 흥선 대원군은 왕실의 권위를 회복하기 위해 임진왜란 때 불탄 경복궁을 다시 짓는 작업을 추진하였어요.
③ 조선 광해군은 세력이 약해진 명과 강대국으로 성장하는 후금 사이에서 중립 외교를 펴 전쟁에 휘말리지 않으려고 노력하였어요.
④ 조선 정조는 규장각을 중심으로 법전인 "대전통편"을 편찬하여 법제를 정비하였어요.

232 명·청 교체기 조선의 대외 관계

정답 ②

정답 잡는 키워드

(가) 강홍립 부대가 파병되어 후금과 전투	(가) 조선 광해군 때
(나) 청의 요청으로 나선 정벌에 조총 부대 파견	(나) 조선 효종 때
(다) 남한산성에서 나온 인조가 삼전도에서 청에 항복	(다) 조선 인조 때

(가) 조선 광해군 때 명이 쇠약해지고 후금이 강성해지는 상황에서 후금과 대립하고 있던 명의 요청으로 강홍립의 부대가 파병되었어요. 명과 후금 사이에서 중립 외교를 펼치던 광해군은 강홍립에게 상황에 맞게 대처하라고 지시하였어요. 이에 강홍립 부대는 명의 군대와 함께 후금과 전투를 벌였으나 패배하여 상황이 어렵게 되자 후금에 항복하였어요. 이러한 광해군의 중립 외교 등에 반발한 서인의 주도로 반정이 일어나 광해군이 폐위되고 능양군(후에 인조)이 새 왕으로 즉위하였어요(인조반정, 1623).

(나) 병자호란 이후 청에 볼모로 끌려갔다가 돌아온 효종은 청에 당한 치욕을 갚기 위해 북벌 정책을 추진하였으나 청의 세력이 확대되는 국제 정세 속에서 실행에 옮기지 못하였어요. 오히려 효종은 청의 요청으로 나선 정벌에 두 차례 조총 부대를 파견하였어요.

(다) 조선 인조 때 후금이 국호를 '청'으로 바꾸고 조선에 군신 관계를 요구하였어요. 조선이 이를 거부하자 청군이 조선을 침략하여 병자호란이 일어났어요(1636~1637). 인조는 남한산성으로 피신하여 청에 항전하였으나 결국 삼전도에서 항복하고 굴욕적인 화의를 맺었어요. 이후 소현 세자와 봉림 대군(후에 효종)을 비롯하여 많은 신하와 백성이 청에 볼모로 끌려갔습니다.

따라서 옳은 순서는 ② (가)-(다)-(나)입니다.

233 송시열의 활동

정답 ②

정답 잡는 키워드

효종과 함께 북벌 주장, 예송 논쟁에서 허목과 대립, 노론의 영수	송시열

효종과 함께 북벌을 주장하고 예송 논쟁에서 허목과 대립하였으며 노론의 영수로 활약하였다는 내용을 통해 (가)에 들어갈 인물이 ② 송시열임을 알 수 있어요. 송시열은 조선 후기의 대표적인 성리학자이자 정치가입니다. 효종이 즉위하자 송시열은 상소를 올려 청에 당한 수치를 씻고 복수해야 한다는 북벌을 주장하였어요. 현종 때에는 효종과 효종비의 장례를 치르는 과정에서 인조의 계비인 자의 대비의 상복 착용 기간을 두고 두 차례에 걸쳐 예송이 일어나자 서인을 대표하여 남인의 허목과 대립하였어요. 이후 숙종 때 서인이 노론과 소론으로 분열하자 송시열은 노론의 우두머리로 활약하였어요.

오답 피하기

① 박지원은 조선 후기의 실학자로, "열하일기"를 저술하였으며, '호질', '양반전' 등을 통해 양반 사회를 풍자하였어요.
③ 정몽주는 고려 말의 온건 개혁파 신진 사대부로, 고려 왕조를 유지하고자 하였으나 이방원 세력에 의해 살해되었어요.
④ 채제공은 조선 후기의 문신으로, 영조와 정조 시기에 활동하였어요. 정조에게 육의전을 제외한 시전 상인의 금난전권을 폐지할 것(신해통공)을 건의하였어요.

234 통신사

정답 ④

정답 잡는 키워드

일본 에도 막부의 요청으로 조선이 파견한 공식 외교 사절단	통신사

일본 에도 막부의 요청으로 조선이 파견한 공식 외교 사절단이라는 내용을 통해 밑줄 그은 '사절단'이 ④ 통신사임을 알 수 있어요. 임진왜란 이후 조선은 일본과 국교를 단절하였으나 에도 막부의 요청으로 국교를 재개하고 일본에 공식 외교 사절단인 통신사를 파견하였어요. 통신사가 지나가는 지역에서는 다양한 경제·문화적 교류가 이루어져 통신사는 조선과 일본을 잇는 외교 사절이면서 문화 사절의 역할을 하였어요.

오답 피하기

① 1882년에 조·미 수호 통상 조약이 체결된 후 미국 공사가 한성에 부임하자 조선 정부는 이에 대한 답례로 1883년에 보빙사를 미국에 파견하였어요.
② 연행사는 조선 후기 청에 파견된 조선 사신을 이르는 말로, 청의 수도인 '연경에 간 사신'이라는 뜻이에요.
③ 조선 정부는 개화 정책을 펴면서 1881년 청에 영선사를 파견하여 근대식 무기 제조 기술과 군사 훈련법을 배워 오게 하였어요.

235 독도

정답 ①

정답 잡는 키워드

안용복, 동도, 서도	독도

'안용복'과 '동도, 서도' 등을 통해 (가)에 들어갈 섬이 ① 독도임을 알 수 있어요. 안용복은 조선 숙종 때의 인물로, 울릉도와 독도 주위에서 어업 활동을 하던 일본 어부들을 쫓아내고 일본으로 건너가 울릉도와 독도가 조선 영토임을 확인받고 돌아왔어요. 독도는 우리나라 가장 동쪽에 위치해 있으며 동도와 서도, 2개의 섬으로 이루어져 있어요. 신라 지증왕 때 울릉도와 함께 신라의 영토로 편입된 이후 계속 우리 영토였어요. 일본이 러·일 전쟁 중에 독도를 자국의 영토로 불법 편입하였으나 광복 이후 우리나라는 독도에 대한 영토 주권을 회복하였어요.

오답 피하기

② 진도는 삼별초의 근거지 중 하나였어요. 몽골과 강화를 맺은 고려 정부가 개경으로 환도를 결정하자 삼별초는 강화도에서 진도, 진도에서 제주도로 근거지를 옮겨 가며 대몽 항쟁을 이어 갔어요.
③ 영국군이 러시아의 남하를 견제한다는 구실로 거문도를 불법으로 점령하였어요(1885~1887).
④ 제주도는 조선 시대 김만덕이 빈민 구제 활동을 하였던 곳이며, 일제 강점기에는 알뜨르 비행장이 건설되었어요. 광복 이후에는 제주 4·3 사건이 일어났습니다.

236 독도

정답 ④

정답 잡는 키워드

우리나라 동쪽 끝에 있음, 대한 제국 칙령 41호에서 우리 영토임을 분명히 함 > 독도

우리나라 동쪽 끝에 있으며, 대한 제국 칙령 41호에서 우리 영토임을 분명히 하였다는 내용을 통해 밑줄 그은 '이 섬'이 독도임을 알 수 있어요. ④ 조선 숙종 때 안용복은 일본으로 건너가 울릉도와 독도가 조선 영토임을 확인받고 돌아왔어요.

오답 피하기

① 정약전은 흑산도에 유배 가 있는 동안 "자산어보"를 저술하였어요.
② 조선 효종 때 하멜 일행이 일본으로 가던 중에 풍랑을 만나 표류하다가 제주도에 도착하였어요.
③ 조선 세종 때 이종무가 왜구의 근거지인 쓰시마섬(대마도)을 정벌하였어요.

4 경제

기출문제 풀어 보기 > 본책 096~099쪽

237 ① 238 ④ 239 ③ 240 ① 241 ② 242 ④
243 ① 244 ① 245 ④ 246 ② 247 ① 248 ①
249 ③ 250 ④

237 과전법

정답 ①

정답 잡는 키워드

관료에게 경기 안의 토지만을 지급 > 과전법

관료에게 경기 안의 토지만을 지급하라는 내용 등을 통해 제시된 건의를 받아들여 제정한 법이 ① 과전법임을 알 수 있어요. 고려 말 공양왕 때 토지 제도의 문란을 바로잡기 위해 급진 개혁파 신진 사대부의 주도로 과전법이 실시되었어요. 과전법은 경기 지역의 토지를 대상으로 하여 전직과 현직 관리에게 토지의 수조권을 지급한 제도입니다.

오답 피하기

② 대동법은 조선 후기에 방납의 폐단을 바로잡기 위해 공납을 특산물 대신 소유한 토지 결수에 따라 쌀이나 옷감, 동전 등으로 납부하게 한 법이에요.
③ 영정법은 전세를 풍흉에 관계없이 토지 1결당 쌀 4~6두로 고정시킨 법으로, 조선 인조 때부터 시행되었어요.
④ 호패법은 16세 이상 모든 남자에게 이름, 태어난 연도, 신분 등을 새긴 호패를 차고 다니게 한 제도로, 조선 태종 때 처음 실시되었어요.

238 과전법

정답 ④

과전법에 관한 문항이에요. 고려 말 공양왕 때 조준, 정도전 등 급진 개혁파 신진 사대부의 건의로 과전법이 실시되었어요. ④ 과전법은 경기 지역의 토지를 대상으로 전직과 현직 관리에게 수조권을 지급한 제도입니다. 조선 초기까지 기본적인 토지 제도로 이어졌습니다.

오답 피하기

① 조선 후기에 공납을 특산물 대신 쌀, 옷감, 동전 등으로 내게 한 대동법이 실시되면서 관청에 필요한 물품을 조달하는 공인이 등장하였어요.
② 대한 제국 정부는 양전 사업을 실시하고 토지 소유자에게 근대적 토지 소유 증명서인 지계를 발급하였어요.
③ 고려는 전시과 제도를 실시하여 관직 복무의 대가로 관리에게 등급에 따라 전지와 시지를 나누어 주었어요.

239 직전법

정답 ③

정답 잡는 키워드

세조, 현직 관리들만 수조권을 받게 됨 > 직전법

'세조'와 현직 관리들만 수조권을 받게 된다는 내용을 통해 밑줄 그은 '이 제도'가 ③ 직전법임을 알 수 있어요. 고려 말 과전법이 제정되어 조선 초기까지 이어졌어요. 과전법은 관직 복무에 대한 대가로 전·현직 관리에게 등급에 따라 경기 지역에 한해 토지의 수조권을 나누어 준 제도입니다. 조선 세조는 관리에게 지급할 토지가 부족해지자 현직 관리에게만 토지의 수조권을 지급하는 직전법을 시행하였어요.

오답 피하기

① 조선 영조는 농민의 군포를 1필로 줄여 주는 균역법을 시행하였어요.
② 조선 인조는 전세를 풍흉에 관계없이 토지 1결당 쌀 4~6두로 고정하는 영정법을 시행하였어요.
④ 조선 고종 때 흥선 대원군은 집집마다 군포를 부과하는 호포법을 실시하여 양반에게도 군포를 부과하였어요.

240 공납

정답 ①

정답 잡는 키워드

각 지역의 토산물을 정기적으로 수취해 국가 수요품 조달, 문제점 해결을 위해 대동법 실시 > 공납

각 지역의 토산물을 정기적으로 수취해 국가 수요품을 조달하던 제도로, 시행 과정에서 나타난 문제점을 해결하기 위해 대동법이 실시되었다는 내용을 통해 (가)에 들어갈 용어가 ① 공납임을 알 수 있어요. 공납을 거두는 과정에서 하급 관리나 상인이 공납을 대신 내고 과도한 대가를 챙기는 방납의 폐단이 심해져 광해군 때 공납을 특산물 대신 쌀, 베, 동전 등으로 납부하게 하는 대동법이 실시되었어요.

오답 피하기

② 군역은 남자들이 군 복무를 하는 것을 말해요.
③ 전세는 토지에 부과하는 세금을 말해요.
④ 환곡은 가난한 사람에게 곡식을 빌려주고 약간의 이자를 더해 갚도록 하는 제도입니다.

241 대동법

정답 ②

정답 잡는 키워드

방납의 폐단을 막고자 함, 토산물을 납부하던 공납을 대신하여 토지 결수를 기준으로 쌀이나 옷감, 동전 등으로 납부 > 대동법

방납의 폐단을 막기 위해 토산물을 납부하던 공납 대신 토지 결수를 기준으로 쌀이나 옷감, 동전 등으로 납부하라는 내용을 통해 밑줄 그은 '제도'가 ② 대동법임을 알 수 있어요. 공납을 거두는 과정에서 방납의 폐단이 심해져 이를 막고자 토지 결수를 기준으로 쌀이나 옷감, 동전 등을 납부하게 하는 대동법이 조선 광해군 때 경기도에서 처음으로 실시되었어요.

오답 피하기

① 균역법은 농민의 군포 부담을 덜어 주기 위해 농민에게 군포 1필을 거둔 제도로, 조선 영조 때 제정되었어요.
③ 영정법은 풍흉에 관계없이 전세 납부액을 토지 1결당 4~6두로 고정한 제도로, 조선 인조 때 마련되었어요.
④ 직전법은 관리에게 지급할 토지가 부족해지자 현직 관리에게만 수조권을 행사할 수 있는 토지를 지급한 제도로, 조선 세조 때 마련되었어요.

242 대동법

정답 ④

정답 잡는 키워드

김육, 경기도와 강원도에서 이미 시행, 충청도에서도 시행할 것을 건의 > 대동법

김육이 경기도와 강원도에서 이미 시행하고 있으니 충청도에서도 시행하자고 건의하는 내용을 통해 (가) 제도가 대동법임을 알 수 있어요. 조선 후기에 김육은 대동법의 확대 시행을 위해 노력하였어요. 대동법은 광해군 때 경기도에서 처음 실시되어 인조 때에는 강원도에서도 시행되었어요. 이후 효종 때 김육의 노력으로 충청도에서도 시행되었고 점차 실시 지역이 확대되었어요. ④ 대동법은 공납을 특산물 대신 쌀이나 베 등의 옷감, 동전 등으로 납부하게 한 제도입니다.

오답 피하기

① 조선 영조는 농민의 군포 부담을 덜어 주기 위해 군포를 1필로 줄여 주는 균역법을 시행하였어요.
② 조선 고종 때 흥선 대원군은 집집마다 군포를 부과하는 호포제를 실시하여 양반에게도 군포를 부과하였어요.
③ 조선 인조는 영정법을 시행하여 풍흉에 관계없이 전세 납부액을 토지 1결당 4~6두로 고정하였어요.

243 균역법

정답 ①

정답 잡는 키워드

군포를 절반으로 줄이는 제도, 어장세나 소금세 등으로 보충 > 균역법

양민의 부담을 덜고자 군포를 절반으로 줄이는 제도이며 어장세나 소금세 등으로 부족해진 군포를 보충하는 것이 좋겠다는 내용을 통해 밑줄 그은 '제도'가 ① 균역법임을 알 수 있어요. 조선 영조는 농민의 군역 부담을 덜어 주기 위해 군포를 절반으로 줄여 농민에게 군포 1필을 징수하는 균역법을 시행하였어요. 균역법의 시행으로 부족해진 재정을 보충하기 위해 토지에서 1결당 쌀 2두의 결작을 거두고, 일부 상류층에게 선무군관의 칭호를 주고 매년 1필의 선무군관포를 징수하였어요. 또 어장세, 염세(소금세), 선박세 등을 국가 재정으로 돌렸어요.

오답 피하기

② 대동법은 방납의 폐단을 바로잡기 위해 공납을 특산물 대신 소유한 토지 결수에 따라 쌀이나 옷감(면포, 삼베), 동전 등으로 납부하게 한 법이에요. 조선 광해군 때 경기도에서 처음 실시된 이후 점차 시행 지역이 확대되었어요.
③ 영정법은 전세를 풍흉에 관계없이 토지 1결당 쌀 4~6두로 고정한 법으로, 조선 인조 때부터 실시되었어요.
④ 조선 세조는 관리에게 수조권을 지급할 토지가 부족해지자 현직 관리에게만 수조권을 행사할 수 있는 토지를 지급하는 직전법을 시행하였어요.

244 균역법

정답 ①

정답 잡는 키워드

영조 시기 수취 제도 개편, 양역의 폐단을 시정, 결작 > 균역법

'영조 시기 수취 제도 개편'과 양역의 폐단을 시정하기 위해 시행하였으며 결작이 추가로 생겼다는 내용을 통해 (가) 제도가 균역법임을 알 수 있어요. 조선 후기에 죽은 사람이나 갓난아이 같이 부과 대상이 아닌 사람에게도 군포를 징수하는 등 양역(군역)의 폐단이 발생하여 농민의 부담이 가중되었어요. 영조는 이러한 폐단을 시정하기 위해 ① 농민에게 군포 1필을 징수하는 균역법을 시행하였어요. 균역법의 시행으로 부족해진 재정을 보충하기 위해 토지에서 1결당 쌀 2두의 결작을 거두고, 일부 상류층에게 선무군관의 칭호를 주고 매년 1필의 선무군관포를 징수하였으며, 왕실 재정으로 들어가던 어장세, 염세, 선박세 등을 국가 재정으로 돌렸어요.

오답 피하기

② 고려 시대에 전시과 제도가 시행되어 관리에게 관직 복무 등의 대가로 등급에 따라 전지와 시지를 지급하였어요.
③ 조선 인조 때부터 전세를 토지 1결당 4~6두로 고정한 영정법이 실시되었어요.
④ 조선 세종 때 토지를 비옥도에 따라 6등급으로 나누는 전분6등법을 실시하였어요.

245 조선 영조 시기의 경제 상황

정답 ④

정답 잡는 키워드

군포를 2필에서 1필로 감면 > 조선 영조 때부터 시행된 균역법

군포를 2필에서 1필로 감면하라는 내용을 통해 균역법이 시행된 시기임을 알 수 있어요. 조선 후기에 영조는 농민의 군포 부담을 줄여 주기 위해 2필씩 걷던 군포를 1필로 감면하는 균역법을 실시하였어요. 이로 인해 부족해진 국가 재정은 토지에서 1결당 쌀 2두의 결작을 거두고, 일부 상류층에게 선무군관의 칭호를 주고 매년 포 1필을 징수하여 보충하게 하였어요. 또 왕실 재정으로 들어가던 어장세, 염세, 선박세 등을 국가 재정으로 돌렸습니다. ④ 조선 후기에 모내기법이 전국으로 확산되어 농업 생산량이 증가하였어요.

오답 피하기

① 당백전은 흥선 대원군 집권 시기에 경복궁 중건 비용을 충당하기 위해 발행된 고액 화폐입니다. 흥선 대원군 집권 시기에는 호포제가 시행되어 양반에게도 군포를 징수하였어요.
② 신라 지증왕 때 수도 금성에 동시라는 시장과 이를 감독하는 관청인 동시전이 설치되었어요.
③ 고려 말에 문익점이 원으로부터 목화씨를 처음 들여와 목화 재배에 성공하였어요.

246 조선 후기의 상업

정답 ②

조선 후기 상업에 관한 문항이에요. 조선 후기에 상업이 발달하면서 경강상인을 비롯한 사상의 활동이 활발하게 이루어졌어요. 경강상인은 한강을 근거지로 운송업에 종사하였고, 개성의 송상은 전국에 송방이라는 지점을 설치하고 인삼을 재배·판매하였으며, 내상과 만상 사이에서 중계 무역을 하거나 직접 대청 무역에 나서기도 하였습니다. 의주의 만상은 주로 대청 무역에, 동래의 내상은 주로 대일 무역에 종사하였어요. ② 고려 시대에 예성강 하구의 벽란도가 국제 무역항으로 번성하였어요. 벽란도에는 송을 비롯해 멀리 아라비아 상인까지 왕래하였어요.

오답 피하기

① 조선 후기에 부산 동래를 근거지로 활동한 내상이 일본과의 무역을 주도하였어요.
③ 조선 후기에 공납을 특산물 대신 쌀, 옷감, 동전 등으로 징수하는 대동법이 시행되면서 관청에 필요한 물품을 조달하는 공인이 등장하였어요.
④ 조선 후기에 정기 시장인 장시가 전국 각지에서 열렸으며, 보부상이 전국의 장시를 돌면서 활동하였어요.

247 조선 후기의 모습

정답 ①

정답 잡는 키워드

공명첩, 담배 농사 > 조선 후기

공명첩을 사고 담배 농사를 시작하였다는 내용을 통해 대화가 이루어진 시기가 조선 후기임을 알 수 있어요. 공명첩은 이름을 적는 곳이 비어 있는 관직 임명장이에요. 왜란과 호란을 거치면서 나라 살림이 어려워지자 정부는 부유한 사람들에게 돈이나 곡식을 받고 공명첩을 팔았어요. 한편, 조선 후기에 담배가 전래되어 시장에 내다 팔기 위한 상품 작물로 널리 재배되었어요. ① 녹읍은 신라 시대에 관료 귀족에게 녹(봉급)으로 읍(지방 행정 구역)을 지급한 것이며, 해당 토지에서 세금을 거둘 수 있을 뿐만 아니라 노동력도 동원할 수 있었어요.

오답 피하기

② 조선 후기에 감자, 고구마 등 구황 작물이 재배되었어요.
③ 조선 후기에 공납을 특산물 대신 쌀, 옷감, 동전 등으로 거두는 대동법이 실시되면서 관청에 필요한 물품을 조달하는 공인이 등장하였어요.
④ 조선 후기에 의주를 근거지로 활동한 만상은 청과의 무역으로 부를 축적하였어요.

248 조선 후기의 경제 상황

정답 ①

조선 후기의 경제 상황을 묻는 문항입니다. 조선 후기에는 경제적으로 큰 변화가 나타났는데, 농업에서는 모내기법이 전국적으로 보급되었고, 상업에서는 사상이 성장하고 장시가 발달하였어요. 수공업과 광업에서는 국가 주도의 활동이 약해지고 민간 부분의 활동이 활발해졌어요. ① 고려 말 토지 제도의 문란을 바로잡기 위해 이성계와 급진 개혁파(혁명파) 신진 사대부는 과전법을 실시하였어요. 과전법은 경기 지역의 토지를 대상으로 전·현직 관리에게 등급에 따라 토지의 수조권을 나누어 준 제도로, 조선 초기까지 시행되었어요.

오답 피하기

② 조선 후기에 모내기법이 전국으로 확산되었어요.
③ 조선 후기에 상업 활동이 활발하게 이루어지면서 동전인 상평통보가 널리 유통되었어요.
④ 조선 후기에 농업 생산력이 늘어나고 상품 유통이 활발해지면서 전국 곳곳에서 장시가 열렸어요. 장시를 돌며 물건을 사고파는 보부상의 수도 크게 증가하였어요.

249 상평통보

정답 ③

정답 잡는 키워드

조선 숙종 때 공식 화폐로 주조되어 널리 유통 → 상평통보

조선 숙종 때 공식 화폐로 주조되어 널리 유통되었다는 내용을 통해 (가)에 들어갈 화폐가 ③ 상평통보임을 알 수 있어요. 조선 후기에 농업과 상업의 발달로 상품 유통이 활발해지면서 화폐 사용도 늘어나 숙종 때 공식 화폐로 주조된 상평통보가 전국적으로 널리 쓰이게 되었어요.

오답 피하기

① 건원중보는 고려 성종 때 주조된 우리나라 최초의 금속 화폐입니다.
② 해동통보는 고려 숙종 때 의천의 건의로 설치된 주전도감에서 만들어진 금속 화폐입니다.
④ 백동화는 1892년부터 전환국에서 발행된 금속 화폐입니다. 전환국은 조선 고종이 개화 정책을 추진하는 과정에서 1883년에 설치한 화폐 주조 기관으로 1904년에 폐지되었어요.

250 조선 후기의 경제 상황

정답 ④

정답 잡는 키워드

박지원의 열하일기, 허생 → 조선 후기

허생을 주인공으로 한 박지원의 "열하일기"에서 사회 현실에 대한 저자의 비판 의식을 엿볼 수 있다는 내용을 통해 밑줄 그은 '이 시기'가 조선 후기임을 알 수 있어요. 박지원은 조선 후기 실학자로, 사절단을 따라 청에 다녀온 후 그곳에서 보고 들은 것을 기록하여 "열하일기"를 저술하였어요. "열하일기"에는 허생을 주인공으로 한 소설 '허생전'이 수록되었는데, 박지원은 '허생전'에서 당시 집권층의 무능을 비판하였어요. ④ 조선 후기에 대동법이 시행되면서 관청에 물품을 조달하는 공인이 활동하였어요.

오답 피하기

① 신라 지증왕은 수도 금성에 시장인 동시와 시장 감독 관청인 동시전을 설치하였어요.
② 솔빈부는 발해의 지방 행정 구역이에요. 솔빈부의 말이 유명하여 특산물로 수출되었어요.
③ 고려 시대 예성강 하구의 벽란도가 국제 무역항으로 번성하였는데, 이곳에 멀리 아라비아 상인도 왕래하였어요.

5 사회

기출문제 풀어 보기 > 본책 100~101쪽

251 ① 252 ④ 253 ④ 254 ③ 255 ④ 256 ①
257 ③ 258 ①

251 납속책

정답 ①

정답 잡는 키워드

조선 시대, 곡물, 돈 등을 받고 그 대가로 신분을 상승시켜 주거나 벼슬을 내린 정책 → 납속책

조선 시대에 정부가 곡물, 돈 등을 받고 그 대가로 신분을 상승시켜 주거나 벼슬을 내린 정책은 ① 납속책입니다. 왜란과 호란을 거치면서 국가 재정이 악화되자 조선 정부는 재정을 보충하기 위해 곡물이나 돈 등을 받고 그 대가로 신분 상승이나 벼슬 등 일정한 혜택을 주는 납속책을 시행하였어요. 조선 후기에 부유한 농민은 납속, 공명첩의 매입, 양반 족보의 매입이나 위조 등으로 신분을 상승시키기도 하였어요.

오답 피하기

② 사창은 각 지방에 설치된 곡물 대여 기관이에요. 흥선 대원군은 환곡의 폐단을 시정하기 위해 각지에 사창을 설치하고 향촌 사람들이 자치적으로 운영하도록 하였어요.
③ 조선 인조 때부터 풍흉에 관계없이 토지 1결당 쌀 4~6두의 전세를 거두는 영정법이 시행되었어요.
④ 흥선 대원군은 군정의 폐단을 바로잡기 위해 가구(호) 단위로 군포를 거두는 호포제를 실시하여 양반에게도 군포를 징수하였어요.

252 서얼

정답 ④

서얼은 조선 시대 양반의 첩이 낳은 자식을 말합니다. 양민 첩과의 사이에서 낳은 자식인 서자, 천민 첩과의 사이에서 낳은 자식인 얼자를 아울러 이르는 말이에요. 이들은 양반의 자식이지만 양반 대우를 받지 못하고, 관직에 진출할 때에도 제한이 있었어요. ④ 조선 후기에 서얼은 자신들에 대한 관직 진출 제한을 철폐해 달라는 집단 상소를 올려 통청 운동을 전개하였어요.

오답 피하기

① 신공은 관청에 딸린 노비가 노역을 하는 대신에 바치는 현물을 말해요. 관청에 소속된 공노비는 소속 관청에 신공을 바쳤어요.
② 조선 시대 노비는 매매, 상속, 증여의 대상이었어요.
③ 신라에는 골품제라는 신분 제도가 있어 골품에 따라 관등 승진에 제한을 받았어요.

253 향약

정답 ④

향약에 대해 묻는 문항입니다. 향약은 조선 시대 향촌의 자치 규약으로, 16세기 중반 사림에 의해 보급되었어요. 향약은 성리학적 윤리를 향촌에 보급함과 동시에 농민들을 통제하는 역할을 하였으며, 4대 덕목으로 덕업상권('좋은 일은 서로 권한다'), 과실상규('잘못은 서로 바로잡아 준다'), 예속상교('예의와 좋은 풍속을 서로 나눈다'), 환난상휼('어려운 일이 있으면 서로 도와준다')이 있었어요. ④ 향약은 지방의 양반이 주요 직임을 맡았으며, 풍속 교화와 향촌 자치의 기능을 담당하였어요.

오답 피하기

① 조선 후기 송상, 만상 등 지역에 기반을 둔 사상이 활발하게 활동하였어요.
② 고려 시대에는 국가적인 종교 행사로 연등회, 팔관회가 열렸어요. 고려를 세운 태조 왕건은 훈요 10조에서 연등회와 팔관회를 소홀히 하지 말 것을 당부하기도 하였어요.
③ 고려 시대의 특수 행정 구역인 향, 부곡, 소의 주민은 신분상 양인이었으나 일반 군현민보다 더 많은 세금을 내는 등 차별을 받았어요.

254 천주교

정답 ③

정답 잡는 키워드

유교 윤리를 어겼다는 이유로 이승훈을 비롯한 사람들을 처형 > 천주교

유교 윤리를 어겼다는 이유로 이승훈을 비롯한 사람들을 처형하였다는 내용을 통해 (가) 종교가 천주교임을 알 수 있어요. 천주교는 인간 평등과 사랑, 박애 등을 강조하여 하층민과 중인, 상민, 부녀자 사이에서 빠르게 전파되었어요. 교세가 확장되는 가운데 천주교 신자가 유교식 제사를 거부하는 일이 일어났어요. 이에 조선 정부는 유교 윤리를 어겼다는 이유로 천주교를 사교로 규정하고 탄압하였어요. 순조 즉위 초인 1801년에 일어난 천주교 박해(신유박해)로 이승훈을 비롯하여 수많은 천주교 신자들이 처형되었어요. ③ 천주교는 17세기경 청에 다녀온 사신들에 의해 서양의 학문, 즉 서학의 하나로 조선에 소개되었고, 18세기 후반에 이르러 종교로 받아들여지기 시작하였어요.

오답 피하기

① 북만주에서 대종교도를 중심으로 항일 무장 투쟁 단체인 중광단이 결성되었어요.
② 천도교는 민중 계몽을 위해 기관지로 만세보를 발간하였어요.
④ 동학은 "동경대전"과 "용담유사"를 기본 경전으로 삼았어요.

255 천주교

정답 ④

정답 잡는 키워드

조선 정부의 탄압, 신유박해 당시 황사영이 서양의 도움을 요청하는 백서 작성 > 천주교

조선 정부의 탄압을 받았으며, 신유박해 당시 황사영이 서양의 도움을 요청하는 백서를 작성하였다는 내용을 통해 (가) 종교가 천주교임을 알 수 있어요. 천주교는 조상에 대한 제사를 거부하고 평등사상을 내세워 신분제를 부정하는 등 성리학적 질서를 무너뜨린다는 이유로 조선 정부의 탄압을 받았어요. 정조가 죽고 순조가 즉위하자 조선 정부는 천주교 신자들을 본격적으로 탄압하였는데 이를 신유박해(1801)라고 해요. 신유박해로 천주교 신자들이 고통을 받자 황사영이 중국 베이징 교구의 주교에게 군대를 보내 조선 정부를 압박해 달라는 내용의 편지를 보내려고 계획을 세웠어요. 그러나 계획은 사전에 발각되었고 관련자들이 처형되었습니다. ④ 천주교는 17세기경 청에 다녀온 사신들에 의해 서양의 학문, 즉 서학의 하나로 조선에 소개되었어요. 이후 18세기 후반에 남인 계열의 실학자들이 종교로 수용하기 시작하여 하층민과 중인, 상민, 부녀자 사이에서 빠르게 확산되었어요.

오답 피하기

① 천도교는 기관지로 만세보를 발간하였어요.
② 도교는 하늘에 제사를 지내는 초제를 지냈어요.
③ 대종교는 단군 숭배 사상을 통하여 민족의식을 높였어요.

256 동학

정답 ①

정답 잡는 키워드

창시자 – 최제우, 경전 – 동경대전 > 동학

창시자가 최제우이며 경전이 "동경대전"이라는 내용 등을 통해 (가)에 들어갈 종교가 ① 동학임을 알 수 있어요. 최제우는 서학(천주교)에 대응하여 유교, 불교, 도교와 민간 신앙을 융합해 동학을 창시하였어요. 동학은 마음속에 한울님을 모시는 시천주와 '사람이 곧 한울(하늘)'이라는 인내천 사상을 강조하였으며, 최제우가 지은 "동경대전"을 기본 경전으로 삼았어요.

오답 피하기

② 대종교는 나철과 오기호 등이 단군 신앙을 바탕으로 창시한 종교입니다.
③ 원불교는 일제 강점기에 박중빈이 창시하였으며 허례허식 폐지, 근검절약 실천을 강조하는 새 생활 운동을 전개하였어요.
④ 천주교는 조선 후기에 서양 학문(서학)의 하나로 전래되어 연구되다가 신앙으로 수용되었어요. 유교식 제사를 거부하고 평등사상을 내세워 조선 정부의 탄압을 받았어요.

257 동학

정답 ③

정답 잡는 키워드

교조 최제우, 제2대 교주 최시형이 교리와 교단을 정비, 사람이 곧 하늘 > 동학

교조가 최제우이며 제2대 교주 최시형이 교리와 교단을 정비하고 '사람이 곧 하늘'임을 강조하였다는 내용을 통해 (가) 종교가 동학임을 알 수 있어요. 동학은 조선 후기에 최제우가 창시한 종교로, '사람이 곧 하늘'이라는 인내천 사상을 내세워 평등사상을 강조하였습니다. 동학의 교세가 점차 확대되자 조선 정부는 동학을 금지하고 최제우를 처형하였어요. ③ 동학은 "동경대전"과 "용담유사"를 경전으로 삼았습니다.

오답 피하기

① 불교와 토속 신앙 등이 결합된 팔관회는 고려 시대에 국가에서 주관하던 종교 행사입니다.
② 신유박해는 천주교 신자를 탄압한 사건으로 조선 순조 때인 1801년에 일어났어요.
④ 황사영 백서 사건은 신유박해로 천주교 신자들이 고통을 받자 황사영이 중국 베이징 교구의 주교에게 조선 정부를 압박해 달라는 내용의 편지를 보내려던 계획이 사전에 발각된 사건이에요. 이로 인해 관련자들이 처형당하였어요.

258 허난설헌의 활동

정답 ①

허난설헌에 대해 묻는 문항입니다. ① 허난설헌은 조선 중기의 시인으로, 그녀의 시는 중국과 일본에서 높은 평가를 받았어요. 또한, "홍길동전"을 지었다고 알려진 허균의 누나이기도 합니다.

오답 피하기

② 권기옥은 대한민국 임시 정부의 추천으로 중국의 육군 항공 학교를 수료하여 우리나라 최초의 여성 비행사가 되었어요. 10여 년간 중국군에서 비행사로 복무하면서 항일 무장 투쟁을 지속하였어요.
③ 일제 강점기에 평양의 고무 공장 노동자 강주룡은 회사의 일방적인 임금 삭감에 저항하여 을밀대 지붕에서 시위를 벌였어요.
④ 조선 후기의 상인 김만덕은 제주도에 큰 흉년이 들자 자신의 전 재산을 내어 육지에서 곡식을 사 와 굶주린 제주도민을 구제하였어요.

6 전기 문화

기출문제 풀어 보기 > 본책 102~108쪽

259 ①	260 ②	261 ①	262 ②	263 ②	264 ③
265 ①	266 ②	267 ④	268 ②	269 ②	270 ③
271 ①	272 ②	273 ③	274 ①	275 ②	276 ①
277 ①	278 ④	279 ④	280 ①	281 ②	282 ④

259 조선 시대의 교육 기관

정답 ①

조선 시대의 교육 기관을 묻는 문항입니다. 조선은 유학 지식과 능력을 갖춘 관리를 양성하기 위해 학교를 세워 유학을 가르쳤어요. 서당에서는 초보적인 유학 지식을 가르쳤고, 한성의 4부 학당과 지방에 설치된 향교에서는 유교 경전을 가르쳤으며, 최고 교육 기관인 성균관에서는 수준 높은 유학 교육을 실시하였습니다. 의학, 법학, 외국어 등 기술 교육은 해당 관청에서 이루어졌어요. ① 고구려는 지방에 경당을 두어 학문과 함께 활쏘기 등 무예를 가르쳤어요.

오답 피하기

② 조선은 수도 한성에 중등 교육 기관으로 중학·동학·남학·서학의 4부 학당을 설치하였어요.
③ 조선은 최고 교육 기관으로 성균관을 두었어요. 소과에 합격한 생원과 진사 등에게 성균관에 입학할 수 있는 자격이 주어졌어요.
④ 서원은 조선 시대에 사림이 세운 사립 교육 기관으로, 선현에 대한 제사와 성리학 교육을 담당하였어요. 주세붕이 세운 백운동 서원을 시초로 지방 곳곳에 서원이 설립되었어요.

260 성균관

정답 ②

정답 잡는 키워드

조선 최고 교육 기관,
지원 자격 – 소과에 합격한 생원, 진사 등 > 성균관

조선 최고 교육 기관이며 소과에 합격한 생원, 진사 등에게 지원 자격이 있다는 내용 등을 통해 (가)에 들어갈 내용이 ② 성균관임을 알 수 있어요. 성균관은 수도 한성에 설치된 조선 시대 최고 교육 기관으로 인재 양성을 위해 수준 높은 유학 교육을 실시하였으며 성현에 대한 제사도 지냈어요. 소과에 합격한 생원과 진사에게는 성균관에 입학할 수 있는 자격이 주어졌어요. 성균관 유생은 동재와 서재에 나누어 기숙하면서 공부하였는데, 이들은 아침·저녁 식당에 들어갈 때마다 식당에 비치된 이름표에 서명해야 원점 1점을 얻었어요. 원점은 출석 점수와 같은 것으로, 학업에 열중하게 하기 위한 규칙이었어요.

오답 피하기

① 향교는 고려와 조선 시대 지방에 설립된 관립 교육 기관이에요. 조선 정부는 전국의 부·목·군·현에 향교를 하나씩 설립하였어요.
③ 육영 공원은 1886년에 조선 정부가 설립한 근대 교육 기관이에요. 미국인 교사를 초빙하여 양반 자제와 관리에게 영어, 수학, 지리학, 정치학 등 근대 학문을 가르쳤어요.
④ 4부 학당은 조선 정부가 수도 한성에 설치한 중등 교육 기관으로, 중학·동학·남학·서학을 말해요.

261 서원

정답 ①

정답 잡는 키워드

유네스코 세계 유산에 등재,
교육과 제사를 함께 담당,
성리학 교육 기관 > 서원

유네스코 세계 유산에 등재되었으며 교육과 제사를 함께 담당하는 동아시아 성리학 교육 기관이라는 내용을 통해 (가)에 들어갈 교육 기관이 ① 서원임을 알 수 있어요. 서원은 조선 시대에 사림이 세운 사립 교육 기관으로, 선현에 대한 제사와 성리학 교육을 담당하였어요. 중종 때 주세붕이 세운 백운동 서원을 시작으로 전국 곳곳에 서원이 세워졌습니다. 나라에서 현판을 하사받은 서원을 사액 서원이라고 하는데, 사액 서원이 되면 책, 땅, 노비 등을 지원받았어요. 백운동 서원은 명종 때 이황의 건의로 사액되어 소수 서원으로 명칭이 바뀌었어요. 2019년에 영주 소수 서원, 안동 도산 서원을 비롯한 9개의 서원이 '한국의 서원'이라는 이름으로 유네스코 세계 유산에 등재되었어요.

오답 피하기

② 향교는 고려와 조선 시대 지방에 설립된 관립 교육 기관이에요. 조선 정부는 전국의 부·목·군·현에 향교를 하나씩 설립하고 중앙에서 교수나 훈도를 파견하여 교육을 담당하게 하였어요.
③ 성균관은 수도 한성에 설치된 조선 시대 최고 교육 기관이에요. 소과에 합격한 생원과 진사에게 입학 자격이 주어졌어요.
④ 4부 학당은 조선 시대 수도 한성에 설립된 중등 교육 기관으로, 중학·동학·남학·서학을 말해요.

262 서원

정답 ②

정답 잡는 키워드

유네스코 세계 유산으로 등재,
조선 시대에 주세붕이 설립한 것이 시초,
흥선 대원군에 의해 정리되고 47곳이 남음 > 서원

유네스코 세계 유산으로 등재되었으며 조선 시대에 주세붕이 설립한 것을 시초로 지방 곳곳에 세워졌고 이후 흥선 대원군에 의해 정리되어 47곳이 남았었다는 내용을 통해 밑줄 그은 '이것'이 서원임을 알 수 있어요. 조선 중종 때 풍기 군수 주세붕은 안향을 기리기 위해 백운동 서원을 설립하였는데, 이곳이 우리나라 최초의 서원이에요. 이후 사림이 주도하여 전국 곳곳에 서원이 세워졌어요. 흥선 대원군은 붕당의 근거지로 변질되고 면세의 혜택을 받으며 농민을 수탈하던 서원을 47개소만 남기고 정리하였어요. 한편, 2019년에 소수 서원, 도산 서원을 비롯한 9개의 서원이 '한국의 서원'이라는 이름으로 유네스코 세계 유산에 등재되었어요. ② 서원은 성리학 교육과 함께 선현에 대한 제사를 담당하였어요.

오답 피하기

① 조선 정부는 전국의 부·목·군·현에 향교를 하나씩 설립하고 중앙에서 훈도나 교수를 파견하여 교육을 담당하게 하였어요.
③ 고려 시대 국자감에는 유학부 외에 율학, 서학, 산학 등을 교육하는 기술학부가 있었어요.
④ 개항 이후 외국어 통역관 양성을 주된 목적으로 동문학이 설립되었어요. 한편, 고려 말부터 조선 시대에는 사역원에서 외국어 교육과 번역 및 통역을 담당하였어요.

263 이황의 활동

정답 ②

정답 잡는 키워드

성학십도를 저술한 성리학자, 도산 서원	이황

"성학십도"를 저술한 성리학자이며 그를 추모하고자 도산 서원을 조성하였다는 내용을 통해 (가)에 들어갈 인물이 ② 이황임을 알 수 있어요. 퇴계 이황은 조선 전기에 풍기 군수, 성균관 대사성 등을 역임한 문신이자 성리학자입니다. 풍기 군수로 있을 때 명종에게 주세붕이 세운 백운동 서원의 사액과 국가의 지원을 청원하여 백운동 서원이 소수 서원으로 사액되고 아울러 국가의 지원도 받게 되었어요. 이황은 관직을 사임하고 고향인 안동으로 내려가 서당을 열어 제자를 양성하고 저술 활동에 전념하였어요. 이후 선조가 즉위하자 군주의 도를 도식으로 설명한 "성학십도"를 지어 바쳤어요. 이황이 죽은 뒤에 제자들이 스승의 학문과 덕행을 추모하기 위해 도산 서당 뒤편에 도산 서원을 조성하고 이황의 위패를 모셨어요.

오답 피하기

① 서희는 고려 성종 때 거란의 장수 소손녕과 외교 담판을 벌여 거란의 침략을 막아 내고 압록강 동쪽의 강동 6주 지역을 확보하였어요.
③ 박제가는 조선 후기의 실학자로, 상공업 중심의 개혁론을 주장하였어요. 청에 다녀온 뒤 청의 제도와 문물을 소개한 "북학의"를 저술하였어요.
④ 정몽주는 고려 말의 유학자로, 고려 왕조를 유지한 채 개혁할 것을 주장하여 이방원 세력에 의해 제거되었어요.

264 이황의 활동

정답 ③

정답 잡는 키워드

도산 서원에 모셔짐, 예안 향약을 만듦	이황

도산 서원에 위패가 모셔져 있으며 예안 향약을 만들었다는 내용을 통해 (가) 인물이 이황임을 알 수 있어요. 안동 도산 서원은 이황을 기리기 위해 조선 선조 때 조성되었어요. 이황은 풍기 군수 시절에 주세붕이 안향을 기리기 위해 세운 백운동 서원의 사액을 명종에게 건의하여 백운동 서원이 '소수'라는 편액(현판)과 국가의 지원을 받게 되었어요. 한편, 향약은 향촌 주민이 지켜야 할 자치 규약으로, 사림은 향촌 자치를 강조하면서 향약의 보급을 주도하였어요. 이황은 우리나라 실정에 맞게 예안 향약을 만들어 경상북도 안동 예안 지방에서 시행하였어요. ③ 이황은 선조가 성군이 되기를 바라는 마음에서 군주의 도를 도식으로 설명한 "성학십도"를 저술하여 바쳤어요.

오답 피하기

① 조선 후기 정조 때 정약용은 중국에서 들여온 "기기도설"을 참고하여 거중기를 제작하고 수원 화성을 건설하는 데 이용하였어요.
② 고려 말 창왕 때 박위와 조선 세종 때 이종무는 왜구의 근거지인 대마도(쓰시마섬)를 정벌하였어요.
④ 조선 후기 철종 때 김정호는 우리나라 전국 지도인 대동여지도를 제작하였어요.

265 이이의 활동

정답 ①

정답 잡는 키워드

신사임당의 아들, 동호문답·성학집요 저술	이이

신사임당의 아들이며 "동호문답", "성학집요" 등을 저술하였다는 내용을 통해 (가)에 들어갈 인물이 ① 이이임을 알 수 있어요. 이이는 신사임당의 셋째 아들로, 강릉 오죽헌에서 태어났어요. 조선 시대 유학자이자 정치가인 이이는 수취 제도의 개혁 등 다양한 개혁 방안을 제시한 "동호문답"을 저술하였어요. 또 군주가 수양해야 할 덕목과 지식을 담은 "성학집요"를 지었어요.

오답 피하기

② 조식은 조선 전기 유학자로, 학문의 실천성을 강조하였어요. 조식의 가르침은 곽재우 등의 제자에게 영향을 주었어요.
③ 송시열은 조선 후기 대표적인 유학자이자 정치가로, 조선 효종과 함께 북벌을 주장하였어요.
④ 홍대용은 조선 후기 실학자로, 지전설과 무한 우주론을 주장하고 "의산문답"을 지었어요.

266 이이의 활동

정답 ②

정답 잡는 키워드

강릉 오죽헌, 조선 시대 유학자이자 정치가로 수미법 주장	이이

'강릉 오죽헌'과 조선 시대 유학자이자 정치가로 수미법을 주장하였다는 내용을 통해 (가) 인물이 율곡 이이임을 알 수 있어요. 강릉 오죽헌은 이이가 태어난 곳이에요. 이이는 공납의 폐단을 바로잡기 위해 공납을 쌀로 내는 수미법을 주장하였어요. ② 이이는 왕이 갖추어야 할 덕목과 지식을 정리하여 "성학집요"를 저술하였어요.

오답 피하기

① 조선 세종 때 앙부일구가 처음 제작되었어요.
③ 고려 성종 때 최승로는 시정 개혁안인 시무 28조를 국왕에게 건의하였어요.
④ 고려 말 우왕 때 최무선은 화약과 화포의 제작을 담당하는 화통도감의 설치를 건의하였어요.

267 조선왕조실록

정답 ④

정답 잡는 키워드

태조에서 철종에 이르는 역사를 역대 왕별로 기록	조선왕조실록

태조에서 철종에 이르는 역사를 역대 왕별로 기록하였다는 내용을 통해 (가)에 들어갈 문화유산이 ④ "조선왕조실록"임을 알 수 있어요. "조선왕조실록"은 조선 태조에서 철종에 이르는 역사를 역대 왕별로 시간 순서에 따라 기록한 편년체 형식의 역사서로, 왕이 죽은 뒤 춘추관에 설치된 실록청에서 사초와 시정기 등을 바탕으로 편찬되었어요. "조선왕조실록"은 그 가치를 인정받아 1997년 유네스코 세계 기록 유산에 등재되었어요.

오답 피하기

① "경국대전"은 조선의 기본 법전으로, 세조 때 편찬 작업이 시작되어 성종 때 완성·반포되었어요.
② "동의보감"은 허준이 전통 한의학을 집대성하여 편찬한 의학서로, 조선 광해군 때 완성되었어요.
③ "목민심서"는 조선 후기의 실학자 정약용이 수령이 지켜야 할 덕목에 대해 쓴 책이에요.

268 경국대전

정답 ②

정답 잡는 키워드

조선 제9대 국왕인 성종 때 반포됨, 국가 운영 전반에 대한 법률을 담음 > 경국대전

조선 제9대 국왕인 성종 때 반포되었으며 국가 운영 전반에 대한 법률을 담았다는 내용을 통해 (가)에 해당하는 책이 ② "경국대전"임을 알 수 있어요. 조선 성종은 세조 때부터 편찬하기 시작한 "경국대전"을 완성하여 반포하였어요. "경국대전"은 국가 조직, 재정, 의례, 군사 제도 등 국가 운영 전반에 대한 법률과 규정 등을 수록한 조선의 기본 법전입니다.

오답 피하기

① "택리지"는 조선 후기에 이중환이 각 지방의 자연환경과 경제, 풍속 등을 정리하여 저술한 책입니다.
③ "농사직설"은 조선 세종 때 정초 등이 농민의 실제 경험을 반영하여 우리 풍토에 맞는 농사법을 정리한 농서입니다.
④ "동의보감"은 조선 광해군 때 허준이 전통 의학을 집대성하여 완성한 의학 서적이에요.

269 조선 성종의 정책

정답 ②

정답 잡는 키워드

국조오례의 편찬, 조선 제9대 왕 > 조선 성종

조선 제9대 왕으로, "국조오례의"를 편찬하였다는 내용을 통해 밑줄 그은 '왕'이 조선 성종임을 알 수 있어요. 조선의 제9대 왕인 성종은 국가의 의례를 정비한 "국조오례의", 궁중 음악을 집대성한 "악학궤범" 등을 편찬하여 반포하였어요. 또 ② 세조 때 편찬 작업이 시작된 "경국대전"을 완성하였어요. "경국대전"은 국가 운영 전반에 대한 법률과 규정 등을 수록한 조선의 기본 법전이에요.

오답 피하기

① 조선 세종은 우리 고유의 문자인 훈민정음을 창제하였어요.
③ 조선 정조는 젊은 문신을 선발하여 재교육하는 초계문신제를 시행하였어요.
④ 고려 말 이성계는 위화도 회군을 단행하고 개경으로 돌아와 정권을 장악하였어요. 이후 급진 개혁파 신진 사대부와 함께 조선을 건국하였어요.

270 삼강행실도

정답 ③

정답 잡는 키워드

조선 왕조가 유교 윤리 정착을 위해 효자, 충신, 열녀의 이야기를 엮어 편찬 > 삼강행실도

조선 왕조가 유교 윤리 정착을 위해 효자, 충신, 열녀의 이야기를 엮어 편찬한 책이라는 내용을 통해 (가)에 들어갈 책이 ③ "삼강행실도"임을 알 수 있어요. 조선 세종은 유교 윤리를 널리 알리기 위해 모범이 될 만한 우리나라와 중국의 효자, 충신, 열녀의 이야기를 모아 "삼강행실도"를 편찬하였어요. "삼강행실도"는 백성들이 이해하기 쉽도록 글에 그림을 곁들인 형태로 편찬되었으며, 성종 때에는 한글로 번역·간행되었고("삼강행실도 언해"), 그 뒤에도 여러 차례 다시 간행되었어요.

오답 피하기

① "동의보감"은 조선 광해군 때 허준이 전통 한의학을 체계적으로 정리한 의학 서적이에요.
② "목민심서"는 조선 후기 실학자 정약용이 수령이 지켜야 할 덕목을 정리한 책이에요.
④ 정도전은 조선의 통치 기준과 운영 원칙을 제시한 법전인 "조선경국전"을 지어 태조에게 바쳤어요.

271 조선 세종의 업적

정답 ①

정답 잡는 키워드

훈민정음 창제 > 조선 세종

훈민정음을 창제하였다는 내용을 통해 (가) 왕이 조선 세종임을 알 수 있어요. 조선 세종은 백성을 교화하고 백성이 자신의 생각을 글로 표현할 수 있게 훈민정음을 창제·반포하였어요. 훈민정음을 창제한 목적과 훈민정음을 만든 사람, 훈민정음의 음가 및 제작 원리 등을 담고 있는 "훈민정음 해례본"은 유네스코 세계 기록 유산으로 등재되었어요. ① 조선 세종은 이순지, 김담 등에게 명하여 한양을 기준으로 천체 운동을 계산한 역법서인 "칠정산"을 편찬하게 하였어요.

오답 피하기

② 조선 성종 때 성현 등이 왕명을 받아 궁중 음악을 집대성하여 "악학궤범"을 완성하였어요.
③ 조선 태종 때 현재 남아 있는 동아시아에서 가장 오래된 세계 지도인 혼일강리역대국도지도가 제작되었어요.
④ 논산 관촉사 석조 미륵보살 입상은 고려 광종 때 조성된 대형 석불로, 은진 미륵이라고 불리기도 합니다.

272 15세기 조선의 과학 기술 발달

정답 ②

조선 전기에는 국가의 지원 속에 과학 기술이 발달하였어요. 고려의 금속 활자를 개량하는 데 힘써 태종 때 계미자, 세종 때 갑인자 등의 금속 활자를 만들었습니다. 또 천문 관측 기술이 발전하여 한양을 기준으로 한 역법서인 "칠정산"이 편찬되었어요. 특히, 이러한 과학 기술 발달에 세종 때 활약한 이천, 이순지, 장영실 등의 노력이 컸어요. ② 장영실은 왕명에 따라 자격루를 만들었어요. 자격루는 물의 흐름을 이용하여 종, 북, 징을 쳐서 자동으로 시간을 알려 주는 물시계입니다.

오답 피하기

① 조선 후기에 정약용은 중국에서 들여온 "기기도설"을 참고하여 거중기를 만들어 수원 화성의 건설 공사에 이용하였어요. 거중기는 작은 힘으로 무거운 물건을 들어 올릴 수 있도록 설계된 기계입니다.
③ 조선 후기에 김정호는 총 22첩으로 된 우리나라 전국 지도인 대동여지도를 목판으로 제작하였어요.
④ 광해군 때 허준은 전통 한의학을 체계적으로 정리하여 "동의보감"을 완성하였어요.

273 앙부일구

정답 ③

정답 잡는 키워드

조선 시대, 해시계, 그림자로 시간 측정 > 앙부일구

조선 시대 해시계이며 그림자로 시간을 측정하는 기구라는 내용을 통해 (가)에 들어갈 문화유산이 ③ 앙부일구임을 알 수 있어요. 앙부일구는 해의 그림자로 시간을 측정하는 해시계로, 조선 세종 때 처음 만들어졌어요. 계절선으로 절기를 표시하여 시각과 함께 동지나 하지 등의 절기도 알 수 있었어요. 앙부일구의 이름은 '하늘을 우러르고 있는 가마솥 모양의 해시계'라는 뜻입니다.

오답 피하기

① 자격루는 자동으로 시간을 알려 주는 장치를 갖춘 물시계로, 이를 통해 밤낮이나 날씨에 상관없이 시간을 알 수 있었어요.
② 측우기는 비가 내린 양(강우량)을 측정할 수 있는 기구입니다. 조선 세종 때 한성의 천문 관서와 지방 관아에 설치하도록 하여 전국 각지의 강우량을 측정하였어요.
④ 혼천의는 천체의 운행과 위치를 연구하기 위한 천문 관측기구입니다.

274 조선 세종 재위 시기의 사실

정답 ①

정답 잡는 키워드

농사직설 > 조선 세종

"농사직설"이 편찬되었다는 내용을 통해 밑줄 그은 '왕'이 조선 세종임을 알 수 있어요. 세종 때 농민의 실제 경험을 반영하여 우리 풍토에 맞는 농사법을 정리한 "농사직설"이 편찬되었어요. ① 세종 때 자동으로 시간을 알려 주는 장치를 갖춘 물시계인 자격루가 제작되었어요.

오답 피하기

② 고려 말 우왕 때 최무선의 건의로 화포와 화약 무기를 제작하는 화통도감이 설치되었어요.
③ 고려 후기에 승려 일연이 "삼국유사"를 저술하였어요.
④ 조선 숙종 때 청과의 국경을 정한 백두산정계비가 건립되었어요.

275 조선 세종의 업적

정답 ②

정답 잡는 키워드

훈민정음 창제 > 조선 세종

훈민정음을 창제하였다는 내용을 통해 (가) 왕이 조선 세종임을 알 수 있어요. 세종은 백성을 교화하고 백성이 스스로 뜻을 표현할 수 있도록 훈민정음을 창제하여 반포하였어요. 세종 재위 시기에 자주적 성격의 민족 문화가 발달하여 한양을 기준으로 한 역법서인 "칠정산", ② 우리 풍토에 맞는 농사법을 정리한 "농사직설" 등이 간행되었어요.

오답 피하기

① 고려 후기에 충선왕은 아들에게 왕위를 물려준 뒤 원에 머물면서 연경에 있는 자신의 집에 독서당인 만권당을 세웠어요.
③ 조선 고종 때 흥선 대원군은 "속대전"과 "대전통편" 이후 추가되고 보완된 내용을 정리하여 조선 시대 마지막 법전인 "대전회통"을 편찬하였어요.
④ 조선 정조는 젊은 문신을 선발하여 재교육하는 초계문신제를 시행하였어요.

276 서울 원각사지 10층 석탑

정답 ①

정답 잡는 키워드

세조 13년 건립, 대리석으로 축조 > 서울 원각사지 10층 석탑

조선 세조 때 건립되었으며, 대리석으로 축조되었다는 내용을 통해 (가)에 해당하는 문화유산이 ① 서울 원각사지 10층 석탑임을 알 수 있어요. 조선 세조 때 건립된 서울 원각사지 10층 석탑은 고려 시대에 만들어진 개성 경천사지 10층 석탑의 영향을 받아 대리석으로 만들어졌으며 화려한 조각이 특징이에요.

오답 피하기

② 평창에 있는 월정사 8각 9층 석탑은 고려 시대에 세워진 다각 다층탑이에요.
③ 경주 불국사 3층 석탑은 통일 신라 시기에 만들어진 석탑이에요.
④ 익산 미륵사지 석탑은 백제의 대표적인 석탑이며, 목탑에서 석탑으로 넘어가는 과도기적 모습이 반영되었어요.

277 경복궁

정답 ①

정답 잡는 키워드

정도전이 태조에게 한양의 새로운 궁궐 이름을 정하여 청함, 임금께서 큰 복을 받으시라는 뜻 > 경복궁

정도전이 임금께서 큰 복을 받으시라는 뜻에서 한양의 새로운 궁궐 이름을 정하여 태조에게 청하는 내용 등을 통해 (가)에 들어갈 문화유산이 ① 경복궁임을 알 수 있어요. 정도전은 조선 건국 초 나라의 기틀을 다지는 데 기여하였으며, 한양의 새로운 궁궐과 주요 전각의 이름을 지었어요. 경복궁은 한양을 도읍으로 정하고 가장 먼저 지은 궁궐로, 조선의 정궁이었으며, 북쪽에 있다고 하여 북궐이라고도 불렸어요. 중심 건물인 근정전은 국가의 중요한 행사를 치르던 장소입니다. 경복궁은 임진왜란 때 불에 탄 채 방치되다가 흥선 대원군 집권 시기에 다시 지어졌어요.

오답 피하기

② 경운궁은 아관 파천 이후 조선 고종이 환궁한 곳으로, 순종에게 양위한 고종이 이곳에 머물게 되면서 고종의 장수를 빈다는 의미에서 덕수궁으로 이름이 바뀌었어요.
③ 조선 광해군 때 지어진 경희궁은 경복궁의 서쪽에 있어 서궐이라고도 불렸어요. 본래 경덕궁으로 불렸는데, 영조 때 경희궁으로 바뀌었어요.
④ 창경궁은 조선 성종 때 대비들을 모시기 위해 수강궁을 확장하여 지은 궁궐이며, 창덕궁과 함께 동궐로 불렸어요.

278 창경궁

정답 ④

정답 잡는 키워드

조선 시대에 창덕궁과 함께 동궐로 불림, 일제에 의해 동물원과 식물원이 설치됨 > 창경궁

조선 시대에 창덕궁과 함께 동궐로 불렸으며 일제에 의해 동물원과 식물원이 설치되었다는 내용을 통해 설명하는 문화유산이 ④ 창경궁임을 알 수 있어요. 창경궁은 조선 성종 때 대비들의 거처를 마련하기 위해 수강궁을 확장하여 지은 궁궐이에요. 경복궁 동쪽에 위치하여 창덕궁과 함께 동궐로도 불렸어요. 순종 즉위 후 창경궁은 일제에 의해 크게 훼손되었어요. 일제는 창경궁 안의 전각들을 헐어버리고 동물원과 식물원을 설치하였으며 이후 '창경원'이라고 이름을 바꾸었어요.

오답 피하기

① 경복궁은 조선의 정궁으로 궁궐 가운데 가장 먼저 세워졌어요. 임진왜란 때 불에 탄 것을 흥선 대원군 집권 시기에 다시 지었어요.
② 경희궁은 조선 광해군 때 지어졌으며, 본래 경덕궁으로 불리다가 영조 때 경희궁으로 바뀌었어요. 경복궁의 서쪽에 있어 서궐이라고도 불렸어요.
③ 덕수궁은 임진왜란 후 조선 선조가 임시 거처로 사용하며 정릉동 행궁으로 불리다가 광해군 때 경운궁으로 이름이 바뀌었어요. 고종이 순종에게 양위한 이후에 이곳에 머물면서 덕수궁으로 불렸어요.

279 창덕궁

정답 ④

정답 잡는 키워드

태종 때 이궁으로 세워짐, 조선의 정원 조경이 잘 보존된 후원, 돈화문, 인정전 > 창덕궁

태종 때 이궁으로 세워졌다는 내용과 '조선의 정원 조경이 잘 보존된 후원', '돈화문', '인정전' 등을 통해 (가)에 들어갈 문화유산이 ④ 창덕궁임을 알 수 있어요. 창덕궁은 경복궁에 이어 두 번째로 지어진 궁궐로, 조선 태종 때 세워졌어요. 임진왜란 때 경복궁이 불에 탄 뒤 광해군 때부터 창덕궁이 조선의 정궁 역할을 하였어요. 조선의 역대 왕들이 가장 많이 머무른 궁궐이에요. 중심 건물로는 정문인 돈화문과 나라의 각종 행사가 이루어졌던 인정전, 규장각으로 사용된 주합루 등이 있어요. 창덕궁은 조선의 독특한 궁궐 건축과 정원 문화가 보존된 대표적인 궁궐로 1997년 유네스코 세계 유산으로 지정되었어요.

오답 피하기

① 경복궁은 가장 먼저 지어진 조선의 정궁이에요. 임진왜란 때 불에 탄 채 오랫동안 방치되다가 흥선 대원군 집권 시기에 다시 지어졌어요.
② 조선 광해군 때 지어진 경희궁은 경복궁의 서쪽에 있어 서궐이라고도 불렸어요. 본래 경덕궁으로 불렸는데, 영조 때 경희궁으로 바뀌었어요.
③ 덕수궁의 본래 이름은 경운궁이에요. 임진왜란 후 조선 선조가 임시 거처로 사용하며 정릉동 행궁으로 불리다가 광해군 때 경운궁으로 이름이 바뀌었어요. 아관 파천 이후 고종이 환궁한 궁궐이며, 고종이 순종에게 양위한 후 이곳에 머물면서 고종의 장수를 빈다는 의미로 덕수궁으로 불리게 되었어요.

280 종묘

정답 ①

정답 잡는 키워드

조선 역대 왕과 왕비의 신주를 모신 곳 > 종묘

조선 역대 왕과 왕비의 신주가 모셔진 곳이라는 내용을 통해 (가)에 들어갈 문화유산이 ① 종묘임을 알 수 있어요. 종묘는 조선 역대 왕과 왕비 및 추존된 왕과 왕비의 신주를 모신 사당이며, 태조 이성계가 한양을 수도로 정하고 가장 먼저 짓기 시작한 건축물이에요. 종묘는 조선 왕실의 상징성과 정통성을 보여 주는 문화유산으로 가치를 인정받아 1995년 유네스코 세계 유산으로 등재되었어요.

오답 피하기

② 사직단은 땅의 신과 곡식의 신에게 제사를 지내는 제단입니다.
③ 성균관은 조선 시대 최고 교육 기관이며, 유학 교육을 실시하고 성현에 대한 제사를 지냈어요.
④ 안동의 도산 서원은 이황이 제자들을 가르쳤던 도산 서당 뒤편에 세워진 서원으로, 이황을 기리기 위해 조선 선조 때 건립되었어요. 도산 서원 등 9개의 대표적인 서원이 2019년 유네스코 세계 유산으로 등재되었어요.

281 분청사기

정답 ②

정답 잡는 키워드

백토를 분칠하고 장식한 도자기, 고려 말부터 조선 전기까지 주로 제작 > 분청사기

그릇 표면에 백토를 분칠하고 장식한 도자기로, 고려 말부터 조선 전기까지 주로 제작되었다는 내용을 통해 (가)에 들어갈 국가유산이 분청사기임을 알 수 있어요. 분청사기는 회색 또는 회백색의 바탕흙 위에 흰 흙을 발라 장식을 하거나 무늬를 그린 도자기이며, 소박한 무늬가 특징이에요. ② 조선 전기에 만들어진 분청사기 음각어문 편병에는 물고기 무늬가 새겨져 있어요.

오답 피하기

① 고려 시대에 만들어진 청자 상감 운학문 매병이에요. 상감 청자는 12세기 이후에 유행하였으며, 그릇 표면에 무늬를 새겨 파내고 그 안을 백토나 흑토 등 다른 재질의 재료로 채우는 장식 기법인 상감 기법이 사용되었어요.
③ 조선 시대에 만들어진 백자 달항아리입니다. 16세기 이후에는 백자의 깨끗하고 검소한 아름다움이 선비들의 취향과 어울려 백자가 많이 제작되었어요.
④ 조선 후기에 만들어진 백자 청화 운룡문호입니다. 조선 후기에 백자 위에 푸른색의 안료로 그림을 그린 청화 백자가 유행하였어요.

282 몽유도원도

정답 ④

정답 잡는 키워드

조선 전기를 대표하는 그림, 안평 대군이 꿈에서 본 이상 세계에 대한 이야기를 듣고 안견이 그린 것 > 몽유도원도

조선 전기를 대표하는 그림으로, 안평 대군이 꿈에서 본 이상 세계에 대한 이야기를 듣고 안견이 그린 것이라는 내용을 통해 (가)에 들어갈 그림이 ④ 몽유도원도임을 알 수 있어요. 화원 안견은 이 그림의 왼쪽에는 현실 세계, 오른쪽에는 꿈에서 본 이상 세계를 조화롭게 표현하였어요.

오답 피하기

① 무동도는 조선 후기 풍속화가 김홍도의 작품이에요.
② 세한도는 조선 후기에 김정희가 제주도로 유배되었을 때 중국에서 구한 귀한 책을 보내 준 제자 이상적에게 답례로 그려 준 그림이에요.
③ 인왕제색도는 조선 후기에 겸재 정선이 그린 진경 산수화입니다. 진경 산수화는 우리나라의 경치를 사실적으로 표현한 화풍의 그림이에요.

7 후기 문화

기출문제 풀어 보기 > 본책 109~115쪽

283 ③	284 ①	285 ④	286 ①	287 ③	288 ②
289 ③	290 ③	291 ④	292 ②	293 ④	294 ①
295 ②	296 ①	297 ②	298 ③	299 ②	300 ③
301 ④	302 ①	303 ②	304 ②		

283 유형원의 활동

정답 ③

정답 잡는 키워드

균전론 등을 제시한 반계수록 저술 > 유형원

균전론 등 여러 개혁안을 제시한 "반계수록"을 저술하였다는 내용 등을 통해 (가)에 들어갈 인물이 ③ 유형원임을 알 수 있어요. 유형원은 농업 중심의 개혁론을 주장한 조선 후기의 실학자입니다. 그는 전라북도 부안으로 내려가 반계 서당을 세우고 제자를 양성하며 학문 연구에 전념하였어요. 이곳에서 균전론 등 국가 통치 제도에 대한 개혁안을 담은 "반계수록"을 저술하였습니다. 유형원이 제안한 균전론은 신분에 따라 토지를 차등 지급하는 토지 제도 개혁론이었어요.

오답 피하기

① 이익은 농업 중심의 개혁론을 주장한 조선 후기 실학자입니다. 토지 제도 개혁론으로 한 가구가 먹고사는 데 필요한 최소한의 토지를 영업전이라 하고 영업전의 매매를 금지하자는 한전론을 주장하였어요.
② 박제가는 상공업 중심의 개혁론과 청의 선진 문물을 배우자는 북학론을 주장한 조선 후기 실학자입니다. 청에 다녀온 뒤 "북학의"를 저술하여 수레와 선박 이용 확대, 소비 촉진을 통한 경제 활성화 등을 주장하였어요.
④ 홍대용은 상공업 중심의 개혁론과 청의 선진 문물을 배우자는 북학론을 주장한 조선 후기 실학자입니다. 지구가 하루에 한 번씩 돌아 낮과 밤이 나타난다는 지전설과 우주는 무한히 펼쳐져 있다는 무한 우주론을 주장한 과학 사상가이기도 합니다.

284 유형원의 활동

정답 ①

유형원이 주장한 개혁안을 묻는 문항입니다. 유형원은 조선 후기 농업 중심의 개혁론을 주장한 실학자입니다. ① 유형원은 국가 통치 제도에 관한 개혁안을 담은 "반계수록"에서 모든 토지를 나라가 소유하고 관리, 선비, 농민 등 신분에 따라 토지를 차등 지급하는 균전제 실시를 주장하였어요.

오답 피하기

② 고려 후기의 승려 지눌은 불교 개혁 운동으로 신앙생활에 힘쓸 것을 주장하는 정혜결사(수선사 결사)를 제창하였어요.
③ 임진왜란 중에 조선 선조는 유성룡의 건의를 받아들여 훈련도감을 창설하였어요.
④ 전민변정도감은 고려 말에 권문세족이 불법으로 차지한 토지와 노비를 조사하여 원래대로 되돌리기 위해 설치된 임시 기구입니다. 공민왕 때에는 신돈이 전민변정도감의 책임자로 임명되어 개혁을 추진하였어요.

285 이익의 활동

정답 ④

정답 잡는 키워드

성호사설, 곽우록 등을 저술 > 이익

"성호사설", "곽우록" 등을 저술하였다는 내용 등을 통해 (가) 인물이 이익임을 알 수 있어요. 이익은 농업 중심의 개혁론을 주장한 조선 후기 실학자입니다. "성호사설"은 이익이 독서를 하면서 기록한 내용과 제자들의 질문에 답변한 내용을 정리한 책이고, "곽우록"은 국가가 당면한 문제의 해결책을 제시한 책이에요. ④ 이익은 한 가구의 생계에 필요한 최소한의 땅을 영업전으로 정하고 영업전의 매매를 금지하는 한전론을 주장하였어요.

오답 피하기

① 이제마는 조선 후기에 "동의수세보원"을 저술하여 같은 병이라도 사람의 체질에 맞게 처방해야 한다는 사상 의학을 정립하였어요.
② 정약용은 거중기를 설계하여 수원 화성 건설에 이용하였으며, 조선 정조가 수원에 있는 아버지 사도 세자의 묘에 갈 때 한강을 건널 수 있도록 배다리를 설계하였어요.
③ 김정희는 조선 후기에 "금석과안록"을 저술하여 북한산비가 신라 진흥왕 순수비임을 밝혔어요.

286 정약용의 활동

정답 ①

정답 잡는 키워드

거중기 제작, 수원 화성 축조에 이용 > 정약용

거중기를 제작하여 수원 화성 축조에 이용하였다는 내용을 통해 (가) 인물이 정약용임을 알 수 있어요. 조선 후기 실학자 정약용은 "기기도설"을 참고하여 작은 힘으로 무거운 물건을 들 수 있도록 거중기를 제작하여 수원 화성 축조에 이용하였어요. ① 정약용은 토지 제도 개혁론으로 마을 단위로 농민이 함께 경작하고 세금을 제외한 나머지 생산물을 일한 양에 따라 나누자는 여전론을 주장하였어요.

오답 피하기

② 김정희는 조선 후기에 자신만의 고유한 서체인 추사체를 창안하였어요. '추사'는 김정희의 호입니다.
③ 박제가는 조선 후기의 실학자로, 청에 다녀와서 청의 제도와 문물을 소개한 "북학의"를 저술하였어요. 이 책에서 박제가는 수레와 선박의 이용, 소비 촉진을 통한 생산력 증대를 주장하였어요.
④ 안견은 조선 전기의 화원으로, 안평 대군의 꿈 이야기를 듣고 몽유도원도를 그렸어요. 이 그림은 현실 세계와 꿈속의 이상 세계를 조화롭게 표현하였다는 평가를 받고 있어요.

287 정약용의 활동

정답 ③

정답 잡는 키워드

여전론 주장 > 정약용

마을 단위로 농민이 함께 경작하고 세금을 제외한 나머지 생산물을 일한 양에 따라 분배하자는 여전론을 주장하였다는 내용을 통해 가상 인터뷰의 주인공이 정약용임을 알 수 있어요. 조선 후기의 실학자 정약용은 자영농 육성을 위한 토지 제도 개혁론으로 여전론을 주장하였어요. ③ 정약용은 수령이 지켜야 할 덕목에 대한 책인 "목민심서", 행정 제도에 대한 책인 "경세유표" 등을 저술하였어요.

오답 피하기

① 조선 철종 때 경주 지방의 몰락 양반 최제우가 동학을 창시하였어요. 동학은 유교와 불교, 도교뿐만 아니라 여러 민간 신앙이 융합된 종교였어요.
② 조선 후기에 김정희는 독창적 서체인 추사체를 창안하였어요. '추사'는 김정희의 호입니다.
④ 조선 후기에 이제마는 같은 병이라도 사람의 체질에 맞게 처방해야 한다는 사상 의학을 확립하였어요.

288 박지원의 활동

정답 ②

정답 잡는 키워드

양반전, 허생전 저술, 수레와 선박의 이용 등을 강조 > 박지원

'양반전'과 '허생전'을 저술하였으며 수레와 선박의 이용 등을 강조하였다는 내용을 통해 제시된 인물이 박지원임을 알 수 있어요. 조선 후기에 박지원은 '양반전', '허생전'을 저술하여 양반을 비롯한 당시 집권층의 위선과 무능을 비판하였어요. ② 박지원은 사절단을 따라 청에 다녀와 그곳에서 보고 들은 내용을 기록하여 "열하일기"를 저술하였어요. 이 책에서 박지원은 수레와 선박의 이용, 화폐의 사용 등을 강조하였어요.

오답 피하기

① 조선 전기에 화원 안견은 안평 대군이 꿈속에서 본 무릉도원에 대한 이야기를 듣고 몽유도원도를 그렸어요.
③ 조선 후기에 이제마는 "동의수세보원"을 저술하여 같은 병이라도 사람의 체질에 맞게 처방해야 한다는 사상 의학을 정립하였어요.
④ 조선 후기에 김정호는 우리나라 전국 지도인 대동여지도를 제작하였어요. 대동여지도는 총 22첩의 목판본 지도입니다.

289 박지원의 활동

정답 ③

정답 잡는 키워드

연행사의 일원으로 청에 다녀옴, 양반전과 열하일기를 지음 > 박지원

연행사의 일원으로 청에 다녀왔으며 '양반전'과 "열하일기"를 지었다는 내용을 통해 (가)에 들어갈 인물이 ③ 박지원임을 알 수 있어요. 조선 후기의 실학자 박지원은 청에 가는 사절단인 연행사를 따라 청에 다녀왔어요. 청에 다녀온 후 그곳에서 보고 들은 것을 기록하여 "열하일기"를 저술하였어요. 박지원은 "열하일기"에서 수레와 선박의 필요성을 강조하고 화폐의 원활한 유통을 주장하였어요. 또한, '양반전', '허생전' 등의 한문 소설을 저술하여 양반을 비롯한 당시 집권층의 위선과 무능을 비판하였어요.

오답 피하기

① 이이는 공납의 폐단을 바로잡기 위해 공납을 쌀로 거두는 수미법을 주장하였어요. 또 군주의 덕목을 제시한 "성학집요", 수취 제도의 개혁 등 다양한 개혁 방안을 제시한 "동호문답" 등을 저술하였어요.
② 김정희는 "금석과안록"에서 북한산비가 진흥왕 순수비임을 밝혔어요. 또 추사체라는 독창적인 서체를 창안하였으며 그림에도 능하여 세한도 등의 그림을 남겼어요.
④ 송시열은 조선 후기의 성리학자로, 효종과 함께 북벌을 주장하였어요.

290 박제가의 활동

정답 ③

정답 잡는 키워드

북학의 저술 > 박제가

청의 제도와 문물을 소개한 "북학의"를 저술하였다는 내용을 통해 (가)에 들어갈 인물이 ③ 박제가임을 알 수 있어요. 박제가는 조선 후기의 실학자로, 네 차례나 청에 다녀와 상공업의 중요성을 깨달았으며 청의 제도와 문물을 소개한 "북학의"를 저술하였어요. 박제가는 조선을 발전시키기 위한 방법으로 상공업의 중요성을 강조하여 수레·선박·벽돌의 이용을 주장하였어요. 또한, 재물을 우물에 비유하여 소비 촉진을 통한 생산력 증대를 주장하였어요.

오답 피하기

① 성호 이익은 조선 후기에 농업 중심의 개혁론을 주장한 실학자입니다. 토지 제도 개혁론으로 한 가구가 생계에 필요한 최소한의 토지를 영업전이라 하고 영업전의 매매를 금지하는 한전론을 주장하였으며, "성호사설", "곽우록" 등을 저술하였어요.
② 추사 김정희는 조선 후기에 독창적 서체인 추사체를 만들었어요. 또 금석문을 연구하여 북한산비가 진흥왕 순수비임을 밝혀내기도 하였습니다. 김정희는 그림에도 능하여 제주도 유배 시절에 그린 세한도가 오늘날까지 전해집니다.
④ 서애 유성룡은 임진왜란 당시 관군을 이끌고 명과 함께 평양성을 탈환하였으며 선조에게 훈련도감 설치를 건의하였어요. 또 임진왜란에서 드러난 문제점을 반성하고 훗날을 대비하기 위해 "징비록"을 남겼어요.

291 박제가의 활동

정답 ④

정답 잡는 키워드

북학의 저술 > 박제가

"북학의"를 저술하였다는 내용을 통해 (가) 인물이 박제가임을 알 수 있어요. 박제가는 조선 후기의 실학자로, 상공업 중심의 개혁론을 주장하였어요. 청에 다녀와 보고 들은 것을 정리하여 "북학의"를 저술하였으며, 이 책에서 재물을 우물에 비유하여 절약보다 적절한 소비를 권장하기도 하였어요. ④ 박제가는 서얼 출신으로 정조 때 규장각 검서관에 등용되어 활동하였어요.

오답 피하기

① 조선 후기에 김정희는 "금석과안록"에서 북한산비가 진흥왕 순수비임을 고증하였어요.
② 조선 후기에 이제마는 사람의 체질을 연구하여 같은 병이라도 체질에 따라 치료를 달리하는 사상 의학을 정립하였어요.
③ 조선 후기에 유득공은 "발해고"에서 처음으로 신라와 발해를 '남북국'이라고 칭하였어요.

292 홍대용의 활동

정답 ②

정답 잡는 키워드

의산문답 저술, 무한 우주론 > 홍대용

무한 우주론에 대한 설명이 담긴 "의산문답"을 저술하였다는 내용 등을 통해 밑줄 그은 '이 인물'이 홍대용임을 알 수 있어요. 홍대용은 조선 후기 북학파 실학자로, 청의 선진 문물 수용과 상공업 진흥을 주장하였어요. 또, "의산문답", "임하경륜" 등을 저술하였는데, 홍대용은 "의산문답"에서 지전설과 무한 우주론을 주장하며 중국 중심의 세계관을 비판하였어요. ② 홍대용은 지구가 하루에 한 번씩 돌아 낮과 밤이 나타난다는 지전설을 주장하였어요.

오답 피하기

① 김정희는 조선 후기에 독창적 서체인 추사체를 창안하였어요. '추사'는 김정희의 호입니다.
③ 이제마는 조선 후기에 같은 병이라도 사람의 체질에 맞게 처방해야 한다는 사상 의학을 정립하였어요.
④ 김정호는 조선 철종 때 우리나라 전국 지도인 대동여지도를 제작하였어요. 대동여지도는 총 22첩의 목판본 지도입니다.

293 홍대용의 활동

정답 ④

정답 잡는 키워드

조선 후기 지전설과 무한 우주론 주장, 담헌 > 홍대용

조선 후기에 지전설과 무한 우주론을 주장하였다는 내용과 '담헌'을 통해 (가)에 들어갈 인물이 ④ 홍대용임을 알 수 있어요. 홍대용은 조선 후기의 과학 사상가이자 실학자로, 지구가 하루에 한 번씩 돌아 낮과 밤이 나타난다는 지전설과 우주는 무한히 펼쳐져 있다는 무한 우주론을 주장하였어요. 또 천문 관측기구인 혼천의를 제작하였습니다. '담헌'은 홍대용의 호입니다.

오답 피하기

① 조선 후기의 실학자 박제가는 청에 다녀와 상공업의 중요성을 깨닫고 "북학의"를 저술하여 수레와 선박의 이용을 주장하였어요.
② 이순지는 조선 세종 때 천문과 역법 사업의 책임자로 발탁되어 "칠정산"을 편찬하였으며, 갑인자 제작에도 참여하였어요.
③ 장영실은 조선 세종 때 자격루 등의 기구를 제작하였어요.

294 김정희의 활동

정답 ①

정답 잡는 키워드

북한산비가 진흥왕 순수비임을 고증, 세한도 > 김정희

북한산비가 진흥왕 순수비임을 고증하였으며 세한도를 그렸다는 내용을 통해 가상 인터뷰에 등장한 인물이 ① 김정희임을 알 수 있어요. 김정희는 금석학을 연구하여 자신의 저서 "금석과안록"에서 북한산비가 신라 진흥왕의 순수비임을 고증하였으며, 제주도에 유배되어 지낼 때 자신을 잊지 않고 귀한 책을 구해 보내 준 제자 이상적에게 고마움의 표시로 세한도를 그려 주었어요. 또 자신만의 고유한 서체인 추사체를 만들었어요.

오답 피하기

② 박지원은 청에 가는 사절단을 따라 청에 다녀와 그곳에서 보고 들은 것을 기록하여 "열하일기"를 지었어요. 또 '양반전', '허생전' 등의 한문 소설을 지어 양반을 비롯한 당시 집권층의 무능함을 비판하였어요.
③ 송시열은 조선 효종과 함께 북벌을 주장하였어요. 또 숙종 때 서인이 노론과 소론으로 나뉘자 노론의 우두머리로 활약하였어요.
④ 유득공은 "발해고"를 지었으며, 이 책에서 처음으로 신라와 발해를 가리켜 '남북국'이라는 말을 사용하였어요.

295 대동여지도

정답 ②

정답 잡는 키워드

김정호가 제작한 총 22첩의 목판본 지도, 10리마다 눈금 표시 > 대동여지도

김정호가 제작한 총 22첩의 목판본 지도이며 10리마다 눈금을 표시하였다는 내용을 통해 (가)에 들어갈 지도가 ② 대동여지도임을 알 수 있

어요. 대동여지도는 조선 후기에 김정호가 제작한 우리나라 전국 지도입니다. 총 22첩의 목판본으로 제작되었는데, 각 첩은 접을 수 있어 비교적 휴대가 간편하였어요. 또 산맥, 하천, 포구, 도로망 등을 자세히 표기하여 다양한 지리 정보를 전달하였어요.

오답 피하기

① 조선 후기에 정상기가 제작한 동국지도는 우리나라에서 처음으로 100리 척이라는 축척이 사용된 지도입니다.
③ 곤여만국전도는 중국에 들어온 서양 선교사 마테오 리치가 제작한 세계 지도이며, 조선 후기에 우리나라에 전해졌어요.
④ 조선 태종 때 제작된 혼일강리역대국도지도는 현재 남아 있는 동아시아에서 가장 오래된 세계 지도입니다.

296 동의보감

정답 ①

정답 잡는 키워드

광해군 때 허준이 편찬, 중국과 우리나라 의서를 망라하여 전통 의학 집대성 > 동의보감

광해군 때 허준이 편찬하였으며 중국과 우리나라 의서를 망라하여 전통 의학을 집대성하였다는 내용을 통해 학생이 생각하고 있는 책이 ① "동의보감"임을 알 수 있어요. "동의보감"은 허준이 중국과 우리나라의 의서를 망라해 전통 의학을 체계적으로 정리하여 광해군 때 완성한 의학 서적이에요. 그 가치를 인정받아 2009년에 의학 서적으로는 처음으로 유네스코 세계 기록 유산으로 등재되었어요.

오답 피하기

② "목민심서"는 정약용이 수령이 지켜야 할 덕목에 대해 쓴 책이에요.
③ "열하일기"는 박지원이 사절단을 따라 청에 다녀온 뒤 그곳에서 보고 들은 것을 기록한 책이에요. 이 책에서 박지원은 수레와 선박의 필요성을 강조하고 화폐의 원활한 유통을 주장하였어요.
④ "향약집성방"은 조선 세종 때 우리 고유의 약재와 치료법을 정리하여 간행한 책이에요.

297 보은 법주사 팔상전

정답 ②

정답 잡는 키워드

충북 보은군에 소재한 조선 후기 건축물, 우리나라에 남아 있는 가장 오래된 5층 목탑 > 보은 법주사 팔상전

충북 보은군에 소재한 조선 후기 건축물이며 현재 우리나라에 남아 있는 가장 오래된 5층 목탑이라는 내용을 통해 퀴즈의 정답이 ② 보은 법주사 팔상전임을 알 수 있어요. 법주사 팔상전 내부에는 석가모니의 생애를 여덟 장면으로 그린 팔상도가 있어요.

오답 피하기

① 김제 금산사 미륵전은 조선 후기에 만들어진 다포 양식의 3층 건물이에요. 내부는 3층 전체가 하나로 트인 통층이에요.
③ 안동 봉정사 극락전은 고려 후기에 만들어진 주심포 양식의 건물로, 현재 우리나라에 남아 있는 가장 오래된 목조 건물이에요.
④ 영주 부석사 무량수전은 고려 후기에 만들어진 주심포 양식의 건물이에요. 안에는 신라 양식을 계승한 소조 여래 좌상이 모셔져 있어요.

298 수원 화성

정답 ③

정답 잡는 키워드

정조의 명에 의해 축조된 성, 거중기 이용 > 수원 화성

정조의 명에 의해 축조된 성으로 거중기 등을 이용하였다는 내용을 통해 (가)에 들어갈 문화유산이 ③ 수원 화성임을 알 수 있어요. 조선 후기에 정조는 자신의 정치적 이상을 담은 신도시로 수원 화성을 축조하였어요. 이때에 정약용이 고안한 거중기가 사용되었어요. 수원 화성은 일제 강점기와 6·25 전쟁을 거치면서 훼손되었지만, 기본 계획, 비용, 설계도, 사용된 기구 등 수원 화성 건설에 관련된 내용을 글과 그림으로 자세하게 기록한 "화성성역의궤"가 남아 있어 원형에 가깝게 복원되었어요.

오답 피하기

① 공산성은 백제가 한성에서 웅진(지금의 공주)으로 천도한 후 외적을 방어하기 위해 쌓은 산성이에요. 당시에는 웅진성이라고 불렸어요.
② 전주성은 조선 시대 전주부에 쌓은 읍성으로, 지금은 성의 남쪽 문인 풍남문만 남아 있어요.
④ 조선 건국 이후 수도 한양을 방어하기 위해 정도전의 설계로 한양 도성이 축조되었어요.

299 조선 후기의 사회 모습

정답 ②

정답 잡는 키워드

한글 소설을 전문적으로 읽어 주고 상평통보 등을 받았음 > 조선 후기

한글 소설을 전문적으로 읽어 주고 상평통보 등을 받았다는 내용을 통해 제시된 직업이 등장한 시기가 조선 후기임을 알 수 있어요. 조선 후기에는 한글 소설 등의 서민 문화가 크게 발달하였어요. 한글 소설이 유행하면서 돈을 받고 전문적으로 책을 읽어 주는 전기수가 등장하였는데, 전기수는 이야기를 전해 주는 사람이라는 뜻입니다. 한편, 상평통보는 조선 후기 숙종 때 공식 화폐로 주조되어 널리 유통되었어요. ② 조선 후기에 판소리, 탈춤 등이 성행하여 사람들이 많이 모이는 장시에서 공연이 벌어졌어요.

오답 피하기

① 원 간섭기 고려에서는 지배층을 중심으로 변발과 호복 등 몽골식 복장이 유행하였어요.
③ 신라에는 골품제라는 폐쇄적인 신분 제도가 있어 골품에 따라 정치 활동은 물론 일상생활도 규제되었어요.
④ 고려는 일반 군현 이외에 특수 행정 구역인 향과 부곡, 소가 있었어요.

300 조선 후기의 모습

정답 ③

정답 잡는 키워드

감자, 고구마, 상평통보 > 조선 후기

'감자', '고구마', '상평통보'를 통해 대화가 이루어진 시기가 조선 후기임을 알 수 있어요. 조선 후기에 감자와 고구마가 전래되어 흉년으로 기근이 심할 때 주식을 대신해 먹는 작물(구황 작물)로 재배되었고, 시장에서 거래되기도 하였어요. 상평통보는 조선 후기 숙종 때 공식 화폐로 주조되어 널리 유통되었어요. ③ 조선 후기에 춘향가, 흥부가 등의 판소리가 유행하였어요.

오답 피하기

① 국자감은 고려 시대 수도 개경에 설치된 국립 교육 기관이에요.
② 고려 시대에 종교 행사인 팔관회가 국가적인 행사로 개최되었어요. 국가 행사로서의 팔관회는 조선 건국 직후 폐지되었어요.
④ 삼별초는 고려 무신 집권기에 최우가 치안 유지를 위해 설치한 야별초에서 비롯되었어요. 고려 정부가 몽골과 강화를 맺고 개경 환도를 결정하자, 이에 반대하여 봉기하였으나 고려와 몽골 연합군에 의해 진압되었어요.

301 조선 후기의 문화

정답 ④

정답 잡는 키워드

김홍도의 풍속화 > 조선 후기

김홍도의 풍속화라는 내용을 통해 밑줄 그은 '이 그림'이 그려진 시기가 조선 후기임을 알 수 있어요. 조선 후기에 서민의 일상적인 생활 모습을 담은 풍속화가 많이 그려졌어요. 이 시기에 활동한 대표적인 풍속화가로 단원 김홍도와 혜원 신윤복이 있어요. ④ 고려 정부는 부처의 힘을 빌려 거란의 침입을 물리치고자 하는 염원을 담아 초조대장경을 제작하였어요.

오답 피하기

① 조선 후기에 "홍길동전", "춘향전", "심청전" 등 한글 소설이 널리 읽혔어요.
② 조선 후기에 백자 위에 푸른색 안료로 무늬를 그린 청화 백자가 유행하였어요.
③ 조선 후기에 소리꾼이 북장단에 맞추어 긴 이야기를 노래로 들려주는 판소리 공연이 많이 열렸어요.

302 김홍도의 작품

정답 ①

정답 잡는 키워드

단원, 논갈이와 대장간 그림 > 김홍도

'단원'과 논갈이 그림, 대장간 그림을 통해 (가)에는 김홍도의 작품이 들어가야 함을 알 수 있어요. '단원'은 김홍도의 호이며, 김홍도는 논갈이, 대장간 등과 같이 서민의 일상생활 모습을 담은 풍속화를 많이 그렸어요. ① 김홍도가 그린 서당입니다.

오답 피하기

② 강희안이 그린 고사관수도입니다.
③ 김정희가 그린 세한도입니다.
④ 정선이 그린 인왕제색도입니다.

303 인왕제색도

정답 ②

정답 잡는 키워드

겸재 정선 > 인왕제색도

조선 후기에 중국의 산수화를 모방한 화풍에서 벗어나 우리나라의 산천을 사실적으로 표현하는 진경 산수화가 등장하였어요. 겸재 정선은 진경 산수화를 개척한 화가로, ② 소나기가 지나간 뒤 인왕산의 모습을 사실적으로 묘사한 인왕제색도 등의 작품을 남겼습니다.

오답 피하기

① 영통동구도는 조선 후기에 강세황이 그린 진경 산수화입니다. 서양 화법이 접목된 모습을 볼 수 있어요.
③ 세한도는 조선 후기에 김정희가 그린 그림입니다.
④ 몽유도원도는 조선 전기에 화원 안견이 그린 그림입니다.

304 김정희의 활동

정답 ②

정답 잡는 키워드

추사체 창안 > 김정희

추사체를 창안하였다는 내용을 통해 (가)에 들어갈 인물이 ② 김정희임을 알 수 있어요. 김정희는 조선 후기에 독창적 서체인 추사체를 만들었어요. 김정희는 그림에도 뛰어나 세한도, 모질도 등을 남겼어요. 세한도는 제주도에 유배를 가 있던 자신을 잊지 않고 귀한 책을 보내 준 제자 이상적에게 답례로 그려 준 그림이에요.

오답 피하기

① 허목은 조선 후기 남인의 우두머리로, 현종 때 자의 대비의 상복 입는 기간을 둘러싸고 예송이 일어나자 서인을 대표한 송시열과 대립하였어요.
③ 송시열은 조선 효종과 함께 북벌을 주장하였으며, 숙종 때 서인이 소론과 노론으로 분열되자 노론의 우두머리로 노론을 이끌었어요.
④ 채제공은 조선 후기의 문신으로, 영조와 정조 시기에 활동하였어요. 정조에게 육의전을 제외한 시전 상인의 금난전권을 폐지할 것(신해통공)을 건의하였어요.

기출 선택지로 개념 다지기

> 본책 116~121쪽

1 (1) ○ (2) ×(조선 중종) (3) ○ (4) ×(조선 영조) (5) ×(조선 고종 때 흥선 대원군) (6) ○ (7) ○ (8) ○
2 (1) ×(조선 세조 재위 시기) (2) ○ (3) ○ (4) ×(조선 숙종 재위 시기) (5) ×(조선 숙종 재위 시기) (6) ○ (7) ×(조선 단종 재위 시기) (8) ×(조선 태조 재위 시기)
3 ㉡, ㉤
4 (1) ×(조선 현종 재위 시기) (2) ×(조선 세종 재위 시기) (3) ×(조선 효종 재위 시기) (4) ○ (5) ×(조선 세종 재위 시기) (6) ×(조선 중종 재위 시기) (7) ○
5 (1) ㉡ (2) ㉢ (3) ㉣ (4) ㉠
6 ㉢, ㉠, ㉡, ㉣
7 ㉢, ㉣, ㉠, ㉡
8 (1) 영조 (2) 정조 (3) 정조 (4) 영조 (5) 영조 (6) 정조 (7) 정조 (8) 정조
9 (1) 진주 농민 봉기 (2) 진주 농민 봉기 (3) 홍경래의 난
10 (1) ○ (2) ×(고려 성종 재위 시기) (3) ○ (4) ×(고려 숙종 재위 시기) (5) ○ (6) ×(고려 시대 몽골의 침입 때) (7) ○ (8) ○ (9) ×(백제 의자왕 재위 시기) (10) ○ (11) ○ (12) ×(고려 공민왕 재위 시기)
11 (1) ○ (2) ×(임진왜란) (3) ○ (4) ×(고려 시대 몽골의 침입 때) (5) ×(정유재란) (6) ×(조선 효종 재위 시기)
12 ㉡, ㉣, ㉤, ㉧, ㉨
13 (1) ×(고려 말~조선 초) (2) ×(고려 말) (3) ○ (4) ○ (5) ×(고려) (6) ○ (7) ×(고려) (8) ○ (9) ○
14 (1) 천주교 (2) 동학 (3) 천주교 (4) 동학
15 ㉠ 이황, ㉡ 이이
16 (1) ○ (2) ○ (3) ×(고려 우왕 재위 시기) (4) ○ (5) ×(조선 성종 재위 시기) (6) ×(조선 광해군 재위 시기) (7) ○ (8) ○
17 (1) 전기 (2) 후기 (3) 전기 (4) 후기 (5) 후기 (6) 후기 (7) 후기 (8) 전기
18 (1) 종묘 (2) 창경궁 (3) 경복궁 (4) 창덕궁
19 (1) ㉤ (2) ㉣ (3) ㉢ (4) ㉠ (5) ㉥ (6) ㉡ (7) ㉦
20 (1) ○ (2) ○ (3) ○ (4) ×(고려) (5) ○ (6) ○ (7) ×(고려) (8) ×(고려) (9) ○
21 (1) 정선 (2) 김홍도 (3) 신윤복 (4) 신윤복 (5) 정선 (6) 김정희
22 (1) ○ (2) ○ (3) ○ (4) ×(고려) (5) ×(고려)

2 (8) 조선 태조와 정종 때 왕위 계승을 둘러싸고 두 차례 왕자의 난이 일어났어요(제1차 태조 때, 제2차 정종 때). 조선 태조 때 이방원이 일으킨 왕자의 난으로 정도전 등이 피살되었어요.

3 ㉠ 조선 정조, ㉢ 조선 세종, ㉣ 조선 고종 때 실권을 장악하고 있던 흥선 대원군, ㉥ 조선 태조가 추진한 정책입니다.

6 ㉢ 무오사화(연산군 때인 1498년) – ㉠ 갑자사화(연산군 때인 1504년) – ㉡ 기묘사화(중종 때인 1519년) – ㉣ 을사사화(명종 때인 1545년)의 순서입니다.

7 ㉢ 동인, 서인 분화(16세기, 선조) – ㉣ 인조반정(1623) – ㉠ 예송(17세기 후반, 현종) – ㉡ 경신환국(17세기 후반, 숙종)의 순서입니다.

12 ㉠ 신라에 해당합니다. 녹읍은 신라 신문왕 때 폐지되었다가 경덕왕 때 부활하였고, 고려 초기까지 지급되다가 폐지되었어요. ㉢, ㉦ 고려에 해당합니다. ㉥ 신라에 해당합니다. 신라 진흥왕 때 황룡사가 창건되었으며, 황룡사 9층 목탑은 선덕 여왕 때 자장의 건의로 세워졌어요.

13 (1) 과전법은 고려 말 공양왕 때 마련되어 조선 초기까지 실시되었어요. 이후 조선 세조 때 현직 관리에게만 수조권을 행사할 수 있는 토지를 지급하는 직전법으로 바뀌었어요.

14 (3) 천주교의 교세가 확장되는 가운데 천주교 신자가 유교식 제사를 거부하고 조상의 신주를 불태우는 일이 일어났어요. 이에 조선 정부는 유교 윤리를 어겼다는 이유로 천주교를 사교로 규정하고 탄압하였어요.

V 개항기

1 흥선 대원군 집권 시기

기출문제 풀어 보기 >본책 124~125쪽

305 ① 306 ④ 307 ③ 308 ① 309 ③ 310 ①
311 ② 312 ④

305 흥선 대원군의 정책

정답 ①

흥선 대원군이 추진한 정책과 그 과정에서 나타난 상황을 묻는 문항입니다. 1863년에 고종이 어린 나이에 즉위하자 흥선 대원군은 고종의 친아버지로 실권을 행사하며 왕권을 강화하고 민생을 안정시키기 위한 다양한 개혁 정책을 추진하였어요. 외척 가문으로 세도를 누리던 안동 김씨 등의 영향력을 약화하였으며, 비변사의 기능을 축소하여 의정부의 기능을 회복하고 삼군부를 부활시켰어요. "대전회통"을 편찬하여 통치 체제도 재정비하였습니다. 삼정의 문란을 시정하기 위해 양전 사업을 실시하여 토지 대장에서 누락된 은결을 찾아 조세를 부과하였고, 환곡 운영 과정에서의 폐해를 바로잡기 위해 사창제를 실시하였으며, 군포 문제를 해결하기 위해 가구(호) 단위로 군포를 거두는 호포제를 시행하여 양반에게도 군포를 징수하였습니다. 또 왕실의 권위를 회복하기 위해 경복궁을 다시 지었어요. 국정 운영을 주도하던 흥선 대원군은 1873년에 고종이 직접 나라를 다스리겠다고 선언하면서 정치에서 물러났어요. ① 흥선 대원군은 세금을 면제받고 백성을 수탈하던 서원을 전국에 47개소만 남기고 철폐하였어요. 이 과정에서 많은 유생들이 상소를 올려 서원 철폐에 반대하였어요.

오답 피하기

② 배재 학당은 1885년에 개신교 선교사 아펜젤러가 세운 근대 교육 기관이에요.
③ 18세기에 조선 영조는 탕평에 대한 자신의 의지를 보여 주고자 성균관 입구에 탕평비를 세웠어요.
④ 1898년에 열린 만민 공동회는 독립 협회가 주도한 민중 집회입니다. 여러 계층의 사람들이 참여하여 다양한 의견을 주고받았어요.

306 흥선 대원군 집권 시기의 모습

정답 ④

정답 잡는 키워드

당백전 > 흥선 대원군 집권 시기

'당백전'을 통해 대화가 이루어진 시기가 흥선 대원군 집권 시기임을 알 수 있어요. 당백전은 경복궁 중건에 필요한 재원을 마련하기 위해 흥선 대원군 집권 시기에 발행된 고액 화폐입니다. 기존에 사용하던 상평통보 1문의 100배 가치를 가지는 고액 화폐로 발행되었으나 실제 가치는 훨씬 미치지 못하였어요. 또 당백전이 필요 이상으로 대량 발행되어 화폐 가치가 떨어지고 물가가 크게 상승하였습니다. ④ 흥선 대원군은 왕실의 권위를 세우기 위해 임진왜란 때 불에 탄 경복궁을 다시 지었는데, 공사에 농민들을 강제로 동원하여 원성을 샀어요.

오답 피하기

① 원 간섭기에 결혼도감을 통해 고려의 많은 여성이 공녀로 원에 끌려갔어요.
② 1929년에 원산 인근의 라이징 선 석유 회사에서 일본인 감독이 한국인 노동자를 구타한 사건이 계기가 되어 원산 총파업이 일어났어요.
③ 1910년대에 일제는 군대의 경찰인 헌병이 일반 경찰 업무까지 수행하는 헌병 경찰제를 실시하였어요. 1919년 3·1 운동 이후 헌병 경찰제는 보통 경찰제로 바뀌었어요.

307 흥선 대원군 집권 시기의 사실

정답 ③

정답 잡는 키워드

고종의 아버지, 당백전 발행, 호포제 실시 > 흥선 대원군

고종의 아버지이며 당백전이 발행되고 호포제가 실시되었다는 내용을 통해 (가)에 흥선 대원군 집권 시기의 사실이 들어가야 함을 알 수 있어요. 고종이 어린 나이에 왕위에 오르자 고종의 친아버지인 이하응이 흥선 대원군에 봉해져 실권을 장악하고 국정을 운영하였어요. 흥선 대원군은 왕실의 위엄을 세우기 위해 임진왜란 때 불에 탄 경복궁을 다시 지었는데, 공사에 필요한 재원을 마련하고자 고액 화폐인 당백전을 발행하였어요. 또 삼정의 문란을 바로잡는 과정에서 군정 문제를 해결하기 위해 호포제를 실시하여 양반에게도 군포를 부과하였어요. ③ 흥선 대원군은 신미양요 이후 서양 세력과의 통상 수교 거부 의지를 널리 알리기 위해 전국 각지에 척화비를 건립하였어요.

오답 피하기

① 통일 신라 신문왕은 관리에게 조세만 거둘 수 있는 관료전을 지급하고 조세 수취와 노동력 징발이 가능한 녹읍을 폐지하여 귀족의 경제 기반을 약화하였어요.
② 조선 정조는 왕권을 강화하기 위해 국왕 친위 부대인 장용영을 설치하였어요.
④ 고려 말에 명이 고려가 원으로부터 되찾은 철령 이북 지역을 직접 다스리겠다고 통보하자 우왕과 최영은 요동 정벌을 추진하였어요.

308 병인양요의 배경

정답 ①

정답 잡는 키워드

양헌수 장군이 정족산성에서 프랑스군과 벌인 전투 > 병인양요

양헌수 장군이 정족산성에서 프랑스군과 전투를 벌였다는 내용을 통해 밑줄 그은 '이 사건'이 병인양요임을 알 수 있어요. ① 프랑스는 1866년에 프랑스 선교사와 많은 천주교 신자가 처형된 병인박해를 구실 삼아 병인양요를 일으켰어요. 병인양요 당시 양헌수 부대가 강화도의 정족산성에서 프랑스군을 격퇴하였어요.

오답 피하기

② 러시아가 조선에서 영향력을 확대하려고 하자 세계 곳곳에서 러시아와 대립하고 있던 영국은 1885년에 러시아의 남하를 막는다는 명분을 내세워 거문도를 불법으로 점령하였어요.
③ 1868년에 독일 상인 오페르트가 흥선 대원군의 아버지인 남연군의 묘를 도굴하여 그 유해를 통상 협상에 이용하려 하였으나 도굴에 실패하였어요.
④ 17세기에 인조반정으로 집권한 조선 인조와 서인 정권은 친명배금 정책을 추진하였어요.

309 병인양요

정답 ③

정답 잡는 키워드

프랑스군이 약탈해 간 외규장각 의궤 > 병인양요

프랑스군이 외규장각 의궤를 약탈해 갔다는 내용을 통해 (가) 사건이 병인양요임을 알 수 있어요. 1866년에 프랑스 선교사와 많은 천주교 신자가 처형된 병인박해를 구실 삼아 프랑스군이 강화도를 침략하여 병인양요가 일어났어요. 이때 조선군의 항전에 프랑스군이 철수하면서 강화도 외규장각에 보관 중이던 의궤 등 많은 도서를 약탈해 갔어요. ③ 병인양요 당시 양헌수 부대가 강화도의 정족산성에서 프랑스군을 격퇴하였어요.

오답 피하기

① 병인양요는 조선군의 항전으로 프랑스군이 물러나면서 끝이 났어요. 청군의 개입으로 진압된 사건으로는 임오군란, 갑신정변 등이 있어요.
② 제너럴 셔먼호 사건을 빌미로 미군이 강화도를 침략하여 신미양요가 일어났어요. 제너럴 셔먼호 사건은 미국인 소유의 상선 제너럴 셔먼호가 평양에서 통상을 요구하며 횡포를 부리다 조선 관민에 의해 불태워진 사건입니다.
④ 임오군란 이후 조선 정부는 일본과 제물포 조약을 체결하여 일본 공사관 경비를 위한 일본군의 주둔을 허용하였어요.

310 오페르트의 남연군 묘 도굴 미수 사건

정답 ①

정답 잡는 키워드

덕산 묘지(남연군 묘)에서 일으킨 변고 > 오페르트의 남연군 묘 도굴 미수 사건(1868)

'덕산 묘지(남연군 묘)에서 일으킨 변고' 등을 통해 밑줄 그은 '변고'가 1868년에 일어난 오페르트의 남연군 묘 도굴 미수 사건임을 알 수 있어요. 독일 상인 오페르트는 조선 정부에 통상을 요구하였으나 거절당하였어요. 이에 오페르트는 1868년에 충청도 덕산에 있는 흥선 대원군의 아버지 남연군의 묘를 도굴하여 이를 조선 정부와의 통상 협상에 이용하려 하였으나 도굴에 실패하였어요. 이후 조선에서는 서양 세력에 대한 반감이 더욱 높아졌습니다.
따라서 연표에서 오페르트의 남연군 묘 도굴 미수 사건이 일어난 시기는 고종 즉위와 강화도 조약 사이인 ① (가)입니다.

311 신미양요

정답 ②

정답 잡는 키워드

미군이 통상을 강요하며 강화도를 침략, 어재연 장군이 광성보에서 맞서 싸우다 전사 > 신미양요

미군이 통상을 강요하며 강화도를 침략하였으며 어재연 장군이 광성보에서 맞서 싸우다 전사하였다는 내용을 통해 밑줄 그은 '이 사건'이 신미양요임을 알 수 있어요. 신미양요는 1871년에 미군이 조선에 통상을 강요하며 강화도를 침략한 사건이에요. 어재연이 이끄는 조선군 수비대가 광성보에서 미군에 맞서 싸웠으나 패하여 어재연이 전사하고 광성보가 함락되었어요. ② 1866년에 미국인 소유의 상선 제너럴 셔먼호가 평양까지 들어와 통상을 요구하며 횡포를 부리다 조선 관민에 의해 불태워졌어요. 미국은 이 사건을 구실 삼아 신미양요를 일으켰어요.

오답 피하기

① 청·일 전쟁에서 승리한 일본이 시모노세키 조약을 맺어 청으로부터 랴오둥(요동)반도를 넘겨받자, 러시아가 프랑스, 독일과 함께 일본을 압박하여 랴오둥반도를 청에 반환하게 하는 삼국 간섭이 일어났어요.
③ 운요호 사건(1875)이 계기가 되어 1876년 조선과 일본 사이에 강화도 조약이 체결되었어요.
④ 임오군란(1882) 이후 조선 정부는 일본과 제물포 조약을 체결하여 일본에 배상금을 지불하고 일본 공사관 경비를 위한 일본군의 주둔을 허용하였어요.

312 신미양요 이후의 사실

정답 ④

정답 잡는 키워드

어재연이 전투에서 전사 > 신미양요

어재연이 전투에서 흉악한 적들과 싸우다 전사하였다는 내용을 통해 밑줄 그은 '전투'가 신미양요임을 알 수 있어요. 1866년에 있었던 제너럴 셔먼호 사건을 구실 삼아 1871년에 미국 군대가 강화도를 침략하여

신미양요가 일어났어요. 광성보에서 어재연이 이끄는 조선군이 미군의 공격에 맞서 싸웠으나 광성보가 함락되고 어재연이 전사하였어요. 미군은 강화도를 점령하였으나 조선군의 항전이 계속되고 조선의 개항도 쉽지 않다고 판단하여 물러났어요. ④ 신미양요 이후 흥선 대원군은 전국 각지에 척화비를 세워 통상 수교 거부 의지를 널리 알렸어요.

오답 피하기

① 조선 정부가 프랑스 선교사와 천주교도를 처형한 병인박해는 신미양요가 일어나기 전인 1866년에 일어났어요.
② 조선 세종 때 궐내에 학술 및 정책 연구 기관인 집현전이 설치되었어요.
③ 천리장성은 고구려와 고려 때 축조되었어요. 고구려는 영류왕 때 당의 침입에 대비하여 부여성에서 비사성에 이르는 천리장성을 쌓기 시작하여 보장왕 때 완성하였어요. 고려는 거란의 침입을 물리친 후 거란과 여진의 침략에 대비하여 북쪽 국경에 천리장성을 축조하였어요.

2 개항 ~ 갑신정변

기출문제 풀어 보기 > 본책 126~129쪽

313 ① 314 ④ 315 ④ 316 ③ 317 ③ 318 ①
319 ① 320 ③ 321 ① 322 ④ 323 ③ 324 ②
325 ② 326 ② 327 ② 328 ①

313 운요호 사건

정답 ①

정답 잡는 키워드

일본이 강화도와 영종도 일대에서 일으킴, 조·일 수호 조규 체결 > 운요호 사건

일본이 강화도와 영종도 일대에서 일으켰으며 일본의 요구로 조·일 수호 조규, 즉 강화도 조약을 체결하였다는 내용을 통해 (가)에 들어갈 사건이 ① 운요호 사건임을 알 수 있어요. 1875년에 일본은 조선의 해안을 측량한다는 구실로 운요호를 보내 강화도 앞바다에 접근하였어요. 조선 군인들이 허가 없이 다가오는 운요호 주변에 대포를 쏘며 경고하자 이를 구실 삼아 운요호는 초지진을 공격하고 영종도에 올라와 사람을 해치고 약탈하였어요. 그럼에도 일본은 사건의 책임이 먼저 포를 쏜 조선에 있다고 주장하면서 개항을 요구하였어요. 결국 조선은 일본과 조·일 수호 조규, 즉 강화도 조약을 체결하였어요(1876).

오답 피하기

② 105인 사건은 데라우치 총독을 죽이려 하였다는 거짓된 구실을 들어 일제가 독립운동가들을 잡아들인 사건이에요. 이 사건으로 신민회의 조직이 드러나 해산되었어요.
③ 제너럴 셔먼호 사건은 미국 상선 제너럴 셔먼호가 평양에서 통상을 요구하며 사람을 해치고 약탈하자 평양의 관리와 백성이 제너럴 셔먼호를 공격하여 불태워 버린 사건이에요. 미군이 이를 구실 삼아 1871년에 강화도를 침략하여 신미양요가 일어났어요.
④ 오페르트 도굴 사건은 독일 상인 오페르트가 흥선 대원군의 아버지인 남연군의 묘를 도굴하여 그 유해를 통상 요구에 이용하려고 하였으나 도굴에 실패한 사건이에요.

314 강화도 조약

정답 ④

정답 잡는 키워드

일본과 체결한 조약, 부산 외 원산, 인천이 개항됨 > 강화도 조약

일본과 체결한 조약으로, 부산 외 원산, 인천이 추가로 개항되었다는 내용을 통해 밑줄 그은 '조약'이 ④ 강화도 조약임을 알 수 있어요. 운요호 사건을 계기로 병자년인 1876년에 조선과 일본은 강화도 조약을 체결하였어요. 강화도 조약은 우리나라 최초의 근대적 조약이었으나 일본에 해안 측량권과 영사 재판권을 허용한 불평등 조약이었어요. 이 조약에 담긴 부산 외 2개 항구를 추가로 개항한다는 조항에 따라 이후 원산, 인천이 추가로 개항되었어요.

오답 피하기

① 임진왜란이 끝난 후 조선은 광해군 때 기유약조를 체결하여 전쟁으로 중단되었던 일본과의 교역을 재개하였어요.
② 갑신정변이 진압된 후 조선 정부는 일본과 한성 조약을 체결하여 일본 공사관 신축 비용 부담, 일본에 배상금 지불을 약속하였어요.
③ 고종을 강제로 물러나게 한 일본은 순종이 즉위하자마자 대한 제국 정부에 한·일 신협약(정미7조약)의 체결을 강요하여 대한 제국의 행정부에 일본인 차관을 임명하게 하였어요. 그리고 이를 시행하기 위해 작성한 부속 각서에 따라 대한 제국의 군대를 해산하였어요.

315 통리기무아문

정답 ④

정답 잡는 키워드

1880년대 조선 정부의 개화 정책, 정책 총괄 기구 > 통리기무아문

'1880년대 조선 정부의 개화 정책'과 '정책 총괄 기구'를 통해 (가)에 들어갈 내용이 ④ 통리기무아문임을 알 수 있어요. 개항 이후 조선 정부는 개화 정책을 추진하면서 1880년에 정책 총괄 기구로 통리기무아문을 설치하였어요. 또한, 신식 군대를 양성하기 위해 별기군을 창설하고, 청에 영선사 김윤식이 이끄는 유학생과 기술자를 파견하여 근대 무기 제조 기술과 군사 훈련법을 배워 오게 하였어요. 이를 계기로 근대적 무기 공장인 기기창이 설립되었습니다. 1882년에는 조·미 수호 통상 조약을 체결하여 미국과 수교하고, 미국 공사가 조선에 부임하자 이에 대한 답례로 보빙사를 파견하였어요(1883). 보빙사는 미국 대통령을 만나 국서를 전하고 근대 문물과 시설을 시찰한 후 돌아왔어요.

오답 피하기

① 동학 농민군과 전주 화약을 체결한 조선 정부는 개혁 추진 기구로 교정청을 설치하였어요. 그러나 일본군이 경복궁을 불법 점령하여 내정 개혁을 강요하였어요. 이에 따라 교정청은 폐지되고 그 역할이 군국기무처에 넘어갔어요.
② 군국기무처는 1894년에 설치되어 제1차 갑오개혁을 주도하였어요.
③ 고려의 독자적인 정치 기구로 국방과 군사 문제를 논의하던 도병마사는 점차 기능이 확대되어 원 간섭기에 도평의사사로 개편되었어요.

316 수신사

정답 ③

정답 잡는 키워드

김홍집, 청 외교관 황준헌과 비공식 면담, 조선책략 > 수신사

김홍집이 청 외교관 황준헌과 비공식 면담을 하였으며 귀국 후 왕에게 "조선책략"을 올렸다는 내용을 통해 (가)에 들어갈 사절단이 ③ 수신사임을 알 수 있어요. 수신사는 강화도 조약 체결 이후 조선 정부가 일본에 공식적으로 보낸 외교 사절을 말해요. 조선 정부는 1876년에 김기수를 제1차 수신사로, 1880년에 김홍집을 제2차 수신사로 임명하여 일본에 파견하였어요. 김홍집은 일본에서 청의 외교관 황준헌과 비공식 면담을 하고, 황준헌이 조선의 외교 정책 방향에 대해 쓴 "조선책략"을 국내에 들여와 고종에게 바쳤어요. 황준헌은 "조선책략"에서 조선이 러시아의 남하를 막기 위해서는 중국을 가까이하고 일본과 관계를 공고히 하며 미국과 연대해야 한다고 주장하였어요.

오답 피하기

① 조·미 수호 통상 조약(1882) 체결 이후 미국 공사가 조선에 부임하자 조선 정부는 이에 대한 답례로 1883년에 전권대신 민영익을 대표로 한 보빙사를 미국에 파견하였어요.
② 조선이 중국에 파견한 사절단은 파견 시기와 목적에 따라 동지사, 정조사, 성절사 등으로 불렸어요. 성절사는 황제나 황후의 생일을 축하하기 위해 보낸 사절을 말합니다.
④ 개항 이후인 1881년에 조선 정부는 청에 영선사를 파견하여 근대식 무기 제조 기술과 군사 훈련법을 배워 오게 하였어요. 영선사 일행은 귀국 후에 근대식 무기 제조 공장인 기기창 설치를 주도하였어요.

317 조사 시찰단 파견 이후의 사실

정답 ③

정답 잡는 키워드

일본에 조사 시찰단 파견 > 1881년

조선은 개항 이후 일본과 청에 사절단을 파견하였어요. 일본에 강화도 조약 직후인 1876년에 1차 수신사를, 1880년에 2차 수신사를 파견하였으며, 1881년에는 비밀리에 조사 시찰단을 파견하여 일본의 근대 문물을 시찰하고 개화 정책에 대한 정보를 수집하게 하였어요. 한편, 1881년에 청에 영선사를 보내 근대식 무기 제조 기술과 군사 훈련법을 배워 오게 하였어요. ③ 개항 이후 조선 정부는 별기군이라는 신식 군대를 창설(1881)하고 구식 군대의 규모를 줄였어요. 별기군에 비해 차별 대우를 받던 구식 군인들이 1882년에 임오군란을 일으켰어요.

오답 피하기

① 조선 철종 때인 1862년에 삼정의 문란 등이 원인이 되어 임술 농민 봉기가 일어나자 이를 해결하기 위해 삼정이정청이 설치되었어요.
② 1871년에 미군이 강화도를 침입하여 신미양요가 일어나자 어재연 부대가 광성보에서 미군에 맞서 싸웠어요.
④ 1866년에 제너럴 셔먼호가 평양까지 들어와 통상을 요구하며 횡포를 부리자, 평양 관민이 제너럴 셔먼호를 불태웠어요(제너럴 셔먼호 사건). 이 사건을 구실 삼아 미국은 1871년에 신미양요를 일으켰어요.

318 조·미 수호 통상 조약 이후의 사실

정답 ①

정답 잡는 키워드

조선책략의 내용이 유포되고 청이 알선하여 체결됨, 서양 국가와 맺은 최초의 근대적 조약 > 조·미 수호 통상 조약

"조선책략"의 내용이 유포되고 청이 적극적으로 알선하여 체결되었으며 서양 국가와 맺은 최초의 근대적 조약이라는 내용을 통해 (가) 조약이 조·미 수호 통상 조약임을 알 수 있어요. "조선책략"은 청의 외교관 황준헌이 쓴 책으로, 조선이 남하하는 러시아를 견제하기 위해 청, 일본, 미국과 연대해야 한다는 내용이 담겨 있어요. "조선책략"의 유포로 미국과 외교 관계를 맺어야 한다는 주장이 점차 힘을 얻는 가운데, 조선은 청의 알선으로 1882년에 미국과 조·미 수호 통상 조약을 맺었습니다. 조·미 수호 통상 조약은 조선이 서양 국가와 맺은 최초의 근대적 조약이에요. ① 조약 체결 이후 미국 공사가 조선에 부임하자, 조선 정부는 이에 대한 답례로 1883년에 보빙사를 미국에 파견하였어요.

오답 피하기

② 개항 이후 조선 정부는 개화 정책을 추진하여 1881년에 신식 군대인 별기군을 창설하였어요.
③ 18세기에 조선 영조는 붕당 정치의 폐해를 극복하기 위해 탕평책을 실시하였으며, 이에 대한 의지를 보여 주고자 탕평비를 세웠어요.
④ 개항 이후 1880년에 조선 정부는 개화 정책을 총괄할 기구로 통리기무아문을 설치하였어요.

319 보빙사

정답 ①

정답 잡는 키워드

미국 공사의 조선 부임에 대한 답례로 파견됨 > 보빙사

미국 공사의 조선 부임에 대한 답례로 파견되었다는 내용을 통해 밑줄 그은 '사절단'이 ① 보빙사임을 알 수 있어요. 1882년에 조선은 미국과 조·미 수호 통상 조약을 체결하였는데, 이 조약은 조선이 서양과 체결한 최초의 근대적 조약이었어요. 조약 체결 이후 1883년에 미국이 조선에 공사를 보내자 조선 정부는 이에 대한 답례로 민영익을 전권대신으로 한 보빙사를 파견하였어요.

오답 피하기

② 수신사는 강화도 조약 체결 이후 일본에 파견된 공식 외교 사절단이에요.
③ 영선사는 청에 파견된 사절단으로, 근대 무기 제조 기술과 군사 훈련법을 배워 왔어요.
④ 조사 시찰단은 일본의 근대 문물을 시찰하기 위해 파견된 사절단이에요. 개화 반대 여론을 고려하여 암행어사 형태로 비밀리에 파견되었어요.

320 임오군란

정답 ③

정답 잡는 키워드

구식 군인들이 일으킴, 청군이 흥선 대원군을 책임자로 지목하여 톈진에 납치 > 임오군란

구식 군인들이 일으켰으며, 청군이 흥선 대원군을 책임자로 지목하여 톈진으로 납치하였다는 내용을 통해 밑줄 그은 '변란'이 ③ 임오군란임을 알 수 있어요. 임오군란은 신식 군대인 별기군에 비해 차별 대우를 받던 구식 군인들의 불만이 폭발하여 일어났어요(1882). 임오군란이 일어나자 고종은 사태 수습을 위해 흥선 대원군에게 정권을 맡겼어요. 이후 민씨 세력의 요청에 따라 군란 진압을 명분으로 조선에 들어온 청군이 군란의 책임자로 흥선 대원군을 지목하여 톈진으로 납치하였어요.

오답 피하기

① 갑신정변은 1884년에 김옥균, 박영효, 서광범 등 급진 개화파가 우정총국 개국 축하연을 기회로 삼아 일으킨 정변이에요. 이들은 개화당 정부를 구성하고 지조법 개혁, 문벌 폐지 등의 내용을 담은 개혁 정강을 발표하였으나 청군의 개입으로 정변은 3일 만에 실패하였어요.
② 신미양요는 제너럴 셔먼호 사건을 빌미로 1871년에 미군이 강화도를 침략한 사건이에요.
④ 1862년에 진주에서 경상 우병사 백낙신의 수탈에 맞서 유계춘 등의 주도로 농민 봉기가 일어났어요. 이후 전국 각지에서 농민 봉기가 이어졌는데, 1862년이 임술년이라 이해에 일어난 농민 봉기를 임술 농민 봉기라고 합니다.

321 임오군란

정답 ①

정답 잡는 키워드

개화 정책에 반발하여 구식 군인들이 일으킴 > 임오군란

개화 정책에 반발하여 구식 군인들이 일으켰다는 내용을 통해 (가) 사건이 임오군란임을 알 수 있어요. 임오군란은 신식 군대인 별기군에 비해 차별 대우를 받던 구식 군인들이 밀린 봉급으로 겨와 모래가 섞인 쌀을 지급받자 분노하여 일으킨 사건입니다. ① 임오군란은 민씨 세력의 요청으로 파병된 청군에 의해 진압되었어요. 이후 청의 내정 간섭이 심화되었어요.

오답 피하기

② 제2차 수신사로 일본에 파견되었던 김홍집이 귀국하면서 청의 외교관 황준헌이 쓴 "조선책략"을 조선에 들여왔어요.
③ 일본군이 경복궁을 점령하고 청·일 전쟁을 일으키자 일본군 타도를 내걸고 다시 봉기한 동학 농민군이 공주 우금치에서 일본군 및 관군과 전투를 벌였으나 패배하였어요.
④ 김옥균, 박영효, 서광범, 서재필 등 급진 개화파는 우정총국 개국 축하연을 기회로 삼아 갑신정변을 일으켰어요.

322 임오군란

정답 ④

정답 잡는 키워드

구식 군인들이 별기군과의 차별 등에 반발하여 일으킴 > 임오군란

구식 군인들이 별기군과의 차별 등에 반발하여 일으켰다는 내용을 통해 밑줄 그은 '이 사건'이 임오군란임을 알 수 있어요. 임오군란은 별기군에 비해 차별 대우를 받던 구식 군인들이 봉급도 제때 지급받지 못한데다 밀린 봉급으로 받은 쌀에 겨와 모래가 섞여 있자 쌓인 분노가 폭발하면서 일어난 사건이에요. ④ 임오군란을 수습하기 위해 민씨 세력은 청에 군사 지원을 요청하였고, 청군이 들어와 군란을 진압하였습니다. 이후 청은 조선에 군대를 주둔시키고 고문을 파견하는 등 조선에 대한 내정 간섭을 강화하였어요.

오답 피하기

① 동학 농민 운동 당시 농민군은 조선 정부와 전주 화약을 체결하고 해산한 후 전라도 일대에 집강소를 설치하여 폐정 개혁을 추진하였어요.
② 조선 정부는 개항 이후인 1881년에 일본의 근대 문물을 시찰하고 개화 정책에 대한 정보를 수집하기 위해 비밀리에 조사 시찰단을 파견하였어요.
③ 병인양요 당시 프랑스군이 퇴각하면서 외규장각에 보관 중이던 의궤를 비롯한 도서를 약탈해 갔어요.

323 개화 정책의 추진과 반발

정답 ③

정답 잡는 키워드

- 통리기무아문 설치 > • 1880년
- 외국 군대를 끌어들여 변란을 일으킨 김옥균, 박영효 등 > • 갑신정변(1884)

첫 번째 그림은 통리기무아문 설치 직전의 상황이에요. 개항 이후 조선 정부는 1880년에 개화 정책을 추진할 기구로 통리기무아문을 설치하고 그 아래 실무를 담당하는 12사를 두었어요. 두 번째 그림은 외국 군대를 끌어들여 변란을 일으킨 김옥균, 박영효의 처벌을 요구하는 내용을 통해 갑신정변 직후의 상황임을 알 수 있어요. 일본의 군사적 지원을 약속받은 김옥균, 박영효 등 급진 개화파는 우정총국 개국 축하연을 기회로 삼아 1884년에 갑신정변을 일으켰어요. 이들은 개화당 정부를 구성하고 개혁 정강을 발표하였으나 청군의 개입으로 3일 만에 실패하였어요. 따라서 (가)에는 통리기무아문 설치(1880)와 갑신정변(1884) 사이의 시기에 있었던 사실이 들어가야 합니다. ③ 1882년에 정부의 개화 정책과 별기군과의 차별 대우에 반발하여 구식 군인들이 임오군란을 일으켰어요.

오답 피하기

① 18세기에 조선 영조는 탕평의 의지를 널리 알리기 위해 성균관에 탕평비를 세웠어요.
② 1909년에 일본은 청과 간도 협약을 체결하여 간도를 청의 영토로 인정하고 남만주 철도 부설권을 얻었어요.
④ 17세기에 조선 효종은 청에 당한 치욕을 갚기 위해 어영청을 강화하며 북벌을 추진하였어요.

324 갑신정변

정답 ②

정답 잡는 키워드

3일 천하, 우정총국 개국 축하연을 기회로 삼아 일으킴 > 갑신정변

'3일 천하'와 우정총국 개국 축하연을 기회로 삼아 일으켰다는 내용을 통해 (가)에 들어갈 사건이 ② 갑신정변임을 알 수 있어요. 1884년에 우정총국 개국 축하연을 기회로 삼아 김옥균, 서광범, 홍영식, 박영효 등 급진 개화파가 갑신정변을 일으켰어요. 급진 개화파는 개화당 정부를 구성하고 지조법 개혁, 문벌 폐지 등의 내용을 담은 개혁 정강을 발표하였어요. 하지만 민씨 세력의 요청을 받은 청군의 개입으로 정변은 3일 만에 실패하였어요(3일 천하).

오답 피하기

① 갑오개혁은 1894년 7월부터 1896년 2월까지 3차에 걸쳐 추진된 일련의 개혁을 말해요. 제1차 갑오개혁은 1894년에 군국기무처의 주도로 시작되었어요. 이후 김홍집·박영효 연립 내각이 수립되어 군국기무처가 폐지되고 제2차 갑오개혁이 추진되었어요. 을미사변 이후 추진된 제3차 개혁을 구분하여 을미개혁이라고 합니다.
③ 브나로드 운동은 동아일보사의 주도로 1931년에 시작된 농촌 계몽 운동이에요. '배우자 가르치자 다 함께 브나로드'라는 구호를 내걸었어요.
④ 민립 대학 설립 운동은 1920년대에 이상재 등이 우리 민족의 힘으로 고등 교육을 담당할 대학을 설립하기 위해 전개한 모금 운동이에요.

325 우정총국

정답 ②

정답 잡는 키워드

1884년 근대 우편 업무를 도입하기 위해 세워짐 > 우정총국

1884년 근대 우편 업무를 도입하기 위해 세워졌다는 내용을 통해 (가)에 들어갈 기구가 ② 우정총국임을 알 수 있어요. 개항 이후 조선 정부는 개화 정책을 추진하면서 1884년에 근대 우편 사무를 담당할 기구로 우정총국을 설립하였어요. 김옥균, 박영효 등 급진 개화파(개화당)가 자신들과 뜻을 같이하는 홍영식이 책임자로 임명된 우정총국의 개국 축하연이 열린 날 정변을 일으키면서 우편 업무가 중단되었고, 그 여파로 우정총국은 폐쇄되었어요.

오답 피하기

① 영선사의 인솔 아래 청에 파견되어 근대식 무기 제조 기술과 군사 훈련법을 배우고 돌아온 유학생과 기술자들의 주도로 1883년에 근대 무기 제조 공장인 기기창이 설립되었어요.
③ 군국기무처는 1894년에 제1차 갑오개혁을 주도한 기구로 약 210건의 안건을 심의하여 통과시켰어요.
④ 조선 정부는 1880년에 개화 정책을 총괄할 기구로 통리기무아문을 설치하고 그 밑에 실무를 담당하는 12사를 두었어요.

326 갑신정변

정답 ②

정답 잡는 키워드

개화당이 우정총국 개국 축하연을 기회로 삼아 일으킴 > 갑신정변

개화당이 우정총국 개국 축하연을 기회로 삼아 일으켰다는 내용을 통해 (나) 사건이 갑신정변임을 알 수 있어요. 갑신정변은 1884년에 김옥균을 중심으로 한 급진 개화파(개화당)가 우정총국 개국 축하연을 기회로 삼아 일으킨 정변이에요. 이들은 지조법 개혁, 문벌 폐지 등의 개혁

을 주장하였으나, 청군의 개입으로 정변은 3일 만에 실패하였어요. ② 갑신정변이 진압된 후 조선 정부는 일본 공사관의 피해 보상 등을 규정한 한성 조약을 일본과 체결하였어요.

오답 피하기

① 대한 제국 정부는 '옛것을 근본으로 하여 새것을 참조한다.'라는 뜻의 구본신참을 광무개혁의 개혁 원칙으로 내세웠어요.
③ 병인양요를 일으킨 프랑스군은 퇴각하면서 강화도 외규장각에 보관 중이던 의궤 등 도서를 약탈해 갔어요.
④ 삼정의 문란과 경상 우병사 백낙신의 횡포가 원인이 되어 일어난 진주 농민 봉기의 수습을 위해 조선 정부는 박규수를 안핵사로 파견하였어요.

327 갑신정변 이후의 사실

정답 ②

정답 잡는 키워드

개화당 정부가 하루 만에 청군의 개입으로 붕괴, 우정국 개국 축하연에서의 소동으로 시작된 정변이 3일 만에 막을 내림 > 갑신정변

개화당 정부가 하루 만에 청군의 개입으로 붕괴되었으며, 우정국 개국 축하연에서의 소동으로 시작된 정변이 3일 만에 막을 내렸다는 내용을 통해 밑줄 그은 '정변'이 갑신정변임을 알 수 있어요. 김옥균, 서광범, 박영효 등 급진 개화파는 1884년에 우정총국 개국 축하연을 기회로 삼아 갑신정변을 일으키고 개화당 정부를 구성한 뒤 개혁 정강을 발표하였어요. 하지만 개화당 정부는 청군의 개입으로 붕괴되었고, 김옥균, 박영효, 서재필 등 주동자들은 일본 공사관으로 피신하였어요. 이로써 갑신정변은 3일 만에 실패하였어요. ② 갑신정변 이후 조선 정부는 일본과 일본 공사관 신축 비용 부담, 일본에 배상금 지불 등을 약속한 한성 조약을 체결하였어요.

오답 피하기

① 1882년에 신식 군대에 비해 차별 대우를 받던 구식 군인들이 임오군란을 일으켰어요.
③ 1880년에 조선 정부는 개화 정책을 총괄할 기구로 통리기무아문을 설치하였어요.
④ 1866년에 미국 상선 제너럴 셔먼호가 평양까지 들어와 조선 정부에 통상을 요구하며 횡포를 부리다가 평양 관민에 의해 배가 불태워지고 선원들이 몰살되는 제너럴 셔먼호 사건이 발생하였어요.

328 갑신정변

정답 ①

정답 잡는 키워드

박영효, 서광범, 서재필, 김옥균, 우정총국 개국 축하연을 기회로 삼아 일으킴 > 갑신정변

김옥균, 서재필, 서광범, 박영효 등이 우정총국 개국 축하연을 기회로 삼아 일으켰다는 내용을 통해 밑줄 그은 '이 사건'이 갑신정변임을 알 수 있어요. 갑신정변을 일으킨 김옥균, 박영효 등 급진 개화파는 개화당 정부를 구성하고 개혁 정강을 발표하였어요. 그러나 ① 갑신정변은 청군이 개입하고 지원을 약속한 일본군이 철수하면서 3일 만에 실패로 끝났습니다.

오답 피하기

② 보국안민, 제폭구민을 기치로 내세운 사건은 동학 농민 운동이에요.
③ 임오군란이 진압된 후 조선은 일본에 배상금 지불과 일본 공사관에 경비병 주둔을 허용하는 내용을 포함한 제물포 조약을 일본과 체결하였어요.
④ 조선 정부는 개화 정책을 추진하는 과정에서 신식 군대인 별기군을 창설하고 구식 군대를 축소하였어요. 별기군은 임오군란을 계기로 폐지되었어요.

3 동학 농민 운동 ~ 대한 제국

기출문제 풀어 보기 > 본책 130~133쪽

329 ③	330 ②	331 ③	332 ②	333 ④	334 ①
335 ①	336 ④	337 ②	338 ④	339 ②	340 ④
341 ②	342 ④	343 ④	344 ①		

329 거문도 사건

정답 ③

정답 잡는 키워드

영국, 귀국이 거문도에 뜻을 두고 있다 > 거문도 사건

영국이 거문도에 뜻을 두고 있다는 내용을 통해 문서가 작성된 시기가 거문도 사건이 일어난 당시임을 알 수 있어요. 갑신정변(1884) 이후 러시아가 조선과 비밀 협약을 추진하는 등 조선에서 영향력을 확대하려고 하자, 세계 곳곳에서 러시아와 대립한 영국이 1885년에 러시아의 남하를 막는다는 명목으로 거문도를 불법 점령하는 거문도 사건을 일으켰어요. 영국군은 약 2년간 거문도를 불법 점령하였으며 영국과 러시아의 긴장 관계가 완화되고 청이 중재하면서 거문도에서 철수하였어요.
따라서 연표에서 거문도 사건이 일어난 시기는 임오군란과 갑오개혁 사이인 ③ (다)입니다.

330 동학 농민 운동의 전개 과정

정답 ②

정답 잡는 키워드

사발통문, 황룡촌 전투, 공주 우금치 전적 > 동학 농민 운동

'사발통문', '황룡촌 전투', '공주 우금치 전적' 등을 통해 (가) 운동이 동학 농민 운동임을 알 수 있어요. 고부 군수 조병갑이 만석보를 짓고 강제로 사용하게 한 후 비싼 사용료를 징수하는 등 횡포를 부리자, 전봉준이 사발통문을 돌려 봉기를 호소하였어요. 사발통문은 주모자가 누군지 드러나지 않도록 참가자의 이름을 사발을 엎어서 그린 원을 중심으로 빙 둘러가며 적은 문서입니다. 전봉준을 중심으로 모인 고부의 농민들은 관아를 점령하였으나 정부의 중재로 해산하였어요(고부 농민 봉기). 이후 사태 수습을 위해 정부가 보낸 안핵사 이용태가 봉기에 참여하였던 농민들을 탄압하자, 전봉준 등이 농민군을 조직하여 무장에서 대규모로 봉기하였어요. 이어 백산에 모여 4대 강령과 격문을 발표한 동학 농민군은 황토현 전투, 황룡촌 전투에서 관군을 물리치고 전주성을 점령하였어요. 전주성 함락에 당황한 조선 정부는 청에 군사 지원을 요청하였고, 청이 군대를 파견하자 일본도 조선 내 일본인을 보호한다는 구실로 군대를 파견하였어요. 외세의 개입을 우려한 동학 농민군은 정부와 전주 화약을 체결한 후 자진 해산하였어요. ② 해산한 동학 농민군은 전라도 각지에 집강소를 설치하고 폐정 개혁을 추진하였어요. 그러나 일본군이 경복궁을 기습 점령하고 청·일 전쟁을 일으키자 일본군 타도를 내걸고 다시 봉기하였어요. 동학 농민군은 공주 우금치에서 일본군 및 관군에 맞서 싸웠으나 패배하였어요. 이후 동학 농민군의 지도자들이 체포되고 동학 농민 운동은 끝이 났습니다.

오답 피하기

① 조선 철종 때 진주에서 유계춘을 중심으로 농민 봉기가 일어나자, 조선 정부는 사태 수습을 위해 박규수를 안핵사로 파견하였어요.
③ 갑신정변이 진압된 이후 조선 정부는 일본과 한성 조약을 체결하였어요.
④ 조선 순조 때 평안도 지역에 대한 차별과 가혹한 세금 수탈에 반발하여 홍경래의 난이 일어났어요.

331 동학 농민 운동

정답 ③

정답 잡는 키워드

• 황룡촌 전투 • 우금치 전투	• 동학 농민군의 1차 봉기 • 동학 농민군의 2차 봉기

동학 농민군의 1차 봉기 당시 황룡촌 전투와 2차 봉기 당시 우금치 전투가 일어난 시기 사이의 사실을 묻는 문항입니다. 1894년에 전봉준이 주도하여 일어난 고부 농민 봉기의 수습을 위해 정부가 보낸 안핵사 이용태가 봉기에 가담한 농민들을 탄압하자 동학 농민군이 보국안민과 제폭구민을 내걸고 봉기하였어요. 이후 동학 농민군이 황토현·황룡촌 전투에서 승리하고 전주성까지 점령하였어요. 이에 조선 정부가 청에 군사 지원을 요청하였고, 청이 군대를 파견하자 일본도 조선 내 일본인을 보호한다는 구실로 군대를 파견하였어요. ③ 외세의 개입을 우려한 동학 농민군은 정부와 전주 화약을 체결한 후 자진 해산하였어요. 조선 정부는 청군과 일본군에 철수를 요청하였으나 이를 거부한 일본군이 경복궁을 점령하고 청·일 전쟁을 일으켰고, 일본군의 경복궁 점령에 분노한 동학 농민군이 일본군 타도를 내걸고 다시 봉기하였어요. 이때 농민군의 남접과 북접이 연합하여 한성을 향해 진격하던 중에 공주 우금치에서 일본군 및 관군에 맞서 싸웠으나 패하였어요(우금치 전투).

오답 피하기

① 1864년에 조선 정부는 동학을 창시한 최제우를 백성을 속이고 세상을 어지럽혔다는 죄목으로 처형하였어요.
② 1811년에 서북 지역(평안도)에 대한 차별과 세도 정권의 가혹한 수탈에 반발하여 홍경래의 난이 일어났어요.
④ 1894년 1월에 고부 군수 조병갑이 만석보를 짓고 강제로 사용하게 한 후 사용료를 징수하는 등 갖은 횡포를 부리자 이에 맞서 농민 봉기가 일어났어요. 고부 농민 봉기는 동학 농민 운동의 시작이 된 사건이에요.

332 동학 농민 운동

정답 ②

정답 잡는 키워드

전봉준, 일본군이 궁궐 점령	동학 농민 운동 당시 일본군의 경복궁 점령

전봉준이 농민군 대장이며 일본군이 궁궐을 점령하였다는 내용을 통해 시나리오의 상황이 동학 농민 운동 당시 일본군이 경복궁을 점령한 상황임을 알 수 있어요. 1894년에 전봉준이 주도하여 일어난 고부 농민 봉기의 수습을 위해 정부가 보낸 안핵사 이용태가 봉기에 가담한 농민들을 탄압하자 동학 농민군은 보국안민과 제폭구민을 내걸고 봉기하였어요. 황토현 전투와 황룡촌 전투에서 관군을 물리친 농민군이 전주성을 점령하자 조선 정부의 요청으로 청이 조선에 군대를 보냈고, 일본도 조선 내 일본인을 보호한다는 구실로 군대를 보냈어요. 외세의 개입을 막고자 동학 농민군은 서둘러 정부와 전주 화약을 체결하고 자진 해산하였어요. 조선 정부는 청군과 일본군에 철수를 요청하였으나 이를 거부한 일본군이 경복궁을 점령하였어요. 이에 분노한 ② 동학 농민군은 일본군 타도를 내걸고 다시 봉기하였어요. 이때 농민군의 남접과 북접이 연합하여 한성을 향해 진격하였으나 공주 우금치 전투에서 일본군과 관군에 패하였어요.

오답 피하기

① 조선 정부는 동학을 창시한 최제우를 백성을 속이고 세상을 어지럽혔다는 죄목으로 처형하였어요. 동학 농민 운동 이전의 일이에요.
③ 동학 농민 운동의 도화선이 된 고부 농민 봉기 이전에 교조 최제우의 누명을 풀어 줄 것과 포교의 자유를 요구하는 삼례 집회가 열렸어요.
④ 고부 군수 조병갑의 횡포에 맞서 고부 농민 봉기가 일어났어요. 고부 농민 봉기는 동학 농민 운동의 도화선이 된 사건이에요.

333 군국기무처

정답 ④

정답 잡는 키워드

노비 제도 폐지, 과거 제도를 없애고 연좌제 폐지	군국기무처

노비 제도가 폐지되었으며 과거 제도를 없애고 연좌제를 폐지하는 개혁 안건을 통과시켰다는 내용을 통해 (가)에 들어갈 기구가 ④ 군국기무처임을 알 수 있어요. 1894년 6월 의정부 산하에 군국기무처가 설치되어 제1차 갑오개혁을 주도하였어요. 군국기무처는 궁내부를 신설하여 왕실 사무와 정부 사무 분리, 개국 기년 사용, 과거제 폐지, 공·사노비 제도 혁파와 신분제 철폐, 고문과 연좌제 폐지, 조혼 금지, 과부의 재가 허용, 도량형 통일 등 약 210건의 개혁 안건을 심의하여 통과시켰어요.

오답 피하기

① 비변사는 외적의 침입이 있을 때 국방 문제를 다루기 위해 설치된 임시 회의 기구였으나 조선 명종 때 을묘왜변을 거치며 상설 기구가 되었어요. 양 난 이후 국정을 총괄하는 최고 통치 기구가 되었으며 흥선 대원군 집권 시기에 사실상 혁파되었어요.
② 원수부는 대한 제국 시기에 설치된 황제 직속의 군 통수 기관이에요. 이를 통해 황제가 군권을 장악하였어요.
③ 홍문관은 조선 성종 때 집현전을 계승하여 설치되었어요. 궁궐 내 서적을 관리하였으며, 경연을 담당하고 왕의 정책 자문에 응하였어요.

334 제1차 갑오개혁

정답 ①

정답 잡는 키워드

군국기무처, 신분제 폐지, 조혼 금지 등 통과	제1차 갑오개혁

1894년에 설치된 군국기무처에서 신분제 폐지, 조혼 금지 등의 개혁을 추진하였다는 내용을 통해 밑줄 그은 '개혁'이 제1차 갑오개혁임을 알 수 있어요. 제1차 갑오개혁은 군국기무처의 주도로 이루어졌으며, 갑신정변에서 제기된 개혁 정강이나 동학 농민군의 요구가 일부 반영되었어요. 군국기무처는 행정권과 입법권을 함께 가진 최고 정책 결정 기구로 약 210건의 안건을 처리하였으며, 총재는 김홍집이었어요. 제1차 갑오개혁을 통해 신분제 폐지, 노비제 폐지 등의 근대적 개혁이 추진되었어요. ① 1897년에 수립된 대한 제국 정부는 광무개혁을 추진하여 양전 사업을 실시하고 근대적 토지 소유 증명서인 지계를 발급하였어요.

오답 피하기

② 제1차 갑오개혁으로 과거제가 폐지되고 새로운 관리 임용 제도가 마련되었어요.
③ 제1차 갑오개혁으로 지역마다 달랐던 도량형이 통일되었어요.
④ 제1차 갑오개혁으로 죄인뿐만 아니라 그 가족이나 친척에게도 책임을 물어 함께 처벌하는 연좌제가 폐지되었어요.

335 제1차 갑오개혁

정답 ①

정답 잡는 키워드

군국기무처, 과거제 폐지, 조혼 금지, 과부 재가 허용	제1차 갑오개혁

군국기무처에서 과거제 폐지, 조혼 금지, 과부 재가 허용 등의 개혁을 추진해 왔다는 내용을 통해 밑줄 그은 '개혁'이 제1차 갑오개혁임을 알 수 있어요. 군국기무처는 제1차 갑오개혁을 주도한 최고 정책 의결 기구입니다. 제1차 갑오개혁 당시 6조를 8아문으로 개편하고 탁지아문으

로 재정을 일원화하였어요. 또한, 과거제 폐지, 조혼 금지, 과부 재가 허용, 연좌제 폐지 등 근대적인 개혁이 이루어졌어요. ① 제1차 갑오개혁으로 양반과 상민을 구별하는 차별적 신분제와 공·사 노비 제도가 철폐되었어요.

오답 피하기

② 단발령은 명성 황후가 시해된 후 구성된 친일 내각에 의해 추진된 을미개혁 때 시행되었어요.
③ 당백전은 경복궁 중건에 필요한 재원을 마련하기 위해 흥선 대원군 집권 시기에 발행된 고액 화폐입니다.
④ 대한 제국 정부는 광무개혁 당시 원수부를 설치하였어요.

336 을미사변 이후의 사실

정답 ④

정답 잡는 키워드

일본군 수비대 등이 궁궐에 침입하여 왕비 시해 → 을미사변(1895)

일본군 수비대 등이 궁궐에 침입하여 왕비를 시해하였다는 내용을 통해 가상 뉴스에 보도된 사건이 을미사변임을 알 수 있어요. 삼국 간섭 이후 조선 정부가 러시아를 이용하여 일본을 견제하기 위해 친러 정책을 펴자 위기감을 느낀 일본은 친러 정책의 배후가 조선의 왕비(명성 황후)라고 여겨 1895년에 일본인 낭인과 군인 등을 궁궐에 난입하게 하여 명성 황후를 시해하는 을미사변을 일으켰어요. ④ 을미사변 이후 신변에 위협을 느낀 고종은 1896년에 세자와 함께 러시아 공사관으로 피신하는 아관 파천을 단행하였어요.

오답 피하기

① 1866년 병인양요 당시 프랑스군이 철수하면서 강화도 외규장각에 보관 중이던 의궤 등 도서를 약탈해 갔어요.
② 1881년 조선 정부는 청에 영선사 김윤식이 이끄는 유학생과 기술자를 파견하여 근대 무기 제조 기술과 군사 훈련법을 배워 오게 하였어요.
③ 1866년에 미국인 소유의 상선 제너럴 셔먼호가 평양까지 들어와 조선 정부에 통상을 요구하며 횡포를 부리다가 평양 관민에 의해 배가 불태워지는 제너럴 셔먼호 사건이 발생하였어요.

337 을미개혁

정답 ②

정답 잡는 키워드

내각 총리대신 김홍집, 태양력과 건양 연호 사용 → 을미개혁

김홍집이 내각 총리대신이라는 내용과 태양력과 건양 연호 사용 등 개혁의 주요 내용을 통해 (가)에 을미개혁에 관한 내용이 들어가야 함을 알 수 있어요. 일본이 명성 황후를 시해한 을미사변 이후 친일 성향의 김홍집 내각이 구성되었어요. 김홍집 내각은 태양력과 '건양' 연호 사용, ② 단발령 시행, 종두법 실시 등의 개혁을 추진하였어요.

오답 피하기

① 지계는 대한 제국 정부가 광무개혁을 추진하면서 양전 사업을 실시한 후에 발급한 근대적 토지 소유 증명서입니다.
③ 박문국은 을미개혁 이전인 1883년에 설치되었어요.
④ "대전회통"은 흥선 대원군 집권 시기에 편찬된 법전이에요.

338 갑오·을미개혁과 광무개혁

정답 ④

정답 잡는 키워드

- 과거제 폐지, 군국기무처 의결
- 지계 발급

→
- 제1차 갑오개혁
- 광무개혁

첫 번째 그림은 군국기무처에서 과거제 폐지를 의결하였다는 내용을 통해 제1차 갑오개혁 상황임을 알 수 있어요. 조선 정부가 1894년에 군국기무처를 설치하고 제1차 갑오개혁을 추진하여 과거제와 신분제가 폐지되고 과부의 재가가 허용되었어요. 두 번째 그림은 지계를 발급받았다는 내용을 통해 광무개혁 상황임을 알 수 있어요. 1897년에 수립된 대한 제국 정부는 구본신참 원칙을 바탕으로 광무개혁을 추진하였으며, 그 일환으로 양전 사업을 실시하고 근대적 토지 소유 증명서인 지계를 발급하였어요. 따라서 (가)에는 제1차 갑오개혁과 광무개혁 사이의 시기에 있었던 사실이 들어가야 합니다. ④ 일본이 고종의 왕비인 명성 황후를 시해한 을미사변(1895) 이후 친일 성향의 김홍집 내각이 구성되었어요. 김홍집 내각은 태양력 채택, '건양' 연호 사용, 단발령 시행 등의 개혁을 추진하였어요.

오답 피하기

① 당백전은 경복궁 중건에 필요한 재원을 마련하기 위해 흥선 대원군 집권 시기에 발행된 고액 화폐입니다.
② 신라 지증왕은 수도 금성(지금의 경주)에 동시라는 시장을 설치하고 이를 감독하기 위해 동시전을 설치하였어요.
③ "속대전"은 조선 영조 때 편찬된 법전이에요.

339 독립 협회

정답 ②

정답 잡는 키워드

서재필, 윤치호, 독립신문 발행, 토론회 → 독립 협회

서재필과 윤치호가 등장하며 독립신문이 발행되고 토론회가 열렸다는 내용을 통해 (가)에 들어갈 단체가 ② 독립 협회임을 알 수 있어요. 서재필은 1896년에 윤치호, 이상재 등 개혁 사상을 가진 지식인 등과 함께 독립신문을 창간하였어요. 이후 이들은 독립문 건립 등을 주도하며 독립 협회를 창립하였어요. 독립 협회는 민중 계몽을 위해 토론회를 열고, 만민 공동회를 개최하였어요. 만민 공동회는 우리나라 최초로 민중이 참여한 정치 집회입니다.

오답 피하기

① 신민회는 1907년에 서울에서 비밀리에 조직된 애국 계몽 운동 단체입니다. 1911년에 일제가 조작한 105인 사건으로 조직이 드러나 해체되었어요.
③ 대한 자강회는 1906년에 서울에서 조직된 애국 계몽 운동 단체입니다. 1907년에 고종 황제 강제 퇴위 반대 운동을 벌이다가 해산되었어요.
④ 조선어 학회는 조선어 연구회를 계승하였으며, 한글 맞춤법 통일안과 표준어를 제정하였어요. 또 "우리말 큰사전(조선말 큰사전)" 편찬 작업을 추진하였으나 1942년에 일제가 일으킨 조선어 학회 사건으로 사전 편찬이 중단되었어요.

340 독립 협회

정답 ④

정답 잡는 키워드

중추원 관제 반포 → 독립 협회

중추원 관제를 반포하였다는 내용을 통해 (가) 단체가 독립 협회임을 알 수 있어요. 독립 협회는 서재필의 주도로 1896년에 창립되어 민중 계몽 운동, 자주 국권 운동 등을 전개하였어요. 독립 협회는 정부 대신들도 참여한 관민 공동회에서 개혁안인 헌의 6조를 결의하였어요. 이후 대한 제국 정부와 협상하여 새로운 중추원 관제를 반포하게 하고, 중추원 개편을 통해 의회 설립을 추진하였어요. ④ 독립 협회는 우리나라 최초로 민중이 참여한 정치 집회인 만민 공동회를 개최하였어요. 여기에서 러시아의 간섭과 이권 요구를 규탄하는 자주 국권 운동을 전개하여 러시아의 절영도 조차 요구를 저지하였어요.

오답 피하기

① 천도교는 민중을 계몽하기 위하여 "개벽", "신여성" 등의 잡지를 발간하였어요.
② 1923년에 진주에서 조선 형평사가 창립되어 백정에 대한 사회적 차별 철폐 운동인 형평 운동을 전개하였어요.
③ 신민회는 민족 교육을 위해 오산 학교와 대성 학교를 설립하였어요.

341 독립 협회의 활동

정답 ②

정답 잡는 키워드

만민 공동회 개최, 러시아의 절영도 조차 요구를 반대함 > 독립 협회

종로에서 만민 공동회를 열어 러시아의 절영도 조차 요구를 반대하였다는 내용 등을 통해 (가)에 들어갈 단체가 독립 협회임을 알 수 있어요. 독립 협회는 1896년에 서재필을 중심으로 개혁적 관료와 개화 지식인들이 조직한 단체이며, 우리나라 최초의 근대적 민중 집회인 만민 공동회를 개최하였어요. 독립 협회는 만민 공동회에서 러시아의 간섭과 이권 요구를 규탄하는 자주 국권 운동을 전개하여 러시아의 절영도 조차 요구를 저지하고, 한·러 은행이 폐쇄되는 성과를 거두었어요. ② 독립 협회는 우리 민족의 독립 의지를 널리 알리기 위해 중국 사신을 맞이하는 영은문이 있던 자리 부근에 독립문을 건립하였어요.

오답 피하기

① 신민회는 민족 산업을 육성하기 위해 태극 서관과 자기 회사를 운영하였어요.
③ 독립 협회는 1907년에 고종이 강제 퇴위를 당하기 전인 1898년에 해산되었어요. 고종의 강제 퇴위를 반대한 단체로 대한 자강회 등이 있어요.
④ 1907년에 국채 보상 운동이 전개되자 대한매일신보 등 언론이 이 운동을 적극적으로 후원하였어요.

342 아관 파천 이후의 사실

정답 ④

정답 잡는 키워드

국왕과 세자가 비밀리에 러시아 공사관으로 거처를 옮김 > 아관 파천 (1896)

국왕과 세자가 비밀리에 러시아 공사관으로 거처를 옮겼다는 내용을 통해 제시된 사건이 아관 파천임을 알 수 있어요. 1895년에 일본이 명성 황후를 시해한 을미사변 이후 신변에 위협을 느낀 고종은 1896년에 세자와 함께 비밀리에 러시아 공사관으로 거처를 옮기는 아관 파천을 단행하였어요. ④ 1년여 동안 러시아 공사관에서 머물던 고종은 경운궁(지금의 덕수궁)으로 돌아온 뒤 1897년에 환구단에서 황제 즉위식을 거행하고 대한 제국의 수립을 선포하였어요.

오답 피하기

① 임진왜란 중에 훈련도감이 설치되었어요. 훈련도감은 포수, 사수, 살수의 삼수병으로 구성되었으며 급료를 받는 상비군이 주축을 이루었어요.
② 개항 이후 조선 정부는 개화 정책을 추진하면서 1881년에 영선사를 청에 파견하여 근대식 무기 제조 기술과 군사 훈련법을 배워 오게 하였어요.
③ 1866년에 프랑스군이 강화도를 침략한 병인양요 당시 프랑스군이 퇴각하면서 외규장각 도서를 약탈하였어요.

343 대한 제국 시기의 사실

정답 ④

정답 잡는 키워드

고종이 환구단에서 황제 즉위식 거행 > 대한 제국

고종이 환구단에서 황제 즉위식을 거행하고 경운궁에서 새로운 국호를 선포하였다는 내용을 통해 (가) 시기가 대한 제국 시기임을 알 수 있어요. 일본이 명성 황후를 시해한 을미사변 이후 신변에 위협을 느낀 고종은 러시아 공사관으로 피신하였다가 1년여 만에 경운궁(지금의 덕수궁)으로 환궁하였어요. 이후 우리나라가 자주독립국임을 대내외에 알리기 위하여 1897년에 '광무'라는 연호를 제정하고 환구단에서 황제 즉위식을 거행한 뒤 대한 제국의 수립을 선포하였어요. ④ 대한 제국 정부는 1899년에 대한국 국제를 제정하여 대한 제국이 자주독립 국가임을 대내외에 천명하고, 육해군 통수권 및 입법·사법·행정에 관한 절대적 권한을 황제에게 부여하였어요.

오답 피하기

① 흥선 대원군 집권 시기인 1866년에 경복궁 중건 사업의 비용을 마련할 목적으로 당백전이 발행되었어요.
② 조선 정부는 1881년 청에 영선사를 파견하여 근대식 무기 제조 기술과 군사 훈련법을 배워 오게 하였어요.
③ 조선 정부는 1886년에 근대식 교육 기관인 육영 공원을 설립하여 현직 관리와 양반 자제에게 영어를 비롯한 근대 학문을 가르쳤어요.

344 대한 제국의 정책

정답 ①

정답 잡는 키워드

고종이 황제에 오름 > 대한 제국

고종이 황제에 올랐다는 내용을 통해 (가) 시기가 대한 제국 시기임을 알 수 있어요. 고종은 을미사변으로 신변에 위협을 느껴 러시아 공사관에 피신하였다가 1년여 만인 1897년에 지금의 덕수궁인 경운궁으로 환궁하였어요. 이후 고종은 연호를 '광무'로 정하고 환구단에서 황제 즉위식을 올린 뒤 대한 제국의 수립을 선포하여 우리나라가 자주독립국임을 대내외에 알렸어요. 대한 제국 정부는 '옛것을 근본으로 하여 새것을 참조한다.'라는 뜻의 구본신참을 원칙으로 한 광무개혁을 추진하였어요. ① 대한 제국 정부는 광무개혁을 추진하면서 양전 사업을 실시하고 근대적 토지 소유 증명서인 지계를 발급하였어요.

오답 피하기

② 흥선 대원군 집권 시기에 서양 세력과의 통상 수교 거부 의지를 널리 알리기 위해 전국 각지에 척화비가 건립되었어요.
③ 조선 고종은 제2차 갑오개혁을 추진하는 과정에서 국정 개혁의 기본 강령이라고 할 수 있는 홍범 14조를 반포하였어요.
④ 일제는 1925년에 천황제와 사유 재산 제도를 부정하는 사상을 탄압하기 위해 치안 유지법을 제정하였어요. 일제는 이 법을 적용하여 독립운동가와 사회주의자를 탄압하였어요.

4 국권 피탈과 저항

기출문제 풀어 보기 > 본책 134~138쪽

345 ①	346 ④	347 ④	348 ③	349 ②	350 ③
351 ③	352 ③	353 ④	354 ④	355 ①	356 ①
357 ④	358 ②	359 ③	360 ③	361 ②	362 ④
363 ①	364 ④				

345 을사늑약(제2차 한·일 협약)

정답 ①

정답 잡는 키워드

1905년 일제에 의해 강제로 체결, 그 부당성을 알리기 위해 파견된 헤이그 특사 > 을사늑약(제2차 한·일 협약)

1905년에 일제에 의해 강제로 체결되었으며 그 부당성을 알리기 위해 헤이그 특사가 파견되었다는 내용을 통해 (가) 조약이 을사늑약(제2차 한·일 협약)임을 알 수 있어요. 러·일 전쟁에서 승리한 일본은 1905년에 무력을 동원하여 대한 제국과 을사늑약을 강제로 체결하였어요. 고종 황제는 이에 반대하여 끝까지 서명하지 않았습니다. ① 을사늑약의 체결에 따라 일본은 대한 제국의 외교권을 박탈하고 한성에 통감부를 설치하였어요. 고종은 을사늑약의 부당성을 국제 사회에 알리기 위하여 1907년에 네덜란드 헤이그에서 열린 만국 평화 회의에 이준, 이상설, 이위종을 특사로 파견하였어요.

오답 피하기

② 1886년에 조·프 수호 통상 조약이 체결되어 조선 내에서 천주교의 포교가 허용되었어요.
③ 1904년에 체결된 제1차 한·일 협약에 따라 대한 제국의 재정 고문으로 파견된 일본인 메가타가 화폐 정리 사업을 실시하였어요.
④ 1907년에 일본은 헤이그 특사 파견을 구실 삼아 고종을 강제로 퇴위시키고 순종이 즉위하자마자 한·일 신협약(정미7조약)을 체결하였어요. 그리고 이 조약의 부속 각서에 따라 대한 제국의 군대를 해산하였어요.

346 을사늑약

정답 ④

정답 잡는 키워드

대한 제국의 외교권 박탈, 부당함을 세계에 알리기 위해 만국 평화 회의에 특사 파견 > 을사늑약

대한 제국의 외교권을 박탈하였으며 조약의 부당함을 세계에 알리기 위해 이준, 이상설, 이위종이 만국 평화 회의에 특사로 파견되었다는 내용을 통해 밑줄 그은 '이 조약'이 을사늑약임을 알 수 있어요. 1905년에 일제에 의해 강제로 체결된 을사늑약으로 ④ 대한 제국의 외교권을 빼앗기고 한성에는 통감부가 설치되었어요. 1907년에 고종 황제는 을사늑약의 부당함을 세계에 알리기 위해 네덜란드 헤이그에서 열린 만국 평화 회의에 이준, 이상설, 이위종을 특사로 파견하였어요.

오답 피하기

① 갑신정변 이후 청과 일본은 톈진 조약을 체결하여 조선에서 군대를 동시에 철수하고, 앞으로 조선에 파병할 때 상대국에 미리 알릴 것을 약속하였어요. 동학 농민 운동 당시에 조선 정부가 청에 지원을 요청하자 청은 톈진 조약에 따라 이를 일본에 알리고 조선에 군대를 보냈어요. 일본도 조선 내 일본인 보호를 구실 삼아 파병하였어요. 동학 농민군이 전주 화약을 체결하고 자진 해산한 후 청·일 양국의 군대가 조선의 지배권을 둘러싸고 전쟁을 벌였는데, 이를 청·일 전쟁이라고 합니다.
② 을사늑약에는 최혜국 대우 조항이 들어 있지 않아요. 최혜국 대우는 한 나라가 외국에 부여하고 있는 가장 유리한 대우를 조약 상대국에도 부여하는 것으로, 1882년에 체결된 조·미 수호 통상 조약에서 처음으로 규정되었어요.
③ 운요호 사건을 계기로 1876년에 강화도 조약이 체결되었어요.

347 헤이그 특사

정답 ④

정답 잡는 키워드

이준, 이상설, 이위종, 1907년 만국 평화 회의에 파견됨 > 헤이그 특사

이준, 이상설, 이위종이 1907년 만국 평화 회의에 특사로 파견되었다는 내용을 통해 밑줄 그은 '특사'가 헤이그 특사임을 알 수 있어요. ④ 고종 황제는 을사늑약의 부당함을 국제 사회에 알리기 위해 네덜란드 헤이그에서 열린 만국 평화 회의에 이준, 이상설, 이위종을 특사로 파견하였어요. 이들은 열강의 반대로 만국 평화 회의에 참석하지는 못하였으나 회의장 밖에서 각국 대표에게 보내는 탄원서를 발표하고, 신문에 일본의 국제법 위반 행위를 폭로하였어요.

오답 피하기

① 조·미 수호 통상 조약 체결 후 1883년에 미국에 간 보빙사가 서양에 파견된 우리나라 최초의 사절단입니다.
② 제2차 수신사로 일본에 간 김홍집이 귀국하면서 청의 외교관 황준헌이 쓴 "조선책략"을 들여와 국내에 소개하였어요.
③ 1881년에 영선사 일행이 청의 기기국에 파견되어 근대 무기 제조 기술을 배우고 돌아온 후 기기창의 설립을 주도하였어요.

348 일제의 국권 침탈

정답 ③

일본은 을사늑약(1905)의 체결을 강요하여 대한 제국의 외교권을 빼앗고 한성에 통감부를 설치하였어요. (나) 고종 황제는 을사늑약의 부당성을 세계에 알리기 위해 1907년에 네덜란드 헤이그에서 열린 만국 평화 회의에 이준, 이상설, 이위종을 특사로 파견하였어요. (다) 일본은 헤이그 특사 파견을 빌미로 고종 황제를 강제로 퇴위시키고 순종을 황제 자리에 앉혔어요(1907). 곧이어 일본은 대한 제국 정부에 한·일 신협약(정미7조약)의 체결을 강요하여 대한 제국의 행정 각 부에 일본인 차관을 임명하게 하였어요. 그리고 이를 시행하기 위해 작성한 부속 각서에 따라 대한 제국의 군대를 해산하였어요. (가) 군대 해산에 항의하며 시위대 대대장 박승환이 자결하였어요.
따라서 옳은 순서는 ③ (나)-(다)-(가)입니다.

349 국권 피탈 과정

정답 ②

정답 잡는 키워드

(가) 한·일 의정서, (나) 한·일 병합 조약 > (가) 1904년, (나) 1910년

(가) 한·일 의정서(1904)와 (나) 한·일 병합 조약(1910) 사이 시기에 체결된 조약은 ② 정미7조약입니다. 러·일 전쟁 중이던 1904년에 일본은 대한 제국에 한·일 의정서를 강요하여 대한 제국 내 군사적 요충지의 사용 권한을 확보하였고, 전쟁에서 승기를 잡은 이후에는 제1차 한·일 협약을 체결하여 대한 제국에 외교 고문과 재정 고문을 파견하였어요. 1905년에는 을사늑약을 강제로 체결하여 대한 제국의 외교권을 박탈하였어요. 이에 고종 황제가 을사늑약의 부당함을 세계에 알리기 위해 1907년에 헤이그 특사를 파견하자 일본은 이를 빌미로 고종을 강제로 퇴위시켰어요. 고종의 양위를 받은 순종이 즉위하자마자 일본은 정미7조약(한·일 신협약)을 강제로 체결하고, 부속 각서를 작성하여 대한 제국의 군대를 해산하였어요. 이후 1910년에 일제는 이른바 한·일 병합 조약을 체결하여 대한 제국의 국권을 강탈하였어요.

오답 피하기

① 갑신정변(1884)의 영향으로 1885년에 청과 일본은 톈진 조약을 체결하여 조선에서 양국의 군대를 철수하고, 이후 조선에 파병 시 미리 상대국에 알릴 것에 합의하였어요.
③ 1882년 임오군란 이후에 조선 정부는 일본과 제물포 조약을 체결하여 일본 공사관 경비를 위한 일본군의 주둔을 허용하였어요.
④ 1895년 청·일 전쟁에서 승리한 일본은 청과 시모노세키 조약을 체결하여 랴오둥반도를 넘겨받았어요.

350 안중근의 활동

정답 ③

정답 잡는 키워드

이토 히로부미를 하얼빈역에서 처단	안중근

이토 히로부미를 하얼빈역에서 처단하였다는 내용을 통해 밑줄 그은 '나'가 안중근임을 알 수 있어요. 안중근은 1909년에 만주 하얼빈에서 을사늑약 체결에 앞장선 이토 히로부미를 처단하였고, 의거 직후 체포되어 뤼순 감옥에 수감되었어요. ③ 안중근은 옥중에서 동양 평화의 실현을 위한 "동양 평화론"을 집필하다가, 사형이 집행되어 완성하지 못하였어요.

오답 피하기

① 대종교도가 중심이 되어 1911년에 북만주에서 중광단을 조직하였어요. 중광단은 이후 북로 군정서로 확대 개편되었어요.
② 의병장 출신 임병찬은 고종의 밀지를 받아 1912년에 독립 의군부를 조직하였어요. 독립 의군부는 복벽주의를 내걸고 대한 제국의 회복과 고종의 복위를 도모하였어요.
④ 장지연은 을사늑약의 부당함을 비판한 논설인 '시일야방성대곡'을 황성신문에 처음으로 발표하였어요.

351 위정척사 운동의 전개

정답 ③

정답 잡는 키워드

(가) 최익현, 왜양일체론	(가) 1870년대 개항 반대 운동
(나) 이항로, 서양과의 통상 반대	(나) 1860년대 통상 반대 운동
(다) 이만손, 조선책략 유포에 반발, 만인소	(다) 1880년대 개화 반대 운동

19세기 후반 보수적인 양반 유생들은 성리학에 기반을 둔 조선의 전통 질서를 지키고 서양 문물을 배척하는 위정척사 운동을 전개하였어요.

(가) 1870년대 강화도 조약 체결을 전후해서 최익현 등은 일본과 서양 세력은 본질적으로 같다는 왜양일체론을 내세우며 일본의 개항 요구에 반대하였어요.

(나) 흥선 대원군이 집권한 1860년대에 이항로 등은 서양 세력의 통상 요구에 반대하였으며, 서양의 침략에 맞서 싸우자는 척화주전론을 내세웠어요. 이러한 주장은 흥선 대원군의 통상 수교 거부 정책을 뒷받침하였어요.

(다) 1880년대 조선 정부가 개화 정책을 추진하고 러시아의 남하를 막기 위해 중국을 가까이하고(친중국), 일본과 관계를 공고히 하며(결일본), 미국과 연계해야 한다(연미국)는 내용의 "조선책략"이 유포되자, 이만손을 중심으로 한 영남 유생들은 만인소를 올려 정부의 개화 정책과 미국과의 수교에 반대하였어요. 이러한 개화 반대 운동은 정부의 탄압에도 한동안 거세게 일어났어요.

따라서 옳은 순서는 ③ (나)-(가)-(다)입니다.

352 조선책략 유포의 영향

정답 ③

정답 잡는 키워드

청의 외교관 황준헌이 쓴 것, 제2차 수신사 김홍집이 들여옴	조선책략

청의 외교관 황준헌이 쓴 것으로, 제2차 수신사로 일본에 갔던 김홍집이 들여왔다는 내용 등을 통해 제시된 책이 "조선책략"임을 알 수 있어요. "조선책략"은 일본에 파견된 청의 외교관 황준헌이 조선이 취해야 할 외교 정책에 대해 쓴 책으로, 1880년에 제2차 수신사로 일본에 갔던 김홍집이 국내에 들여와 고종에게 바쳤어요. 러시아의 남하를 막기 위해 조선은 중국을 가까이하고(친중국), 일본과 관계를 공고히 하며(결일본), 미국과 연계해야 한다(연미국)는 주장이 담겨 있어요. 이 책이 국내에 유포되자 유생들을 중심으로 반대 여론이 크게 일어났어요. 특히 ③ 1881년에 이만손을 중심으로 영남 유생들이 만인소를 올려 정부의 개화 정책과 미국과의 수교에 반대하였어요.

오답 피하기

① 1866년에 프랑스 선교사와 천주교 신자들이 처형당한 병인박해를 구실로 프랑스군이 강화도를 침략하여 병인양요가 일어났어요.
② 1866년에 미국인 소유의 상선 제너럴 셔먼호가 평양까지 들어와 조선 정부에 통상을 요구하며 횡포를 부리다가 평양 관민에 의해 배가 불태워졌어요. (제너럴 셔먼호 사건). 1871년에 미국은 이 사건을 구실 삼아 강화도를 침략하여 신미양요를 일으켰어요.
④ 1871년에 미군이 강화도를 침략하여 신미양요가 일어나자 어재연 부대가 광성보에서 항전하였어요.

353 을미의병

정답 ④

정답 잡는 키워드

역적들이 국모를 시해하고 억지로 머리카락을 깎게 함	을미의병 (1895)

역적들이 국모를 시해하고 억지로 머리카락을 깎게 하였다는 내용을 통해 밑줄 그은 '의병'이 을미사변과 단발령 시행에 반발하여 일어난 을미의병임을 알 수 있어요. 청·일 전쟁에서 승리한 일본이 시모노세키 조약을 맺어 청으로부터 랴오둥(요동)반도를 넘겨받자, 일본의 세력 확장을 우려한 러시아가 프랑스, 독일과 함께 랴오둥반도를 청에 돌려주라며 일본에 압력을 행사하였어요. 이에 굴복하여 일본이 랴오둥반도를 청에 반환하였습니다(삼국 간섭). 이러한 상황에서 조선 정부가 일본을 견제하기 위해 친러 정책을 추진하자 위기감을 느낀 일본이 1895년에 친러 정책의 배후라고 여긴 고종의 왕비(명성 황후)를 시해한 을미사변을 일으켰어요. 이후 친일 성향의 김홍집 내각이 구성되어 단발령 시행과 태양력 채택, '건양' 연호 사용 등을 주요 내용으로 하는 을미개혁을 추진하였어요. 을미사변과 단발령은 민중의 분노를 불러일으켰고, 분노한 양반 유생을 중심으로 전국 각지에서 의병이 일어났어요. 이를 을미의병이라고 합니다. 을미의병은 고종이 단발령을 철회하고 해산할 것을 권고하자 스스로 해산하였어요.

따라서 연표에서 을미의병이 일어난 시기는 청·일 전쟁 발발과 국권 피탈 사이인 ④ (라)입니다.

354 을사의병

정답 ④

정답 잡는 키워드

을사오적 제거, 최익현	을사의병 (1905)

스스로 외교하지 못하게 한 조약을 제멋대로 허락한 을사오적을 제거해야 한다는 최익현의 말을 통해 을사의병에 관한 그림 카드임을 알 수 있어요. 1905년 을사늑약이 강제로 체결되면서 대한 제국의 외교권이 박탈되었으며, 이듬해 한성에 통감부가 설치되었어요. 을사오적은 이완용, 이지용, 이근택, 박제순, 권중현 등 을사늑약 체결에 가담한 대신들을 말해요. ④ 을사늑약이 체결되자 각지에서 의병이 일어났는데, 대표적으로 최익현은 전라북도 태인에서 의병을 일으켰어요. 이때에 활약한 평민 출신 의병장 신돌석은 경상북도와 강원도 경계 지역에서 신출귀몰한 유격전으로 일본군의 간담을 서늘하게 만들었어요.

오답 피하기

① 비변사는 조선 중종 때 외적의 침입 시 국방 문제를 다루기 위한 임시 기구로 설치되었어요.
② 조선 중종 때 조광조의 위훈 삭제 등에 반발한 훈구 세력이 기묘사화를 일으켜 조광조를 제거하고 사림에 큰 피해를 입혔어요.
③ 세도 정치 시기인 조선 철종 때 삼정의 문란 등에 농민들의 원성이 폭발하여 임술 농민 봉기가 일어났어요.

355 정미의병

정답 ①

정답 잡는 키워드

1907년, 의병	>	정미의병

1907년 당시 의병 활동에 대해 말해 보라는 내용을 통해 정미의병을 묻는 문항임을 알 수 있어요. 1907년에 고종 황제의 강제 퇴위와 대한 제국의 군대 해산에 반발하여 정미의병이 일어났어요. 이 무렵 영국의 언론인 매켄지는 대한 제국을 방문하여 일제의 침략에 저항하는 의병 활동을 취재하였습니다. ① 정미의병 당시 유생 의병장을 중심으로 각 도의 의병이 모여 13도 창의군을 결성하였어요. 이들은 1908년에 서울 진공 작전을 전개하였으나 실패하였어요.

오답 피하기

② 독립 협회는 관민 공동회를 개최하여 개혁안인 헌의 6조를 결의하고 정부에 건의하여 고종의 재가를 받았어요.
③ 고부 농민 봉기 이후 사태 수습을 위해 정부가 보낸 안핵사 이용태가 봉기에 참여한 농민들을 탄압하자, 전봉준 등이 동학 농민군을 조직하고 무장에서 대규모로 봉기하였어요. 이어 백산에 집결한 동학 농민군은 4대 강령을 발표하였어요.
④ 임진왜란 당시 곽재우, 고경명 등이 의병장으로 활약하였어요.

356 13도 창의군의 활동

정답 ①

정답 잡는 키워드

황제가 강제로 자리에서 내려옴, 군대를 강제로 해산시킴, 13도 의병이 모여 조직, 총대장 이인영	>	정미의병 시기 13도 창의군

황제 폐하께서 강제로 그 자리에서 내려오셔야 하였으며 일제가 우리 군대를 강제로 해산시켰다는 내용과 13도의 의병이 모여 조직되고 이인영 총대장이 지휘하였다는 내용을 통해 밑줄 그은 '이 부대'가 정미의병 시기에 결성된 13도 창의군임을 알 수 있어요. 1907년에 일본은 네덜란드 헤이그에서 열린 만국 평화 회의에 특사를 파견한 일을 구실 삼아 고종 황제를 강제로 퇴위시키고 순종을 즉위하게 하였어요. 이어 한·일 신협약(정미7조약)과 부속 각서를 체결하고 이에 따라 대한 제국의 군대를 해산하였습니다. 이에 반발하여 전국 각지에서 정미의병이 일어났으며, 각지의 해산 군인이 합류하여 의병의 전투력이 강화되었어요. 의병 활동이 전국으로 확대·발전하면서 유생 의병장을 중심으로 전국의 의병이 모여 이인영을 총대장으로 하는 13도 창의군을 결성하였습니다. 이들은 각국 영사관에 격문을 보내 의병을 국제법상의 교전 단체로 인정해 줄 것을 요구하였어요. ① 13도 창의군은 서울 진공 작전을 전개하였으나 군사력이 우세한 일본군에 가로막혀 실패하였어요.

오답 피하기

② 간도 참변 이후 만주 지역의 독립군 부대들은 러시아의 지원 약속을 믿고 자유시로 이동하였다가 자유시 참변을 당해 큰 피해를 입었어요.
③ 신미양요 당시 어재연이 이끄는 조선군이 광성보에서 미군에 항전하였으나 패배하였어요.
④ 김원봉을 비롯한 의열단의 일부 단원이 중국의 황푸 군관 학교에 입학하여 군사 훈련을 받았어요.

357 보안회의 활동

정답 ④

국권 회복을 위해 실력 양성을 강조한 애국 계몽 운동 단체 중 보안회의 활동을 묻는 문항입니다. 일본은 러·일 전쟁의 전세가 유리하게 전개되자 대한 제국에 황무지 개간권을 요구하며 토지를 약탈하려 하였어요. 이에 ④ 1904년 서울에서 보안회가 결성되어 일본의 황무지 개간권 요구에 반대 운동을 전개하여 요구를 저지하는 데 성공하였어요.

오답 피하기

① 1930년대 동아일보사는 농촌 계몽 운동인 브나로드 운동을 전개하였어요. 브나로드는 러시아어로 '민중 속으로'라는 뜻이에요.
② 통일 정부 수립을 위해 1946년에 여운형, 김규식 등이 조직한 좌우 합작 위원회는 좌우 합작 7원칙을 발표하였어요.
③ 1907년에 설립된 신민회는 민족 교육을 위해 정주에 오산 학교, 평양에 대성 학교를 설립하였어요.

358 신민회

정답 ②

정답 잡는 키워드

105인 사건으로 와해, 안창호, 양기탁 등이 비밀리에 결성	>	신민회

일제가 조작한 105인 사건으로 와해되었으며, 안창호, 양기탁 등이 비밀리에 결성하였다는 내용을 통해 밑줄 그은 '이 단체'가 ② 신민회임을 알 수 있어요. 신민회는 국권 회복과 공화 정체의 근대 국가 수립을 목표로 하여 1907년에 안창호, 양기탁 등이 비밀리에 결성한 단체로, 민족 자본을 육성하기 위해 태극 서관과 자기 회사를 운영하였어요. 또한, 민족 교육을 위해 오산 학교와 대성 학교를 설립하였고 국외에 독립운동 기지 건설을 위해 노력하여 남만주(서간도) 지역의 삼원보에 한인촌을 건설하기도 하였어요. 하지만 일제가 데라우치 총독 암살 미수 사건을 조작하여 105명의 독립운동가들을 잡아들인 105인 사건으로 조직이 드러나 와해되었어요.

오답 피하기

① 보안회는 일제가 대한 제국 정부에 황무지 개간권을 요구하자 이에 대한 반대 운동을 전개하여 일제의 요구를 저지하는 데 성공하였어요.
③ 대한 자강회는 입헌 군주제의 수립을 지향하였으며, 고종 황제 강제 퇴위 반대 운동을 벌이다가 통감부의 탄압을 받아 해산되었어요.
④ 헌정 연구회는 입헌 군주제의 수립을 주장하였으며, 친일 단체 일진회의 반민족 행위를 규탄하였어요.

359 신민회의 활동

정답 ③

정답 잡는 키워드

안창호, 양기탁 등이 조직한 비밀 결사, 국외에서 독립운동 기지 건설을 통한 군사적 실력 양성을 꾀함, 105인 사건으로 국내 조직 해산	>	신민회

안창호, 양기탁 등이 중심이 되어 조직한 비밀 결사로, 국외에서 독립운동 기지 건설을 통한 군사적 실력 양성을 꾀하였으며 105인 사건으로 국내 조직이 해산되었다는 내용 등을 통해 (가) 단체가 신민회임을 알 수 있어요. 신민회는 1907년에 안창호, 양기탁 등이 비밀리에 조직하여 국권 회복과 공화 정체의 근대 국가 건설을 목표로 여러 활동을 전개한 애국 계몽 운동 단체입니다. ③ 신민회는 민족 산업을 육성하기 위해 태극 서관과 자기 회사를 운영하였고, 민족 교육을 위해 정주에 오산 학교, 평양에 대성 학교를 건립하였어요. 또 국외 독립운동 기지 건설에 힘써 남만주(서간도) 지역의 삼원보에 신흥 강습소를 세우고 독립군을 양성하였어요.

오답 피하기

① 서재필 등이 정부의 지원을 받아 1896년에 독립신문을 창간하였어요.
② 제2차 갑오개혁 때 교육 입국 조서가 반포되어 각종 근대 학교에 관한 법규가 마련되었어요. 이에 따라 한성 사범 학교 등이 설립되었어요.
④ 보안회는 일본의 황무지 개간권 요구에 반대 운동을 전개하여 일본의 요구를 저지하는 데 성공하였어요.

360 신민회의 활동

정답 ③

신민회의 활동을 묻는 문항입니다. 신민회는 1907년에 국내에서 조직된 비밀 결사로, 국권 회복과 공화 정체의 국민 국가 건설을 목표로 활동하였어요. 민중 계몽을 위해 강연회를 개최하였으며, 민족 산업을 육성하기 위해 태극 서관, 자기 회사를 운영하였습니다. 또 남만주(서간도) 지역의 삼원보에 독립운동 기지를 건설하고 독립군 양성을 위해 신흥 강습소를 세웠어요. ③ 신민회는 정주에 오산 학교, 평양에 대성 학교를 세워 민족 교육을 실시하였어요.

오답 피하기

① 신민회는 1911년에 일제가 조작한 105인 사건으로 조직이 드러나 해산되었어요. 통감부는 1910년에 조선 총독부가 설치되면서 폐지되었어요.
② 브나로드 운동은 1930년대 동아일보사가 주도한 농촌 계몽 운동이에요.
④ 1919년에 설립된 의열단은 신채호가 작성한 '조선 혁명 선언'을 활동 지침으로 삼았어요.

361 방곡령

정답 ②

정답 잡는 키워드

조·일 통상 장정, 조선의 지방관이 곡식의 유출을 금하는 조치 > 방곡령

'조·일 통상 장정'과 조선의 지방관이 곡식의 유출을 금하는 조치라는 내용 등을 통해 검색창에 들어갈 용어가 ② 방곡령임을 알 수 있어요. 방곡령은 흉년 등으로 곡식이 부족할 때 지방관이 곡물의 유출을 막기 위해 내린 조치입니다. 조·일 통상 장정(1883)에 선포 1개월 전 일본 영사관에 통지해야 한다는 단서를 달아 방곡령 조항이 포함되었어요. 이후 1889년과 1890년에 함경도와 황해도 관찰사가 방곡령을 선포하였으나 일본은 조·일 통상 장정의 규정을 어겼다는 구실로 방곡령을 철회시키고 배상금을 요구하였어요.

오답 피하기

① 을미개혁 당시 강제로 남성의 상투를 자르도록 한 단발령이 시행되자 이에 반발하여 을미의병이 일어났어요.
③ 국권 피탈 이후 일제는 삼림령 등을 통해 한국의 삼림 자원을 통제·관리하고 수탈하였어요.
④ 일제는 한국인의 기업 설립과 민족 자본의 성장을 억제하기 위해 1910년에 회사 설립 시 조선 총독의 허가를 받도록 하는 회사령을 공포하였어요.

362 러·일 전쟁 시기의 사실

정답 ④

정답 잡는 키워드

러시아와 전쟁을 하고 있는 일본 > 러·일 전쟁(1904~1905)

만주와 한반도의 주도권을 차지하기 위한 러시아와 일본의 갈등이 고조되는 가운데, 1904년에 일본이 러시아를 기습 공격하면서 러·일 전쟁이 일어났어요. 일본은 러·일 전쟁 중 군사적 목적으로 경부선과 경의선을 부설하였어요. ④ 러·일 전쟁 중에 일본은 대한 제국에 황무지 개간권을 요구하며 토지를 약탈하고자 하였어요. 이에 보안회가 반대 운동을 벌여 이를 저지하였어요.

오답 피하기

① 훈련도감은 임진왜란 중에 설치되었어요. 개항 이후 조선 정부는 개화 정책을 추진하면서 신식 군대인 별기군을 창설하고 훈련도감 등 5군영을 무위영과 장어영의 2영으로 개편하였어요.
② 일제는 1937년에 중·일 전쟁을 일으킨 후 침략 전쟁을 확대하면서 한국인을 전쟁에 쉽게 동원하기 위해 한국인의 민족의식을 말살하는 민족 말살 정책을 강화하였어요. 이에 따라 황국 신민 서사 암송과 신사 참배, 성과 이름을 일본식으로 바꾸게 하는 창씨개명 등을 강요하였어요.
③ 일제는 1925년에 천황제를 유지하고 사회주의 운동이 확산되는 것을 막기 위해 치안 유지법을 제정하였어요. 치안 유지법은 사회주의 사상을 통제하고 독립운동을 탄압하는 데 이용되었어요.

363 국채 보상 운동

정답 ①

정답 잡는 키워드

일본에 진 빚 1,300만 원을 갚기 위해 의연금을 모음 > 국채 보상 운동

일본에 진 빚 1,300만 원을 갚기 위해 의연금을 모으고 있다는 내용을 통해 제시된 장면에 나타난 운동이 ① 국채 보상 운동임을 알 수 있어요. 1907년에 국민이 성금을 모아 대한 제국 정부가 일본에 진 빚을 갚자는 국채 보상 운동이 전개되었어요. 국채 보상 운동은 서상돈, 김광제 등을 중심으로 대구에서 시작되었으며 국채 보상 기성회의 주도 아래 대한매일신보, 황성신문 등 언론의 지원을 받아 전국적으로 확산되었어요.

오답 피하기

② 1920년대 후반 조선일보사는 '아는 것이 힘, 배워야 산다'라는 구호를 내걸고 문자 보급 운동을 전개하였어요.
③ 물산 장려 운동은 1920년대 초에 전개된 토산품 애용 운동이에요. '조선 사람 조선 것', '내 살림 내 것으로' 등의 구호를 내걸었어요.
④ 민립 대학 설립 운동은 1920년대 초 우리 민족의 힘으로 고등 교육을 담당할 대학을 설립하기 위한 목적으로 전개된 운동이에요.

364 국채 보상 운동

정답 ④

국채 보상 운동에 관한 문항입니다. 1907년에 대한 제국 정부가 일본에 진 빚을 국민이 성금을 모아 갚고 국권을 수호하자는 국채 보상 운동이 전개되었어요. 국채 보상 운동은 서상돈, 김광제 등의 주도로 대구에서 시작되어 ④ 대한매일신보, 황성신문 등 언론의 후원을 받아 전국으로 확산되었어요.

오답 피하기

① 1927년에 신간회의 자매단체로 설립된 근우회는 여성의 지위 향상과 계몽을 위해 노력하였어요.
② 조선 총독부는 1910년 국권 피탈 이후 설치되었어요. 국채 보상 운동은 통감부의 방해와 탄압 등으로 실패하였어요.
③ 김홍집은 제1차 갑오개혁 당시 군국기무처의 총책임을 맡아 개혁을 주도하였어요.

5 문화

기출문제 풀어 보기 > 본책 139~141쪽

365 ② 366 ① 367 ③ 368 ④ 369 ② 370 ②
371 ③ 372 ④ 373 ② 374 ③

365 한성순보

정답 ②

정답 잡는 키워드

박문국에서 발행, 순 한문으로 열흘에 한 번씩 나옴 > 한성순보

박문국에서 순 한문으로 열흘에 한 번씩 나왔다는 내용을 통해 밑줄 그은 '신문'이 ② 한성순보임을 알 수 있어요. 한성순보는 박문국에서 순 한문으로 10일에 한 번씩 발행된 우리나라 최초의 근대 신문입니다. 개항 이후 조선 정부는 개화 정책을 홍보하고 민중을 계몽할 목적으로 한성순보를 발행하였어요.

오답 피하기

① 만세보는 천도교에서 민중 계몽을 위해 발행한 기관지입니다.
③ 황성신문은 주된 독자가 유생층이었으며 국한문 혼용으로 발행되었어요. 을사늑약의 부당함을 비판한 장지연의 논설 '시일야방성대곡'을 처음으로 게재하였어요.
④ 대한매일신보는 양기탁과 베델이 창간하였으며 순 한글, 국한문, 영문으로 발행되었어요. 국채 보상 운동을 적극적으로 후원하여 국채 보상 운동이 전국으로 확산되는 데 기여하였어요.

366 독립신문

정답 ①

정답 잡는 키워드

서재필이 중심이 되어 창간, 순 한글로 발행, 영문판도 제작 > 독립신문

서재필이 중심이 되어 창간하였으며 순 한글로 발행하였고 영문판도 함께 제작하였다는 내용을 통해 (가)에 해당하는 신문이 ① 독립신문임을 알 수 있어요. 독립신문은 서재필이 중심이 되어 정부의 지원을 받아 1896년에 창간한 신문이에요. 민중 계몽을 위해 누구나 쉽게 읽을 수 있도록 순 한글로 발행되었으며, 영문판도 함께 발행되어 국내 정세를 외국인에게도 알렸어요. 독립신문은 우리나라 최초의 순 한글 신문이자 민간 신문이에요.

오답 피하기

② 1898년 창간된 제국신문은 순 한글로 발행되어 서민층과 부녀자가 주로 구독하였어요.
③ 해조신문은 러시아 블라디보스토크에서 발행된 한글 신문으로, 해외에서 우리글로 발행된 최초의 신문이에요.
④ 대한매일신보는 양기탁과 영국인 베델이 함께 창간한 신문이에요. 영국인이 발행인이었기 때문에 일제의 검열에서 비교적 자유로웠어요.

367 독립신문

정답 ③

정답 잡는 키워드

서재필이 창간한 우리나라 최초의 민간 신문 > 독립신문

서재필이 창간한 우리나라 최초의 민간 신문이라는 내용 등을 통해 밑줄 그은 '이 신문'이 독립신문임을 알 수 있어요. 1896년에 서재필 등이 정부의 지원을 받아 민중 계몽을 위해 독립신문을 창간하였어요. ③ 독립신문은 우리나라 최초의 민간 신문으로 누구나 읽을 수 있게 순 한글로 발행되었으며 외국인에게도 국내 정세를 알리기 위해 영문판도 함께 제작되었어요.

오답 피하기

① 천도교는 민중 계몽을 위해 기관지로 만세보를 발행하였어요.
② 박문국은 조선 정부가 설치한 인쇄·출판을 담당한 기구입니다. 박문국에서 한성순보, 한성주보 등을 발간하였어요.
④ 을사늑약(1905)이 체결되자 황성신문은 을사늑약의 부당성을 주장한 장지연의 '시일야방성대곡'이라는 논설을 처음으로 실었어요. 독립신문은 을사늑약 체결 이전인 1899년에 폐간되었어요.

368 대한매일신보

정답 ④

정답 잡는 키워드

양기탁과 베델이 창간, 국채 보상 논설 > 대한매일신보

양기탁과 베델이 창간하였으며 국채 보상 논설을 읽었다는 내용을 통해 (가)에 해당하는 신문이 ④ 대한매일신보임을 알 수 있어요. 대한매일신보는 양기탁과 베델이 창간하였어요. 영국인 베델이 발행인이었기 때문에 일제의 감시와 검열에서 비교적 자유로워 항일 논조의 기사를 많이 실을 수 있었어요. 대한매일신보는 순 한글, 국한문, 영문으로 발행되었으며 독자층의 폭이 넓었습니다. 또 대한매일신보는 국채 보상 운동을 적극적으로 후원하여 국채 보상 운동이 전국으로 확산되는 데 기여하였어요.

오답 피하기

① 천도교는 민중 계몽을 위해 기관지로 만세보를 발간하였어요. 만세보는 국한문 혼용으로 발행되었어요.
② 독립신문은 서재필이 중심이 되어 창간한 우리나라 최초의 민간 신문으로, 한글판과 함께 영문판도 발행되었어요.
③ 해조신문은 러시아 블라디보스토크에서 발행된 한글 신문으로, 해외에서 우리글로 발행된 최초의 신문이에요.

369 개항 이후 설립된 근대 시설

정답 ②

우정총국의 기능을 묻는 문항입니다. 개항 이후 서양의 과학 기술을 받아들여 부국강병을 이루어야 한다는 인식이 점차 확산되었어요. 이에 따라 1880년대부터 유학생을 파견하고 외국인 기술자와 교사를 초빙하여 근대 학문과 기술을 배웠어요. 또한, 이때에 여러 근대 시설이 설치되었는데, 서양식 무기를 제작하는 공장인 기기창, 우리나라 최초의 서양식 병원인 광혜원(제중원), ② 근대적 우편 업무를 담당하는 우정총국 등이 대표적입니다. 한편, 원각사는 1908년 서울에 세워진 우리나라 최초의 서양식 극장입니다.

오답 피하기

① 나운규 감독의 영화 '아리랑'은 1926년에 서울 종로의 단성사에서 개봉되었어요.
③ 한성순보는 우리나라 최초의 근대 신문으로, 박문국에서 발간되었어요.
④ 1886년에 설립된 육영 공원은 헐버트, 길모어 등 미국인 교사를 초빙하여 현직 관리와 양반 자제에게 영어, 수학, 지리학, 정치학 등 근대 학문을 가르쳤어요.

370 원산 학사

정답 ②

정답 잡는 키워드

함경도 덕원 지역에 설립된 교육 기관, 근대적 학문을 배울 수 있음 > 원산 학사

함경도 덕원 지역에 설립된 교육 기관으로, 근대적 학문을 배울 수 있다는 내용을 통해 밑줄 그은 '이곳'이 ② 원산 학사임을 알 수 있어요. 덕원 지역에 속한 원산은 부산에 이어 개항된 곳으로, 비교적 일찍 근대 문물을 접한 주민들 사이에 근대 교육의 필요성이 빠르게 퍼졌어요. 이러한 흐름 속에 1883년 덕원 부사 정현석과 주민들의 노력으로 우리나라 최초의 근대 교육 기관인 원산 학사가 설립되었어요.

오답 피하기

① 서전서숙은 이상설 등이 북간도 지역에 세운 민족 교육 기관이에요.
③ 대성 학교는 신민회 회원 안창호가 민족 교육을 위해 평안도 평양에 세운 학교입니다.
④ 배재 학당은 개신교 선교사 아펜젤러가 서울에 세운 근대 학교입니다.

371 육영 공원

정답 ③

정답 잡는 키워드

신학문을 가르치는 공립 학교, 교사 – 헐버트, 길모어, 벙커 등 > 육영 공원

신학문을 가르치는 공립 학교이며 헐버트, 길모어, 벙커 등이 교사라는 내용을 통해 (가)에 들어갈 근대 교육 기관이 ③ 육영 공원임을 알 수 있어요. 육영 공원은 1886년에 조선 정부가 설립한 근대 학교입니다. 헐버트, 길모어, 벙커 등 미국인 교사를 초빙하여 양반 자제와 젊은 현직 관리에게 영어, 수학, 자연 과학 등 근대 학문을 가르쳤어요.

오답 피하기

① 서전서숙은 이상설 등이 북간도 지역에 설립한 민족 교육 기관이에요.
② 배재 학당은 개신교 선교사 아펜젤러가 설립한 근대 학교입니다.
④ 이화 학당은 개신교 선교사 스크랜턴이 여성의 신학문 교육을 위해 설립한 학교입니다.

372 이화 학당

정답 ④

정답 잡는 키워드

스크랜턴이 여성의 신학문 교육을 위해 세운 학교 > 이화 학당

스크랜턴이 여성의 신학문 교육을 위해 세운 학교라는 내용 등을 통해 밑줄 그은 '학교'가 ④ 이화 학당임을 알 수 있어요. 1886년에 미국 개신교 선교사 스크랜턴은 여성의 신학문 교육을 위해 지금의 서울 중구에 이화 학당을 설립하였어요. 우리나라 최초의 여의사 박에스더가 이화 학당 출신이며, 이 밖에도 이화 학당은 송죽회, 대한 애국 부인회 등에서 독립운동을 한 황애시덕, 3·1 운동 당시 천안 아우내 장터에서 만세 운동을 주도하다 일제에 붙잡혀 순국한 유관순 등 많은 독립운동가를 배출하였어요.

오답 피하기

① 배재 학당은 개신교 선교사 아펜젤러가 세운 사립 학교입니다.
② 오산 학교는 신민회 회원 이승훈이 민족 교육을 위해 평안북도 정주에 설립한 학교입니다.
③ 육영 공원은 근대식 관립 교육 기관으로, 헐버트와 길모어 등 미국인 교사를 초빙하여 젊은 현직 관리와 양반 자제에게 근대 학문을 가르쳤어요.

373 명동 학교

정답 ②

정답 잡는 키워드

간도 지역의 민족 교육을 위해 설립, 출신 인물로 윤동주와 나운규 등이 있음 > 명동 학교

간도 지역의 민족 교육을 위해 설립하였으며 출신 인물로 윤동주와 나운규 등이 있다는 내용을 통해 밑줄 그은 '이 학교'가 ② 명동 학교임을 알 수 있어요. 명동 학교는 민족 교육을 위해 북간도 지역에 설립된 학교입니다. '서시', '자화상', '별 헤는 밤' 등 일제에 의해 억압받는 민족의 현실을 표현한 시를 남긴 윤동주, 영화 '아리랑'의 감독이자 주연인 나운규 등이 명동 학교 출신이에요.

오답 피하기

① 동문학은 정부가 1883년에 통역관 양성을 위해 설립한 외국어 강습 기관이에요.
③ 배재 학당은 개신교 선교사 아펜젤러가 세운 사립 학교입니다.
④ 육영 공원은 근대식 관립 교육 기관으로, 헐버트와 길모어 등 미국인 교사를 초빙하여 양반 자제와 젊은 현직 관리를 대상으로 영어, 수학 등 근대 학문을 가르쳤어요.

374 전차 개통 이후의 사실

정답 ③

정답 잡는 키워드

전차 운행 시작 > 1899년

동대문에서 서대문까지 전차 운행이 시작되었다는 내용을 통해 1899년의 상황임을 알 수 있어요. 1899년 이후에 볼 수 있는 모습을 찾으면 됩니다. 1899년에 우리나라에서 처음으로 전차가 개통되어 서대문에서 종로, 동대문을 거쳐 청량리까지 운행을 시작하였어요. 대한 제국 시기에 근대 시설이 확충되어 전화가 가설되고 전차와 철도가 개통되었어요. ③ 러·일 전쟁 중이던 1905년에 서울과 부산을 잇는 경부선이 개통되었어요. 경부선은 경인선에 이어 두 번째로 개통된 철도입니다.

오답 피하기

① 한성순보는 1883년에 박문국에서 발간되기 시작하였어요. 그러나 1884년에 일어난 갑신정변으로 박문국이 피해를 입어 발간이 중단되었어요.
② 독립 협회는 1898년에 근대적 민중 집회인 만민 공동회를 개최하였어요. 만민 공동회에는 지식인, 학생, 상인, 백정 등 다양한 계층의 사람들이 참여하였어요.
④ 동문학은 1883년에 조선 정부가 세운 외국어 강습 기관이에요. 1886년에 육영 공원이 설립되면서 문을 닫았어요.

기출 선택지로 개념 다지기

> 본책 142~147쪽

1 (1) ○ (2) ×(1885년 이후) (3) ×(18세기 조선 영조 재위 시기) (4) ×(1898년) (5) ×(1910년대) (6) ○

2 (1) ○ (2) ×(조선 영조 재위 시기) (3) ○ (4) ○ (5) ×(조선 숙종 재위 시기) (6) ○ (7) ×(조선 정조 재위 시기)

3 ㉠, ㉡, ㉢, ㉣, ㉤

4 (1) ○ (2) ×(조·일 통상 장정) (3) ○ (4) ×(조·미 수호 통상 조약) (5) ○ (6) ○ (7) ×(제물포 조약)

5 (1) 보빙사 (2) 조사 시찰단 (3) 영선사

6 (1) ○ (2) ×(동학 농민 운동) (3) ×(동학 농민 운동) (4) ×(제2차 수신사의 파견) (5) ○ (6) ○ (7) ×(조선 정부의 개화 정책 추진) (8) ○

7 (1) ×(광무개혁) (2) ○ (3) ×(진주 농민 봉기, 임술 농민 봉기) (4) ○ (5) ×(병인양요) (6) ×(임오군란)

8 (1) ×(진주 농민 봉기) (2) ○ (3) ×(신미양요) (4) ×(홍경래의 난) (5) ○ (6) ○

9 (1) ㉠, ㉡, ㉢ (2) ㉢, ㉠, ㉡

10 (1) 제1차 (2) 제2차 (3) 제1차 (4) 을미 (5) 제1차 (6) 제1차 (7) 을미 (8) 제2차 (9) 제1차 (10) 제2차 (11) 제2차

11 (1) ×(조선 형평사) (2) ×(신민회) (3) ○ (4) ○ (5) ×(대한 자강회 등) (6) ○ (7) ×(조선어 학회) (8) ○

12 ㉠, ㉣, ㉢, ㉡

13 (1) ○ (2) ○ (3) ×(흥선 대원군 집권 시기) (4) ○ (5) ×(1881년) (6) ×(1880년) (7) ×(1881년) (8) ×(1882년) (9) ×(흥선 대원군 집권 시기)

14 ㉢, ㉠, ㉡

15 ㉢, ㉣, ㉠, ㉡

16 ㉢, ㉠, ㉡

17 (1) 정미의병 (2) 정미의병 (3) 을미의병 (4) 정미의병 (5) 을사의병 (6) 정미의병 (7) 을미의병

18 (1) 신민회 (2) 신민회 (3) 신민회 (4) 대한 자강회 (5) 보안회

19 (1) ○ (2) ×(조·미 수호 통상 조약) (3) ○ (4) ×(을사늑약) (5) ○

20 (1) ×(독립 협회) (2) ○ (3) ○ (4) ×(광주 학생 항일 운동) (5) ○ (6) ×(물산 장려 운동) (7) ×(독립 협회의 이권 수호 운동) (8) ×(3·1 운동)

21 (1) 대한매일신보 (2) 대한매일신보 (3) 독립신문 (4) 한성순보

22 (1) 대성 학교 (2) 이화 학당 (3) 원산 학사 (4) 육영 공원

23 (1) ㉡ (2) ㉤ (3) ㉣ (4) ㉢ (5) ㉠

24 (1) ㉢, ㉡, ㉠ (2) ㉡, ㉠, ㉢

1 흥선 대원군은 고종이 즉위한 1863년부터 고종이 성인이 되어 직접 나라를 다스리겠다고 선포한 1873년까지 국정 운영을 주도하였어요.

3 ㉠ 병인박해(1866) – ㉡ 제너럴 셔먼호 사건(1866) – ㉢ 병인양요(1866) – ㉣ 오페르트의 남연군 묘 도굴 미수 사건(1868) – ㉤ 신미양요(1871)의 순서입니다.

6 (7) 임오군란은 구식 군인들이 신식 군대인 별기군과의 차별 등에 반발하여 일으킨 사건이에요.

9 고부 농민 봉기의 수습을 위해 정부가 보낸 안핵사 이용태가 봉기에 참여한 농민들을 동학 교도로 몰아 탄압하자, 전봉준 등이 동학 농민군을 조직하여 무장에서 대규모로 봉기하였어요. 이어 백산에 집결하여 4대 강령과 격문을 발표한 동학 농민군은 황토현 전투, 황룡촌 전투에서 관군을 물리치고 전주성을 점령하였어요. 전주성 함락에 당황한 조선 정부는 청에 군사 지원을 요청하였고, 청이 군대를 파견하자 일본도 조선 내 일본인을 보호한다는 구실로 군대를 파견하였어요. 외세의 개입을 우려한 동학 농민군은 서둘러 정부와 전주 화약을 체결한 후 스스로 해산하였어요. 해산한 동학 농민군은 전라도 일대에 집강소를 설치하고 폐정 개혁을 실천해 나갔어요. 그러나 일본군이 경복궁을 점령하고 청·일 전쟁을 일으키자 일본군 타도를 내걸고 다시 봉기하였어요. 동학 농민군의 남접과 북접이 논산에서 연합하여 한성으로 진격하는 가운데 공주 우금치에서 일본군 및 관군에 맞서 싸웠으나 패배하였어요.

12 ㉠ 을미사변 이후 신변에 위협을 느낀 ㉣ 고종이 러시아 공사관으로 피신하였어요(아관 파천). 1년여 만에 경운궁으로 돌아온 고종은 1897년에 환구단에서 황제 즉위식을 거행하고 ㉢ 대한 제국의 수립을 선포하였어요. ㉡ 대한 제국 정부는 1899년에 황제권 강화를 강조한 대한국 국제를 반포하였어요.

14 을사늑약의 부당성을 국제 사회에 알리기 위해 ㉢ 고종은 1907년 네덜란드 헤이그에서 열린 만국 평화 회의에 이준, 이상설, 이위종을 특사로 파견하였어요. 일제는 이를 빌미로 ㉠ 고종을 강제로 퇴위시켰어요. 이어 한·일 신협약(정미7조약)을 체결하고 이를 시행하기 위해 작성된 부속 각서에 따라 ㉡ 대한 제국의 군대를 강제로 해산하였어요.

15 ㉢ 한·일 의정서(1904. 2.) – ㉣ 제1차 한·일 협약(1904. 8.) – ㉠ 을사늑약(1905) – ㉡ 한·일 신협약(정미7조약, 1907)의 순서로 체결되었어요.

16 위정척사 운동은 ㉢ 서양과의 통상 반대(1860년대) – ㉠ 개항 반대(1870년대) – ㉡ 개화 반대(1880년대)의 순서로 전개되었어요.

24 (1) ㉢ 박문국에서 한성순보 발행(1883) – ㉡ 육영 공원 설립(1886) – ㉠ 경인선 개통(1899), (2) ㉡ 광혜원 설립(1885) – ㉠ 전차 개통(1899) – ㉢ 경부선 철도 부설(1905)의 순서입니다.

VI 일제 강점기

1 일제 식민 통치

기출문제 풀어 보기 > 본책 150~154쪽

375 ①	376 ②	377 ②	378 ②	379 ④	380 ③
381 ②	382 ③	383 ③	384 ④	385 ②	386 ②
387 ②	388 ③	389 ④	390 ③	391 ①	392 ②

375 조선 총독부

정답 ①

정답 잡는 키워드

일제 식민 통치의 최고 기구 > 조선 총독부

일제 식민 통치의 최고 기구이며 광복 50주년을 맞아 철거를 진행한다는 내용을 통해 (가)에 들어갈 기구가 ① 조선 총독부임을 알 수 있어요. 조선 총독부는 1910년 국권 피탈 이후부터 1945년 광복 때까지 한반도를 지배한 일제 식민 통치의 최고 기구였어요. 조선 총독은 입법·행정·사법권과 군 통수권을 포함한 절대 권력을 행사하였으며, 일왕에게 직속되어 일본 의회나 내각의 통제를 거의 받지 않았어요. 김영삼 정부는 1995년 광복 50주년을 기념하여 '역사 바로 세우기'의 하나로 옛 조선 총독부 건물의 철거를 시작하였어요.

오답 피하기

② 종로 경찰서는 독립운동가들을 잡아들여 가혹한 고문을 일삼았던 곳이에요. 1923년에 의열단 소속의 김상옥이 종로 경찰서에 폭탄을 투척하는 의거를 일으켰어요.

③ 1908년에 경성 감옥으로 문을 열어 1923년부터 서대문 형무소라 불렸어요. 일제 강점기에 많은 독립운동가를 수감하고 사형을 집행한 곳입니다.

④ 동양 척식 주식회사는 1908년에 일제가 한국의 토지와 자원을 수탈할 목적으로 설립한 회사입니다. 1926년에 의열단 소속의 나석주가 동양 척식 주식회사에 폭탄을 투척하는 의거를 일으켰어요.

376 1910년대 일제의 식민 지배 정책

정답 ②

정답 잡는 키워드

조선 태형령이 시행됨 > 1910년대

조선 태형령이 시행되었다는 내용을 통해 밑줄 그은 '시기'가 1910년대임을 알 수 있어요. 대한 제국의 국권을 빼앗은 일제는 1910년대에 강압적인 무단 통치를 실시하였어요. 조선 태형령(1912~1920)을 시행하여 한국인에게만 신체에 직접적으로 고통을 주는 태형을 가하였어요. 또한, ② 헌병 경찰 제도를 실시하면서 헌병 경찰은 물론 일반 관리와 교원까지도 제복을 입고 칼을 차게 하는 등 억압적인 사회 분위기를 조성하였어요. 헌병 경찰 제도는 3·1 운동 이후 일제가 '문화 통치'를 내세우면서 보통 경찰 제도로 바뀌었어요.

오답 피하기

① 일제는 민립 대학 설립 운동을 무마하기 위해 1924년에 경성 제국 대학을 설립하였어요.

③ 1880년에 제2차 수신사로 일본에 파견되었던 김홍집이 들여온 "조선책략"이 유포되자 유생들이 반발하였어요. 1881년에 이만손을 중심으로 한 영남 유생들이 만인소를 올려 정부의 개화 정책과 미국과의 수교에 반대하였어요.

④ 일제는 1937년에 중·일 전쟁을 도발하여 침략 전쟁을 확대해 나갔으며, 1939년에는 국민 징용령을 제정하여 한국 청년들을 강제로 끌고 가 노동력을 수탈하였어요.

377 1910년대 일제의 식민 지배 정책

정답 ②

1910년대 일제의 식민 지배 아래 볼 수 있는 모습을 묻는 문항입니다. 1910년대 일제는 헌병 경찰을 앞세워 강압적인 무단 통치를 하였어요. 전국 각지에 경찰 관서와 헌병 기관을 설치하고 군사 경찰인 헌병이 일반 경찰 업무까지 담당하는 헌병 경찰 제도를 실시하였어요. 헌병 경찰은 치안 유지를 넘어 광범위한 권한을 가지고 한국인의 일상생활에도 관여하였어요. 또한, 관리와 교사들도 제복을 입고 칼을 차게 하여 위압적인 사회 분위기를 조성하였습니다. ② 1910년대에 일제는 근대적 토지 소유권 확립을 명분으로 토지 조사 사업을 실시하였어요. 그러나 이 사업의 실상은 식민 통치에 필요한 재정을 확보하고 토지를 수탈하기 위한 것이었어요.

오답 피하기

① 조선 정부는 개화 정책을 추진하면서 1881년에 신식 군대인 별기군을 창설하였어요. 별기군은 임오군란(1882)으로 해체되었어요.

③ 일제는 급격한 공업화와 농촌의 황폐화로 자국의 식량 사정이 악화되자 식량 부족 문제를 해결하기 위해 1920년부터 한국에서 산미 증식 계획을 실시하였어요.

④ 일제는 1930년대 후반 이후 침략 전쟁을 확대하면서 공출제를 실시하여 전쟁 수행에 필요한 식량과 물자를 강제로 빼앗아 갔어요.

378 1910년대 일제의 식민 지배 정책

정답 ②

정답 잡는 키워드

조선 총독부에서 토지 조사 사업 진행 > 1910년대

조선 총독부에서 토지 조사 사업을 진행한다는 내용을 통해 공고가 발표된 시기가 1910년대임을 알 수 있어요. 조선 총독부는 식민 통치의 경제적 토대를 마련하기 위해 1910년부터 1918년까지 토지 조사 사업을 실시하였어요. 토지 소유권을 인정받으려면 정해진 기간 안에 토지 소유주가 직접 신고해야 하였고, 신고되지 않은 토지나 국공유지는 조선 총독부가 차지하였어요. ② 일제는 1910년대 한국인에게만 태형을 적용하는 조선 태형령을 시행하였어요. 조선 태형령은 1912년에 제정되었으며 1920년에 폐지되었어요.

오답 피하기

① 러·일 전쟁 중에 일제가 황무지 개간권을 요구하며 토지를 약탈하려 하자 민간 실업가와 관리들이 1904년에 개간 사업을 목적으로 농광 회사를 설립하였어요.

③ 일제는 급격한 공업화와 농촌의 황폐화로 자국의 식량 사정이 악화되자 이를 해결하고자 1920년부터 한국에서 산미 증식 계획을 실시하였어요.

④ 1905년에 재정 고문 메가타가 주도하여 백동화 등을 일본 제일 은행권으로 교환하게 한 화폐 정리 사업을 추진하였어요.

379 1910년대 일제의 경제 정책

정답 ④

정답 잡는 키워드

회사령, 회사의 설립은 조선 총독의 허가를 받아야 함 > 1910년대

회사의 설립은 조선 총독의 허가를 받아야 한다는 내용을 담은 회사령은 1910년대에 시행되었어요. 일제는 한국인의 기업 설립과 민족 자본의 성장을 억제하려는 목적으로 1910년에 회사를 설립할 때 조선 총독의 허가를 받도록 하는 회사령을 공포하였어요. 회사령에 따라 조선 총독은 회사가 공공질서나 선량한 풍속에 위배된다고 인정될 때 회사를 해산할 수도 있었어요. 이후 일제는 일본 기업이 성장하고 자본이 축적되자, 일본 기업과 자본이 한국에 진출하기 쉽도록 1920년에 회사령을

폐지하여 회사 설립을 신고제로 변경하였어요. ④ 1910년대에 일제는 근대적 토지 소유권 확립을 명분으로 한국에서 토지 조사 사업을 실시하였어요. 그러나 이 사업의 실상은 식민 통치에 필요한 재정을 확보하기 위한 것이었어요. 사업 시행의 결과 조선 총독부의 지세 수입이 증가하고 일본인의 토지 소유가 크게 늘어났어요.

오답 피하기

① 일제는 1930년대 후반 이후 침략 전쟁을 확대하면서 전쟁에 필요한 식량을 한국에서 확보하고자 미곡 공출제를 시행하고 식량을 배급하였어요.
② 일제는 1930년대 일본에서 필요한 공업 원료를 한국에서 조달하기 위해 한국의 남부 지방에 면화 재배, 북부 지방에 양 사육을 강요하는 남면북양 정책을 추진하였어요.
③ 일제는 1930년대 소작 쟁의를 억제하고 효율적으로 농촌을 통제하기 위해 농촌 진흥 운동을 전개하였어요.

380 1910년대 일제의 식민 지배 정책

정답 ③

정답 잡는 키워드

회사령 실시, 조선 태형령 제정, 관리와 교원에게 제복을 입고 칼을 차게 함 > 1910년대

회사령을 실시하고 조선 태형령을 제정하였으며 관리와 교원에게 제복을 입고 칼을 차게 하였다는 내용을 통해 밑줄 그은 '시기'가 1910년대임을 알 수 있어요. 일제는 1910년대에 헌병 경찰제를 시행하면서 교사나 일반 관리에게 제복을 입고 칼을 차게 하여 위압적인 사회 분위기를 조성하였어요. 또 조선 태형령을 제정하여 한국인에게만 태형을 집행하였어요. 경제적으로는 회사령을 공포하여 회사 설립 시 조선 총독의 허가를 받게 하였는데, 1920년에 회사령이 폐지되고 회사 설립은 신고제로 바뀌었어요. ③ 일제는 1910년대에 토지 조사 사업을 실시하여 식민 지배에 필요한 재정을 확보하고 토지를 수탈하였어요.

오답 피하기

① 제2차 갑오개혁 추진 과정에서 고종은 개혁의 기본 방향을 밝힌 홍범 14조를 반포하였어요.
② 1894년에 군국기무처가 설치되어 제1차 갑오개혁을 추진하였어요.
④ 한국인의 고등 교육에 대한 열망과 불만을 잠재우기 위해 일제는 1924년에 경성 제국 대학을 세웠어요.

381 치안 유지법

정답 ②

정답 잡는 키워드

1925년 제정, 식민 통치에 반대하고 사유 재산 제도를 부인하는 인물을 탄압할 목적 > 치안 유지법

1925년 일제가 식민 통치에 반대하고 사유 재산 제도를 부인하는 인물들을 탄압할 목적으로 제정하였다는 내용을 통해 (가)에 들어갈 법령이 ② 치안 유지법임을 알 수 있어요. 일제는 1925년에 천황제와 사유 재산 제도를 부정하는 사상을 탄압하기 위하여 치안 유지법을 제정하였어요. 일제는 식민 지배에 저항하는 독립운동가와 사회주의자를 탄압하는 데 치안유지법을 적용하였어요.

오답 피하기

① 이승만 정부는 1948년 12월에 반국가 활동을 규제하기 위해 국가 보안법을 제정하였어요.
③ 일제는 1910년대에 토지 조사 사업을 추진하였으며, 1912년에 토지 조사령을 공포하였어요.
④ 일제는 1937년 중·일 전쟁 도발 후 1938년에 국가 총동원법을 제정하여 전쟁 수행에 필요한 인적·물적 자원을 본격적으로 수탈하였어요.

382 1920년대 일제의 식민 지배 정책

정답 ③

정답 잡는 키워드

치안 유지법 제정 > 1920년대

올해 치안 유지법을 제정하였다는 내용을 통해 기사가 보도된 시기가 1920년대임을 알 수 있어요. 일제는 일본의 정치 체제(천황제)나 사유 재산제를 부정하는 운동을 단속하기 위해 1925년에 치안 유지법을 제정하였어요. 한편, 3·1 운동을 전후하여 사회주의 사상이 국내로 유입되었는데 일제는 사회주의 사상을 통제하고 독립운동을 탄압하기 위해 조선에서도 치안 유지법을 실시하였어요. ③ 일제는 자국 내에서 쌀 부족 문제가 나타나자 한국에서 식량을 확보하기 위해 1920년부터 산미 증식 계획을 추진하였어요.

오답 피하기

① 조선 정조 때 국왕의 친위 부대인 장용영이 창설되었어요. 장용영은 정조가 죽고 순조가 즉위한 이후 폐지되었어요.
② 1894년에 군국기무처가 설치되어 제1차 갑오개혁을 추진하였어요. 군국기무처는 청·일 전쟁에서 승기를 잡은 일본이 조선의 내정에 적극 간섭하여 제2차 갑오개혁이 추진되면서 폐지되었어요.
④ 여운형은 1945년 8월 15일 광복 직후 조선 건국 동맹을 기반으로 조선 건국 준비 위원회를 조직하였어요.

383 산미 증식 계획

정답 ③

정답 잡는 키워드

일제가 1920년부터 실시, 쌀 생산량이 늘었지만 이보다 더 많은 양의 쌀을 일본으로 가져감 > 산미 증식 계획

일제가 1920년부터 실시하였으며 쌀 생산량이 늘었지만 이보다 더 많은 양의 쌀을 일본으로 가져가 우리의 식량 사정이 더욱 나빠졌다는 내용을 통해 밑줄 그은 '이 정책'이 ③ 산미 증식 계획임을 알 수 있어요. 일제는 급격한 공업화로 도시 인구가 늘었지만 식량 생산량이 이를 따라가지 못해 자국 내 식량 사정이 악화되자 식량 문제를 해결하기 위해 1920년부터 한국에서 산미 증식 계획을 실시하였어요. 수리 시설 개선, 품종 개량 등을 통해 쌀 생산량이 늘었지만 이보다 더 많은 양의 쌀을 일본으로 가져가 한국의 식량 사정은 더욱 나빠졌어요.

오답 피하기

① 1883년에 체결된 조·일 통상 장정에 조선 정부가 자연재해 등으로 식량이 부족할 때 곡물 유출을 막기 위해 방곡령을 선포할 수 있으며, 1개월 전에 지방관이 일본 영사관에 이를 통보하도록 규정하였어요. 1880년대 후반에 함경도와 황해도의 지방관이 이를 근거로 방곡령을 내렸으나 일본은 1개월 전 사전 통보 규정을 어겼다며 방곡령 철회와 배상금을 요구하였어요.
② 조선 후기에 정조는 신해통공을 실시하여 육의전을 제외한 시전 상인의 금난전권을 철폐하였어요. 금난전권은 허가받지 않고 상업 활동을 하는 난전을 단속할 수 있는 권리입니다.
④ 일제는 1910년대 토지 조사 사업을 실시하여 식민 지배에 필요한 재정을 확보하고 토지를 수탈하였어요.

384 1930년대 후반 이후 일제의 식민 통치

정답 ④

정답 잡는 키워드

중·일 전쟁 발발 이후 일제가 본격적인 전시 체제 구축을 위해 제정한 법령, 국가 총동원 > 국가 총동원법이 시행된 1930년대 후반 이후

중·일 전쟁 발발 이후 일제가 본격적인 전시 체제 구축을 위해 제정한 법령이라는 내용과 '국가 총동원'을 통해 제시된 법령이 국가 총동원법임을 알 수 있어요. 일제는 만주 사변(1931)에 이어 1937년에 중·일 전쟁을 일으킨 후 본격적인 전시 체제 구축을 위해 1938년에 국가 총동원법을 제정하였어요. 일제는 이 법을 내세워 한국에서 전쟁에 필요한 인적·물적 자원을 강제적인 방식으로 수탈하였어요. ④ 일제는 1930년대 후반 이후 한국인의 민족의식을 말살하여 한국인을 침략 전쟁에 쉽게 동원하기 위해 민족 말살 통치를 강화하였어요. 일왕에 충성을 맹세하는 황국 신민 서사의 암송을 강요하였으며, 아침마다 일왕이 사는 궁을 향해 절하는 궁성 요배를 하게 하고 신사 참배를 강요하였어요.

오답 피하기

① 일제는 1910년대 군사 경찰인 헌병이 일반 경찰의 업무까지 담당하게 하는 헌병 경찰제를 시행하였어요. 1919년 3·1 운동을 계기로 일제가 '문화 통치'를 표방하면서 헌병 경찰제는 보통 경찰제로 바뀌었어요.
② 일제는 1924년에 한국인의 고등 교육에 대한 열기와 불만을 잠재우기 위해 경성 제국 대학을 세웠어요.
③ 1907년에 대구에서 김광제, 서상돈 등의 주도로 국채 보상 운동이 시작되어 전국으로 확산되었어요.

385 1940년대 일제의 식민 통치

정답 ②

정답 잡는 키워드

황국 신민 서사, 국민학교 > 1940년대

'황국 신민 서사'와 '국민학교'를 통해 제시된 상황이 나타난 시기가 1940년대임을 알 수 있어요. 일제는 만주 사변(1931)에 이어 1937년에 중·일 전쟁을 일으킨 후 침략 전쟁을 확대하면서 한국인의 민족의식을 말살하여 한국인을 침략 전쟁에 효율적으로 동원하기 위해 민족 말살 정책을 강화하였어요. 일왕에게 충성을 맹세하는 황국 신민 서사의 암송과 ② 신사 참배를 강요하였으며, 매일 아침 일왕이 사는 궁을 향해 절하는 궁성 요배를 하게 하였어요. 또 일제는 1941년에 국민학교령을 제정하여 초등 교육 기관의 이름을 국민학교로 바꾸었어요. '국민'은 황국 신민을 의미합니다.

오답 피하기

① 대동법은 조선 후기에 시행된 세금 제도입니다. 광해군 때 경기도에서 처음 실시되어 숙종 때 전국 대부분의 지역에서 실시되었어요.
③ 1923년에 전라남도 신안군 암태도의 소작인들이 소작권 이전 반대, 소작료 인하 등을 요구하며 소작 쟁의를 일으켰어요.
④ 1883년에 인쇄·출판에 관한 사무를 관장하기 위해 설치된 박문국에서 우리나라 최초의 근대 신문인 한성순보가 발간되었어요. 한성순보는 1년 만에 종간되었어요.

386 1940년대 일제의 식민 지배 정책

정답 ②

정답 잡는 키워드

국가 총동원법, 황국 신민 서사 암송 강요, 국민학교 명칭과 일본식 이름 사용 > 1940년대

국가 총동원법이 시행되었으며, 황국 신민 서사 암송을 강요하고 국민학교 명칭과 일본식 이름을 사용하게 하였다는 내용을 통해 밑줄 그은 '시기'가 1940년대임을 알 수 있어요. 일제는 중·일 전쟁(1937) 이후 침략 전쟁을 확대하면서 본격적인 전시 체제 구축을 위해 국가 총동원법을 시행하였어요. 이 시기에 한국인을 전쟁에 쉽게 동원하기 위해 민족 말살 정책을 강화하였어요. 이에 따라 일왕에게 충성을 맹세하는 황국 신민 서사를 강제로 외우도록 하였고, 한국인의 성과 이름을 일본식으로 바꾸는 창씨개명을 강요하였어요. 또한, 일제는 1941년에 국민학교령을 제정하여 초등 교육 기관의 이름을 국민학교로 바꾸었어요. '국민'은 황국 신민을 의미합니다. ② 1930년대 후반 이후 일제는 공출제를 실시하여 전쟁 수행에 필요한 미곡과 금속류 등을 강제로 빼앗아 갔어요.

오답 피하기

① 한성순보는 1883년부터 박문국에서 발간된 우리나라 최초의 근대 신문이에요. 갑신정변으로 1년 만에 발간이 중단되었어요.
③ 1880년대 조선 정부가 개화 정책을 추진하는 가운데 수신사 김홍집이 일본에서 들여온 "조선책략"이 유포되자 이만손을 비롯한 영남 지역 유생들이 만인소를 올려 정부의 개화 정책 및 미국과의 수교에 반대하였어요.
④ 육영 공원은 1886년에 조선 정부가 설립한 근대 교육 기관이에요. 헐버트, 길모어 등 미국인 교사를 초빙하여 근대 학문을 교육하였어요.

387 1930년대 후반 이후 일제의 식민 통치

정답 ②

정답 잡는 키워드

국가 총동원법이 시행된 시기 > 1930년대 후반 이후

국가 총동원법이 시행된 시기라는 내용을 통해 밑줄 그은 '이 시기'가 1930년대 후반 이후임을 알 수 있어요. 1937년에 중·일 전쟁을 일으키고 침략 전쟁을 확대하면서 일제는 1938년에 국가 총동원법을 제정하여 전쟁에 필요한 인적·물적 자원의 수탈을 강화하였어요. 지원병제, 학도 지원병제, 징병제 등을 통해 한국 청년들을 침략 전쟁에 동원하였을 뿐만 아니라 국민 징용령을 실시하여 탄광, 철도와 군사 시설 건설 현장, 군수 공장 등에 한국인을 강제 동원하여 일을 시켰어요. 또한, ② 일제는 미곡 공출제를 시행하여 농가마다 목표량을 정해 곡식을 강제로 가져가고 식량을 배급하였어요.

오답 피하기

① 일제는 1910년에 회사를 설립할 때 조선 총독의 허가를 받도록 하는 회사령을 공포하여 한국인의 기업 설립과 민족 자본의 성장을 억제하였어요. 1920년에 회사령이 폐지되어 회사 설립이 신고제로 바뀌었어요.
③ 일제는 1925년에 천황제와 사유 재산 제도를 부정하는 사상을 탄압하기 위하여 치안 유지법을 제정하였어요. 일제는 이를 통해 사회주의 사상을 통제하고 독립운동가를 탄압하였어요.
④ 일제는 1910년대 헌병이 일반 경찰 업무까지 담당하는 헌병 경찰 제도를 실시하여 강압적인 통치를 하였어요. 3·1 운동을 계기로 일제가 '문화 통치'를 내세우면서 헌병 경찰 제도는 보통 경찰 제도로 바뀌었어요.

388 1930년대 후반 이후 일제의 식민 통치

정답 ③

정답 잡는 키워드

궁성 요배, 중·일 전쟁 이후 침략 전쟁을 확대하던 시기 > 1930년대 후반 이후

'궁성 요배'와 중·일 전쟁 이후 침략 전쟁을 확대하던 시기라는 내용을 통해 밑줄 그은 '시기'가 1930년대 후반 이후임을 알 수 있어요. 일제는 1937년에 중·일 전쟁을 일으키고 침략 전쟁을 확대하면서 한국인을 침략 전쟁에 쉽게 동원하기 위해 민족의식을 말살하는 정책을 강화하였어요. 일제는 일왕이 사는 곳인 궁을 향해 절하는 궁성 요배를 강요하고 전국에 신사를 세워 강제로 참배하게 하였어요. 또 ③ 일왕에게 충성을 맹세하는 황국 신민 서사의 암송과 성과 이름을 일본식으로 바꾸는 창씨개명을 강요하였습니다.

오답 피하기

① 일제는 1910년대 헌병 경찰을 앞세워 무단 통치를 하고 조선 태형령을 제정하여 한국인에게만 태형을 집행하였어요. 헌병 경찰 제도와 조선 태형령은 3·1 운동을 계기로 일제가 '문화 통치'를 표방하면서 폐지되었어요.

② 일제는 1910년에 한국인의 기업 설립과 민족 자본의 성장을 억제하기 위해 회사를 설립할 때 조선 총독의 허가를 받도록 하는 회사령을 공포하였어요. 회사령은 1920년에 회사 설립이 신고제로 바뀌면서 폐지되었어요.
④ 1923년에 목포 인근의 암태도 소작인들이 고율의 소작료 인하 등을 요구하며 소작 쟁의를 전개하였어요.

389 1930년대 후반 이후 일제의 식민 통치

정답 ④

정답 잡는 키워드

황국 신민 서사 암송 강요, 조선어 과목 폐지 > 1930년대 후반 이후

황국 신민 서사 암송을 강요하고 조선어 과목을 폐지하였다는 내용을 통해 밑줄 그은 '이 시기'가 1930년대 후반 이후임을 알 수 있어요. 중·일 전쟁(1937)을 일으킨 이후 일제는 한국인을 침략 전쟁에 쉽게 동원하기 위해 민족 말살 정책을 강화하였어요. 황국 신민 서사의 암송과 신사 참배, 성과 이름을 일본식으로 바꾸는 창씨개명을 강요하였어요. 또한, 조선어 과목을 선택 과목으로 바꾸어 학교 수업에서 조선어 과목을 사실상 폐지하였으며, 우리말 사용도 금지하였어요.
따라서 연표에서 황국 신민 서사 암송을 강요하고 조선어 과목을 폐지한 시기는 중·일 전쟁과 광복 사이인 ④ (라)입니다.

390 1940년대 일제의 식민 지배 정책

정답 ③

정답 잡는 키워드

일제가 일으킨 태평양 전쟁이 전개되던 시기 > 1940년대

일제가 일으킨 태평양 전쟁이 전개되던 시기라는 내용을 통해 밑줄 그은 '시기'가 1941년 이후임을 알 수 있어요. 1937년 중·일 전쟁을 도발한 후 일제는 1941년에 미국 하와이의 진주만을 공격하여 태평양 전쟁을 일으켜 침략 전쟁을 확대하였어요. 이 시기에 일제는 한국인을 전쟁에 쉽게 동원하기 위해 한국인의 민족정신을 없애는 민족 말살 정책을 강화하였어요. 이에 따라 ③ 일왕에게 충성을 맹세하는 황국 신민 서사를 강제로 외우게 하였고, 창씨개명, 신사 참배 등을 강요하였어요.

오답 피하기

① 1929년에 원산 인근의 라이징 선 석유 회사에서 일본인 감독이 한국인 노동자를 구타한 사건이 발단이 되어 원산 총파업이 일어났어요.
② 만민 공동회는 고종 때인 1898년에 독립 협회가 주도하여 열린 민중 집회입니다. 백정을 포함한 여러 계층의 사람들이 참여하여 다양한 의견을 주고받았어요.
④ 일제는 1912년에 한국인에게만 태형을 적용하는 조선 태형령을 제정하였어요. 조선 태형령은 1920년에 폐지되었어요.

391 1940년대 일제의 식민 통치

정답 ①

정답 잡는 키워드

일제가 태평양 전쟁 도발, 징병제, 일본군 '위안부' > 1940년대

일제가 태평양 전쟁을 도발하였다는 내용과 '징병제', '일본군 위안부' 등을 통해 1940년대 상황임을 알 수 있어요. 1937년에 중·일 전쟁을 도발한 일제는 1941년에 미국의 하와이 진주만을 습격하여 태평양 전쟁을 일으켰어요. 침략 전쟁을 확대한 일제는 1944년부터 징병제를 실시하여 한국의 청년들을 강제로 전쟁터에 끌고 갔으며, 같은 해 여자 정신 근로령을 제정하여 여성도 강제로 동원하여 군수 공장 등에서 일을 시켰어요. 여성 가운데 일부는 일본군 '위안부'로 끌려가기도 하였어요. ① 일제는 1910년대 헌병 경찰 제도를 실시하였으며 조선 태형령을 제정하여 한국인에게만 태형을 집행하였어요. 3·1 운동 이후 헌병 경찰제는 보통 경찰제로 바뀌고 조선 태형령도 폐지되었어요.

오답 피하기

② 일제는 1939년에 국민 징용령을 공포한 이후 한국 청년들을 강제로 동원해 노동력을 수탈하였어요.
③ 일제는 1939년부터 공출제를 실시하여 전쟁 수행에 필요한 식량과 금속 등을 강제로 빼앗아 갔어요.
④ 일제는 1937년에 일왕에게 충성을 맹세하는 황국 신민 서사를 제정하고 한국인에게 황국 신민 서사의 암송을 강요하였어요. 이는 1940년대에도 계속되었어요.

392 일제 강점기 경제 수탈

정답 ②

정답 잡는 키워드

(가) 토지 조사령 공포
(나) 공출제 실시
(다) 산미 증식 계획 처음 시행
>
(가) 1912년
(나) 1930년대 후반 이후
(다) 1920년

(가) 일제는 대한 제국의 국권을 빼앗은 후 토지 조사 사업을 실시하였어요(1910). 1912년에 토지 조사령을 공포하고 토지 조사 사업을 본격적으로 추진하여 토지를 수탈하였어요. 이로 인해 조선 총독부의 지세 수입이 증가하고 일본인의 토지 소유가 크게 늘어났어요.
(나) 일제는 1930년대 후반 이후 침략 전쟁을 확대하면서 전쟁에 필요한 물자를 확보하기 위해 공출제를 실시하였어요. 쌀을 포함해 놋그릇, 숟가락 등 생활필수품까지 빼앗아 갔어요.
(다) 일제는 일본 내 식량 부족 문제를 해결하기 위해 1920년부터 한국에서 산미 증식 계획을 시작하였어요. 산미 증식 계획으로 쌀 생산량이 증가하였으나 일제가 증산량보다 더 많은 양의 쌀을 일본으로 가져가 한국의 식량 사정은 악화되었어요.
따라서 옳은 순서는 ② (가)-(다)-(나)입니다.

2 1910년대 저항

기출문제 풀어 보기 > 본책 154~158쪽

393 ④	394 ①	395 ③	396 ③	397 ②	398 ②
399 ③	400 ③	401 ④	402 ④	403 ①	404 ③
405 ④	406 ③	407 ①	408 ③		

393 대한 광복회

정답 ④

정답 잡는 키워드

박상진, 1910년대 국내 비밀 결사 운동 단체, 군자금 모집과 친일 부호 처단 > 대한 광복회

'박상진'과 1910년대 국내 비밀 결사 운동 단체이며 군자금 모집과 친일 부호 처단 등의 활동을 전개하였다는 내용을 통해 (가)에 해당하는 단체가 ④ 대한 광복회임을 알 수 있어요. 일본에 국권을 빼앗긴 후 1910년대에 국내에서는 항일 비밀 결사가 조직되어 활약하였어요. 대한 광복

회는 1915년에 대구에서 박상진 등이 주도하여 결성한 항일 비밀 결사 운동 단체로, 공화 정체의 국민 국가 수립을 지향하였어요. 군자금을 모집하여 만주에 무관 학교를 세우고자 하였으며, 친일파 처단 등의 활동을 벌였어요.

오답 피하기

① 권업회는 1911년에 연해주에서 조직된 독립운동 단체로, 권업신문을 발간하고 강연회를 개최하여 민족의식을 높이기 위해 노력하였어요.
② 보안회는 1904년에 서울에서 조직된 단체로, 일제가 대한 제국에 황무지 개간권을 요구하며 토지를 약탈하려 하자 반대 운동을 전개하여 이를 저지하는 데 성공하였어요.
③ 참의부는 만주에 있던 독립운동가들이 조직한 항일 무장 독립운동 단체입니다. 간도 참변과 자유시 참변 등의 어려움을 겪은 만주의 독립군들이 독립 전쟁을 효율적으로 수행하고자 조직을 정비하여 1920년대 중반에 참의부, 정의부, 신민부의 독립군 정부를 만들었어요.

394 대한 광복회

정답 ①

정답 잡는 키워드

박상진을 중심으로 1915년에 대구에서 결성됨, 공화 정치 목표 > 대한 광복회

박상진을 중심으로 1915년에 대구에서 결성되었으며 공화 정치를 목표로 하였다는 내용 등을 통해 밑줄 그은 '이 단체'가 ① 대한 광복회임을 알 수 있어요. 대한 광복회는 박상진을 중심으로 1915년에 대구에서 조직된 비밀 결사 형태의 독립운동 단체로, 공화정 수립을 지향하였어요. 또한, 군자금을 모아 만주에 무관 학교를 설립하고자 하였으며, 친일파 처단에도 적극적으로 나섰습니다.

오답 피하기

② 조선어 연구회를 계승한 조선어 학회는 한글 맞춤법 통일안과 표준어를 제정하였으며, "우리말(조선말) 큰사전"의 편찬을 추진하였어요. 하지만 조선어 학회 사건으로 사전 편찬은 중단되었어요.
③ 조선 형평사는 1923년에 진주에서 조직되었으며, 백정에 대한 사회적 차별 철폐 운동인 형평 운동을 전개하였어요.
④ 한인 애국단은 침체된 대한민국 임시 정부의 활동을 활성화하기 위해 1931년에 김구가 조직한 단체입니다. 한인 애국단 소속의 이봉창은 도쿄에서, 윤봉길은 상하이에서 의거를 일으켰어요.

395 신흥 강습소

정답 ③

정답 잡는 키워드

이상룡, 이회영 등이 만주 삼원보에 세워 무장 독립 투쟁의 토대 마련 > 신흥 강습소

이상룡, 이회영 등이 만주 삼원보에 세워 무장 독립 투쟁의 토대를 마련하였다는 내용을 통해 (가)에 들어갈 내용이 ③ 신흥 강습소임을 알 수 있어요. 이회영을 비롯한 신민회 회원들은 남만주(서간도) 지역의 삼원보에 독립운동 기지를 건설하고자 하였어요. 이상룡도 함께하여 독립운동 단체인 경학사를 설립하고 독립군 양성을 위한 교육 기관으로 신흥 강습소를 세웠어요. 신흥 강습소는 이후 신흥 무관 학교로 발전하여 많은 독립군을 배출하였어요.

오답 피하기

① 동문학은 조선 정부가 개항 이후인 1883년에 통역관 양성을 위해 설립한 외국어 강습 기관이에요.
② 배재 학당은 개신교 선교사 아펜젤러가 1885년에 세운 근대식 사립 학교예요.
④ 한성 사범 학교는 조선 정부가 1895년에 소학교 교원 양성을 위해 한성에 설립한 학교입니다.

396 이회영의 활동

정답 ③

정답 잡는 키워드

명문가의 자손인 우당, 전 재산을 처분하고 압록강을 건너다, 신흥 강습소 설립 > 이회영

'명문가의 자손인 우당'과 전 재산을 처분하여 압록강을 건너고 신흥 강습소를 설립하였다는 내용을 통해 (가)에 들어갈 인물이 ③ 이회영임을 알 수 있어요. 우당 이회영은 조선 선조 때 영의정을 지낸 이항복의 10대 손으로 아버지도 판서를 지낸 명문가의 자손이에요. 신민회의 간부였던 이회영은 국내 활동의 한계를 느끼고 다른 회원들과 함께 국외 독립운동 기지 건설을 준비하였습니다. 일본에 국권을 강탈당하자 이회영과 그의 형제들은 집안의 전 재산을 정리하여 독립운동에 필요한 자금을 마련하고 남만주(서간도) 지역의 삼원보로 이주하여 독립운동 기지를 건설하였어요. 이회영은 이곳에서 경학사를 조직하고 신흥 강습소를 설립하는 데 앞장섰어요. 신흥 강습소는 민족 교육과 군사 교육을 실시한 대표적 민족 교육 기관으로, 후에 독립군을 양성하는 신흥 무관 학교로 발전하였어요.

오답 피하기

① 신채호는 '독사신론'을 발표하여 민족주의 사학의 연구 방향을 제시하였어요.
② 안중근은 을사늑약 체결에 앞장선 이토 히로부미를 만주 하얼빈에서 저격하였어요.
④ 이동휘는 신민회에서 활동하였으며, 연해주에서는 대한 광복군 정부 수립을 주도하였어요.

397 서간도 지역의 민족 운동

정답 ②

정답 잡는 키워드

이회영, 신흥 강습소 설립 > 서간도(남만주)

이회영 가족이 망명 생활을 하며 신흥 강습소를 설립하였다는 내용을 통해 (가)에 해당하는 지역이 ② ㉡ 서간도임을 알 수 있어요. 신민회의 간부였던 이회영은 일제에 국권을 빼앗기자 형제들과 함께 집안의 재산을 정리한 후 가족을 이끌고 서간도 지역의 삼원보로 이주하여 독립운동 기지를 건설하였어요. 이회영은 이곳에서 경학사를 조직하고 신흥 강습소를 설립하는 데 앞장섰어요. 신흥 강습소는 이후 신흥 무관 학교로 발전하였어요.

오답 피하기

① ㉠ 충칭은 대한민국 임시 정부가 윤봉길의 의거 이후 상하이를 떠나 여러 지역을 옮겨 다니다 마지막으로 정착한 곳이에요. 대한민국 임시 정부는 충칭에서 한국 광복군을 창설하였어요.
③ ㉢ 하와이는 대한 제국 시기에 우리나라 최초의 공식 이민이 이루어진 곳이에요. 1914년에 하와이에서 독립군을 양성하기 위해 박용만의 주도로 대조선 국민군단이 조직되었어요.
④ 대한 제국 시기에 ㉣ 멕시코로 노동 이민이 시작되었어요. 이주 초기에 대부분의 한인은 에네켄 농장에서 일하였어요. 멕시코의 한인들은 고된 노동 환경 속에서도 성금을 모아 1910년에 숭무 학교를 세워 항일 무장 투쟁을 준비하였어요.

398 3·1 운동

정답 ②

정답 잡는 키워드

탑골 공원 등에서 독립 선언서 낭독, 학생과 시민들의 만세 시위가 전국으로 확산 > 3·1 운동

탑골 공원 등에서 독립 선언서를 낭독하는 것으로 시작되었으며 학생과 시민들의 만세 시위가 전국으로 확산하였다는 내용을 통해 밑줄 그은 '만세 시위'가 3·1 운동임을 알 수 있어요. 미국 대통령 윌슨이 민족자결주의를 제창하고, 일본 도쿄 유학생의 2·8 독립 선언 등 국외에서 독립 선언이 이어지면서 국내에서도 독립 선언의 움직임이 나타났어요. 그러던 중 고종이 서거하자 종교계 인사와 학생들이 중심이 되어 고종의 인산일에 즈음하여 만세 운동을 계획하였습니다. 1919년 3월 1일 민족 대표들은 태화관에 모여 독립 선언서를 낭독하고 일제 경찰에 자진 체포되었어요. 비슷한 시각 탑골 공원 등에 모인 학생과 시민들은 독립 선언서를 낭독한 후 대한 독립 만세를 외치며 시위를 벌였습니다. 전국으로 확산된 3·1 운동은 전 계층이 참여한 일제 강점기 최대 규모의 민족 운동이었어요. ② 3·1 운동은 전국으로 퍼졌으며 만주, 연해주, 미주 등 해외로도 확산되었어요.

오답 피하기

① 6·10 만세 운동은 순종의 인산일에 전개되었어요. 3·1 운동은 고종의 인산일에 즈음하여 전개되었어요.
③ 일제가 황무지 개간권을 요구하며 토지를 약탈하려 하자, 1904년에 보안회가 결성되어 반대 운동을 전개해 이를 저지하였어요.
④ 아관 파천 이후 러시아를 비롯한 열강의 이권 침탈이 심화되었어요. 독립 협회는 만민 공동회를 개최하여 러시아의 내정 간섭과 이권 침탈을 규탄하였어요.

399 3·1 운동

정답 ③

정답 잡는 키워드

제암리 학살 사건, 1919년 학생과 시민들의 만세 시위가 전국으로 확산 > 3·1 운동

1919년 학생과 시민들의 만세 시위가 전국으로 확산하자 일제가 경찰과 군인을 동원하여 탄압하였으며 제암리에서 학살 사건이 벌어졌다는 내용을 통해 밑줄 그은 '만세 시위'가 3·1 운동임을 알 수 있어요. 1919년에 일어난 3·1 운동은 일제의 무단 통치에 맞서 전국에서 모든 계층이 참여한 일제 강점기 최대 규모의 민족 운동이었어요. 일제는 3·1 운동을 무력으로 진압하였고 이 과정에서 일본군이 경기도 화성 제암리에서 마을 주민을 학살하였어요(제암리 학살 사건). ③ 3·1 운동을 계기로 조직적으로 독립운동을 이끌 지도부가 필요하다는 의견이 힘을 얻어 대한민국 임시 정부가 수립되었어요.

오답 피하기

① 6·10 만세 운동은 1926년 순종의 인산일에 일어났어요.
② 국채 보상 운동은 대한매일신보 등 언론의 후원을 받아 전국으로 확산되었어요.
④ 광주 학생 항일 운동의 소식을 접한 신간회는 광주에 진상 조사단을 보내 지원하였어요.

400 화성 제암리 학살 사건

정답 ③

정답 잡는 키워드

제암리, 일본군이 사람들을 모이게 하고 사격을 가한 후 불을 지름 > 3·1 운동 중에 있었던 화성 제암리 학살 사건

제암리에서 일본군이 사람들을 모이게 하고 사격을 가한 후 불을 질렀다는 내용을 통해 제시된 상황이 3·1 운동 중에 있었던 화성 제암리 학살 사건임을 알 수 있어요. 1919년에 3·1 운동이 일어나자 일제는 경찰과 군대를 동원하여 만세 운동을 탄압하였어요. 일본군은 경기도 화성 제암리에서 사람들을 교회로 모이게 한 뒤 사격을 가해 학살하고 교회와 민가에 불을 질러 마을을 초토화하였어요. 세브란스 의학 전문학교의 교수로 한국에 온 스코필드는 3·1 운동이 일어나자 만세 시위 현장의 사진을 찍어 기록을 남겼을 뿐만 아니라 화성 제암리 학살 사건의 현장에도 찾아가 참상을 기록하고 보고서를 작성하여 해외에 알렸습니다. 따라서 연표에서 3·1 운동(1919) 중에 있었던 화성 제암리 학살 사건이 일어난 시기는 국권 피탈과 윤봉길 의거 사이인 ③ (다)입니다.

401 3·1 운동의 영향

정답 ④

정답 잡는 키워드

1919년에 일어난 만세 시위운동 > 3·1 운동

1919년에 일어났다는 내용을 통해 밑줄 그은 '만세 시위운동'이 3·1 운동임을 알 수 있어요. 미국 대통령 윌슨이 제창한 민족 자결주의, 만주 지역 독립운동가들의 대한 독립 선언과 일본 유학생의 2·8 독립 선언 등의 영향을 받아 1919년에 독립 만세 운동인 3·1 운동이 일어났어요. 3·1 운동은 각계각층의 사람이 참여한 일제 강점기 최대 규모의 민족 운동이었으며, 국내는 물론 만주, 연해주, 미주 등 해외로도 확산되었어요. ④ 3·1 운동을 계기로 독립운동을 이끌 지도부의 필요성이 제기되어 대한민국 임시 정부가 수립되었어요.

오답 피하기

① 독립 협회는 우리 민족의 독립 의지를 널리 알리기 위해 청의 사신을 맞이하던 영은문 자리 부근에 독립문을 건립하였어요.
② 제2차 갑오개혁 추진 과정에서 고종은 개혁의 기본 방향을 밝힌 홍범 14조를 반포하였어요.
③ 일제는 1910년부터 1918년까지 식민 통치에 필요한 재정을 확보하고 토지를 수탈하기 위해 토지 조사 사업을 실시하였어요.

402 3·1 운동의 영향

정답 ④

정답 잡는 키워드

유관순이 천안에서 만세 운동 주도, 박애순이 광주에서 학생들을 규합하여 만세 운동에 참여 > 3·1 운동

유관순이 천안에서 만세 운동을 주도하였다는 내용과 박애순이 광주에서 학생들을 규합하여 만세 운동에 참여하였다는 내용을 통해 (가) 민족 운동이 3·1 운동임을 알 수 있어요. 유관순은 이화 학당 재학 중 3·1 운동이 일어나자 만세 운동에 참여하였으며, 일제가 휴교령을 내리자 고향인 천안으로 내려가 아우내 장터에서 만세 운동을 주도하였어요. 박애순은 광주 수피아 여학교의 교사로 학생들과 함께 3·1 운동에 참여하였고, 이로 인해 유죄 선고를 받아 수감되었습니다. ④ 3·1 운동은 일제 강점기 최대 규모의 민족 운동으로 전국 각지에서 전개되었으며 학생, 농민, 노동자 등 다양한 계층이 참여하였어요. 3·1 운동을 계기로 일제는 무단 통치의 한계를 인식하고 한국인의 문화와 관습을 존중할 것임을 내세운 '문화 통치'로 통치 방식을 바꾸었어요. 그러나 일제의 '문화 통치'는 친일파를 양성하기 위한 민족 분열 정책일 뿐이었어요.

오답 피하기

① 1926년 6월 10일 대한 제국의 마지막 황제 순종의 인산일에 학생들이 주도한 6·10 만세 운동이 일어났어요.
② 광주 학생 항일 운동이 일어나자 신간회는 진상 조사단을 파견하여 지원하였어요.
③ 독립 협회는 우리 민족의 독립 의지를 널리 알리기 위해 모금 활동을 전개하여 독립문 건립을 주도하였어요.

403 대한민국 임시 정부의 활동

정답 ①

정답 잡는 키워드

3·1 운동을 계기로 상하이에 수립됨 > 대한민국 임시 정부

3·1 운동을 계기로 상하이에 수립되었다는 내용 등을 통해 (가)가 대한민국 임시 정부임을 알 수 있어요. 3·1 운동을 계기로 독립운동을 체계적으로 이끌 지도부의 필요성이 제기되어 중국 상하이에서 대한민국 임시 정부가 수립되었어요. ① 대한민국 임시 정부는 독립운동 자금을 마련하기 위해 독립 공채를 발행하였어요.

오답 피하기

② 독립 협회는 민중 계몽을 위해 근대적 민중 집회인 만민 공동회를 개최하였어요.
③ 신민회는 남만주(서간도) 삼원보 지역에 독립군 양성을 위해 신흥 강습소를 설립하였어요. 신흥 강습소는 이후 신흥 무관 학교로 발전하였어요.
④ 방정환이 중심이 된 천도교 소년회는 소년 운동을 전개하며 잡지 "어린이"를 발간하였어요.

404 대한민국 임시 정부의 활동

정답 ③

정답 잡는 키워드

1919년, 독립 공채 발행 > 대한민국 임시 정부

1919년 항일 독립운동을 전개하기 위한 자금 조달 방법의 하나로 독립 공채를 발행하였다는 내용을 통해 (가)가 대한민국 임시 정부임을 알 수 있어요. 1919년 3·1 운동을 계기로 수립된 대한민국 임시 정부는 독립운동 자금을 마련하기 위해 독립 공채를 발행하거나 의연금을 거두었어요. ③ 대한민국 임시 정부는 국내외 항일 운동 세력과 연락을 취하고 정보를 수집하기 위해 비밀리에 연통제와 교통국을 운영하였어요.

오답 피하기

① 동학 농민 운동 당시 조선 정부와 전주 화약을 체결하고 스스로 해산한 동학 농민군은 전라도 일대에 집강소를 설치하여 폐정 개혁을 추진하였어요.
② 독립 협회는 우리나라 최초로 민중이 참여한 정치 집회인 만민 공동회를 개최하였어요. 만민 공동회에는 지식인, 학생, 백정 등 다양한 계층의 사람들이 참여하였어요.
④ 천도교는 민중 계몽을 위해 "개벽", "신여성" 등의 잡지를 발간하였어요.

405 대한민국 임시 정부의 활동

정답 ④

정답 잡는 키워드

충칭 청사, 3·1 운동을 계기로 수립됨 > 대한민국 임시 정부

충칭에 청사가 있으며 3·1 운동을 계기로 수립되었다는 내용을 통해 (가)가 대한민국 임시 정부임을 알 수 있어요. 3·1 운동을 계기로 독립운동을 이끌 지도부의 필요성이 제기되어 1919년에 중국 상하이에서 대한민국 임시 정부가 수립되었어요. 대한민국 임시 정부는 윤봉길 의거(1932) 이후 상하이를 떠나 여러 지역을 옮겨 다니다가 1940년에 충칭에 정착하고 ④ 정규군으로 한국 광복군을 창설하였어요.

오답 피하기

① 독립 협회는 우리 민족의 독립 의지를 널리 알리기 위해 독립문을 건립하였어요.
② 이상설, 이동녕 등이 민족 교육을 실시하기 위해 북간도 지역에 서전서숙을 설립하였어요.
③ 대한 제국 정부는 대한국 국제를 반포하여 대한 제국이 자주독립 국가임을 천명하고 황제의 절대 권한을 규정하였어요.

406 한인 애국단

정답 ③

정답 잡는 키워드

1931년 김구가 조직한 항일 의열 단체, 단원 이봉창과 윤봉길 > 한인 애국단

1931년 김구가 조직한 항일 의열 단체이며 단원으로 이봉창과 윤봉길이 있다는 내용을 통해 (가)에 들어갈 단체가 ③ 한인 애국단임을 알 수 있어요. 1920년대 중반 이후 대한민국 임시 정부의 활동이 위축되고 한국인에 대한 중국인의 감정도 나빠져서 중국에서의 독립운동이 어려워졌어요. 이에 김구는 1931년에 중국 상하이에서 항일 의열 단체인 한인 애국단을 조직하여 일제의 주요 인물을 제거하는 의열 투쟁을 통해 침체된 대한민국 임시 정부의 활동에 활기를 불어넣고자 하였어요. 한인 애국단 소속의 이봉창은 일본 도쿄에서 일왕이 탄 마차를 향해 폭탄을 던졌으며, 윤봉길은 중국 상하이 훙커우 공원에서 열린 일왕 생일 및 상하이 사변 승전 축하 기념식장에 폭탄을 투척하여 일본군 장성과 고위 관리를 처단하였어요.

오답 피하기

① 중광단은 1911년에 대종교도를 중심으로 조직된 항일 무장 단체입니다. 중광단은 이후 북로 군정서로 발전하였어요.
② 흥사단은 1913년에 안창호의 주도로 미국 샌프란시스코에서 창립된 민족 운동 단체로, 민족 부흥을 위한 민족의 실력 양성을 목표로 활동하였어요.
④ 대조선 국민군단은 1914년 박용만의 주도로 미국 하와이에서 조직되었어요.

407 이봉창의 활동

정답 ①

이봉창의 활동을 묻는 문항입니다. 김구는 침체된 대한민국 임시 정부의 활동에 활기를 불어넣기 위해 1931년에 중국 상하이에서 한인 애국단을 결성하였어요. 한인 애국단에는 이봉창, 윤봉길 등이 가입하여 활동하였는데, ① 이봉창은 일본 도쿄에서 일왕이 탄 마차를 향해 폭탄을 투척하는 의거를 일으켰어요.

오답 피하기

② 한인 애국단원 윤봉길은 중국 상하이 훙커우 공원에서 열린 일본군 전승 기념식장에 폭탄을 던져 일본군 장성과 고위 관리를 처단하였어요.
③ 이재명은 명동 성당 앞에서 이완용을 습격하여 중상을 입혔어요.
④ 전명운과 장인환은 미국 샌프란시스코에서 대한 제국의 외교 고문이었던 친일 미국인 스티븐스를 사살하였어요.

408 윤봉길의 활동

정답 ③

정답 잡는 키워드

한인 애국단에 가입, 훙커우 공원 의거를 일으킴 > 윤봉길

한인 애국단에 가입하였으며 훙커우 공원 의거를 일으켰다는 내용을 통해 (가)에 들어갈 인물이 ③ 윤봉길임을 알 수 있어요. 한인 애국단 소속인 윤봉길은 중국 상하이 훙커우 공원에서 열린 일왕 생일 및 상하이 사변 승전 축하 기념식장에 폭탄을 투척하여 일본군 장성과 고위 관리를 처단하였어요.

오답 피하기

① 김원봉은 1919년에 만주에서 의열단의 조직을 주도하였으며, 1938년에는 중국 국민당 정부의 도움으로 중국 관내 최초의 한인 무장 부대인 조선 의용대를 결성하였어요.
② 나석주는 의열단원으로 1926년에 조선 식산 은행과 동양 척식 주식회사에 폭탄을 던지는 의거를 일으켰어요.
④ 이동휘는 연해주 지역에서 대한 광복군 정부 수립을 주도하여 부통령을 역임하였으며, 대한민국 임시 정부에 참여하여 국무총리 등을 지냈어요.

③ 1920년대 저항

기출문제 풀어 보기 > 본책 158~165쪽

409 ④	410 ②	411 ④	412 ④	413 ③	414 ①
415 ④	416 ③	417 ①	418 ④	419 ④	420 ②
421 ②	422 ①	423 ③	424 ③	425 ①	426 ②
427 ①	428 ④	429 ①	430 ④	431 ①	432 ②
433 ②	434 ④	435 ①	436 ①	437 ②	

409 물산 장려 운동

정답 ④

정답 잡는 키워드

1920년대, 조만식의 주도로 평양에서 시작, '조선 사람 조선 것', '내 살림 내 것으로' > 물산 장려 운동

1920년대에 조만식의 주도로 평양에서 시작되었고, '조선 사람 조선 것', '내 살림 내 것으로' 등의 구호를 사용하였다는 내용을 통해 (가)에 들어갈 민족 운동이 ④ 물산 장려 운동임을 알 수 있어요. 1920년대 초 회사령이 폐지되어 일본 기업과 자본이 한국에 본격적으로 진출하고 일본 상품에 대한 관세 철폐의 움직임이 나타나자, 민족 산업의 보호와 민족 경제의 자립을 목표로 물산 장려 운동이 전개되었어요. 1920년에 평양에서 조만식 등의 주도로 시작된 물산 장려 운동은 '내 살림 내 것으로', '조선 사람 조선 것' 등의 구호를 내걸고 민족 산업을 보호하고 육성하기 위해 토산품 애용, 근검저축, 금주, 단연 등을 주장하였어요.

오답 피하기

① 박정희 정부 시기인 1970년에 시작된 새마을 운동은 도시와 농촌의 격차를 줄이고 농촌의 생활 환경을 개선하기 위해 추진되었어요.

② 브나로드 운동은 1930년대 동아일보사가 '배우자 가르치자 다 함께 브나로드'라는 구호를 내걸고 전개한 문맹 퇴치 운동이자 농촌 계몽 운동이에요. 브나로드는 러시아어로 '민중 속으로'라는 의미입니다.

③ 1920년대 후반 조선일보사는 '아는 것이 힘, 배워야 산다'라는 구호를 내걸고 문자 보급 운동을 전개하였어요.

410 물산 장려 운동

정답 ②

정답 잡는 키워드

물산 장려에 대한 운동 > 물산 장려 운동

'물산 장려에 대한 운동' 등을 통해 자료의 민족 운동이 물산 장려 운동임을 알 수 있어요. 1920년대 초 회사령이 폐지되어 일본 기업과 자본이 한국에 본격적으로 진출하고 일본 상품에 대한 관세 철폐의 움직임이 나타나자, 민족 산업의 보호와 민족 경제 자립을 목표로 물산 장려 운동이 전개되었어요. ② 물산 장려 운동은 조만식 등의 주도로 평양에서 시작되어 전국으로 확산되었어요. 민족 산업을 보호하고 육성하기 위해 '내 살림 내 것으로', '조선 사람 조선 것' 등의 구호를 내걸고 토산품 애용, 근검저축, 금주, 단연 등의 실천을 강조하였어요. 하지만 한국인 기업이 늘어난 수요를 감당할 만큼의 생산력을 갖추지 못해 상품 가격만 높아지자 사회주의자들로부터 자본가와 상인의 이익만을 추구한다며 비판을 받기도 하였어요.

오답 피하기

① 물산 장려 운동은 대한매일신보가 폐간된 이후인 1920년에 평양에서 시작되었어요. 대한매일신보는 국권 피탈 이후 '매일신보'로 이름이 바뀌어 조선 총독부의 기관지로 전락하였어요. 대한매일신보의 후원을 받아 확산된 대표적인 민족 운동으로는 1907년에 전개된 국채 보상 운동을 들 수 있어요.

③ 대한 제국 시기인 1898년에 서울의 시전 상인들이 조직한 황국 중앙 총상회는 청과 일본 등 외국 상인들의 상권 침탈에 대항하여 상권 수호 운동을 전개하였어요.

④ 독립 협회는 우리 민족의 독립 의지를 널리 알리기 위해 독립문 건립을 위한 모금 활동을 벌여 1897년에 독립문을 완공하였어요. 독립문은 중국 사신을 맞이하던 영은문이 있던 자리 부근에 세워졌어요.

411 민립 대학 설립 운동

정답 ④

정답 잡는 키워드

1920년대 초 이상재 등이 중심이 되어 한국인의 고등 교육 실현을 위해 전개, 1천만 원을 목표로 전국에서 모금 활동 > 민립 대학 설립 운동

1920년대 초 이상재 등이 중심이 되어 한국인의 고등 교육 실현을 위해 전개하였으며, 1천만 원을 목표로 전국에서 모금 활동을 벌였다는 내용을 통해 학생들이 공통으로 이야기하는 민족 운동이 ④ 민립 대학 설립 운동임을 알 수 있어요. 1920년대 초에 이상재, 이승훈 등이 한국인의 힘으로 고등 교육을 담당할 대학을 설립하자는 민립 대학 설립 운동을 전개하였어요. 1년 내 1천만 원 조성을 목표로 모금 활동을 추진하였으나 조선 총독부의 방해와 자연재해 등으로 성과를 거두지 못하였어요. 일제는 1924년에 한국인의 고등 교육에 대한 열망을 잠재우고 대학 설립 요구를 무마하기 위해 경성 제국 대학을 설립하였어요.

오답 피하기

① 박정희 정부 시기인 1970년에 도시와 농촌 간의 격차를 줄이고 농촌의 생활 환경을 개선하기 위해 새마을 운동이 전개되었어요.

② 1907년에 서상돈 등의 주도로 국민이 성금을 모아 대한 제국 정부가 일본에 진 빚 1,300만 원을 갚고 국권을 회복하자는 국채 보상 운동이 일어났어요. 국채 보상 운동은 대한매일신보, 황성신문 등 언론의 지원을 받아 전국적으로 확산되었어요.

③ 1920년대 초에 민족 산업을 보호하고 육성하기 위해 토산품 애용 등을 주장하며 물산 장려 운동이 전개되었어요. 물산 장려 운동은 '내 살림 내 것으로', '조선 사람 조선 것' 등의 구호를 내세웠어요.

412 민립 대학 설립 운동

정답 ④

정답 잡는 키워드

조선 민립 대학 기성회, 조선인의 힘으로 고등 교육 기관을 설립하고자 하는 취지 > 민립 대학 설립 운동

조선인의 힘으로 고등 교육 기관을 설립하고자 하는 취지에서 조선 민립 대학 기성회가 조직되었다는 내용을 통해 밑줄 그은 '민족 운동'이 민립 대학 설립 운동임을 알 수 있어요. 1920년대 초 한국인의 힘으로 고등 교육을 담당할 대학을 설립하기 위해 민립 대학 설립 운동이 전개되었어요. ④ 민립 대학 설립 운동은 이상재, 이승훈 등을 중심으로 대학 설립을 위한 모금 활동이 전개되었어요. 1년 내 1천만 원 조성을 목표로 추진되었지만 자연재해로 모금 실적이 저조하고 조선 총독부의 감시와 탄압이 계속되어 민립 대학 설립 운동은 성공하지 못하였어요.

오답 피하기

① 3·1 운동은 중국의 5·4 운동과 인도의 비폭력·불복종 운동 등 다른 나라의 민족 운동에 영향을 주었어요.

② 1907년에 대구에서 김광제, 서상돈 등의 발의로 국채 보상 운동이 시작되었어요. 국채 보상 운동은 대한매일신보 등 언론의 지원을 받아 전국으로 확산되었어요.

③ 3·1 운동은 고종의 인산일을 기회로 삼아 일어났어요.

413 원산 총파업

정답 ③

정답 잡는 키워드

1920년대, 라이징 선 석유 회사, 8시간 노동제 실시, 최저 임금제 확립 > 원산 총파업

'1920년대', '라이징 선 석유 회사'와 8시간 노동제 실시와 최저 임금제 확립을 주장하는 내용을 통해 자료에 나타난 사건이 ③ 원산 총파업임을 알 수 있어요. 1929년에 원산 인근의 라이징 선 석유 회사에서 일본인 감독이 한국인 노동자를 구타한 사건이 발단이 되어 원산 총파업이 일어났어요. 노동자들은 일본인 감독의 파면과 8시간 노동제 및 최저 임금제 실시 등 근로 조건 개선을 요구하였어요. 원산 총파업이 일어나자 전국에서 파업을 지원하였으며, 일본·중국·프랑스 등 외국의 노동 단체가 격려 서한을 보내기도 하였어요.

오답 피하기

① 박정희 정부 시기에 한·일 국교 정상화를 위한 한·일 회담이 개최되었으나 일본의 식민 지배에 대한 사죄와 배상이 이루어지지 않은 채 추진되었어요. 이를 굴욕 외교로 여긴 학생과 시민들은 1964년에 한·일 국교 정상화에 반대하는 6·3 시위를 일으켰어요.
② 박정희 정부 시기인 1970년에 시작된 새마을 운동은 도시와 농촌 간 균형 발전을 위해 농촌 근대화에 중점을 두고 전개된 지역 사회 개발 운동이에요. 근면·자조·협동 정신을 강조하였어요.
④ 1948년에 남한만의 단독 정부 수립에 반대하여 제주도 내 좌익 세력과 일부 주민들이 봉기하였는데, 무장대와 토벌대 간의 무력 충돌 과정에서 수많은 제주도 주민이 희생된 제주 4·3 사건이 일어났어요.

414 신간회

정답 ①

정답 잡는 키워드

사회주의 계열, 비타협적 민족주의 계열, 민족 유일당을 만들기 위한 노력, 기회주의자 배제 > 신간회

사회주의 계열과 비타협적 민족주의 계열의 사람이 손을 잡은 모습과 민족 유일당을 만들기 위한 노력의 결과이며 기회주의자를 배제하자는 내용을 통해 (가)에 들어갈 단체가 ① 신간회임을 알 수 있어요. 신간회는 민족 운동 전선을 통일하여 민족 유일당을 만들기 위한 노력의 결과로, 사회주의 계열과 비타협적 민족주의 계열이 연합하여 1927년에 결성한 민족 운동 단체입니다. 신간회는 '우리는 정치·경제적 각성을 촉진함, 우리는 단결을 공고히 함, 우리는 일체의 기회주의를 부인함'을 강령으로 내걸었어요.

오답 피하기

② 토월회는 1923년에 일본 도쿄에서 한국인 유학생들을 중심으로 조직된 극단이에요.
③ 대한 광복회는 1915년에 대구에서 박상진 등이 주도하여 결성한 비밀 결사 형태의 독립운동 단체로, 군자금 모금과 친일 부호 및 친일파 처단 등의 활동을 전개하였어요.
④ 조선어 연구회를 계승한 조선어 학회는 한글 맞춤법 통일안과 표준어를 제정하였으며, "우리말 큰사전(조선말 큰사전)"의 편찬을 준비하였어요. 하지만 조선어 학회 사건으로 사전 편찬은 중단되었어요.

415 신간회의 활동

정답 ④

정답 잡는 키워드

1927년 창립, 기회주의를 일체 부인함 > 신간회

1927년에 창립 총회가 개최되었으며, '우리는 기회주의를 일체 부인함' 등의 강령을 통해 (가) 단체가 신간회임을 알 수 있어요. 신간회 강령에서 말하는 '기회주의'는 자치론을 의미해요. 1926년에 사회주의 진영의 정우회가 비타협적 민족주의 세력과의 협력을 주장하자, 이를 계기로 자치론에 반대하는 비타협적 민족주의 세력과 사회주의 세력이 연대하여 신간회를 창립하였어요. 신간회는 일제 강점기 최대 규모의 민족 운동 단체였어요. ④ 신간회는 광주 학생 항일 운동이 일어나자 진상 조사단을 파견하였고 민중 대회를 개최하고자 하였어요.

오답 피하기

① 대한민국 임시 정부는 독립운동 자금을 마련하기 위해 독립 공채를 발행하였어요.
② 독립 협회는 정부 대신들도 참여한 관민 공동회에서 헌의 6조를 결의하고 정부에 건의하여 고종의 재가를 받았어요.
③ 조선어 학회는 1933년에 한글 맞춤법 통일안을 발표하였어요.

416 6·10 만세 운동

정답 ③

정답 잡는 키워드

순종의 인산일에 경성에서 만세 시위가 일어남 > 6·10 만세 운동(1926)

순종의 인산일에 경성에서 만세 시위가 일어났으며 학생들이 격문을 뿌리며 독립 만세를 외쳤다는 내용을 통해 대화에 나타난 사건이 6·10 만세 운동임을 알 수 있어요. 6·10 만세 운동은 1926년 순종의 인산일에 맞추어 학생들을 중심으로 전개되었어요. 대한 제국의 마지막 황제인 순종의 서거를 계기로 사회주의 계열과 천도교 계열, 학생 단체 등이 힘을 합쳐 대규모 만세 시위를 계획하였습니다. 사회주의 계열과 천도교 계열의 계획은 사전에 일제에 발각되어 많은 사람들이 체포되었으나, 학생들은 일제의 감시를 뚫고 시위를 진행하였어요.
따라서 연표에서 6·10 만세 운동이 일어난 시기는 청산리 대첩과 광주 학생 항일 운동 사이인 ③ (다)입니다.

417 6·10 만세 운동

정답 ①

정답 잡는 키워드

1926년, 순종의 장례 행렬이 출발한 곳 > 6·10 만세 운동

'1926년'과 '순종의 장례 행렬이 출발한 곳' 등을 통해 (가)에 들어갈 민족 운동이 6·10 만세 운동임을 알 수 있어요. 6·10 만세 운동은 1926년 순종의 장례일에 학생들을 중심으로 전개되었어요. 대한 제국의 마지막 황제인 순종의 서거를 계기로 사회주의 계열과 천도교 계열, 학생 단체 등이 힘을 합쳐 대규모 만세 시위를 계획하였어요. 일제 경찰에게 사전에 계획이 발각되어 사회주의 계열과 천도교계 인사 등 많은 사람이 체포되었으나, 학생들은 예정대로 시위를 전개하였어요. ① 6·10 만세 운동을 준비하는 과정에서 사회주의 세력과 민족주의 세력이 함께 민족 유일당을 결성할 수 있다는 공감대가 형성되었어요. 이를 계기로 민족 유일당을 결성하려는 움직임이 활발하게 전개되어 신간회가 창립되었어요(1927).

오답 피하기

② 을미사변과 을미개혁에서 추진된 단발령 시행에 반발하여 을미의병이 일어났어요(1895).
③ 3·1 운동을 계기로 독립운동을 체계적으로 이끌 지도부의 필요성이 제기되어 대한민국 임시 정부가 수립되었어요(1919).
④ 1931년부터 동아일보사는 '배우자 가르치자 다 함께 브나로드'라는 구호 아래 농촌 계몽 운동인 브나로드 운동을 전개하였어요.

418 광주 학생 항일 운동

정답 ④

광주 학생 항일 운동을 묻는 문항입니다. 광주 학생 항일 운동은 1929년에 광주에서 나주로 가는 통학 열차에서 일본인 학생이 한국인 여학생을 희롱한 사건을 계기로 일어난 한·일 학생의 충돌에서 비롯되었어요. 이 사건을 수습하는 과정에서 일제 경찰이 한·일 학생을 차별하자 광주 지역의 학생들은 민족 차별 중지와 차별 교육 철폐를 주장하며 시위를 전개하였어요. ④ 광주 학생 항일 운동이 일어나자 신간회는 진상 조사단을 파견하여 지원하였어요. 신간회 등의 지원으로 광주 학생 항일 운동은 전국으로 확산되었어요.

오답 피하기

① 을사늑약이 체결되면서 내정 간섭 기구로 통감부가 설치되었어요.
② 일본 도쿄의 한국인 유학생들이 2·8 독립 선언서를 발표하였어요. 2·8 독립 선언은 3·1 운동에 영향을 끼쳤어요.
③ 1925년에 일제는 천황제를 유지하고 사회주의 운동이 확산되는 것을 막기 위해 치안 유지법을 공포하였어요. 치안 유지법은 한국인의 독립운동을 탄압하는 데 이용되었어요.

419 광주 학생 항일 운동

정답 ④

정답 잡는 키워드

1929년, 나주와 광주를 열차로 통학하는 한·일 학생 간에 충돌 발생, 일제 경찰의 민족 차별에 대항하여 광주의 학생들이 시위 ＞ 광주 학생 항일 운동

1929년에 나주와 광주를 열차로 통학하는 한·일 학생 간에 충돌이 발생하였고, 일제 경찰의 민족 차별에 광주의 학생들이 대항하여 시위를 벌였다는 내용을 통해 밑줄 그은 '이 운동'이 광주 학생 항일 운동임을 알 수 있어요. 1929년에 광주에서 나주로 가는 통학 열차에서 일본인 학생이 한국인 여학생을 희롱한 일을 계기로 한·일 학생 간에 충돌이 일어났어요. 이 사건을 수습하는 과정에서 일제 경찰이 한국인 학생과 일본인 학생을 차별하자 광주의 학생들은 민족 차별 중지와 차별 교육 철폐를 요구하며 시위를 벌였어요. ④ 광주 학생 항일 운동이 일어나자 신간회는 진상 조사단을 파견하여 지원하였어요. 광주 학생 항일 운동은 3·1 운동 이후 최대 규모의 민족 운동으로 발전하였어요.

오답 피하기

① 6·10 만세 운동은 1926년 순종의 인산일에 학생들을 중심으로 일어났어요.
② 일제는 1910년에 대한 제국의 국권을 빼앗은 후 식민 통치 기관으로 조선 총독부를 설치하고 통감부를 폐지하였어요. 통감부의 탄압으로 실패한 민족 운동으로 국채 보상 운동 등을 들 수 있어요.
③ 1920년대 초 대한민국 임시 정부의 활동이 어려워진 상황에서 독립운동 지도자들이 새로운 독립운동의 방향을 논의하기 위해 1923년에 중국 상하이에 모여 국민 대표 회의를 개최하였어요.

420 1920년대 사회 모습

정답 ②

정답 잡는 키워드

일제가 산미 증식 계획을 시행하던 시기 ＞ 1920년대

일제가 산미 증식 계획을 시행하던 시기라는 내용을 통해 밑줄 그은 '이 시기'가 1920년대임을 알 수 있어요. 일제는 자국 내에서 쌀이 부족해지자 이를 해결하기 위해 한국에서 1920년부터 산미 증식 계획을 시행하였어요. 이 과정에서 한국 농민들은 수리 조합비와 비료 대금 등 각종 쌀 증산 비용을 떠맡게 되어 생활이 더욱 어려워졌습니다. ② 광주 학생 항일 운동은 1929년에 광주에서 나주로 가는 통학 열차에서 일본인 학생이 한국인 여학생을 희롱한 일을 계기로 일어난 한·일 학생 간 충돌 사건에서 비롯되었어요.

오답 피하기

① 제중원은 1885년 우리나라에 최초로 세워진 서양식 병원이에요. 처음 설립되었을 때는 광혜원이라 하였으나 곧 제중원으로 이름이 바뀌었어요. 정부가 제중원 운영을 미국 선교사에게 맡긴 뒤 제중원은 1904년에 세브란스 병원으로 이름이 바뀌었어요.
③ 1890년대 초반 동학교도는 동학의 창시자 최제우의 누명을 벗겨 줄 것과 포교의 자유를 요구하는 교조 신원 운동을 전개하였어요.
④ 국채 보상 기성회가 주도한 국채 보상 운동은 1907년에 대구에서 시작되어 전국으로 확산되었어요.

421 근우회

정답 ②

정답 잡는 키워드

신간회의 자매단체, 여성의 단결과 지위 향상 도모 ＞ 근우회

신간회의 자매단체로서 여성의 단결과 지위 향상을 도모하였다는 내용을 통해 (가)에 들어갈 단체가 ② 근우회임을 알 수 있어요. 1920년대 전개된 민족 유일당 운동의 영향으로 1927년에 비타협적 민족주의 세력과 사회주의 세력이 연합한 독립운동 단체인 신간회가 결성되었어요. 이를 계기로 민족주의 계열과 사회주의 계열의 여성 단체들이 근우회를 조직하였어요. 신간회의 자매단체라고 할 수 있는 근우회는 국내와 일본 도쿄, 간도 등에 수십 개의 지회를 조직하였으며 전국 순회강연을 하고 야학을 여는 등 여성의 권리 신장과 의식 계몽에 앞장섰어요. 또 기관지로 "근우"를 발간하였어요.

오답 피하기

① 권업회는 1911년에 연해주에서 조직된 독립운동 단체로, 권업신문을 발간하고 강연회를 개최하여 민족의식을 높이기 위해 노력하였어요.
③ 1904년에 결성된 보안회는 일제가 황무지 개간권을 요구하며 토지를 약탈하려 하자 반대 운동을 전개하여 이를 저지하는 데 성공하였어요.
④ 송죽회는 1913년에 평양에서 조직된 여성 독립운동 단체입니다.

422 근우회

정답 ①

정답 잡는 키워드

1927년 신간회가 결성된 이후 여성 운동에 변화, 민족주의 세력과 사회주의 세력이 협동하여 설립 ＞ 근우회

1927년 신간회가 결성된 이후 여성 운동에 변화가 나타나 민족주의 세력과 사회주의 세력이 협동하여 설립하였다는 내용을 통해 밑줄 그은 '이 단체'가 ① 근우회임을 알 수 있어요. 민족 운동 전선을 통일하여 민족 유일당을 만들기 위한 노력의 결과로 1927년에 비타협적 민족주의 세력과 사회주의 세력이 연합하여 신간회를 결성하였어요. 신간회 창립은 여성 운동에도 영향을 미쳐 민족주의 계열과 사회주의 계열의 여성 운동 단체가 협동하여 근우회를 설립하였어요. 근우회는 여성의 단결과 지위 향상을 목표로 하여 국내와 일본 도쿄, 간도 등에 수십 개의 지회를 조직하고 강연회를 개최하였으며 기관지 "근우"를 발간하였어요.

오답 피하기

② 찬양회는 1898년에 서울에서 조직된 우리나라 최초의 여성 운동 단체입니다.
③ 조선 여자 교육회는 1920년에 차미리사가 중심이 되어 조직한 여성 계몽 운동 단체입니다. 여성 교육의 보급과 여성 해방을 위해 노력하였어요.
④ 토산 애용 부인회는 1923년에 서울에서 조직된 여성 단체로, 검소한 생활과 토산품 애용을 강조하며 물산 장려 운동에 적극적으로 참여하였어요.

423 방정환의 활동

정답 ③

방정환의 활동을 묻는 문항입니다. 방정환은 1920년대에 천도교 소년회를 중심으로 소년 운동을 전개하였어요. 1923년 우리나라 최초의 어린이 문화 운동 단체인 색동회를 조직하고 본격적으로 소년 운동을 전개하여 강연회, 동요회, 동화회 등 다양한 행사를 개최하였어요. ③ 방정환이 중심이 된 천도교 소년회는 어린이날을 제정하고, 잡지 "어린이"를 발간하였어요.

오답 피하기

① 김원봉 등은 1919년에 만주에서 의열단 창설을 주도하였어요. 의열단은 식민 통치 기관을 파괴하고 일제 고위 관리와 친일파를 처단하는 등 의열 투쟁을 전개하였어요.
② 손기정과 남승룡은 1936년 베를린 올림픽에 참가하여 마라톤에서 각각 금메달과 동메달을 땄어요.
④ 1907년에 고종 황제는 을사늑약의 부당함을 국제 사회에 알리기 위해 네덜란드 헤이그에서 열린 만국 평화 회의에 이상설, 이준, 이위종을 특사로 파견하였어요.

424 천도교의 활동

정답 ③

정답 잡는 키워드

동학 계승, 개벽·신여성 발간, 어린이날 제정, 손병희가 교단 조직 정비 > 천도교

동학을 계승하고 손병희가 교단 조직을 정비하였으며, "개벽", "신여성"을 발간하고 어린이날 제정에 기여하였다는 내용을 통해 (가)에 들어갈 종교가 ③ 천도교임을 알 수 있어요. 동학의 3대 교주 손병희는 동학을 천도교로 개칭하고 교단을 정비하였어요. 천도교는 민중을 계몽하기 위하여 만세보를 발행하였으며, "개벽", "신여성" 등의 잡지를 발간하였어요. 방정환이 중심이 된 천도교 소년회는 어린이날을 제정하고 잡지 "어린이"를 발간하였어요.

오답 피하기

① 대종교는 나철과 오기호 등이 단군 신앙을 바탕으로 창시한 종교입니다. 대종교도를 중심으로 중광단이 결성되어 적극적인 항일 무장 투쟁에 나섰어요.
② 원불교는 일제 강점기에 박중빈이 창시하였으며, 허례허식 폐지, 근검절약의 실천을 강조하는 새 생활 운동을 전개하였어요.
④ 천주교는 조선 후기에 서양 학문(서학)의 하나로 전래되어 연구되다가 신앙으로 수용되었어요. 유교식 제사를 거부하고 평등사상을 내세워 조선 정부의 탄압을 받았어요. 천주교도가 중심이 된 의민단은 만주에서 항일 무장 투쟁을 전개하였어요.

425 형평 운동

정답 ①

정답 잡는 키워드

일제 강점기, 백정들이 저울처럼 평등한 사회를 만들고자 일으켰던 운동 > 형평 운동

일제 강점기에 백정들이 저울처럼 평등한 사회를 만들고자 일으켰던 운동이라는 내용을 통해 (가)에 형평 운동과 관련 있는 포스터가 들어가야 함을 알 수 있어요. 갑오개혁 과정에서 법적으로 신분제가 폐지되었으나 이후에도 백정에 대한 사회적 차별과 멸시는 계속되었어요. 백정들은 1923년에 진주에서 조선 형평사를 조직하고 백정에 대한 차별 폐지 운동인 형평 운동을 전개하였어요. ① 조선 형평사 전 조선 정기 대회를 알리는 포스터입니다. 포스터의 '형평'은 저울[衡, 저울 형]처럼 평등[平, 평평할 평]한 사회를 의미합니다.

오답 피하기

② 민족 산업의 보호와 육성을 위해 토산물 애용 등을 주장하며 추진된 물산 장려 운동 포스터입니다.
③ 어린이날 포스터입니다. 방정환을 중심으로 한 천도교 소년회는 어린이를 온전한 인격체로 대하고 소중히 여기자는 소년 운동을 전개하여 어린이날을 제정하고 잡지 "어린이"를 발간하였어요.
④ 동아일보사가 주도하여 전개된 농촌 계몽 운동인 브나로드 운동의 포스터입니다.

426 형평 운동

정답 ②

정답 잡는 키워드

백정, 천대와 학대를 하며 멸시 > 형평 운동

'백정'이니 '피쟁이'니 '갓바치'니 '천인'이니 하고 천대와 학대를 하며 멸시한다는 내용을 통해 자료의 사회 운동이 형평 운동임을 알 수 있어요. 갑오개혁 과정에서 법적으로 신분제가 폐지되었으나 백정에 대한 사회적인 차별과 멸시는 계속되었어요. ② 1923년에 백정들은 자신들에 대한 사회적 차별과 멸시를 철폐하기 위해 진주에서 조선 형평사를 조직하고 형평 운동을 시작하였어요.

오답 피하기

① 영선사는 개항 이후 청에 파견되어 근대식 무기 제조 기술과 군사 훈련법을 배우고 돌아온 사절단이에요.
③ 신민회는 민족 자본을 육성하기 위해 태극 서관과 자기 회사를 운영하였어요.
④ 러시아가 조선에서 영향력을 확대하려고 하자 당시 세계 곳곳에서 러시아와 대립한 영국이 러시아의 남하를 막는다는 명분을 내세워 1885년에 거문도를 불법으로 점령하였어요.

427 의열단

정답 ①

정답 잡는 키워드

단장 김원봉, 조선 총독부에 폭탄을 던진 김익상 > 의열단

단장 김원봉과 조선 총독부에 폭탄을 던진 김익상 등의 내용을 통해 (가)에 들어갈 단체가 ① 의열단임을 알 수 있어요. 의열단은 1919년에 만주 지린성에서 조직되었으며 단장에는 김원봉이 선출되었어요. 의열단은 식민 통치 기관을 폭파하고 일제 고위 관리와 친일파를 처단하는 의열 투쟁을 전개하였으며, 김원봉의 요청으로 신채호가 작성한 '조선 혁명 선언'을 활동 지침으로 삼았어요. 단원 박재혁은 부산 경찰서에, 김익상은 조선 총독부에, 김상옥은 종로 경찰서에, 나석주는 조선 식산 은행과 동양 척식 주식회사에 폭탄을 던지는 의거를 일으켰어요.

오답 피하기

② 중광단은 1911년에 북만주에서 대종교도를 중심으로 조직된 항일 무장 투쟁 단체로, 이후 북로 군정서로 발전하였어요.
③ 흥사단은 1913년에 안창호의 주도로 미국 샌프란시스코에서 창립된 민족 운동 단체입니다. 민족 부흥을 위한 민족의 실력 양성을 목표로 활동하였어요.
④ 한인 애국단은 침체된 대한민국 임시 정부의 활동에 활기를 불어넣기 위해 김구가 1931년에 중국 상하이에서 조직한 항일 의열 투쟁 단체입니다. 이봉창, 윤봉길 등이 단원으로 활동하였어요.

428 의열단

정답 ④

정답 잡는 키워드

김원봉이 조직, 김익상, 나석주, 김상옥 > 의열단

김원봉이 조직하였으며 김익상, 나석주, 김상옥이 일원이었다는 내용 등을 통해 (가) 단체가 의열단임을 알 수 있어요. 의열단은 1919년에 김원봉 등이 만주 지린성에서 조직한 단체로, 박재혁, 김익상, 나석주, 김상옥 등이 단원으로 활동하였어요. 의열단은 일제 식민 통치 기관을 파괴하고 일제 고위 관리 및 친일파를 처단하는 등 의열 투쟁을 전개하였어요. 소속 단원 김익상은 식민 통치의 중심이었던 조선 총독부에 폭탄을 투척하였어요. ④ 의열단은 신채호가 작성한 '조선 혁명 선언'을 활동 지침으로 삼았어요.

오답 피하기

① 1907년에 비밀 결사로 조직된 신민회는 105인 사건으로 조직이 드러나 해체되었어요(1911).
② 의병장 출신 임병찬은 고종의 밀지를 받아 1912년에 독립 의군부를 조직하였어요.
③ 중국 상하이에서 결성된 신한 청년당은 파리 강화 회의에 김규식을 대표로 파견하여 한국의 독립을 주장하였어요.

429 신채호의 활동

정답 ①

정답 잡는 키워드

독사신론, 조선상고사 등 저술 > 신채호

'독사신론', "조선상고사" 등을 저술하였다는 내용을 통해 (가) 인물이 신채호임을 알 수 있어요. 신채호는 '독사신론'을 발표하여 민족주의 사학의 연구 방향을 제시하였어요. 또한, 고대사 연구에 주력하여 "조선상고사", "조선사연구초" 등을 저술하였어요. ① 신채호는 김원봉의 요청을 받아 의열단의 활동 지침이 된 '조선 혁명 선언'을 집필하였어요.

오답 피하기

② 김규식은 파리 강화 회의에 신한 청년당의 대표로 파견되었어요.
③ 박용만은 미국 하와이에서 독립군을 양성하기 위해 대조선 국민군단을 창설하였어요.
④ 이윤재, 최현배 등이 중심이 된 조선어 학회는 "조선말 큰사전" 편찬을 추진하였으나, 일제가 일으킨 조선어 학회 사건으로 사전을 완성하지 못하였어요.

430 신채호의 활동

정답 ④

정답 잡는 키워드

신채호가 저술, 역사를 아(我)와 비아(非我)의 투쟁을 기록한 것으로 정의 > 조선상고사

신채호가 저술하였으며 역사를 아(我)와 비아(非我)의 투쟁을 기록한 것으로 정의하고 있다는 내용을 통해 밑줄 그은 '이 책'이 ④ "조선상고사"임을 알 수 있어요. 신채호는 민족주의 사학을 대표하는 학자이자 독립운동가입니다. 고대사 연구에 주력하여 "조선상고사", "조선사연구초" 등을 저술하였어요. "조선상고사"는 원래 조선일보에 연재된 "조선사"의 일부였으나 상고사, 즉 단군부터 백제의 멸망과 부흥 운동 부분까지 연재되고 끝나 "조선상고사"라는 이름이 붙게 되었어요. 신채호는 이 책에서 역사를 아(我)와 비아(非我)의 투쟁을 기록한 것으로 정의하였습니다.

오답 피하기

① "제왕운기"는 고려 충렬왕 때 이승휴가 중국과 우리나라의 역사를 시로 서술한 역사서입니다. 단군의 건국 이야기가 수록되어 있어요.
② "동사강목"은 조선 후기 실학자 안정복이 고조선부터 고려 말까지의 역사를 정리한 역사서입니다.
③ "연려실기술"은 조선 후기 실학자 이긍익이 조선의 정치와 문화를 실증적·객관적 서술로 정리한 역사서입니다.

431 박은식의 활동

정답 ①

백암 박은식의 활동을 묻는 문항입니다. 박은식은 황성신문, 대한매일신보의 주필로 활동하며 활발한 계몽 운동을 전개하였고, 신민회에 가입하여 교육 분야에서도 활동하였어요. 1910년에 일제가 국권을 강탈하자 국외로 망명하여 독립운동을 전개하였어요. 국민 대표 회의가 결렬된 후 국제 연맹에 위임 통치를 청원한 것에 대한 책임을 물어 임시 의정원에서 이승만을 탄핵하고 박은식을 대한민국 임시 정부의 제2대 대통령으로 추대하였어요. 대통령으로 선출된 박은식은 헌법 개정안을 발의하여 국무령 중심의 내각 책임제로 대한민국 임시 정부의 체제를 바꾸었습니다. ① 박은식은 역사를 통해 민족정신을 고취하고자 일제의 침략 과정을 담은 "한국통사"(1915)와 우리 민족의 독립 투쟁 과정을 정리한 "한국독립운동지혈사"(1920)를 저술하였으며, 민족정신으로 국혼을 강조하였어요.

오답 피하기

② 대한민국 건국 강령은 조소앙이 주장한 삼균주의에 기초하여 작성되었어요.
③ 신채호는 김원봉의 요청으로 민중의 직접 혁명을 주장한 '조선 혁명 선언'을 작성하였는데, 이는 의열단의 활동 지침이 되었어요.
④ 백남운은 "조선사회경제사"에서 유물 사관을 바탕으로 우리 역사가 세계사의 보편적인 발전 법칙에 따라 발전하였음을 강조하여 식민 사학의 정체성론을 반박하였어요.

432 영화 아리랑

정답 ②

정답 잡는 키워드

단성사, 나운규(영진 역) > 아리랑

'단성사'와 '나운규(영진 역)' 등을 통해 밑줄 그은 '영화'가 ② '아리랑'임을 알 수 있어요. 나운규는 1926년 우리나라 최초의 상설 영화관인 단성사에서 영화 '아리랑'을 개봉하였어요. 영화 '아리랑'은 나운규가 감독과 주연을 맡은 영화로, 식민지 시기 우리 민족의 슬픔이 담겨 있어요.

오답 피하기

① 영화 '미몽'은 당시 화려한 삶을 꿈꾸는 여주인공의 인생을 그린 영화로, 1936년에 제작되었어요.
③ 영화 '자유 만세'는 독립운동가의 이야기를 소재로 한 영화로, 광복 이후인 1946년에 개봉되었어요.
④ 영화 '시집가는 날'은 조선 시대를 배경으로 한 풍자 희극 영화로, 1956년에 제작되었어요.

433 나운규의 활동

정답 ②

정답 잡는 키워드

1926년 단성사에서 개봉한 아리랑의 감독과 주연 > 나운규

1926년 단성사에서 개봉한 영화 '아리랑'의 감독과 주연을 맡았다는 내용을 통해 (가)에 해당하는 인물이 ② 나운규임을 알 수 있어요. 나운규는 29편의 작품을 남긴 영화 예술인으로, 그가 직접 각본을 쓰고 감독과 주연을 맡은 영화가 10여 편이에요. 영화 '아리랑'이 대표적입니다.

오답 피하기

① 심훈은 일제 강점기에 활동한 소설가이자 시인으로, 소설 "상록수", 시 '그날이 오면' 등을 발표하였어요.
③ 이육사는 일제 강점기에 활동한 시인으로, '광야', '청포도', '절정' 등 일본에 대한 저항 의식을 드러내는 작품을 남겼어요.
④ 이중섭은 한국 근대 서양화가로, 시대의 아픔과 어려운 삶을 '소'라는 주제를 통해 표현하였어요.

434 홍범도의 활동

정답 ④

정답 잡는 키워드

카자흐스탄으로 강제 이주당함, 대한 독립군 총사령관, 봉오동 전투 > 홍범도

카자흐스탄으로 강제 이주당하였으며, 대한 독립군 총사령관으로 봉오동 전투를 승리로 이끌었다는 내용을 통해 (가)에 해당하는 인물이 ④ 홍범도임을 알 수 있어요. 홍범도가 이끄는 대한 독립군 등 독립군 연합 부대는 1920년에 봉오동에서 일본군과 싸워 큰 승리를 거두었어요. 홍범도는 자유시 참변(1921) 이후 연해주에서 한인 사회를 이끌다가 옛 소련 스탈린의 강제 이주 정책에 의해 중앙아시아의 카자흐스탄으로 이주하여 생활하였으며, 그곳에서 생을 마감하였어요. 2021년 8월 15일에 홍범도 장군의 유해가 카자흐스탄에서 돌아와 국립 대전 현충원에 안장되었어요.

오답 피하기

① 나석주는 의열단원으로 1926년에 조선 식산 은행과 동양 척식 주식회사에 폭탄을 던지는 의거를 일으켰어요.
② 안중근은 하얼빈에서 을사늑약 체결을 주도한 이토 히로부미를 사살하였어요.
③ 지청천은 한국 독립군을 이끌고 중국 호로군과 연합 작전을 전개하여 쌍성보 전투, 대전자령 전투 등에서 일본군을 격파하였어요.

435 봉오동 전투

정답 ①

정답 잡는 키워드

홍범도 등이 이끄는 독립군 연합 부대가 봉오동에서 일본군을 물리침 > 봉오동 전투 (1920)

홍범도 등이 이끄는 독립군 연합 부대가 봉오동에서 일본군을 물리쳤다는 내용을 통해 밑줄 그은 '전투'가 봉오동 전투임을 알 수 있어요. 3·1 운동을 전후하여 만주 지역에서 많은 독립군 부대가 활동하였어요. 독립군 부대는 국경 부근의 일본군과 경찰서를 공격하여 전과를 올렸어요. 이에 일제가 독립군의 근거지를 파괴하기 위해 봉오동 지역을 공격하자 홍범도가 이끄는 대한 독립군 등 독립군 연합 부대가 이에 맞서 일본군을 크게 격퇴하였어요(봉오동 전투, 1920).
따라서 연표에서 봉오동 전투가 일어난 시기는 국권 피탈과 미쓰야 협정 사이인 ① (가)입니다.

436 북로 군정서

정답 ①

정답 잡는 키워드

김좌진, 중광단, 청산리 전투 > 북로 군정서

'김좌진', '중광단', '청산리 전투'를 통해 (가)에 들어갈 군사 조직이 ① 북로 군정서임을 알 수 있어요. 북만주에서 대종교도를 중심으로 무장 단체인 중광단이 조직되었으며, 이는 북로 군정서로 발전하였어요. 1920년에 김좌진이 이끄는 북로 군정서, 홍범도가 이끄는 대한 독립군 등 독립군 연합 부대가 청산리 일대에서 일본군에 대승을 거두었는데, 이를 청산리 전투라고 합니다.

오답 피하기

② 조선 의용대는 1938년에 김원봉이 중국 국민당 정부의 지원을 받아 중국 우한에서 조직한 항일 무장 투쟁 단체입니다. 중국 관내에서 결성된 최초의 한인 군사 조직이에요.
③ 조선 혁명군은 남만주 지역에서 총사령 양세봉의 지휘 아래 중국 의용군과 연합하여 영릉가 전투 등에서 일본군에 승리를 거두었어요.
④ 한국 광복군은 충칭에서 창설된 대한민국 임시 정부의 정규군이에요.

437 청산리 전투

정답 ②

정답 잡는 키워드

독립군 연합 부대가 백운평·어랑촌 등에서 일본군을 대파 > 청산리 전투

독립군 연합 부대가 백운평·어랑촌 등지에서 일본군을 대파하였다는 내용을 통해 (가)에 들어갈 전투가 ② 청산리 전투임을 알 수 있어요. 1920년에 봉오동 전투에서 패배한 일제는 만주에 대규모 군대를 파견하여 독립군을 토벌하고자 하였어요. 이에 맞서 김좌진의 북로 군정서, 홍범도의 대한 독립군 등 독립군 연합 부대는 청산리 일대의 백운평, 천수평, 어랑촌 등지에서 일본군과 싸워 크게 승리하였어요. 이를 청산리 전투라고 합니다.

오답 피하기

① 영릉가 전투는 1932년에 양세봉이 이끄는 조선 혁명군이 중국 의용군과 연합하여 영릉가에서 일본군에 맞서 싸워 승리를 거둔 전투입니다.
③ 흥경성 전투는 1933년에 조선 혁명군이 중국 의용군과 함께 흥경성 일대에서 일본군에 맞서 싸운 전투입니다.
④ 대전자령 전투는 1933년에 지청천이 이끄는 한국 독립군이 중국 호로군과 연합하여 대전자령에서 일본군을 격퇴한 전투입니다.

4 1930년대 이후 저항

기출문제 풀어 보기 > 본책 166~171쪽

438 ① 439 ④ 440 ③ 441 ④ 442 ③ 443 ③
444 ④ 445 ④ 446 ① 447 ③ 448 ③ 449 ②
450 ④ 451 ④ 452 ③ 453 ② 454 ②

438 1930년대 초 한·중 연합 작전

정답 ①

한·중 연합 작전이 전개된 배경을 묻는 문항입니다. ① 1931년에 일제가 만주를 전면적으로 침략하여 만주 사변을 일으키고 이듬해 만주국을 세우자 중국 내 항일 감정이 높아졌어요. 이에 만주에서 독립군과 중국 항일군이 일제를 공동의 적으로 삼아 한·중 연합 작전을 전개하였어요. 북만주 일대에서는 지청천이 이끈 한국 독립군이, 남만주 일대에서는 양세봉이 이끈 조선 혁명군이 중국 항일군과 함께 일본군을 격퇴하였어요.

오답 피하기

② 제2차 세계 대전 중이던 1943년에 카이로 회담이 개최되었어요. 미국, 영국, 중국의 세 연합국 지도자들이 모인 이 회담에서 연합국이 한국의 독립을 처음으로 보장한 카이로 선언이 발표되었어요.
③ 1941년에 일제가 미국 하와이의 진주만을 기습 공격하여 태평양 전쟁이 발발하였어요.
④ 1945년 8·15 광복 직후 국내에서 여운형이 중심이 되어 조선 건국 준비 위원회가 결성되었어요. 조선 건국 준비 위원회는 광복 직후의 혼란을 수습하고 국내 치안을 유지하기 위한 활동을 전개하였어요.

439 1930년대 초 한·중 연합 작전

정답 ④

정답 잡는 키워드

만주 사변, 만주국을 세움 > 1930년대 초 한·중 연합 작전

일제가 1931년에 만주를 전면적으로 침략한 만주 사변을 일으키고 이듬해 만주국을 세우자 중국 내에서 항일 감정이 높아졌어요. 이에 ④ 만주 지역에서 독립군과 중국 항일군이 연합하여 일본군에 맞서 싸우는 한·중 연합 작전을 전개하였어요. 북만주 일대의 한국 독립군은 지청천의 지휘하에 중국 호로군과 연합하여 쌍성보 전투와 대전자령 전투에서, 남만주 일대의 조선 혁명군은 양세봉의 지휘하에 중국 의용군과 연합하여 영릉가 전투와 흥경성 전투에서 일본군을 격퇴하였어요.

오답 피하기

① 1920년대 중·후반에 국내에서는 정우회 선언을 계기로 사회주의 세력과 비타협적 민족주의 세력이 연대하여 신간회를 결성하였어요(1927). 신간회는 전국에서 강연회를 열어 민중을 계몽하고 일제의 식민 통치 정책을 비판하였으며, 광주 학생 항일 운동이 일어나자 진상 조사단을 파견하는 등의 활동을 펼쳤어요.
② 1920년대 초 대한민국 임시 정부의 활동이 어려워진 상황에서 독립운동 지도자들이 새로운 독립운동의 방향을 논의하기 위해 중국 상하이에서 국민 대표 회의를 소집하였어요(1923).
③ 신흥 무관 학교는 1919년에 설립된 군사 교육 기관이에요. 신민회 회원들이 중심이 되어 독립군 양성을 위하여 남만주(서간도) 삼원보에 세운 신흥 강습소에서 발전하였으며 많은 독립군을 배출하였어요.

440 1930년대 초 한·중 연합 작전

정답 ③

정답 잡는 키워드

지청천 장군이 이끄는 한국 독립군이 중국 호로군과 연합하여 일본군을 대전자령에서 물리침 > 대전자령 전투 (1933)

지청천 장군이 이끄는 한국 독립군이 중국 호로군과 연합하여 일본군을 대전자령에서 물리쳤다는 내용을 통해 제시된 전투가 1933년에 일어난 대전자령 전투임을 알 수 있어요. 일제가 1931년에 만주를 전면적으로 침략한 만주 사변을 일으키고 이듬해 만주국을 세우자 중국 내에서 항일 감정이 높아졌어요. 이러한 상황에서 만주 지역의 독립군 부대가 중국 항일군과 연합 작전을 전개하였는데, 남만주 일대의 조선 혁명군과 북만주 일대의 한국 독립군이 대표적입니다. 지청천이 이끄는 한국 독립군은 중국 호로군과 연합하여 쌍성보 전투 등에서, 양세봉이 이끄는 조선 혁명군은 중국 의용군과 연합하여 영릉가 전투 등에서 일본군에 맞서 싸워 승리하였어요. 그러나 일본군의 공격이 거세지면서 이들의 활동은 위축되었어요. 1937년에 일제는 중·일 전쟁을 일으키고 침략 전쟁을 확대하였습니다.
따라서 연표에서 한국 독립군의 대전자령 전투가 일어난 시기는 만주 사변과 중·일 전쟁 사이인 ③ (다)입니다.

441 한·중 연합 작전

정답 ④

정답 잡는 키워드

(가) 지청천, 쌍성보 전투, 대전자령 전투 > (가) 한국 독립군
(나) 양세봉, 영릉가 전투, 흥경성 전투 > (나) 조선 혁명군

지청천의 지휘 아래 쌍성보, 대전자령 전투에서 일본군을 물리쳤다는 내용을 통해 (가) 독립군이 한국 독립당 산하 부대인 한국 독립군임을 알 수 있어요. 양세봉의 지휘 아래 영릉가, 흥경성 전투에서 일본군에 승리하였다는 내용을 통해 (나) 독립군이 조선 혁명당의 군사 조직인 조선 혁명군임을 알 수 있어요. ④ 1930년대 초 일제의 만주 침략으로 중국 내에서 항일 감정이 높아지면서 만주 지역에서 활동한 한국 독립군, 조선 혁명군이 중국 항일군과 연합 작전을 전개하여 일본군에 맞서 싸웠어요.

오답 피하기

① 의열단은 신채호가 작성한 '조선 혁명 선언'을 활동 지침으로 삼았어요.
② 동학 농민 운동 당시 동학 농민군은 우금치 전투에서 일본군 및 관군을 상대로 싸웠으나 크게 패하였으며, 이후 지도부가 체포되면서 와해되었어요.
③ 신민회 회원들이 독립군 양성을 위해 남만주(서간도) 삼원보에 신흥 강습소를 세웠어요. 신흥 강습소는 후에 신흥 무관 학교로 발전하였어요.

442 조선 혁명군

정답 ③

정답 잡는 키워드

총사령 양세봉의 지휘 아래 중국 의용군과 연합, 영릉가 전투, 흥경성 전투 > 조선 혁명군

총사령 양세봉의 지휘 아래 중국 의용군과 연합하여 남만주 일대를 호령하였다는 내용과 '영릉가 전투', '흥경성 전투'를 통해 (가)에 들어갈 무장 투쟁 단체가 ③ 조선 혁명군임을 알 수 있어요. 만주 사변(1931) 이후 만주 지역에서 독립군과 중국 항일군의 연합 작전이 전개되었어요. 조선 혁명군은 남만주의 국민부가 조선 혁명당을 결성하고 그 아래에 둔 군사 조직이에요. 남만주 일대에서 총사령 양세봉의 지휘 아래 중국 의용군과 연합하여 영릉가 전투, 흥경성 전투 등에서 일본군에 맞서 싸워 승리하였어요.

오답 피하기

① 의열단은 1919년에 만주 지린성에서 김원봉 등이 조직한 독립운동 단체이며, 식민 통치 기관 파괴와 일제 요인 암살 등의 활동을 하였어요. 박재혁, 김익상, 김상옥, 김지섭, 나석주 등이 단원으로 활동하였어요.
② 북로 군정서는 대종교도 중심의 중광단이 1919년에 통합·발전하여 편성된 무장 독립운동 단체입니다. 김좌진의 지휘 아래 청산리 전투에서 크게 활약하였어요.
④ 한국 광복군은 대한민국 임시 정부가 1940년 중국 충칭에 정착한 뒤 창설한 정규군이에요. 제2차 세계 대전 당시 인도·미얀마 전선에서 활동하였으며, 미국과 연합하여 국내 진공 작전을 계획하였으나 예상보다 빨랐던 일제의 항복으로 실행하지 못하였어요.

443 조선 의용대

정답 ③

정답 잡는 키워드

김원봉 등을 중심으로 창설, 중국 관내에서 결성된 최초의 한인 무장 조직, 화북 지방으로 이동하거나 한국 광복군에 합류 > 조선 의용대

'김원봉 등을 중심으로 창설', '중국 관내에서 결성된 최초의 한인 무장 조직', '화북 지방으로 이동하거나 한국 광복군에 합류' 등을 통해 (가)에 들어갈 군사 조직이 ③ 조선 의용대임을 알 수 있어요. 조선 의용대는 중국 국민당 정부의 지원을 받아 1938년에 김원봉 등을 중심으로 중국 우한에서 창설된 조선 민족 전선 연맹의 군사 조직이에요. 중국 관내에서 조직된 최초의 한인 무장 부대입니다. 1940년대 초에 조선 의용대의 다수 병력이 적극적인 항일 무장 투쟁을 위해 화북 지방으로 이동하였으며, 김원봉과 일부 병력은 한국 광복군에 합류하였어요.

오답 피하기

① 별기군은 조선 정부가 개화 정책을 추진하면서 1881년에 설치한 신식 군대입니다.
② 북로 군정서는 북만주 지역의 중광단이 발전하여 조직된 독립군 부대로, 청산리 전투에서 크게 활약하였어요.
④ 동북 항일 연군은 중국 공산당의 주도로 만주 지역의 항일 무장 부대들이 민족과 이념을 초월하여 통합·형성한 항일 연합 전선이에요. 동북 항일 연군에 많은 한국인이 참여하였어요.

444 조선 의용대

정답 ④

조선 의용대의 특징을 묻는 문항이에요. 조선 의용대는 1938년에 김원봉이 중국 국민당 정부의 지원을 받아 우한에서 창설한 조선 민족 전선 연맹의 군사 조직이에요. ④ 중국 관내에서 조직된 최초의 한인 무장 조직이었으며, 주로 일본군에 대한 심리전이나 정보 수집 등 중국군을 지원하는 활동을 하였어요. 1940년대 초에 다수 병력이 적극적인 항일 무장 투쟁을 위해 화북 지방으로 이동하였으며, 김원봉과 일부 병력은 한국 광복군에 합류하였어요.

오답 피하기

① 1920년에 김좌진이 이끄는 북로 군정서, 홍범도가 이끄는 대한 독립군 등 독립군 연합 부대가 청산리 일대의 백운평, 천수평, 어랑촌 등지에서 일본군에 대승을 거두었어요(청산리 전투).
② 대한민국 임시 정부는 국내외 항일 세력과 연락을 취하고 정보를 수집하기 위해 비밀리에 연통제와 교통국을 운영하였어요.
③ 간도 참변 이후 만주 지역의 독립군 부대들이 러시아 혁명군의 지원 약속을 믿고 자유시로 이동하였으나 1921년에 자유시 참변을 당하여 큰 타격을 입었어요.

445 한국 광복군

정답 ④

정답 잡는 키워드

총사령관 지청천, 영국군과 함께 미얀마 전선에서 활동, 국내 진공 작전 준비 > 한국 광복군

총사령관이 지청천이며 영국군과 함께 미얀마 전선에서 활동하고 국내 진공 작전을 준비하였다는 내용을 통해 (가)에 해당하는 군사 조직이 ④ 한국 광복군임을 알 수 있어요. 대한민국 임시 정부는 1940년에 중국 충칭에서 지청천을 총사령관으로 하여 한국 광복군을 창설하였어요. 대한민국 임시 정부의 대일 선전 포고 이후 한국 광복군은 영국군의 요청에 따라 일부 대원을 인도·미얀마 전선에 파견하여 영국군과 연합 작전을 전개하였어요. 또 미국 전략 정보국(OSS)과 협력하여 국내 진공 작전을 준비하였으나 예상보다 빨랐던 일제의 항복으로 작전을 실행하지는 못하였어요.

오답 피하기

① 북로 군정서는 대종교도 중심의 중광단이 1919년에 통합·발전하여 조직된 독립군 부대입니다. 김좌진의 지휘로 청산리 전투에서 활약하였어요.
② 조선 의용대는 1938년에 김원봉 등이 중국 우한에서 조직한 군사 조직으로, 중국 관내에서 조직된 최초의 한인 무장 부대입니다. 1940년대 초에 조선 의용대의 다수 병력이 적극적인 항일 투쟁을 위해 화북 지역으로 이동하였으며, 김원봉과 일부 병력은 한국 광복군에 합류하였어요.
③ 조선 혁명군은 남만주의 국민부가 조선 혁명당을 결성하고 그 아래에 둔 군사 조직으로, 1930년대 초 남만주 지역에서 중국 의용군과 연합하여 영릉가 전투 등에서 일본군을 격퇴하였어요.

446 한국 광복군의 활동

정답 ①

정답 잡는 키워드

대한민국 임시 정부가 1940년에 중국 충칭에서 창설 > 한국 광복군

대한민국 임시 정부가 1940년에 중국 충칭에서 창설하였다는 내용을 통해 (가) 독립군 부대가 한국 광복군임을 알 수 있어요. 한국 광복군은 1940년에 중국 충칭에서 창설된 대한민국 임시 정부의 정규군으로, 총사령관은 지청천이었어요. 대한민국 임시 정부의 대일 선전 포고 이후 한국 광복군은 영국군의 요청을 받아 인도·미얀마 전선에 일부 대원을 파견하여 영국군과 연합 작전을 전개하였어요. 또 일본의 패색이 짙어지는 가운데 ① 미국 전략 정보국(OSS)과 협력하여 국내 진공 작전을 준비하였어요. 하지만 예상보다 빨랐던 일제의 항복으로 작전을 실행하지 못하였어요.

오답 피하기

② 고종의 밀지를 받은 임병찬이 1912년에 독립 의군부를 조직하였어요.
③ 간도 참변 이후 만주 지역의 독립군 부대들은 일제의 추격을 피해 전열을 정비하고 동포들의 피해를 막기 위해 자유시로 이동하였어요.
④ 김좌진이 이끄는 북로 군정서를 중심으로 한 독립군 연합 부대는 청산리 전투에서 일본군에 승리하였어요.

447 한국 광복군의 활동

정답 ③

정답 잡는 키워드

대한민국 임시 정부 산하에 조직됨, 국내 진공 작전 추진 > 한국 광복군

대한민국 임시 정부 산하에 조직되어 국내 진공 작전을 추진하였다는 내용을 통해 (가) 독립군 부대가 한국 광복군임을 알 수 있어요. 충칭에 정착한 대한민국 임시 정부는 1940년에 정규군으로 한국 광복군을 창설하였어요. 한국 광복군은 기관지 "광복"을 발행하여 한국 광복군의 대일 항전을 선전하였습니다. ③ 대한민국 임시 정부의 대일 선전 포고 후 한국 광복군은 연합군의 일원으로 전쟁에 나섰어요. 영국군의 요청을 받아 인도·미얀마 전선에 일부 대원을 투입하여 영국군과의 연합 작전을 전개하였어요. 또 미국 전략 정보국(OSS)과 연합하여 국내 진공 작전을 준비하였으나 예상보다 빨리 일제가 패망하여 실행에 옮기지 못하였어요.

오답 피하기

① 홍범도가 이끄는 대한 독립군 등 독립군 연합 부대는 봉오동 지역에서 일본의 독립군 진압 부대를 크게 물리쳤어요(봉오동 전투).
② 김좌진이 이끄는 북로 군정서 등 독립군 연합 부대는 청산리 일대에서 일본군을 크게 격파하였어요(청산리 전투).
④ 지청천이 이끄는 한국 독립군은 중국 호로군과 연합하여 쌍성보 전투, 대전자령 전투 등에서 일본군을 상대로 승리를 거두었어요.

448 한국 광복군의 활동

정답 ③

정답 잡는 키워드

1940년 대한민국 임시 정부가 창설, 총사령관 지청천 > 한국 광복군

1940년 대한민국 임시 정부가 창설하였으며 총사령관이 지청천이라는 내용을 통해 (가) 군대가 한국 광복군임을 알 수 있어요. 한국 광복군은 대한민국 임시 정부가 충칭에 정착한 뒤 중국 국민당 정부의 지원을 받아 1940년에 창설한 대한민국 임시 정부의 정규군이에요. 총사령관은 지청천이었어요. ③ 한국 광복군은 미국 전략 정보국(OSS)과 연계하여 국내 진공 작전을 계획하였으나 예상보다 빨리 일제가 패망하여 실행에 옮기지 못하였어요.

오답 피하기

① 간도 참변 이후 만주 지역의 독립군 부대들이 러시아 혁명군의 지원 약속을 믿고 자유시로 이동하였으나 1921년에 자유시 참변을 당하였어요.
② 홍범도가 이끄는 대한 독립군을 비롯한 독립군 연합 부대가 봉오동에서 일본군을 상대로 승리를 거두었어요(봉오동 전투).
④ 1930년대 초 조선 혁명군은 흥경성에서 중국 의용군과 연합 작전을 펼쳐 일본군을 격퇴하였어요.

449 브나로드 운동

정답 ②

정답 잡는 키워드

상록수(심훈), 동아일보의 농촌 계몽 운동 > 브나로드 운동

심훈이 동아일보의 농촌 계몽 운동을 시대적 배경으로 작품 "상록수"를 저술하였다는 내용을 통해 (가)에 들어갈 내용이 ② 브나로드 운동임을 알 수 있어요. 심훈이 저술한 "상록수"의 소재인 브나로드 운동은 1930년대에 동아일보사가 '배우자 가르치자 다 함께 브나로드'라는 구호를 내걸고 전개한 문맹 퇴치 운동이자 농촌 계몽 운동이에요.

오답 피하기

① 1923년에 백정들은 백정에 대한 사회적 차별을 없애기 위해 조선 형평사를 조직하고 형평 운동을 전개하였어요.
③ 국채 보상 운동은 일본에 진 빚 1,300만 원을 갚아 국권을 회복하자는 운동이에요. 1907년에 대구에서 김광제, 서상돈의 주도로 시작된 이 운동은 대한매일신보, 황성신문 등 언론의 적극적인 지원을 받아 전국으로 확산되었어요.
④ 물산 장려 운동은 1920년대 초에 전개된 토산품 애용 운동이에요. '내 살림 내 것으로', '조선 사람 조선 것' 등의 구호를 내걸었어요.

450 조선어 학회의 활동

정답 ④

정답 잡는 키워드

한글 맞춤법 통일안과 외래어 표기법 통일안 마련, 큰사전 > 조선어 학회

한글 맞춤법 통일안과 외래어 표기법 통일안을 마련하고 "큰사전" 편찬을 시도한 단체는 ④ 조선어 학회입니다. 조선어 학회는 한글 맞춤법 통일안과 외래어 표기법 통일안, 표준어를 제정하였어요. 또 "우리말 큰사전(조선말 큰사전)" 편찬을 준비하였어요. 하지만 일제가 조작한 조선어 학회 사건으로 회원들이 검거되어 사전 편찬은 중단되었습니다.

오답 피하기

① 보안회는 일본의 황무지 개간권 요구 반대 운동을 전개하였어요.
② 독립 협회는 1896년에 서재필의 주도로 창립되어 민중 계몽 운동, 자주 국권 운동 등을 전개하였어요.
③ 대한 광복회는 1915년 대구에서 박상진 등이 주도하여 결성한 비밀 결사 형태의 독립운동 단체로, 공화 정체의 국민 국가 수립을 지향하였어요.

451 조선어 학회의 활동

정답 ④

정답 잡는 키워드

한글 맞춤법 통일안 제정 > 조선어 학회

한글 맞춤법 통일안을 제정하였다는 내용을 통해 (가) 단체가 조선어 학회임을 알 수 있어요. 조선어 연구회를 계승한 조선어 학회는 한글 맞춤법 통일안과 표준어를 제정하였으며, 한글 보급을 위해 강습회를 개최하고 교재를 제작하였어요. ④ 조선어 학회는 "우리말 큰사전(조선말 큰사전)" 편찬을 주도하였으나 조선어 학회 사건으로 주요 회원들이 체포되면서 편찬 작업이 중단되었어요. 사전의 편찬은 광복 이후 조선어 학회를 계승한 한글 학회에서 작업을 이어가 "큰사전"이라는 이름으로 1957년에 발간되었어요.

오답 피하기

① 신민회는 민족 산업을 육성하기 위해 태극 서관을 운영하였어요.
② 천도교는 기관지로 만세보를 발간하였어요.
③ 독립신문은 서재필이 창간한 우리나라 최초의 민간 신문이자 최초의 한글 신문입니다.

452 이육사의 활동

정답 ③

정답 잡는 키워드

일제 강점기 민족 저항 시인, 수인 번호를 따서 호를 지음, 광야 > 이육사

일제 강점기 민족 저항 시인으로, 수감 생활을 하던 당시 수인 번호를 따서 호를 지었으며, '광야'라는 시를 썼다는 내용을 통해 (가)에 해당하는 인물이 ③ 이육사임을 알 수 있어요. 이육사는 일제 강점기 대표적인 민족 저항 시인으로, '광야', '청포도' 등의 시를 남겼어요. 이육사는 의열단에 가입하고 조선 혁명 간부 학교에 입학하는 등 적극적으로 독립운동을 전개하였어요. 본명은 이원록인데, 조선 은행 대구 지점 폭파 사건에 연루되어 수감 생활을 하던 당시의 수인 번호인 264번을 따서 '육사'라고 호를 지었어요.

오답 피하기

① 심훈은 브나로드 운동을 소재로 한 소설 "상록수"를 지었으며, 저항시 '그날이 오면'을 남겼어요.
② 윤동주는 '서시', '별 헤는 밤', '자화상' 등 일제에 의해 억압받는 민족의 현실을 표현한 시를 남겼으며, 일본 유학 중 독립운동 혐의로 수감되어 옥사하였어요.
④ 만해 한용운은 3·1 운동 당시 민족 대표 33인으로 참여한 독립운동가이자 시인입니다. 시집 "님의 침묵" 등을 남겼어요.

453 윤동주의 활동

정답 ②

정답 잡는 키워드

일본 유학 중 독립운동 혐의로 수감되어 옥사한 저항 시인, 서시, 별 헤는 밤, 쉽게 씌어진 시 > 윤동주

일본 유학 중 독립운동 혐의로 수감되어 옥사한 저항 시인이며 '서시', '별 헤는 밤', '쉽게 씌어진 시' 등의 작품을 남겼다는 내용을 통해 (가)에 해당하는 인물이 ② 윤동주임을 알 수 있어요. 윤동주는 명동 학교 출신으로, '서시', '별 헤는 밤', '쉽게 씌어진 시', '자화상' 등 일제에 의해 억압받는 민족의 현실을 표현한 시를 남겼어요. 일본 유학 중 독립운동 혐의로 수감되어 옥사하였습니다. 윤동주 사후 "하늘과 바람과 별과 시"라는 유고 시집이 발표되었어요.

오답 피하기

① 심훈은 일제 강점기에 농촌에서 전개된 브나로드 운동을 소재로 한 소설 "상록수"를 동아일보에 연재하여 큰 호응을 얻었어요.
③ 이육사는 일제에 대한 저항과 조국 광복의 염원을 담은 '절정', '청포도', '광야' 등의 시를 발표하였어요.
④ 한용운은 3·1 운동 당시 민족 대표 33인으로 참여한 독립운동가입니다. 또 시집인 "님의 침묵", 소설 "흑풍", "후회" 등을 남긴 문학가이자, 불교 개혁 운동을 주도한 승려로 일제 강점기에 사찰령 폐지 운동 등을 전개하였어요.

454 백남운의 활동

정답 ②

정답 잡는 키워드

조선사회경제사가 대표 저서, 식민 사학의 정체성론 반박 > 백남운

"조선사회경제사"를 저술하여 식민 사학의 정체성론을 반박한 인물은 ② 백남운입니다. 백남운은 유물 사관을 바탕으로 우리 역사도 세계사의 보편적인 발전 법칙에 따라 발전하였음을 주장하여 식민 사학의 정체성론을 반박하였어요.

오답 피하기

① 박은식은 "한국통사"와 "한국독립운동지혈사" 등을 저술하고 민족정신으로 국혼을 강조하였어요.
③ 신채호는 '독사신론'과 "조선상고사" 등을 저술하였어요.
④ 주시경은 국문 연구소에서 한글 연구를 체계화하는 데 앞장섰으며, "국어문법"과 "말의 소리" 등을 저술하였어요.

기출 선택지로 개념 다지기

> 본책 172~175쪽

1 (1) 1910년대 (2) 1930년대 이후 (3) 1910년대 (4) 1920년대 (5) 1930년대 이후 (6) 1930년대 이후 (7) 1910년대 (8) 1910년대 (9) 1920년대 (10) 1930년대 이후

2 (1) ○ (2) ○ (3) ×(1930년대 후반 이후) (4) ×(1929년) (5) ○ (6) ×(1930년대 후반 이후) (7) ×(1923~1924년) (8) ×(1930년대 후반 이후) (9) ×(1925년 이후)

3 (1) ㉠, ㉡, ㉢ (2) ㉡, ㉢, ㉠

4 (1) 연해주 (2) 북간도 (3) 서간도 (4) 미주 지역 (5) 미주 지역 (6) 연해주 (7) 서간도 (8) 북간도

5 (1) ×(6·10 만세 운동) (2) ×(국채 보상 운동 등) (3) ○ (4) ×(보안회 등) (5) ×(물산 장려 운동) (6) ○ (7) ○ (8) ×(광주 학생 항일 운동)

6 (1) ×(신민회 등) (2) ○ (3) ○ (4) ×(대한 제국) (5) ×(독립 협회) (6) ○ (7) ×(천도교) (8) ○ (9) ○

7 (1) 6·10 만세 운동 (2) 6·10 만세 운동 (3) 광주 학생 항일 운동 (4) 물산 장려 운동 (5) 물산 장려 운동 (6) 형평 운동 (7) 민립 대학 설립 운동

8 (1) ×(신민회) (2) ×(조선어 학회) (3) ×(대한민국 임시 정부) (4) ○ (5) ○ (6) ○ (7) ○

9 (1) ×(독립 의군부) (2) ○ (3) ×(동학 농민군) (4) ×(북로 군정서 등) (5) ×(한인 애국단) (6) ○ (7) ○

10 (1) ㉡, ㉠, ㉢ (2) ㉠, ㉡, ㉢

11 (1) 조선 의용대 (2) 한국 독립군 (3) 한국 독립군 (4) 한국 광복군 (5) 조선 혁명군 (6) 한국 광복군 (7) 조선 혁명군 (8) 한국 광복군 (9) 조선 의용대

12 (1) ㉢ (2) ㉣ (3) ㉠ (4) ㉡

13 (1) ×(대한 제국 정부) (2) ×(서재필 등) (3) ○ (4) ○ (5) ×(천도교)

3 (1) ㉠ 조선 태형령 실시(1912년 제정) – ㉡ 치안 유지법 제정(1925년 제정) – ㉢ 국가 총동원법 공포(1938년 공포)의 순서입니다. (2) ㉡ 토지 조사령 공포(1912년 공포) – ㉢ 산미 증식 계획 처음 시행(1920년) – ㉠ 공출제 실시(1930년대 후반 이후)의 순서입니다.

5 (2) 1910년에 대한 제국의 국권을 빼앗은 일제는 조선 총독부를 설치하고 통감부를 폐지하였어요. 3·1 운동은 1919년에 전개되었어요.

10 (1) ㉡ 봉오동 전투(1920. 6.) – ㉠ 간도 참변(1920. 10.) – ㉢ 자유시 참변(1921)의 순서입니다. (2) ㉠ 봉오동 전투(1920. 6.) – ㉡ 청산리 전투(1920. 10.) – ㉢ 대전자령 전투(1933)의 순서입니다.

13 (2) 최초의 한글 신문은 서재필이 중심이 되어 1896년에 창간한 독립신문이에요. 민중 계몽을 위해 순 한글로 발행하였으며, 외국인을 위해 영문판도 함께 제작하였습니다.

VII 현대

1 광복 ~ 6·25 전쟁

기출문제 풀어 보기 > 본책 178~181쪽

455 ④ 456 ④ 457 ② 458 ② 459 ③ 460 ②
461 ① 462 ④ 463 ③ 464 ④ 465 ② 466 ④
467 ② 468 ④ 469 ③ 470 ①

455 조선 건국 동맹

정답 ④

정답 잡는 키워드

여운형의 주도, 조선 건국 준비 위원회의 기반이 됨 > 조선 건국 동맹

여운형의 주도로 결성되었으며 조선 건국 준비 위원회의 기반이 되었다는 내용을 통해 (가)에 들어갈 단체가 ④ 조선 건국 동맹임을 알 수 있어요. 일제가 패망할 조짐을 보이자 여운형은 1944년에 광복을 대비하여 국내에서 조선 건국 동맹을 조직하였어요. 1945년 광복 직후에 여운형은 조선 건국 동맹을 기반으로 조선 건국 준비 위원회를 조직하여 위원장에 취임하였어요.

오답 피하기

① 독립 의군부는 임병찬이 고종의 밀지를 받아 1912년에 조직한 독립운동 단체입니다.
② 민족 혁명당은 1935년에 중국에서 활동하던 민족주의 계열과 사회주의 계열이 연합하여 조직한 독립운동 단체입니다.
③ 조선 의용대는 1938년에 김원봉의 주도로 중국 우한에서 창설되었으며, 중국 관내에서 조직된 최초의 한인 무장 부대입니다.

456 여운형의 활동

정답 ④

여운형의 활동을 묻는 문항입니다. 여운형은 1918년에 중국 상하이에서 신한 청년당의 조직을 주도하고 총무 간사로 활동하였으며, 일제가 패망할 조짐을 보이자 국내에서 조선 건국 동맹을 조직하였어요. ④ 여운형은 광복이 되자 조선 건국 동맹을 바탕으로 조선 건국 준비 위원회를 결성하여 치안 유지 활동을 주도하였어요. 또 제1차 미·소 공동 위원회가 결렬되면서 회의가 무기한 휴회되고 이승만이 남한만의 단독 정부 수립을 주장하자 김규식과 함께 좌우 합작 운동을 전개하였어요.

오답 피하기

① 을사늑약 체결 이후 고종 황제는 을사늑약의 부당함을 국제 사회에 알리기 위해 1907년 네덜란드 헤이그에서 열린 만국 평화 회의에 이상설, 이준, 이위종을 특사로 파견하였어요.
② 1923년에 목포 인근 암태도의 소작농들은 소작권 이전에 반대하고 고율의 소작료 인하를 요구하며 소작 쟁의를 전개하였어요.
③ 박은식은 역사를 통해 민족정신을 고취하고자 "한국통사"와 "한국독립운동지혈사"를 저술하였어요.

457 미·소 공동 위원회

정답 ②

정답 잡는 키워드

덕수궁 석조전에서 열림, 모스크바 3국 외상 회의에서 결정된 한반도의 임시 민주 정부 수립 문제를 협의하기 위한 위원회 > 미·소 공동 위원회

덕수궁 석조전에서 열렸으며 모스크바 3국 외상 회의에서 결정된 한반도의 임시 민주 정부 수립 문제를 협의하기 위한 위원회라는 내용을 통해 밑줄 그은 '위원회'가 ② 미·소 공동 위원회임을 알 수 있어요. 광복 이후 모스크바 3국 외상 회의가 개최되어 한반도 문제를 논의하였어요. 이 회의에서 한반도에 임시 민주 정부 수립과 이를 지원할 미·소 공동 위원회 설치, 한반도에 대한 최대 5년간의 신탁 통치 협약 작성 등이 결정되었어요. 이에 따라 임시 민주 정부의 수립을 논의하기 위해 덕수궁 석조전에서 제1차 미·소 공동 위원회가 열렸으나 임시 정부 수립에 참여할 단체의 범위를 놓고 미국과 소련이 서로 다른 입장을 보여 합의에 이르지 못하였어요.

오답 피하기

① 박정희 정부 시기에 남북한은 7·4 남북 공동 성명의 합의 사항을 추진할 실무 기구로 남북 조절 위원회를 설치하였어요.
③ 여운형은 1945년 8·15 광복 직후 조선 건국 동맹을 기반으로 조선 건국 준비 위원회를 조직하였어요. 조선 건국 준비 위원회는 치안대를 조직하여 치안과 질서 유지 활동을 전개하였어요.
④ 제헌 국회는 1948년에 친일 반민족 행위자를 처단하기 위한 반민족 행위 처벌법을 제정하였고, 이에 따라 반민족 행위 특별 조사 위원회가 설치되었어요.

458 대한민국 정부 수립 과정

정답 ②

정답 잡는 키워드

모스크바 3국 외상 회의, 좌우 합작 운동, 5·10 총선거 > 대한민국 정부 수립 과정

'모스크바 3국 외상 회의', '좌우 합작 운동', '5·10 총선거'를 통해 (가)에 들어갈 내용으로 ② '대한민국 정부 수립 과정'이 가장 적절함을 알 수 있어요. 광복 이후 1945년 12월에 미국, 소련, 영국의 외무 장관이 모스크바에 모여 한반도 문제를 논의하였어요. 모스크바 3국 외상 회의에서는 한반도에 임시 민주 정부를 수립할 것과 이를 지원할 미·소 공동 위원회의 설치, 정부가 수립되기 전 미국, 영국, 소련, 중국에 의한 최대 5년간의 신탁 통치 협약을 작성할 것 등이 결정되었어요. 그런데 신탁 통치 소식이 국내에 전해지자 이를 둘러싸고 좌익과 우익이 대립하였어요. 좌우 세력의 대립이 심해지는 가운데 제1차 미·소 공동 위원회가 결렬되고 회의가 무기한 휴회되자 이승만이 남한만의 단독 정부 수립을 주장하였어요. 이에 여운형과 김규식 등 중도 세력이 통일 정부 수립을 위해 좌우 합작 운동을 전개하였어요. 한편, 제2차 미·소 공동 위원회도 결렬되자 한반도 문제는 유엔으로 넘어갔고 유엔 소총회에서 남한만의 단독 선거 실시가 결정되었어요. 이에 따라 1948년 5월 10일에 헌법을 제정할 국회 의원을 선출하기 위한 5·10 총선거가 실시되었고 5·10 총선거를 통해 구성된 제헌 국회는 헌법을 제정하고 이승만을 대통령으로 선출하였어요. 이승만 대통령은 1948년 8월 15일 대한민국 정부의 수립을 선포하였어요.

오답 피하기

① 을사늑약이 체결된 후 고종 황제는 조약의 부당성을 국제 사회에 알리기 위해 1907년 네덜란드 헤이그에서 열린 만국 평화 회의에 이상설, 이준, 이위종을 특사로 파견하였어요.
③ 1920년대 초 대한민국 임시 정부의 활동이 어려워진 상황에서 독립운동 지도자들이 새로운 독립운동의 방향을 논의하기 위해 1923년에 국민 대표 회의를 중국 상하이에서 개최하였어요.
④ 박정희 정부는 한·일 국교 정상화를 위한 한·일 회담을 추진하였어요. 회담 소식이 국내에 알려지자 식민 지배에 대한 일본의 사죄와 배상 등이 이루어지지 않은 상태에서 추진되는 한·일 국교 정상화에 반대하여 6·3 시위를 비롯한 한·일 회담 반대 운동이 전국에서 전개되었어요. 하지만 박정희 정부는 계엄령을 선포하고 군대를 동원하여 이를 진압한 뒤 1965년에 한·일 협정(한·일 기본 조약)을 체결하였어요.

459 좌우 합작 위원회

정답 ③

정답 잡는 키워드

1946년 7월, 미군정의 지원 아래 여운형, 김규식 등이 중심이 되어 결성 > 좌우 합작 위원회

1946년 7월, 미군정의 지원 아래 여운형, 김규식 등이 중심이 되어 결성하였다는 내용을 통해 (가)에 들어갈 단체가 ③ 좌우 합작 위원회임을 알 수 있어요. 미국과 소련의 의견 대립으로 제1차 미·소 공동 위원회가 결렬되고 회의가 무기한 휴회되자 이승만이 남한만의 단독 정부 수립을 주장하였어요. 분단의 위기감이 높아지자 여운형과 김규식 등이 미군정의 지원 아래 좌우 합작 위원회를 조직하고 좌우 합작 운동을 전개하였어요. 좌우 합작 위원회는 좌우 합작 7원칙을 발표하는 등 통일 정부 수립을 위해 노력하였으나, 좌우익 세력이 외면한 가운데 미군정이 지원을 철회하고 여운형이 암살되면서 성과를 거두지 못하였어요.

오답 피하기

① 권업회는 1911년에 연해주에서 조직된 독립운동 단체로, 권업신문을 발간하고 강연회를 개최하여 민족의식을 높이기 위해 노력하였어요.
② 대한인 국민회는 장인환·전명운의 스티븐스 저격 사건을 계기로 1910년에 미주 지역의 여러 한인 단체가 통합하여 결성한 단체입니다. 미주 지역의 한인들은 대한인 국민회를 중심으로 외교 활동을 펼쳤어요.
④ 남북 조절 위원회는 1972년에 발표된 7·4 남북 공동 성명의 합의 사항을 이행하기 위한 기구로 설치되었으나 성과를 거두지는 못하였어요.

460 정읍 발언 이후의 사실

정답 ②

정답 잡는 키워드

이승만, 남방만이라도 임시 정부 혹은 위원회를 조직 > 정읍 발언 (1946. 6.)

이승만이 미·소 공동 위원회가 결렬된 이후 다시 열릴 기미가 보이지 않으니 남방만이라도 임시 정부 혹은 위원회를 조직하자고 말하는 내용을 통해 제시된 발언이 '정읍 발언'임을 알 수 있어요. 광복 이후 열린 모스크바 3국 외상 회의에서 한국에 임시 민주 정부를 수립할 것과 이를 지원할 미·소 공동 위원회의 설치, 한반도에 대한 최대 5년간의 신탁 통치 협약 작성 등이 결의되었어요. 이에 따라 1946년 3월 제1차 미·소 공동 위원회가 열렸으나 미국과 소련의 의견 대립으로 결렬되고 회의가 무기한 휴회되었어요. 신탁 통치를 둘러싸고 좌우 대립이 거세지는 가운데 각지를 순회하고 있던 이승만은 정읍에서 남한만이라도 임시 정부를 수립해야 한다고 공식적으로 발표하였어요('정읍 발언'). 이승만의 '정읍 발언' 이후 통일 정부 수립을 위한 좌우 합작 위원회가 조직되었으나 성과를 거두지 못하였어요. 1947년에 열린 제2차 미·소 공동 위원회도 결렬되자 한반도 문제는 유엔(국제 연합)으로 넘어갔어요. 유엔에서는 인구 비례에 의한 남북한 총선거를 실시하여 한국에 정부를 수립하자고 결의하고, 이를 관리·감독할 유엔 한국 임시 위원단을 파견하였어요. 그러나 소련이 이 위원단의 입북을 거부하자 유엔은 소총회를 열어 선거가 가능한 지역에서의 총선거 실시를 결의하였어요. ② 남한만의 단독 정부가 수립될 상황에 처하자 김구와 김규식 등이 남북 협상을 추진하여 평양에서 회담이 열렸어요(1948. 4.).

오답 피하기

① 한국 광복군은 1940년에 중국 충칭에서 창설된 대한민국 임시 정부의 정규군이에요.
③ 광복 이후 1945년 12월에 미국, 소련, 영국의 외무 장관이 모스크바에 모여 한반도 문제를 논의하였어요(모스크바 3국 외상 회의).
④ 여운형은 1945년 8·15 광복 직후 조선 건국 동맹을 기반으로 조선 건국 준비 위원회를 결성하였어요.

461 대한민국 정부 수립 과정

정답 ①

8·15 광복 이후 남한 지역에는 미군이, 북한 지역에는 소련군이 주둔하게 되었어요. 1945년 12월에 한국 문제를 논의하기 위해 모스크바 3국 외상 회의가 열렸어요. 이 회의에서 한국에 임시 민주 정부를 수립할 것과 이를 지원할 미·소 공동 위원회의 설치, 최대 5년간의 신탁 통치 실시 등이 결의되었어요. 이 소식이 국내에 전해지면서 신탁 통치 문제가 부각되어 좌우 세력의 대립이 격화되었어요. 한편, 한반도 문제를 두고 미·소 공동 위원회가 두 차례 열렸으나 성과를 거두지 못하였고, 한반도 문제는 유엔으로 넘어갔어요. 유엔은 유엔 총회 결의안 112호를 발표하여 인구 비례에 의한 남북한 총선거 실시와 이를 감독할 유엔 한국 임시 위원단의 설치를 결정하였어요. 그러나 소련이 유엔 한국 임시 위원단의 입북을 거부하였고 유엔 소총회는 남한 지역에서의 총선거 실시를 결의하였어요. 이에 따라 1948년 5월 10일 남한에서 총선거가 실시되어 제헌 국회가 구성되었어요. 제헌 국회는 헌법을 제정하고 대통령에 이승만, 부통령에 이시영을 선출하였어요. 이승만 대통령은 8월 15일에 대한민국 정부 수립을 선포하였어요.

따라서 유엔 총회 결의안 112호가 발표된 시기는 8·15 광복과 대한민국 정부 수립 사이인 ① (가)입니다.

462 제주 4·3 사건

정답 ④

정답 잡는 키워드

남한만의 단독 선거에 반대하는 세력을 토벌대가 진압하는 과정에서 무고한 주민들이 희생됨 > 제주 4·3 사건

남한만의 단독 선거에 반대하는 세력을 토벌대가 진압하는 과정에서 무고한 주민들이 희생되었다는 내용 등을 통해 (가)에 들어갈 사건이 ④ 제주 4·3 사건임을 알 수 있어요. 1948년에 남한에서의 총선거 실시가 결정되자 제주도에서 단독 정부 수립에 반대하는 무장봉기가 일어났어요. 토벌대가 봉기를 진압하는 과정에서 많은 제주도민이 무고하게 희생되었어요. 이를 제주 4·3 사건이라고 해요.

오답 피하기

① 1929년에 원산 인근의 라이징 선 석유 회사에서 일본인 감독이 한국인 노동자를 구타한 사건이 발단이 되어 원산 총파업이 일어났어요.
② 제암리 사건은 일제가 3·1 운동을 무력으로 진압하는 과정에서 일본군이 경기도 화성 제암리의 마을 주민을 학살한 사건이에요.
③ 자유시 참변은 간도 참변 이후 러시아의 자유시로 이동한 독립군 부대가 러시아 혁명군(적군)에게 무장 해제를 당하는 과정에서 많은 독립군이 희생된 사건이에요.

463 남북 협상

정답 ③

정답 잡는 키워드

김구, 삼천만 동포에게 읍고함, 단독 정부를 세우는 데는 협력하지 않겠다 > 1948년 2월

유엔 총회의 결정에 따라 파견된 유엔 한국 임시 위원단의 입북을 소련이 거부하여 통일 정부 수립이 어려워지자, 1948년 2월에 김구는 남한만의 단독 정부 수립에 반대하며 자신의 입장을 밝힌 '삼천만 동포에게 읍고함'이라는 성명서를 발표하였어요. 얼마 지나지 않아 유엔 소총회에서 선거가 가능한 지역, 즉 남한에서만 총선거를 실시하도록 결정하였어요. ③ 김구와 김규식 등은 통일 정부를 수립해야 한다고 주장하면서 남북 협상을 추진하여 1948년 4월에 평양으로 건너가 북쪽의 지도자들과 회담을 진행하였습니다.

오답 피하기

① 김구는 대한민국 임시 정부의 침체된 활동에 활기를 불어넣기 위해 1931년에 한인 애국단을 결성하였어요.
② 1946년에 제1차 미·소 공동 위원회가 개최되었으나 미국과 소련의 입장 차이로 성과를 거두지 못하였어요.
④ 1945년 12월에 모스크바 3국 외상 회의가 개최되었어요.

464 대한민국 정부 수립 과정

정답 ④

정답 잡는 키워드

- 8·15 광복 > 1945년 8월 15일
- 대한민국 정부 수립 > 1948년 8월 15일

1945년 8월, 일본에 원자 폭탄이 떨어지자 일제가 무조건 항복을 선언하였고, 한국은 8월 15일에 광복을 맞이하였어요. 그해 12월에 열린 모스크바 3국 외상 회의에서 한반도 문제가 논의되어 한국에 임시 민주 정부 수립, 미·소 공동 위원회 설치, 최대 5년간의 신탁 통치 협약 작성 등이 결의되었어요. 이에 따라 미·소 공동 위원회가 열렸으나 미·소 간의 의견 대립으로 결렬되었고, 한국 문제가 유엔으로 이관되면서 유엔의 결정에 따라 남한 지역에서는 5·10 총선거가 실시되어 제헌 국회가 구성되었어요. 제헌 국회는 헌법을 제정하고 이승만을 대통령으로 선출하였어요. 그리고 1948년 8월 15일에 대한민국 정부가 수립되었습니다. ④ 1948년 9월 제헌 국회에서 일제 강점기 일본에 협력한 반민족 행위자를 처벌하기 위해 반민족 행위 처벌법을 제정하였고, 이 법에 따라 같은 해 10월에 반민족 행위 특별 조사 위원회가 구성되었어요.

오답 피하기

① 1948년 5월 유엔 한국 임시 위원단의 감시 아래 우리나라 최초의 보통 선거인 5·10 총선거가 실시되었어요.
② 1948년 1월 한반도 내 인구 비례에 따른 총선거를 실시하고 이를 감독하기 위해 유엔 한국 임시 위원단이 내한하였어요.
③ 1946년 3월 덕수궁 석조전에서 제1차 미·소 공동 위원회가 개최되었으나 협의 대상에 대한 의견 차이를 좁히지 못하고 결렬되었어요.

465 제헌 국회의 활동

정답 ②

정답 잡는 키워드

5·10 총선거를 통해 구성됨, 국호를 대한민국으로 결정, 헌법 제정 > 제헌 국회

5·10 총선거를 통해 구성되었으며 국호를 대한민국으로 결정하고 헌법을 제정하였다는 내용을 통해 밑줄 그은 '국회'가 제헌 국회임을 알 수 있어요. 1948년에 치러진 5·10 총선거에서 선출된 국회 의원으로 초대 국회가 구성되었어요. 초대 국회 의원의 임기는 2년이었습니다. 초대 국회는 나라의 기틀이 되는 헌법을 제정하여 제헌 국회라고 불립니다. 제헌 국회는 국호를 대한민국으로 결정하고 헌법을 제정하여 1948년 7월 17일에 공포하였어요. ② 제헌 국회는 1949년에 유상 매수, 유상 분배 원칙을 담은 농지 개혁법을 제정하였어요.

오답 피하기

① 박정희 정부 시기인 1969년에 대통령의 3회 연임을 허용하는 3선 개헌안이 통과되었어요. 당시 국회는 제7대 국회였어요.
③ 1961년에 박정희를 중심으로 한 일부 군인 세력이 5·16 군사 정변을 일으켜 정권을 장악하고 국회를 해산하였어요. 당시 국회는 제5대 국회였어요.
④ 박정희 정부 시기인 1972년에 제정·공포된 유신 헌법에 따라 대통령이 국회 의원의 3분의 1을 추천할 수 있었어요. 유신 체제하 제9대, 제10대 국회 의원 3분의 1이 대통령의 추천을 받아 통일 주체 국민 회의에서 선출되었어요. 1980년에 제8차 개헌이 이루어지면서 대통령이 행사한 국회 의원 3분의 1 추천권이 삭제되었어요.

466 반민족 행위 특별 조사 위원회

정답 ④

정답 잡는 키워드

반민족 행위 처벌법에 의거하여 조직됨 > 반민족 행위 특별 조사 위원회

반민족 행위 처벌법에 의거하여 조직되었다는 내용을 통해 (가) 기구가 반민족 행위 특별 조사 위원회(반민특위)임을 알 수 있어요. 제헌 국회는 1948년 9월에 일제 강점기 일본에 협력한 반민족 행위자의 처벌을 위해 반민족 행위 처벌법을 제정하였고, 이 법에 따라 같은 해 10월 반민족 행위 특별 조사 위원회가 조직되었습니다. 반민특위는 일제 강점기 친일 행위자를 조사하여 이광수, 최린, 노덕술 등을 체포하기도 하였어요. 그러나 이승만 정부가 친일파 청산에 소극적인 태도를 취하였으며, 공산당과 내통하였다는 구실로 국회 의원이 구속된 국회 프락치 사건과 경찰의 반민특위 습격 사건 등이 일어나고 ④ 반민특위의 활동 기간이 단축되는 법안이 통과되어 반민특위는 제 역할을 다하지 못하고 해체되었어요.

오답 피하기

① 여운형은 광복 직후 조선 건국 동맹을 기반으로 조선 건국 준비 위원회를 조직하고 위원장을 맡았어요. 반민특위는 10명의 국회 의원으로 구성되었으며, 김상덕이 위원장으로 선출되었어요.
② 1926년에 사회주의 계열의 단체인 정우회는 비타협적 민족주의 세력과의 제휴를 주장한 정우회 선언을 발표하였어요.
③ 제1차 미·소 공동 위원회가 미국과 소련의 의견 차이로 결렬되면서 회의가 무기한 휴회되고 이승만의 '정읍 발언' 등 단독 정부 수립론이 대두되는 상황에서, 1946년에 여운형, 김규식 등은 좌우 합작 위원회를 조직하고 좌우 합작 운동을 전개하였어요.

467 6·25 전쟁

정답 ②

정답 잡는 키워드

이산가족 찾기, 1·4 후퇴, 흥남 철수 > 6·25 전쟁

'이산가족 찾기', '1·4 후퇴', '흥남 철수' 등을 통해 (가) 전쟁이 6·25 전쟁임을 알 수 있어요. 1950년 6월 25일에 북한군의 남침으로 6·25 전쟁이 시작되었어요. ② 북한군의 공세에 낙동강 지역까지 밀렸던 국군과 유엔군은 인천 상륙 작전에 성공하여 서울을 수복하고 북진하였어요. 이후 압록강 일대까지 진격하였으나 중국군의 개입으로 후퇴하였어요. 이 과정에서 전세가 불리해진 국군과 유엔군이 함경남도 흥남 항구를 통해 해상으로 철수하는 흥남 철수 작전이 전개되었으며, 1951년 1월에는 서울을 다시 빼앗겼어요(1·4 후퇴). 이후 국군과 유엔군이 서울을 재탈환하고, 38도선 일대에서는 공방전이 지속되었어요. 마침내 1953년 7월에 정전(휴전) 협정이 체결되면서 현재의 휴전선이 남게 되었어요. 6·25 전쟁은 남북한 사이에 전개된 동족상잔의 비극이었으며, 이 전쟁으로 많은 사람이 다치거나 죽고 수많은 이산가족과 전쟁고아가 발생하였어요. 전두환 정부 시기인 1985년에 이산가족 고향 방문이 이루어져 최초로 남북 간 이산가족 상봉이 성사되었어요.

오답 피하기

① 1948년 우리나라 최초의 보통 선거인 5·10 총선거가 치러졌어요. 5·10 총선거에서 선출된 국회 의원으로 제헌 국회가 구성되었어요.
③ 1920년대 초 대한민국 임시 정부의 활동이 어려워진 상황에서 독립운동 지도자들이 새로운 독립운동의 방향을 논의하기 위해 1923년에 중국 상하이에서 국민 대표 회의를 개최하였어요.
④ 여운형은 1945년 광복 직후에 조선 건국 동맹을 기반으로 조선 건국 준비 위원회를 조직하였어요. 조선 건국 준비 위원회는 같은 해 9월에 미군이 한반도에 진주하는 것에 대비하여 조선 인민 공화국의 수립을 선포하고 해체하였어요.

468 6·25 전쟁

정답 ④

정답 잡는 키워드

흥남 부두, 1·4 이후 > 6·25 전쟁

'흥남 부두', '1·4' 등을 통해 (가) 전쟁이 6·25 전쟁임을 알 수 있어요. 1950년 북한군의 기습 남침으로 6·25 전쟁이 일어났어요. 전쟁 초기 북한군에 밀려 낙동강 유역까지 후퇴하였던 국군은 유엔군과 함께 인천 상륙 작전을 전개하여 서울을 되찾고 압록강 유역까지 진출하였어요. 그러나 1950년 12월에 중국군이 전쟁에 개입하면서 국군과 유엔군은 후퇴하였어요. 이때 함경남도 흥남 항구를 통해 해상으로 철수하는 흥남 철수 작전이 전개되었어요. 이듬해 1월에 국군과 유엔군은 서울을 다시 빼앗겨 서울 이남 지역까지 철수하였는데, 이를 1·4 후퇴라고 합니다. ④ 6·25 전쟁 이전인 1948년에 제헌 국회에서 반민족 행위 처벌법이 제정되었어요.

오답 피하기

① 6·25 전쟁이 일어나자 유엔 안전 보장 이사회가 유엔군 참전을 결의하여 유엔군이 파병되었어요.
② 6·25 전쟁 중이던 1952년에 임시 수도 부산에 비상계엄이 선포된 가운데 대통령 간선제를 직선제로 바꾸는 발췌 개헌안이 통과되었어요. 이에 따라 제2대 대통령 선거가 직선제로 치러졌어요.
③ 6·25 전쟁 중이던 1950년 9월에 국군과 유엔군은 인천 상륙 작전을 전개하여 서울을 수복하고 압록강 유역까지 진격하였어요.

469 6·25 전쟁

정답 ③

정답 잡는 키워드

학도 의용군이 북한군과 싸우다 전사, 동족상잔의 비극 > 6·25 전쟁

학도 의용군이 북한군과 싸우다 전사하였으며 동족상잔의 비극이라는 내용을 통해 밑줄 그은 '이 전쟁'이 6·25 전쟁임을 알 수 있어요. 1950년 6월 25일에 북한군의 남침으로 6·25 전쟁이 일어났어요. 전쟁 초기 국군은 서울을 빼앗기고 낙동강 유역까지 후퇴하였으나 국군과 유엔군이 인천 상륙 작전에 성공하여 서울을 되찾고 38도선을 돌파하여 압록강 유역까지 진격하였어요. 그러나 중국군이 참전하면서 후퇴하여 1951년 1월에는 서울을 다시 빼앗겼어요(1·4 후퇴). 국군과 유엔군이 서울을 재탈환한 이후 38도선 부근에서 밀고 밀리는 공방전이 계속되었어요. 마침내 1953년 7월에 정전(휴전) 협정이 체결되어 전쟁은 중단되었지만, 이후 군사 분계선(휴전선)을 사이에 두고 남북이 대치하는 상황이 계속되고 있어요. 6·25 전쟁은 남북한 사이에 전개된 동족상잔의 비극이었어요. 이 전쟁으로 많은 사람이 다치거나 죽었으며, 수많은 이산가족과 전쟁고아가 발생하였어요. ③ 6·25 전쟁이 일어나자 미국을 비롯해 16개국으로 구성된 유엔군이 우리나라를 돕기 위해 참전하였어요.

오답 피하기

① 6·25 전쟁 발발 이전인 1950년 1월 미국은 태평양 방위선에서 한국과 타이완을 제외한다는 내용의 애치슨 선언을 발표하였어요.
② 여운형은 1945년 8·15 광복 직후 조선 건국 동맹을 기반으로 조선 건국 준비 위원회를 조직하여 치안과 질서 유지 활동을 전개하였어요.
④ 정미의병 당시 전국의 의병 부대가 연합하여 13도 창의군을 결성하고 서울 진공 작전을 전개하였어요.

470 6·25 전쟁

정답 ①

정답 잡는 키워드

에티오피아군이 유엔군의 일원으로 참전 > 6·25 전쟁

에티오피아군이 유엔군의 일원으로 참전하였다는 내용을 통해 밑줄 그은 '이 전쟁'이 6·25 전쟁임을 알 수 있어요. 1950년 6월 25일에 북한의 남침으로 6·25 전쟁이 시작되어 북한군이 3일 만에 서울을 점령하였어요. 유엔 안전 보장 이사회가 남한을 지원하기 위해 유엔군의 참전을 결의하고 16개국에서 군대를 파견하였는데, 당시 에티오피아군도 유엔군의 일원으로 참전하였어요. 북한군의 남진에 밀려 대통령과 각종 정부 기관이 부산으로 이동하였고, 부산 등을 거점으로 국군과 유엔군은 낙동강 방어선을 구축하였어요. 반격에 나선 ① 국군과 유엔군은 인천 상륙 작전에 성공하여 서울을 수복하였어요. 이후 북진하여 압록강 유역까지 진출하였으나 중국군의 개입으로 후퇴하였어요.

오답 피하기

② 여운형은 1945년 8·15 광복 직후 조선 건국 동맹을 기반으로 조선 건국 준비 위원회를 결성하였어요.
③ 1925년에 대한민국 임시 정부는 이승만이 국제 연맹에 위임 통치를 청원한 것에 대한 책임을 물어 임시 의정원에서 탄핵하였어요.
④ 1932년에 한국 독립군은 중국 호로군과 연합하여 쌍성보 전투에서 일본군을 격퇴하였어요.

2 민주주의의 발전

기출문제 풀어 보기 > 본책 182~187쪽

471 ③	472 ③	473 ①	474 ①	475 ④	476 ④
477 ①	478 ①	479 ①	480 ③	481 ④	482 ④
483 ①	484 ③	485 ③	486 ③	487 ①	488 ①
489 ②	490 ④				

471 이승만 정부 시기의 사실

정답 ③

정답 잡는 키워드

반민족 행위 특별 조사 위원회 발족, 위원회의 활동에 비협조적인 태도 > 이승만 정부

반민족 행위 특별 조사 위원회가 발족되었으며 위원회의 활동에 비협조적인 태도를 보였다는 내용을 통해 (가) 정부 시기가 이승만 정부 시기임을 알 수 있어요. 이승만 정부 시기인 1948년 9월에 제헌 국회에서는 식민지 잔재를 청산하고 친일 반민족 행위자를 처단하기 위해 반민족 행위 처벌법을 제정하였어요. 이 법에 따라 반민족 행위 특별 조사 위원회(반민특위)가 구성되었습니다. 그러나 이승만 정부는 반민족 행위자 처벌에 소극적인 모습을 보였으며, 반공을 내세워 반민특위의 활동을 방해하기도 하였어요. ③ 이승만 정부 시기에 개헌 당시 대통령에 한해 중임 횟수 제한을 없앤다는 규정을 둔 사사오입 개헌안이 가결되었어요(1954). '개헌 당시 대통령'은 곧 이승만 대통령이었어요.

오답 피하기

① 김영삼 정부는 투명한 금융 거래를 정착시키고 부당한 정치 자금 거래 등을 막기 위해 금융 실명제를 실시하였어요.
② 노태우 정부는 북방 외교를 추진하여 중국, 소련 등의 사회주의 국가와 수교를 맺었어요.
④ 김대중 정부 시기에 남북한이 개성 공단 조성에 합의하였고, 노무현 정부 시기에 개성 공단 건설 공사를 시작하였어요.

472 이승만 정부 시기의 사실

정답 ③

정답 잡는 키워드

개헌 당시 대통령에 한해 중임 제한 조항을 적용하지 않는다는 개헌안, 사사오입의 논리를 내세워 개헌안 통과를 선포 > 사사오입 개헌안이 통과된 이승만 정부 시기

개헌 당시 대통령에 한해 중임 제한 조항을 적용하지 않는다는 개헌안이 사사오입 논리를 내세워 통과되었다는 내용을 통해 밑줄 그은 '정부' 시기가 사사오입 개헌안이 가결된 이승만 정부 시기임을 알 수 있어요. 이승만 정부와 자유당은 장기 집권을 위해 1954년 11월에 개헌 당시 대통령, 즉 이승만 대통령의 중임 횟수 제한을 없앤다는 규정을 둔 개헌안을 발의하고 표결에 부쳤어요. 국회의 표결 결과 의결 정족수 1명이 부족해 부결이 선언되었으나, 이틀 후 국회 의장이 사사오입(반올림)을 적용하여 개헌안이 통과되었다고 선포하였어요(사사오입 개헌). ③ 이승만 정부 시기인 1948년에 제헌 국회는 친일 반민족 행위자 청산을 위해 반민족 행위 처벌법을 제정하였고 이 법에 따라 반민족 행위 특별 조사 위원회(반민특위)를 구성하였어요. 반민특위가 반민족 행위를 조사하고 사법 처리에 나섰으나, 이승만 정부의 비협조적인 태도와 법안 개정으로 반민특위의 활동 기간이 단축되면서 반민특위는 1년여 만에 해체되었어요.

오답 피하기

① 전두환 정부 시기에 사회 정화를 명분으로 삼청 교육대가 운영되어 인권이 침해되었어요.
② 박정희 정부 시기에 경제 개발 자금 마련을 목적으로 일본과의 국교 정상화가 이루어졌어요.
④ 박정희 정부 시기인 1972년에 제정된 유신 헌법에 따라 통일 주체 국민 회의에서 대통령이 선출되었어요. 1980년 제8차 개헌으로 통일 주체 국민 회의는 폐지되었어요.

473 4·19 혁명

정답 ①

정답 잡는 키워드

3·15 부정 선거, 대학교수단의 가두시위, 하야하는 이승만 대통령 > 4·19 혁명

3·15 부정 선거에 항의하여 대학교수단이 가두시위를 벌였으며, 이승만 대통령이 하야하였다는 내용을 통해 (가)에 들어갈 민주화 운동이 ① 4·19 혁명임을 알 수 있어요. 1960년 3월 15일 정·부통령 선거 당시 이승만 대통령의 당선이 확실시되는 상황에서 이승만 정부와 자유당은 이기붕을 부통령에 당선시키기 위해 부정 선거를 벌였어요. 이에 저항하여 4·19 혁명이 일어나 전국 각지에서 부정 선거에 항의하는 시위가 전개되었습니다. 4월 19일에 시위대가 이승만 대통령이 있는 경무대로 향하자, 경찰은 시위대를 향해 발포하였고 정부는 비상계엄령을 선포하였어요. 정부의 무력 진압에도 시위는 계속되었고, 대학교수들이 대통령의 하야를 요구하는 시국 선언을 발표하고 가두시위를 하자 이승만은 대통령직에서 물러났어요. 4·19 혁명 관련 기록물은 그 가치를 인정받아 유네스코 세계 기록 유산으로 등재되었습니다.

오답 피하기

② 6월 민주 항쟁은 전두환 정부의 강압적인 통치와 국민의 대통령 직선제 개헌 요구를 묵살한 4·13 호헌 조치에 항거하여 일어났어요.
③ 부·마 민주 항쟁은 YH 무역 사건에 항의하던 야당 총재 김영삼이 국회 의원직에서 제명된 사건을 계기로 부산과 마산 일대에서 일어난 대규모 유신 반대 시위입니다.
④ 5·18 민주화 운동은 전두환 등 신군부의 불법적인 정권 탈취와 비상계엄 확대에 반대하여 일어났어요.

474 4·19 혁명

정답 ①

정답 잡는 키워드

김주열 군 시신 발견, 이승만 대통령 하야 > 4·19 혁명

'김주열 군 시신 발견', '이승만 대통령 하야' 등을 통해 (가) 민주화 운동이 4·19 혁명임을 알 수 있어요. 1960년 3·15 부정 선거를 규탄하는 시위에 나갔던 고등학생 김주열이 최루탄에 맞아 사망한 채 마산 앞바다에서 발견되었어요. 이 사실이 알려지면서 시위가 전국으로 빠르게 확산되었어요. 4월 19일에 부정 선거에 항의하는 시위대가 이승만 대통령이 있는 경무대로 향하자 경찰이 시위대를 향해 발포하고 정부는 비상계엄령을 선포하였습니다. 정부의 무력 진압에도 시위가 계속되고 대학교수들의 시국 선언까지 발표되자 이승만은 하야 성명을 내고 대통령직에서 물러났어요. ① 4·19 혁명은 이승만 정부의 독재와 3·15 부정 선거에 항의하여 일어났어요.

오답 피하기

② 국민의 직선제 개헌 요구를 무시하고 기존 헌법을 고수하겠다는 전두환 정부의 4·13 호헌 조치에 반발하여 6월 민주 항쟁이 일어났어요.
③ YH 무역 사건, 부·마 민주 항쟁 등으로 흔들리던 유신 체제는 박정희 대통령이 피살된 10·26 사태로 사실상 무너졌어요.
④ 전두환 등 신군부의 불법적 정권 탈취와 비상계엄 확대에 반대하여 5·18 민주화 운동이 일어났어요.

475 박정희 정부 시기의 사실

정답 ④

정답 잡는 키워드

한·일 국교 정상화 추진, 굴욕적 대일 외교에 반대하는 시위 확산 > 박정희 정부

한·일 국교 정상화가 추진되었으며 굴욕적 대일 외교에 반대하는 시위가 확산되었다는 내용을 통해 밑줄 그은 '정부' 시기가 박정희 정부 시기임을 알 수 있어요. 박정희 정부는 일본과의 국교 정상화를 추진하여 경제 개발 자금을 마련하고자 하였어요. 학생과 시민들은 식민 지배에 대한 일본의 사죄와 배상이 이루어지지 않은 채 추진되는 국교 정상화를 굴욕적 대일 외교라 비판하면서 1964년에 6·3 시위를 일으켰어요. 그러나 박정희 정부는 학생과 시민들의 요구를 외면하고 1965년에 한·일 협정(한·일 기본 조약)을 체결하였어요. ④ 한·일 월드컵 축구 대회는 김대중 정부 시기인 2002년에 개최되었어요.

오답 피하기

① 박정희 정부 시기인 1969년에 대통령의 3회 연임을 허용하는 3선 개헌안이 국회에서 편법으로 통과되었어요.
② 박정희 정부는 미국의 요청으로 1964년부터 1973년까지 베트남에 국군을 파병하고 그 대가로 미국으로부터 군사·경제적 지원을 받았어요.
③ 박정희 정부는 경제 성장을 위해 경제 개발 5개년 계획을 추진하였어요.

476 박정희 정부 시기의 사실

정답 ④

정답 잡는 키워드

대통령을 세 번까지 할 수 있도록 하는 개헌 국민 투표, 한·일 국교 정상화 추진 > 박정희 정부

두 번까지만 대통령을 할 수 있는 현행 헌법 조항을 고쳐서 세 번까지 할 수 있도록 하는 개헌 국민 투표와 한·일 국교 정상화를 추진하였다는 내용을 통해 담화문이 발표된 정부 시기가 박정희 정부 시기임을 알 수 있어요. 박정희 정부 시기인 1969년에 대통령을 세 번까지 연임할 수 있도록 한 개헌안이 편법으로 통과되었어요(3선 개헌). 또 박정희 정부는 경제 개발 자금을 마련하기 위해 일본과 국교 정상화를 추진하여 1965년에 한·일 협정(한·일 기본 조약)을 체결하였어요. ④ 박정희 정부는 미국의 요청으로 1964년부터 1973년까지 베트남 전쟁에 국군을 파병하였어요.

오답 피하기

① 김대중 정부 시기에 분단 이후 최초로 남북 정상 회담이 개최되었어요. 노무현 정부와 문재인 정부 시기에도 남북 정상 회담이 열렸어요.
② 전두환 정부는 국민의 대통령 직선제 개헌 요구를 무시하고 기존 헌법을 고수하겠다는 4·13 호헌 조치를 발표하였어요.
③ 김영삼 정부는 투명한 금융 거래를 정착시키고 부당한 정치 자금 거래 등을 막기 위해 금융 실명제를 전면 실시하였어요.

477 박정희 정부 시기의 모습

정답 ①

정답 잡는 키워드

유신 헌법 제정 > 박정희 정부

유신 헌법을 제정하였다는 내용을 통해 (가) 정부 시기가 박정희 정부 시기임을 알 수 있어요. 3선 개헌안을 편법으로 통과시킨 후 이에 따라 치러진 대통령 선거에서 박정희가 대통령에 다시 당선되어 집권을 이어 갔어요. 이후 박정희 정부는 1972년 10월 유신을 단행하고 비상 국무 회의에서 제정한 유신 헌법을 국민 투표를 거쳐 확정하여 영구 집권의 토대를 마련하였어요. 유신 헌법에 의해 통일 주체 국민 회의에서 선출되는 대통령은 임기가 6년으로 늘어났고 연임 제한이 없어졌어요. 또 긴급 조치권과 국회 해산권 등 막강한 권한을 행사할 수 있게 되었어요. ① 10월 유신을 단행한 박정희 정부는 건전한 사회 기풍을 만든다는 명분으로 남성의 장발과 여성의 미니스커트를 단속하는 등 개인의 자유를 억압하였어요.

오답 피하기

② 여운형은 1945년 8·15 광복 직후 조선 건국 동맹을 기반으로 조선 건국 준비 위원회를 조직하였어요. 조선 건국 준비 위원회는 같은 해 9월에 미군이 한반도에 진주하는 것에 대비하여 조선 인민 공화국의 수립을 선포하고 해체하였어요.
③ 노태우 정부 시기인 1988년에 서울 올림픽 대회가 개최되었어요.
④ 이승만 정부 시기에 반민족 행위 특별 조사 위원회가 활동하였어요. 반민족 행위 특별 조사 위원회는 이승만 정부의 비협조적인 태도, 반민특위 공소 시효 축소 법안 통과 등으로 제 역할을 다하지 못하고 1949년에 해체되었어요.

478 박정희 정부 시기의 사실

정답 ①

정답 잡는 키워드

장발 단속, 새마을 운동 > 박정희 정부

'장발 단속', '새마을 운동' 등을 통해 문서를 작성한 정부 시기가 박정희 정부 시기임을 알 수 있어요. 박정희 정부는 도시와 농촌 간의 격차를 줄이고 농촌의 생활 환경을 개선하기 위해 1970년부터 새마을 운동을 추진하였어요. 또한, 1972년 10월 유신을 단행하여 권위주의적 독재 체제를 구축하고 여성의 미니스커트와 남성의 장발을 단속하는 등 국민의 일상생활까지 통제하고 억압하였어요. ① 1972년에 제정된 유신 헌법은 대통령에게 헌법을 초월하여 국민의 기본권까지도 제한할 수 있는 긴급 조치권 등을 부여하였어요.

오답 피하기

② 노태우 정부 시기인 1988년에 서울 올림픽 대회가 열렸어요.
③ 노무현 정부 시기에 호주제가 폐지되고 가족 관계 등록법이 시행되었어요.
④ 김영삼 정부 시기에 모든 금융 거래를 거래자의 실제 이름으로 하도록 하는 금융 실명제가 전격 실시되었어요.

479 박정희 정부 시기의 사실

정답 ①

정답 잡는 키워드

긴급 조치, 유신 헌법 선포 › 박정희 정부

'긴급 조치'와 유신 헌법을 선포하였다는 내용을 통해 밑줄 그은 '정부' 시기가 박정희 정부 시기임을 알 수 있어요. 박정희 정부는 1972년 10월 유신을 단행하였어요. 비상계엄령을 선포하고 국회를 해산한 뒤 비상 국무 회의에서 마련한 헌법 개정안(유신 헌법)을 국민 투표로 확정하여 박정희 대통령이 영구 집권할 수 있는 토대를 만들었어요. 유신 헌법에 따라 대통령은 국회를 해산할 수 있었으며, 국민의 기본권을 포괄적으로 제한할 수 있는 긴급 조치권을 행사할 수 있었어요. ① 박정희 정부 시기인 1979년에 야당인 신민당의 총재 김영삼이 국회 의원직에서 제명된 사건으로 촉발되어 유신 철폐와 독재 반대를 외친 부·마 민주 항쟁이 일어났어요.

오답 피하기

② 노태우 정부 시기인 1988년에 서울 올림픽 대회가 개최되었어요.
③ 김영삼 정부 시기인 1993년에 금융 실명제가 실시되었어요.
④ 이승만 정부 시기인 1948년에 친일파 청산을 위한 반민족 행위 처벌법이 제정되고 반민족 행위 특별 조사 위원회가 구성되었어요. 반민족 행위 특별 조사 위원회는 1949년까지 활동하였어요.

480 부·마 민주 항쟁

정답 ③

정답 잡는 키워드

1979년 야당 총재의 국회 의원직 제명으로 촉발 › 부·마 민주 항쟁

1979년 야당 총재의 국회 의원직 제명으로 촉발되었다는 내용을 통해 대화에 나타난 민주화 운동이 ③ 부·마 민주 항쟁임을 알 수 있어요. 1970년대 말 유신 체제에 대한 저항이 계속되는 가운데 1979년 회사 측의 일방적인 폐업 조치에 반대한 YH 무역의 여성 노동자들이 야당인 신민당 당사에서 농성을 벌였고, 경찰이 진압하는 과정에서 여성 노동자 1명이 사망하는 사건이 발생하였어요(YH 무역 사건). 당시 신민당 총재 김영삼이 이 사건에 항의하며 유신 정권을 비판하자, 여당인 민주 공화당은 김영삼을 국회 의원직에서 제명하였어요. 이를 계기로 부산과 마산 일대에서 유신 철폐와 독재 반대를 외치며 대규모 시위가 전개되었습니다(부·마 민주 항쟁). 박정희 정부는 부산 일대에 계엄령을 내리고 마산 일대에 위수령을 발동하여 무력 진압에 나섰어요.

오답 피하기

① 4·19 혁명은 1960년 이승만 정부와 자유당이 벌인 3·15 부정 선거가 원인이 되어 일어난 민주화 운동이에요.
② 6월 민주 항쟁은 1987년 전두환 정부의 강압 통치와 국민의 대통령 직선제 개헌 요구를 묵살한 4·13 호헌 조치에 맞서 일어난 민주화 운동이에요. 시민들은 '호헌 철폐, 독재 타도' 등의 구호를 외치며 대규모 시위를 벌였어요.
④ 5·18 민주화 운동은 1980년 전두환 등 신군부의 퇴진과 비상계엄 해제를 요구하며 광주에서 일어난 민주화 운동이에요.

481 5·18 민주화 운동

정답 ④

정답 잡는 키워드

신군부에 맞섬, 계엄군의 무자비한 진압, 광주 시민들 › 5·18 민주화 운동

신군부에 맞서 민주주의를 외쳤으며, 계엄군의 무자비한 진압에 희생된 시민들을 추모하고 민주화 운동에 헌신한 광주 시민들의 정신을 기억하겠다는 내용을 통해 (가)에 들어갈 민주화 운동이 ④ 5·18 민주화 운동임을 알 수 있어요. 1980년에 신군부의 불법적인 정권 탈취와 비상계엄 확대에 저항하여 광주에서 5·18 민주화 운동이 일어났어요. 신군부는 계엄군과 공수 부대를 동원하여 폭력적으로 시위를 진압하였고 이 과정에서 많은 광주 시민이 희생되었어요. 5·18 민주화 운동 관련 기록물은 그 가치를 인정받아 유네스코 세계 기록 유산으로 등재되었어요.

오답 피하기

① 1960년에 이승만 정부와 자유당이 저지른 3·15 부정 선거가 원인이 되어 4·19 혁명이 일어났어요. 4·19 혁명 관련 기록물은 그 가치를 인정받아 유네스코 세계 기록 유산으로 등재되었습니다.
② 1987년에 전두환 정부의 강압 통치와 국민의 대통령 직선제 개헌 요구를 묵살한 4·13 호헌 조치에 맞서 6월 민주 항쟁이 전개되었어요.
③ 1979년에 야당인 신민당 총재 김영삼이 국회 의원직에서 제명된 사건을 계기로 부산과 마산 일대에서 학생과 시민들이 유신 철폐와 독재 반대를 외친 부·마 민주 항쟁이 일어났어요.

482 5·18 민주화 운동

정답 ④

정답 잡는 키워드

시민군의 항쟁 중심지였던 옛 전남도청 › 5·18 민주화 운동

전남도청이 시민군의 항쟁 중심지였다는 내용을 통해 (가)에 들어갈 내용이 ④ 5·18 민주화 운동임을 알 수 있어요. 12·12 사태(12·12 군사 반란)로 전두환 등 신군부가 정권을 장악하자 곳곳에서 신군부 퇴진을 요구하는 대규모 시위가 일어났어요. 신군부는 비상계엄을 전국으로 확대하였고, 이에 항거하여 전남 광주에서 신군부 퇴진과 비상계엄 해제 등을 요구하며 시위가 일어나자 계엄군을 보내 시위를 폭력적으로 진압하였어요. 광주 시민들은 자발적으로 시민군을 조직하여 대항하였으나 계엄군은 이를 무력으로 진압하였어요. 이 과정에서 많은 광주 시민이 희생되었어요.(5·18 민주화 운동). 5·18 민주화 운동은 1980년대 민주화 운동의 토대가 되었어요.

오답 피하기

① 4·19 혁명은 이승만 정부의 독재와 3·15 부정 선거가 원인이 되어 일어났어요. 그 결과 이승만이 대통령직에서 물러났어요.
② 부·마 민주 항쟁은 YH 무역 사건에 항의하던 야당 총재 김영삼이 국회 의원직에서 제명된 사건을 계기로 부산과 마산 일대에서 일어난 대규모 유신 반대 시위입니다.
③ 6월 민주 항쟁은 전두환 정부의 강압적인 통치와 국민의 대통령 직선제 개헌 요구를 묵살한 4·13 호헌 조치에 항거하여 일어났어요.

483 전두환 정부 시기의 사실

정답 ①

정답 잡는 키워드

삼청 교육대 운영, 교복 자율화 시행 › 전두환 정부

삼청 교육대를 운영하고 교복 자율화를 시행하였다는 내용 등을 통해 (가) 정부 시기가 전두환 정부 시기임을 알 수 있어요. 전두환, 노태우 등이 주도한 12·12 사태(12·12 군사 반란)로 신군부가 정권을 장악하였어요. 이후 출범한 전두환 정부는 민주화 운동과 노동 운동을 탄압하고 언론 통제를 강화하는 등 강압적인 정책을 폈어요. 사회 정화를 명분으로 삼청 교육대를 운영하여 인권을 침해하기도 하였어요. 다른 한편으로는 교복 자율화, 해외여행 자유화, ① 야간 통행금지 해제, 프로 야구단 창단 등의 유화 정책을 추진하였습니다. 국풍 81은 전두환 정부 시기인 1981년 서울 여의도 광장에서 열린 대규모 문화 축제입니다.

오답 피하기

② 박정희 정부는 미국의 요청에 따라 베트남 전쟁에 국군을 파병하였어요.
③ 이승만 정부는 6·25 전쟁의 정전 협정이 체결된 이후 1953년 10월에 한·미 상호 방위 조약을 체결하였어요.
④ 박정희 정부 시기에 제1차 경제 개발 5개년 계획이 실시되었어요.

484 6월 민주 항쟁

정답 ③

정답 잡는 키워드

1987년, 호헌 철폐, 독재 타도, 대통령 직선제 개헌을 약속 > 6월 민주 항쟁

'1987년', '호헌 철폐, 독재 타도', '대통령 직선제 개헌을 약속' 등을 통해 밑줄 그은 '이 민주화 운동'이 6월 민주 항쟁임을 알 수 있어요. 1987년 전두환 정부의 강압적인 통치와 국민의 대통령 직선제 개헌 요구를 묵살한 4·13 호헌 조치에 항거하여 6월 민주 항쟁이 일어났어요. ③ 박종철이 경찰의 물고문으로 사망하였다는 사실이 밝혀지면서 국민의 분노가 폭발하여 시위가 전국으로 확산되었습니다. 이 과정에서 대학생 이한열이 경찰이 쏜 최루탄에 맞아 쓰러져 혼수상태에 빠지자 시위는 범국민적인 운동으로 전개되었어요. 거센 탄압에도 시민들이 '호헌 철폐', '독재 타도' 등을 외치며 시위를 이어 가자 결국 정부가 굴복하고 직선제 개헌 요구를 수용한다는 내용이 담긴 6·29 민주화 선언을 발표하였어요. 이에 따라 5년 단임의 대통령 직선제 개헌이 이루어졌어요.

오답 피하기

① YH 무역 사건, 부·마 민주 항쟁 등으로 흔들리던 유신 체제는 박정희 대통령이 피살된 10·26 사태로 사실상 붕괴되었어요.
② 4·19 혁명의 결과 내각 책임제와 양원제 국회 구성을 주요 내용으로 하는 개헌이 이루어져 양원제 국회가 출현하였어요.
④ 5·18 민주화 운동의 전개 과정에서 계엄군의 진압에 맞서 시민군이 자발적으로 조직되었어요.

485 6월 민주 항쟁

정답 ③

정답 잡는 키워드

박종철 사망, 이한열 사망 > 6월 민주 항쟁

박종철 학생이 물고문을 당한 끝에 사망하였으며 경찰이 쏜 최루탄에 맞아 이한열 학생이 사망하였다는 내용을 통해 (가) 민주화 운동이 6월 민주 항쟁임을 알 수 있어요. 1987년에 남영동 치안본부 대공분실에서 대학생 박종철이 물고문에 의해 사망하였는데, 전두환 정부는 이를 은폐·조작하였어요. 정부가 국민의 대통령 직선제 요구를 묵살한 4·13 호헌 조치를 발표한 데 이어 박종철이 경찰의 물고문으로 사망하였다는 사실이 밝혀지면서 국민의 분노가 폭발하여 시위가 전국으로 확산되었습니다. 이 과정에서 대학생 이한열이 경찰이 쏜 최루탄에 맞아 쓰러져 혼수상태에 빠지자 시위는 범국민적인 운동으로 전개되었어요. 결국 전두환 정부는 당시 여당인 민주 정의당(민정당)의 대표이자 대통령 후보로 내정된 노태우를 내세워 직선제 개헌 요구를 수용한다는 내용을 담은 6·29 민주화 선언을 발표하였어요. 이에 따라 ③ 5년 단임의 대통령 직선제 개헌이 이루어졌어요.

오답 피하기

① 이승만 정부의 독재와 3·15 부정 선거에 항거하여 일어난 4·19 혁명으로 이승만이 대통령직에서 물러났어요.
② YH 무역 사건, 부·마 민주 항쟁 등으로 흔들리던 유신 체제는 박정희 대통령이 피살된 10·26 사태로 사실상 무너졌어요.
④ 5·18 민주화 운동은 전두환 등 신군부의 불법적인 정권 탈취와 비상계엄 확대에 반대하여 일어났어요.

486 노태우 정부 시기의 사실

정답 ③

정답 잡는 키워드

서울 올림픽 개최, 남북 기본 합의서 채택 > 노태우 정부

서울 올림픽이 개최되고 남북 기본 합의서를 채택하였다는 내용을 통해 (가) 정부 시기가 노태우 정부 시기임을 알 수 있어요. 노태우 정부 시기인 1988년에 제24회 서울 올림픽 대회가 성공적으로 개최되었어요. 노태우 정부는 냉전이 끝나가는 국제 정세 속에 남북 대화에 나서 남북한의 유엔 동시 가입, 남북 기본 합의서 채택, 한반도 비핵화 공동 선언 발표 등의 성과를 거두었어요. 한편, 노태우 정부 시기에 여당 국회 의원이 적고 야당 국회 의원이 많은 여소야대 상황 등으로 정치적 어려움에 처하자 집권 여당인 민주 정의당은 통일 민주당, 신민주 공화당과의 3당 합당을 추진하여 민주 자유당을 창당하였어요. ③ 노태우 정부는 북방 외교를 추진하여 중국, 소련을 비롯한 동유럽 사회주의 국가와 국교를 수립하였어요.

오답 피하기

① 농지 개혁법은 이승만 정부 시기인 1949년에 제정되었어요.
② 박정희 정부는 미국의 요청에 따라 1964년부터 1973년까지 베트남 전쟁에 국군을 파병하였어요.
④ 김대중 정부 시기인 2000년에 분단 이후 최초로 남북 정상 회담이 개최되고 6·15 남북 공동 선언이 발표되었어요.

487 김영삼 정부 시기의 사실

정답 ①

정답 잡는 키워드

옛 조선 총독부 건물 철거, 경제 협력 개발 기구(OECD) 가입 > 김영삼 정부

옛 조선 총독부 건물을 철거하고 경제 협력 개발 기구(OECD)에 가입하였다는 내용을 통해 (가)에 김영삼 정부 시기의 사실이 들어가야 함을 알 수 있어요. 김영삼 정부는 '역사 바로 세우기'의 하나로 광복 50주년을 맞이하여 옛 조선 총독부 건물을 철거하였어요. 또한, 자유 무역 추세가 확대되자 세계화를 내세우며 시장을 개방하고 1996년에는 경제 협력 개발 기구(OECD)에 가입하였어요. ① 김영삼 정부는 출범 직후 투명한 금융 거래를 위하여 금융 실명제를 전격 실시하였어요.

오답 피하기

② 박정희 정부 시기인 1970년에 경부 고속 도로가 준공되었어요.
③ 박정희 정부 시기에 제1차 경제 개발 5개년 계획이 추진되었어요.
④ 노무현 정부는 2007년에 미국과 자유 무역 협정(FTA)을 체결하였어요.

488 김영삼 정부 시기의 사실

정답 ①

정답 잡는 키워드

국민학교 명칭이 초등학교로 바뀜 > 김영삼 정부

국민학교라는 명칭이 모두 초등학교로 바뀐다는 내용을 통해 뉴스가 보도된 정부 시기는 김영삼 정부 시기임을 알 수 있어요. 1941년에 일제는 국민학교령을 통해 소학교 명칭을 '황국 신민의 학교'라는 의미를 가진 국민학교로 바꾸었어요. 김영삼 정부 시기에 '역사 바로 세우기'의 일환으로 일제 잔재를 청산하기 위해 광복 이후에도 계속 사용되고 있던 국민학교라는 명칭을 초등학교로 변경하였어요. ① 김영삼 정부는 광복 50주년을 기념하여 조선 총독부 건물을 철거하였어요. 또 전두환·노태우 두 전직 대통령을 구속하였어요.

오답 피하기

② 이명박 정부 시기인 2010년에 서울 G20 정상 회의가 개최되었어요.
③ 노무현 정부 시기인 2004년에 이라크에 자이툰 부대가 파병되었어요.
④ 김대중 정부 시기인 2002년에 한·일 월드컵 축구 대회가 개최되었어요.

489 김대중 정부 시기의 사실

정답 ②

정답 잡는 키워드

외환 위기 속에서 출발, 금 모으기 운동 > 김대중 정부

외환 위기 속에서 출발하였으며 금 모으기 운동 등이 전개되었다는 내용을 통해 신년사를 발표한 정부가 김대중 정부임을 알 수 있어요. 김영삼 정부 말에 외환 위기를 맞아 국제 통화 기금(IMF)의 긴급 구제 금융을 지원받게 되었어요. 직후에 출범한 김대중 정부는 외환 위기를 극복하기 위해 부실기업을 정리하고 금융 기관과 대기업의 구조 조정을 단행하였으며, 국민도 자발적으로 금 모으기 운동을 전개하는 등 정부와 기업, 국민이 경제 위기를 극복하고자 노력하였어요. ② 김대중 정부 시기인 2002년에 한·일 월드컵 축구 대회가 개최되었어요.

오답 피하기

① 노태우 정부는 북방 외교를 추진하여 소련, 중국과 국교를 수립하였어요.
③ 박정희 정부 시기에 제1차 경제 개발 5개년 계획이 추진되었어요.
④ 김영삼 정부 시기인 1996년에 경제 협력 개발 기구(OECD)에 가입하였어요.

490 김대중 정부 시기의 사실

정답 ④

정답 잡는 키워드

한·일 월드컵 축구 대회 개최 > 김대중 정부

한·일 월드컵 축구 대회가 열렸다는 내용을 통해 뉴스가 보도된 시기가 김대중 정부 시기임을 알 수 있어요. 김대중 정부 시기인 2002년에 제17회 FIFA 한·일 월드컵 축구 대회가 개최되었어요. 김영삼 정부 말에 외화 보유액이 부족한 외환 위기를 맞아 국제 통화 기금(IMF)의 긴급 구제 금융을 지원받았어요. 직후에 출범한 김대중 정부는 외환 위기 극복을 위해 부실기업을 정리하고 금융 기관과 대기업의 구조 조정을 단행하였으며, 국민도 자발적으로 금 모으기 운동을 벌이는 등 정부와 기업, 국민이 경제 위기를 극복하기 위해 노력하였어요. 이러한 노력으로 ④ 김대중 정부 시기에 국제 통화 기금(IMF)의 구제 금융을 조기 상환하여 IMF 관리 체제에서 벗어났어요.

오답 피하기

① 박정희 정부 시기인 1970년에 경부 고속 도로가 준공되었어요.
② 김영삼 정부 시기인 1995년에 세계 무역 기구(WTO)에 가입하였어요.
③ 박정희 정부 시기에 제1차 경제 개발 5개년 계획이 추진되었어요.

3 경제와 통일

기출문제 풀어 보기 > 본책 188~191쪽

491 ① 492 ③ 493 ② 494 ① 495 ② 496 ④
497 ③ 498 ④ 499 ② 500 ② 501 ① 502 ①
503 ③ 504 ① 505 ① 506 ④

491 경제 성장 과정

정답 ①

대한민국의 경제 성장 과정을 묻는 문항입니다. ① 1950년대 한국은 미국의 경제 원조를 기반으로 전후 복구 사업을 추진하였어요. 이 시기에 원조 물자를 기반으로 밀가루, 설탕, 면직물을 만드는 삼백 산업이 발달하였어요.

오답 피하기

② 제1, 2차 경제 개발 5개년 계획(1962~1971)이 추진된 1960년대에는 자본과 기술이 부족하였기 때문에 신발, 의류, 가발 등 낮은 임금을 이용한 노동 집약적 경공업을 육성하여 수출하는 데 집중하였어요. 1970년대 박정희 정부는 제 3, 4차 경제 개발 5개년 계획을 추진하면서 중화학 공업을 적극 육성하였어요. 이 시기에는 두 차례의 석유 파동(1차 1973년, 2차 1978년)으로 한국 경제가 큰 타격을 입기도 하였어요.
③ 1980년대 전두환 정부는 부실기업과 중화학 공업의 중복 투자를 정리하는 등 산업 구조를 재편하였어요. 1980년대 중·후반에 원유 가격과 달러 가치, 금리가 모두 낮은 3저(저유가, 저달러, 저금리) 호황으로 물가가 안정되고 수출이 증가하였어요.
④ 김영삼 정부 시기인 1997년에 외화 보유액이 부족한 외환 위기를 맞아 국제 통화 기금(IMF)으로부터 구제 금융을 지원받았어요. 외환 위기를 극복하기 위해 국민들은 자발적으로 금 모으기 운동을 전개하였어요.

492 농지 개혁

정답 ③

정답 잡는 키워드

정부가 지가 증권을 지급하고 농지 매입, 농지를 농민들에게 유상으로 분배 > 농지 개혁

5·10 총선거로 구성된 제헌 국회는 1949년에 가구당 농지 소유 상한을 3정보로 제한, 유상 매수와 유상 분배 등의 내용을 담은 농지 개혁법을 제정하였어요. 이듬해 개정된 농지 개혁법에 따라 가구당 3정보 이상의 농지는 정부가 지가 증권을 발급하여 매입하고, 농민에게 농지를 유상으로 분배하는 농지 개혁이 시행되었어요. ③ 농지 개혁으로 지주·소작제가 거의 사라졌고, 직접 농사를 짓는 사람이 농지를 소유하게 되어 자작농이 증가하였어요.

오답 피하기

① 제헌 국회는 1948년에 친일파 청산을 목적으로 반민족 행위 처벌법을 제정하였어요. 농지 개혁은 경작하는 농민에게 농지의 소유권을 분배하여 농가 경제의 자립을 도모하기 위해 시행되었어요.
② 1896년에 서재필, 이상재 등의 주도로 독립 협회가 설립되었어요. 농지 개혁은 이승만 정부가 1950년부터 본격적으로 추진하였어요.
④ 러·일 전쟁 중에 일제가 황무지 개간권을 요구하며 토지를 약탈하려 하자 민간 실업가와 관리들이 농광 회사를 세워 황무지를 개간하고자 하였으며 보안회는 대규모 반대 집회를 열었어요. 이러한 노력으로 일제의 황무지 개간권 요구를 저지하였어요.

493 박정희 정부 시기의 경제 정책

정답 ②

정답 잡는 키워드

경부 고속 도로 준공식, 한·일 국교 정상화, 베트남전 파병 > 박정희 정부

경부 고속 도로 준공식이 열렸고 건설 공사에 한·일 국교 정상화와 베트남전 파병으로 들어온 자금의 일부가 투입되었다는 내용을 통해 (가) 정부 시기가 박정희 정부 시기임을 알 수 있어요. 박정희 정부는 경제 성장을 최우선 국정 과제로 내세우고 이를 위해 경제 개발 5개년 계획을 추진하였어요. ② 제1, 2차 경제 개발 계획 시기에는 신발, 의류, 가발 등 풍부한 노동력을 바탕으로 경공업 제품을 생산하여 수출하는 것에

집중하였고, 정유, 시멘트 등 기간산업의 육성과 사회 간접 자본의 확충에도 중점을 두었어요. 이에 1970년에 경부 고속 도로가 준공되었습니다. 한편, 박정희 정부는 경제 개발에 필요한 자금을 마련하기 위해 일본과 국교를 정상화하고 베트남 전쟁에 국군을 파병하였어요.

오답 피하기

① 전두환 정부 시기인 1980년대 중·후반에 저유가, 저금리, 저달러의 3저 호황으로 물가가 안정되고 수출이 증가하였어요.
③ 김영삼 정부 시기인 1996년에 경제 협력 개발 기구(OECD)에 가입하였어요.
④ 노무현 정부 시기인 2007년에 미국과 자유 무역 협정(FTA)을 체결하였어요.

494 1970년대 경제 발전

정답 ①

1970년대 경제 상황을 묻는 문항입니다. 1962년부터 1971년까지 경공업 중심의 제1, 2차 경제 개발 5개년 계획이 추진되었어요. 이에 따라 1970년에 경부 고속 도로가 개통되는 등 사회 간접 자본이 확충되어 경제 성장의 기반이 마련되었어요. 1970년대에는 중화학 공업 중심의 제3, 4차 경제 개발 5개년 계획이 추진되었어요. 포항 종합 제철 공장이 준공되어 철강 생산이 시작되었으며 남해안에 조선소가 설립되고 공업 단지가 조성되었어요. ① 1960~1970년대 수출 중심의 경제 정책으로 수출이 빠르게 증가하여 1977년에 수출액 100억 달러를 달성하였습니다.

오답 피하기

② 노태우 정부 시기인 1988년에 제24회 서울 올림픽 대회가 개최되었어요.
③ 김영삼 정부 시기인 1996년에 경제 협력 개발 기구(OECD)에 가입하였어요.
④ 노무현 정부 시기인 2005년에 아시아·태평양 경제 협력체(APEC) 정상 회의가 부산에서 개최되었어요.

495 박정희 정부 시기의 사실

정답 ②

정답 잡는 키워드

새마을 운동, 100억 달러 수출 달성 > 박정희 정부

'새마을 운동', '100억 달러 수출 달성' 등을 통해 (가) 정부가 박정희 정부임을 알 수 있어요. 박정희 정부는 도시와 농촌의 격차를 줄이고 농촌의 생활 환경을 개선하기 위해 1970년부터 새마을 운동을 추진하였어요. 또한, 1962년부터 4차에 걸쳐 수출 주도의 경제 개발 5개년 계획을 실시하여 1977년에는 수출액 100억 달러를 달성하는 등 급속한 경제 성장을 이루었어요. 특히 2차 경제 개발 5개년 계획 시기에는 기간산업을 육성하고 사회 간접 자본을 확충하는 데 중점을 두었어요. 이에 ② 1970년에 경부 고속 도로가 준공되었습니다.

오답 피하기

① 이승만 정부 시기에 제헌 국회에서 유상 매수, 유상 분배 원칙의 농지 개혁법이 제정되었어요.
③ 김영삼 정부는 투명한 금융 거래를 위하여 금융 실명제를 전면 실시하였어요.
④ 김영삼 정부 시기에 경제 협력 개발 기구(OECD)에 가입하였어요.

496 전태일의 활동

정답 ④

정답 잡는 키워드

서울 평화 시장 재단사, 노동자들의 인권을 위해 자신을 희생 > 전태일

서울 평화 시장에서 재단사로 일하였으며, 1970년 노동자들의 인권을 위해 자신을 희생하였다는 내용을 통해 (가) 인물이 ④ 전태일임을 알 수 있어요. 박정희 정부는 1960년대에 값싼 노동력을 이용한 경공업을 중심으로 경제 성장을 추진하였어요. 이 과정에서 노동자들은 낮은 임금과 열악한 환경 속에서 장시간 노동에 시달렸습니다. 노동자들은 근로 기준법 준수와 근무 환경 개선을 요구하는 시위를 벌였으나 경제 성장을 우선으로 여기던 정부는 그들의 요구를 받아들이지 않았어요. 이에 청계천 부근 평화 시장에서 재단사로 일하며 노동 운동을 하던 전태일이 1970년에 근로 기준법 준수 등을 요구하며 분신 투쟁을 벌였어요.

오답 피하기

① 윤동주는 명동 학교 출신으로, '서시', '자화상', '별 헤는 밤' 등 일제에 의해 억압받는 민족의 현실을 표현한 시를 남겼어요. 일본 유학 중 독립운동 혐의로 수감되어 옥사하였어요.
② 이한열은 6월 민주 항쟁 당시 시위를 벌이던 중 경찰이 쏜 최루탄에 맞아 의식 불명 상태에 빠져 끝내 사망하였어요.
③ 장준하는 일제 강점기에 일본군으로 징집되었다가 탈출하여 한국 광복군에 합류하였어요. 또한, 1970년대 유신 체제에 저항하여 민주 회복을 위한 개헌 청원 백만 인 서명 운동을 주도하였어요.

497 전두환 정부 시기의 경제 상황

정답 ③

정답 잡는 키워드

5·18 민주화 운동이 진압된 이후 집권, 프로 야구·프로 축구 출범 > 전두환 정부

5·18 민주화 운동이 진압된 이후 집권하였으며 프로 야구·프로 축구를 출범시켰다는 내용을 통해 (가) 정부 시기가 전두환 정부 시기임을 알 수 있어요. 1979년에 12·12 사태(12·12 군사 반란)를 일으켜 정권을 장악한 전두환은 1980년에 5·18 민주화 운동이 진압된 이후 통일 주체 국민 회의에서 제11대 대통령으로 선출되었어요. 이후 대통령 선거인단이 7년 단임의 대통령을 선출하는 내용의 개헌이 이루어졌고, 개정된 새 헌법에 따라 1981년에 전두환이 대통령 선거인단에서 제12대 대통령으로 선출되었어요. 전두환 정부는 강압적인 정책에 대한 국민의 불만을 무마하기 위해 야간 통행금지 해제, 중·고등학생의 두발과 교복 자율화, 해외여행 자유화, 프로 스포츠 육성 등의 유화 조치를 취하였어요. 이에 1982년에 프로 야구, 1983년에 프로 축구가 출범하였어요. ③ 전두환 정부 시기인 1980년대 중·후반에 저금리·저유가·저달러의 3저 호황으로 물가가 안정되고 수출이 증가하였어요.

오답 피하기

① 장면 정부 시기에 경제 개발 계획이 마련되었으며, 5·16 군사 정변 후 군사 정부가 이를 수정·보완하여 박정희 정부 시기인 1962년부터 제1차 경제 개발 5개년 계획이 추진되었어요.
② 김영삼 정부 시기인 1996년에 경제 협력 개발 기구(OECD)에 가입하였어요.
④ 노무현 정부 시기인 2007년에 미국과의 자유 무역 협정(FTA)이 체결되었어요.

498 김영삼 정부 시기의 사실

정답 ④

정답 잡는 키워드

금융 실명제 실시 > 김영삼 정부

금융 실명제를 실시하였다는 내용을 통해 연설이 있었던 정부 시기가 김영삼 정부 시기임을 알 수 있어요. 김영삼 정부는 투명한 금융 거래를 위하여 본인의 실제 이름으로만 금융 거래를 하도록 한 금융 실명제를 대통령 긴급 명령으로 전격 실시하였어요. ④ 김영삼 정부는 1996년에 경제 협력 개발 기구(OECD)에 가입하였어요.

오답 피하기

① 박정희 정부 시기인 1970년에 경부 고속 도로가 준공되었어요.
② 전두환 정부 시기인 1980년대 중·후반에 저금리, 저유가, 저달러의 3저 호황으로 수출이 증가하였어요.
③ 박정희 정부 시기인 1962년부터 제1차 경제 개발 5개년 계획이 추진되었어요.

499 7·4 남북 공동 성명

정답 ②

정답 잡는 키워드

1972년, 자주, 평화, 민족 대단결의 통일 원칙, 남북 조절 위원회 > 7·4 남북 공동 성명

박정희 정부 시기인 1972년에 남북한은 자주, 평화, 민족 대단결의 통일 원칙에 합의한 ② 7·4 남북 공동 성명을 발표하였어요. 7·4 남북 공동 성명의 합의 사항을 이행하기 위한 기구로 남북 조절 위원회가 설치되었으나 성과를 거두지는 못하였어요.

오답 피하기

① 노태우 정부 시기에 남북한이 화해와 불가침 및 교류 협력에 관해 공동 합의한 남북 기본 합의서가 채택되었어요.
③ 김대중 정부 시기에 분단 이후 최초로 남북 정상 회담이 개최되고 6·15 남북 공동 선언이 발표되었어요.
④ 노무현 정부 시기에 제2차 남북 정상 회담이 개최되고 10·4 남북 정상(공동) 선언이 발표되었어요.

500 노태우 정부 시기의 사실

정답 ②

정답 잡는 키워드

남북한이 유엔에 동시 가입, 남북 기본 합의서 채택, 한반도 비핵화에 관한 공동 선언에 합의 > 노태우 정부

남북한이 유엔에 동시 가입하고 남북 기본 합의서를 채택하였으며 한반도 비핵화에 관한 공동 선언에 합의하였다는 내용을 통해 발표에 해당하는 정부 시기가 노태우 정부 시기임을 알 수 있어요. 노태우 정부는 냉전이 완화되는 국제 정세 속에서 북방 외교를 추진하여 사회주의 국가들과 수교하였어요. 또한, 북한과의 관계 개선에도 적극 나서서 남북한 유엔 동시 가입, 남북 기본 합의서 채택, 한반도 비핵화 공동 선언 합의 등을 이루었어요. ② 노태우 정부 시기인 1988년에 제24회 서울 올림픽 대회가 개최되었어요.

오답 피하기

① 김대중 정부 시기에 6·15 남북 공동 선언을 발표하고 개성 공단 조성에 합의하였어요. 이후 개성 공단은 노무현 정부 시기에 착공되었어요.
③ 박정희 정부는 미국의 요청에 따라 베트남 전쟁에 국군을 파병하였어요.
④ 김대중 정부 시기에 국민 기초 생활 보장법이 제정되었어요.

501 노태우 정부의 통일 노력

정답 ①

정답 잡는 키워드

남북한 유엔 동시 가입, 한·중 수교 > 노태우 정부

'남북한 유엔 동시 가입'과 '한·중 수교'를 통해 노태우 정부 시기임을 알 수 있어요. 노태우 정부 시기인 1991년에 남북한이 유엔에 동시 가입하고, ① 남북한 상호 체제 인정, 상호 불가침 등에 합의한 남북 기본 합의서를 채택하였어요. 또 한반도 비핵화 공동 선언에 합의하였어요. 한편, 노태우 정부는 북방 외교를 추진하여 중국, 소련을 비롯하여 동유럽의 사회주의 국가들과 수교하였어요.

오답 피하기

② 박정희 정부는 1972년에 자주, 평화, 민족 대단결의 평화 통일 3대 원칙에 합의한 7·4 남북 공동 성명을 발표하였어요.
③ 김대중 정부는 2000년에 분단 이후 최초로 남북 정상 회담을 하고 6·15 남북 공동 선언에 합의하였어요.
④ 전두환 정부 시기인 1985년에 남북 이산가족 고향 방문이 최초로 실현되었어요.

502 노태우 정부의 통일 노력

정답 ①

정답 잡는 키워드

북방 외교를 통해 소련과 국교 수립, 남북 기본 합의서 채택, 한반도 비핵화 공동 선언 합의 > 노태우 정부

북방 외교를 통해 소련과 국교를 수립하고 남북 기본 합의서를 채택하였으며 한반도 비핵화 공동 선언에 합의하였다는 내용을 통해 자료에 나타난 정부 시기가 노태우 정부 시기임을 알 수 있어요. 노태우 정부는 북방 외교를 통해 소련과 중국, 동유럽의 사회주의 국가들과 국교를 수립하였어요. 또한, 노태우 정부는 ① 냉전이 끝나가는 국제 정세 속에서 남북 대화에 나서 남북한이 유엔에 동시 가입하는 성과를 거두었어요. 그리고 화해와 불가침 및 교류 협력에 관한 내용을 담은 남북 기본 합의서를 채택하고, 한반도 비핵화 공동 선언에 합의하는 등 남북 관계를 개선하였어요.

오답 피하기

② 전두환 정부 시기인 1985년에 남북 이산가족 고향 방문이 이루어져 분단 이후 처음으로 남북한 이산가족이 상봉하였어요.
③ 박정희 정부 시기에 자주, 평화, 민족 대단결의 평화 통일 3대 원칙에 합의한 7·4 남북 공동 성명이 발표되었어요.
④ 김대중 정부 시기에 분단 이후 최초로 남북 정상 회담이 개최되고 6·15 남북 공동 선언이 채택되었어요.

503 김대중 정부의 통일 노력

정답 ③

정답 잡는 키워드

IMF 구제 금융 조기 상환, 정주영이 소 떼를 몰고 북한 방문, 한·일 월드컵 개최 > 김대중 정부

IMF 구제 금융을 조기 상환하였고 정주영이 소 떼를 몰고 북한을 방문하였으며 한·일 월드컵 축구 대회가 개최되었다는 내용을 통해 밑줄 그은 '정부'가 김대중 정부임을 알 수 있어요. 김대중 정부 시기에는 IMF(국제 통화 기금)에서 받은 구제 금융을 조기 상환하여 IMF의 관리 체제에서 벗어났어요. 또한, 김대중 정부 시기에 대북 화해 협력 정책(햇볕 정책)이 추진되어 1998년에 기업인 정주영이 두 차례에 걸쳐 소 떼를 끌고 북한을 방문하였어요. 이를 계기로 남북한의 교류와 협력이 본격화되면서 해로를 통한 금강산 관광 사업이 시작되었어요. 이러한 남북 화해의 분위기 속에 김대중 정부는 분단 이후 최초로 남북 정상 회담을 개최하고 ③ 6·15 남북 공동 선언을 발표하였어요.

오답 피하기

① 노태우 정부 시기에 남북한 상호 체제 인정, 상호 불가침 등에 합의한 남북 기본 합의서를 채택하였어요.
② 노태우 정부 시기에 남북한이 유엔에 동시 가입하였어요.
④ 전두환 정부 시기에 남북 이산가족 고향 방문이 이루어져 분단 이후 최초로 남북 간 이산가족 상봉이 성사되었어요.

504 김대중 정부의 통일 노력

정답 ①

정답 잡는 키워드

남북이 화해·협력하자, 햇볕 정책 > 김대중 정부

남북의 화해·협력을 주장하고 '햇볕 정책'이 언급된 것으로 보아 제시된 내용을 발표한 정부가 김대중 정부임을 알 수 있어요. 김대중 정부 시기에 대북 화해 협력 정책, 즉 '햇볕 정책'이 추진되어 남북 간 교류가 활성

화되었어요. 이러한 상황에서 분단 이후 최초로 남북 정상 회담이 개최되고 6·15 남북 공동 선언이 발표되었어요. ① 김대중 정부는 6·15 남북 공동 선언에 따라 남북 경제 협력 사업의 하나로 개성 공단 조성에 합의하였어요.

오답 피하기

② 노태우 정부 시기에 남북한은 남북 기본 합의서를 채택하여 서로의 체제 인정과 상호 불가침에 합의하였어요.
③ 노태우 정부 시기에 남북한은 유엔에 동시 가입하였어요.
④ 박정희 정부 시기에 남북한은 7·4 남북 공동 성명을 발표하였어요.

505 제1차 남북 정상 회담 이후의 사실

정답 ①

정답 잡는 키워드

분단 이후 처음으로 남과 북의 정상이 평양에서 만남 > 김대중 정부 시기 제1차 남북 정상 회담

분단 이후 처음으로 남과 북의 정상이 평양에서 만나 개최하였다는 내용을 통해 밑줄 그은 '이 회담'이 김대중 정부 시기에 있었던 제1차 남북 정상 회담임을 알 수 있어요. 김대중 정부 시기인 2000년에 분단 이후 처음으로 남북 정상 회담이 평양에서 개최되었어요. 제1차 남북 정상 회담에서 김대중 대통령과 김정일 국방 위원장은 통일 방안과 경제 협력 등을 논의하고, 6·15 남북 공동 선언을 발표하였어요. 이에 따라 경의선 철도 복구, 개성 공단 건설 등을 합의하였어요. 김대중 정부의 통일 정책을 이어받아 ① 노무현 정부 시기인 2003년에 개성 공단 건설 공사가 시작되어 2004년에 시범 단지가 완공되었어요.

오답 피하기

② 박정희 정부 시기인 1972년에 남북한은 7·4 남북 공동 성명을 발표하고 합의 사항 이행을 위해 남북 조절 위원회를 설치하였어요.
③ 노태우 정부 시기인 1991년에 남북한이 유엔에 동시 가입하였어요.
④ 전두환 정부 시기인 1985년에 남북 이산가족 고향 방문이 이루어져 분단 이후 처음으로 이산가족 상봉이 성사되었어요.

506 노무현 정부의 통일 노력

정답 ④

정답 잡는 키워드

대통령 내외, 개성 공단 방문 > 노무현 정부

대통령 내외가 개성 공단을 방문하였다는 내용을 통해 뉴스에 보도된 정부 시기가 노무현 정부 시기임을 알 수 있어요. 김대중 정부 시기에 남북한은 분단 이후 처음으로 정상 회담을 열고 6·15 남북 공동 선언을 발표하였어요. 이후 남북 경제 협력 사업의 하나로 개성 공단 조성에 합의하였습니다. 김대중 정부의 대북 화해 협력 정책을 계승한 노무현 정부 시기인 2003년에 개성 공단 건설 공사가 시작되어 2004년에 시범 단지 조성이 완료되었어요. 또 ④ 2007년에 제2차 남북 정상 회담이 개최되고 10·4 남북 정상 선언이 발표되었어요. 노무현 대통령 내외는 제2차 남북 정상 회담을 마치고 돌아오는 길에 개성 공단을 방문하였습니다.

오답 피하기

① 전두환 정부 시기에 남북 이산가족 고향 방문이 이루어져 분단 이후 처음으로 이산가족 상봉이 성사되었어요.
② 노태우 정부 시기에 남북한은 남북 기본 합의서를 채택하였어요.
③ 노태우 정부 시기에 남북한은 유엔에 동시 가입하였어요.

기출 선택지로 개념 다지기

> 본책 192~196쪽

1 (1) ㉠, ㉡, ㉢ (2) ㉢, ㉠, ㉡
2 ㉠ 김규식, ㉡ 여운형, ㉢ 김구, ㉣ 이승만
3 (1) 김구 (2) 이승만
4 ㉤, ㉡, ㉠, ㉣, ㉢
5 (1) ○ (2) ○ (3) ×(1948년) (4) ○ (5) ×(1950년 1월) (6) ×(1953년 10월) (7) ×(1930년대 초반) (8) ○ (9) ○ (10) ×(1908년) (11) ○
6 (1) ○ (2) ×(박정희 정부) (3) ○ (4) ×(김영삼 정부) (5) ×(박정희 정부) (6) ○
7 (1) ×(6월 민주 항쟁) (2) ○ (3) ○ (4) ×(6월 민주 항쟁) (5) ×(5·18 민주화 운동) (6) ○ (7) ○
8 (1) ○ (2) ○ (3) ×(전두환 정부) (4) ×(1945년 광복 직후) (5) ×(노태우 정부) (6) ×(김영삼 정부) (7) ×(이승만 정부)
9 (1) 박정희 정부 (2) 박정희 정부 (3) 전두환 정부 (4) 노태우 정부 (5) 김영삼 정부 (6) 박정희 정부 (7) 이승만 정부 (8) 노태우 정부 (9) 전두환 정부
10 (1) 부·마 민주 항쟁 (2) 5·18 민주화 운동 (3) 6·3 시위 (4) 6월 민주 항쟁 (5) 6월 민주 항쟁 (6) 6월 민주 항쟁 (7) 부·마 민주 항쟁 (8) 5·18 민주화 운동 (9) 5·18 민주화 운동
11 ㉠, ㉢, ㉡
12 (1) 김영삼 정부 (2) 박정희 정부 (3) 박정희 정부 (4) 김대중 정부 (5) 박정희 정부 (6) 김영삼 정부 (7) 박정희 정부 (8) 전두환 정부 (9) 김대중 정부 (10) 이승만 정부
13 (1) ㉠, ㉡, ㉢ (2) ㉢, ㉠, ㉣, ㉡
14 (1) 김대중 정부 (2) 박정희 정부 (3) 김대중 정부 (4) 노태우 정부 (5) 노태우 정부 (6) 박정희 정부 (7) 노무현 정부 (8) 김대중 정부 (9) 노무현 정부 (10) 김대중 정부 (11) 노태우 정부 (12) 전두환 정부

1 (1) ㉠ 8·15 광복(1945) – ㉡ 좌우 합작 위원회의 활동(1946~1947) – ㉢ 반민족 행위 특별 조사 위원회의 활동(1948~1949), (2) ㉢ 제1차 미·소 공동 위원회 개최(1946) – ㉠ 5·10 총선거 실시(1948) – ㉡ 대한민국 정부 수립(1948. 8. 15.)의 순서입니다.

3 (1) 김구가 남한만의 단독 정부 수립에 반대하며 자신의 입장을 밝힌 '삼천만 동포에게 읍고함'이라는 성명서입니다. (2) 제1차 미·소 공동 위원회가 결렬되고 회의가 무기한 휴회되자 이승만이 남한만이라도 임시 정부를 수립해야 한다고 주장한 '정읍 발언'입니다.

4 ㉤ 모스크바 3국 외상 회의 개최(1945. 12.) – ㉡ 제1차 미·소 공동 위원회 개최(1946. 3.) – ㉠ 좌우 합작 위원회 결성(1946. 7.) – ㉣ 평양에서 남북 협상 진행(1948. 4.) – ㉢ 반민족 행위 처벌법 제정(1948. 9.)의 순서입니다.

5 6·25 전쟁은 1950년 6월에 북한군의 기습 남침으로 시작되었고, 1953년 7월에 정전 협정이 체결되어 전쟁이 중단되었어요. (3) 우리나라 최초의 보통 선거인 5·10 총선거는 1948년에 실시되었어요. (5) 애치슨 선언은 6·25 전쟁 발발 이전인 1950년 1월에 발표되었어요. (6) 한·미 상호 방위 조약은 정전 협정 체결 이후인 1953년 10월에 체결되었어요. (7) 1932년에 만주 지역에서 한국 독립군과 중국 호로군이 연합 작전을 펼쳐 쌍성보 전투에서 일본군을 격퇴하였어요. (10) 정미의병 시기에 의병 활동이 전국으로 확대되면서 전국의 의병 부대들이 연합하여 13도 창의군을 결성하였어요. 1908년에 이들은 서울 진공 작전을 전개하였으나 군사력이 우세한 일본군에 가로막혀 실패하였어요.

11 ㉠ 4·19 혁명(1960) – ㉢ 5·18 민주화 운동(1980) – ㉡ 6월 민주 항쟁(1987)의 순서입니다.

13 (1) ㉠ 서독에 광부와 간호사 파견(박정희 정부) – ㉡ 한·일 월드컵 축구 대회 개최(김대중 정부) – ㉢ 한·미 자유 무역 협정(FTA) 체결(노무현 정부)의 순서입니다. (2) ㉢ 제2차 경제 개발 5개년 계획 추진(박정희 정부) – ㉠ 3저 호황(전두환 정부) – ㉣ 국제 통화 기금(IMF)의 구제 금융 조기 상환(김대중 정부) – ㉡ 서울에서 G20 정상 회의 개최(이명박 정부)의 순서입니다.

Ⅷ 주제 특강

1 세시 풍속과 민속놀이

기출문제 풀어 보기 > 본책 198~199쪽

507 ② **508** ④ **509** ③ **510** ① **511** ② **512** ②
513 ① **514** ②

507 설날

정답 ②

정답 잡는 키워드

음력 새해의 첫날 > 설날

음력 새해의 첫날이라는 내용을 통해 (가) 명절이 설날임을 알 수 있어요. 설날은 음력 1월 1일로, 이날에는 ② 설빔을 차려입고 어른들께 세배를 하며 새해 인사와 덕담을 주고받았어요. 또 차례를 지내고 복조리를 걸어 복을 빌기도 하였으며 널뛰기, 연날리기, 윷놀이, 제기차기 등의 민속놀이를 즐겼어요. 설날에는 떡국, 만두 등의 음식을 먹었습니다.

오답 피하기

① 음력 3월 3일 삼짇날에는 화전놀이라 하여 야외로 꽃놀이를 갔어요.
③ 음력 5월 5일 단오에는 나쁜 기운을 쫓으려고 창포의 잎과 뿌리를 삶은 창포물에 머리를 감았어요.
④ 음력 1월 15일 정월 대보름은 음력으로 새해 첫 보름달이 뜨는 날이에요. 이날에는 보름달을 보며 새해 소원을 빌었어요.

508 정월 대보름

정답 ④

정답 잡는 키워드

음력 1월 15일, 부럼 깨기 > 정월 대보름

'음력 1월 15일'과 '부럼 깨기'를 통해 (가)에 들어갈 명절이 ④ 정월 대보름임을 알 수 있어요. 정월 대보름은 음력 1월 15일로, 음력으로 새해의 첫 보름달이 뜨는 날이에요. 이날에는 부스럼을 예방하고 이가 튼튼해진다는 믿음에서 호두, 땅콩, 은행, 잣 등 견과류를 깨무는 부럼 깨기를 하였어요. 또 건강과 풍년을 기원하는 뜻에서 다섯 가지 곡식을 섞어 지은 오곡밥을 먹었으며, 여름 더위를 막아 준다는 유래에서 묵은 나물을 먹었어요.

오답 피하기

① 단오는 음력 5월 5일로, 수릿날 또는 천중절이라고도 해요. 단옷날에는 쑥떡이나 수리취떡 등을 만들어 먹고, 창포물에 머리 감기, 그네뛰기 등을 하였어요.
② 동지는 일 년 중 밤이 가장 긴 날로, 보통 양력 12월 22일 무렵이에요. 이날에는 팥죽과 동치미를 먹었으며, 팥의 붉은색이 잡귀를 물리친다고 여겨 집안 곳곳에 팥죽을 놓아두기도 하였어요.
③ 한식은 동지에서 105일째 되는 날로, 양력 4월 5일 무렵이에요. 씨를 뿌리는 시기인 한식에는 한 해 농사가 잘되기를 바라며 조상들의 산소에 가서 성묘를 하였고, 불을 사용하지 않고 찬 음식을 먹는 풍습이 있었어요.

509 한식

정답 ③

정답 잡는 키워드

동지로부터 105일째 되는 날, 불을 사용하지 않고 찬 음식을 먹음 > 한식

동지로부터 105일째 되는 날로, 불을 사용하지 않고 찬 음식을 먹었으며 조상의 묘를 돌보았다는 내용을 통해 (가)에 들어갈 세시 풍속이 ③ 한식임을 알 수 있어요. 한식은 동지에서 105일째 되는 날로, 대략 양력 4월 5일 무렵이에요. 이날에는 불을 사용하지 않고 찬 음식을 먹었으며, 농사가 시작되는 시기이므로 성묘를 하며 풍년을 기원하는 풍속이 있었어요.

오답 피하기

① 단오는 음력 5월 5일로, 수릿날 또는 천중절이라고도 불렸어요. 이날에는 그네뛰기, 창포물에 머리 감기 등의 풍속을 즐겼으며 쑥떡이나 수리취떡 등을 만들어 먹었어요.
② 칠석은 음력 7월 7일로, 이날 오작교에서 견우와 직녀가 만난다는 이야기가 전해져요.
④ 삼짇날은 음력 3월 3일로, '강남 갔던 제비가 돌아오는 날'이라고도 해요. 이날에는 화전놀이라 하여 야외로 꽃놀이를 갔으며 진달래화전, 쑥떡 등을 만들어 먹었어요.

510 단오

정답 ①

정답 잡는 키워드

음력 5월 5일, 창포물에 머리 감기 > 단오

음력 5월 5일이며 창포물에 머리를 감아 보려 한다는 내용을 통해 밑줄 그은 '이날'이 ① 단오임을 알 수 있어요. 단오는 음력 5월 5일로, 수릿날 또는 천중절이라고도 해요. 이날에는 창포물에 머리 감기, 씨름 등의 풍속이 있었으며, 산에서 자라는 풀인 수리취를 뜯어 만든 수리취떡을 먹었습니다.

오답 피하기

② 동지는 일 년 중에 밤이 가장 길고 낮이 가장 짧은 날로, 양력 12월 22일경이에요. 이날에는 붉은 팥이 나쁜 기운을 쫓는다고 믿어 팥죽을 만들어 먹고 집 안 곳곳에 팥죽을 놓아두기도 하였어요.
③ 추석은 음력 8월 15일로, 한가위 또는 중추절이라고도 해요. 추석에는 수확에 감사하며 햇과일과 햇곡식으로 차례를 지내고 성묘를 하였어요.
④ 한식은 동지에서 105일째 되는 날로, 양력 4월 5일 무렵이에요. 이날에는 성묘를 하였으며 불을 사용하지 않고 찬 음식을 먹는 풍속이 있었어요.

511 추석

정답 ②

정답 잡는 키워드

음력 8월 15일, 송편, 차례, 성묘 > 추석

음력 8월 15일이며 송편을 빚어 차례를 지내고 성묘를 한다는 내용을 통해 (가)에 들어갈 세시 풍속이 ② 추석임을 알 수 있어요. 추석은 음력 8월 15일로, 한가위 또는 중추절이라고도 해요. 이날에는 햅쌀로 송편을 만들어 먹고 풍성한 수확에 감사하며 새로 추수한 곡식과 과일로 차례를 지내고 성묘를 하였습니다. 또 강강술래, 줄다리기, 씨름 등의 놀이를 즐겼어요.

오답 피하기

① 단오는 음력 5월 5일로, 수릿날 또는 천중절이라고도 해요. 단옷날에는 쑥떡이나 수리취떡 등을 만들어 먹고, 창포물에 머리 감기, 그네뛰기 등을 하였어요.
③ 한식은 동지에서 105일째 되는 날로, 양력 4월 5일 무렵이에요. 이날에는 조상의 산소를 찾아 가서 성묘를 하였으며, 불을 사용하지 않고 찬 음식을 먹는 풍속이 있었어요.
④ 정월 대보름은 음력 1월 15일로, 이날에는 부럼 깨기, 달맞이, 쥐불놀이 등의 풍속이 있었어요.

512 동지

정답 ②

정답 잡는 키워드

1년 중 밤이 가장 길고 낮이 가장 짧은 날, 팥죽 > 동지

1년 중 밤이 가장 길고 낮이 가장 짧은 날이며 팥죽을 먹었다는 내용을 통해 일기에 나타난 세시 풍속을 행하는 명절이 ② 동지임을 알 수 있어요. 동지는 양력 12월 22일경으로, 일 년 중 밤이 가장 길고 낮이 가장 짧은 날이에요. 동짓날에는 팥죽과 동치미를 먹었으며, 팥의 붉은색이 잡귀를 물리친다고 여겨 집 안 곳곳에 팥죽을 놓아두기도 하였어요.

오답 피하기

① 단오는 음력 5월 5일로, 수릿날 또는 천중절이라고도 해요. 이날에는 창포물에 머리 감기, 그네뛰기, 씨름 등을 하였어요.
③ 추석은 음력 8월 15일로, 한가위 또는 중추절이라고도 해요. 이날에는 수확에 감사하는 의미로 햇곡식과 햇과일로 차례를 지내고 성묘를 하며, 강강술래, 줄다리기 등의 놀이를 하였어요.
④ 한식은 동지에서 105일째 되는 날로, 양력 4월 5일 무렵이에요. 이날에는 조상의 묘를 돌보고 제사를 지냈으며, 불을 사용하지 않고 찬 음식을 먹었어요.

513 씨름

정답 ①

정답 잡는 키워드

두 사람이 상대방의 샅바나 바지의 허리춤을 잡고 상대를 바닥에 넘어뜨리는 민속놀이 > 씨름

두 사람이 상대방의 샅바나 바지의 허리춤을 잡고 상대를 바닥에 넘어뜨리는 민속놀이는 ① 씨름입니다. 씨름은 2018년에 유네스코 무형 문화유산으로 남북한이 공동 등재되었어요.

오답 피하기

② 택견은 유연하고 율동적인 춤과 같은 동작으로 상대를 공격하거나 다리를 걸어 넘어뜨리는 한국의 전통 무술이에요. 2011년에 유네스코 무형 문화유산으로 등재되었어요.
③ 강강술래는 여러 사람이 함께 손을 잡고 원을 그리며 돌면서 춤을 추고 노래 부르는 민속놀이로, 2009년에 유네스코 무형 문화유산으로 등재되었어요.
④ 남사당놀이는 남사당패가 여러 마을을 떠돌아다니며 한 공연으로, 풍물, 가면극, 줄타기 등으로 구성되었어요. 2009년에 유네스코 무형 문화유산으로 등재되었어요.

514 공기놀이

정답 ②

정답 잡는 키워드

다섯 개 이상의 돌을 가지고 던져 손으로 잡으며 노는 놀이 > 공기놀이

다섯 개 이상의 돌을 가지고 던져 손으로 잡으며 노는 놀이는 ② 공기놀이입니다. 공기놀이는 작은 돌 다섯 개 또는 여러 개를 가지고 일정한 규칙에 따라 던지고 집거나 받는 놀이입니다. 조선 후기에 편찬된 "오주연문장전산고"에 공기 놀이에 대한 기록이 있고, 조선 후기 화가인 윤덕희의 그림에도 공기놀이가 묘사되어 있어 그 유래가 매우 오래되었음을 짐작할 수 있어요.

오답 피하기

① 윷놀이는 편을 나누고 각자 4개의 윷가락을 던져 윷판의 모든 말을 움직여 먼저 최종점에 도착하는 편이 이기는 놀이입니다.
③ 쥐불놀이는 정월 대보름에 논둑이나 밭둑에 불을 붙이는 놀이입니다.
④ 차전놀이는 동채라는 기구를 만들어 양편이 상대의 동채를 빼앗거나 땅에 닿게 하면 이기는 민속놀이로, 후삼국 시대 고려군과 후백제군이 벌인 고창 전투에서 비롯되었다고 전해져요.

② 인물

기출문제 풀어 보기 > 본책 200~205쪽

515 ②	516 ④	517 ①	518 ④	519 ③	520 ①
521 ②	522 ①	523 ①	524 ④	525 ②	526 ②
527 ④	528 ④	529 ④	530 ②	531 ③	532 ①
533 ②	534 ①				

515 김춘추의 활동

정답 ②

정답 잡는 키워드

군사를 청하러 고구려로 떠났다가 갇힘, 당으로 건너가 동맹을 맺음 > 김춘추

군사를 청하러 고구려로 떠났다가 갇혔으며 이후 당으로 건너가 동맹을 맺었다는 내용을 통해 밑줄 그은 '그'가 ② 김춘추임을 알 수 있어요. 백제의 공격으로 40여 개 성과 전략적 요충지인 대야성을 빼앗긴 신라는 642년에 김춘추를 고구려로 보내 군사 지원을 요청하였어요. 그러나 고구려의 보장왕이 신라에 빼앗긴 죽령 이북의 땅을 돌려달라고 요구하여 고구려와 신라의 연합은 이루어지지 않았고, 김춘추는 고구려에 억류되었다가 탈출하였어요. 이후 김춘추는 당으로 건너가 군사 동맹을 요청하였고 당이 이를 받아들여 648년에 신라와 당의 동맹이 성사되었어요(나·당 동맹). 김춘추는 진덕 여왕의 뒤를 이어 왕위에 올라 태종 무열왕이 되었는데, 진골 출신 최초의 왕이었어요. 무열왕은 660년 당군과 함께 백제 정벌을 추진하여 백제를 멸망시켰어요.

오답 피하기

① 김대성은 신라 경덕왕 때 중시(시중)를 지냈으며, 불국사와 석굴암을 지었다고 전해지는 인물이에요.
③ 사다함은 신라의 화랑으로, 진흥왕이 이사부를 보내 대가야를 정벌할 때 큰 공을 세웠어요.
④ 이사부는 신라 지증왕 때 우산국을 정벌하고, 진흥왕 때 대가야를 정복하는 등 신라의 영토 확장에 큰 공을 세웠어요.

516 최치원의 활동

정답 ④

정답 잡는 키워드

신라 6두품 출신, 당의 빈공과에 합격, 진성 여왕에게 10여 조의 개혁안을 올림 > 최치원

신라 6두품 출신으로, 당의 빈공과에 합격하여 관직 생활을 하였으며 귀국 후 진성 여왕에게 10여 조의 개혁안을 올렸다는 내용 등을 통해 (가)에 들어갈 인물이 ④ 최치원임을 알 수 있어요. 신라 6두품 출신인 최치원은 당으로 유학을 가서 외국인을 대상으로 한 과거 시험인 빈공과에 합격하였어요. 빈공과에 합격한 후 당에서 관직 생활을 할 때 '토황소격문(격황소서)'을 지어 문장가로 이름을 널리 알렸어요. 이후 신라로 돌아와 문란한 정치를 바로잡기 위해 진성 여왕에게 10여 조의 개혁안(시무 10여 조)을 올렸으나 진골 귀족들의 반대로 개혁을 실행하지 못하였어요.

오답 피하기

① 강수는 신라의 학자로, 글을 잘 짓기로 유명하였어요. 당에 보내는 외교 문서를 작성하는 등 신라의 외교 문서 작성에 큰 역할을 하였어요.
② 설총은 원효의 아들로, 신라 6두품 출신이에요. 이두를 체계적으로 정리하였으며, 도덕 정치의 중요성을 강조한 '화왕계'를 지어 신문왕에게 바쳤어요.
③ 최승로는 고려 시대의 유학자이자 관리로, 성종에게 시무 28조를 건의하였어요.

517 안향의 활동

정답 ①

정답 잡는 키워드

고려 후기 문신으로, 성리학 도입과 후학 양성에 힘씀, 소수 서원 > 안향

고려 후기 문신으로, 성리학 도입과 후학 양성에 힘썼으며, 후대 사람들이 소수 서원을 지어 제향을 올린다는 내용을 통해 밑줄 그은 '나'가 ① 안향임을 알 수 있어요. 안향은 원으로부터 성리학을 도입하여 고려에 처음으로 소개하였다고 알려진 인물이에요. 이러한 공로를 인정받아 '문성'이라는 시호를 받았어요. 조선 중종 때 풍기 군수 주세붕이 안향을 기리기 위하여 백운동 서원을 건립하였는데, 백운동 서원은 명종 때 이황의 건의로 나라에서 현판을 하사받아 소수 서원으로 이름이 바뀌었어요.

오답 피하기

② 김부식은 고려의 유학자로, 서경에서 묘청이 난을 일으키자 관군을 이끌고 반란을 진압하였어요. 이후 인종의 명을 받아 기전체 형식의 역사서인 "삼국사기"를 편찬하였어요.
③ 이규보는 고려 후기의 문신이자 유명한 문장가로, 고구려 건국 시조의 일대기를 서사시로 표현한 '동명왕편'을 지었어요.
④ 정몽주는 고려 말의 문신이자 학자로, 새 왕조를 세우고자 하는 세력에 맞서 고려를 유지한 채 개혁할 것을 주장하여 이방원 세력에 의해 제거되었어요.

518 정도전의 활동

정답 ④

정답 잡는 키워드

조선의 궁궐인 경복궁의 이름을 지음, 조선경국전 저술 > 정도전

조선의 궁궐인 경복궁의 이름을 지었으며 "조선경국전"을 저술하였다는 내용을 통해 (가)에 해당하는 인물이 ④ 정도전임을 알 수 있어요. 경복궁은 조선 건국 이후 한양으로 도읍을 옮기면서 가장 먼저 지은 궁궐이에요. 정도전은 경복궁과 궁궐 내 주요 전각의 이름을 지었으며 한양 도성을 설계하였어요. 또 조선의 통치 기준과 운영 원칙을 제시한 법전인 "조선경국전"을 지어 태조에게 바쳤어요.

오답 피하기

① 송시열은 조선 후기 대표적인 성리학자이자 관리입니다. 효종과 함께 북벌을 주장하였으며, 서인이 노론과 소론으로 분열한 뒤 노론을 이끌었어요.
② 채제공은 조선 후기의 관리로, 영조와 정조 시기에 활동하였어요. 정조에게 육의전을 제외한 시전 상인의 금난전권을 폐지할 것을 건의하였어요.
③ 정몽주는 고려 말 성리학자이자 관리로, 성균관 대사성을 역임하였어요. 새 왕조를 세우고자 한 세력에 맞서 고려 왕조를 지키려고 하였으나 이방원 세력에 의해 죽임을 당하였어요.

519 곽재우의 활동

정답 ③

정답 잡는 키워드

임진왜란 당시 의령에서 군사를 모아 일본군에 맞서 싸움, 홍의 장군으로 불림 > 곽재우

임진왜란 당시 의령에서 군사를 모아 일본군에 맞서 싸운 의병장이며 홍의 장군으로 불렸다는 내용을 통해 밑줄 그은 '의병장'이 ③ 곽재우임을 알 수 있어요. 곽재우는 일본군이 조선을 침략하여 임진왜란이 일어나자 자신의 고향인 경상도 의령에서 사람들을 모아 의병을 일으켰어요. 곽재우가 이끄는 의병은 경상도에서 전라도로 넘어가는 길목에 있는 정암진에 숨어 있다가 일본군을 기습 공격하여 큰 피해를 입혔어요.

이처럼 임진왜란 당시 의병은 익숙한 지리를 활용한 전술로 일본군에 큰 타격을 주었어요. 곽재우는 붉은 옷을 입고 의병을 이끌어서 '홍의장군'이라고도 불렸어요.

오답 피하기

① 임진왜란 당시 조헌이 이끄는 700명의 의병이 금산에서 일본군에 맞서 싸우다가 모두 전사하였어요.
② 고경명은 임진왜란 당시 담양에서 의병을 모았으며, 금산 전투에서 일본군과 싸우다 전사하였어요.
④ 임진왜란 당시 정문부는 함경도 길주에서 의병을 이끌고 일본군을 상대로 큰 승리를 거두었어요.

520 안용복의 활동

정답 ①

정답 잡는 키워드

일본에 건너가 독도를 지켜 냄 > 안용복

일본에 건너가 독도를 지켜 냈다는 내용을 통해 (가)에 들어갈 인물이 ① 안용복임을 알 수 있어요. 조선 숙종 때 안용복은 울릉도와 독도 부근에서 고기를 잡던 일본 어부를 쫓아내고 일본으로 건너가 울릉도와 독도가 조선의 영토임을 확인받고 돌아왔어요.

오답 피하기

② 대한 제국 정부는 간도 지역을 두고 청과 분쟁이 발생하자 간도의 한국인을 보호하기 위해 1903년에 이범윤을 간도 관리사로 임명하였어요.
③ 조선 후기에 정약전은 흑산도에서 유배 생활을 할 때 흑산도 근처의 수산 생물을 조사하여 "자산어보"를 편찬하였어요.
④ 고려 말 최무선은 화약 개발에 성공한 후 우왕에게 건의하여 화통도감을 설치하고 화약과 화포를 제작하였어요. 이후 화포를 이용하여 진포에서 왜구를 격퇴하였어요.

521 김홍집의 활동

정답 ②

정답 잡는 키워드

제2차 수신사, 조선책략을 국내에 들여옴, 갑오개혁 당시 총리대신으로 임명됨 > 김홍집

제2차 수신사로 일본에 파견되었으며, "조선책략"을 국내에 들여왔고 갑오개혁 당시에는 총리대신으로 임명되었다는 내용을 통해 (가)에 들어갈 인물이 ② 김홍집임을 알 수 있어요. 제2차 수신사로 파견되었던 김홍집은 귀국하면서 청의 외교관 황준헌이 쓴 "조선책략"을 국내에 들여와 소개하였어요. 또한, 갑오개혁 당시 개혁 중심 기구인 군국기무처의 총리대신으로 임명되어 개혁의 전반을 주도하였어요.

오답 피하기

① 김옥균은 급진 개화파의 중심 인물로, 1884년에 일어난 갑신정변을 주도하였어요.
③ 서재필은 갑신정변에 참여하였다가 미국으로 망명하였어요. 귀국 후 독립신문을 창간하고 독립 협회 창립을 주도하였어요.
④ 유인석은 을미사변과 단발령 시행에 항거하여 충청북도 제천에서 의병을 일으켰어요(을미의병).

522 신돌석의 활동

정답 ①

정답 잡는 키워드

평민 출신 의병장, 을사늑약이 체결되자 울진, 평해 등지에서 일본군에 맞서 싸움, 태백산 호랑이 > 신돌석

평민 출신 의병장이며, 을사늑약이 체결되자 울진, 평해 등지에서 일본군에 맞서 싸우고 '태백산 호랑이'로 불렸다는 내용을 통해 (가)에 들어갈 인물이 ① 신돌석임을 알 수 있어요. 을미사변과 단발령 시행으로 일본에 대한 감정이 극도로 악화된 상황에서 전국 곳곳에서 의병이 일어났어요. 이때 신돌석은 경상북도 영해에서 항일 의병 운동을 전개하였어요. 이후 을사늑약이 체결되어 또다시 각지에서 의병이 일어나자 신돌석도 다시 의병을 모아 울진, 평해 등지에서 일본군에 맞서 싸웠어요. 그는 뛰어난 전술로 일본군에 큰 타격을 주어 '태백산 호랑이'로 불리기도 하였어요.

오답 피하기

② 유인석은 을미사변과 단발령 시행에 항거하여 충청북도 제천에서 의병을 일으켰어요(을미의병).
③ 최익현은 을사늑약 체결에 저항하여 전라북도 태인에서 의병(을사의병)을 일으켰으나 체포되어 쓰시마섬에 유배되었어요. 그리고 그곳에서 순국하였습니다.
④ 고종 황제의 강제 퇴위와 대한 제국 군대 해산에 항거하여 1907년에 전국적으로 의병 봉기(정미의병)가 일어나자 홍범도는 차도선 등과 산포대를 조직하여 함경도의 삼수, 갑산을 중심으로 의병 항쟁을 전개하였어요. 이후 대한 제국의 국권이 피탈되자 만주로 건너가 독립군으로 활동하였어요. 1920년에는 대한 독립군을 이끌고 봉오동 전투에서 일본군과 맞서 싸워 크게 승리하였습니다.

523 이준의 활동

정답 ①

정답 잡는 키워드

이상설, 이위종과 함께 헤이그 만국 평화 회의에 특사로 파견됨 > 이준

이상설, 이위종과 함께 헤이그 만국 평화 회의에 특사로 파견되었다는 내용을 통해 (가)에 들어갈 인물이 ① 이준임을 알 수 있어요. 고종 황제는 을사늑약의 부당성을 국제 사회에 널리 알리기 위해 1907년에 이상설, 이준, 이위종을 네덜란드 헤이그에서 열린 만국 평화 회의에 특사로 파견하였어요. 이들은 열강의 무관심과 일본의 방해로 만국 평화 회의에 참석하지는 못하였으나 회의장 밖에서 을사늑약의 불법성을 알리는 연설을 하고 일제의 침략을 규탄하는 문서를 각국 대표에게 보내는 등 여러 노력을 하였어요. 이준은 네덜란드 헤이그에서 순국하였으며, 1963년에 정부가 유해를 옮겨와 서울 수유리에 안장하였어요.

오답 피하기

② 손병희는 동학의 제3대 교주로 동학을 천도교로 개칭하였으며 1919년에 천도교 측의 민족 대표로 3·1 운동을 주도하였어요.
③ 여운형은 광복 직후 조선 건국 준비 위원회를 조직하여 활동하였으며, 김규식과 함께 좌우 합작 운동을 전개하였어요.
④ 홍범도는 대한 독립군을 이끌고 봉오동 전투에서 활약하였으며, 청산리 전투에도 참여하였어요.

524 최재형의 활동

정답 ④

정답 잡는 키워드

안중근의 하얼빈 의거를 도움, 연해주에서 권업회 조직 > 최재형

안중근의 하얼빈 의거를 도왔으며 연해주에서 권업회를 조직하였다는 내용을 통해 (가)에 들어갈 인물이 ④ 최재형임을 알 수 있어요. 최재형은 러시아에서 사업에 성공하여 큰 부를 쌓았으며 이를 바탕으로 연해주에서 의병 활동, 교육 사업 등 다양한 민족 운동을 전개하여 '연해주 독립운동의 대부'라고 불리기도 합니다. 안중근이 하얼빈 의거를 준비할 때 거처와 경비 등을 지원하기도 하였어요. 최재형은 1911년에 연해

주에서 민족 운동 지도자들과 권업회를 조직하고 초대 회장을 맡아 독립운동을 이끌었어요.

오답 피하기

① 박은식은 역사를 통해 민족정신을 고취하고자 "한국통사"와 "한국독립운동지혈사"를 저술하였어요. 또 대한민국 임시 정부 제2대 대통령을 역임하였어요.
② 이봉창은 김구가 조직한 한인 애국단에 가입한 후 일본 도쿄에서 일왕이 탄 마차를 향해 폭탄을 투척하는 의거를 일으켰어요.
③ 주시경은 한글 연구와 보급을 위해 노력한 국어학자로, 대한 제국 정부가 학부에 설치한 국문 연구소에서 국문법을 정리하고 한글을 체계적으로 연구하였어요.

525 주시경의 활동

정답 ②

정답 잡는 키워드

한글 연구, 한힌샘, 주보따리 〉 주시경

한글 연구에 힘썼으며 순우리말로 '한힌샘'이라는 호를 사용하였고 별명이 '주보따리'라는 내용을 통해 제시된 인물이 주시경임을 알 수 있어요. 주시경은 한글 연구와 보급, 후진 양성을 위해 노력한 국어학자입니다. 강의할 책을 큰 보자기에 싸고 다녀 '주보따리'라는 별명이 붙을 만큼 여러 학교에 강의를 다니며 국어 교육에 앞장섰어요. 순우리말인 '한힌샘'은 '크고 흰 샘'이란 뜻으로, 주시경의 호입니다. ② 주시경은 대한 제국 정부가 학부에 설치한 국문 연구소의 위원으로 국문법을 정리하고 한글을 체계적으로 연구하였어요.

오답 피하기

① 토월회는 1923년에 일본 도쿄에서 박승희 등 한국인 유학생들이 조직한 극단이에요.
③ 박중빈은 원불교를 창시하고 허례 폐지, 근검절약, 협동 단결 등의 새 생활 운동을 추진하였어요.
④ 박은식은 일제의 침략 과정을 다룬 "한국통사"를 저술하여 1915년에 중국 상하이에서 출판하였어요. "한국통사"는 '한국의 아픈 역사'라는 의미입니다.

526 강우규의 활동

정답 ②

정답 잡는 키워드

구 서울역사, 사이토 총독을 향해 폭탄을 던짐 〉 강우규

구 서울역사에서 사이토 총독을 향해 폭탄을 던졌다는 내용을 통해 (가)에 들어갈 인물이 ② 강우규임을 알 수 있어요. 강우규는 국권 피탈 이후 만주로 건너가 교육 사업을 전개하였으며, 3·1 운동 이후에는 연해주로 건너가 노인 동맹단(노인단)에 가입하였어요. 1919년에 남대문역(지금의 서울역)에서 새로 조선 총독으로 부임하는 사이토 마코토를 향해 폭탄을 투척하였으나 사이토 총독을 처단하지는 못하였어요.

오답 피하기

① 김구는 1931년에 침체된 대한민국 임시 정부의 활동에 활기를 불어넣기 위해 의열 투쟁 단체인 한인 애국단을 조직하였어요. 또 대한민국 임시 정부의 주석을 역임하였으며, 광복 후에는 김규식과 남북 협상에 참여하였어요.
③ 윤봉길은 한인 애국단 소속으로, 1932년에 중국 상하이 훙커우 공원에서 열린 일왕 생일 및 상하이 사변 승전 축하 기념식장에 폭탄을 투척하여 일본군 장성과 고위 관리를 처단하였어요.
④ 이승만은 대한민국 임시 정부의 초대 대통령으로 선출되어 외교 활동을 전개하였으나 국제 연맹에 위임 통치를 건의하여 탄핵되었어요. 광복 이후에는 대한민국 초대 대통령으로 선출되었고 장기 집권을 꾀하다가 4·19 혁명으로 대통령직에서 물러났어요.

527 윤희순의 활동

정답 ④

정답 잡는 키워드

여성의 의병 참여 독려, 안사람 의병가 〉 윤희순

여성의 의병 참여를 독려하기 위해 '안사람 의병가'를 만들었다는 내용을 통해 (가)에 해당하는 인물이 ④ 윤희순임을 알 수 있어요. 윤희순은 대표적인 여성 의병 지도자로, '안사람 의병가' 등 8편의 가사를 지어 많은 여성과 청년이 의병에 참여하도록 독려하고 의병들의 사기를 높이고자 하였습니다. 윤희순은 중국으로 망명한 뒤에 인재 양성을 위해 노학당을 설립하였으며, 항일 투쟁을 위해 중국 무순(푸순)에서 조선독립단을 조직하였어요.

오답 피하기

① 권기옥은 대한민국 임시 정부의 추천으로 중국의 육군 항공 학교를 수료하여 우리나라 최초로 여성 비행사가 되었어요. 10여 년간 중국군에서 비행사로 복무하면서 항일 무장 투쟁을 지속하였어요.
② '독립군의 어머니'로 불린 남자현은 중국으로 건너가 서로 군정서에서 활동하였으며, 독립운동과 여성 계몽 활동에 힘썼어요. 사이토 조선 총독의 암살을 시도하였으며, 국제 연맹 조사단이 만주 하얼빈에 오자 '조선 독립원(조선은 독립을 원한다)'이라는 혈서를 전달하고자 하였어요.
③ 박차정은 근우회에서 여성 계몽과 민족 독립을 위해 노력하였어요. 중국으로 망명한 후 의열단에서 활동하였으며, 조선 혁명 간부 학교의 교관을 역임하기도 하였어요. 조선 의용대가 창설된 후에는 부녀 복무 단장으로 항일 무장 투쟁을 전개하였어요.

528 스코필드의 활동

정답 ④

정답 잡는 키워드

3·1 운동 당시 일제가 저지른 제암리 학살 사건을 외국 언론에 제보 〉 프랭크 스코필드

3·1 운동 당시 일제가 저지른 제암리 학살 사건을 외국 언론에 제보하였다는 내용을 통해 (가)에 들어갈 인물이 ④ 프랭크 스코필드임을 알 수 있어요. 영국 태생의 캐나다 의학자 프랭크 스코필드는 세브란스 의학 전문학교의 교수로 내한하였어요. 3·1 운동이 일어나자 만세 운동의 현장을 찾아 취재하고, 화성 제암리 학살 사건 등 일제의 만행을 세계 언론에 알리며 3·1 운동을 지원하였어요. 프랭크 스코필드는 말년에 한국에 정착하여 여생을 마쳤는데, 외국인 최초로 한국의 국립묘지(국립 서울 현충원)에 안장되었어요.

오답 피하기

① 개신교 선교사인 호머 헐버트는 육영 공원의 교사로 초빙되어 학생들을 가르쳤으며, 세계 지리 교과서인 "사민필지"를 한글로 저술하였어요. 일제가 을사늑약을 강제로 체결하자 그 부당성을 알리기 위해 파견된 헤이그 특사의 활동을 지원하였어요.
② 메리 스크랜턴은 개신교 선교사로, 여성 교육을 위해 이화 학당을 설립하였어요.
③ 어니스트 베델은 양기탁과 함께 대한매일신보를 창간하여 일본에 대항하는 우리 민족의 활동을 지원하였어요.

529 손병희의 활동

정답 ④

의암 손병희의 활동을 묻는 문항입니다. 손병희는 1890년대 초반에 동학 교조 최제우의 억울함을 풀어 줄 것과 포교의 자유를 요구하는 교조 신원 운동에 참여하였고, 동학 농민 운동 당시에는 북접 산하의 동학교도를 통솔하였어요. 최시형에 이어 동학의 제3대 교주가 되었으며 동

학을 천도교로 개칭하였습니다. ④ 손병희는 천도교를 대표하여 3·1 운동을 주도해 민족 대표 33인의 한 명으로 독립 선언에 참여하였어요. 태화관에서 독립 선언식을 거행한 후에 일제 경찰에 자진하여 체포되었어요.

오답 피하기

① 1920년에 김좌진이 이끄는 북로 군정서, 홍범도가 이끄는 대한 독립군을 비롯한 독립군 연합 부대가 청산리 전투에서 일본군을 크게 물리쳤어요.
② 안중근은 1909년에 만주 하얼빈에서 을사늑약 체결에 앞장선 이토 히로부미를 처단하였어요.
③ 고종은 1907년에 을사늑약의 부당함을 국제 사회에 알리기 위해 이상설, 이준, 이위종을 헤이그 만국 평화 회의에 특사로 파견하였어요.

530 안창호의 활동

정답 ②

정답 잡는 키워드

호는 도산, 대성 학교 설립, 흥사단 조직 > 안창호

'호는 도산', '대성 학교 설립', '흥사단 조직'을 통해 (가)에 해당하는 인물이 ② 안창호임을 알 수 있어요. 도산 안창호는 양기탁 등과 신민회를 조직하여 활동하면서 민족 교육을 위해 1908년 평양에 대성 학교를 설립하였어요. 안중근의 이토 히로부미 저격과 관련되었다는 혐의로 일제에 체포되었던 안창호는 중국으로 망명하였다가 미국으로 건너갔어요. 미국 샌프란시스코에서 1913년에 민족 운동 단체인 흥사단을 조직하였습니다. 또 안창호는 3·1 운동(1919) 직후 중국 상하이에 가서 대한민국 임시 정부에 참여하였어요.

오답 피하기

① 김규식은 파리 강화 회의에 대표로 파견되었으며, 광복 후 좌우 합작 운동을 전개하고 김구와 함께 남북 협상에 참여하였어요.
③ 여운형은 신한 청년당의 조직을 주도하였으며 광복 직후 조선 건국 동맹을 기반으로 조선 건국 준비 위원회를 조직하고 위원장을 맡았어요. 또 김규식과 함께 좌우 합작 운동을 전개하였어요.
④ 이동휘는 신민회에서 활동하였으며, 연해주에서 대한 광복군 정부 수립을 주도하였어요. 또한, 대한민국 임시 정부의 초대 국무총리를 역임하였어요.

531 전형필의 활동

정답 ③

정답 잡는 키워드

일제 강점기에 훈민정음 해례본 등 수많은 문화재를 수집하여 보존에 힘씀 > 전형필

일제 강점기에 "훈민정음 해례본" 등 수많은 문화재를 수집하여 보존에 힘썼다는 내용을 통해 자료에 해당하는 인물이 ③ 전형필임을 알 수 있어요. 전형필은 일제 강점기에 자신의 재산을 털어 우리 문화재를 수집하여 보존에 힘썼어요. "훈민정음 해례본"을 비롯하여 정선, 김정희, 김홍도의 작품 등 귀중한 문화재를 수집하여 지켜 냈습니다. 또한, 자신이 수집한 문화재를 모아 우리나라 최초의 사립 박물관인 보화각을 세웠어요. 보화각은 전형필 사후 간송 미술관으로 이름이 바뀌었는데, '간송'은 전형필의 호입니다.

오답 피하기

① 심훈은 일제 강점기에 활동한 소설가이자 시인으로, 소설 "상록수", 시 '그날이 오면' 등을 발표하였어요.
② 이회영은 국권 피탈 직후 형제들과 함께 집안의 재산을 정리하고 남만주(서간도) 삼원보로 이주하여 독립운동 기지 건설을 위해 노력하였어요.
④ 주시경은 한글 연구와 보급을 위해 노력한 국어학자입니다. 대한 제국 정부가 학부에 설치한 국문 연구소의 위원이 되어 국문법을 정리하고 한글을 체계적으로 연구하였어요.

532 강주룡의 활동

정답 ①

정답 잡는 키워드

평양 을밀대 지붕 위에 올라감, 평원 고무 공장 파업 여공 > 강주룡

평양 을밀대 지붕 위에 올라갔다가 평양 경찰서에 검속되어 있는 평원 고무 공장 파업 여공이라는 내용을 통해 (가)에 해당하는 인물이 ① 강주룡임을 알 수 있어요. 1931년에 평원 고무 공장에서 일하던 강주룡은 회사가 일방적으로 임금을 깎자 이에 반발하여 동료들과 함께 파업과 시위를 전개하였어요. 일제 경찰이 시위대를 강제 해산하자, 강주룡은 평양 을밀대 지붕 위에 올라가 임금 삭감에 항의하며 농성을 벌이다 체포되었어요.

오답 피하기

② 남자현은 서로 군정서에서 활동하였으며, 독립운동과 여성 계몽 활동에 힘썼어요. 국제 연맹 조사단이 만주 하얼빈에 오자 '조선 독립원(조선은 독립을 원한다)'이라는 혈서를 전달하고자 하였어요.
③ 유관순은 이화 학당 재학 중 3·1 운동이 일어나자 만세 운동에 참여하였어요. 일제가 휴교령을 내리자 고향인 천안으로 내려가 아우내 장터에서 만세 운동을 주도하였으며, 일제 경찰에 체포되어 서대문 형무소에서 순국하였어요.
④ 윤희순은 대표적인 여성 의병 지도자로, '안사람 의병가' 등 8편의 가사를 지어 여성과 청년들의 의병 활동을 독려하였어요. 인재 양성을 위해 노학당을 설립하였으며, 항일 투쟁을 위해 중국 무순(푸순)에서 조선 독립단을 조직하기도 하였어요.

533 손기정의 활동

정답 ②

정답 잡는 키워드

1936년 베를린 올림픽 마라톤 경기 우승 > 손기정

1936년 베를린 올림픽 마라톤 경기에서 우승하였다는 내용을 통해 (가)에 들어갈 인물이 ② 손기정임을 알 수 있어요. 손기정은 1936년에 열린 베를린 올림픽 마라톤 경기에서 우승하였어요. 그러나 당시는 일제 강점기였기에 일본 대표의 자격으로 올림픽에 출전하였습니다. 조선중앙일보와 동아일보가 손기정의 우승 소식을 국내에 전하면서 손기정의 유니폼 가슴에 그려진 일장기를 삭제하여 일제의 탄압을 받았어요. 이를 일장기 말소 사건이라고도 합니다.

오답 피하기

① 남승룡은 손기정과 함께 베를린 올림픽 마라톤 경기에 출전하여 동메달을 차지하였어요.
③ 안창남은 우리나라 최초의 비행사가 되어 1922년에 동아일보사 초청으로 고국 방문 비행을 하였어요. 이후 독립운동을 위해 중국으로 망명하여 중국 비행 학교의 교관이 되었어요.
④ 이중섭은 한국 근대 서양화가로, 시대의 아픔과 어려운 삶을 '소'라는 주제를 통해 표현하였어요.

534 김규식의 활동

정답 ①

우사 김규식의 활동을 묻는 문항입니다. 김규식은 제1차 세계 대전이 끝난 후 전후 처리 문제를 논의하기 위해 열린 파리 강화 회의에 신한 청년당(단)의 대표로 파견되었어요. 이 무렵 상하이에서 수립된 대한민국 임시 정부의 전권 대사로 임명되어 외교 활동을 펼쳤어요. 광복 후에 김규식은 여운형과 함께 좌우 합작 운동을 전개하고 좌우 합작 7원칙을 발표하였습니다. 또한, ① 유엔 소총회에서 남한만의 단독 선거가 결정되자 김규식은 김구와 함께 통일 정부 수립을 위해 남북 협상에 참석하였어요.

오답 피하기

② 이승만은 제1차 미·소 공동 위원회가 결렬되고 회의가 무기한 휴회되자 정읍에서 남한만의 단독 정부 수립을 주장하였어요('정읍 발언').
③ 신채호는 김원봉의 요청으로 의열단의 활동 지침이 된 '조선 혁명 선언'을 작성하였어요.
④ 의열단원 김상옥은 독립운동가와 항일 세력을 탄압한 대표적 기관인 종로 경찰서에 폭탄을 던졌어요.

3 지역사

기출문제 풀어 보기 > 본책 206~208쪽

535 ④ 536 ④ 537 ④ 538 ③ 539 ④ 540 ④
541 ① 542 ④ 543 ④ 544 ③

535 원산의 역사

정답 ④

정답 잡는 키워드

강화도 조약에 따라 개항,
라이징 선 석유 회사에서 일본인 감독이
조선인 노동자를 구타한 사건이 계기가 되어
1929년에 대규모 총파업이 벌어짐 > 원산

강화도 조약에 따라 개항하였으며 라이징 선 석유 회사에서 일본인 감독이 조선인 노동자를 구타한 사건이 계기가 되어 1929년에 대규모 총파업이 벌어졌다는 내용을 통해 밑줄 그은 '이 지역'이 ④ (라) 원산임을 알 수 있어요. 우리나라가 외국과 맺은 최초의 근대적 조약인 강화도 조약(1876)에 따라 부산에 이어 원산 그리고 인천이 차례로 개항되었어요. 1883년에는 원산 지역에 우리나라 최초의 근대 학교인 원산 학사가 설립되었어요. 한편, 일제 강점기에 원산 인근의 라이징 선 석유 회사에서 일본인 감독이 조선인 노동자를 구타하는 사건이 일어나 노동자들이 일본인 감독의 파면과 노동 조건 개선 등을 요구하며 파업을 벌였어요. 회사는 노동자들의 요구를 받아들이기로 하였으나 몇 달째 약속을 지키지 않았어요. 이에 1929년 원산 지역의 노동자들이 임금 인상과 노동 조건의 개선을 요구하며 대규모 총파업을 벌였는데, 이를 원산 총파업이라고 합니다.

오답 피하기

① (가) 인천은 강화도 조약으로 부산, 원산에 이어 개항되었어요. 또 6·25 전쟁 중에는 인천 상륙 작전이 전개되었으며, 2014년에는 제17회 아시아 경기 대회가 개최되었어요.
② (나) 목포는 일제 강점기에 항만 도시로 발전하였고 목포 항구를 통해 많은 쌀이 일본으로 반출되었어요.
③ (다) 울산에는 선사 시대 바위그림인 울주 대곡리 반구대 암각화가 있으며, 통일 신라 시기에는 울산이 국제 무역항으로 번성하여 아라비아 상인까지 왕래하였어요.

536 평양의 역사

정답 ④

정답 잡는 키워드

장수왕이 새로운 도읍으로 삼은 곳,
물산 장려 운동이 시작된 곳,
남북 정상 회담이 최초로 개최된 곳 > 평양

장수왕이 새로운 도읍으로 삼은 곳이며 물산 장려 운동이 시작되고 남북 정상 회담이 최초로 개최된 곳은 ④ 평양입니다. 5세기에 고구려 장수왕은 국내성에서 평양으로 도읍을 옮기고 본격적으로 남진 정책을 추진하였어요. 또 일제 강점기에는 조만식 등의 주도로 평양에서 물산 장려 운동이 시작되었으며, 김대중 정부 시기인 2000년에 평양에서 분단 이후 처음으로 남북 정상 회담이 개최되었어요.

오답 피하기

① 원산은 강화도 조약에 따라 부산에 이어 개항되었으며, 일제 강점기에 원산 총파업이 일어났던 곳이에요.
② 서울은 백제의 수도였으며, 조선 건국 이후 지금까지 수도의 기능을 담당하고 있는 도시입니다. 서울에서는 1988년에 제24회 올림픽 대회가 열렸어요.
③ 파주에는 고려 시대 거대 불상인 용미리 마애 이불 입상이 있어요.

537 인천의 역사

정답 ④

정답 잡는 키워드

미추홀, 제물포 > 인천

미추홀이라고도 불렸다는 내용과 '제물포' 지명을 통해 (가)에 들어갈 지역이 ④ 인천임을 알 수 있어요. 미추홀은 인천의 옛 이름으로, 백제를 세운 온조의 형 비류가 미추홀에 자리를 잡고 나라를 세우려 하였다는 이야기가 전해집니다. 제물포는 인천에 있었던 조선 시대 포구의 이름이에요. 강화도 조약에 따라 부산이 가장 먼저 개항되고, 원산에 이어 인천이 개항되었어요. 구락부는 동호회나 동아리 등을 가리키는 말로, 제물포 구락부는 대한 제국 시기에 인천에 거주하고 있던 외국인의 사교 모임 장소로 건립된 건물이에요.

오답 피하기

① 군산은 일제 강점기에 일본과의 교역량이 늘어나면서 항만 도시로 발달하였어요. 일제 강점기에 군산과 목포를 통해 많은 쌀이 일본으로 반출되었어요.
② 마산은 1960년 3·15 부정 선거에 반대하여 대규모 시위가 일어난 곳이며, 박정희 정부 시기 유신 체제에 저항한 부·마 민주 항쟁이 일어난 지역이에요.
③ 일제 강점기에 목포를 통해 많은 쌀이 일본으로 반출되었어요.

538 강화도의 역사

정답 ③

정답 잡는 키워드

병인양요의 격전지 정족산성,
조·일 수호 조규 체결 장소 > 강화도

'병인양요의 격전지 정족산성', '조·일 수호 조규 체결 장소 연무당 옛터' 등을 통해 (가)에 해당하는 지역이 ③ 강화도임을 알 수 있어요. 1866년에 프랑스군이 강화도를 침략하여 병인양요가 일어나자 양헌수 부대가 정족산성에서 프랑스군을 격퇴하였어요. 또 1876년에 강화도 연무당에서 조·일 수호 조규, 즉 강화도 조약이 체결되었어요.

오답 피하기

① 고려 시대에 삼별초는 강화도에서 진도로 근거지를 옮겨 대몽 항쟁을 이어 갔어요. 진도에는 삼별초가 몽골에 대항하기 위해 쌓은 용장성이 있어요.
② 6·25 전쟁 당시 거제도에 포로수용소가 설치되었어요.
④ 울릉도는 삼국 시대에 우산국으로 불렸으며, 지증왕 때 신라에 복속되었어요.

539 청주의 역사

정답 ④

정답 잡는 키워드

서원경, 신라 촌락 문서,
고려 시대의 직지와 흥덕사 > 청주

2모둠의 '서원경'과 '신라 촌락 문서', 3모둠의 '고려 시대의 직지와 흥덕사' 등을 통해 학생들이 공통으로 이야기하는 지역이 ④ 청주임을 알 수 있어요. 청주는 통일 신라 5소경 중 하나인 서원경이 설치된 곳이에요. 신라 촌락 문서(민정 문서)는 서원경 부근 4개 마을의 경제 상황을 담고 있는 문서입니다. "직지심체요절(직지)"은 고려 말에 청주 흥덕사에서 금속 활자로 인쇄되었으며, 현재 남아 있는 세계에서 가장 오래된 금속 활자 인쇄본으로 인정받고 있어요.

오답 피하기

① 상주는 신라 말 진성 여왕 때 원종과 애노의 난이 일어난 곳이에요.
② 원주의 법천사지에는 고려 시대 승려인 지광국사의 탑비가 있어요.
③ 전주는 견훤이 도읍으로 삼아 후백제를 건국한 곳이며, 고려 무신 집권기에는 관노의 봉기가 일어났던 곳이에요. 이곳에는 조선을 세운 태조 이성계의 어진을 모신 경기전과 실록을 보관하던 사고가 있어요.

540 충주의 역사

정답 ④

정답 잡는 키워드

남한 지역에서 유일하게 고구려비가 발견됨, 신립 등이 탄금대에서 왜군에 맞서 싸움 > 충주

남한 지역에서 유일하게 고구려비가 발견되었으며 신립 등이 탄금대에서 왜군에 맞서 싸웠다는 내용을 통해 (가)에 해당하는 지역이 ④ 충주임을 알 수 있어요. 충주 고구려비는 남한 지역의 유일한 고구려 비석으로, 이를 통해 고구려가 한반도 중부 지역까지 영토를 넓혔음을 알 수 있어요. 임진왜란 초기에 신립은 충주 탄금대에서 배수의 진을 치고 빠른 속도로 북상하는 왜군에 항전하였으나 패하였어요.

오답 피하기

① 1929년에 광주에서 나주로 가는 통학 열차에서 일본인 학생이 한국인 여학생을 희롱한 일을 계기로 나주역에서 한·일 학생이 충돌하였어요. 일제 경찰이 일방적으로 일본 학생의 편을 들자 이에 분노한 광주 지역의 학생들이 대규모 시위를 벌였어요(광주 학생 항일 운동).
② 상주는 신라 말 진성 여왕 때 원종과 애노의 난이 일어난 곳이에요.
③ 청주는 통일 신라 시대에 5소경 중 하나인 서원경이 설치된 곳이에요. 또 고려 말에 청주 흥덕사에서 "직지심체요절"이 금속 활자로 간행되었어요.

541 대구의 역사

정답 ①

정답 잡는 키워드

공산 전투, 국채 보상 운동 시작 > 대구

고려와 후백제 사이에 공산 전투가 벌어진 곳이고 국채 보상 운동이 시작되었다는 내용 등을 통해 (가)에 들어갈 지역이 ① 대구임을 알 수 있어요. 통일 신라의 신문왕은 지금의 대구 지역인 달구벌로 천도를 하려고 하였으나 진골 귀족들의 반발과 비용 부담 등으로 중단하였어요. 927년에 고려와 후백제는 지금의 대구 팔공산 일대인 공산에서 치열한 전투를 벌였는데, 후백제군이 승리하였어요. 1907년에 대구에서 김광제, 서상돈 등의 주도로 국채 보상 운동이 시작되었어요. 이승만 정부와 자유당이 1960년 3월 15일 정·부통령 선거를 앞두고 당시 야당인 민주당의 대구 유세에 학생들이 가지 못하도록 일요일에도 등교할 것을 지시하자 학생들을 중심으로 2·28 민주 운동이 일어났어요.

오답 피하기

② 930년에 지금의 안동 지역인 고창에서 고려와 후백제 사이에 전투가 일어나 고려군이 승리하였어요. 또 고려 말 홍건적이 침입하였을 때 공민왕이 안동까지 피신하기도 하였어요.
③ 울산은 통일 신라 시대에 국제 무역항으로 번성하였어요.
④ 청주는 통일 신라 시대에 서원경이 설치된 곳이에요. 또 고려 말에 청주 흥덕사에서 "직지심체요절"이 금속 활자로 간행되었어요.

542 안동의 역사

정답 ④

정답 잡는 키워드

고창 전투, 도산 서원, 임청각 > 안동

'고창 전투', '도산 서원', '임청각'을 통해 답사가 이루어진 지역이 ④ (라) 안동임을 알 수 있어요. 안동은 왕건의 고려군이 견훤의 후백제군에 큰 승리를 거둔 고창 전투가 있었던 곳이에요. 왕건이 고창 전투에서 자신을 도와준 세 장군을 삼태사라 하여 그 공을 치하하였는데, 태사묘는 이들의 위패를 모신 사당이에요. 도산 서원은 퇴계 이황이 고향인 안동에서 제자들을 가르쳤던 도산 서당 뒤쪽에 설립되었으며, 이황의 위패가 모셔져 있어요. 임청각은 독립운동가 이상룡의 생가입니다. 원래 99칸의 기와집이었는데, 일제가 철도를 놓으면서 크게 훼손하였어요. 이상룡의 집안에서는 많은 독립운동가가 나왔는데, 일제가 독립운동의 맥을 끊기 위해 임청각의 마당을 가로질러 철도를 놓았다고 합니다. 정부와 안동시는 2019년 대한민국 임시 정부 수립 100주년을 맞아 임청각 복원 사업에 착수하였어요.

오답 피하기

① (가) 인천은 강화도 조약에 따라 부산, 원산에 이어 개항되었으며, 6·25 전쟁 당시 인천 상륙 작전이 전개된 곳이에요.
② (나) 논산은 김유신이 이끄는 신라군이 계백이 이끄는 백제 결사대에 승리를 거둔 황산벌 전투가 벌어진 곳이며, 고려 초기에 조성된 거대 불상인 관촉사 석조 미륵보살 입상이 있는 지역이에요.
③ (다) 부산은 강화도 조약이 체결되면서 가장 먼저 개항되었으며, 6·25 전쟁 당시 임시 수도였어요.

543 진주의 역사

정답 ④

정답 잡는 키워드

임진왜란 때 김시민 장군이 왜군에 맞서 싸움, 조선 후기에 유계춘의 주도로 농민 봉기가 일어남, 일제 강점기에 조선 형평사 창립 대회가 개최됨 > 진주

임진왜란 때 김시민 장군이 왜군에 맞서 싸운 장소이며, 조선 후기에 유계춘의 주도로 농민 봉기가 일어났고, 일제 강점기에 조선 형평사 창립 대회가 개최되었다는 내용을 통해 학생들이 공통으로 이야기하는 지역이 ④ 진주임을 알 수 있어요. 임진왜란 중 진주성에서 김시민의 지휘 아래 관군과 백성이 힘을 합쳐 일본군을 물리쳤어요(진주 대첩). 조선 철종 때 진주에서 유계춘의 주도로 경상 우병사 백낙신의 횡포와 삼정의 문란 등에 저항하여 농민 봉기가 일어났어요. 일제 강점기인 1923년에는 진주에서 조선 형평사가 창립되어 백정에 대한 사회적 차별 철폐 운동인 형평 운동이 전개되었어요.

오답 피하기

① 강릉은 율곡 이이가 태어난 오죽헌이 있는 곳이에요.
② 군산은 일제 강점기에 일본과의 무역이 늘어나면서 항구 도시로 발달하였어요. 군산, 목포 등을 통해 많은 쌀이 일본으로 반출되었어요.
③ 대구는 견훤의 후백제군이 왕건의 고려군을 상대로 크게 승리한 공산 전투가 벌어진 곳이며, 1907년에 국채 보상 운동이 시작된 곳이에요. 이승만 정부 시기에는 독재 정권에 저항한 2·28 민주 운동이 일어났어요.

544 부산의 역사

정답 ③

정답 잡는 키워드

동래성, 내상의 활동 근거지, 초량 왜관 > 부산

임진왜란 때 동래 부사 송상현이 부산 동래성에서 일본군에 맞서 싸웠으나 패하였습니다. 조선 후기에 내상은 부산 동래를 활동 근거지로 하였어요. 부산은 일본과 지리적으로 가까워 조선 시대에 일본과의 교역을 위해 왜관이 설치되었는데, 후기에는 부산 초량에 왜관이 있었어요. 따라서 학생들이 공통으로 이야기하고 있는 지역은 ③ (다) 부산입니다.

오답 피하기

① (가) 인천은 강화도 조약에 따라 부산, 원산에 이어 개항되었으며, 6·25 전쟁 당시 인천 상륙 작전이 전개된 곳이에요.
② (나) 목포는 일제 강점기에 일본과의 교역량이 늘어나면서 항만 도시로 발전한 곳으로, 목포 항구를 통해 많은 쌀이 일본으로 반출되었어요.
④ (라) 강릉은 율곡 이이가 태어난 오죽헌이 있는 곳이에요.

4 문화유산

기출문제 풀어 보기 > 본책 209~211쪽

545 ④ 546 ① 547 ① 548 ④ 549 ① 550 ④

545 백제 역사 유적 지구

정답 ④

공주, 부여, 익산에 남아 있는 백제의 역사 유적이 2015년에 '백제 역사 유적 지구'라는 이름으로 유네스코 세계 유산에 등재되었어요. 따라서 답사가 이루어진 지역으로 옳지 않은 곳은 ④ 전주입니다. 전주는 신라 말에 견훤이 후백제를 건국하면서 도읍으로 삼은 곳으로, 당시에는 완산주라고 불렸어요.

오답 피하기

① 공주는 백제의 두 번째 수도였던 곳으로, 당시에는 웅진이라고 불렸어요. 공주에는 수도 방어를 위해 쌓은 공산성, 백제 왕과 왕족의 무덤이 모여 있는 송산리 고분군(공주 무령왕릉과 왕릉원) 등의 유적이 있어요.
② 부여는 백제 성왕이 웅진에서 도읍을 옮긴 곳으로, 당시에는 사비라고 불렸어요. 부여에는 백제 왕궁 터로 추정되는 관북리 유적, 수도 방어를 위해 쌓은 부소산성과 나성, 백제 왕과 왕족의 무덤이 모여 있는 능산리 고분군(부여 왕릉원), 백제 때 세워졌다는 정림사의 터(정림사지) 등이 남아 있어요.
③ 익산에는 백제 무왕 때 조성된 왕궁리 유적과 미륵사의 터(미륵사지) 등이 남아 있어요.

546 공주 공산성

정답 ①

정답 잡는 키워드

웅진성, 2015년 유네스코 세계 유산으로 등재 > 공주 공산성

백제가 웅진에 수도를 두었을 당시 웅진성이라 불렸으며 2015년에 유네스코 세계 유산으로 등재되었다는 내용을 통해 (가)에 해당하는 문화유산이 ① 공주 공산성임을 알 수 있어요. 백제는 고구려 장수왕의 공격으로 한성이 함락되자 지금의 공주인 웅진으로 수도를 옮기고 공산성을 쌓아 외적을 방어하였어요. 공산성은 당시에 웅진성이라 불렸습니다. 공산성을 포함한 공주, 부여, 익산에 남아 있는 백제의 문화유산은 그 가치를 인정받아 '백제 역사 유적 지구'라는 이름으로 유네스코 세계 유산에 등재되었어요.

오답 피하기

② 강화 삼랑성은 단군의 세 아들이 쌓았다는 이야기가 전해져 삼랑성이라 불렸으며, 정족산에 있어 정족산성이라고도 합니다. 병인양요 당시 양헌수가 프랑스군을 격퇴한 곳이에요.
③ 보은 삼년산성은 신라 때 축조된 성이며, 성을 쌓는 데 3년이 걸려 삼년산성이라는 이름이 붙었다고 합니다.
④ 중국 랴오닝성에 있는 오녀산성은 고구려의 첫 도읍이었던 졸본성으로 추측됩니다.

547 경주 불국사

정답 ①

정답 잡는 키워드

경주 토함산에 있는 절, 8세기 중엽 김대성이 조성, 유네스코 세계 유산 > 경주 불국사

8세기 중엽 김대성이 조성하였다고 전해지는 경주 토함산에 있는 절이며 유네스코 세계 유산으로 지정되었다는 내용을 통해 일기의 소재가 된 절이 통일 신라 시기에 조성된 경주 불국사임을 알 수 있어요. 경주 불국사는 석굴암과 함께 유네스코 세계 유산으로 지정되었어요. ① 경주 불국사에는 3층 석탑(석가탑)과 다보탑, 부처의 세계와 현실 세계를 이어 주는 다리인 청운교와 백운교 등 많은 불교 문화유산이 있어요.

오답 피하기

② 쌍봉사 철감선사탑은 전남 화순 쌍봉사에 있는 통일 신라 시대 승탑이에요.
③ 이불병좌상은 발해의 불상으로, 현재 일본 도쿄 국립 박물관에 소장되어 있어요.
④ 성덕 대왕 신종은 통일 신라 성덕왕을 기리고자 그 아들인 경덕왕 때 제작이 시작되어 혜공왕 때 완성된 동종이에요. 에밀레종이라고도 불리며, 지금은 국립 경주 박물관에 소장되어 있어요.

548 환구단

정답 ④

정답 잡는 키워드

고종이 황제 즉위식을 거행한 곳 > 환구단

1897년 고종이 하늘에 제사 지내고 황제 즉위식을 거행한 장소는 ④ 환구단입니다. 고종은 1896년에 아관 파천을 단행하여 러시아 공사관에서 머문 지 1년 만에 경운궁(지금의 덕수궁)으로 환궁하였어요. 그리고 우리나라가 자주독립국임을 국내외에 알리기 위해 환구단에서 황제 즉위식을 거행하고 대한 제국의 수립을 선포하였어요.

오답 피하기

① 종묘는 조선 시대 역대 왕과 왕비, 추존된 왕과 왕비의 신주를 모신 사당이며, 유네스코 세계 유산으로 등재되었어요.
② 광혜원은 1885년에 설립된 우리나라 최초의 서양식 병원이에요.
③ 사직단은 조선 시대에 토지와 곡식의 신에게 제사를 지내던 곳이에요.

549 의궤

정답 ①

정답 잡는 키워드

조선 시대 왕실이나 국가의 중대한 행사를 글과 그림으로 기록한 책 > 의궤

조선 시대 왕실이나 국가의 중대한 행사를 글과 그림으로 기록한 책이라는 내용을 통해 (가) 문화유산이 ① "의궤"임을 알 수 있어요. 조선 시대에 왕실이나 국가에서 거행한 중대한 행사를 글과 그림으로 기록한 "의궤"가 제작되었는데, "의궤"에는 왕과 왕비의 결혼, 세자 책봉, 왕의 행차 등의 행사가 상세히 기록되어 있어요. 정조 때에는 정조와 혜경궁의 화성 행차를 다룬 "원행을묘정리의궤", 수원 화성 건설과 관련된 내용을 기록한 "화성성역의궤" 등이 만들어졌어요. 조선 왕조의 "의궤"는 그 기록의 가치를 인정받아 2007년에 유네스코 세계 기록 유산으로 등재되었어요.

오답 피하기

② "경국대전"은 조선의 기본 법전으로, 세조 때 편찬 작업이 시작되어 성종 때 완성되었어요.
③ "삼강행실도"는 모범이 될 만한 충신, 효자, 열녀의 사례를 모아 글과 그림으로 설명한 책으로, 조선 세종 때 편찬되었어요.
④ "조선왕조실록"은 태조에서 철종에 이르는 역사를 시간 순서대로 기록한 편년체 형식의 역사서입니다. "조선왕조실록"은 그 가치를 인정받아 1997년에 유네스코 세계 기록 유산으로 등재되었어요.

550 종묘 제례

정답 ④

정답 잡는 키워드

조선의 역대 왕과 왕비의 신위를 모신 사당에서 지냈던 의례 > 종묘 제례

조선의 역대 왕과 왕비 및 추존된 왕과 왕비의 신위를 모신 사당은 종묘이며, 종묘에서 행해진 국가 의례가 ④ 종묘 제례입니다. 종묘는 한양을 수도로 정하고 가장 먼저 짓기 시작한 건물로 유네스코 세계 유산으로 등재되었어요. 종묘에서 행해지던 종묘 제례 및 종묘 제례악은 유네스코 무형 문화유산으로 등재되었어요.

오답 피하기

① 연등회는 등불을 밝혀 부처의 가르침이 널리 퍼지기를 기원한 불교 행사로, 우리나라에서는 신라 때 시작되어 고려 시대에 국가 행사로 자리 잡았어요. 연등회는 종교 의식이었으나 오늘날 누구나 참여하는 축제로 자리매김하였는데, 그 가치를 인정받아 '연등회, 한국의 등 축제'라는 이름으로 2020년 유네스코 무형 문화유산에 등재되었어요.
② 승전무는 통영 지역에서 전승되어 온 전통 무용이에요. 이순신 장군을 칭송하고 군졸들의 사기를 북돋는 내용이 들어 있어 승전무라고 합니다.
③ 석전대제는 공자를 모신 사당인 문묘에서 지내는 제사 의식을 말합니다.

5 시대 통합

기출문제 풀어 보기 > 본책 211~213쪽

551 ④ 552 ③ 553 ② 554 ③ 555 ③ 556 ③
557 ③ 558 ②

551 시대별로 보는 교육 기관

정답 ④

정답 잡는 키워드

(가) 한양에 성균관과 4부 학당을 세움 > (가) 조선
(나) 국자감에 서적포 설치 > (나) 고려
(다) 태학, 경당 > (다) 고구려

(가) 조선 시대에는 수도 한양(한성)에 최고 교육 기관으로 성균관을 설립하고, 중등 교육 기관으로 동학, 서학, 중학, 남학의 4부 학당을 세웠어요.
(나) 고려는 수도 개경에 최고 교육 기관으로 국자감을 두었어요. 문헌공도 등 사학 12도가 번성하여 국자감 등 관학이 위축되자, 고려 정부는 관학을 진흥하기 위해 출판을 담당하는 서적포를 국자감에 설치하였어요.
(다) 고구려는 인재 양성을 위해 수도에 국립 교육 기관인 태학을 두었고 지방에는 경당을 두어 학문과 무예를 가르쳤어요.

따라서 옳은 순서는 ④ (다)-(나)-(가)입니다.

552 여진과의 관계

정답 ③

정답 잡는 키워드

경성, 경원에 무역소 설치 > 여진

경성, 경원에 무역소를 설치하여 교역을 하게 하였다는 내용을 통해 (가)가 여진임을 알 수 있어요. 조선은 태종 때 국경 지역의 경성과 경원에 무역소를 설치하여 여진이 필요한 물건을 거래할 수 있도록 하였어요. ③ 고려는 숙종 때 윤관의 건의를 받아들여 여진 정벌을 위해 별무반을 편성하였어요. 숙종의 뒤를 이은 예종 때 윤관은 별무반을 이끌고 여진을 정벌한 뒤 동북 9성을 쌓았어요.

오답 피하기

① 백제 의자왕 때 신라가 차지하고 있던 대야성을 공격하여 함락하였어요.
② 통일 신라 흥덕왕 때 장보고는 지금의 완도에 청해진을 설치하여 해적을 소탕하고 해상 무역을 장악하였어요.
④ 조선 고종 때 병인양요와 신미양요 등 서양 세력의 침략적 접근을 겪은 뒤 당시 실권자였던 흥선 대원군은 서양 세력과의 통상 수교 거부 의지를 널리 알리기 위해 종로와 전국 각지에 척화비를 건립하였어요.

553 우리 역사 속의 재해 대비 정책

정답 ②

우리 역사 속에서 감염병에 대처한 정부의 노력을 묻는 문항입니다. ② 양현고는 고려 예종 때 관학을 진흥시키기 위해 국자감에 설치한 장학 재단이에요.

오답 피하기

① 고려 시대에 전염병 등 재해가 발생하면 구제도감, 구급도감 등의 임시 기구를 설치하여 환자를 치료하고 사망자를 매장하는 일을 담당하게 하였어요.
③ 조선 시대에 전염병이 발생하면 구질막, 병막 등의 격리 시설을 운영하였어요. 제주도에서 한센병(나병) 환자를 치료하기 위해 구질막을 설치하였다는 기록이 있으며, 병막은 전염병으로 환자를 수용할 병상이 부족할 때 설치한 격리 치료 시설이에요.
④ 조선 시대에 전염병인 온역(열병)의 치료 방법을 정리하여 "간이벽온방", "신찬벽온방" 등을 편찬하여 보급하였어요. "간이벽온방"은 중종 때 의관들이 왕명을 받아 편찬하였고, "신찬벽온방"은 허준이 광해군 때 편찬하였어요.

554 우리 역사 속의 민중 봉기

정답 ③

우리 역사 속에서 일어난 민중 봉기를 묻는 문항입니다. ③ 고려 무신 집권기에 노비 만적은 개경에서 신분 해방을 목적으로 봉기를 계획하였으나 사전에 발각되었어요.

오답 피하기

① 조선 후기에 환곡의 폐단과 탐관오리의 횡포에 항거하여 농민 봉기가 일어났는데, 진주에서 유계춘 등을 중심으로 일어난 진주 농민 봉기가 대표적이에요. 신라 말에 왕위 다툼으로 인해 왕권이 약화되고 귀족의 수탈로 농민의 삶이 피폐해졌어요. 이러한 상황에서 진성 여왕 때 중앙 정부가 지방에 세금을 독촉하자, 사벌주에서 일어난 원종과 애노의 난을 시작으로 전국에서 농민 봉기가 일어났어요.
② 조선 후기에 사회 불안이 계속되고 백성의 고통이 커지면서 예언 사상과 민간 신앙이 유행하였어요. 조선 왕조가 망하고 정씨 성을 가진 사람이 나타나 새로운 나라를 세운다는 예언을 담은 "정감록"이 널리 퍼졌고, 미륵이 나타나 새로운 세상을 연다는 미륵 신앙도 유행하였어요. 김사미와 효심의 난은 고려 무신 집권기에 지배층의 가혹한 수탈에 저항하여 경상도 지역에서 일어난 농민 봉기입니다.
④ 고려 시대에 특수 행정 구역인 향·부곡·소의 주민은 일반 군현민에 비해 더 많은 세금을 내는 등 차별을 받았어요. 무신 집권기에 공주 명학소의 주민들이 과도한 세금과 지배층의 수탈에 항거하여 망이·망소이 형제를 중심으로 봉기하였어요. 조선 후기에 홍경래는 서북 지역(평안도)에 대한 차별과 지배층의 수탈에 항거하여 난을 일으켰어요.

555 시대의 개혁가들

정답 ③

정답 잡는 키워드

(가) 신라 말, 시무 10여 조 건의	(가) 최치원
(나) 시무 28조를 올림	(나) 최승로
(다) 훈구 세력 권력 독점 견제, 현량과 실시	(다) 조광조
(라) 갑신정변을 일으킴	(라) 김옥균 등

시대별 개혁가들에 대한 설명과 인물이 일치하지 않는 것을 고르는 문항입니다. ③ 현량과 실시를 주장한 (다)의 인물은 조광조입니다. 조광조는 훈구 세력의 권력 독점을 견제하고 새로운 인사를 등용하기 위해 조선 중종에게 현량과 실시를 건의하였어요. 정도전은 이성계를 도와 조선 건국을 주도하였으며, 한양 도성을 설계하고 경복궁과 궁궐 내 주요 전각의 이름을 짓는 등 건국 초기 체제 정비에 큰 역할을 하였어요. 또한, 조선의 통치 기준과 운영 원칙을 제시한 "조선경국전"을 지어 태조에게 바쳤어요.

오답 피하기

① 최치원은 신라 6두품 출신으로, 당에서 유학하고 빈공과에 합격하여 관리로 일하였어요. 신라로 돌아온 후에는 신라 말 사회의 폐단을 개혁하기 위해 진성 여왕에게 시무 10여 조를 올렸으나 진골 귀족들의 반대에 부딪혀 개혁을 실행하지 못하였어요.

② 최승로는 지방관의 파견, 국가적인 불교 행사의 축소, 유교 정치 이념 확립 등이 담긴 시무 28조를 작성하여 고려 성종에게 올렸어요. 성종은 이를 수용하여 유교 정치 이념에 근거하여 통치 체제를 정비하였어요.

④ 1884년에 우정총국 개국 축하연을 기회로 삼아 김옥균 등 급진 개화파가 갑신정변을 일으킨 후 개화당 정부를 구성하고 개혁 정강을 발표하였어요. 하지만 민씨 세력의 요청을 받은 청군의 개입으로 정변은 3일 만에 실패하였어요.

556 관리 등용 제도의 변화

정답 ③

정답 잡는 키워드

(가) 독서삼품, 관리 선발	(가) 신라 원성왕 때 시행된 독서삼품과
(나) 쌍기, 과거로 관리 뽑음	(나) 고려 광종 때 처음 시행된 과거제
(다) 현량과	(다) 조선 중종 때 시행된 현량과
(라) 군국기무처, 과거제의 변통, 선거조례	(라) 조선 고종 때의 제1차 갑오개혁

시대별 관리 등용 제도에 대한 설명으로 옳은 것을 고르는 문항입니다. ③ 조선 중종 때 조광조 등 사림 세력의 건의로 현량과가 실시되었어요. 현량과는 학문과 덕행이 뛰어난 사람을 추천받아 시험을 통해 관리로 선발하는 제도입니다. 현량과의 실시로 사림 세력이 대거 중앙 정계에 진출하였어요.

오답 피하기

① 조선의 과거제는 문관을 선발하는 문과, 무관을 선발하는 무과, 기술관을 선발하는 잡과로 구분되었어요. 독서삼품과는 국학의 학생들을 대상으로 유교 경전의 이해 수준을 상, 중, 하의 3품으로 평가하여 관리 선발에 참고한 제도였으며, 신라 원성왕 때 시행되었어요.

② 신라 원성왕 재위 시기에 시행된 관리 등용 제도는 독서삼품과입니다. 고려 광종 때 쌍기의 건의를 받아들여 시험을 통해 관리를 뽑는 과거제가 처음 시행되었어요.

④ 광무개혁은 1897년에 수립된 대한 제국 시기에 추진되었어요. 대한 제국 정부는 광무개혁 추진 과정에서 각종 관립 학교를 설립하였어요. 군국기무처는 1894년에 제1차 갑오개혁을 주도한 개혁 기구입니다. 제1차 갑오개혁 때 과거제가 폐지되고, 중앙 정부의 관리 임용 제도로 선거조례가 새로 만들어졌어요.

557 한글을 빛낸 인물

정답 ③

정답 잡는 키워드

(가) 세종이 설치한 학문 연구 기관	(가) 집현전
(나) 1907년 국문 연구를 위해 학부에 설치	(나) 국문 연구소
(다) 조선말 큰사전 편찬을 추진	(다) 조선어 학회

세종이 설치한 학문 연구 기관이라는 내용을 통해 (가)는 집현전, 1907년 국문 연구를 위해 학부에 설치하였다는 내용을 통해 (나)는 국문 연구소, "조선말 큰사전" 편찬을 추진하였다는 내용을 통해 (다)는 조선어 학회임을 알 수 있어요. 조선 세종은 학문 연구 기관인 집현전을 설치하였어요. 집현전 학사인 신숙주는 "훈민정음 해례본"과 "동국정운" 등의 저술에 참여하였어요. 대한 제국 정부는 1907년에 국문 연구를 위해 학부에 국문 연구소를 설치하였어요. 주시경은 국문 연구소에 참여하여 한글 연구를 체계화하는 데 앞장섰어요. 일제 강점기에 조선어 학회는 "조선말 큰사전"의 편찬을 추진하였으나 일제가 조작한 조선어 학회 사건으로 회원들이 체포되어 조직이 와해되면서 사전 편찬은 중단되었어요. 정세권은 부동산업으로 크게 성공한 인물로, 조선어 학회의 활동을 적극적으로 후원하였어요. ③ 조선어 학회는 한글 맞춤법 통일안과 표준어를 제정하였어요.

오답 피하기

① 조선 세종 때 편찬된 "삼강행실도"의 내용을 줄이고 한글 번역을 추가한 "삼강행실도 언해본"은 성종 때 처음 편찬된 것으로 추정됩니다. 집현전은 세조 때 폐지되었어요.

② 서재필 등은 우리나라 최초의 민간 신문이자 한글 신문인 독립신문을 간행하였어요. 우리나라의 소식을 외국인에게도 알리기 위해 영문판도 발행하였어요.

④ 조선 정조는 왕실 도서관이자 학문 연구 기관인 규장각을 창덕궁 후원에 설치하였어요.

558 민주 사회로의 발전

정답 ②

정답 잡는 키워드

(가) 대한국 국제 반포	(가) 대한 제국 시기(1899년)
(나) 제헌 헌법 공포	(나) 제헌 국회(1948년)
(다) 대동단결 선언 발표	(다) 일제 강점기(1917년)

(가) 아관 파천을 단행하여 러시아 공사관으로 피신했던 고종은 1897년 경운궁(지금의 덕수궁)으로 돌아와 대한 제국 수립을 선포하였어요. 이후 대한 제국 정부는 1899년에 대한국 국제를 제정하여 황제의 절대 권한을 규정하였어요.

(나) 1948년에 5·10 총선거에서 선출된 국회 의원으로 제헌 국회가 구성되었어요. 제헌 국회는 제헌 헌법을 제정하여 같은 해, 7월 17일에 공포하였어요.

(다) 1917년 상하이에서 신규식, 신채호, 조소앙 등이 주권 재민 사상을 담은 대동단결 선언을 발표하였어요. 대동단결 선언은 순종이 주권을 포기한 순간 주권은 일본이 아닌 국민에게 넘어온 것이라고 규정하였어요. 대동단결 선언의 사상은 대한민국 임시 정부 수립에 영향을 주었어요.

따라서 옳은 순서는 ② (가)-(다)-(나)입니다.

큰별쌤 최태성의

별★별 한국사

시대별 기출문제집

한국사능력검정시험
기본(4·5·6급)